Мировой
компьютерный
бестселлер

ROD STEPHENS

Essential Algorithms

A PRACTICAL APPROACH TO COMPUTER ALGORITHMS

WILEY

РОД СТИВЕНС

Алгоритмы

ТЕОРИЯ И ПРАКТИЧЕСКОЕ ПРИМЕНЕНИЕ

МОСКВА
2016

УДК 004.4
ББК 32.973.26-018.2
С80

Rod Stephens
Essencial Algorithms: F Practical Approach to Computer Algorithms
© 2013 by John Wiley & Sons, Inc., Indianapolis, Indiana. All rights reserved. Authorised translation from the English language edition published by John Wiley & Sons Limited

Перевод:
Кириленко Вадим 1—12 главы
Волошко Роман Владимирович 13—19 главы

В оформлении переплета использована иллюстрация:
VLADGRIN / Shutterstock.com
Используется по лицензии от Shutterstock.com

Стивенс, Род.

С80   Алгоритмы. Теория и практическое применение / Род Стивенс. — Москва : Издательство «Э», 2016. — 544 с. — (Мировой компьютерный бестселлер).

ISBN 978-5-699-81729-0

Алгоритмы — это рецепты, которые делают возможным эффективное программирование. Их изучение позволяет усвоить общие подходы к решению задач и накапливать полезные методики для их решения. В этой книге представлено множество классических алгоритмов; вы узнаете, где они применяются и как их анализировать, чтобы понять их поведение.

Эта книга может быть полезной не только в вашей текущей профессиональной деятельности, но и может помочь вам получить новую работу.

УДК 004.4
ББК 32.973.26-018.2

ISBN 978-5-699-81729-0

© Кириленко В., Волошко Р.В., перевод на русский язык, 2016
© ООО «Айдиономикс», 2016
© Оформление. ООО «Издательство «Э», 2016

КРАТКОЕ ОГЛАВЛЕНИЕ

Оглавление 6

Об авторе 16

Благодарности 16

Введение 17

Глава 1. Основы алгоритмизации 24

Глава 2. Численные алгоритмы 45

Глава 3. Связные списки 72

Глава 4. Массивы 96

Глава 5. Стеки и очереди 119

Глава 6. Сортировка 136

Глава 7. Поиск 163

Глава 8. Хеш-таблицы 168

Глава 9. Рекурсия 181

Глава 10. Деревья 215

Глава 11. Сбалансированные деревья 257

Глава 12. Деревья принятия решений 274

Глава 13. Основные сетевые алгоритмы 296

Глава 14. Дополнительные сетевые алгоритмы 324

Глава 15. Строковые алгоритмы 345

Глава 16. Криптография 365

Глава 17. Теория вычислительной сложности 387

Глава 18. Распределенные алгоритмы 402

Глава 19. Головоломки, встречающиеся на собеседованиях 432

Приложение А 442

Приложение Б 453

Глоссарий 522

Указатель 536

ОГЛАВЛЕНИЕ

Об авторе 16

Благодарности 16

Введение 17
    Выбор алгоритма.. 18
    Для кого предназначена книга 19
    Как извлечь наибольшую пользу из книги 19
    Сайты с материалами книги 20
    Структура книги 20
    Что нужно для работы с книгой 22
    Условные обозначения 22
    Обратная связь 23

Глава 1. Основы алгоритмизации 24
    Метод 24
    Алгоритм и структура данных... 25
    Псевдокод... 25
    Свойства алгоритма 28
        Асимптотическая сложность алгоритма................... 29
        Обычные функции рабочего цикла 33
        Визуализация функций 38
    Практические рекомендации.. 39
    Резюме 41
    Упражнения 41

Глава 2. Численные алгоритмы 45

  Рандомизация данных..45
    Генерирование случайных величин 45
    Рандомизация массивов 50
    Генерирование неравномерных распределений 52
  Нахождение наибольшего
  общего делителя 52
  Возведение в степень 54
  Работа с простыми числами 56
    Нахождение простых множителей 56
    Нахождение простых элементов 58
    Проверка на простоту 59
  Численное интегрирование 60
    Формула прямоугольников 61
    Формула трапеций 62
    Адаптивная квадратура 63
    Интеграция Монте-Карло 66
  Нахождение нулей..67
  Резюме 69
  Упражнения 70

Глава 3. Связные списки 72

  Основные положения 72
  Однонаправленные связные списки 73
    Передвижение по спискам..73
    Нахождение ячеек 74
    Использование ограничителей 75
    Добавление ячеек в начало списка 76
    Добавление ячеек в конец списка 77
    Вставка ячеек 77
    Удаление ячеек 78
  Двунаправленные связные списки 79
  Сортированные списки 80
  Алгоритмы для работы
  со связными списками..81
    Копирование 82

Сортировка вставкой ... 82
Сортировка методом выбора ... 84
Многопотоковые связные списки ... 85
Связные списки с циклами ... 86
Маркировка ячеек ... 87
Использование хеш-таблиц ... 88
Повторная трассировка списка ... 89
Реверсирование списка ... 90
Черепаха и кролик ... 92
Циклы в двунаправленных связных списках ... 94
Резюме ... 94
Упражнения ... 94

Глава 4. Массивы ... 96

Основные положения ... 96
Одномерные массивы ... 98
Нахождение элементов ... 98
Нахождение минимальной, максимальной и средней величин ... 98
Вставка элементов ... 100
Удаление элементов ... 101
Ненулевые нижние пределы ... 101
Двумерные массивы ... 101
Массивы высокой размерности ... 102
Треугольные массивы ... 105
Массивы с разрывом ... 108
Нахождение строки и столбца ... 110
Получение значения ... 111
Установка значения ... 111
Удаление значения ... 113
Матрицы ... 115
Резюме ... 117
Упражнения ... 117

Глава 5. Стеки и очереди ... 119

Стеки ... 119

    Стеки связных списков...120

    Стеки массивов..121

    Двойные стеки..123

    Алгоритмы с использованием стеков 124

  Очереди 129

    Очереди связных списков..130

    Очереди массивов..130

    Специализированные очереди 133

  Резюме 134

  Упражнения 134

Глава 6. Сортировка **136**

  Алгоритмы O(N²) 136

    Сортировка вставкой в массивах 136

    Сортировка выбором в массивах.....................................138

    Пузырьковая сортировка 139

  Алгоритмы O(N × log N) 142

    Пирамидальная сортировка..142

    Быстрая сортировка 148

    Сортировка слиянием 155

  Алгоритмы быстрее O(N × log N) 157

    Сортировка подсчетом 157

    Блочная сортировка 159

  Резюме 160

  Упражнения 161

Глава 7. Поиск **163**

  Линейный поиск 163

  Бинарный поиск 164

  Интерполяционный поиск 165

  Резюме 166

  Упражнения 167

Глава 8. Хеш-таблицы **168**

  Основы хеш-таблиц 168

  Прямое связывание 170

Оглавление

    Открытая адресация 171

        Удаление элементов...172

        Линейное пробирование 173

        Квадратичное пробирование 174

        Псевдослучайное пробирование 176

        Двойное хеширование 176

        Упорядоченное хеширование 176

    Резюме 178

    Упражнения 179

Глава 9. Рекурсия 181

    Базовые алгоритмы 181

        Факториал 181

        Числа Фибоначчи 183

        Ханойская башня 184

    Графические алгоритмы 187

        Кривые Коха 187

        Кривая Гильберта 189

        Кривая Серпинского 190

        Салфетки 193

    Алгоритмы с возвратом 194

        Задача о восьми ферзях 195

        Ход коня 198

        Сочетания и размещения 200

        Сочетания с циклами 201

        Сочетания с повторениями 202

        Сочетания без повторений 204

        Размещения с повторениями 204

        Размещения без повторений 205

    Удаление рекурсии..206

        Удаление хвостовой рекурсии 206

        Хранение промежуточных значений 208

        Удаление общей рекурсии 209

    Резюме 212

    Упражнения 212

Глава 10. Деревья 215

Терминология 215
Свойства бинарного дерева 219
Представление деревьев 220
Общие правила построения деревьев 220
Построение завершенных деревьев 223
Обход дерева 223
Обход в прямом порядке 224
Симметричный обход 226
Обход в обратном порядке 227
Обход в ширину 228
Время выполнения обхода 229
Упорядоченные деревья 229
Добавление вершин 230
Поиск вершин 231
Удаление вершин 232
Связные деревья 235
Построение связных деревьев 236
Использование связных деревьев 238
Специализированные алгоритмы 240
Игра «Животные» 240
Расчет математических выражений 241
Деревья квадрантов 243
Префиксные деревья 248
Резюме 252
Упражнения 253

Глава 11. Сбалансированные деревья 257

АВЛ-деревья 257
Добавление значений 258
Удаление значений 260
2-3-деревья 261
Добавление значений 262
Удаление значений 264
B-деревья 266
Добавление значений 267

Удаление значений..268
Разновидности сбалансированных деревьев.....................270
    Иерархически организованные B-деревья 270
    B+-деревья 270
Резюме 272
Упражнения 272

Глава 12. Деревья принятия решений 274

Поиск по деревьям игры..274
    Минимакс 275
    Начальные ходы и реакции 279
    Эвристика дерева игры 279
Поиск по деревьям принятия решений..................................281
    Задачи оптимизации 282
    Метод полного перебора 282
    Метод ветвей и границ...284
    Эвристика дерева принятия решений 285
    Другие задачи дерева принятия решений 290
Резюме 294
Упражнения 295

Глава 13. Основные сетевые алгоритмы 296

Терминология 296
Разные представления сети...299
Обход сети 302
    Обход в глубину 302
    Обход в ширину 304
    Проверка связности 305
    Остовные деревья 307
    Минимальные остовные деревья 308
Поиск путей 309
    Поиск произвольного пути 309
    Поиск кратчайшего пути с помощью установки меток.....310
    Поиск кратчайшего пути с помощью коррекции меток....313
    Поиск кратчайшего пути между всеми парами вершин 315
Резюме 320
Упражнения 320

Глава 14. Дополнительные сетевые алгоритмы..................324

    Топологическая сортировка..................324

    Поиск циклов..................327

    Раскрашивание карты..................328

        Закрашивание двумя цветами..................328

        Закрашивание тремя цветами..................330

        Закрашивание четырьмя цветами..................331

        Закрашивание пятью цветами..................331

        Другие алгоритмы закрашивания карт..................335

    Максимальный поток..................336

        Распределение рабочих мест..................338

        Минимальный разрез в потоке..................340

    Резюме..................342

    Упражнения..................343

Глава 15. Строковые алгоритмы..................345

    Парные скобки..................345

        Вычисление арифметических выражений..................347

        Синтаксические деревья..................347

    Сопоставление с шаблоном..................348

        Детерминированные конечные автоматы..................349

        Построение ДКА для регулярных выражений..................351

        Недетерминированные конечные автоматы..................354

    Поиск строк..................355

    Вычисление редакционного расстояния..................359

    Резюме..................361

    Упражнения..................362

Глава 16. Криптография..................365

    Терминология..................366

    Перестановочные шифры..................367

        Перестановка строк/столбцов..................367

        Перестановка столбцов..................369

        Маршрутные шифры..................371

    Шифры подстановки..................372

  Шифр Цезаря 372
  Шифр Виженера 373
  Простая подстановка 375
  Схема одноразовых блокнотов 375
 Блочные шифры 376
  Подстановочно-перестановочные сети 377
  Шифр Фейстеля 378
 Шифрование с открытым ключом и RSA 380
  Функция Эйлера 381
  Обратные величины 381
  Пример использования RSA 382
  Практические соображения 383
 Другие области применения криптографии 383
 Резюме 384
 Упражнения 385

Глава 17. Теория вычислительной сложности 387

 Обозначения 388
 Классы сложности 388
 Сведение 391
  3SAT 393
  Паросочетание в двудольном графе 393
 NP-сложность 394
 Задачи обнаружения, сообщения и оптимизации 394
  Обнаружение $\leq_p$ Сообщение 395
  Обнаружение $\leq_p$ Оптимизация 395
  Сообщение $\leq_p$ Обнаружение 396
  Оптимизация $\leq_p$ Сообщение 396
 NP-полные задачи 397
 Резюме 399
  Упражнения 400

Глава 18. Распределенные алгоритмы 402

 Виды параллелизма 402
  Систолические массивы 403
  Распределенные вычисления 405

Многопроцессорные вычисления 407
Состояние гонки 407
Взаимная блокировка 411
Квантовые вычисления 412
Распределенные алгоритмы 413
Отладка распределенных алгоритмов 413
Чрезвычайно параллельные алгоритмы 414
Сортировка слиянием 416
Задача обедающих философов 416
Задача двух генералов 419
Задача византийских генералов 420
Согласование 423
Выбор лидера 426
Снимок 427
Синхронизация часов 428
Резюме 429
Упражнения 429

Глава 19. Головоломки, встречающиеся на собеседованиях 432

Как задавать вопросы с подвохом 433
Как отвечать на вопросы с подвохом 435
Резюме 439
Упражнения 440

Приложение А. Собрание алгоритмических понятий 442

Приложение Б. Решения к упражнениям 453

Глоссарий 522

Алфавитный указатель 536

ОБ АВТОРЕ

Род Стивенс начинал свою карьеру как математик, однако во время учебы в Массачусетском технологическом институте он всерьез увлекся алгоритмами, прошел все связанные с ними курсы и занялся написанием довольно сложных программ. Ему довелось применить свои знания об алгоритмах во многих сферах: коммутация телефонов, учет вызовов и времени разговора абонента, оперативное управление ремонтными работами, налогообложение, водоочистка, картография и даже подготовка профессиональных футболистов.

Кроме того, Род Стивенс — один из ведущих специалистов по Microsoft Visual Basic и преподаватель вводного курса программирования в технологическом институте ITT, а также автор более 20 книг, переведенных на несколько иностранных языков, и свыше 250 журнальных статей о C#, Visual Basic, Visual Basic for Applications, Delphi и Java.

У Стивенса есть несколько сайтов: VB Helper (vb-helper.com)[1], куда ежемесячно заходят несколько миллионов пользователей и где содержатся подсказки, секреты, а также примеры программ на Visual Basic, а также C# Helper (csharphelper.com) с аналогичного рода материалами для программистов на C#. Связаться с ним можно по электронному адресу RodStephens@vb-helper.com или RodStephens@csharphelper.com.

БЛАГОДАРНОСТИ

Автор выражает свое признание Бобу Элиоту, Тому Динсу, Гейлу Джонсону и Дэниэлу Скрибнеру за те усилия, которые они приложили, чтобы эта книга вышла в свет. Большое спасибо хочется сказать техническим редакторам Джорджу Кокуру, Дэйву Колмену и Джеку Жинхиу Хао за точность изложенной здесь информации. В любых ошибках, которые могли остаться в книге, виноват я сам, а не эти люди.

---

[1] Все указанные в книге сайты англоязычные. Издательство не несет ответственности за их содержимое и напоминает, что со времени написания книги сайты могли измениться или вовсе исчезнуть. — *Примеч. ред.*

ВВЕДЕНИЕ

Алгоритмы — это наборы команд, способствующие эффективному программированию. Они объясняют, как сортировать записи, искать элементы, рассчитывать числовые значения (например, простые множители), находить кратчайший путь между двумя точками на карте, определять максимально возможный поток информации по сети и т. д. Хороший алгоритм способен решить задачу в считаные секунды, плохой потребует на это часы или же не решит ее вовсе.

Изучение алгоритмов поможет вам овладеть различными полезными методами и научиться выбирать те из них, что наилучшим образом подходят к вашему сценарию. Ведь для решения какой-либо задачи можно использовать разную методику, но только определенная окажется идеальной. Кроме того, действия, показавшие отличные результаты с одним набором данных, с другим могут просто не сработать.

И, что еще более важно, вы познакомитесь с некоторыми общими способами решения тех или иных задач. И даже если приведенный алгоритм не сможет быть полезен в конкретном случае, это позволит по-другому взглянуть на стоящую перед вами проблему, а также даст возможность проанализировать собственные алгоритмы и найти неожиданный способ их применения.

Изученные методы будут нелишними и в вашей профессиональной деятельности. Многие крупные компании, занимающиеся информационными технологиями, такие как Microsoft, Google, Yahoo!, IBM и др., хотят, чтобы их программисты понимали алгоритмы и связанные с ними способы решения задач. На собеседовании в подобных корпорациях вам вполне могут предложить похожее тестовое задание. Даже если у вас не получится его выполнить, огромное значение будет иметь то, как вы попытаетесь получить результат и как станете решать незнакомую проблему. Не исключено, что в процессе рассуждений вам откроется, какие алгоритмические подходы следует использовать по отношению к задаче. «Я не знаю... Может быть, поищу что-то похожее в Интернете» — плохой ответ. А вот пример хорошего ответа: «Возможно, здесь мог бы помочь рекурсивный метод разобщения».

Данная книга — своеобразная инструкция, изложенная простым языком. В ней рассматривается множество важнейших классических алгоритмов; рассказывается, в каких случаях и какие из них стоит использовать; объясняется, на каких принципах строится их работа; сообщается о методах, которые можно применять для поиска самостоятельных решений.

Вот часть той полезной информации, которая приводится в этом издании:

- численные алгоритмы (рандомизация, разложение на множители, работа с простыми числами, численное интегрирование);

- методы работы с общими структурами данных (массивами, связными списками, деревьями, сетями);
- использование более совершенных структур данных (неупорядоченных массивов, сбалансированных деревьев, B-деревьев);
- сортировка и поиск;
- сетевые алгоритмы (кратчайший путь, связующее дерево, топологическая сортировка, расчеты потока).

Ниже перечислены некоторые из общих методов решения задач, объяснение которых вы найдете на страницах книги:

- поиск с помощью прямого подбора;
- метод «разделяй и властвуй»;
- перебор с возвратами;
- рекурсия;
- метод ветвей и границ;
- жадные алгоритмы и поиск экстремума;
- алгоритмы сочетания ресурсов;
- сжимание пределов;
- эвристика.

Для более легкого усвоения материала в конце каждой главы приводятся упражнения, позволяющие изменить алгоритм или использовать его в новых ситуациях. Они также помогут закрепить продемонстрированные методы.

Наконец, в книге содержатся некоторые советы, которые окажутся полезными на собеседовании. Методы алгоритмизации помогут решить многие тестовые задания. И даже если вы не справитесь с какой-то конкретной головоломкой, то сможете доказать, что знакомы со способами решения других задач.

Выбор алгоритма

Каждый алгоритм включен в книгу по нескольким причинам.

- Он полезен, поэтому опытный программист должен понимать принцип его работы и уметь использовать в программах.
- Он демонстрирует важные технологии алгоритмического программирования, которые можно применить к другим задачам.
- Он предлагается для изучения студентам ИТ-специальностей и может встретиться на техническом собеседовании.

Ознакомившись с предлагаемым материалом и поработав над упражнениями, вы будете располагать достаточной базой знаний по алгоритмам и методам, которые используются для решения многих задач программирования.

Для кого предназначена книга

Это пособие в основном рассчитано на три категории читателей: профессиональных программистов, тех, кто только готовится к собеседованию при устройстве на работу, и студентов.

Первой категории будут полезны алгоритмы и методы решения, связанные непосредственно с рабочими задачами. Даже если вы столкнетесь с проблемой, которая здесь не описана, полученные знания позволят взглянуть на нее по-новому.

Вторая категория читателей сможет отточить навыки алгоритмизации. Есть вероятность, что на собеседовании приведенные примеры вам не попадутся, но рассматриваемые методики вполне пригодятся для решения похожих вопросов.

Третьей категории следует помнить, что принципы, описанные в книге, являются простыми и эффективными. Не с каждым из них вам придется столкнуться в реальной жизни, но без таких, как, например, рекурсия, «разделяй и властвуй», метод ветвей и границ, программисту просто не обойтись.

> **ЗАМЕЧАНИЕ**
>
> Лично я считаю, что алгоритмы – сплошное удовольствие! Они заменяют мне кроссворды и судоку. Я обожаю то чувство, когда сложный алгоритм составлен, в него введены данные и видно, как появляется кривая, построенная по множеству найденных точек, или какая-нибудь трехмерная фигура.

Как извлечь наибольшую пользу из книги

Конечно, вы можете просто читать это пособие, знакомясь с предлагаемыми алгоритмами и методами, но, чтобы действительно хорошо овладеть материалом, вам стоит применить все на практике, то есть попытаться использовать полученные знания в каком-либо языке программирования. Не ленитесь экспериментировать — изменять алгоритмы, находить новые варианты для решения старых задач. Не оставляйте без внимания приведенные упражнения и вопросы для собеседований — они могут натолкнуть вас на необычное использование уже знакомого метода.

Кроме того, я настоятельно рекомендую проработать как можно большее число алгоритмов и желательно на разных языках программирования. Это позволит увидеть, как разные языки влияют на решение одной и той же задачи. Тщательным образом изучайте упражнения и анализируйте принципы их решения, в идеале вы должны уделить внимание каждому из них. Часто важность включенного в книгу алгоритма становится понятной только после того, как с его помощью вам удастся решить конкретную задачу.

Еще один полезный совет. Поищите в Интернете задачи, предлагаемые на собеседованиях, и подумайте, как бы вы с ними справились. Возможно, вам не предложат что-то подобное, но иметь хотя бы общее представление о решении не помешает. Время, затраченное на практику, не пропадет зря — так вы укрепите свои знания.

Изучить алгоритмы можно только в действии, поэтому не бойтесь отложить книгу, открыть компилятор и написать код!

Сайты с материалами книги

Код рассматриваемых в этом издании алгоритмов вы можете загрузить с двух сайтов. Один из них принадлежит издательству ЭКСМО, выпустившему перевод книги, и находится по адресу http://eksmo.ru/upload/Algorithms_examples.zip. Другой представляет собой веб-страницу самого автора. Ее вы можете открыть по ссылке CSharpHelper.com/algoritms.html.

Структура книги

Глава 1 «Основы алгоритмов» содержит основные сведения, необходимые для анализа алгоритмов. В ней рассказывается о разнице между алгоритмами и структурами данных, об асимптотических обозначениях, а также описываются случаи, в которых практические соображения важнее, чем теоретические расчеты.

В **главе 2 «Численные алгоритмы»** речь идет об алгоритмах, которые рандомизируют номера и массивы, находят наибольший общий делитель и наименьшее общее кратное, осуществляют быстрое возведение в степень, а также определяют, является ли число простым. Здесь вы также познакомитесь с важными методами адаптивной квадратуры и моделированием по методу Монте-Карло.

В **главе 3 «Список с указателями»** рассматриваются гибкие структуры данных, имеющие вид связного списка. Они хороши тем, что могут использоваться для хранения списков, размер которых со временем увеличивается. Изложенные здесь понятия пригодятся и для построения других структур данных, например таких, как деревья и сети.

Глава 4 «Массивы» посвящена алгоритмам, которые предназначаются для работы с разного рода массивами, в том числе треугольными и разреженными, и помогают экономить время и память программы.

В **главе 5 «Стеки и очереди»** идет речь об алгоритмах и структурах данных, которые позволяют программе хранить и отыскивать элементы, организованные по принципу «первым вошел — первым вышел» и «последним вошел — первым вышел». Эта информация окажется полезной для моделирования некоторых реальных сценариев, например очереди в кассу магазина.

В **главе 6 «Сортировка»** уделяется внимание многочисленным методам сортировки. Вы узнаете, какие алгоритмы с какими данными лучше справляются и каковы их рабочие циклы. Примечательно то, что в этой главе приводятся одни из немногих кодов, для которых известны точные теоретические пределы производительности.

Глава 7 «Поиск» содержит сведения об алгоритмах, которые могут использоваться программой для поиска по отсортированным спискам. На их примере наглядно демонстрируются такие важные методы, как бинарное разделение и интерполяция.

В **главе 8 «Хеш-таблицы»** изучаются структуры данных, использующие дополнительную память для ускоренного поиска отдельных элементов. Они наглядно демонстрируют очень важное во многих программах распределение пространства и времени.

Глава 9 «Рекурсия» посвящена алгоритмам, вызывающим самих себя. В некоторых случаях это может быть полезно, но иногда становится причиной проблем. Здесь вы узнаете, как убрать рекурсию из алгоритма, если это возникла такая необходимость.

В главе 10 «Деревья» рассматриваются древовидные структуры данных с высокой рекурсивностью. Они полезны для хранения и изучения иерархически организованной информации, а еще работы с ней, например в таких неожиданных случаях, как вычисление значений арифметических выражений.

В главе 11 «Сбалансированные деревья» вы узнаете о том, как избежать чрезмерного разветвления данных. Это очень важно, поскольку массивные древовидные структуры замедляют эффективность работы алгоритмов.

В главе 12 «Деревья решений» рассказывается о методах работы со сложными задачами, которые представляют собой серию последовательных решений. Часто такие алгоритмы дают лишь приблизительный ответ, не всегда лучший из возможных. Тем не менее они очень гибкие и пригодны для широкого применения.

В главе 13 «Основные сетевые алгоритмы» анализируется работа алгоритмов, обеспечивающих посещение всех узлов сети, обнаружение циклов, создание связующих деревьев, а также нахождение путей через сеть.

Глава 14 «Другие сетевые алгоритмы» продолжает знакомство с сетевыми алгоритмами на примере топологической сортировки обусловленных задач, раскраски графов, клонирования сетей и распределения работы сотрудников.

В главе 15 «Криптографические алгоритмы» идет речь об алгоритмах, управляющих строками. Одни из них, например поиск подстрок, в готовом виде уже встроены в инструменты большинства языков программирования, другие, такие как подбор скобок и поиск в них отличий, требуют дополнительной работы.

В главе 16 «Криптография» рассказывается о том, как шифровать и дешифровать информацию. Вы познакомитесь с основами криптографии, а также с некоторыми интересными методами (шифрование открытым ключом) и шифрами (Виженера, блочным). Такие алгоритмы шифрования, как DES (Data Encryption Standard — стандарт шифрования данных) и AES (Advanced Encryption Standard — усовершенствованный стандарт шифрования), в данной книге не рассматриваются, поскольку являются предметом специализированной литературы.

Глава 17 «Теория сложности» посвящена двум важнейшим в компьютерной науке классам задач: П (решаются в обусловленном полиномиальном времени) и НП (решаются в необусловленном полиномиальном времени). Здесь вы найдете их описание, узнаете о том как определить, к какому из них относится конкретная задача, а также изучите взаимозаменяемость П и НП.

В главе 18 «Распределенные алгоритмы» рассматривается работа со множественными процессорами, которые сегодня устанавливаются почти на всех современных компьютерах. Данные алгоритмы важны тем, что помогают полностью использовать потенциальные вычислительные мощности компьютерной техники.

В главе 19 «Вопросы на собеседовании» приводятся полезные советы и изучаются методы, которые можно использовать для решения задач, предлагаемых программистам во время собеседования при устройстве на работу. Здесь также содержится список сайтов с подобными головоломками, на которых можно попрактиковаться в применении полученных знаний.

В **приложении А «Основные понятия алгоритмов»** собраны идеи и стратегии, которые используются в алгоритмах, описанных в книге. Опираясь на них, вы можете найти решение самых разных задач.

В **приложении Б «Ответы к упражнениям»** приведены ключи к решению заданий, содержащихся в конце каждой главы.

В **глоссарии** даются определения важных алгоритмических понятий. Вероятно, вам будет полезно просмотреть их перед собеседованием.

Что нужно для работы с книгой

Для чтения вам не понадобятся специальные устройства. Однако если вы действительно хотите усвоить материал, старайтесь отрабатывать его на том языке программирования, которым владеете. Это поможет вам не только разобраться с алгоритмами, но и лучше понять особенности языка.

Тем, кто собирается вплотную заняться программированием, потребуется компьютер, а также любая подходящая среда разработки. Примеры из этой книги, которые выложены на приведенных выше сайтах, написаны на C# в среде Visual Studio 2012. Если вы захотите воспользоваться ими, вам понадобится установить C# 2012 на компьютер, позволяющий работать с Visual Studio. Это должна быть довольно быстрая вычислительная машина с большим объемом жесткого диска и оперативной памяти. Лично мне вполне хватает компьютера, имеющего процессор Intel Core 2 с частотой 1,83 ГГц, 2 Гбайта оперативной памяти и 500 Гбайт на жестком диске. На самом деле этот объем несколько больше того, что нужен, но дисковое пространство является относительно дешевым, так почему бы не приобрести его с запасом?

Visual Studio можно запустить и на менее мощных системах, однако в этом случае работа компьютера может существенно замедлиться, поскольку данная среда требует довольно большого объема памяти.

Программы будут загружаться и запускаться при поддержке C# Express Edition (подробнее об этой среде можно прочесть здесь: microsoft.com/visualstudio/eng/downloads#d-express-windows-desktop), так что нет необходимости в установке более дорогой версии C#.

Условные обозначения

Чтобы вам было легче усвоить материал, в книге использованы некоторые условные обозначения.

ВСЕВОЗМОЖНЫЕ ВРЕЗКИ

Дополнительная информация, а также более подробные сведения по рассматриваемой теме.

ВНИМАНИЕ

Важная информация, напрямую относящаяся к расположенному рядом тексту, на которую следует обратить внимание.

ЗАМЕЧАНИЕ

Разного рода замечания, советы, подсказки, тонкости и отступления от темы.

Несколько слов о стилях.

- Важные слова и термины при первом употреблении выделены курсивом. Многие их них вы сможете найти в глоссарии в конце книги.

- Используемые в работе комбинации клавиш обозначаются следующим образом: Ctrl+A. Эта запись говорит о том, что нужно удерживать Ctrl и лишь затем нажать клавишу A.

Адреса интернет-ресурсов и электронной почты выделяются следующим образом: **CSharpHelper.com**, **RodStephens@CSharpHelper.com**.

Для набора кода используется один из двух способов:

```
моноширинный шрифт без выделения для большинства примеров кода;
```

```
моноширинный полужирный шрифт для выделения кода, важного в данном
контексте.
```

Обратная связь

Если у вас возникнут вопросы либо вы захотите что-то прокомментировать или предложить, пишите на электронный адрес **RodStephens@CSharpHelper.com**. Я не обещаю решить все алгоритмические задачи, но обязательно укажу правильное направление.

Глава 1
ОСНОВЫ АЛГОРИТМИЗАЦИИ

Прежде чем приступить к изучению алгоритмов, рассмотрим несколько важных моментов. Для начала вы должны знать, что *алгоритм* — это набор команд, необходимых для решения той или иной задачи. Он определяет шаги, согласно которым она будет выполняться.

Такое определение кажется довольно простым, однако никто не станет писать алгоритмы для выполнения примитивных задач или создавать инструкции, чтобы получить доступ к четвертому элементу массива (подразумевается, что вы уже владеете минимальными навыками программирования и знаете, как это делается). Как правило, алгоритмы пишутся только для сложных задач, например в том случае, когда нужно найти кратчайший путь через сеть из сотен улиц или отыскать наилучший вариант инвестиций для оптимизации прибыли.

В этой главе объясняются некоторые основные положения алгоритмизации, о которых вам следует иметь полное представление, особенно если есть желание извлечь максимальную пользу от чтения книги. Возможно, вы захотите пропустить приведенную здесь информацию и сразу приступить к изучению специальных алгоритмов. Однако лучше хотя бы поверхностно ознакомиться с изложенным материалом. Подробно изучите подраздел «Асимптотическая сложность алгоритма» в разделе «Алгоритм и структур данных» текущей главы, поскольку понимание времени существенно для выбора нужного алгоритма. Очень важно, справится он с заданием за секунды, часы или не справится вообще.

Метод

Чтобы понять работу алгоритма, недостаточно просто рассмотреть его шаги. Нужно выяснить еще несколько важных моментов.

- **Поведение алгоритма.** Находит ли он наилучшее из возможных или просто хорошее решение? Может ли быть несколько наилучших решений? Есть ли смысл отдать предпочтение одному из них?

- **Скорость алгоритма.** Быстрый он или нет? Замедляет ли работу только с некоторыми входными данными?

- **Требования к памяти алгоритма.** Сколько компьютерных ресурсов ему необходимо? Является ли такой объем приемлемым? Нужны ли алгоритму миллионы терабайтов памяти, которыми компьютер не располагает (по крайней мере, сейчас)?

- **Основные методы, используемые в алгоритме.** Можно ли задействовать их повторно для решения подобных задач?

В данном издании затрагиваются все вышеперечисленные темы. Вместе с тем я не ставлю целью детально рассмотреть каждый алгоритм — используется преимущественно интуитивный подход, без излишне детального анализа его работы. Подробное изучение отнимает много времени, к тому же не требуется большинству программистов. Тем не менее книга ориентирована в первую очередь на профессионалов, которым нужны действенные и эффективные решения.

Все приведенные алгоритмы классифицированы определенным образом. Объединяющим признаком может выступать, например, задача, которую они выполняют (сортировка, поиск), используемые структуры данных (связные списки, массивы, хеш-таблицы, деревья) или методы (рекурсия, деревья решений, распределяемые алгоритмы). Иногда объединение алгоритмов в группы может показаться странным, но по мере накопления информации вы убедитесь, что такой выбор сделан не случайно.

Многие алгоритмы включают несколько общих моментов, которые упоминаются в разных главах. Например, древовидные алгоритмы (главы 10–12) обычно имеют высокую степень рекурсивности (глава 9). Связные списки (глава 3) могут использоваться для формирования массивов (глава 4), хеш-таблиц (глава 8), стеков (глава 5) и очередей (глава 5). Ссылки и указатели применяются для построения связных списков (глава 3), деревьев (главы 10–12) и сетей (главы 13 и 14). При чтении книги обращайте внимание на подобную связь. В приложении А обобщены используемые в программах стратегии. Это сделано для того, чтобы следовать им было легче.

Алгоритм и структура данных

Как сказано выше, алгоритм представляет собой набор команд для выполнения какой-либо задачи. При этом все данные, необходимые для ее решения, организуются особым образом в так называемую *структуру*. Это может быть массив, связный список, дерево, граф, сеть или что-то более замысловатое.

Алгоритмы не могут существовать без структур данных. Например, алгоритм редакторского расстояния, который описывается в главе 15 и устанавливает схожесть двух строк, тесно связан с сетью и без нее не работает. Точно так же нет смысла строить структуру данных, если вы не планируете использовать ее вместе с алгоритмом.

Псевдокод

Для описания алгоритмов в книге используются интуитивно понятные английские термины. Это сделано для того, чтобы рассматриваемые примеры можно было применять в большинстве языков программирования. Однако часто использование алгоритма связано с некоторыми нюансами, которые приводятся в псевдокоде. *Псевдокод* — это текст, похожий на язык программирования, но не являющийся таковым. Он описывает структуры и детали, которые вам понадобятся для применения алгоритма в полноценном коде вне зависимости от используемого языка программирования.

В следующем фрагменте показан пример псевдокода для вычисления наибольшего общего делителя (НОД) двух целых чисел.

```
// Находим наибольший общий делитель для a и b.
// GCD(a, b) = GCD(b, a Mod b).
Integer: Gcd(Integer: a, Integer: b)
    While (b != 0)
        // Вычисляем остаток.
        Integer: remainder = a Mod b

        // Находим наибольший общий делитель для b и остатка.
        a = b
        b = remainder
    End While

        // Наибольший общий делитель для a и 0 — это a.
        Return a
End Gcd
```

ОПЕРАТОР MOD

Оператор mod используется для нахождения остатка от деления по модулю. Например, 13 mod 4 = 1, поскольку если 13 разделить на 4, получится целое число 3 и 1 в остатке. Само уравнение обычно читается как «13 мод 4» или «13 по модулю 4».

Псевдокод начинается с комментария, который предваряется символом //.

В первой строке кода происходит объявление алгоритма. В нашем случае это алгоритм Gcd, который возвращает результат в виде целого числа и принимает два параметра с именами a и b, каждый из которых также является целым числом.

ЗАМЕЧАНИЕ

Части кода, которые выполняют задачу и по требованию возвращают результат, обычно называются подпрограммами, методами, процедурами, субпроцедурами или функциями.

Далее следует сам метод. Его начинает строка While, открывающая цикл. Код, идущий после этого оператора, будет исполняться до тех пор, пока действует заданное условие.

Цикл заканчивается оператором End While. Использовать последний не обязательно — на конец цикла уже указывает отступ, но все же лучше обозначить блок команд.

О завершении метода свидетельствует оператор Return. Рядом с ним указана величина, которую должен вернуть приведенный алгоритм. Если целью алгоритма является не получение конкретного значения, а, например, систематизация величин или построение структуры данных, то после оператора Return возвращаемая величина не ставится.

Рассмотренный код ничем не отличается от обычного программного. В последующих примерах вы можете встретить описание инструкции либо величины, приведенное на русском языке в угловых скобках (< >). Это значит, что программный код на основе инструкций вам нужно дописать самостоятельно.

После объявления параметра или переменной (в алгоритме Gcd это параметры a и b, а также переменная remainder) задается их тип с обязательным использованием двоеточия. Например, Integer: remainder. Для простых циклических переменных с целыми числами подобной процедурой можно пренебречь, достаточно написать For i = 1 To 10.

Еще одно отличие псевдокода от других языков программирования — возможность использовать цикл For вместе с оператором Step, указывающим на величину, по которой изменяется циклическая переменная. В конце цикла не забудьте написать Next i (где i — переменная цикла), чтобы напомнить о его окончании.

Обратите внимание на следующий псевдокод:

```
For i = 100 To 0 Step -5
    // Вычисляем...
Next i
```

Он равнозначен нижеприведенному коду C#:

```
for (int i = 100; i >= 0; i -= 5)
{
    // Вычисляем...
}
```

В псевдокодах из этой книги вы встретите If-Then-Else, Case и некоторые другие выражения. Они являются базовыми для всех языков программирования и должны быть вам знакомы. Остальное, что может понадобиться для кода, записывается в комментариях.

Структура данных, которая может быть вам незнакома (в некоторых языках программирования ее нет), — это List. Она подобна саморасширяющемуся массиву. С помощью метода Add к концу имеющегося списка данных можно добавить еще один элемент. Например, следующий псевдокод создает List Of Integer, в котором содержатся числа от 1 до 10.

```
List Of Integer: numbers
For i = 1 To 10
    numbers.Add(i)
Next i
```

После того как список объявлен, псевдокод может работать с ним, как с обычным массивом, и обращаться к любому его элементу. Однако в отличие от массивов, списки позволяют удалять какой бы то ни было элемент и добавлять его в какую угодно позицию.

Многие алгоритмы в книге написаны в виде методов и функций, возвращающих результат. В этом случае в объявлении функции нужно указать тип получаемых данных. Если функция выполняется без возвращения результата, тип данных не задается.

В следующем псевдокоде содержатся два метода.

```
// Возвращает удвоенное значение введенного числа.
Integer: DoubleIt(Integer: value)
    Return 2 * value
End DoubleIt
// Следующая функция выполняется без возвращения результата.
DoSomething(Integer: values[])
    // Код.
    ...
End DoSomething
```

Первая функция `DoubleIt` получает и возвращает целое число, удваивая его значение в процессе работы. Вторая функция `DoSomething` использует в качестве параметра массив целых чисел, называемых величинами. Она также выполняет задание (например, перемешивает или сортирует величины), но результат не возвращает. Обратите внимание и на то, что в книге индексация элементов внутри массива начинается с 0, то есть если массив состоит из трех элементов, индексы у них будут 0,1 и 2.

Приведенные псевдокоды должны быть интуитивно понятны. В случае каких-либо затруднений вы всегда можете зайти на форум www.wiley.com/go/essentialalgorithms и задать интересующий вас вопрос либо написать мне на электронный адрес RodStephens@CSharpHelper.com — я постараюсь дать подсказку.

Пожалуй, единственный существенный недостаток псевдокода — отсутствие компилятора, способного обнаружить ошибки. Большинство алгоритмов, реализованных на C#, а также приведенные в книге упражнения можно скачать на указанных во введении сайтах. Это позволит вам проверить собственную версию кода или получить нужную подсказку.

Свойства алгоритма

Хороший алгоритм должен быть правильным, надежным и эффективным. Если он не справляется с поставленной задачей, от него мало пользы. Нет смысла в нем и тогда, когда он дает неправильное решение.

ЗАМЕЧАНИЕ

Некоторые алгоритмы срабатывают нужным образом не всегда, а лишь время от времени, но даже это делает их полезными. Благодаря им вы можете получить нужную информацию с определенной долей вероятности. Чтобы убедиться, что ответ правильный, вам придется выполнить код несколько раз. Примером такого алгоритма является тест простоты Ферма, описанный в главе 2.

Если алгоритм не является надежным, использовать его в программе становится небезопасно. По-настоящему хороший код должен быть простым, интуитивно понятным и изящным. Только в этом случае вы получите правильный результат или сможете внести необходимые изменения в структуру программы. Если алгоритм сложный и запутанный, у вас возникнут проблемы не только с его реализацией, но и с устранением возможных ошибок. Под сомнение можно будет поставить и сам результат: ведь если алгоритм непонятен, как узнать, правильно он работает или нет?

Большинство разработчиков много времени уделяют эффективности алгоритмов. И не зря. Правильный результат, легкость реализации и возможность исправить ошибки — все это сведется к нулю, если алгоритм окончит свою работу только через семь лет или потребует объем памяти больше того, что есть в компьютере.

ЗАМЕЧАНИЕ

Вышесказанное не означает, что сложные и запутанные алгоритмы не нужно изучать. Даже если у вас возникают трудности с их реализацией, попытка разобраться в предлагаемом коде уже многого стоит. Спустя некоторое время вы улучшите навыки владения алгоритмами, и работать станет гораздо легче. Тем не менее всегда тщательно проверяйте алгоритмы, чтобы убедиться в том, что они дают правильные результаты.

Чтобы проверить эффективность алгоритма, программисты задаются вопросом: как изменится производительность кода, если скорректировать размерность задачи? Если удвоить количество переменных в алгоритме, не удвоится ли время его работы? А если возвести начальное количество переменных в четвертую степень, не станет ли полученный алгоритм выполняться несколько лет?

В таком же ключе следует рассуждать о расходе оперативной памяти и других ресурсах, необходимых для работы алгоритма. Стоит озаботиться и производительностью алгоритма при различных условиях. Каков наихудший вариант? Сколь велика вероятность его возникновения? Если запустить алгоритм с использованием большого объема произвольных данных, то какова будет его средняя производительность?

Чтобы получить представление о том, как сложность задачи влияет на производительность, программисты пользуются понятием «асимптотическая сложность». Об этом мы и поговорим ниже.

Асимптотическая сложность алгоритма

Асимптотическая сложность (производительность) определяется функцией, которая указывает, насколько ухудшается работа алгоритма с усложнением поставленной задачи. Такую функцию записывают в круглых скобках, предваряя прописной буквой *O*.

Например, $O(N^2)$ означает, что по мере увеличения количества входных данных время работы алгоритма (использование памяти либо другой измеряемый параметр) возрастает квадратично. Если данных станет вдвое больше, производительность алгоритма замедлится приблизительно в четыре раза. При увеличении количества входных данных в три раза она станет меньше в девять раз.

ЗАМЕЧАНИЕ

Выражение $O(N^2)$ читается как «порядок *N* в квадрате». Например, алгоритм быстрой сортировки, описанный в главе 6, имеет наихудшую производительность порядка N^2.

Существуют пять основных правил для расчета асимптотической сложности алгоритма.

1. Если для математической функции *f* алгоритму необходимо выполнить определенные действия *f*(*N*) раз, то для этого ему понадобится сделать O(*f*(*N*)) шагов.

2. Если алгоритм выполняет одну операцию, состоящую из O(*f*(*N*)) шагов, а затем вторую операцию, включающую O(*g*(*N*)) шагов, то общая производительность алгоритма для функций *f* и *g* составит O(*f*(*N*) + *g*(*N*)).

3. Если алгоритму необходимо сделать O(*f*(*N*) + *g*(*N*)) шагов и область значений *N* функции *f*(*N*) больше, чем у *g*(*N*), то асимптотическую сложность можно упростить до выражения O(*f*(*N*)).

4. Если алгоритму внутри каждого шага O(*f*(*N*)) одной операции приходится выполнять еще O(*g*(*N*)) шагов другой операции, то общая производительность алгоритма составит O(*f*(*N*) × *g*(*N*)).

5. Постоянными множителями (константами) можно пренебречь. Если *C* является константой, то O(*C* × *f*(*N*)) или O(*f*(*C* × *N*)) можно записать как O(*f*(*N*)).

Приведенные правила кажутся немного формальными из-за абстрактных функций *f*(*N*) и *g*(*N*), но на самом деле ими очень легко пользоваться на практике. Ниже приведено несколько примеров, которые облегчат понимание.

Правило 1

Если для математической функции f алгоритму необходимо выполнить определенные действия f(N) раз, то для этого ему понадобится сделать O(f(N)) шагов.

Рассмотрим псевдокод с алгоритмом по нахождению наибольшего целого числа в массиве.

```
Integer: FindLargest(Integer: array[])
    Integer: largest = array[0]
    For i = 1 To <наибольший индекс>
        If (array[i] > largest) Then largest = array[i]
    Next i
    Return largest
End FindLargest
```

В качестве входного параметра алгоритм `FindLargest` использует массив целых чисел, результат возвращается в виде одного целого числа. В самом начале переменной `largest` присваивается значение первого элемента массива. Затем алгоритм перебирает оставшиеся элементы и сравнивает значение каждого из них с `largest`. Если он находит большую величину, то приравнивает `largest` к ней и по окончании цикла возвращает наибольшее найденное значение.

Алгоритм проверяет каждый из *N* элементов массива всего один раз, поэтому его производительность составляет O(*N*).

ЗАМЕЧАНИЕ

Как правило, основная часть работы алгоритма приходится на циклы. Другого способа, позволяющего совершить более *N* шагов с фиксированным числом строк кода, нет. Изучите циклы, чтобы выяснить, сколько времени они занимают.

Правило 2

Если алгоритм выполняет одну операцию, состоящую из $O(f(N))$ шагов, а затем вторую, требующую $O(g(N))$ шагов, то общая производительность алгоритма для функций f и g будет $O(f(N) + g(N))$.

Вернемся к алгоритму `FindLargest`. На этот раз обратите внимание, что несколько строк в действительности не включены в цикл. В следующем псевдокоде в комментариях справа приведен порядок времени выполнения все тех же шагов.

```
Integer: FindLargest(Integer: array[])
    Integer: largest = array[0]          // O(1)
    For i = 1 To <наибльший индекс>      // O(N)
        If (array[i] > largest) Then largest = array[i]
    Next i
    Return largest                       // O(1)
End FindLargest
```

Итак, приведенный алгоритм выполняет один шаг отладки перед циклом и еще один после него. Каждый из них имеет производительность $O(1)$ (это однократное действие), поэтому общее время работы алгоритма составит $O(1 + N + 1)$. Если использовать обычную алгебру и преобразовать выражение, то получится $O(2 + N)$.

Правило 3

Если алгоритму необходимо сделать $O(f(N) + g(N))$ шагов и область значений N функции $f(N)$ больше, чем у $g(N)$, то асимптотическую сложность можно упростить до выражения $O(f(N))$.

В предыдущем примере мы выяснили, что время работы алгоритма `FindLargest` определяется выражением $O(2 + N)$. Если параметр N начнет возрастать, его значение превысит постоянную величину 2 и предыдущее выражение можно будет упростить до $O(N)$.

Игнорирование меньших функций позволяет пренебречь небольшими задачами отладки и очистки, чтобы сосредоточить внимание на асимптотическом поведении алгоритма, которое обнаруживается при усложнении задачи. Другими словами, время, затраченное алгоритмом на построение простых структур данных перед выполнением объемного вычисления, является несущественным по сравнению с длительностью основных расчетов.

Правило 4

Если алгоритму внутри каждого шага $O(f(N))$ одной операции приходится выполнять еще $O(g(N))$ шагов другой операции, то общая производительность алгоритма составит $O(f(N) \times g(N))$.

Рассмотрим алгоритм, который определяет, содержатся ли в массиве повторяющиеся элементы. (Стоит отметить, что это не самый эффективный способ обнаружения дубликатов.)

```
Boolean: ContainsDuplicates(Integer: array[])
    // Цикл по всем элементам массива.
    For i = 0 To <наибольший индекс>
```

```
            For j = 0 To <наибольший индекс>
                // Проверяем, являются ли два элемента дубликатами.
                If (i != j) Then
                    If (array[i] == array[j]) Then Return True
                End If
            Next j
    Next i

    // Если мы дошли до этой строки, то дубликатов нет.
    Return False
End ContainsDuplicates
```

Алгоритм содержит два цикла, один из которых является вложенным. Внешний цикл перебирает все элементы массива N, выполняя $O(N)$ шагов. Внутри каждого такого шага внутренний цикл повторно пересматривает все N элементов массива, совершая те же $O(N)$ шагов. Следовательно, общая производительность алгоритма составит $O(N \times N) = O(N^2)$.

Правило 5

Постоянными множителями (константами) можно пренебречь. Если C является константой, то $O(C \times f(N))$ или $O(f(C \times N))$ можно записать как $O(f(N))$.

Снова посмотрите на алгоритм `ContainsDuplicates` из предыдущего примера и обратите внимание на внутренний цикл, который представлен условием `If`. В рамках этого условия определяется, равны ли друг другу индексы `i` и `j`. Если нет — тогда сравниваются величины `array[i]` и `array[j]`, в случае их совпадения возвращается значение `True`.

Пренебрегая дополнительным шагом в выражении `Return` (как правило, он выполняется один раз), предположим, что срабатывают оба оператора `If` (а так и происходит в большинстве случаев), тогда внутренний цикл будет пройден за $O(2N)$ шагов. Следовательно, общая производительность алгоритма составит $O(N \times 2N) = O(2N^2)$. Последнее правило позволяет пренебречь коэффициентом 2 и записать производительность алгоритма в виде $O(N^2)$.

На самом деле мы возвращаемся к сути асимптотической сложности: нужно выяснить, как поведет себя алгоритм, если N начнет возрастать. Предположим, вы увеличите N в два раза, то есть будете оперировать значением $2N$. Теперь если подставить фразу в выражение $2N^2$, получится следующее: $2 \times (2N)^2 = 2 \times 4N^2 = 8N^2$. Это и есть наша величина $2N^2$, только умноженная на 4. Таким образом, время работы алгоритма увеличится в четыре раза.

Теперь давайте оценим производительность алгоритма, используя упрощенное по правилу выражение $O(N^2)$. При подстановке в него $2N$ получим следующее: $(2N)^2 = 4N^2$. То есть наша изначальная величина N^2 возросла в четыре раза, как и время работы алгоритма.

Из всего вышесказанного следует, что независимо от того, будете вы использовать развернутую формулу $2N^2$ или ограничитесь просто N^2, результат останется прежним: увеличение сложности задачи в два раза замедлит работу алгоритма в четыре раза. Таким образом, важной здесь является не константа 2, а тот факт, что время работы увеличивается вместе с увеличением количества вводов N^2.

ЗАМЕЧАНИЕ

Важно помнить, что асимптотическая сложность дает представление о теоретическом поведении алгоритма. Практические результаты могут отличаться. Предположим, производительность алгоритма равна $O(N)$; если не пренебрегать целыми числами, реальное количество выполняемых шагов составит приблизительно 100 000 000 + N. В этом случае, пока N не слишком велико, значение константы лучше учитывать.

Обычные функции рабочего цикла

При изучении алгоритмов вы часто будете встречать одни и те же функции. Рассмотрим некоторые из них, чтобы получить общее представление и возможность с ходу определять, является ли, например, алгоритм с производительностью $O(N^3)$ уместным.

1

Алгоритм с производительность $O(1)$ выполняется за один и тот же отрезок времени, независимо от сложности задачи. Как правило, речь идет об ограниченном круге команд, поскольку за $O(1)$ времени невозможно даже просмотреть все входные данные.

Например, в какой-то момент алгоритму быстрой сортировки необходимо выбрать из массива чисел то, которое будет равно среднему значению. То есть если у нас есть массив целых чисел от 1 до 100, наилучшим значением окажется число 50. В приведенном ниже алгоритме показан общий подход к решению этой задачи.

```
Integer: DividingPoint(Integer: array[])
    Integer: number1 = array[0]
    Integer: number2 = array[<последний индекс массива>]
    Integer: number3 = array[<последний индекс массива> / 2]

    If (<number1 между number2 и number3>) Return number1
    If (<number2 между number1 и number3>) Return number2
    Return number3
End MiddleValue
```

Подобный алгоритм выбирает три величины (в начале, конце и середине массива), сравнивает их между собой и возвращает среднее значение. Не факт, что выбор окажется наилучшим, но вполне вероятно, что худшим также не будет.

Поскольку алгоритм выполняет лишь несколько определенных шагов, его производительность равняется $O(1)$, а время работы не зависит от количества вводов N. (Конечно, рассмотренный фрагмент является лишь малой частью более сложного алгоритма.)

Log (N)

Алгоритм с производительностью $O(\log(N))$ делит количество рассматриваемых им элементов на фиксированный коэффициент при каждом шаге.

ЛОГАРИФМЫ

Логарифм числа по определенному основанию — это степень, в которую нужно возвести основание, чтобы получить данное число. Например, $\log_2 8 = 3$, поскольку $2^3 = 8$, где 2 — основание логарифма.

Как правило, в алгоритмах основание равно 2, поскольку входные данные делятся на две группы. Как вы скоро увидите, основание логарифма не важно для асимптотической сложности, поэтому его обычно опускают.

На рисунке 1.1 показано упорядоченное полное бинарное дерево. *Бинарное* оно потому, что каждая вершина имеет не более двух ветвей. *Полное* потому, что каждый уровень (кроме последнего) целиком заполнен, а все вершины на последнем уровне сгруппированы в левой части. И, наконец, *упорядоченное* потому, что значение каждой вершины сравнимо по величине со значением левого дочернего узла и не больше значения правого.

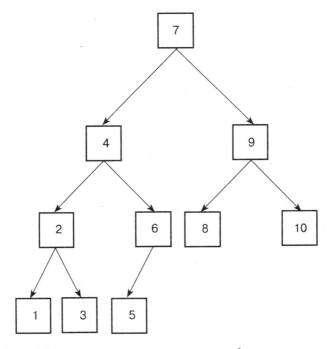

Рис. 1.1. Пример упорядоченного полного бинарного дерева

Следующий псевдокод описывает поиск определенного элемента по дереву, изображенному на рисунке 1.1.

```
Node: FindItem(Integer: target_value)
    Node: test_node = <корень дерева>

    Do Forever
        // Если мы выпадаем из дерева, значит, искомой величины нет.
        If (test_node == null) Return null
```

```
            If (target_value == test_node.Value) Then
                // test_node содержит искомую величину.
                // Это и есть та вершина, которую мы искали.
                Return test_node
            Else If (target_value < test_node.Value) Then
                // Переходим по левой ветке.
                test_node = test_node.LeftChild
            Else
                // Переходим по правой ветке.
                test_node = test_node.RightChild
            End If
        End Do
End FindItem
```

Далее в главе 10 вы найдете подробное описание этого алгоритма, но сейчас вам нужно понять его суть. Алгоритм объявляет переменную `test_node` и присваивает ей начальное значение, расположенное вверху дерева. (В отличие от настоящих деревьев, у компьютерных корни находятся вверху.) Затем запускается бесконечный цикл.

Если переменная `test_node` равняется `null`, искомой величины на дереве нет — и алгоритм возвращает `null`.

> **ЗАМЕЧАНИЕ**
>
> `Null` — особая величина, которую можно использовать в качестве переменной для указания на объект, например на вершину или на дерево. Ее значение можно перевести как «эта переменная ни на что не указывает».

Если `test_node` содержит искомую величину, то переменная является вершиной, которую мы ищем, и алгоритм возвращает ее.

Когда искомая величина `target_value` меньше величины `test_node`, алгоритм приравнивает `test_node` к дочерней вершине слева, то есть к `LeftChild`. (При `test_node`, находящемся внизу дерева, `LeftChild` равняется `null`, а алгоритм исправляет положение во время следующего прохождения цикла.)

Если величина `test_node` не равна `target_value` и не меньше ее, значит, она больше. В этом случае алгоритм считает значение `test_node` равным значению дочерней вершины справа, то есть `RightChild`. (И снова, если `test_node` располагается внизу дерева, то `RightChild` равняется `null`, а алгоритм исправляет положение при следующем прохождении цикла.)

Таким образом переменная `test_node` постепенно проходит по дереву сверху вниз и, наконец, либо обнаруживает искомую величину, либо выпадает из дерева (`test_node` равняется `null`).

В этом алгоритме важно знать, насколько низко переместится `test_node`, пока не найдет `target_value` либо не выпадет из дерева. Если повезет, искомая величина отыщется сразу — например, число 7 (см. рис. 1.1) обнаружится за один шаг. Проверка небольшой части дерева может потребоваться и в том случае, когда нужное значение располагается не в корневой вершине, как, например, число 4. Самым худшим вариантом считается тот, при котором алгоритму придется производить поиск по всему дереву — от корневой вершины до низа.

Если присмотреться, становится заметно: почти половина вершин дерева сосредоточена внизу, причем у них отсутствуют дочерние ответвления. В *полном* дереве, где каждая вершина содержит по две дочерние вершины или не имеет их вовсе, на нижний уровень приходится ровно половина всех вершин. В этом случае при поиске случайно выбранных величин большую часть времени алгоритм затратит на то, чтобы пройти почти по всей высоте дерева.

Следующий важный вопрос — насколько высоким является дерево. Полное завершенное двоичное дерево высотой H включает примерно 2^H вершины. Если исходить из обратного, то N вершин составят дерево высотой $\log_2(N)$. Поскольку алгоритм движется по дереву сверху вниз в худшем (и близком к нему) случае, а само дерево имеет высоту приблизительно $\log_2(N)$, работа алгоритма займет время, равное $O(\log_2(N))$.

На этом этапе обнаруживается интересная особенность. Вы можете преобразовать логарифм с основанием A в логарифм с основанием B, используя формулу $\log_B x = \log_A x / \log_A B$.

Если представить, что $B = 2$, то замена основания A в логарифме из выражения $O(\log_2(N))$ будет выглядеть следующим образом: $O(\log_2(N)) = O(\log_A(N) / \log_A 2)$.

Значение $1/\log_A 2$ постоянно при любом A, и поскольку асимптотическое обозначение пренебрегает величинами, умноженными на константу, то $O(\log_2(N))$ будет равен $O(\log_A(N))$ для какого угодно логарифма с основанием A. По этой причине время работы можно записать как $O(\log(N))$ без указания основания и без внутренних скобок.

Данный алгоритм — типичный пример тех, что имеет производительность $O(\log(N))$. На каждом шаге он делит количество рассматриваемых элементов примерно надвое. Но для асимптотической сложности основание логарифма не имеет значения, поэтому неважна и доля, которую использует алгоритм для деления. Производительность $O(\log(N))$ сохранилась бы даже в том случае, если бы оставшиеся элементы делились на коэффициент 1/10 и каждый шаг алгоритма был бы более прогрессивен либо на 9/10 и каждый шаг был бы прогрессивен куда меньше.

Логарифмическая функция $\log(N)$ с увеличением N возрастает сравнительно медленно, потому алгоритмы с производительностью $O(\log(N))$ обычно достаточно быстры. В этом и заключается их главная польза.

sqrt (N)

Алгоритмы с производительностью $O(\text{sqrt}(N))$, где sqrt — функция извлечения квадратного корня, не являются общими и не рассматриваются в данной книге. Эта функция возрастает очень медленно, хотя и несколько быстрее, чем $\log(N)$.

N

Алгоритм `FindLargest` (см. пункт «Правило 1» подраздела «Асимптотическая сложность алгоритма» в разделе «Свойство алгоритма» текущей главы) имеет производительность $O(N)$. Функция N возрастает быстрее, чем $\log(N)$ и sqrt (N), но все же не так быстро, поэтому большинство подобных алгоритмов демонстрирует на практике хорошую производительность.

N log N

Предположим, что алгоритм перебирает все элементы в поставленной задаче, а затем в отдельном цикле выполняет с элементом какую-то операцию $O(\log(N))$.

В этом случае производительность алгоритма определяется выражением $O(N \times \log N)$ или $O(N \log N)$. Как вариант, задача может выглядеть так: алгоритм выполняет операцию $O(\log (N))$ и на каждом ее шаге что-то делает с каждым элементом.

Предположим, у вас есть отсортированное дерево, содержащее N элементов (как описано выше) и такой же размерности массив. Вам надо узнать, какие из элементов массива присутствуют в дереве. Один из способов выяснить это — осуществить циклическое прохождение по величинам массива, задействовав описанный ранее метод поиска по дереву. В процессе работы алгоритм проверит N элементов и выполнит $\log (N)$ шагов для каждого из них, так что общая производительность будет $O(N \times \log N)$.

Для многих алгоритмов сортировки, основанных на сравнении элементов, время работы составляет $O(N \times \log N)$. На самом деле можно доказать, что любой подобный алгоритм проходит как минимум такое количество шагов, что очень удобно для определения асимптотической сложности. Однако некоторые алгоритмы являются все же более быстрыми благодаря целым числам, которые игнорируются асимптотическим обозначением.

N^2

Алгоритм, который изначально перебирает все входные данные, а затем пересматривает их еще раз для каждого единичного значения, имеет производительность $O(N^2)$. Например, алгоритм `ContainsDuplicates` (см. пункт «Правило 4» подраздела «Асимптотическая сложность алгоритма» в разделе «Свойство алгоритма» текущей главы) выполняется именно за такое время. Возможны и другие степени N, предположим $O(N^3)$ или $O(N^4)$. Однако они являются значительно более медленными, чем $O(N^2)$.

Говорят, алгоритм имеет *многочленное* время работы, если оно включает в себя многочлен N: например $O(N)$, $O(N^2)$, $O(N^6)$ и даже $O(N^{4000})$. В любом случае подобные задачи можно решить. А вот экспоненциальное и факториальное время работы, описанное ниже, возрастает очень быстро, поэтому алгоритмы с указанной производительностью будут применимы только для небольшого количества входных данных.

2^N

Экспоненциальные функции, такие как 2^N, возрастают молниеносно и поэтому полезны для решения ограниченного круга задач. Обычно посредством алгоритмов с подобным временем работы ищется оптимальный набор входных данных.

В качестве примера рассмотрим следующую задачу. Допустим, у вас есть рюкзак определенной грузоподъемности и набор принадлежностей, каждый из которых имеет свою массу и значение. Вам необходимо наполнить рюкзак предметами так, чтобы их общее значение оказалось наибольшим.

Задача может показаться простой, но все известные алгоритмы для нахождения наилучшего решения потребуют изучить каждую возможную комбинацию предметов. Если учесть, что любой предмет способен пребывать только в двух состояниях (находиться в рюкзаке или вне его), то, умножив количество состояний на количество предметов, получим $2 \times 2 \times ... \times 2 = 2^N$ вариантов выбора.

Иногда нет необходимости проверять все возможные комбинации. Например, если первый предмет заполняет собой рюкзак, то добавлять к нему еще что-то уже не имеет смысла. Однако в большинстве случаев вам не удастся исключить достаточное количество вариантов, чтобы значительно сузить область поиска.

При решении задач с экспоненциальным временем работы часто пользуются *эвристиками* — алгоритмами, которые дают хорошие результаты, но не гарантируют, что они будут наилучшими.

N!

Функция $N!$ (читается как «N факториал») рекомендуется для работы с целыми числами больше 0 и определяется формулой $N! = 1 \times 2 \times 3 \times ... \times N$. Она возрастает намного быстрее, чем экспоненциальная функция 2^N.

В алгоритмах с факториальным временем работы, как правило, ищется оптимальное распределение входных данных. Например, у торгового представителя имеется список городов. Его задача — составить маршрут таким образом, чтобы посетить каждый населенный пункт один раз и вернуться в отправную точку, преодолев минимальное расстояние.

Если городов немного, то все просто, но если список длинный, задача усложняется на порядок. Наиболее очевидный способ решения — перебрать все возможные варианты маршрута. Так, с помощью алгоритма можно выбрать N близлежащих населенных пунктов для первого города. После этого у вас останется $N - 1$ возможных пунктов, которые еще нужно посетить, затем $N - 2$ и т. д. Следовательно, общее количество вариантов маршрутов составит $N \times (N - 1) \times (N - 2) \times ... \times 1 = N!$.

Визуализация функций

В таблице 1.1 представлены значения для функций, которые определяют время работы алгоритмов, описанных в предыдущих разделах. Она поможет оценить, насколько быстро возрастают эти функции.

Таблица 1.1. Величины функций для различных входных данных

N	$\log_2 N$	sqrt (N)	N	N^2	2^N	$N!$
1	0	1	1	1	2	1
5	2,32	2,23	5	25	32	625
10	3,32	3,16	10	100	1 024	1×10^9
15	3,90	3,87	15	225	$3,3 \times 10^4$	$2,9 \times 10^{16}$
20	4,32	4,47	20	400	1×10^6	$5,24 \times 10^{24}$
50	5,64	7,07	50	2500	$1,1 \times 10^{15}$	$1,8 \times 10^{83}$
100	6,64	10,00	100	1×10^4	$1,3 \times 10^{30}$	1×10^{198}
1 000	9,96	31,62	1 000	1×10^6	$1,1 \times 10^{301}$	—
10 000	13,28	100,00	1×10^4	1×10^8	—	—
100 000	16,60	316,22	1×10^5	1×10^{10}	—	—

На рисунке 1.2 приведены соответствующие графики. Для наглядности масштаб некоторых из них был изменен, но и так понятно, какая они себя ведут при увеличении x: функции десятичного логарифма, квадратного корня, линейных и даже многочленных уравнений возрастают с умеренной скоростью, в то время как экспоненциальные и факториальные делают это чрезвычайно быстро.

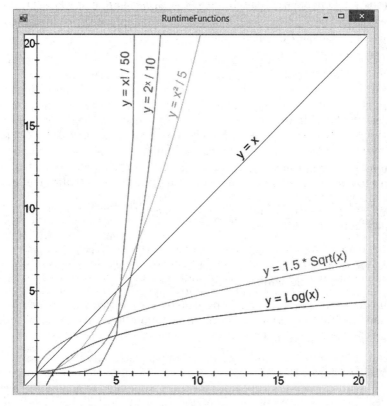

Рис. 1.2. Графики возрастания различных функций

Практические рекомендации

Теория позволяет понять, как изменяется рабочий цикл алгоритма, однако не менее важны и практические моменты. Например, при анализе алгоритма считается, что все шаги занимают одинаковое количество времени, даже если это не соответствует действительности. Взять хотя бы создание и удаление новых объектов — на них требуется намного больше времени, чем на перемещение целых чисел из одной части массива в другую. В таком случае алгоритм с массивами будет работать лучше, чем тот, что использует солидное количество объектов и выглядит лучше в асимптотическом обозначении.

Кроме того, многие среды программирования предоставляют доступ к функциям операционной системы, которые являются более эффективными, чем основные технологии алгоритмизации. Например, часть алгоритма, который выполняет сортировку, требует перемещения элементов массива на одну позицию вниз, чтобы перед ними можно было поставить новый элемент. Этот довольно медленный процесс приводит к тому, что работа алгоритма определяется как $O(N^2)$. Однако многие программы могут использовать особую функцию, перемещающую блоки памяти (например, RtlMoveMemory в .NET-программах и MoveMemory в программах Windows C++). Таким образом, вместо перемещения одного элемента при прохождении через массив программа заставляет функции передвигать последовательности величин, значительно ускоряя процесс.

Даже если алгоритм имеет оптимальную асимптотическую сложность, для увеличения производительности допустимо использовать инструменты, которые предлагает среда программирования. Некоторые из них способны выполнять те же задачи, которые рассматриваются в этой книге. Например, многие библиотеки содержат программы сортировки и отлично подходят для работы с массивами данных. Так, Microsoft .NET Framework, используемая в C# и Visual Basic, включает метод `Array.Sort`, реализацию которого вам вряд ли удастся превзойти в собственном коде. Хотя в особых случаях вы сможете это сделать, если будете располагать дополнительной информацией о данных (см. главу 6).

Подобные специфические библиотеки могут быть общедоступны и весьма полезны при выполнении определенных задач. Например, эффективно использовать библиотеку сетевого анализа, вместо того чтобы самому разрабатывать некоторые инструменты, и сэкономить время, предположим, на построении деревьев или сортировке. Конечно, ничто не мешает выполнять эти задачи собственноручно, но обратиться к готовой базе данных намного проще.

Если в ваших инструментах программирования есть функции, заменяющие работу какого-либо алгоритма, обязательно воспользуйтесь ими. Так вы добьетесь лучшей производительности и затратите меньше сил на отладку.

Наконец, для очень больших задач самый эффективный алгоритм не всегда является самым быстрым. Допустим, вы сортируете длинный список чисел. В этом случае алгоритм быстрой сортировки сработает хорошо. Но если у вас всего три числа, простой ряд операторов `If`, возможно, проявит себя куда лучше. Вряд ли будет иметь значение, справится программа с задачей за 1 или за 2 мс. Если вы не собираетесь выполнять сортировку многократно, разумнее прибегнуть к простому алгоритму, который легче поддается отладке, а не к сложному, который сэкономит всего 1 мс.

Если вы пользуетесь библиотеками, которые аналогичны тем, что описаны выше, возможно, вам не придется разрабатывать все алгоритмы самостоятельно, но понимать принцип их действия крайне необходимо, чтобы извлечь как можно больше пользы из инструментов, которые применяются для их реализации. Например, если вам известно, что реляционные базы данных работают с B-деревьями и чем-то подобным для хранения индексов, то будет ясно, насколько важны коэффициенты предварительного распределения и заполнения. Если же вы разбираетесь в алгоритме быстрой сортировки, то вас вряд ли удивит, что некоторые люди не считают метод `Array.Sort` .NET Framework криптостойким (см. пункт «Использование быстрой сортировки» подраздела «Быстрая сортировка» раздела «Алгоритмы $O(N \times \log N)$» в главе 6).

Понимание алгоритмов может пригодиться и в других ситуациях. Возможно, вам не понадобится сам алгоритм сортировки слияния, но будет полезен его метод «разделяй и властвуй» для решения задач со множественными процессорами.

Резюме

Чтобы получить максимальную пользу от алгоритмов, необходимо понимать принцип их действия и иметь представление об основных характеристиках производительности. В этой главе мы рассмотрели асимптотическую сложность и узнали, как на ее основе предсказать поведение того или иного алгоритма при изменении размерности задачи, а также познакомились с некоторыми типичными алгоритмами и общими функциями, которые описывают их рабочий цикл.

Рисунок 1.2 позволил оценить, насколько быстро растет график каждой такой функции. На практике алгоритмы с многочленным временем работы оказываются относительно быстрыми, поэтому к ним удобно обратиться для решения умеренно сложных вопросов, в отличие от алгоритмов с экспоненциальными или факториальными рабочими циклами, у которых производительность изменяется очень быстро и к которым лучше апеллировать в нетрудоемких процессах.

Теперь, когда у вас есть некоторое представление о том, как анализировать скорость алгоритмов, вы можете приступить к изучению частных случаев, например численных алгоритмов. Обычно они имеют несложную структуру данных, поэтому работают сравнительно быстро.

Упражнения

Звездочкой обозначены задачи повышенной сложности.

1. В пункте «Правило 4» подраздела «Асимптотическая сложность алгоритма» в разделе «Свойство алгоритма» текущей главы был описан алгоритм ContainsDuplicates, имеющий время работы $O(N^2)$. Рассмотрим его улучшенную версию.

```
Boolean: ContainsDuplicates(Integer: array[])
    // Цикл по всем элементам массива, кроме последнего.
    For i = 0 To <наибольший индекс> - 1
        // Цикл по элементам после элемента i.
        For j = i + 1 To <наибольший индекс>
            // Проверяем, являются ли два элемента дубликатами.
            If (array[i] == array[j]) Then Return True
        Next j
    Next i

    // Если вы дошли до этой строки, то дубликатов нет.
    Return False
End ContainsDuplicates
```

Определите время работы для новой версии алгоритма.

2. В таблице 1.1 показана взаимосвязь между сложностью задачи N и производительностью алгоритмов, описанных разными функциями. Эту же зависимость можно продемонстрировать еще одним способом — определить максимальную сложность задачи, которую способен выполнить компьютер с определенной скоростью в течение конкретного времени.

Предположим, компьютер проделывает 1 млн шагов алгоритма за 1 с и алгоритм выполняется в течение времени $O(N^2)$. В таком случае через 1 ч машина решит задачу, у которой $N = 60\,000$ (поскольку $60\,000^2 = 3\,600\,000\,000$ — это количество произведенных шагов за указанный промежуток).

Создайте таблицу, где будет представлен размер наибольшей задачи N, которую сможет выполнить компьютер для каждой из функций, приведенных в таблице 1.1, за секунду, минуту, час, день, неделю, год.

3. Иногда константы, которыми пренебрегают в асимптотическом обозначении, играют очень важную роль. Представьте, что два алгоритма выполняют одинаковую задачу. Для работы первого требуется $1500N$ шагов, второй справляется с тем же заданием за $30N^2$ шагов. При каких значениях N вы отдадите предпочтение тому или иному алгоритму?

4*. У вас есть два алгоритма. Один состоит из $N^3/75 - N^2/4 + N + 10$ шагов, другой — из $N/2 + 8$ шагов. Каково должно быть значение N, чтобы вы выбрали первый/второй алгоритм?

5. Программа берет в качестве входных параметров N букв и генерирует из них все возможные пары. Например, из букв *ABCD* выстраиваются следующие комбинации: *AB, AC, AD, BC, BD* и *CD* (подразумевается, что *AB* и *BA* — одна и та же пара). Каково время работы алгоритма?

6. Алгоритм с числом входных данных N генерирует величины для каждого единичного квадрата на поверхности куба $N \times N \times N$. Найдите время работы алгоритма.

7. У вас есть алгоритм с числом входных данных N, который генерирует величины для каждого элементарного куба в составе куба $N \times N \times N$ (рис. 1.3). Каково время работы алгоритма?

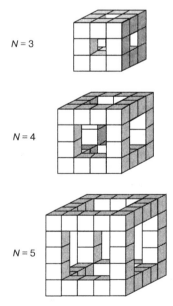

Рис. 1.3. Сгенерированные кубы

8*. Алгоритм получает *N* входных данных и генерирует значение для каждого элементарного куба в пределах определенных фигур (рис. 1.4), добавляя еще один уровень при увеличении исходного параметра. Найдите время работы алгоритма (учтите, что некоторые кубы присутствуют на заднем плане, но на изображении не видны).

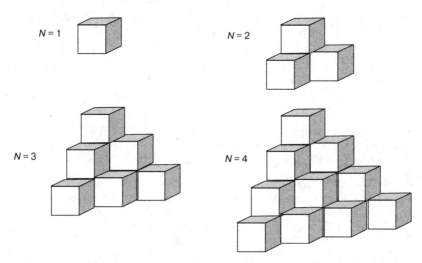

Рис. 1.4. Сгенерированные фигуры

9. Как вы думаете, может ли быть алгоритм без структуры данных? Возможно ли существование структуры данных без алгоритма?

10. Рассмотрим два алгоритма покраски забора.

```
Algorithm1()
  For i = 0 To <количество досок в заборе> - 1
        <Красим доску под номером i.>
  Next i
End Algorithm1

Algorithm2(Integer: first_board, Integer: last_board)
  If (first_board == last_board) Then
        // Имеется только одна доска. Красим только ее.
        <Красим доску под номером first_board.>
  Else
        // Досок больше одной, делим их на две группы и красим рекурсивно.
        Integer: middle_board = (first_board + last_board) / 2
        Algorithm2(first_board, middle_board)
        Algorithm2(middle_board, last_board)
  End If
End Algorithm2
```

Каково время работы этих алгоритмов (*N* — количество досок в заборе)? Какой вариант лучше?

11*. Числа Фибоначчи можно определить рекурсивно с помощью следующих правил.

```
Fibonacci(0) = 1
Fibonacci(1) = 1
Fibonacci(n) = Fibonacci(n - 1) + Fibonacci(n - 2)
```

Последовательность Фибоначчи начинается с чисел 1, 1, 2, 3, 5, 8, 13, 21, 34, 55, 89.

Каким образом можно сравнить функцию Фибоначчи с функциями времени работы алгоритма на рисунке 1.2?

Глава 2
ЧИСЛЕННЫЕ АЛГОРИТМЫ

Численные алгоритмы используются для работы с числами. Они располагают величины в случайном порядке, разбивают числа на простые множители, находят наибольший общий делитель и определяют геометрические площади. И хотя такие алгоритмы применимы лишь в некоторых случаях, лежащие в их основе технологии очень полезны, например адаптивные алгоритмы, моделирование по методу Монте-Карло или использование таблиц для хранения промежуточных результатов.

Рандомизация данных

Рандомизация играет важную роль во многих приложениях. Она позволяет программе моделировать некоторые процессы, проверять поведение алгоритмов при работе со случайными входными величинами, а также искать ответы для сложных задач. Интеграция Монте-Карло, описанная в разделе «Численное интегрирование» текущей главы, использует случайно выбранные точки для оценки площади сложной геометрической фигуры.

Первый шаг в любом алгоритме рандомизации — генерирование случайных чисел.

Генерирование случайных величин

В действительности ни один алгоритм, используемый компьютером для получения чисел, не является «случайным». Если бы вы были знакомы с его внутренней структурой, то наверняка смогли бы предвидеть те значения, которые он генерирует. Чтобы добиться абсолютной непредсказуемости, необходимо использовать нечто отличное от компьютерной программы. Одним из таких вариантов мог бы служить детектор излучения, измеряющий частицы, которые испускает радиоактивный образец. Поскольку нельзя точно предсказать, когда появятся частицы, генерирование чисел на самом деле будет происходить случайно. Другими возможными источниками так называемой хаотичности выступают игральные кости, анализ статического электричества в радиоволнах, а также броуновское движение. Сайт random.org, например, позволяет генерировать случайные величины на основе измерений атмосферного шума.

К сожалению, генераторы истинно случайных чисел являются довольно сложными и медленными, поэтому в большинстве задач используется более быстрый генератор псевдослучайных чисел (ГПСЧ). Если подобранные с его помощью величины в определенном смысле достаточно «случайны», на их основе программа демонстрирует хорошие результаты.

Генерирование величин

Примером простого и общего метода создания псевдослучайных чисел является *линейный конгруэнтный генератор*, использующий следующую зависимость для формирования величин:

$X_{n+1} = (A \times X_n + B) \bmod M$, где A, B, и M — постоянные.

Величина X_0 называется *начальным числом*. Она инициализирует генератор, поэтому различные величины X_0 дают неодинаковые комбинации чисел.

Поскольку все значения в числовой последовательности берутся по модулю M, как только генератор достигает максимума, он производит число, полученное им ранее, а последовательность чисел повторяется с того места.

Рассмотрим пример. Дано $A = 7$, $B = 5$ и $M = 11$. Если начать с $X_0 = 0$, предыдущее уравнение приведет к следующей последовательности чисел.

$X_0 = 0$

$X_1 = (7 \times 0 + 5) \bmod 11 = 5$

$X_2 = (7 \times 5 + 5) \bmod 11 = 40 \bmod 11 = 7$

$X_3 = (7 \times 7 + 5) \bmod 11 = 54 \bmod 11 = 10$

$X_4 = (7 \times 10 + 5) \bmod 11 = 75 \bmod 11 = 9$

$X_5 = (7 \times 9 + 5) \bmod 11 = 68 \bmod 11 = 2$

$X_6 = (7 \times 2 + 5) \bmod 11 = 19 \bmod 11 = 8$

$X_7 = (7 \times 8 + 5) \bmod 11 = 61 \bmod 11 = 6$

$X_8 = (7 \times 6 + 5) \bmod 11 = 47 \bmod 11 = 3$

$X_9 = (7 \times 3 + 5) \bmod 11 = 26 \bmod 11 = 4$

$X_{10} = (7 \times 4 + 5) \bmod 11 = 33 \bmod 11 = 0$

Поскольку $X_{10} = X_0 = 0$, последовательность повторяется.

Величины 0, 5, 7, 10, 9, 2, 8, 6, 3, 4 выглядят относительно случайными, но теперь, когда известен используемый в программе метод, зная текущее число, вы сможете правильно спрогнозировать все последующие.

Некоторые алгоритмы ГПСЧ используют множественные линейные конгруэнтные генераторы с разными постоянными и производят выборку из величин, сгенерированных на каждом шаге. Это делается для того, чтобы полученные числа казались «более случайными», а период повторения последовательности увеличился. Однако и такие методы не являются истинно случайными.

> **ЗАМЕЧАНИЕ**
>
> Большинство языков программирования обладает встроенными ГПСЧ. Эти генераторы в основном довольно быстрые и производят очень длинные последовательности чисел, прежде чем повториться. По такой причине их удобно использовать вместо того, чтобы писать собственные.

Одной из особенностей ГПСЧ является то, что можно воспользоваться определенным начальным числом для формирования такой же последовательности «случайных» чисел несколько раз. Это легко расценить как недостаток, поскольку означает, что числа более предсказуемы, однако возможность использовать одинаковые числа несколько раз значительно облегчает отладку некоторых программ.

Способность повторять последовательности чисел также разрешает некоторым приложениям хранить сложные данные в очень сжатой форме. Предположим, программе нужно заставить объект пройти долгий и сложный псевдослучайный путь по карте. Программа может сгенерировать путь и сохранить его координаты, чтобы позже перерисовать маршрут, или же оставить в памяти только значение начального числа, чтобы на его основе провести повторную инициализацию ГПСЧ.

На рисунке 2.1 представлено окно специальной программы RandomTrees, которая рисует дерево, используя заданное исходное значение. Введите произвольное число в окно **Seed** и нажмите кнопку **Go**, чтобы увидеть результат. Если начальные значения будут отличаться хотя бы на единицу, деревья получатся абсолютно разными.

Рис. 2.1. Окно программы RandomTrees

Вводимое вами число программа RandomTrees использует для генерации таких параметров, как количество ветвей, формируемых деревом при каждом шаге, угол их наклона относительно материнской ветви и отличие от нее в размерах. Если вы зададите одно и то же число два раза подряд, то получите два одинаковых дерева. (Программу можно скачать с одного из сайтов с материалами книги, которые упомянуты во введении.)

КРИПТОСТОЙКИЕ ГПСЧ

Любой линейный конгруэнтный генератор имеет период повторения, что делает его бесполезным для криптографии. Например, вы пытаетесь зашифровать текст с использованием ГПСЧ и для этого генерируете случайные величины, а затем добавляете их к каждой букве в сообщении. Допустим, буква *A* + 3 будет *D*, поскольку *D* находится через три позиции от *A* в английском алфавите. Если вы доберетесь до *Z*, то вернетесь к *A*. Так, *Y* + 3 = *B*.

Эта технология довольно хорошо работает, пока последовательность чисел случайна, однако линейный конгруэнтный генератор имеет ограниченное число начальных чисел. Все, что вам нужно, чтобы взломать код, — попробовать дешифровать сообщение с помощью любого начального числа. С целью дешифровки программа оценивает распределение букв, чтобы увидеть, выглядит ли результат как реальный текст. Если начальное число выбрано неправильно, каждая буква должна появляться с приблизительно одинаковой частотой. Если начальное число правильное, одни буквы, допустим, *E* и *T*, будут появляться намного чаще, чем другие, например *J* и *X*. Если буквы распределены неравномерно, возможно, вы угадали начальное число.

Может показаться, что такая задача займет много времени, однако для современных компьютеров это не так уж и сложно. Если начальное число – 32-битное целое, возможно лишь 4 млн вариантов. Современный компьютер может проверить каждое начальное число за несколько минут или даже секунд.

Криптостойкий генератор псевдослучайных чисел (КГПСЧ) использует более сложные алгоритмы для генерации чисел, которые труднее спрогнозировать, а также для производства более длинных последовательностей без введения цикла. Они обычно обладают большими начальными значениями. Простой КГПСЧ может использовать 32-битное начальное число. КГПСЧ могут в состоянии работать с ключами длиной до 1000 бит для инициализации алгоритма.

КГПСЧ интересны и довольно «случайны», однако у них есть некоторые недостатки. Они сложнее и поэтому медленнее простых алгоритмов. Они также могут не позволить совершить всю инициализацию вручную, так что, возможно, вам не удастся сгенерировать повторяемую последовательность. Если вы хотите использовать ту же самую последовательность более одного раза, вам нужно задействовать простые ГПСЧ. К счастью, многие алгоритмы не нуждаются в КГПЧ, поэтому можно работать с более простыми алгоритмами.

Обеспечение равноправия

Обычно в программах нужно использовать равноправные ГПСЧ. *Равноправным* ГПСЧ называется тот, который производит все возможные выходные данные с одинаковой вероятностью. ГПСЧ, являющийся неравноправным, называют *неправильным*. Например, случай с монетой, падающей орлом в 2/3 случаев, является неправильным.

Многие языки программирования располагают методами, производящими случайные числа в любых желаемых пределах, но если требуется написать код для преобразования величин ГПСЧ в особый диапазон, нужно быть осторожным при соблюдении равноправия.

Линейный конгруэнтный генератор производит число между 0 (включительно) и M (исключительно), где M — модуль, используемый в уравнении генератора $X_{n+1} = (A \times X_n + B) \bmod M$.

Для программы, как правило, нужно произвольное число, находящееся за пределами диапазона от 0 до M. Простым, но неправильным способом отображения числа, произведенного генератором в границах от min до max, является использование следующего уравнения: результат = min + число mod (max – – min + 1). Например, чтобы получить величину между 1 и 100, вам необходимо произвести вот такой расчет: результат = 1 + число mod (100 – 1 + 1). Проблема заключается в том, что некоторые результаты могут быть куда более вероятными, чем другие.

Чтобы понять, почему это так, рассмотрим пример, где $M = 3$, min = 0 и max = 1. Если генератор работает правильно, он производит числа 0, 1 и 2 с приблизительно одинаковой вероятностью. Если подставить эти значения в предыдущее уравнение, получатся величины, представленные в таблице 2.1.

Таблица 2.1. Показания ГПСЧ

Вводимое значение	Результат
0	0
1	1
2	0

Число 0 возникает в два раза чаще, чем 1, так что финальный результат является неправильным. В настоящих ГПСЧ, где модуль M очень большой, проблема не столь очевидна, но тем не менее существует.

Лучше всего конвертировать произведенную ГПСЧ величину в дробь между 0 и 1, а затем умножить ее на желаемый диапазон, как в следующей формуле: результат = min + (число / M) × (max – min).

Методом преобразования псевдослучайной величины из одного диапазона в другой является и просто игнорирование любых результатов, выпадающих за желаемые пределы. В предыдущем примере вы могли воспользоваться ограниченным ГПСЧ для генерирования величины между 0 и 2. Если получается 2, находящееся за границами желаемого диапазона, его не учитывают и рассчитывают другое число.

Приведем пример, приближенный к реальности. Предположим, вы хотите дать печенье одному из четырех друзей и у вас есть игральная кость. Вам стоит просто несколько раз бросить кость, пока не получится величина между 1 и 4.

Получение равноправия от неправильных источников

Даже если ГПСЧ является неправильным, есть способ генерирования равноправных чисел. Предположим, вы считаете монету неправильной. Вам сложно спрогнозировать вероятность того, выпадет у вас орел или решка, однако можно предположить, что эта вероятность не равна 0,5. Следующий алгоритм представляет подбрасывание правильной монеты.

```
Подбрасываем неправильную монету дважды.
    Если результат представляет собой {Heads, Tails}, возвращаем Heads.
    Если результат представляет собой {Tails, Heads}, возвращаем Tails.
    Если результат выглядит как-то иначе, повторяем действие.
```

Чтобы понять, почему это работает, предположим, что для неправильной монеты вероятность выпадения орла равна P, а решки — $1 - P$. Тогда вероятность выпадения орла, а затем решки рассчитывается как $P \times (1 - P)$, и наоборот, решки, а затем орла как $(1 - P) \times P$. Две указанные величины одинаковы, поэтому вероятность возвращения алгоритмом орла или решки тоже одинакова, а значит, результат равноправный.

Если неправильная монета выпадает орлом, а затем орлом или решкой, нужно повторить алгоритм. Возможно, придётся проделать это много раз, прежде чем вы получите равноправный результат. Например, если $P = 0{,}9$, то орёл будет выпадать два раза подряд в 81 % случаев, а в 1 % случаев два раза подряд выпадет решка.

ВНИМАНИЕ

Получение равноправного выпадения с помощью неправильной монеты вряд ли будет полезным в реальной программе. Тем не менее это хороший пример использования вероятностей, который может пригодиться вам на собеседовании при приеме на работу.

Подобную технологию можно использовать для расширения диапазона ГПСЧ. Предположим, вы хотите угостить печеньем одного из своих пяти друзей и вашим единственным источником случайности является правильная монета. В таком случае можно подбросить монету три раза и обработать результаты как двоичные числа с орлом для 1 и решкой для 0. Например, орёл, решка, орёл соответствует значению 101 в двоичной системе и 5 в десятичной. Если получается результат, находящийся за пределами желаемого диапазона (в этом примере орёл, орёл, орёл даёт результат 111 в двоичной или 8 в десятичной системе исчисления, что больше количества друзей), вы сбрасываете результат и пробуете заново.

В заключение необходимо отметить, что для большинства случаев вам будет достаточно встроенного в язык программирования ГПСЧ. Если же вы нуждаетесь в большей степени случайности, можете обратить внимание на КГПСЧ. Использование равноправной монеты с целью выбора случайного числа между 1 и 100 либо неправильного источника информации для генерирования равноправных чисел является более полезным при невыясненных обстоятельствах.

Рандомизация массивов

Довольно распространённой задачей в программах является рандомизация элементов массива. Допустим, программе календарного планирования нужно назначить смены для работников организации. Если программа организует смены в алфавитном порядке по мере их появления в базе данных или в каком-либо другом статистическом порядке, сотрудники, которых постоянно записывают на ночную смену, будут недовольны.

В некоторых алгоритмах также может использоваться случайность с целью предотвращения наихудшей ситуации. Например, стандартный алгоритм быстрой сортировки обычно работает хорошо, однако, если величины, которые он должен упорядочить, уже были отсортированы, производительность снижается. Одним из способов выхода из положения будет рандомизация величин перед их сортировкой.

В следующем алгоритме предлагается способ рандомизации массива.

```
RandomizeArray(String: array[])
    Integer: max_i = <верхняя граница массива>
    For i = 0 To max_i - 1
            // Выбираем элемент для i-й позиции в массиве.
            Integer: j = <псевдослучайный номер между i и max_i включительно>
            <Меняем местами значения величин array[i] и array[j].>
    Next i
End RandomizeArray
```

Представленный алгоритм проходит через каждую позицию в массиве один раз, так что время его работы равно $O(N)$, что является довольно быстрым для большей части приложений.

Стоит отметить, что повторение данного алгоритма не делает массив «более случайным». Когда вы тасуете карточную колоду, находящиеся рядом карты по преимуществу так и остаются вместе, так что вам нужно перетасовать колоду несколько раз, чтобы получить достаточно случайный результат. Текущий алгоритм полностью рандомизирует массив за одно прохождение, поэтому его повторный запуск является бесполезной тратой времени.

РАВНОПРАВНО РАНДОМИЗИРОВАННЫЙ МАССИВ

Другим важным вопросом, касающимся данного алгоритма, является такой: дает ли он равноправный порядок? Другими словами, есть ли вероятность того, что элемент, занимающий данную позицию, останется в ней? Например, плохо, если элемент, установленный в первую позицию, останется в ней в половине случаев.

Во введении я говорил, что в книге не будет длинных математических доказательств. При желании вы вправе пропустить следующее рассуждение и поверить мне на слово — алгоритм рандомизации равноправен. Если вам известно что-либо о вероятности, вполне возможно, что рассуждения вызовут интерес.

Для определенного элемента в массиве рассмотрим вероятность его размещения в позиции k. Чтобы занять ее, он не должен стать в позиции 1, 2, 3, ..., $k - 1$, а затем в k.

Определим P_{-i} как вероятность неразмещения элемента в позиции i при условии, что он не был ранее в позициях 1, 2, ..., $i - 1$. Также определим P_k как вероятность размещения элемента в позиции k при условии, что он не был в позициях 1, 2, ..., $k - 1$. Тогда общая вероятность того, что элемент займет позицию k, равняется $P_{-1} \times P_{-2} \times P_{-3} \times ... \times P_{-(k-1)} \times P_k$.

Если P_1 равняется $1/N$, то P_{-1} равняется $1 - P_1 = 1 - 1/N = (N - 1)/N$.

После того как задан первый элемент, элементы $N-1$ могут быть поставлены в позицию 2, так что $P_2 = 1/(N-1)$, а $P_{-2} = 1 - P_2 = 1 - 1/(N-1) = (N-2)/(N-1)$.

В общих чертах имеем: $P_i = 1/(N-(i-1))$ и $P_{-i} = 1 - P_i = 1 - 1/(N-(i-1)) = (N-(i-1)-1)/(N-(i-1)) = (N-i)/(N-i+1)$.

Если перемножить вероятности друг на друга, $P_{-1} \times P_{-2} \times P_{-3} \times \ldots \times P_{-(k-1)} \times P_k$ даст следующее уравнение:

$$\frac{N-1}{N} \times \frac{N-2}{N-1} \times \frac{N-3}{N-2} \times \ldots \frac{N-(k-1)}{N-(k-1)+1} \times \frac{N-1}{N-(k-1)}$$

Видно, что числитель каждого члена и знаменатель следующего члена сокращаются. Когда вы совершите все сокращения, уравнение упростится до $1/N$.

Это означает, что вероятность расположения элемента в позиции k является $1/N$ вне зависимости от значения k, так что размещение равноправно.

Еще одна задача, подобная рандомизации массива, — выбор определенного количества случайных элементов из массива без удвоения. Например, у вас есть список из 100 человек, которым вы хотите отправить экземпляр своей книги. Один из способов выбрать пять имен — это ввести всех претендентов в массив, рандомизировать его, а затем отправить книги первым пяти людям из сформированного списка. Вероятность того, что какое-либо имя находится в одной из пяти выигравших позиций, одинакова — следовательно, схема равноправна.

Генерирование неравномерных распределений

В некоторых программах нужно генерировать псевдослучайные числа, распределяемые неравномерно. Нередко такие программы имитируют другие формы генерации случайных чисел. Например, программе может понадобиться сгенерировать числа между 2 и 12, чтобы сымитировать бросок двух шестигранных костей.

Вы не можете просто выбрать псевдослучайные числа между 2 и 12, поскольку вероятность получения каждого числа при бросании двух костей отсутствует. Для решения задачи нужно имитировать бросание костей, чтобы сгенерировать два числа между 1 и 6, а затем сложить полученные результаты.

Нахождение наибольшего общего делителя

Наибольший общий делитель (НОД) двух целых чисел — наибольшее целое число, на которое они оба делятся без остатка. Например, НОД (60, 24) равен 12. Данная функция может показаться довольно странной, но на самом деле она очень полезна в криптографических задачах, которые широко используются в деловой сфере, в частности для защиты финансовых коммуникаций.

Численные алгоритмы

ЗАМЕЧАНИЕ

Если НОД (*A*, *B*) = 1, говорят, что *A* и *B* *взаимно простые*.

В общем случае чтобы получить НОД, достаточно разложить два числа на множители и найти общие коэффициенты. Однако еще около 300 г. до н. э. греческий математик Евклид в своем трактате «Начала» описал более быстрый способ, который представлен в следующем псевдокоде. Поскольку алгоритм создан на основе работы Евклида, он называется *евклидовым*, или *алгоритмом Евклида*.

```
Integer: GCD(Integer: A, Integer: B)
    While (B != 0)
        Integer: remainder = A Mod B
        // НОД(A, B) = НОД(B, остаток).
        A = B
        B = remainder
    End While
    Return A
End GCD
```

В качестве примера рассмотрим нахождение НОД (4851, 3003). В таблице 2.2 приведены значения для *A*, *B* и *A* mod *B* для каждого шага.

Таблица 2.2. Значения, используемые для расчета НОД (4851, 3003)

A	*B*	*A* mod *B*
4 851	3 003	1 848
3 003	1 848	1 155
1 848	1 155	693
1 155	693	462
693	462	231
462	231	0
231	0	—

При *B* = 0 переменная *A* и есть искомый НОД. В нашем случае это число 231. Проверить правильность результата можно следующим образом: 4851= 231 × 21 и 1848 = 231 × 8. Получается, что оба числа делятся на 231 без остатка, а величины 21 и 8 не имеют общих множителей.

САМЫЙ БОЛЬШОЙ ИЗ ОБЩИХ ДЕЛИТЕЛЕЙ

Дадим некоторое математическое пояснение, которое при желании вы можете пропустить. Суть алгоритма Евклида сводится к тому, что НОД (*A*, *B*) = НОД (*B*, *A* mod *B*). Чтобы понять, почему это так, нужно знать, что представляет собой оператор деления по модулю. Предположим, остаток *R* = *A* mod *B*, тогда *A* = *m* × *B* + *R*, где *m* — некоторое целое значение. Если *g* — это НОД для *A* и *B*, то *B* должно делиться на него без остатка, как и *m* × *B*. Аналогичным образом должно делиться и *A*, определяемое формулой *m* × *B* + *R*. Отсюда следует, что раз *g* делит нацело *m* × *B*, то оно способно делить и *R*. Таким образом, вышесказанное доказывает, что *g* делит без остатка *B* и *R*.

Чтобы считать *g* равным НОД (*B*, *R*), по-прежнему нужно знать, что оно является самым большим целым числом, на которое делятся *B* и *R*. Предположим, что есть некое значение *G*, на которое делятся *B* и *R* и которое больше, чем *g*.

Тогда G должно делить нацело $m \times B + R$, то есть само A. Но это говорит о том, что g не является НОД (A, B) и противоречит нашему условию. Делаем вывод: такого G не существует, а g и есть НОД для A и B.

Приведенный алгоритм является довольно быстрым, поскольку величина B уменьшается как минимум на коэффициент 0,5 для каждых двух прохождений через цикл While. Таким образом, максимальное время работы алгоритма составляет $O(\log(B))$.

ЖАЖДА СКОРОСТИ

Попробуем разобраться, почему значение B в евклидовом алгоритме уменьшается как минимум на коэффициент 0,5 для каждых двух прохождений через цикл While. Для этого обозначим с помощью A_k, B_k и R_k величины A, B и R k-й итерации и будем считать, что $A_1 = m_1 \times B_1 + R_1$ для целого числа m_1, а во второй итерации $A_2 = B_1$ и $B_2 = R_1$. Если $R_1 \leq B_1 / 2$, тогда $B_2 \leq B_1 / 2$.

Предположим, что $R_1 > B_1 / 2$ и в третьей итерации $A_3 = B_2 = R_1$, а $B_3 = R_2$. По определению $R_2 = A_2 \bmod B_2$, что аналогично записи $B_1 \bmod R_1$. Если допустить, что $R_1 > B_1 / 2$, тогда в B_1 величина R_1 укладывается ровно один раз, сохраняя в остатке $B_1 - R_1$.

Поскольку $R_1 > B_1 / 2$, то $B_1 - R_1 \leq B_1 / 2$. Теперь вернемся к уравнениям: $B_1 - R_1 = B_1 \bmod R_1 = A_2 \bmod B_2 = R_2 = B_3$. Следовательно, $B_3 \leq B_1 / 2$, что и требовалось доказать.

Возведение в степень

Иногда для решения задачи требуется возвести число в целую степень. Если степень низкая, это не сложно. Например, 7^3 легко вычислить путем простого умножения $7 \times 7 \times 7 = 343$. Для более высоких значений, таких как $7^{102\,187\,291}$, данный способ является очень медленным.

ЗАМЕЧАНИЕ

Возведение чисел в высокую степень нередко занимает довольно много времени. Этому факту можно было бы не придавать большого значения, если бы данная математическая операция не использовалось в некоторых важных видах криптографии.

К счастью, есть способ ускорить процесс. Он основан на двух ключевых формулах:

- $A^{2 \times M} = (A^M)^2$;
- $A^{M+N} = A^M \times A^N$.

Первая позволяет быстро вычислить степень числа A, возводя в квадрат это же число в исходной степени; вторая помогает комбинировать степени любым удобным для вас образом.

Рассмотрим следующий псевдокод для возведения числа в степень.

```
// Возведем число A в степень P.
Float: RaiseToPower(Float: A, Integer: P)
    <Используем первую формулу, чтобы быстро вычислить A, A², A⁴, A⁸
    и т.д., пока не получим значение Aᴺ, где N + 1 > P.>
    <Используем эти степени A и вторую формулу, чтобы вычислить Aᴾ.>
        Return Aᴾ
End RaiseToPower
```

Предположим, вы хотите с его помощью рассчитать значение для 7^6. Сначала алгоритм определит, сколько будет 7^1, 7^2 и 7^4. На этом он остановится, поскольку следующее значение степени (число 8) превысит нужное вам (число 6):

$7^1 = 7$;

$7^2 = (7^1)^2 = 7^2 = 49$;

$7^4 = (7^2)^2 = 49^2 = 2401$.

Затем алгоритму понадобится вторая ключевая формула, чтобы получить число 6 из уже имеющихся исходных степеней, возведенных в квадрат, то есть $6 = 2 + 4$. Таким образом, $7^6 = 7^2 \times 7^4 = 49 \times 2401 = 117\,649$.

Чтобы получить искомое значение, нам понадобилось выполнить два умножения для расчета 7^2 и 7^4 и еще одно — для нахождения итогового произведения. В результате шагов получилось меньше, чем при обычном умножении $7 \times 7 \times 7 \times 7 \times 7 \times 7$, хотя в данном примере разница небольшая.

В общих чертах, имея экспоненту P, алгоритм рассчитывает степени $\log(P)$ для A. Затем он проверяет двоичные цифры P, чтобы увидеть, какие из полученных степеней ему нужно перемножить для нахождения результата. (Если двоичная цифра P равна 1, конечный результат должен включать соответствующую степень 2. В предыдущем примере двоичное представление 6 равно 110. Таким образом, включены вторая и третья степени 2: 2^2 и 2^4.)

В двоичном исчислении величина P включает $\log_2 P$ цифр. Следовательно, общее время работы составляет: $O(\log(P)) + O(\log(P)) = O(\log(P))$. Даже если $P = 1\,000\,000$, значение $\log(P)$ получится около 20, поэтому алгоритм использует около 20 шагов (до 40 умножений), что намного меньше, чем $1\,000\,000$.

Действия ограничивает лишь то, что величины, возведенные в высокие степени, возрастают до огромных значений. Даже такая «скромная» величина, как 7^{300}, содержит 254 десятичные цифры. Это значит, что умножение больших чисел при расчете высоких степеней занимает много времени и места.

К счастью, чаще всего высокие степени вычисляются в криптографических алгоритмах, где все операции выполняются в абсолютном значении, которое ограничивает размер числа. Например, если в абсолютном значении число содержит 100 цифр, то в произведении двух таких чисел цифр может быть не более 200. Затем результат сводят с абсолютным значением, чтобы снова получить число длиной не более 100 цифр. При сведении каждого числа с абсолютным значением процесс вычисления замедляется, зато можно рассчитывать величины практически неограниченного размера.

Работа с простыми числами

Как известно, *простое число* — это натуральное (целое положительное) число больше единицы, которое делится на единицу и на само себя. Все остальные натуральные числа больше единицы являются *составными*.

Простые числа играют важную роль: они могут как облегчать, так и усложнять отдельные операции. Например, в некоторых видах криптографии, чтобы сделать алгоритм более надежным, используется произведение двух больших простых чисел.

Далее мы поговорим об обычных алгоритмах, работающих с такими числами.

Нахождение простых множителей

Самый легкий способ найти простые множители для числа — попытаться разделить его на все числа в промежутке между 2 и числом, которое меньше исходного значения на единицу. Если возможный множитель делит число нацело, сохраните его. Затем возьмите частное от деления и продолжите поиск с ним. Обратите внимание: перед тем как взять следующую цифру из ряда простых чисел, вы снова должны попробовать тот же самый множитель, поскольку исходное число может содержать более одного такого множителя.

Например, чтобы найти простые множители для числа 127, попробуйте разделить его на 2, 3, 4, 5 и т. д., пока не дойдете до 126.

Рассматриваемый алгоритм можно представить следующим псевдокодом.

```
List Of Integer: FindFactors(Integer: number)
    List Of Integer: factors
    Integer: i = 2
    While (i < number)
        // Проверяем делимость на i.
        While (number Mod i == 0)
            // i является множителем. Добавляем его в список.
            factors.Add(i)

            // Делим число на i.
            number = number / i
        End While

        // Проверяем следующий возможный множитель.
        i = i + 1
    End While

    // Если от числа что-то осталось, остаток — тоже множитель.
    If (number > 1) Then factors.Add(number)
    Return factors
End FindFactors
```

Если число равно N, то время работы алгоритма составит $O(N)$.

Чтобы усовершенствовать данный метод, воспользуемся тремя важными наблюдениями.

- Не стоит проверять, делится ли число на любое четное, кроме 2, поскольку четные числа уже сами по себе кратны двум. Это означает, что нужно рассмотреть лишь делимость на 2 и на нечетные числа, вместо того, чтобы перебирать все возможные множители. В таком случае время работы сократится вдвое.

- Следует проверять множители только до квадратного корня числа. Если $n = p \times q$, то p или q должно быть меньше либо равно sqrt (n). (Если p и q больше sqrt (n), их произведение превысит n.) Проверив возможные множители до sqrt (n), вы найдете наименьший среди них, а, поделив n на такой множитель, определите еще один. Это сократит время работы до $O(sqrt(n))$.

- Всякий раз при делении числа на множитель вы можете обновить максимальное количество потенциальных множителей, которые необходимо проверить.

Усовершенствуем алгоритм согласно вышеизложенному.

```
List Of Integer: FindFactors(Integer: number)
    List Of Integer: factors

    // Проверяем делимость на 2.
    While (number Mod 2 == 0)
            factors.Add(2)
            number = number / 2
    End While

    // Ищем нечетные множители.
    Integer: i = 3
    Integer: max_factor = Sqrt(number)
    While (i <= max_factor)
            // Проверяем делимость на i.
            While (number Mod i == 0)
                    // i является множителем. Добавляем его в список.
                    factors.Add(i

                    // Делим число на i.
                    number = number / i

                    // Устанавливаем новую верхнюю границу.
                    max_factor = Sqrt(number)
            End While

            // Проверяем следующий возможный нечетный множитель.
            i = i + 2
    End While

    // Если от числа что-то осталось, остаток тоже множитель.
    If (number > 1) Then factors.Add(number)

    Return factors
End FindFactors
```

> **ЗАМЕЧАНИЕ**
>
> Алгоритм, который разлагает число на простые множители, имеет время работы $O(sqrt(N))$ (где N — исходное число) и является относительно быстрым для

малых чисел. Для действительно больших *N* эта функция работает уже значительно медленнее. Например, если *N* имеет длину 100 цифр, то sqrt (*N*) будет содержать их 50. При условии что *N* — простое число, даже быстрый компьютер не сможет опробовать все возможные множители за разумный отрезок времени. Это поможет защитить некоторые алгоритмы шифрования.

Нахождение простых элементов

Предположим, вашей программе нужно выбрать большое простое число (подобные задания не редкость в алгоритмах шифрования). Один из способов сделать это — использовать код, описанный ранее, и проверить, являются ли числа простыми. С разумно малыми значениями такой вариант сработает хорошо, но для очень больших чисел он может оказаться чересчур медленным.

Еще один метод нахождения простых чисел для указанного значения — *решето Эратосфена*. Он также хорош для достаточно малых величин, поскольку требует создания таблицы с записями для каждого анализируемого числа. Если значения будут слишком велики, понадобится неоправданно большой объем памяти.

Идея заключается в том, чтобы создать таблицу с одной записью для каждого числа между 2 и указанным пределом. Для начала вычеркните все четные числа, не считая 2. Затем просмотрите таблицу, чтобы найти следующее невычеркнутое число (в данном случае это 3), и исключите все значения, кратные ему (не считая самого числа). Обратите внимание: некоторые значения уже могут быть вычеркнутыми, поскольку делились на 2. Повторите те же действия со следующим невычеркнутым числом и т. д., пока не дойдете до квадратного корня из верхнего предела. Все оставшиеся числа и будут искомыми простыми.

Продемонстрируем описанный выше алгоритм.

```
// Находим простые числа между 2 и max_number (включительно).
List Of Integer: FindPrimes(long max_number)
    // Определяем массив для чисел.
    Boolean: is_composite = new bool[max_number + 1]

    // Исключаем числа, кратные 2.
    For i = 4 to max_number Step 2
        is_composite[i] = true
    Next i

    // Исключаем числа, кратные найденным простым числам.
    Integer: next_prime = 3
    Integer: stop_at = Sqrt(max_number)
    While (next_prime <= stop_at)
        // Исключаем числа, кратные данному простому числу.
        For i = next_prime * 2 To max_number Step next_prime
            Then is_composite[i] = true
        Next i
        // Переходим к следующему простому числу, пропуская четные числа.
        next_prime = next_prime + 2
        While (next_prime <= max_number) And
         (is_composite[next_prime]) next_prime = next_prime + 2
        End While
    End While
```

```
        // Заносим простые числа в список.
        List Of Integer: primes
        For i = 2 to max_number
                If (Not is_composite[i]) Then primes.Add(i)
        Next i

        // Возвращаем простые числа.
        Return primes
End FindPrimes
```

Данный алгоритм обладает временем работы $O(N \times \log (\log N))$, однако доказательство этого не входит в задачу книги.

Проверка на простоту

Алгоритм, который раскладывает числа на множители (см. подраздел «Нахождение простых элементов» раздела «Работа с простыми числами» в текущей главе) можно использовать и для определения простых чисел. Идея заключается в следующем: если алгоритм не выполнит свою задачу, значит, число простое.

Как уже говорилось, производительность данной программы хороша для относительно малых чисел. Для числа, состоящего из 100 цифр, количество шагов алгоритма будет уже 50-значным. Даже самые быстрые компьютеры не способны выполнять такой объем операций в разумный промежуток времени. Машине, совершающей 1 трлн операций в секунду, понадобится более чем 3×10^{30} лет. В силу этого для некоторых алгоритмов шифрования, нуждающихся в использовании больших чисел, рассмотренный метод проверки простых чисел не сработает. Но, к счастью, есть альтернатива, например *тест простоты Ферма*.

Малая теорема Ферма гласит: если p — простое число, а $1 \le n < p$, то $n^{p-1} \bmod p = 1$. Другими словами, если вы возведете n в степень $p - 1$, а затем возьмете результат по модулю p, то ответом станет 1.

Предположим, что $p = 11$, а $n = 2$. Тогда $n^{p-1} \bmod p = 2^{10} \bmod 11 = 1024 \bmod 11$. В свою очередь $1024 = 11 \times 93 + 1$, следовательно, $1024 \bmod 11 = 1$, что и требовалось доказать.

Обратите внимание: $n^{p-1} \bmod p = 1$ справедливо, даже если p не является простым числом. В таком случае величина n называется *обманщиком Ферма*, поскольку она ошибочно указывает на то, что число p — простое. Если же $n^{p-1} \bmod p \ne 1$, то n называют *свидетелем Ферма*, и эта величина показывает, что p не является простым числом.

Строго говоря, для натурального числа p минимум половина значений n между 1 и p — свидетели Ферма. Получается, если p — это не простое число и вы выбираете любое значение между 1 и p, то с вероятностью 50 % n окажется свидетелем Ферма и $n^{p-1} \bmod p \ne 1$. Вам может не повезти, и вы возьмете в качестве n обманщика Ферма. Но если повторить тест многократно, то шансы выбрать свидетеля (если он существует) возрастут.

Если учесть, что в каждом тесте в половине случаев вы можете столкнуться со свидетелем Ферма и p проходит k тестов, то вероятность выбора обманщиков Ферма каждый раз будет равна $1/2^k$. Другими словами, существует $1/2^k$ случаев, что p лишь кажется простым, но на самом деле является составным.

Например, *p* проходит тест 10 раз, тогда вероятность, что число не простое, составит $1/2^{10} \approx 0{,}00098$. Для большей уверенности повторите тест 100 раз, тогда значение вероятности изменится на $1/2^{100} \approx 7{,}8 \times 10^{-31}$.

Приведем псевдокод для реализации метода, принимающего решение о том, какое число (возможно) является простым.

```
// Возвращаем true, если число p (возможно) простое.
Boolean: IsPrime(Integer: p, Integer: max_tests)
    // Проводим проверку max_tests раз.
    For test = 1 To max_tests
        <Выбираем случайное число n между 1 и p (эксклюзивно).>
        If (np-1 Mod p != 1) Then Return false
    Next test

    // Возможно, число простое.
    // С вероятностью 1/2 max_tests число не является простым.
    Return true
End IsPrime
```

ЗАМЕЧАНИЕ

Приведенный выше алгоритм называется *вероятностным*, поскольку дает правильный результат с определенной вероятностью. При работе с ним следует учитывать тот факт, что он нередко оказывается неправильным. Однако вы можете повторять тесты до тех пор, пока не достигнете желаемого уровня уверенности.

Если число *p* очень большое (это единственный по-настоящему интересный случай), то расчет n^{p-1} с использованием умножения может занять много времени. К счастью, вы знаете, как ускорить работу алгоритма, имея дело с возведением в степень (см. раздел «Возведение в степень» текущей главы).

Научившись определять, является ли число (возможно) простым, вы можете составить алгоритм для выбора простых чисел.

```
// Возвращаем (возможно) простое число a длиной max_digits.
Integer: FindPrime(Integer: num_digits, Integer: max_tests)
    Repeat
        <Выбираем случайное число p с num_digits digits.>
        If (IsPrime(p, max_tests)) Then Return p
End FindPrime
```

Численное интегрирование

Численное интегрирование (*квадратура*, или *числовая квадратура*) — использование численных методов для аппроксимации области под кривой, что определяется некоторой функцией. Чаще всего это функция одной переменной $y = F(x)$, которая образует двумерную область. В некоторых случаях область может быть трехмерной и определяться функцией $z = F(x, y)$. Допустимы и более многомерные варианты.

Чем проще функция, тем точнее расчет занимаемой области. Впрочем, есть вероятность, что вам не удастся найти для нее неопределенный интеграл. Например, слишком сложное или неизвестное уравнение, в случае если данные получены от конкретного физического процесса. Тогда вместо расчетов лучше воспользоваться численным интегрированием. Оно выполняется несколькими способами. Самый простой из них предполагает работу с формулой Ньютона — Котеса, где аппроксимация функции происходит с помощью нескольких многочленов. Частными случаями этого способа являются *формула прямоугольников* и *формула трапеций*.

Формула прямоугольников

В этом способе для аппроксимации области под кривой используется несколько прямоугольников одинаковой ширины. На рисунке 2.2 показано окно программы RectangleRule (ее легко найти на сайте с материалами книги), работающей по указанной формуле. Кроме того, вы можете видеть расчет точной области под кривой и сравнить, насколько далек приближенный результат от правильного.

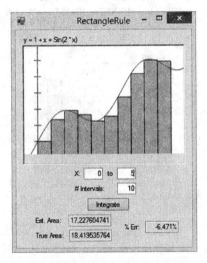

Рис. 2.2. Окно программы RectangleRule (аппроксимация области под кривой для функции $y = 1 + x + \sin 2x$)

Ниже представлен псевдокод с алгоритмом, реализующим формулу прямоугольников.

```
Float: UseRectangleRule(Float: function(), Float: xmin, Float: xmax,
    Integer: num_intervals)
        // Вычисляем ширину прямоугольника.
        Float: dx = (xmax - xmin) / num_intervals

        // Добавляем области прямоугольников.
        Float: total_area = 0
        Float: x = xmin
        For i = 1 To num_intervals
            total_area = total_area + dx * function(x)
            x = x + dx
        Next i

        Return total_area
End UseRectangleRule
```

Этот алгоритм просто делит область на прямоугольники постоянной ширины и высотой, равной величине функции с левого ребра прямоугольника. Затем он описывает петлю над прямоугольниками, добавляя их области.

Формула трапеций

На рисунке 2.2 видно, что прямоугольники не подходят к кривой вплотную, за счет чего появляется погрешность в расчетах области. Ошибку можно уменьшить, если использовать более узкие прямоугольники. Так, в вышеприведенном примере увеличение количества прямоугольников с 10 до 20 снизит погрешность с 6,5 до 3,1 %.

Альтернативная стратегия для аппроксимации кривой — заменить прямоугольники трапециями. На рисунке 2.3 показано окно программы TrapezoidRule, работающей по этому принципу (вы можете скачать ее с сайта с материалами книги).

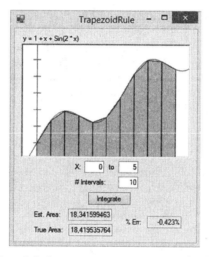

Рис. 2.3. Окно программы TrapezoidRule

Следующий псевдокод представляет алгоритм применения формулы трапеций.

```
Float: UseTrapezoidRule(Float: function(), Float: xmin, Float: xmax,
    Integer: num_intervals)
        // Вычисляем ширину трапеции.
        Float: dx = (xmax - xmin) / num_intervals

        // Добавляем области трапеций.
        Float: total_area = 0
        Float: x = xmin
        For i = 1 To num_intervals
            total_area = total_area + dx * (function(x) +
            function(x + dx))/2
            x = x + dx
        Next i

        Return total_area
End UseTrapezoidRule
```

Единственная существенная разница между этим алгоритмом и тем, который работает с формулой прямоугольников, заключается в операторе, добавляющем область к каждой части. В данном случае используется формула для построения трапеций: область = ширина × среднее длин параллельных сторон.

Вы можете рассматривать правило прямоугольников как построение кривой с помощью ступенчатой функции, перепрыгивающей с одной величины на другую на каждом верхнем ребре прямоугольника, а правило трапеций — как выстраивание кривой посредством ломаных линий.

Еще одним примером формулы Ньютона — Котеса является *формула Симпсона*, использующая для аппроксимации кривой многочлены второй степени. В других методах улучшения результата добиваются с помощью многочленов большей степени.

Адаптивная квадратура

Такая разновидность численной интеграции обнаруживает области, в которых аппроксимация имеет наибольшую погрешность, и совершенствует используемый для работы метод. Еще раз взгляните на рисунок 2.3: там, где кривая приближается к прямой линии, трапеции подходят к ней очень близко, но там, где она резко изгибается, трапеции отстоят от нее. Программа, использующая адаптивную квадратуру, ищет области, где фигуры не примыкают вплотную к кривой, и увеличивает их количество на этих участках.

На рисунке 2.4 показано окно программы AdaptiveMidpointIntegration, работающей на основе формулы трапеций с адаптивной квадратурой. Ее суть заключается в следующем: часть аппроксимирующей области вначале заполняется одной трапецией, а затем разделяется на две меньшие фигуры. Если разница между областью, занимаемой большой трапецией, и суммой областей меньших трапеций превышает определенный процент, программа выбирает разбиение и переходит к аналогичному расчету каждой отдельной области.

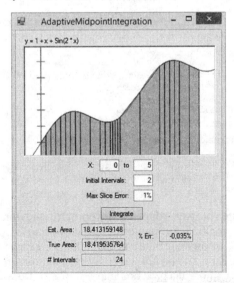

Рис. 2.4. Окно программы AdaptiveMidpointIntegration

Описанный алгоритм представляет следующий псевдокод.

```
// Интегрируем, используя адаптивную формулу трапеции.
Float: IntegrateAdaptiveMidpoint(Float: function(),
    Float: xmin, Float: xmax, Integer: num_intervals,
Float: max_slice_error)
            // Вычисляем ширину начальных трапеций.
            Float: dx = (xmax - xmin) / num_intervals
            double total = 0

            // Добавляем области трапеций.
            Float: total_area = 0
            Float: x = xmin
            For i = 1 To num_intervals
                    // Добавляем кусочек области.
                    total_area = total_area +
                    SliceArea(function, x, x + dx, max_slice_error)
                    x = x + dx
            Next i

            Return total_area
End IntegrateAdaptiveMidpoint

// Возвращаем площадь данной области.
Float: SliceArea(Float: function(),Float: x1, Float: x2,
    Float: max_slice_error)

            // Вычисляем значение функции на конечных и центральной точках.
            Float: y1 = function(x1)
            Float: y2 = function(x2)
            Float: xm = (x1 + x2) / 2
            Float: ym = function(xm)

            // Вычисляем площадь большой трапеции и двух меньших трапеций.
            Float: area12 = (x2 - x1) * (y1 + y2) / 2.0
            Float: area1m = (xm - x1) * (y1 + ym) / 2.0
            Float: aream2 = (x2 - xm) * (ym + y2) / 2.0
            Float: area1m2 = area1m + aream2
            // Оцениваем, насколько мы близко.
            Float: error = (area1m2 - area12) / area12

            // Оцениваем погрешность.
            If (Abs(error) < max_slice_error) Then Return area1m2

            // Погрешность слишком большая. Делим трапецию и пробуем еще раз.
            Return
                    SliceArea(function, x1, xm, max_slice_error) +
                    SliceArea(function, xm, x2, max_slice_error)
End SliceArea
```

Если запустить программу AdaptiveMidpointIntegration и выполнить последовательное разделение области, начиная с 2 частей до 24 (см. рис. 2.4), а затем оценить погрешность, то она составит всего 0,035 %. Если же вы воспользуетесь программой TrapezoidRule, где все 24 части будут равной ширины, то вероятность ошибки окажется примерно в два раза больше — 0,072 %. Таким образом, при равном количестве частей адаптивный алгоритм более эффективен.

В программе AdaptiveTrapezoidIntegration решение о том, когда следует разбивать область на подобласти, принимается на основе особого метода. Сперва вычисляется вторая производная функции в начальной точке x на отрезке, затем интервал разбивается на одну часть плюс одно значение производной в секунду. Например, если вторая производная равна 2, то программа делит интервал на три части (формула была выбрана произвольно, для улучшения результатов вы можете использовать другую).

ЗАМЕЧАНИЕ

Для случая когда все расчеты выполняются приблизительно, производная функции сообщает о своем отклонении в каждой точке. Вторая производная говорит о степени искривления кривой и о том, насколько быстро это происходит. Производные более высоких степеней означают, что кривая изгибается еще сильнее, поэтому программа AdaptiveTrapezoidIntegration разбивает область на большее количество частей.

Описанная методика не сработает, если вы не сможете рассчитать вторую производную для кривой. А технология, используемая в программе AdaptiveMidpointIntegration, должна показать хорошие результаты в любом случае, так что вам следует прибегнуть к ней.

Адаптивные технологии применяются во многих алгоритмах, поскольку позволяют получить отличные результаты без лишних усилий. В программе AdaptiveGridIntegration (рис. 2.5) с их помощью рассчитывается площадь закрашенной области, которая образуется из двух перпендикулярных друг другу эллипсов (за вычетом трех внутренних кругов).

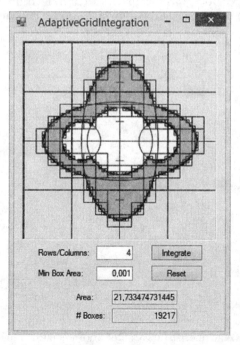

Рис. 2.5. Окно программы AdaptiveGridIntegration

Программа заключает сложную фигуру в рамку и разбивает на сегменты с помощью решетки. На рисунке 2.5 решетка выстроена из четырех вертикальных и четырех горизонтальных рядов. Для каждого сегмента программа определяет, располагается ли он внутри или снаружи закрашенной области. Так, если ни одна из точек сегмента не входит в закрашенную область, весь сегмент игнорируется. В случае когда в закрашенную область попадает каждая точка, программа добавляет площадь сегмента к площади оцениваемой области. При условии что внутри заштрихованной фигуры находятся лишь некоторые точки, программа разбивает исходный сегмент на более мелкие части и использует ту же технологию для вычисления остальной площади фигуры.

Взглянув на рисунок 2.5 еще раз, вы увидите, каким образом программа AdaptiveGridIntegration разделила фигуру на сегменты. Легко заметить, что количество этих сегментов по краям закрашенной области намного больше, чем внутри или снаружи. Всего же их получилось 19 217.

Интеграция Монте-Карло

Это еще одна разновидность численной интеграции, при которой программа генерирует множество равномерно распределенных псевдослучайных точек, определяет, какие из них находятся внутри целевой области, а затем оценивает искомую площадь.

Предположим, точки генерируются внутри квадрата 20×20, площадь которого составляет 400 квадратных единиц. При условии что 37 % псевдослучайных точек попадут внутрь искомой области, площадь нужной нам фигуры определится по формуле 0,37 × 400 = 148 квадратных единиц. В программе MonteCarloIntegration (рис. 2.6) рассчитывается площадь той же фигуры, что и в программе AdaptiveGridIntegration.

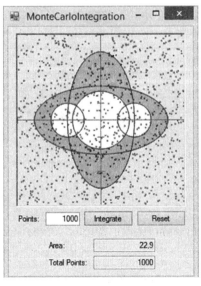

Рис. 2.6. Окно программы MonteCarloIntegration (точки внутри закрашенной области обозначены черным цветом, за ее пределами — серым)

Интеграция Монe-Карло менее совершенна, чем интеграция трапеции или адаптивная интеграция. Тем не менее иногда проще использовать именно ее, поскольку здесь не требуется, чтобы вы хорошо представляли фигуру, площадь которой собираетесь рассчитывать. Достаточно сгенерировать точки и посмотреть, сколько из них попадает в нужную вам область.

> **ЗАМЕЧАНИЕ**
>
> В данной главе псевдослучайные величины используются для расчета площадей, однако подобные технологии применимы и для решения других задач. В *моделировании по методу Монте-Карло* выбранные псевдослучайные величины помогают вычислить процент, который удовлетворяет определенному критерию, и на его основе спрогнозировать общее количество подходящих величин.

Нахождение нулей

Иногда программе нужно выяснить, где уравнение пересекает ось x. Другими словами, имея уравнение $y = f(x)$, требуется найти x, при котором $f(x) = 0$. Такие величины называются *корнями* уравнения.

Метод Ньютона (иногда его называют *методом Ньютона — Рафсона*) позволяет определить корни уравнения путем последовательной аппроксимации. Первым делом выбирается некое начальное приближение X_0 к корню. Если функция $f(X_0)$ оказывается недостаточно близка к 0, алгоритм движется по касательной, выстроенной из точки начального приближения, и находит пересечение с осью x. Эта новая точка и будет следующим предположительным приближением X_1 для корня. Так продолжается до тех пор, пока не отыщется величина X_k, при которой функция $f(X_k)$ будет достаточно близка к 0.

Единственная сложность в понимании этого метода связана с тем, как заставить алгоритм двигаться по касательной. Если у вас есть формула для нахождения производной функции $f'(x)$, записываемой также как $dfdx(x)$, то благодаря следующему уравнению программа сможет обновить приближение для корня:

$$X_{i+1} = X_i - \frac{f(X_i)}{f'(X_i)}.$$

> **ЗАМЕЧАНИЕ**
>
> В рамках данной книги нахождение производных функций не рассматривается. Если вам нужна дополнительная информация, поищите ее в Интернете или учебниках по математике.

На рисунке 2.7 описанный выше процесс представлен графически. Цифрой 1 обозначена точка, соответствующая начальному приближению для корня. Значение функции y в ней далеко от 0, поэтому алгоритм следует вдоль касательной, пока та не пересечет ось x. Затем он рассчитывает функцию для нового приближения и получает точку 2, в которой значение функции y также далеко от 0. Весь процесс повторяется и находится точка 3, а после 4. У точки 4 ордината достаточно близка к 0, следовательно, алгоритм останавливается.

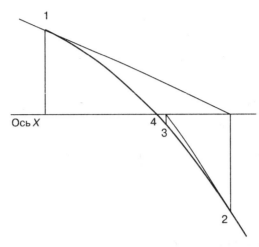

Рис. 2.7. Метод Ньютона: корни функции определяются путем следования вдоль касательных, проведенных к графику

Работу рассмотренного алгоритма можно представить следующим псевдокодом.

```
// Используем метод Ньютона для определения корня функции f(x).
Float: FindZero(Float: f(), Float: dfdx(), Float: initial_guess,
    Float: maxError)

            float x = initial_guess
            // Останавливаемся после 100 повторений, если что-то не так.
                // Вычисляем значение в данной точке.
                float y = f(x)
                // Если погрешность достаточно мала, останавливаемся.
                if (Math.Abs(y) < maxError) break

                // Обновляем x.
                x = x - y / dfdx(x)
            Next i

            Return x
End NewtonsMethod
```

В качестве исходных параметров алгоритм берет функцию $y = f(x)$, ее производную *dfdx*, начальное приближение для корня и допустимую погрешность. Переменная *x* приравнивается к начальному приближению и используется в цикле For, который может срабатывать до 100 раз. Обычно алгоритм быстро находит решение, но если функция имеет совсем небольшую кривизну, алгоритм нередко отклоняется в сторону и «забывает» о решении или же «застревает», выбирая то одно, то другое начальное приближение. Предустановленное количество итераций позволит программе выйти из цикла.

В цикле For алгоритм рассчитывает функцию $f(x)$ и, если результат недостаточно близок к нулю, обновляет *x* для совершения следующей попытки. Обратите внимание, что некоторые функции имеют больше одного корня. В таком случае вам следует запустить алгоритм FindZero несколько раз, используя новое начальное приближение для обнаружения нового корня.

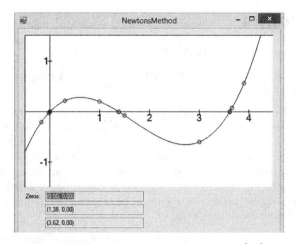

Рис. 2.8. Окно программы NewtonsMethod

На рисунке 2.8 показано окно программы NewtonsMethod (вы можете скачать ее на сайте с материалами книги), которая задействует метод Ньютона для поиска трех корней функции $y = x^3 / 5 - x^2 + x$. Точки на графике — это начальные приближения, выбранные программой.

Резюме

По сравнению с рандомизацией данных такие численные алгоритмы, как разложение на множители и нахождение наибольшего общего делителя, в чистом виде имеют довольно ограниченную сферу применения. Тем не менее используемые в них методы и идеи в отдельных ситуациях оказываются довольно ценными. Например, мысль о том, что алгоритм может быть вероятностным, пригодится для написания других алгоритмов, не работающих с отличной достоверностью (подобный вопрос может встретиться и на собеседовании).

В этой главе вы получили представление об идее равноправия и предвзятости — двух очень важных понятиях для любых алгоритмов рандомизации, например для алгоритма интеграции Монте-Карло. Кроме того, узнали, что такое адаптивная квадратура, и познакомились с технологиями, позволяющими программе сосредотачиваться на более значимых моментах решения задачи и меньше обращать внимания на то, с чем легко справиться. Подобные программы, способные подстраиваться под обстоятельства, встречаются во многих алгоритмах.

Еще одна особенность численных алгоритмов (поиск НОД, тест простоты Ферма, интеграция Монте-Карло, формулы прямоугольников и трапеций) заключается в том, что они не нуждаются в сложных структурах данных. Однако большинство других программ, описанных в книге, все же потребуют специализированных структур, таких как, например, связные списки. Именно о них пойдет речь в следующей главе. Это далеко не самый сложный способ организации данных среди тех, с которыми вы познакомитесь, но, безусловно, очень полезный. Кроме того, понятие «связные списки» пригодится вам и при работе с другими структурами, например с деревьями или сетями.

Упражнения

Звездочкой отмечены задачи повышенной сложности.

1. Напишите алгоритм, в котором игральная кость будет генерировать подбрасывания монеты.

2. В пункте «Получение равноправия от неправильных источников» (см. подраздел «Генерирование случайных величин» раздела «Рандомизация данных» в текущей главе) объяснялось, как дважды подкинутая неправильная монета помогает получить справедливое подбрасывание монеты. Но иногда такое действие не дает результата, и вам нужно повторить процесс. Предположим, монета выпадает орлом в 3/4 случаев и решкой в 1/4. Какова вероятность, что вы не получите нужный результат после двух подбрасываний и вам придется пробовать снова?

3. Вернемся к монете из упражнения 2. Предположим, вы ошибались и монета на самом деле является правильной, но алгоритм все еще используется для получения равноправных подбрасываний неправильной монеты. Какова вероятность, что вы не получите результат после двух подбрасываний и вам придется попробовать снова?

4. Разработайте алгоритм с использованием неправильной игральной кости для генерации равноправных величин между 1 и 6. Какова его эффективность?

5. Напишите алгоритм для выбора случайных величин M из массива, содержащего N элементов (где $M \leq N$). Определите время его работы и примените к примеру, где необходимо раздать книги пяти людям, выбранным из 100 (или 10 000) записей.

6. Продумайте алгоритм для игры в покер, где каждый игрок получает по пять карт. Имеет ли значение, как раздаются карты: по одной каждому игроку (пока у каждого не окажется нужное количество) или все пять сразу?

7. Напишите программу, которая имитирует бросание двух игральных костей и рисует гистограмму или график, показывающие, сколько раз выпала каждая величина. Сравните количество выпадений величин с ожидаемым распределением бросков двух правильных костей при том же количестве попыток. Сколько попыток вам понадобится осуществить, чтобы результаты совпали с ожидаемым распределением?

8. Что случится с евклидовым алгоритмом, если $A < B$?

9. Наименьшее общее кратное для A и B — это наименьшее целое число, на которое A и B делятся без остатка. Как можно использовать НОД для расчета наименьшего общего кратного?

10. Алгоритм быстрого возведения в степень, представленный в этой главе, является высокоуровневым. Напишите низкоуровневый алгоритм.

11. Как изменить алгоритм из предыдущего упражнения, чтобы применить быстрое возведение в степень по модулю?

12*. Напишите программу, которая рассчитывает НОД для нескольких пар псевдослучайных чисел и отображает в виде графика количество шагов, требуемых алгоритмом НОД в сравнении с алгоритмом нахождения среднего арифметического двух чисел. Выглядит ли результат логарифмическим?

13. Следующий псевдокод показывает, как решето Эратосфена вычеркивает числа, кратные простому `next_prime`.

```
// Вычеркиваем числа, кратные данному простому числу.
For i = next_prime * 2 To max_number Step next_prime Then
    is_composite[i] = true
Next i
```

Первое вычеркнутое число — это `next_prime * 2`. Однако вы знаете, что оно уже исключено, поскольку кратно 2 (алгоритм первым делом вычеркнул такие числа). Как изменить цикл `For`, чтобы избежать повторного пересмотра исключенных чисел?

14*. В бесконечном ряде составных чисел (так называемые числа Кармайкла) каждое относительно простое малое число является обманщиком Ферма. Другими словами, p — число Кармайкла, если p — нечетное и каждое n — обманщик Ферма, при условии что $1 < n < p$ и НОД $(p, n) = 1$. Напишите алгоритм со списком чисел Кармайкла от 1 до 10 000 и их простыми множителями.

15. При использовании формулы прямоугольников части некоторых фигур оказываются над или под кривой, увеличивая или уменьшая рассчитываемую площадь соответственно. Что произойдет, если для высоты прямоугольника вы возьмете значение функции из центра прямоугольника, а не из его левого ребра? Напишите программу для проверки своей гипотезы.

16. Возможно ли создать программу, использующую адаптивную интеграцию Монте-Карло? Будет ли она эффективной?

17. Напишите высокоуровневый алгоритм, который ищет объем трехмерной фигуры с помощью интеграции Монте-Карло.

18. Используйте метод Ньютона для нахождения точек пересечения двух функций.

Глава 3
СВЯЗНЫЕ СПИСКИ

Связные списки — возможно, самые простые структуры данных, которые вам придется создавать. Тем не менее некоторые методы их построения применимы для формирования более сложных структур, описанных в книге. Для использования связных списков вам необходимо иметь представление о ссылках и ячейках, включая способы их нахождения, вставки и удаления. Эти же понятия фигурируют при построении сложных сетей и деревьев, в том числе сбалансированных.

В данной главе вы познакомитесь с основами, необходимыми для работы со связными списками. В последующих главах (4, 5, 8, а также 10–14) мы будем возвращаться к рассмотренному здесь материалу.

Основные положения

Связный список построен из объектов, обычно называемых *ячейками*. Этот класс содержит все данные, которые должны храниться в списке, и ссылку на другую ячейку. *Ссылка* представляет собой справку или указатель на объект такого же класса. Поле типа «указатель» в ячейке часто называется Next.

Например, приведенный ниже код представляет определение класса IntegerCell в C#. В ячейке содержатся целое число и указатель на следующий объект IntegerCell в связном списке.

```
class IntegerCell
{
    public int Value;
    public IntegerCell Next;
}
```

Графически связные списки представляют, как правило, в виде квадратиков (ячеек) и стрелок (ссылок). Ссылку, которая ни на что не указывает, обозначают квадратиком поменьше с косым перекрестием внутри (на языке программирования значением указателя, соответствующего такой ссылке, будет ничто, нуль либо другое специальное значение, которое имеет аналогичный смысл).

Чтобы код программы сумел найти список, требуется определенная переменная, которая будет на него указывать. Нередко она называется top (поскольку представляет вершину списка) и может быть переменной класса ячейки или указателем на первую ячейку в списке.

На рисунке 3.1 показаны два связных списка, в которых содержатся цифры 31, 72, 47 и 9. Верхняя переменная top — это указатель на первую ячейку списка, а нижняя — первая ячейка в списке. Оба списка заканчиваются квадратиком с косым перекрестием — так обозначается нулевой указатель.

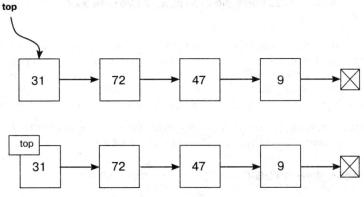

Рис. 3.1. Примеры связных списков

Связные списки — хороший способ хранить элементы, количество которых может со временем увеличиваться или уменьшаться. Чтобы присовокупить новую ячейку, нужно всего лишь добавить ее в начало или в конец связного списка. Массив располагает фиксированным размером, поэтому его сложно увеличить, если требуется включить новые элементы.

В следующем разделе рассматриваются некоторые алгоритмы, которые можно использовать для управления связными списками. Многие из них легче всего описывать с помощью цифр, показывающих список до и после выполнения операции.

Однонаправленные связные списки

В *однонаправленном связном списке* (см. рис. 3.1) каждая ячейка связана со следующей с помощью одинарной ссылки. Чтобы использовать такой список, вам понадобятся алгоритмы для передвижения по списку, поиска, добавления и удаления элементов. Рассмотрим некоторые из них.

Передвижение по спискам

Если программа содержит встроенные или связные списки, переход по ее ячейкам осуществляется относительно просто. Следующий алгоритм показывает, как это сделать и как работать со значениями в ячейках. В приведенном ниже примере используется метод `Print` (он выводит значения ячеек), однако вы можете заменить его любым другим.

```
Iterate(Cell: top)
    While (top != null)
        Print top.Value
        top = top.Next
    End While
End Iterate
```

ЗАМЕЧАНИЕ

В подобных алгоритмах предполагается, что значение проходит параметр `top`. Таким образом, код может изменять его, сохраняя значение `top` в коде вызова.

Данный алгоритм начинается с цикла While, который работает до тех пор, пока верхний указатель ячейки не станет null. Внутри цикла алгоритм сперва вызывает метод Print, чтобы показать значение ячейки top, а затем с ее помощью указывает на следующую ячейку связного списка. Процесс продолжается до тех пор, пока top не станет указывать на null в конце списка и цикл While не остановится.

Приведенный алгоритм изучает каждую ячейку в связном списке, поэтому если их количество равно N, то время работы составит $O(N)$.

Нахождение ячеек

Поиск ячейки выглядит так: алгоритм передвигается по связному списку и останавливается, найдя нужную.

```
Cell: FindCell(Cell: top, Value: target)
    While (top != null)
        If (top.Value == target) Then Return top
        top = top.Next
    End While

    // Если мы дошли до этой строки, искомого значения нет в списке.
    Return null
End FindCell
```

Алгоритм вводит цикл While, который работает, пока top не станет равным null. Внутри этого цикла сравнивается значение ячейки top с искомым значением. Если они совпадают, алгоритм возвращает top; если нет, top превращается в указатель на следующую ячейку в списке.

Если top становится равным null после того, как будет пересмотрен весь список, — искомого значения нет. Возможно также, что в алгоритме вызвано исключение или возникла какая-то ошибка (зависит от используемого языка программирования).

В следующих разделах вы увидите, что легче всего работать с ячейкой в связном списке, если есть указатель на ту, что стоит перед ней. Приведенный ниже алгоритм находит ячейку, предшествующую целевой.

```
Cell: FindCellBefore(Cell: top, Value: target)
    // Если список пуст, искомого значения нет.
    If (top == null) Return null

    // Поиск искомого значения.
    While (top.Next != null)
        If (top.Next.Value == target) Then Return top
        top = top.Next
    End While

    // Если мы дошли до этой строки, искомого значения нет в списке.
    Return null
End FindCellBefore
```

Код подобен предыдущему, но в нем есть два отличия. Первое заключается в том, что перед началом работы проверяется, принимает ли `top` значение `null`. Это помогает понять, можно ли рассматривать `top.Next` без риска. Ведь если `top.Next` окажется неопределенным, программа, использующая такой алгоритм, зависнет. В случае когда `top` не является `null`, алгоритм вводит цикл `While`, однако на этот раз вместо `top.Value` рассматривается `top.Next.Value`. Если удается отыскать искомое значение, `top` указывает на ячейку перед той, которая его содержит, и алгоритм возвращает `top`.

Использование ограничителей

Если внимательно изучить приведенный выше алгоритм, легко представить случай, при котором он даст сбой. Например, когда искомое значение содержится в первой ячейке связного списка, то перед ней не окажется ячейки и алгоритм не сможет ничего вернуть. Первое значение, которое он станет рассматривать, будет находиться во второй ячейке списка, а алгоритм никогда не возвращается назад.

Один из способов справиться с описанной проблемой — добавить специальный код, который отыщет искомое значение непосредственно в первой ячейке. Но если программе придется рассматривать эту ситуацию в качестве особого случая, она может запутаться.

Другой подход — создать *ограничитель* в начале списка. Он представляет собой ячейку, которая является частью связного списка, но не содержит какие-либо значимые данные. Ограничитель используется только в качестве метки-заполнителя, поэтому алгоритмы могут свободно обращаться к нему.

Следующий псевдокод представляет приведенный выше алгоритм `FindCellBefore`, но уже с использованием ограничителя.

```
Cell: FindCellBefore(Cell: top, Value: target)
    // Поиск искомого значения.
    While (top.Next != null)
            If (top.Next.Value == target) Then Return top
            top = top.Next
    End While

    // Если мы дошли до этой строки, искомого значения нет в списке.
    Return null
End FindCellBefore
```

Эта версия не нуждается в проверке того, принимает ли `top` значение `null`, поскольку в связном списке всегда есть хотя бы один ограничитель. В силу указанной причины цикл `While` может начаться сразу. Проверка значения в первой ячейке списка также осуществляется, поэтому алгоритм будет работать и в том случае, когда искомое значение находится в ней.

Данная версия кода может возвращать ячейку с ограничителем перед первой реальной (верхней) ячейкой, если это целесообразно. Таким образом, программе не требуется специальный код для работы с особым случаем, когда искомое значение размещено в начале списка.

При поиске нужного значения вам может повезти — оно отыщется сразу. В худшем случае алгоритму придется пройтись по большей части связного списка.

Если искомого значения не окажется, в поле зрения попадет каждая ячейка. То есть если список содержит *N* ячеек, время работы алгоритма будет определяться как *O*(*N*).

На первый взгляд, может показаться, что ограничитель только занимает место. На самом деле он отменяет необходимость использовать специальный код и упрощает алгоритм, а также делает его более изящным.

В следующих разделах предполагается, что связные списки имеют ограничители и верхний указатель.

Добавление ячеек в начало списка

Связные списки используются для создания такой структуры данных, которая может хранить элементы подобно массиву, но способна расширяться, если потребуется больше места. Чтобы добавить ячейку к такому списку, достаточно вставить ее в начало, сразу после ограничителя.

```
AddAtBeginning(Cell: top, Cell: new_cell)
    new_cell.Next = top.Next
    top.Next = new_cell
End AddAtBeginning
```

Алгоритм устанавливает новый указатель ячейки Next таким образом, чтобы он указывал вначале на ту ячейку, которая идет первой после ограничителя в списке, а затем на новую. Получается, что новая ячейка размещается после ограничителя и становится первой в связном списке.

На рисунке 3.2 представлен связный список до и после добавления новых ячеек в начало списка (закрашенный квадрат — ограничитель).

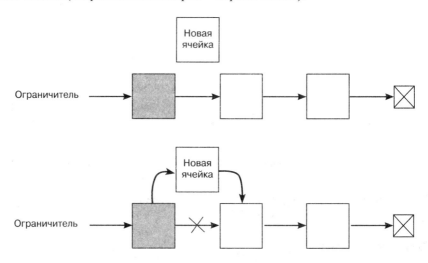

Рис. 3.2. Добавление элемента в начало связного списка

Указанный алгоритм состоит всего из двух шагов, поэтому время его работы равно *O*(1), независимо от количества ячеек в списке.

Добавление ячеек в конец списка

Вставить ячейку в конец списка немного сложнее, чем в начало, поскольку алгоритм сначала должен пройти по списку, чтобы добраться до последней ячейки.

```
AddAtEnd(Cell: top, Cell: new_cell)
    // Находим последнюю ячейку.
    While (top.Next != null)
        top = top.Next
    End While

    // Добавляем новую ячейку в конец.
    top.Next = new_cell
    new_cell.Next = null
End AddAtEnd
```

Код проходит по связному списку вплоть до последней ячейки и делает так, чтобы ее ссылка указывала сначала на новую ячейку, а та в свою очередь на `null`. Алгоритм выглядел бы более беспорядочным, если бы в списке отсутствовал ограничитель. Вы можете использовать специальный код в том случае, если список пуст, а `top` указывает на `null`.

На рисунке 3.3 этот процесс представлен графически.

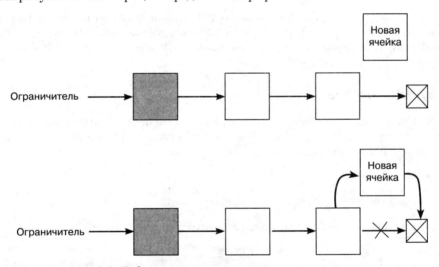

Рис. 3.3. Добавление элемента в конец связного списка

Алгоритм должен пройти через весь список, поэтому, если в списке содержится *N* ячеек, время его работы составит *O(N)*.

Вставка ячеек

В предыдущих разделах мы рассмотрели, как добавить ячейки в начало или конец связного списка. А что если их требуется вставить в середину? Допустим, у вас есть переменная `after_me`, указывающая на ячейку, после которой нужно добавить элемент.

```
InsertCell(Cell: after_me, Cell: new_cell)
    new_cell.Next = after_me.Next
    after_me.Next = new_cell
End InsertCell
```

Согласно алгоритму, ссылка новой ячейки указывает на ячейку, следующую за `after_me`, а ссылка `after_me` — на новую ячейку (рис. 3.4).

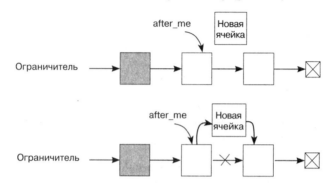

Рис. 3.4. Вставка новой ячейки после отмеченной ячейки

Поскольку алгоритм проходит всего два шага, он работает в течение $O(1)$ времени, хотя может понадобиться и $O(N)$ времени, чтобы найти ячейку `after_me`. Например, если вы хотите вставить ячейку после ячейки, содержащей искомое значение, для начала придется ее отыскать.

Удаление ячеек

Чтобы удалить целевую ячейку, нужно установить предыдущую ссылку на ячейку, которая идет за целевой. Следующий псевдокод представляет алгоритм, определяющий ячейку `after_me`.

```
DeleteAfter(Cell: after_me)
    after_me.Next = after_me.Next.Next
End DeleteAfter
```

На рисунке 3.5 алгоритм показан графически.

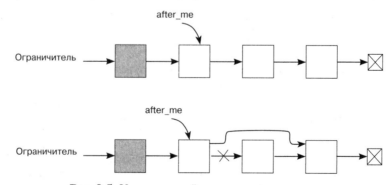

Рис. 3.5. Удаление ячейки из связного списка

В C# и Visual Basic для управления памятью используется метод «сборки мусора», который автоматически утилизирует удаленные ячейки, если программе требуется больше памяти. Однако в некоторых языках программирования могут понадобиться дополнительные действия. Следующая версия алгоритма демонстрирует освобождение целевой ячейки в C++.

```
DeleteAfter(Cell: after_me)
    Cell: target_cell = after_me.Next
    after_me.Next = after_me.Next.Next
    free(target_cell)
End DeleteAfter
```

От языка программирования зависит и то, как вы будете удалять связный список. В C# и Visual Basic достаточно приравнять все ссылки на список к значению null, и «сборка мусора» его утилизирует. А в C++, например, нужно пройти по списку и освободить каждую ячейку непосредственно, как показано в следующем псевдокоде.

```
DestroyList(Cell: top)
    While (top != null)
            // Сохраняем указатель на следующую ячейку.
            Cell: next_cell = top.Next

            // Освобождаем ячейку top.
            free(top)

            // Переходим к следующей ячейке.
            top = next_cell
    End While
End DestroyList
```

Итак, запомните, что освобождение ресурсов зависит от языка программирования и при удалении ячейки или другого объекта из структуры данных вам могут понадобиться дополнительные действия.

Двунаправленные связные списки

В двунаправленных списках ссылки ячеек указывают на следующие и предыдущие ячейки. Вторые часто называют Prev, или Previous.

В подобных структурах данных удобно иметь верхний и нижний ограничители (рис. 3.6), чтобы программа легко управляла списком с обоих концов, например добавляла и удаляла элементы. Такой подход позволяет это сделать за время, равное $O(1)$.

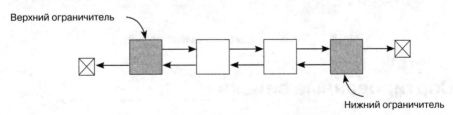

Рис. 3.6. Пример двунаправленного списка

Алгоритмы для работы с двунаправленными и однонаправленными списками очень похожи, за исключением того, что первые должны выполнять дополнительные действия для управления еще одним набором ссылок. Вот как выглядит псевдокод, добавляющий ячейку после выбранной.

```
InsertCell(Cell: after_me, Cell: new_cell)
        // Обновляем ссылки на следующую ячейку.
        new_cell.Next = after_me.Next
        after_me.Next = new_cell

        // Обновляем ссылки на предыдущую ячейку.
        new_cell.Next.Prev = new_cell
        new_cell.Prev = after_me
End InsertCell
```

Основная трудность подобных алгоритмов заключается в отслеживании ссылок, способных обновляться в любой момент времени. В приведенном выше алгоритме третий оператор с конца устанавливает ссылку Prev, которая должна указывать на новую ячейку.

```
after_me.Next.Prev = new_cell
```

Однако когда оператор запущен, after_me.Next уже обновлен и указывает на новую ячейку, поэтому вместо него следует использовать new_cell.Next.

На рисунке 3.7 алгоритм представлен графически.

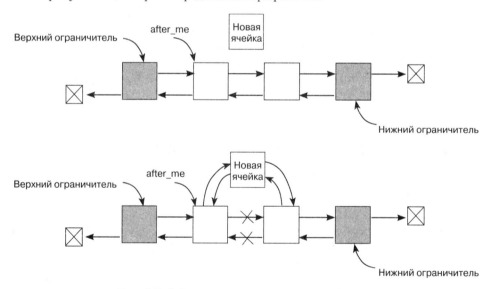

Рис. 3.7. Обновление двунаправленного списка

Сортированные списки

Иногда элементы связного списка удобно хранить в отсортированном виде. В этом случае чтобы добавить элемент, нужно найти позицию, к которой он принадлежит, и обновить соответствующие ссылки. Рассмотрим, как выполняется подобное действие для сортированного однонаправленного списка.

```
// Вставляем новую ячейку в сортированный однонаправленный список.
InsertCell(Cell: top, Cell: new_cell)
    // Находим ячейку перед той, в которую будем вставлять новый элемент.
    While (top.Next != null) And (top.Next.Value < new_cell.Value)
         top = top.Next
    End While

    // Вставляем новую ячейку после ячейки top.
    new_cell.Next = top.Next
    top.Next = new_cell
End InsertCell
```

В худшем случае алгоритму понадобится пересмотреть весь список, чтобы найти верное местонахождение нового элемента. Таким образом, если ячеек N, время работы составит $O(N)$, и, хотя теоретически его улучшить невозможно, на практике алгоритм получится ускорить, добавив нижний ограничитель. Когда значение `Value` нижнего ограничителя будет превышать любое аналогичное значение из ячеек, тест `top.Next != null` можно удалить. Такое допустимо, поскольку код все равно отыщет местоположение для новой ячейки, даже если оно будет находиться прямо перед нижним ограничителем.

Предположим, в ячейках содержатся имена, использующие символы ASCII. Вы можете установить `Value` нижнего ограничителя на ~, поскольку этот символ следует после любого действительного имени. Если речь идет о целых числах, то в качестве `Value` нижнего ограничителя лучше использовать наибольшее целое число (для большинства 32-битных систем это 2 147 483 647).

Ниже представлена исправленная версия псевдокода. Предполагается, что в списке находится нижний ограничитель со значением большим, чем любое другое значение в ячейках.

```
// Вставляем новую ячейку в сортированный однонаправленный список.
InsertCell(Cell: top, Cell: new_cell)
    // Находим ячейку перед той, в которую будем вставлять новый элемент.
    While (top.Next.Value < new_cell.Value)
         top = top.Next
    End While

    // Вставляем новую ячейку после ячейки top.
    new_cell.Next = top.Next
    top.Next = new_cell
End InsertCell
```

Алгоритмы для работы со связными списками

До сих пор в этой главе рассматривались алгоритмы, с помощью которых строятся связные списки и происходит управление ими (добавляются элементы в начало, конец и середину, а также находятся и удаляются). Далее будут описываться немного другие коды.

Копирование

С помощью алгоритмов списки можно перегруппировывать. Этот и следующие разделы будут посвящены сортировке элементов. Если вы хотите оставить начальный список в целостности и сохранности, то предварительно сделайте его копию.

Приведенный ниже псевдокод демонстрирует, как можно скопировать однонаправленный список.

```
// Копируем список.
Cell: CopyList(Cell: old_sentinel)
    // Создаем ограничитель нового списка.
    Cell: new_sentinel = new Cell()

    // Отслеживаем последний добавленный элемент.
    Cell: last_added = new_sentinel

    // Пропускаем ограничитель.
    Cell: old_cell = old_sentinel.Next

    // Копируем элементы.
    While (old_cell != null)
        // Создаем новый элемент.
        last_added.Next = New Cell

        // Переходим к новому элементу.
        last_added = last_added.Next

        // Устанавливаем значение нового элемента.
        last_added.Value = old_cell.Value

        // Готовимся копировать следующую ячейку.
        old_cell = old_cell.Next
    End While

    // Заканчиваем ячейкой null.
    last_added.Next = null

    // Возвращаем ограничитель нового списка.
    Return new_sentinel
}
```

Алгоритм выглядит довольно просто, но стоит упомянуть об одной его особенности — переменной `last_added`. Она нужна для того, чтобы следить за ячейкой, которую недавно добавили к копии списка. Чтобы скопировать новый элемент, алгоритм приравнивает его к `last_added.Next` и переводит в конец списка. Затем обновляется переменная `last_added` (теперь она будет указывать на новый элемент), и в нее копируется оригинальное значение ячейки.

Таким образом, список увеличивается снизу, а не сверху. Это похоже на добавление элементов в конец списка из упражнения 1 в конце текущей главы.

Сортировка вставкой

Алгоритмам сортировки посвящена глава 6, но о двух из них — сортировке вставкой и методом выбора — мы поговорим уже сейчас.

В основе первого упомянутого алгоритма лежит следующая идея: из списка ввода выбирается элемент и вставляется в соответствующую позицию в отсортированном списке вывода, который вначале пуст. Приведенный ниже псевдокод представляет реализацию этого процесса на примере однонаправленного списка с верхним ограничителем.

```
// Используем функцию Insertionsort для сортировки списка.
Cell: Insertionsort(Cell: input)
    // Устанавливаем ограничитель для списка вывода.
    Cell sentinel = new Cell()
    sentinel.Next = null

    // Пропускаем ограничитель списка ввода.
    input = input.Next

    // Повторяем до тех пор, пока не вставим все элементы в новый список.
    While (input != null)

        // Берем следующую ячейку для добавления в список.
        Cell: next_cell = input

        // Заменяем input на input.Next для следующего прохождения цикла.
        input = input.Next

        // Смотрим, куда добавить следующий элемент в список вывода.
        Cell: after_me = sentinel
        While (after_me.Next != null) And
                    (after_me.Next.Value < next_cell.Value)
                after_me = after_me.Next
        End While

        // Вставляем элемент в список вывода.
        next_cell.Next = after_me.Next
        after_me.Next = next_cell
    End While

    // Возвращаем отсортированный список.
    return sentinel
End Insertionsort
```

В самом начале алгоритм выстраивает пустой список, который будет содержать отсортированный вывод. Затем в цикле пересматривается неотсортированный список вводных ячеек и для каждой из них определяется новое место. Код можно упростить, применив алгоритм `InsertCell` из подраздела «Вставка ячеек» раздела «Однонаправленные связные списки» в текущей главе.

Если элементы в списке ввода сортируются в порядке возрастания, в алгоритме каждый из них вставляется в начало нового списка за несколько шагов. При условии что в списке N ячеек, для добавления всех элементов потребуется около $O(N)$ шагов — это наилучший вариант работы.

Если элементы сортируются в порядке убывания, то они добавляются в конец выводного списка. Каждый раз, чтобы переместиться туда, потребуется выполнить еще один дополнительный шаг. Таким образом, для вставки всех элементов понадобится $1 + 2 + 3 + ... + N = N \times (N - 1)/2 = O(N^2)$ шагов.

При случайной сортировке элементов одни из них могут добавляться быстро, другие отнимут больше времени. В результате работа алгоритма будет определяться как $O(N^2)$, хотя на практике она не превысит время худшего случая.

Многие алгоритмы сортировки занимают $O(N \log N)$ времени, потому производительность алгоритма $O(N^2)$ является относительно низкой. Это делает алгоритм неэффективным для больших списков, но подходящим для работы с малыми и связными списками.

Сортировка методом выбора

В данном случае алгоритм ищет по списку ввода наибольший элемент, а затем добавляет его в начало увеличивающегося списка вывода. Следующий псевдокод представляет алгоритм сортировки для однонаправленного списка, содержащего целые числа.

```
// Используем функцию Selectionsort для сортировки списка.
Cell: Selectionsort(Cell: input)
    // Устанавливаем ограничитель для списка вывода.
    Cell: sentinel = new Cell
    sentinel.Next = null

    // Повторяем до тех пор, пока список ввода не будет пуст.
    While (input.Next != null)
            // Находим наибольший элемент в списке ввода.
            // Ячейка after_me предшествует ячейке с наибольшим элементом.
            Cell: best_after_me = input
            Integer: best_value = best_after_me.Next.Value

            // Начинаем искать следующий элемент.
            Cell: after_me = input.Next
            While (after_me.Next != null)
                    If (after_me.Next.Value > best_value) Then
                            best_after_me = after_me
                            best_value = after_me.Next.Value
                    End If
                    after_me = after_me.Next
            End While

            // Удаляем лучшую ячейку из списка ввода.
            Cell: best_cell = best_after_me.Next
            best_after_me.Next = best_cell.Next

            // Добавляем лучшую ячейку в начало списка вывода.
            best_cell.Next = sentinel.Next
            sentinel.Next = best_cell
    End While

    // Возвращаем отсортированный список.
    Return sentinel
End Selectionsort
```

Этот алгоритм можно несколько упростить, если выделить код, который находит наибольшую ячейку в списке ввода, а затем поместить его в другой алгоритм и запускать уже из него.

Если в списке ввода содержится *K* элементов, то для поиска наибольшего из них понадобится пройти *K* шагов. По мере работы алгоритма список будет уменьшаться. Таким образом, если изначально в нем было *N* элементов, общее количество шагов составит $N + (N-1) + (N-2) + ... + 2 + 1 = N \times (N-1)/2 = O(N^2)$. Это совпадает со временем работы алгоритма сортировки.

Многопотоковые связные списки

В однонаправленном связном списке каждая ячейка содержит ссылку на следующую ячейку, в двунаправленном — на следующую и предыдущую. Это необходимо для того, чтобы обеспечить два способа перемещения — прямой и обратный. Однако к ячейкам списка можно добавлять и другие ссылки, чтобы предусмотреть иные способы перемещения.

Предположим, вы построили класс `Planet` для хранения информации о планетах Солнечной системы и назначили ему поле с именем `NextDistance`, в котором находятся сведения о расстояние до Солнца. С учетом этого список будет организован в следующем порядке: Меркурий, Венера, Земля, Марс, Юпитер, Сатурн, Уран, Нептун (и Плутон, если захотите включить и его). Аналогичным образом можно добавить и другие поля, чтобы отсортировать планеты по их массе, диаметру и т. д. Каждое такое прохождение через ячейки, определенные набором ссылок, называется *потоком*.

С одним потоком работать легко, если представить его как простой связный список, но визуализировать все потоки одновременно довольно сложно. На рисунке 3.8 показан связный список планет с тремя потоками. Ссылки, обозначенные тонкой линией, указывают на сортировку по удаленности от Солнца, пунктирной — по массе, а толстой — по диаметру.

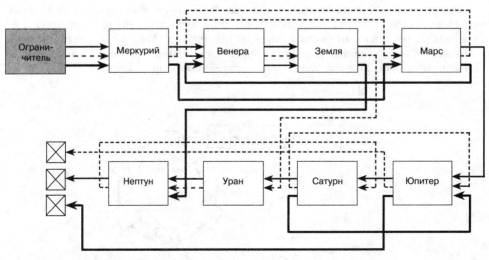

Рис. 3.8. Визуализация многопотокового связного списка

> **ЗАМЕЧАНИЕ**
>
> Потоки могут иметь и другие структуры данных, например дерево. В этом случае оно позволяет программе посетить все его вершины в нетипичном порядке.

Связные списки с циклами

Кольцевой связный список — это связный список, в котором последняя ссылка указывает на первый элемент списка (рис. 3.9). Он может быть полезен в том случае, когда в рамках цикла нужно бесконечно проходить через последовательность элементов. Так, операционная система способна повторять цикл процессов, чтобы запустить каждый из них. Если начался новый процесс, он может быть добавлен в любое место списка, например за ограничителем, что позволит ему сразу запуститься.

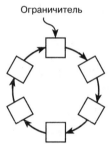

Рис. 3.9. Пример кольцевого связного списка

Еще одним примером служит игра, которая бесконечно циклически проходит по списку объектов, позволяя каждому из них передвигаться по экрану. И снова новые объекты можно добавлять в список куда угодно.

На рисунке 3.10 показан кольцевой связный список, в который включены не все ячейки. В этом случае возникают два интересных вопроса. Во-первых, как определить, содержит ли связный список такой цикл? Во-вторых, если связный список содержит подобный цикл, как узнать, где он начинается и как его прервать? Последний вопрос, по сути, связан с определением конца списка.

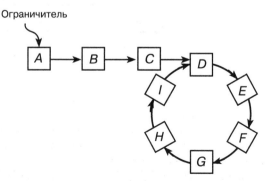

Рис. 3.10. Кольцевой связный список и ячейки, не включенные в цикл

Связные списки

Взглянув еще раз на рисунок 3.10, вы можете определить, что конец списка — это ячейка *I*, поскольку ее посещают последней перед тем, как начнется очередной повтор действий. В следующих разделах описаны некоторые из наиболее интересных алгоритмов, помогающих ответить на поставленные вопросы.

Маркировка ячеек

Возможно, самый легкий способ определить, имеет ли связный список цикл, — пройти через его ячейки и пометить каждую. Если очередная рассматриваемая ячейка окажется помеченной, значит, в списке есть цикл и он начинается в этом месте. Приведенный ниже алгоритм представляет следующий псевдокод.

```
// Возвращаем true, если в списке есть цикл.
// Если в списке есть цикл, разрываем его.
Boolean: Has_loopMarking(Cell: sentinel)
    // Предполагаем, что цикла нет.
    Boolean: has_loop = false

    // Проходим по всему списку.
    Cell: cell = sentinel
    While (cell.Next != null)
        // Смотрим, были ли мы в следующей ячейке.
        If (cell.Next.Visited)
            // Это начало цикла.
            // Разрываем цикл.
            cell.Next = null
            has_loop = true
            <Разрываем цикл While.>
        End If

        // Переходим к следующей ячейке.
        cell = cell.Next

        // Помечаем ячейку как пройденную.
        cell.Visited = true
    End While

    // Еще раз проходим по списку, чтобы снять флажки.
    cell = sentinel
    While (cell.Next != null)
        cell.Visited = false
        cell = cell.Next
    End While

    // Возвращаем результат.
    Return has_loop
End Has_loopMarking
```

Подобный принцип работы реализован в программе BreakLoopMarking, которую вы можете загрузить на сайте с материалами книги. Алгоритм проходит через цикл дважды: вначале, чтобы присвоить флажку Visited в каждой ячейке значение true, а затем, чтобы поменять его на false. Если в списке *N* ячеек, то алгоритм совершает 2*N* шагов и работает в течение времени $O(N)$.

Глава 3

Кроме того, алгоритм требует, чтобы для каждой ячейки было добавлено поле `Visited`, поэтому ему понадобится $O(N)$ времени. Поскольку список уже занимает $O(N)$ места для хранения ячеек и их ссылок, это не должно стать проблемой. Однако следует помнить, что алгоритм все же требователен к памяти.

> **ЗАМЕЧАНИЕ**
>
> Маркировку ячеек удобно использовать и при работе с другими структурами данных, в частности с сетями. Этот метод реализован в некоторых алгоритмах, описанных в главах 13 и 14.

Нередко в подобных задачах есть дополнительное условие, запрещающее добавлять поле `Visited`. Этому ограничению соответствуют рассмотренные ниже алгоритмы.

Использование хеш-таблиц

Более подробно хеш-таблицы описываются в главе 8. Все, что вам необходимо знать о них сейчас, — такие таблицы помогают очень быстро сохранять и находить элементы, а также выявлять их наличие в принципе.

Представленный ниже алгоритм перемещается по списку и добавляет каждую ячейку в хеш-таблицу, предварительно проверяя, нет ли ее уже там. Если он доходит до ячейки, которая присутствует в хеш-таблице, значит, с нее в списке начинается цикл.

```
// Возвращаем true, если в списке есть цикл.
// Если в списке есть цикл, разрываем его.
Boolean: HasLoopHashTable(Cell: sentinel)
    // Создаем хеш-таблицу.
    Hashtable: visited

    // Проходим по всему списку.
    Cell: cell = sentinel
    While (cell.Next != null)
            // Смотрим, были ли мы в следующей ячейке.
            If (visited.Contains(cell.Next))
                // Это начало цикла.
                // Разрываем цикл и возвращаем true.
                cell.Next = null
                Return true
            End If

            // Добавляем ячейку в хеш-таблицу.
            visited.Add(cell)

            // Переходим к следующей ячейке.
            cell = cell.Next
    End While

    // Если мы дошли до этой строки, цикла в списке нет.
    Return false
End HasLoopHashTable
```

Связные списки

Работу приведенного кода демонстрирует программа BreakLoopHashtable, которую вы можете загрузить на сайте с материалами книги. Алгоритм проходит через ячейки списка один раз, поэтому если в списке содержится N ячеек, то выполняется N шагов, а время работы составляет $O(N)$.

Для этого алгоритма также нужна хеш-таблица. Лучше всего, если ее размер будет превышать количество действительных значений. В таком случае хеш-таблица должна располагать пространством для более чем N записей, например 1,5N. Это повысит производительность и займет $O(N)$ места.

Рассмотренный код придерживается ограничения (нельзя изменять класс ячейки), но использует дополнительную память. В следующих разделах описаны алгоритмы, которые определяют циклы, обходясь без нее.

Повторная трассировка списка

Представленный ниже алгоритм проводит по списку один объект, а затем в его поисках через каждую посещенную ячейку проходит второй объект. Это слегка запутанное объяснение легче понять, если взглянуть на следующий псевдокод.

```
// Возвращаем true, если в списке есть цикл.
// Если в списке есть цикл, разрываем его.
Boolean: HasLoopRetracing(Cell: sentinel)
    // Проходим по всему списку.
    Cell: cell = sentinel
    While (cell.Next != null)
            // Смотрим, были ли мы в следующей ячейке.
            Cell: tracer = sentinel
            While (tracer != cell)
                    If (tracer.Next == cell.Next)
                            // Это начало цикла.
                            // Разрываем цикл и возвращаем true.
                            cell.Next = null
                            Return true
                    End If
                    tracer = tracer.Next
            End While

            // Переходим к следующей ячейке.
            cell = cell.Next
    End While

    // Если мы дошли до этой строки, цикла в списке нет.
    Return false
End HasLoopRetracing
```

Работу этого алгоритма демонстрирует программа BreakLoopHashtable, которую можно скачать на сайте с материалами книги.

Предположим, что в списке N ячеек. Когда объект алгоритма `cell` проверяет K-ю ячейку, объект `tracer` должен пройти вверх по списку до этой точки. Таким образом, он выполнит K шагов. Это значит, что общее время работы алгоритма составит $1 + 2 + 3 + ... + N = N \times (N-1)/2 = O(N^2)$. Оно меньше, чем у предыдущих алгоритмов, но зато не требуется дополнительной памяти.

Следующий алгоритм также не нуждается в дополнительных ресурсах, но работает в течение времени $O(N)$.

Реверсирование списка

Алгоритм проходит по ячейкам списка, меняя каждую ссылку таким образом, чтобы она указывала на предыдущую ячейку, а не на последующую. Если алгоритм обнаруживает значение `null` до ограничителя, цикла в списке нет. Конечно, описанное действие преобразует ссылки, поэтому алгоритм опять проходит по списку и восстанавливает их, чтобы они снова указывали на изначальные ячейки.

Прояснит подобный принцип рисунок 3.11. Верхний фрагмент — это оригинальный список, а закрашенная ячейка — та, через которую проходит алгоритм в настоящее время, реверсируя ссылки. На среднем фрагменте видно, что алгоритм достиг ячейки *I* (измененные ссылки показаны толстыми стрелками) и должен проследовать в ячейку *D*, а из нее по реверсированным ссылкам в ячейки *C*, *B* и *A*. В результате совершенных действий ссылки изменятся снова, что отражено на нижнем фрагменте пунктиром. В этом месте алгоритм возвращается к первой ячейке и определяет, что список содержит цикл. Обратите внимание: новый список выглядит так же, как и старый, только ссылки в цикле имеют обратное направление.

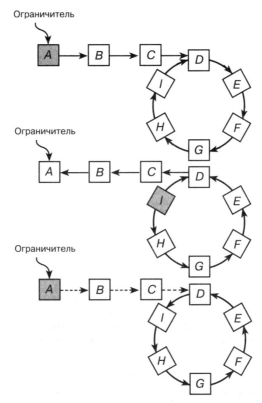

Рис. 3.11. Обнаружение цикла в связном списке с помощью реверсирования ссылок

Поскольку такой алгоритм должен реверсировать список дважды, он начинается со следующего метода.

```
// Реверсируем цикл и возвращаем новое начало списка.
Cell: ReverseList(Cell: sentinel)
    Cell: prev_cell = null
    Cell: curr_cell = sentinel
    While (curr_cell != null)
        // Реверсируем ссылку данной ячейки.
        Cell: next_cell = curr_cell.Next
        curr_cell.Next = prev_cell

        // Переходим к следующей ячейке.
        prev_cell = curr_cell
        curr_cell = next_cell
    End While

    // Возвращаем последнюю пройденную ячейку.
    Return prev_cell
End ReverseList
```

Приведенный псевдокод перемещается по списку, меняет ссылки и возвращает последний посещенный им элемент, который теперь становится первым.

Следующий алгоритм использует предыдущий псевдокод, чтобы определить наличие цикла.

```
// Возвращаем true, если в списке есть цикл.
Boolean: HasLoopReversing(Cell: sentinel)
{
    // Если список пуст, цикла в нем нет.
    If (sentinel.Next == null) Then Return false

    // Проходим по всему списку, реверсируя ссылки.
    Cell: new_sentinel = ReverseList(sentinel)

    // Еще раз проходим по всему списку, чтобы восстановить ссылки.
    ReverseList(new_sentinel)
    // Если реверсированный список начинается с той же ячейки,
    // что и оригинальный список, значит, в нем есть цикл.
    // Возвращаем результат.
    If (new_sentinel == sentinel) Then Return true
    Return false
End HasLoopReversing
```

Указанный алгоритм вызывает реверсирующий метод `ReverseList` дважды: сперва, чтобы получить первую ячейку измененного списка, а затем, чтобы восстановить начальные значения ссылок. Если при этом ограничитель окажется таким же, как и в первой ячейке нового списка, алгоритм вернет значение `true`; если нет — `false`. В целом же выполняется $2N = O(N)$ шагов.

Алгоритм работает за время $O(N)$ и не требует дополнительных ресурсов. Но у него есть и недостаток, который заключается в том, что он способен лишь обнаружить цикл, но не остановить его. Следующий алгоритм решает и эту задачу, зато является, возможно, наиболее сложным из всех описанных в текущем разделе.

Черепаха и кролик

Алгоритм кролика и черепахи, который также называется *алгоритмом нахождения циклов Флойда*, придуман Робертом Флойдом в 1960-х гг. Лежащий в его основе принцип не слишком сложный, но объяснить его непросто, поэтому если вы не любите математические формулы, то нижеприведенное описание можно пропустить.

Алгоритм запускает два объекта: «черепаху» и «кролика». Они двигаются из начала списка, но с разными скоростями: «черепаха» преодолевает за один шаг одну ячейку, а «кролик» — две. Когда последний достигает ссылки со значением `null` — список окончен и цикла в нем нет. Если же цикл есть, «кролик» входит в него и начинает бегать по кругу. Тем временем «черепаха» ползет, пока не дойдет до цикла и в какой-то момент не окажется в нем вместе с «кроликом».

Пусть L — количество ячеек внутри цикла, T — количество шагов, пройденных «черепахой», чтобы попасть в цикл, а H — расстояние от начала цикла до того положения, в котором за это же количество шагов оказался «кролик». Тогда, согласно рисунку 3.12, $L = 5$, $T = 4$, $H = 4$.

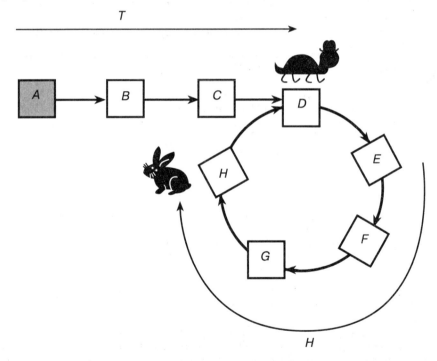

Рис. 3.12. Движение «кролика» и «черепахи»:
T — расстояние, которое проходит «черепаха», чтобы дойти до цикла,
H — расстояние от начала цикла до «кролика» за то же время

Поскольку «кролик» перемещается в два раза быстрее «черепахи», он доходит до цикла через T ячеек и преодолевает еще T ячеек внутри цикла, чтобы оказаться в позиции, как на рисунке 3.12. Это приводит к факту № 1.

ФАКТ № 1

Если вы перемещаетесь через *T* ячеек внутри цикла, то заканчиваете свой путь за *H* ячеек от того места, где его начали.

Обратите внимание, что «кролик» мог пробежать несколько кругов по циклу, если *L* намного меньше *T*. Например, если *L* = 5, а *T* = 102, черепаха дойдет до цикла за 102 шага. «Кролик» же добирается до цикла за 51 шаг, совершает 50 шагов (преодолевает 100 ячеек), пробегая 20 кругов по циклу, а затем перемещается еще на один шаг (2 ячейки) внутри цикла. В таком случае *H* = 2.

Возникает вопрос: когда же «кролик» догонит «черепаху»? Как только «черепаха» попадет в цикл, «кролик» окажется на *H* шагов впереди нее (см. рис. 3.12). Однако поскольку «черепаха» и «кролик» пребывают в цикле, вы можете рассматривать последнего как отстающего на *L* − *H* ячеек. Из-за того, что «кролик» перемещается на две ячейки, а «черепаха» на одну, он нагоняет по одной ячейке за шаг. Это означает, что «кролик» доберется до «черепахи» за *L* − *H* шагов.

На рисунке 3.12, где *H* = 4, а *L* = 5, кролик догонит «черепаху» за 5 − 4 = = 1 шаг. Они встретятся в ячейке *E*. В этот момент «черепаха» передвинется в цикле на *L* − *H* ячеек, и оба объекта будут на *L* − (*L* − *H*) = *H* ячеек ближе к началу цикла. Отсюда факт № 2.

ФАКТ № 2

Когда «кролик» догонит «черепаху», они будут находиться за *H* ячеек от начала цикла.

Если бы вы могли переместить объект «черепаха» на *H* ячеек от точки встречи, он оказался бы как раз в начале цикла. К сожалению, это значение вам неизвестно. Тем не менее из факта № 1 вы знаете, что если черепаха проходит через *T* ячеек по циклу, она закончит свой путь на расстоянии *H* ячеек до того места, откуда стартовала, то есть остановится в начале цикла!

Значение *T* тоже для вас тайна, поэтому переместить «черепаху» на указанное расстояние вы опять не можете. Однако если запустить «кролика» от начала связного списка и позволить ему проходить за раз только одну ячейку вместо двух (возможно, он устал, бегая по циклу), он также окажется в начале цикла после того, как пересечет *T* ячеек, то есть оба объекта встретятся снова.

Следующий псевдокод демонстрирует алгоритм высокого уровня.

1. Запускаем «черепаху» из начала списка со скоростью одна ячейка за шаг и «кролика» со скоростью две ячейки за шаг.

2. Если «кролик» найдет ссылку `null`, список не содержит цикла.

3. Если «кролик» догонит «черепаху», перезапускаем его из начала списка со скоростью одна ячейка за шаг, в то время как «черепаха» продолжает двигаться с в прежнем темпе.

4. Когда «кролик» и «черепаха» снова встретятся, они будут находиться в начале цикла. Оставляем «кролика» в этом месте, чтобы он мог «отдохнуть», пока «черепаха» движется по циклу. Момент, когда указатель `Next` «черепахи» покажет на ячейку, где ждет «кролик», и будет означать конец цикла.

5. Чтобы прервать цикл, устанавливаем указатель «черепахи» `Next` на `null`.

> **ВНИМАНИЕ**
>
> Мне никогда не встречалась программа, в которой действительно было нужно использовать алгоритм кролика и черепахи. Если вы внимательны в процессе работы, вашим связным спискам не смогут повредить случайные циклы. Тем не менее обнаружение циклов — довольно популярный вопрос на собеседовании, поэтому об этом методе полезно знать.

Циклы в двунаправленных связных списках

Обнаружить циклы в двунаправленных списках очень просто: если они есть, указатель `Next` возвращается к ранней части списка. При этом `Prev` будет указывать на уже существующую ячейку, а не на ту, которую создал цикл. Таким образом, чтобы выявить цикл, просто пройдите через список и проверьте `cell` для каждой ячейки: `Next.Prev == cell`.

Все это предполагает, что ячейки образуют двунаправленный связный список и цикл, если он существует, является обычным. Если списки `Next` и `Prev` полностью несогласованы, метод позволяет обнаружить путаницу, но не помогает исправить ее. Это больше похоже на случай с двумя потоками через одни и те же ячейки, чем на двунаправленный список с циклом.

Резюме

В этой главе мы рассмотрели связные списки и некоторые операции, которые можно с ними совершать. Вы узнали, что такое однонаправленные, двунаправленные и многопотоковые списки, а также познакомились с основными алгоритмами, позволяющими находить, добавлять и удалять элементы, обнаруживать циклы и избавляться от них.

Работа с указателями — это своего рода подспорье для понимания последующих глав, где рассматриваются деревья (в том числе сбалансированные), сети и другие связные структуры данных. Очередная глава посвящена использованию связных структур данных для работы с разреженными массивами.

Упражнения

1. В подразделе «Добавление ячеек в конец списка» раздела «Однонаправленные связные списки» текущей главы приводится алгоритм $O(N)$. Если вы сохраните другую переменную — `bottom`, — указывающую на последнюю ячейку в списке, то сможете добавлять элементы к концу списка за время $O(1)$. Напишите код. Каким образом он усложняет другие алгоритмы, которые находят, удаляют или добавляют элемент в начало (конец) списка? Реализуйте алгоритм для удаления элемента из такого списка.

2. Разработайте алгоритм для нахождения наибольшего элемента в несортированном однонаправленном списке с ячейками, содержащими целые числа.

3. Напишите алгоритм для добавления элемента в начало двунаправленного списка.

4. Создайте алгоритм для добавления элемента в конец двунаправленного списка.

5. Если вы сравните алгоритмы из упражнений 3 и 4 с алгоритмом `InsertCell` из раздела «Двунаправленные связные списки» текущей главы, то заметите, что они очень похожи. Перепишите алгоритмы для упражнений 3 и 4 так, чтобы они вызывали алгоритм `InsertCell`, вместо того чтобы обновлять ссылки списка напрямую.

6. Напишите алгоритм, удаляющий определенную ячейку из двунаправленного списка. Представьте данный процесс в виде рисунка.

7. Предположим, у вас есть сортированный двунаправленный список с именами. Можно ли улучшить алгоритм, начав поиск не с верхнего, а с нижнего ограничителя? Изменит ли это время его работы?

8. Напишите алгоритм вставки элемента в сортированный двунаправленный список, где верхний и нижний ограничители содержат минимально и максимально возможные значения.

9. Реализуйте алгоритм, который определяет, отсортирован ли связный список.

10. У алгоритмов сортировки вставкой и методом выбора теоретическое время работы одинаково — $O(N^2)$. Объясните, почему на практике второй алгоритм работает дольше.

11. Напишите программу, создающую многопотоковый список планет (см. раздел «Многопотоковые связные списки» текущей главы). Разрешите пользователю выбрать нужный переключатель или пункт выпадающего списка, чтобы отсортировать планеты по разным потокам. (Подсказка: создайте класс `Planet` с полями `Name`, `DistanceToSun`, `Mass`, `Diameter`, `NextDistance`, `NextMass` и `NextDiameter`. Затем используйте метод `AddPlanetToList`, чтобы добавить планету к потокам в отсортированном порядке.)

12. Создайте программу, реализующую алгоритм черепахи и кролика.

Глава 4
МАССИВЫ

Массивы — обыкновенные структуры данных, интуитивно понятные, легкие в использовании и поддерживаемые большинством языков программирования. Они настолько просты, что закономерно усомниться, стоит ли их рассматривать в книге об алгоритмах. В большинстве случаев массивы используются по прямому назначению, но иногда им находят особое применение, поэтому все же стоит рассказать о них.

В текущей главе описываются технологии алгоритмизации, которые можно задействовать для ускоренной работы с массивами, а также для создания массивов с ненулевыми нижними пределами и экономии объема памяти.

Основные положения

Массив — это большое количество непрерывной памяти, доступ к которой осуществляется с помощью индексов (их количество указывает на размерность массива). Его легко представить в виде совокупности ящиков, в которых программа хранит значения (рис. 4.1).

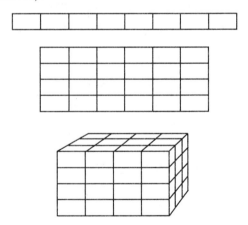

Рис. 4.1. Примеры одно-, двух- и трехмерного массива

При создании массива программа, как правило, задает его размерность и границы этой размерности. Например, в следующем коде на языке C# объявлен массив `numbers`, имеющий 10 строк и 20 столбцов.

```
int[,] numbers = new int[10, 20];
```

В C# границы массива отсчитываются с нуля, поэтому индексы строк могут принимать значения от 0 до 9, а индексы столбцов — от 0 до 19.

Кроме всего прочего, программа негласно назначает достаточное количество непрерывной памяти для хранения данных массива. Она выглядит как длинный ряд байтов, с каждым из которых сопоставлен определенный индекс массива. В одномерном массиве назначение индекса происходит просто: индекс *i* соответствует записи *i*. В двумерном аналогичная операция осуществляется одним из двух способов: путем развертывания по строкам или по столбцам (рис. 4.2).

- При развертывании по строкам программа привязывает первую строку записей массива к первому набору ячеек памяти, вторую — к следующему набору ячеек и т. д. по одной строке за раз, пока все записи не будут приведены в соответствие.

- При развертывании по столбцам с первым набором ячеек памяти будет соотноситься первый столбец записей массива, со вторым — второй и т. д.

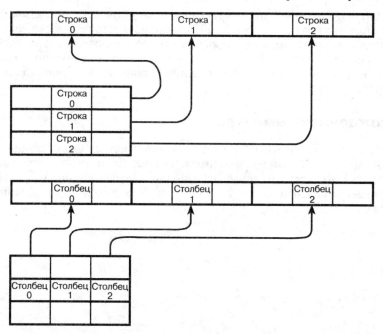

Рис. 4.2. Соотнесение записей массива с ячейками памяти: по строкам *(вверху)* и столбцам

Эту же мысль о развертывании данных можно перенести и на массивы с большей размерностью. Например, для хранения трехмерного массива в построчном порядке программе понадобится сопоставить первый двумерный слой массива с нулевым третьим индексом. Назначение происходит в построчном порядке, то есть второй слой будет соответствовать третьему индексу под номером 1 и т. д.

Рассмотрим алгоритм назначения трехмерного массива. Предположим, вы определили метод `Map2DArray`, который создает двумерный массив, и на его основе пытаетесь получить трехмерный массив.

```
For i = 0 To <верхний предел третьей координаты массива>
    Map2DArray(<массив, у которого третья координата установлена на i>)
Next i
```

Приведенный выше код поможет сопоставлять с ячейками памяти массивы и с куда большей размерностью.

Обычно привязка записей массива к ячейкам памяти не зависит от какой бы то ни было программы, поэтому переживать на этот счет не стоит. Достаточно того, что код работает с записями массива, а как они хранятся, вам знать необязательно. Тем не менее понимание процесса полезно для создания собственных структур данных с последующим применением в треугольных массивах (о них рассказывается в разделе «Треугольные массивы» текущей главы).

Одномерные массивы

Алгоритмы, в которых используются *одномерные*, или *линейные*, массивы, как правило, кажутся тривиальными. Их часто предлагают к обсуждению на собеседованиях по программированию, поэтому остановится на этом вопросе все же стоит. Операции с линейными массивами своего рода подспорье для работы с более интересными структурами данных, такими как связные списки, стеки и очереди.

Нахождение элементов

В главе 7 приводится несколько интересных алгоритмов, занимающихся поиском целевого элемента в отсортированном массиве. Если же элементы массива не отсортированы, то используется *линейный*, или *исчерпывающий*, *поиск*. При этом рассматривается каждый элемент массива, пока не находится целевой либо не становится очевидным его отсутствие.

```
Integer: IndexOf(Integer: array[], Integer: target)
    For i = 0 to array.Length - 1
        If (array[i] == target) Return i
    Next i

    // Целевого элемента в массиве нет.
    Return -1
End IndexOf
```

В наихудшем случае целевой элемент может быть самым последним в массиве. Если всего элементов N, то алгоритм закончит поиск, пройдясь по каждому из них. Таким образом, время его работы составит $O(N)$. То же самое произойдет, если целевого элемента в массиве нет. Чтобы проверить каждый элемент в массиве по очереди, в среднем понадобится $N/2$ шагов, что также равняется $O(N)$.

Нахождение минимальной, максимальной и средней величин

В числовом массиве нередко требуется найти минимальную, максимальную или среднюю величину.

```
Integer: FindMinimum(Integer: array[])
    Integer: minimum = array[0]
    For i = 1 To array.Length - 1
        If (array[i] < minimum) Then minimum = array[i]
    Next i
    Return minimum
End FindMinimum

Integer: FindMaximum(Integer: array[])
    Integer: maximum = array[0]
    For i = 1 To array.Length - 1
        If (array[i] > maximum) Then maximum = array[i]
    Next i
    Return maximum
End FindMaximum

Float: FindAverage(Integer: array[])
    Integer: total = 0
    For i = 0 To array.Length - 1
        total = total + array[i]
    Next i
    Return total / array.Length
End FindMaximum
```

Как и в случае с нахождением определенного значения в массиве, алгоритм должен просмотреть каждый элемент, поэтому время его работы составит $O(N)$.

Аналогичным образом можно рассчитать другие статистические величины, скажем, стандартное отклонение или дисперсию. Наибольшую трудность вызывает поиск срединного значения, то есть такого, которое находится посередине в ряду всех значений массива. Например, среди чисел 1, 3, 4, 7, 8, 8, 9 срединным окажется 7, поскольку есть три числа меньше его (1, 3, 4) и три больше (8, 8, 9). За один проход по массиву вы не получите всей информации, необходимой для определения срединного значения, так как для этого нужна более общая информация о величинах.

Один из способов решить подобную задачу — сравнить с каждым отдельно взятым значением оставшиеся значения из массива и проследить за тем, меньше они или больше тестового. Если количество меньших величин окажется равно количеству больших, тестовое значение и будет срединным. Далее приводится основной алгоритм.

```
Integer: FindMedian(Integer: array[])
    For i = 0 To array.Length - 1
        // Находим количество элементов больших и меньших, чем array[i].
        Integer: num_larger = 0
        Integer: num_smaller = 0
        For j = 0 To array.Length - 1
            If (array[j] < array[i]) Then num_smaller = num_
            smaller + 1
            If (array[j] > array[i]) Then num_larger = num_larger
            + 1
        Next j

        If (num_smaller = num_larger) Then
            Return array[i]
        End If
    Next i
End FindMedian
```

В приведенном алгоритме есть несколько недостатков. Например, он не сработает в случае, когда в массиве будут присутствовать одинаковые значения. Предположим такие: 1, 2, 3, 3, 4. Он неэффективен и для массивов с четным количеством элементов: в подобной ситуации срединное значение определяется как среднее двух центральных элементов. Например, в ряду 1, 4, 6, 9 таковым станет число (4 + 6)/2 = 5.

Несмотря на описанные недостатки алгоритма, проанализируем время его работы. Если в массиве N значений, внешний цикл For i выполняется N раз. Для каждой из этих итераций внутренний цикл For i срабатывает также N раз. Стало быть, во внутреннем цикле совершается $N \times N = N^2$ шагов, что делает время работы алгоритма равным $O(N^2)$.

Еще более быстрые алгоритмы занимаются поиском срединного значения в предварительно отсортированном числовом ряду. В главе 6 вы познакомитесь с различными способами сортировки массива, содержащего N элементов, за время $O(N \times \log N)$ и убедитесь, что оно эффективнее, чем $O(N^2)$.

Вставка элементов

Добавить элемент в конец линейного массива довольно просто при условии, что язык программирования может расширить массив на один элемент. Гораздо сложнее произвести вставку в произвольную позицию. Рассмотрим алгоритм, который добавляет новый элемент в позицию position в линейном массиве.

```
InsertItem(Integer: array[], Integer: value, Integer: position)
    <Расширяем массив, чтобы добавить элемент в конец.>

    // Смещаем элементы после целевой позиции,
    // чтобы освободить место для нового элемента.

    For i = array.Length - 1 To position + 1 Step -1
        array[i] = array[i - 1]
    Next i

    // Вставляем новый элемент.
    array[position] = value
End InsertItem
```

Обратите внимание, что цикл алгоритма For запускается в конце массива и переходит к началу. Таким образом он заполняет сперва новую позицию в конце массива, а затем каждую предыдущую сразу после того, как ее значение было скопировано в другое место.

Если в исходном массиве было N элементов, цикл For сработает $N - \text{position}$ раз. В наихудшем случае, когда элемент понадобится вставить в начало массива (то есть position = 0), цикл будет вызван N раз, поэтому время работы такого алгоритма определяется как $O(N)$.

ЗАМЕЧАНИЕ

Многие языки программирования располагают более совершенными методами удаления блоков памяти. Они заставляют элементы сместиться вниз на одну позицию намного быстрее.

На практике вставка элементов в линейный массив не так уж распространена. Однако используемый метод смещения, который позволяет освободить место для нового элемента, широко применяется в других алгоритмах.

Удаление элементов

Удаление *k*-го элемента из массива похоже на вставку. Код сперва смещает все следующие за целевым элементы на одну позицию ближе к началу, а затем изменяет размер массива, чтобы ликвидировать последнюю ненужную запись.

В наихудшем случае, когда нужно удалить первый элемент массива, алгоритму придется сдвинуть все записи. Это означает, что время его работы составит $O(N)$.

> **ЗАМЕЧАНИЕ**
>
> В некоторых случаях запись можно не удалять, а пометить как неиспользуемую. Например, если в массиве содержатся ссылки или указания на объекты, им достаточно присвоить значение `null`. Подобный метод особенно полезен в хеш-таблицах — изменение размеров массива позволяет сэкономить время.
>
> Однако если постоянно помечать записи как неиспользуемые, массив в конечном счете переполнится и, чтобы найти конкретный элемент, вам придется проверять много пустых позиций. В такой ситуации в определенный момент времени нужно произвести сжатие массива и удалить все ненужное.

Ненулевые нижние пределы

Во многих языках программирования нижним пределом массива любой размерности является 0. Например, линейный массив, состоящий из 10 элементов, может иметь индексы от 0 до 9, но не от 1 до 10. Однако иногда размерность массива удобно рассматривать так, будто его нижние пределы не равны нулю.

Предположим, вы создаете программу, записывающую объемы продаж с 2000 по 2010 г. для десяти работников с идентификационными номерами от 1 до 10. В этом случае лучше объявить массив следующим образом.

```
Double: sales[1 to 10, 2000 to 2010]
```

Если нулевой индекс является обязательным для языка программирования, можно перевести удобные для вас пределы в такие, которые начинаются с 0. В следующих двух подразделах объясняется, как использовать ненулевые нижние пределы для массивов с двойной и большей размерностью.

Двумерные массивы

Работа с массивами, имеющими ненулевые нижние пределы, не так уж сложна. Снова рассмотрим пример, где в качестве исходных данных фигурирует идентификационный номер работника (от 1 до 10) и год (с 2000-го по 2010-й). Поскольку у нас в наличии два диапазона — 10 идентификационных номеров и 11 лет, назначим массив с 10 строками и 11 столбцами.

```
Double: sales[10, 11]
```

Чтобы получить доступ к записи для работника e за год y, необходимо рассчитать строку и столбец в текущем массиве.

```
row = e - 1
column = y - 2000
```

Сейчас программа работает с записью `array[row, column]`. Но вы можете упростить задачу: заключить массив в класс и создать конструктор, устанавливающий объекту нужные пределы, на основе которых будут рассчитываться строки и столбцы.

Некоторые языки программирования позволяют сделать методы `get` и `set` индексами класса и работать с объектами почти так же, как если бы они были массивами. Например, в C# можно использовать следующий код, чтобы устанавливать и получать значения в массиве.

```
array[6, 2005] = 74816;
MessageBox.Show(
    «In 2005 employee 6 had» + array[6, 2005].ToString() + « in sales.»
```

Поскольку каждый язык программирования специфичен, более подробный код привести нереально. На сайте с материалами книги вы можете загрузить пример программы TwoDArray, чтобы увидеть полную реализацию алгоритма на языке C#.

Массивы высокой размерности

Метод, описанный в предыдущем подразделе, хорошо использовать, когда известна размерность массива. В противном случае возникает сложность, связанная с тем, что для *N* размерностей вам понадобится назначить *N*-мерный массив, чтобы он мог содержать все данные. Конечно, вы можете создать отдельные классы для работы с двумя, тремя, четырьмя и более размерностями, но лучше найти более общий способ.

Вместо того чтобы хранить значения в двумерном массиве, попробуйте запаковать их в одномерный в построчном порядке. Последний массив при этом должен быть достаточно большим, чтобы вместить все элементы. Так, если имеется *N* строк в *M* столбцах, то лучше задать массив с количеством записей *N*×*M*.

```
Double: values[N * M]
```

Чтобы найти положение элемента в массиве, рассчитайте строку и столбец, как показывалось выше. Если элемент отвечает работнику e и году y, то расчет будет выглядеть следующим образом.

```
row = e - <нижняя граница массива с ИД работников>
column = y - <нижняя граница массива со значениями года>
```

Теперь когда известны строка и столбец элемента, необходимо найти его индекс в массиве `values`. Первым делом нужно выяснить, сколько полных строк помещается в массиве перед необходимым элементом. Если элемент находится в строке r, значит, перед ним r полных строк, пронумерованных как 0, 1, ..., r – 1. Поскольку в каждой строке <row size> элементов, то перед нужной нам записью их r×<row size>. На следующем этапе стоит определить количество элементов, которые предшествуют целевому значению и находятся с ним в одной строке. Если номер столбца с нужной нам записью равен c, то перед ней в той же строке стоит c элементов: 0, 1, ..., c − 1. Таким образом, общее количество предшествующих элементов определяется следующей формулой.

```
index = row × <row size> + column
```

Теперь вы можете найти элемент `values[index]`.

Предложенная технология немного сложнее той, что описана в предыдущем подразделе, зато применима для любой размерности. Предположим, вы хотите создать массив размерности *N*, сохранив нижние пределы в массиве `lower_bounds`, а верхние — в массиве `upper_bounds`. Первый шаг, который понадобится сделать, — создать одномерный массив с достаточным количеством места для хранения всех значений. Для этого просто вычтите каждый нижний предел из каждого верхнего предела, чтобы увидеть, насколько «широким» должен быть массив этой размерности, а затем перемножьте полученные «ширины».

```
Integer: ArraySize(Integer: lower_bounds[], Integer: upper_bounds[])
    Integer: total_size = 0
    For i = 0 To lower_bounds.Length - 1
        total_size = total_size * (upper_bounds[i] - lower_bounds[i])
    Next i
    Return total_size
End ArraySize
```

Следующий этап — привести в соответствие строки и столбцы с позициями в одномерном массиве. Сделать это немного сложнее. Вспомните, как в предыдущем примере строка и столбец привязывались к индексу в массиве `values`. Сначала код определял количество полных строк в массиве, а затем умножал его на количество элементов в строке. Затем он добавлял единицу к каждой позиции предшествующего элемента в той строке, где находилась нужная запись.

Проделать то же самое для трехмерного массива не намного сложнее. На рисунке 4.3 представлен трехмерный массив размерностью 4×4×3 (высота×строка×столбец). Нужный нам элемент с координатами (1, 1, 3) обозначен серым цветом.

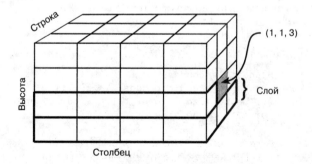

Рис. 4.3. Пример трехмерного массива

Чтобы соотнести элемент (1, 1, 3) с индексом в массиве `values`, вначале стоит определить количество целых слоев, которые ему предшествуют. В представленных координатах высота равна 1, поэтому перед нужной нам записью есть один полный слой. Его размер равен `<row size>×<column size>`. Если переобозначить координаты как (h, r, c), то количество предшествующих элементов в имеющихся слоях можно найти по следующей формуле.

```
index = h × <row size> × <column size>
```

Далее необходимо определить, сколько элементов стоит перед нужным нам в полных строках. Согласно второй координате, полная строка всего одна. С учетом принятых обозначений необходимо прибавить к индексу r длин строк:

```
index = index + r × <row size>
```

Нужно добавить все элементы, предшествующие целевому в его столбце.

```
index = index + c
```

Метод можно усовершенствовать и приспособить для работы с еще большими размерностями. Чтобы облегчить расчет индексов в массиве `values`, создайте массив `slice_sizes`, сохранив в нем размер слоя для каждой размерности. В трехмерном массиве этими величинами будут `<row size>×<column size>`, `<column size>` и 1.

При работе с более сложно организованными массивами размер слоя можно найти, умножив размер следующего слоя на размер текущей размерности. Например, для четырехмерного массива расчет будет выглядеть так: `<height size>×` `×<row size>×<column size>`.

Теперь, зная эти особенности, вы готовы увидеть полный алгоритм. Предположим, массив `bounds` содержит изменяемые нижний и верхний пределы для желаемого *N*-мерного массива. Следующий псевдокод инициализирует массив.

```
InitializeArray(Integer: bounds[])
    // Устанавливаем пределы.
    Integer: NumDimensions = bounds.Length / 2
    Integer: LowerBound[NumDimensions]
    Integer: SliceSize[NumDimensions]

    // Инициализируем LowerBound и SliceSize.
    Integer: slice_size = 1
    For i = NumDimensions - 1 To 0 Step -1
        SliceSize[i] = slice_size

        LowerBound[i] = bounds[2 * i]
        Integer: upper_bound = bounds[2 * i + 1]
        Integer: bound_size = upper_bound - LowerBound[i] + 1
        slice_size *= bound_size
    Next i

    // Определяем место для всех элементов.
    Double: Values[slice_size]
End InitializeArray
```

Чтобы рассчитать количество измерений, данный код делит количество значений в массиве `bounds` на 2. Затем создается массив `LowerBound` для хранения нижних пределов и массив `SliceSize` с размерами слоев в разных размерностях.

После код задает значение `slice_size`, равное 1. Это размер слоя в наивысшей размерности, являющийся столбцом в предыдущем примере.

На следующем этапе в работу вступает цикл, который проходит по размерностям, начиная с наивысшей и заканчивая нулевой (это соответствует пути от столбца к строке по высоте в прошлом случае). Код устанавливает текущий размер слоя на `slice_size` и сохраняет нижний предел размерности, а затем умножает данное значение на показатель нынешней размерности, чтобы получить величину слоя для размерности поменьше.

По окончании цикла в `slice_size` будут содержаться перемноженные значения всех размерностей массива. Это и есть общее количество элементов, которые код использует для объявления массива `Values`, где будут размещаться данные начального массива.

В следующем псевдокоде задействуются массивы `LowerBound` и `SliceSize` для приведения в соответствие индексов из массива `indices` с индексами из массива `Values`.

```
Integer: MapIndicesToIndex(Integer: indices[])
    Integer: index = 0
    For i = 0 to indices.Length - 1
        index = index +
            (indices[i] - LowerBound[i]) * SliceSize[i]
    Next i
    Return index
End MapIndicesToIndex
```

Код задает начальное значение `index`, равное 0, а затем проходит циклом по размерностям массива. Для каждой размерности он умножает количество находящихся в ней слоев на размер слоя и прибавляет результат к `index`. После того как код пройдет по всем размерностям, в `index` будет размещаться индекс элемента из массива `Values`.

Вы можете усовершенствовать данный алгоритм, заключив его в класс. Конструктор укажет объекту, какие размерности нужно использовать. В зависимости от языка программирования вы сможете создать методы доступа `get` и `set`, так называемые *аксессоры*. Таким образом, программа будет расценивать объект как массив.

Чтобы увидеть применение этого алгоритма на языке C#, загрузите программу NDArray с сайта с материалами книги.

Треугольные массивы

В некоторых случаях пространство можно сэкономить, используя вместо обычных прямоугольных массивов *треугольные* (рис. 4.4). В *треугольном массиве* элементы, расположенные над диагональю (там, где индекс столбца больше, чем индекс строки), имеют значения по умолчанию: 0, `null` или пустое место.

Возьмем, например, *матрицу смежности*, которая представляет связи между точками в сети. В качестве последней могут выступать авиамаршруты, проложенные между разными аэропортами. Если совершается полет от аэропорта i до аэропорта j, то запись массива `connected[i, j]` приравнивается к 1. Предположим также, что существует обратный маршрут от аэропорта j до аэропорта i, это дает нам запись connected[i, j] = connected[j, i]. Получается, что нет необходимости хранить connected[i, j] и connected[j, i], поскольку они одинаковы. И следовательно, программа может сэкономить пространство, преобразовав матрицу смежности в треугольный массив.

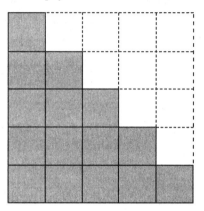

Рис. 4.4. Пример треугольного массива

> **ЗАМЕЧАНИЕ**
>
> Возможно, не стоит создавать треугольный массив 3×3 или 100×100, поскольку в этом случае вы сохраните всего лишь 3 или 4960 записей соответственно. Так вам удастся сэкономить совсем не много памяти, а работать будет сложнее, чем с обычным массивом, а вот треугольный массив размерностью 10 000×10 000 сохранит порядка 50 млн записей, поэтому может быть полезен.

Построить треугольный массив несложно: достаточно упаковать все исходные значения в одномерный массив, пропустив ненужные записи. Трудности могут возникнуть при определении того, насколько большим должен быть одномерный массив и как назначить и связать строки и столбцы с его индексами.

В таблице 4.1 приведено количество записей, необходимое для построения треугольных массивов различных размеров.

Таблица 4.1. Построение треугольных массивов

Количество записей	Количество строк в массиве
1	1
3	2
6	3
10	4
15	5
21	6
28	7

Если проанализировать таблицу 4.1, можно найти закономерность: количество ячеек для N строк равно количеству ячеек, необходимому для $N-1$ строк плюс N.

Взглянув на треугольный массив более внимательно, вы поймете, что почти половина его записей умещается в квадратном массиве с таким же количеством строк. Если строк N, то в квадратном массиве будет N^2 записей, поэтому очевидно, что их количество в соответствующем треугольном массиве будет также включать величину N^2. Взяв обычное квадратное уравнение $A \times N^2 + B \times N + C$ и подставив значения из таблицы 4.1, вы определите A, B и C и придете к выводу, что уравнение сводится к $(N^2 + N)/2$. Таким образом, чтобы построить треугольный массив с количеством строк N, нужно назначить одномерный массив, содержащий $(N^2 + N)/2$ элементов.

На следующем этапе следует выяснить, как привести в соответствие строки и столбцы с индексами одномерного массива. Чтобы узнать индекс для записи со строкой r и столбцом c, нужно определить, сколько элементов ей предшествует в одномерном массиве.

Посмотрите на рисунок 4.5 и обратите внимание на количество записей, идущих перед ячейкой с координатами (3, 2). Полные строки выделены жирной линией. Количество записей в них равноценно количеству записей в треугольном массиве с тремя строками, а вы уже знаете, как его рассчитывать.

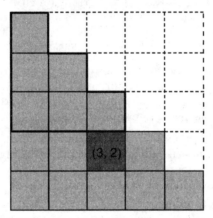

Рис. 4.5. Поиск индекса записи в треугольном массиве

Элементы, идущие перед целевой записью в ячейке (3, 2) и не входящие в полную строку, размещаются слева. В данном примере нужная нам запись расположена в столбце 2, а перед ней в той же строке стоят еще два элемента. В общем случае формула индекса для записи со строкой r и столбцом c будет выглядеть так: $((r - 1)^2 + (r - 1))/2 + с$.

Эти две формулы облегчают работу с треугольными массивами. Используйте первую, чтобы узнать, сколько элементов должен содержать массив с количеством строк N, а вторую, чтобы привести в соответствие строки и столбцы с индексами в одномерном массиве.

```
Integer: FindIndex(Integer: r, Integer: c)
    Return ((r - 1) * (r - 1) + (r - 1)) / 2 + c
End FindIndex
```

Приведенный алгоритм легко упростить, заключив треугольный массив в класс. Создав методы `get` и `set`, вы сможете рассматривать данный массив как обычный.

Последнее, что стоит рассмотреть, — как класс треугольного массива воспринимает запросы к несуществующим элементам. Что, например, должно происходить, если программа попытается получить доступ к записи (1, 4) в верхней половине треугольника? Все зависит от обстоятельств: вы можете вернуть значение по умолчанию, поменять местами строку и столбец и вернуть полученное значение или же сгенерировать исключение.

Массивы с разрывом

Безусловно, треугольные массивы позволяют программе существенно экономить память. Но если вы знаете, что записей будет совсем мало, эти расходы можно сократить еще более значительно.

Вернемся к матрице смежностей с авиалиниями, где 1 в записи [i, j] обозначает полет между городами i и j. Полетов может быть всего 600, и соединять они будут только 200 городов. В таком случае в массиве из 40 000 записей окажется 600 ненулевых значений. Даже если полеты будут симметричными (на каждый полет из i в j будет приходится полет из j в i) и вы сохраните их в треугольном массиве, из 20 100 записей ненулевыми окажутся только 300. Это значит, что почти 99 % массива не используется.

Массив с разрывом позволяет сэкономить пространство, поскольку не представляет недостающие записи. Если программа находит элемент в таком массиве, она возвращает его значение; если элемент отсутствует, возвращается значение по умолчанию (в примере матрицы смежности это 0).

Массив с разрывом используется для создания связного списка из связных списков. В таком случае новый список хранит информацию о строках. В нем каждый элемент указывает на другой связный список, содержащий записи из столбцов массива для этой строки.

Вы можете построить массив с разрывом с двумя классами ячеек: `ArrayRow` для представления самой строки и `ArrayEntry` для представления ее значений. Первый класс будет хранить номер ячейки, ссылку на следующий `ArrayRow` и на первый `ArrayEntry` в этой строке. Ниже показано расположение данного класса.

```
ArrayRow:
    Integer: RowNumber
    ArrayRow: NextRow
    ArrayEntry: RowSentinel
```

Класс `ArrayEntry` содержит количество столбцов в записи, вне зависимости от значения в массиве, а также ссылку на объект `ArrayEntry` в этой строке. Ниже показано расположение класса `ArrayEntry`, где T — любой тип данных, которые могут содержаться в массиве.

```
ArrayEntry:
    Integer: ColumnNumber
    T: Value
    ArrayEntry: NextEntry
```

Чтобы было легче добавлять и удалять строки, их список может начинаться с ограничителя, как и список значений в конкретной строке. На рисунке 4.6 показан массив с разрывом, ограничители закрашены серым цветом.

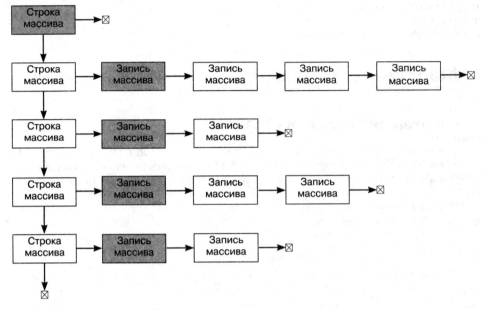

Рис. 4.6. Пример массива с разрывом

Хранение объектов ArrayRow в возрастающем порядке RowNumber помогает определить, когда значение в массиве отсутствует. Например, если вы ищете в списке конкретный номер строки и находите объект ArrayRow, имеющий нижний RowNumber, то знайте, что искомого номера строки в массиве нет. По этой же причине объекты ArrayEntry хранятся в возрастающем порядке ColumnNumber.

Стоит отметить, что объекты RowEntry, расположенные на рисунке 4.6 по одной вертикали, не обязательно представляют одни и те же столбцы. Так, первый объект RowEntry в первой строке может находиться в столбце 100, а аналогичный ему по счету объект во второй строке — в столбце 50.

На первый взгляд схема на рисунке 4.6 выглядит несколько запутанной, но ей легко пользоваться. Чтобы найти определенное значение, отыщите нужную строку, спустившись сверху вниз, а затем желаемый столбец в ней. Если вам не удается выявить строку или столбец, значения в массиве нет.

Хотя в массиве с разрывом присутствуют объекты ArrayRow и ограничители, не содержащие значений, он все равно является более эффективным, чем треугольный. В наихудшем случае каждая строка будет содержать одно значение. Тогда при размерности массива $N{\times}N$ задействуется $N + 1$ объектов ArrayRow и $2N$ объектов ArrayEntry. Среди них только N будут содержать фактические величины, а остальные станут ограничителями или послужат для навигации по массиву. В общем случае доля объектов со значениями окажется $N/(N + 1 + 2N) = N/(3N + 1)$ или приблизительно 1/3. Сравните это с описанным ранее треугольным массивом, который был пуст почти на 99 %.

В случае со структурой данных, показанной на рисунке 4.6, вам все же понадобится написать алгоритмы, чтобы осуществить три типа операций.

1. Получить значение в строке и столбце или вернуть значение по умолчанию, если таковых нет.
2. Установить значение для строки и столбца.
3. Удалить значение в строке и столбце.
4. Составить эти алгоритмы будет немного легче, если сначала определить методы для нахождения нужных строки и столбца.

Нахождение строки и столбца

Чтобы отыскать значение удобно использовать метод `FindRowBefore`. Он ищет объект `ArrayRow` *перед* местом, где должна быть целевая строка. Если ее в массиве нет, возвращается `ArrayRow` перед тем местом, где она могла бы быть.

```
ArrayRow: FindRowBefore(Integer: row, ArrayRow: array_row_sentinel)
    ArrayRow: array_row = array_row_sentinel
    While (array_row.NextRow != null) And
              (array_row.NextRow.RowNumber < row)
        array_row = arrayRow.NextRow
    End While
        Return array_row
End FindRowBefore
```

Этот алгоритм приравнивает переменную `array_row` к ограничителю строки массива, затем продвигает ее к следующему объекту `array_row` в списке, пока тот не станет равен `null` или `RowNumber` следующего объекта не будет как минимум таким же, как число целевой строки.

Ситуация, когда следующий объект равняется `null`, говорит о том, что программа просмотрела весь список строк и не нашла нужной. Если бы такая строка была, она располагалась бы после текущего объекта `array_row`.

Алгоритм найдет целевую строку при условии, что значение следующего объекта `RowNumber` равно ей. Если оно больше, значит, такой строки в массиве нет. В случае присутствия она размещалась бы за текущим объектом `array_row`.

Подобным образом можно определить метод `FindColumnBefore` для нахождения объекта `ArrayEntry` перед местом, где должен быть целевой столбец. Здесь в качестве параметров выступают число целевого столбца и ограничитель строки, в котором нужно это число искать.

```
FindColumnBefore(Integer: column, ArrayEntry: row_sentinel)
    ArrayEntry: array_entry = row_sentinel
    While (array_entry.NextEntry != null) And
              (array_entry.NextEntry.ColumnNumber < column))
        array_entry = array_entry.NextEntry;
    Return array_entry
End FindColumnBefore
```

Если в массиве находится N объектов `ArrayRow`, то время работы метода `FindRowBefore` составит $O(N)$. При условии что строка содержит M элементов, наиболее отличных от заданных по умолчанию, время метода `FindColumnBefore` окажется равным $O(M)$. Более точная эффективность методов рассчитывается исходя из количества и распределения значений в массиве, отличных от заданных по умолчанию.

Получение значения

Получить значение из массива помогут методы `FindRowBefore` и `FindColumnBefore`.

```
GetValue(Integer: row, Integer: column)
    // Находим строку.
    ArrayRow: array_row = FindRowBefore(row)
    array_row = array_row.NextRow
    If (array_row == null) Return default
    If (array_row.RowNumber > row) Return default

    // Находим столбец в целевой строке.
    ArrayEntry: array_entry =
            FindColumnBefore(column, array_row.RowSentinel)
    array_entry = array_entry.NextEntry
    If (array_entry == null) Return default
    If (array_entry.ColumnNumber > column) Return default
    Return array_entry.Value
End GetValue
```

Этот алгоритм использует `FindRowBefore`, чтобы установить `array_row` на строку перед целевой. Затем он продвигает `array_entry` к следующему столбцу, возможно, к целевому. Если `array_entry` равен `null` либо ссылается на неправильную колонку, метод `GetValue` возвращает значение массива по умолчанию. В случае когда алгоритм доходит до строки, он обнаруживает правильный объект `ArrayEntry` и возвращает значение объекта.

В приведенном коде вызываются методы `FindRowBefore` и `FindColumnBefore`. Если в массиве N строк с M значениями, отличными от заданных по умолчанию, то общее время работы метода `GetValue` составит $O(N + M)$. Это намного больше времени $O(1)$, которое требуется для получения значения из обычного массива, однако массив с разрывом использует гораздо меньше места.

Установка значения

Установка значения подобна нахождению, за исключением того, что алгоритм должен вставить новую строку или столбец в массив, если это необходимо.

```
SetValue(Integer: row, Integer: column, T: value)
    // Если добавляемое значение является значением по умолчанию,
    // мы не устанавливаем его, а удаляем.
    If (value == default)
            DeleteEntry(row, column)
            Return
    End If

    // Находим строку перед целевой строкой.
    ArrayRow: array_row = FindRowBefore(row)
```

```
            // Если целевой строки нет, добавляем ее.
    If (array_row.NextRow == null) Or (array_row.NextRow.RowNumber > row)
            ArrayRow: new_row
            new_row.NextRow = array_row.NextRow
            array_row.NextRow = new_row

            ArrayEntry: sentinel_entry
            new_row.RowSentinel = sentinel_entry
            sentinel_entry.NextEntry = null
    End If

            // Переходим к целевой строке.
            array_row = array_row.NextRow

            // Находим столбец перед целевым столбцом.
            ArrayEntry: array_entry =
                    FindColumnBefore(column, array_row.RowSentinel)

            // Если целевого столбца нет, добавляем его.
            If (array_entry.NextEntry == null) Or
                    (array_entry.NextEntry.ColumnNumber > column)
                ArrayEntry: new_entry
                new_entry.NextEntry = array_entry.NextEntry
                array_entry.NextEntry = new_entry
            End If

            // Переходим к целевому элементу.
            array_entry = array_entry.NextEntry

            // Устанавливаем значение.
            array_entry.Value = value
    End SetValue
```

Первым делом алгоритм проверяет значение, которое устанавливается в массиве. Если оно задано по умолчанию, то удаляется из массива, чтобы минимизировать его размер (с этой целью вызывается метод `DeleteEntry`, описанный в подразделе «Удаление значения» текущего раздела), и код прекращает работу.

Если новое значение не является значением по умолчанию, алгоритм обращается к методу `FindRowBefore`, чтобы найти строку перед целевой. Если строка, размещенная за той, что возвращается с помощью `FindRowBefore`, не является целевой, значит, алгоритм достиг конца списка либо следующая строка идет за целевой. В обоих случаях алгоритм добавляет новый объект `ArrayRow` между предыдущей и следующей за ним строками.

Описанный процесс показан на рисунке 4.7. В списке слева целевая строка отсутствует, она обозначена пунктирным овалом.

Чтобы вставить объект `ArrayRow`, алгоритм создает новый объект и устанавливает его ссылку `NextRow` на значение `array_row` объекта `NextRow`, а затем присваивает новому объекту новый ограничитель строки. Когда список сформирован, он выглядит подобно правой части рисунка 4.7, где ссылка `NextRow` указывает на новый объект.

После того как алгоритм находит целевую строку или создает ее, он вызывает метод `FindColumnBefore`, чтобы отыскать объект `ArrayEntry`, который представляет целевой столбец. Если такого объекта не существует, алгоритм создает его и вставляет в связный список объекта `ArrayEntry` аналогично тому, как добавлял `ArrayRow`. Наконец, алгоритм перемещает переменную `array_entry` в `ArrayEntry`, соответствующую строке, и устанавливает ее значение.

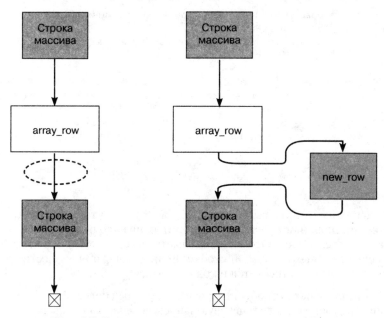

Рис. 4.7. Вставка новой строки в массиве с разрывом при отсутствии целевой строки

Алгоритм `SetValue` может обратиться к алгоритму `DeleteEntry`, описанному в подразделе «Удаление значения» текущего раздела, а тот в свою очередь — к методам `FindRowBefore` и `FindColumnBefore`. Если же алгоритм `SetValue` не вызывает `DeleteEntry`, методы `FindRowBefore` и `FindColumnBefore` прямо или косвенно срабатывают все равно.

Предположим, массив имеет N строк с M значениями, отличными от заданных по умолчанию. В таком случае с учетом методов `FindRowBefore` и `FindColumnBefore` время работы алгоритма `SetValue` составит $O(N + M)$.

Удаление значения

Алгоритм удаления значения работает по тому же принципу, который используется для его получения или установки.

```
DeleteEntry(Integer: row, Integer column)
    // Находим строку перед целевой строкой.
    ArrayRow: array_row = FindRowBefore(row)

    // Если целевой строки нет, нам не нужно ничего удалять.
    If (array_row.NextRow == null) Or
        (array_row.NextRow.RowNumber > row)
            Return
```

```
// Находим элемент перед целевым столбцом в следующей строке.
ArrayRow: target_row = array_row.NextRow
ArrayEntry: array_entry =
        FindColumnBefore(column, target_row.RowSentinel)

// Если целевого элемента нет, нам не нужно ничего удалять.
If (array_entry.NextRow == null) Or
        (array_entry.NextRow.ColumnNumber > column)
            Return

// Удаляем целевой столбец.
array_entry.NextColumn = array_entry.NextColumn.NextColumn

// Если в целевой строке остались столбцы, мы закончили.
If (target_row.RowSentinel.NextColumn != null) Return

// Удаляем пустую целевую строку.
array_row.NextRow = array_row.NextRow.NextRow
End DeleteEntry
```

Приведенный алгоритм вызывает `FindRowBefore`, чтобы найти строку перед целевой. Если таковой не существует, алгоритму не надо ничего удалять, поэтому он останавливается. Затем алгоритм вызывает `FindColumnBefore`, чтобы найти столбец перед целевым в нужной строке. Если такового не существует, значит, снова ничего удалять не требуется и код прекращает работу.

Потом алгоритм находит объект `ArrayEntry` перед целевой записью в связном списке записей строки и удаляет целевую запись, перенаправив ссылку `NextColumn` с предыдущей записи на ту, что идет после целевой.

Изложенная выше процедура показана на рисунке 4.8. Верхний список является исходным, а переменная `array_entry` относится к записи, стоящей перед целевой. Чтобы удалить целевую запись, алгоритм делает так, чтобы ссылка `NextColumn` указывала на следующую запись.

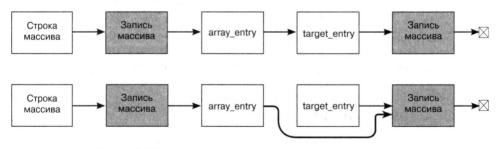

Рис. 4.8. Удаление целевой записи в массиве с разрывом

Алгоритм не меняет ссылку целевой записи `NextColumn` — она все еще относится к следующей записи. Но поскольку ссылки на целевую запись больше нет, для программы она потеряна.

После того как программа удалила целевую запись из связного списка строки, она проверяет ограничитель строки `ArrayRow`. Если ссылка объекта `NextColumn` не null, строка все еще содержит другие записи столбцов, поэтому алгоритм останавливается. Если в целевой строке больше нет записей, алгоритм удаляет ее из связного списка объектов `ArrayRow` подобно тому, как он делал это для целевого столбца.

> **ЗАМЕЧАНИЕ**
>
> Как только алгоритм удалил строку или столбец, нужно освободить соответствующий участок памяти. Количество совершаемых для этого действий зависит от используемого языка программирования. Например, программа, написанная на C++, должна явно вызывать функцию `free` для удаленного объекта, чтобы сделать память пригодной к использованию. У других языков программирования иной подход. Например, в C# и Visual Basic применяется метод сборки мусора. Поэтому в следующий раз, когда уборщик мусора запустится, он автоматически удалит любые объекты, к которым программа больше не имеет доступа.

Алгоритм `DeleteEntry` вызывает `FindRowBefore` и `FindColumnBefore`. Если в массиве имеется *N* строк с *M* значениями, отличными от заданных по умолчанию, общее время работы метода `DeleteEntry` составит $O(N + M)$.

Матрицы

Массивы широко применяются для представления матриц и выполнения с ними различного рода операций. Например, чтобы сложить две матрицы 3×3, нужно сложить соответствующие записи. Ниже представлен алгоритм, демонстрирующий эту операцию для двух двумерных массивов.

> **ЗАМЕЧАНИЕ**
>
> Если вы не знакомы с матрицами и операциями над ними, вы можете прочитать статью «Матрица (математика)» на ru.wikipedia.org/wiki/Матрица_(математика).

```
AddArrays(Integer: array1[], Integer: array2[], Integer: result[])
    For i = 0 To <максимальный предел для размерности 1>
        For j = 0 To <максимальный предел для размерности 2>
            result[i, j] = array1[i, j] + array2[i, j]
        Next i
    Next i
End AddArrays
```

Следующий алгоритм показывает умножение двух обычных двумерных матриц.

```
MultiplyArrays(Integer: array1[], Integer: array2[], Integer: result[])
    For i = 0 To <максимальный предел для размерности 1>
        For j = 0 To <максимальный предел для размерности 2>
            // Вычисляем результат [i, j].
            result[i, j] = 0
            For k = 0 To <максимальный предел для размерности 2>
                result[i, j] = result[i, j] + array1[i, k] *
                    array2[k, j]
            Next k
        Next j
    Next i
End MultiplyArrays
```

Эти алгоритмы работают с треугольными массивами и массивами с разрывом, однако они неэффективны, поскольку проверяют каждый элемент в обоих входных массивах, даже если там записей нет. Например, в треугольном массиве отсутствуют все значения [i, j], где j > i, поэтому при сложении или умножении таких записей нужно учитывать некоторые особенности. Если предположить, что недостающие записи содержат 0, их прибавление или умножение не влияет на результат. Когда записи имеют другое значение по умолчанию, результатом тех же операций будет уже не треугольный массив. Тогда вам может потребоваться полное сложение или умножение массивов.

Вместо того чтобы рассматривать каждую запись, алгоритм должен уделить внимание только тем записям, которые действительно существуют. В случае с треугольными массивами это не очень сложно. Их сложение и умножения рассматривается в упражнениях 12 и 13 соответственно. Если вы не сможете с ними справиться, поищите ответ в приложении Б.

Ситуация осложняется, когда речь заходит о массивах с разрывом, хотя потенциальная экономия времени при этом имеет большее значение. Например, при сложении двух таких матриц нет необходимости проводить итерацию по строкам и столбцам, которые не существуют в обоих входных массивах. Следующий алгоритм высокого уровня складывает две матрицы с разрывом.

```
AddArrays(SparseArray: array1[], SparseArray: array2[],
          SparseArray: result[])
    // Устанавливаем указатели на списки строк в матрицах.
    ArrayRow: array1_row = array1.Sentinel.NextRow
    ArrayRow: array2_row = array2.Sentinel.NextRow
    ArrayRow: result_row = result.Sentinel
    // Повторяем действия, пока в обеих входных строках имеются элементы.
    While (array1_row != null) And (array2_row != null)
        If (array1_row.RowNumber < array2_row.RowNumber) Then
            // Количество строк в array1_row меньше. Копируем значение.
            <Копируем строку array1_row в результат.>
            array1_row = array1_row.NextRow
        Else If (array2_row.RowNumber < array1_row.RowNumber) Then
            // Количество строк в array2_row меньше. Копируем значение.
            <Копируем строку array2_row в результат.>
            array2_row = array2_row.NextRow
        Else
            // Количество строк в обеих матрицах одинаковое.
            // Складываем значения из обеих матриц.
            <Добавляем значения из array1_row and array2_row
             в результат.>
            array1_row = array1_row.NextRow
            array2_row = array2_row.NextRow
        End If
    End While
    // Копируем все оставшиеся элементы входных матриц.
    If (array1_row != null) Then
            <Копируем оставшиеся строки array1_row's в результат.>
    End If
    If (array2_row != null) Then
            <Копируем оставшиеся строки array2_row's в результат.>
    End If
End AddArrays
```

Подобным образом можно написать и алгоритм умножения двух матриц с разрывом, не учитывая все недостающие строки и столбцы. Это задание рассматривается в упражнении 15. Если вы не справитесь с ним, то можете найти ответ в приложении Б.

МАТРИЦЫ С РАЗРЫВОМ, ОТСОРТИРОВАННЫЕ ПО СТОЛБЦАМ

В некоторых алгоритмах удобнее получить доступ к записям в матрице с разрывом по столбцам, а не по строкам. Например, при умножении двух трехмерных матриц вы умножаете записи в строках первой матрицы на записи в столбцах второй. Чтобы упростить эту процедуру, можно применять связные списки для представления столбцов вместо строк. Если вам нужно получить доступ к матрице с разрывом в порядке строк и столбцов, воспользуйтесь обоими представлениями.

Резюме

Обычные массивы интуитивно понятны и легки в использовании, однако в некоторых случаях проще работать с массивом, имеющим ненулевые нижние пределы. Для этого подойдут методы, описанные в одноименном разделе текущей главы. Бывает и так, что обычные массивы оказываются неэффективными. Например, если записи присутствуют только в нижней половине, лучше использовать треугольный массив, чтобы сэкономить приблизительно половину расходуемой памяти, а когда записей еще меньше — обратиться к массивам с разрывом. Конечно, массивы с ненулевыми нижними пределами, треугольные и с разрывом сложнее обыкновенных, которые привычны для множества языков программирования. Однако в некоторых случаях они более удобны и позволяют экономить память.

Еще одна важная особенность массивов заключается в том, что они предоставляют доступ к любому элементу. Можно получить или добавить любую запись, если известен ее индекс. В следующей главе речь пойдет о двух видах контейнеров: стеках и очередях. Подобно массивам эти структуры данных содержат наборы элементов, но методы их вставки и удаления весьма ограничены.

Упражнения

Звездочкой обозначены задачи повышенной сложности.

1. Напишите алгоритм расчета выборочной дисперсии для одномерного массива, содержащего N элементов, которая определяется следующим уравнением:

$$S = \frac{1}{N} \sum_{i=0}^{N-1} (x_i - \bar{x})^2,$$

где $\bar{x}$ — средняя величина значений в массиве, а Σ — сумма всех значений x_i для i от 0 до $N-1$.

2. Создайте алгоритм расчета стандартного отклонения выборки для одномерного массива чисел, которое определяется как квадратный корень из дисперсии.

3. Разработайте алгоритм для нахождения медианы отсортированного одномерного массива (проверьте, с каким количеством элементов вам приходится иметь дело — с четным или нечетным).

4. В подразделе «Удаление элементов» раздела «Одномерные массивы» текущей главы было описано, как удалять элемент из линейного массива. Напишите соответствующий псевдокод.

5. Треугольные массивы иногда называются нижними треугольными, поскольку все значения хранятся в нижней левой половине. Попробуйте получить верхний треугольный массив со значениями в верхнем правом углу.

6. Попытайтесь из нижнего треугольного массива создать верхний, в котором записи будут хранится в верхней левой половине. Какая связь между строкой и столбцом для каждого элемента такого массива?

7. Предположим, что вам нужно провести диагональ в прямоугольном (не квадратном) массиве из левого верхнего угла в правый нижний. Напишите алгоритм, который приравнивает записи вдоль диагонали или под ней к 1, а над диагональю к 0.

8. Диагональ в прямоугольном массиве начинается с правого верхнего и идет к левому нижнему. Разработайте алгоритм, присваивающий записям вдоль диагонали или над ней 1, а под диагональю 0.

9. Напишите алгоритм, где значение каждого элемента прямоугольного массива — это расстояние до ближайшего края массива.

10*. Преобразуйте метод построения треугольных массивов для трехмерных четырехгранных, содержащих записи value[i, j, k], где $j \leq i$ и $k \leq j$. Как бы вы усовершенствовали этот метод для еще больших размерностей?

11. Как создать треугольный массив с разрывом?

12. Напишите алгоритм для сложения двух треугольных массивов.

13. Разработайте алгоритм для умножения двух треугольных массивов.

14. Приведенный алгоритм сложения двух матриц с разрывом является высокоуровневым. Допишите необходимые команды вместо инструкций внутри угловых скобок. (Подсказка: для копирования записей из одного списка в другой можно создать метод CopyEntries, а для комбинирования записей в двух строках с одинаковым номером — метод AddEntries.)

15. Напишите высокоуровневый алгоритм для умножения двух матриц с разрывом, которые имеют значение по умолчанию, равное 0.

Глава 5
СТЕКИ И ОЧЕРЕДИ

Стеки и очереди — относительно простые структуры данных, которые хранят объекты в порядке «первым пришел, первым вышел» или «последним пришел, первым вышел». По мере необходимости их можно расширять, чтобы добавить дополнительные элементы, подобно связным спискам (см. главу 3). По сути, для создания стеков и очередей используются связные списки.

Стеки и очереди идеально подходят для моделирования реальных ситуаций — каналов обслуживания в банке или супермаркете. Однако чаще всего в них хранят объекты, которые будут в дальнейшем обрабатываться с помощью других алгоритмов, например сетевых алгоритмов кратчайшего пути.

В этой главе вводятся понятия «стек» и «очередь», а также даются сопутствующая терминология и методы, которые стоит применять для их создания.

Стеки

Стек — это структура данных, в которой элементы добавляются и удаляются в порядке «последним пришел, первым ушел». Из-за такого поведения их иногда называют *списками LIFO*, или просто *LIFO* (от англ. *last in first out*).

Стек легко представить в виде стопки книг, лежащей на столе: можно добавить или убрать книгу сверху, но нельзя вынуть ее из середины или снизу, не разрушив всю конструкцию. Еще один хороший пример — стопка тарелок с пружинной фиксацией, которая используется в кафетериях (рис. 5.1). Если добавить тарелку сверху, то пружина сожмется и вся стопка окажется вровень со столешницей. То же самое произойдет при снятии тарелки, когда пружина ослабнет.

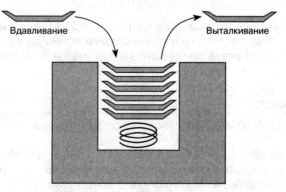

Рис. 5.1. Представление стека в виде стопки тарелок

Такую структуру данных иногда еще называют *стеком магазинного типа*; добавление объекта — *вдавливанием* в стек, а удаление — *выталкиванием* из стека. Класс стека обычно предусматривает методы Push и Pop для добавления элементов и их удаления соответственно.

В следующем разделе описывается несколько общепринятых методов создания стека.

Стеки связных списков

Стек легко реализовать с помощью связного списка: метод Push добавит в начало ячейку, а метод Pop удалит ее оттуда. В следующем псевдокоде представлен алгоритм вставки элемента в стек на основе связного списка.

```
Push(Cell: sentinel, Data: new_value)
    // Создаем ячейку для записи нового значения.
    Cell: new_cell = New Cell
    new_cell.Value = new_value

    // Добавляем новую ячейку в связный список.
    new_cell.Next = sentinel.Next
    sentinel.Next = new_cell
End Push
```

Ниже приводится алгоритм удаления элемента из стека на основе связного списка.

```
Data: Pop(Cell: sentinel)
    // Проверяем, есть ли элемент для удаления.
    If (sentinel.Next == null) Then <Формируем исключение.>

    // Получаем значение верхней ячейки.
    Data: result = sentinel.Next.Value

    // Удаляем верхнюю ячейку из связного списка.
    sentinel.Next = sentinel.Next.Next

    // Возвращаем результат.
    Return result
End Pop
```

Рассмотренный процесс показан на рисунке 5.2. Верхний фрагмент отражает состояние стека после того, как программа вставила в него буквы *A*, *P*, *P*, *L* и *E*; средний — тот же стек после добавления буквы *S*, нижний — после ее же удаления.

> **ЗАМЕЧАНИЕ**
>
> Более подробно о связных списках рассказано в главе 3.

При работе со связными списками как вставка, так и удаление элементов занимают время $O(1)$, то есть обе операции являются довольно быстрыми. Кроме того, список не требует дополнительной памяти — достаточно ссылок между ячейками, поэтому существенно экономит ресурсы.

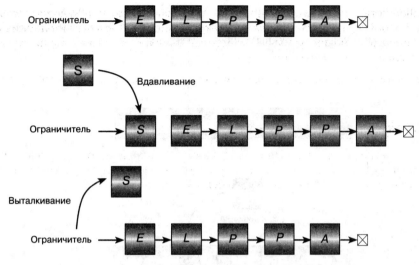

Рис. 5.2. Стек со связным списком

Стеки массивов

Реализация стека на основе массива не сложнее, чем на базе связного списка. Назначьте достаточное место для массива, чтобы сохранить элементы, которые собираетесь включить в стек, и используйте переменную, чтобы отслеживать следующую пустую позицию в стеке.

Ниже представлен алгоритм вставки элемента в стек на основе массива.

```
Push(Data: stack_values [], Integer: next_index, Data: new_value)
    // Проверяем, есть ли место для добавления нового элемента.
    If (next_index == <длина stack_values>) Then <Формируем исключение.>

    // Добавляем новый элемент.
    stack_values[next_index] = new_value

    // Увеличиваем next_index.
    next_index = next_index + 1
End Push
```

Следующий псевдокод содержит алгоритм удаления элемента из стека на основе массива.

```
Data: Pop(Data: stack_values[], Integer: next_index)
    // Проверяем, есть ли элемент для удаления.
    If (next_index == 0) Then <Формируем исключение.>

    // Уменьшаем next_index.
    next_index = next_index - 1

    // Возвращаем верхнее значение.
    Return stack_values[next_index]
End Pop
```

Глава 5

Описанный процесс показан на рисунке 5.3. Верхний фрагмент — это стек, в который добавлены буквы *A*, *P*, *P*, *L* и *E*; средний и нижний фрагменты — стек после вставки и удаления буквы *S* соответственно.

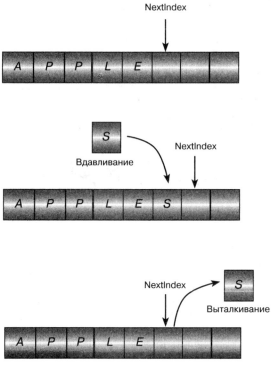

Рис. 5.3. Создание стека на основе массива

В случае с массивами операции вдавливания и выталкивания элементов занимают время $O(1)$ и являются довольно быстрыми. Кроме того, установка и получение значения из массива происходят быстрее, чем создание новой ячейки в связном списке, а потому такой метод более эффективен.

Основанный на массиве стек не нуждается и в дополнительной памяти для хранения ссылок между ячейками, но ему требуется место для новых элементов. Объем такого места зависит от используемого приложения и от того, известно ли вам заранее количество записей. Если нет — при необходимости можно изменить размер массива, но это займет дополнительное время. Если в массиве N элементов, то при изменении его размера понадобится выполнить $O(N)$ шагов, чтобы скопировать уже имеющиеся записи.

В зависимости от того, как используется стек, резервирование места для дополнительных элементов может быть крайне неэффективным. Предположим, что в какой-то момент алгоритму понадобится сохранить 1000 записей в стеке, хотя большую часть времени ему нужно всего несколько. В таком случае массив будет тратить неоправданно много ресурсов памяти. Если же вы знаете, что в стеке всегда будет храниться всего нескольких элементов, то имеет смысл выстраивать его на основе массива.

Двойные стеки

Предположим, алгоритм нуждается в использовании двух стеков с ограниченным общим размером. Вы можете сохранить оба в одном массиве с разных сторон таким образом, чтобы они расширялись в середину (рис. 5.4).

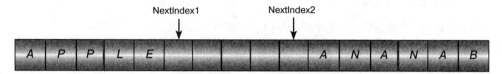

Рис. 5.4. Массив с двумя стеками, имеющими ограниченный общий размер

В следующем псевдокоде показаны алгоритмы вдавливания и выталкивания элементов из двух стеков, содержащихся в одном массиве. Чтобы упростить запись, массив Values и переменные NextIndex1 и NextIndex2 хранятся за пределами методов Push.

```
Data: StackValues[<max items>]
Integer: NextIndex1, NextIndex2

// Инициализируем массив.
Initialize()
    NextIndex1 = 0
    NextIndex2 = <длина StackValues> - 1
End Initialize

// Добавляем элемент в начало стека.
Push1(Data: new_value)
    // Проверяем, есть ли место для добавления нового элемента.
    If (NextIndex1 > NextIndex2) Then <Формируем исключение.>

    // Добавляем новый элемент.
    StackValues[NextIndex1] = new_value

    // Увеличиваем NextIndex1.
    NextIndex1 = NextIndex1 + 1
End Push1

// Добавляем элемент в конец стека.
Push2(Data: new_value)
    // Проверяем, есть ли место для добавления нового элемента.
    If (NextIndex1 > NextIndex2) Then <Формируем исключение.>

    // Добавляем новый элемент.
    StackValues[NextIndex2] = new_value

    // Уменьшаем NextIndex2.
    NextIndex2 = NextIndex2 - 1
End Push2

// Удаляем элемент из начала стека.
Data: Pop1()
```

```
        // Проверяем, есть ли элемент для удаления.
        If (NextIndex1 == 0) Then <Формируем исключение.>

        // Уменьшаем NextIndex1.
        NextIndex1 = NextIndex1 - 1

        // Возвращаем верхнее значение.
        Return StackValues[NextIndex1]
End Pop1

// Удаляем элемент из конца стека.
Data: Pop2()
        // Проверяем, есть ли элемент для удаления.
        If (NextIndex2 == <длина StackValues> - 1)
        Then <Формируем исключение.>

        // Увеличиваем NextIndex2.
        NextIndex2 = NextIndex2 + 1

        // Возвращаем верхнее значение.
        Return StackValues[NextIndex2]
End Pop2
```

Алгоритмы с использованием стеков

Стеки используются во многих алгоритмах, например для нахождения кратчайшего пути (см. главу 13). Описание некоторых их них приводится в следующих подразделах.

Реверсирование массива

Перевернуть массив с помощью стека довольно просто: добавьте все элементы в стек, а затем вытолкните их обратно. Благодаря принципу «последним пришел, первым ушел» они вернутся в обратном порядке.

```
ReverseArray(Data: values[])
        // Добавляем элементы из массива в стек.
        Stack: stack = New Stack
        For i = 0 To <количество значений> - 1
                stack.Push(values[i])
        Next i
                // Выталкиваем элементы из стека в массив.
        For i = 0 To <количество значений> - 1
                values[i] = stack.Pop()
        Next i
End ReverseArray
```

Если в массиве N элементов, алгоритм пройдет $2N$ шагов. Таким образом, время его работы составит $O(N)$.

Сортировка вагонов поезда

Представьте, что из депо выехал поезд, к которому прицеплены вагоны, идущие в разные пункты назначения. Вы должны воспользоваться перегонами, чтобы правильно сформировать состав.

В левой части рисунка 5.5 показан поезд с вагонами, направляющимися в города 3, 2, 1, 3, 2. Локомотив может подойти к перегону и прицепить свой крайний правый вагон к любому стоящему там крайнему левому вагону. Его цель — выполнить сортировку.

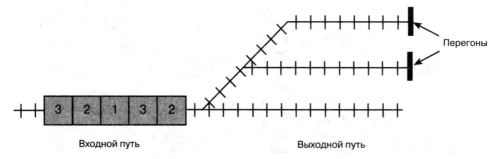

Рис. 5.5. Моделирование сортировки вагонов на основе стека

Задачу удобно решать с помощью нескольких стеков. Один из них будет представлять прибывающий поезд. Используя метод Pop, он удалит вагон с правой стороны, а благодаря методу Push прицепит его к правому краю локомотива.

Другие стеки представляют собой перегон и отходящий путь. Их методы Push переводят вагон на левый конец пути, а методы Pop убирают его оттуда.

В следующем псевдокоде программа использует стеки для формирования состава, показанного на рисунке 5.5. Здесь train — это прибывающий поезд, track1 и track2 — верхний и нижний перегоны, output — отходящий путь.

```
holding1.Push(train.Pop())  // Шаг 1: Переводим вагон 2 на верхний перегон.
holding2.Push(train.Pop())  // Шаг 2: Переводим вагон 3 на нижний перегон.
output.Push(train.Pop())    // Шаг 3: Переводим вагон 1 на выходной путь.
holding1.Push(train.Pop())  // Шаг 4: Переводим вагон 2 на верхний перегон.
train.Push(holding2.Pop())  // Шаг 5: Прицепляем вагон 3 к поезду.
train.Push(holding1.Pop())  // Шаг 6: Прицепляем вагон 2 к поезду.
train.Push(holding1.Pop())  // Шаг 7: Прицепляем вагон 2 к поезду.
train.Push(output.Pop())    // Шаг 8: Прицепляем вагон 1 к поезду.
```

Описанный процесс показан на рисунке 5.6. Перемещаемый вагон обведен толстой линией, стрелка указывает направление движения.

ЗАМЕЧАНИЕ

В настоящем депо, как правило, формируется сразу нескольких составов с еще бо́льшим числом вагонов и перегонов, поэтому реальная задача гораздо сложнее, чем та, что описана в примере. А поскольку перестановка вагонов на каждом шаге занимает несколько минут, важно найти решение с наименьшим количеством возможных действий.

Глава 5

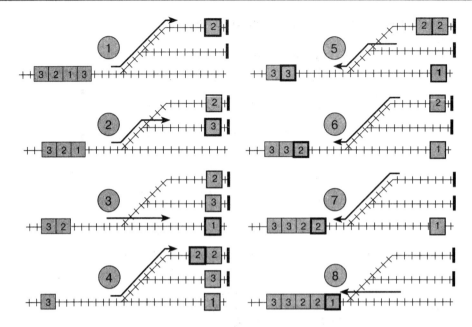

Рис. 5.6. Шаги по формированию состава
с использованием двух перегонов и выходного пути

Ханойская башня

В головоломке «Ханойская башня» (рис. 5.7) есть три колышка. На один из них нанизаны диски, отсортированные по размеру — от самого большого до самого маленького. Ваша задача — переместить их с одного колышка на другой, сохранив порядок. При этом нельзя брать больше одного диска за раз и класть больший диск на меньший.

Рис. 5.7. Головоломка «Ханойская башня»

Головоломку легко смоделировать с помощью трех стеков — по одному на каждый колышек. Объектами в них будут выступать радиусы дисков.

Следующий псевдокод моделирует перемещение дисков с левого колышка на средний.

```
peg2.Push(peg1.Pop())
peg3.Push(peg1.Pop())
peg3.Push(peg2.Pop())
peg2.Push(peg1.Pop())
peg1.Push(peg3.Pop())
peg2.Push(peg3.Pop())
peg2.Push(peg1.Pop())
```

126

Приведенные шаги показаны на рисунке 5.8.

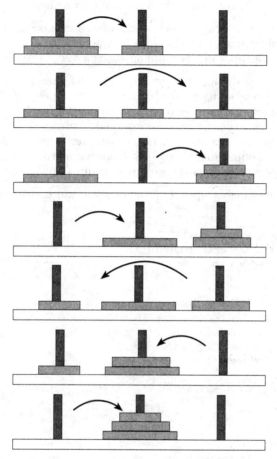

Рис. 5.8. Решение головоломки «Ханойская башня»

> **ЗАМЕЧАНИЕ**
>
> Для облегчения восприятия в примере на рисунке 5.8 используется всего три диска. Чтобы переместить N дисков, понадобится $2^N - 1$ шагов, причем их число будет быстро увеличиваться с возрастанием N. Если бы у вас была стопка из 35 дисков и вы перекладывали по одному диску в секунду, решение головоломки заняло бы более 1000 лет.

Еще один хороший способ решить головоломку «Ханойская башня» — использовать рекурсию (см. главу 9).

Сортировка стеков вставкой

В главе 6 мы еще вернемся к алгоритмам сортировки, а пока вспомните сортировку связных списков методом вставки, приведенную в главе 3. Основная ее идея заключалась в том, что из списка ввода выбирался элемент и помещался в соответствующую позицию в отсортированном списке вывода (который изначально был пустым). Этот же способ применим и к стекам.

В таком случае элементы разносятся по обеим сторонам стека: в начало попадают неотсортированные, в конец — отсортированные. По умолчанию ни один из элементов не отсортирован и все они находятся в соответствующем разделе.

Алгоритм создает второй, временный, стек. Для каждого элемента алгоритм забирает верхний элемент из стека и хранит его в переменной. Затем он перемещает во временный стек все неотсортированные элементы, а далее отсортированные, пока не найдет ту позицию, к которой относится элемент. В этот момент алгоритм вставляет новый элемент в исходный стек и перемещает все элементы из временного стека обратно в исходный. Процесс повторяется до тех пор, пока все элементы не будут добавлены в отсортированный раздел.

В следующем псевдокоде представлен высокоуровневый алгоритм сортировки вставкой.

```
// Сортируем элементы в стеке.
StackInsertionsort(Stack: items)
    // Создаем временный стек.
    Stack: temp_stack = New Stack

    Integer: num_items = <количество элементов>
    For i = 0 To num_items - 1
        // Ищем позицию следующего элемента.
        // Забираем первый элемент.
        Data: next_item = items.Pop()

        <Переносим еще не отсортированные элементы
        во временный стек temp_stack. На этом этапе у нас
        (num_items - i - 1) неотсортированных элементов.>

        <Перемещаем отсортированные элементы во второй стек,
        пока не найдем место для next_item.>

        <Добавляем next_item в эту позицию.>
        <Возвращаем элементы из временного стека temp_stack в исходный.>
    Next i
End StackInsertionsort
```

Для каждого элемента алгоритм перемещает во временный стек сначала неотсортированные элементы, затем некоторые отсортированные, а после возвращает все в исходный стек. На разных этапах количество неотсортированных элементов, которые нужно переместить, равно $N, N-1, N-2, ..., 2, 1$. Таким образом, общее количество перемещенных элементов: $N + (N-1) + (N-2) + ... + 2 + 1 = N \times (N+1)/2 = O(N^2)$. Это означает, что алгоритм обладает временем работы $O(N^2)$.

Сортировка стеков выбором

В главе 3 также описывалась сортировка выбором. Она предполагала поиск наименьшего среди неотсортированных элементов и его перемещение в конец отсортированного списка. Этот же метод подходит для стеков.

Как и в предыдущем случае, элементы исходного стека располагаются в двух разделах: ближе к концу — отсортированные, в самом начале — неотсортированные. По умолчанию ни один из элементов не отсортирован.

Алгоритм создает второй, временный, стек и перемещает в него все неотсортированные элементы для каждого элемента, отслеживая наибольший и вдавливая его. Затем все неотсортированные элементы из временного стека возвращаются в исходный стек. Процесс повторяется до тех пор, пока все элементы не окажутся в отсортированном разделе.

В следующем псевдокоде представлен высокоуровневый алгоритм сортировки выбором.

```
// Сортируем элементы в стеке.
StackSelectionsort(Stack: items)
    // Создаем временный стек.
    Stack: temp_stack = New Stack

    Integer: num_items = <количество элементов>
    For i = 0 To num_items - 1
        // Ищем позицию следующего элемента.
        // Находим элемент, принадлежащий позиции i.

        <Переносим еще не отсортированные элементы во временный
        стек temp_stack, отслеживая наибольший. Сохраняем наибольший
        элемент в переменную largest_item. На этом этапе у нас
        (num_items - i - 1) неотсортированных элементов.>

        <Добавляем largest_item в оригинальный стек в конец
        предварительно отсортированных элементов.>

        <Возвращаем неотсортированные элементы из временного стека
        temp_stack в исходный, минуя найденный largest_item.>
    Next i
End StackSelectionsort
```

Для каждой записи алгоритм перемещает неотсортированные элементы вначале во временный стек и добавляет наибольший в отсортированный раздел оригинального стека, а затем возвращает их обратно. Получается, неотсортированные элементы переносятся дважды, причем на разных этапах их насчитывается $N, N-1, N-2, ..., 1$. Отсюда общее число перемещенных элементов $N + (N-1) + (N-2) + ... + 1 = N \times (N+1)/2 = O(N^2)$, а время работы алгоритма $O(N^2)$.

Очереди

Очередь — это структура данных, в которой элементы добавляются и удаляются в порядке «первым пришел, первым ушел». Из-за такого поведения стеки иногда называют *списками FIFO*, или просто *FIFO* (от англ. *first in first out*).

Очереди подобны магазинным очередям в кассу: вы подходите к концу и продвигаетесь к началу, где кассир берет у вас деньги и выдает чек.

Глава 5

Метод, добавляющий элементы к очереди, называется Enqueue, а метод, удаляющий элементы из очереди, — Dequeue.

В следующих разделах описывается несколько общепринятых методов работы с очередями.

Очереди связных списков

Работу с очередью облегчают связные списки. Чтобы удалить из нее последний элемент, список должен быть двойным. Метод Enqueue добавляет ячейку в начало списка, а метод Dequeue удаляет ее из конца.

Приведем псевдокод для постановки элемента в очередь.

```
Enqueue(Cell: top_sentinel, Data: new_value)
    // Создаем ячейку для хранения нового значения.
    Cell: new_cell = New Cell
    new_cell.Value = new_value
    // Добавляем новую ячейку в связный список.
    new_cell.Next = top_sentinel.Next
    top_sentinel.Next = new_cell
    new_cell.Prev = top_sentinel
End Enqueue
```

В следующем псевдокоде элемент удаляется из очереди.

```
Data: Dequeue(Cell: bottom_sentinel)
    // Проверяем, есть ли элемент для удаления.
    If (bottom_sentinel.Prev == top_sentinel) Then <Формируем исключение.>

    // Получаем значение последней ячейки.
    Data: result = bottom_sentinel.Prev.Value

    // Удаляем последнюю ячейку из связного списка.
    bottom_sentinel.Prev = bottom_sentinel.Prev.Prev
    bottom_sentinel.Prev.Next = bottom_sentinel

    // Возвращаем результат.
    Return result
End Dequeue
```

ЗАМЕЧАНИЕ

Более подробно о связных списках читайте в главе 3.

В связных списках постановка элемента в очередь и удаление из нее происходят за время $O(1)$, то есть обе операции являются довольно быстрыми. Кроме того, поскольку для списков не требуется дополнительной памяти (достаточно ссылок между ячейками), они экономят ресурсы.

Очереди массивов

Создание очереди в массиве в некотором смысле сложнее, чем в связном списке. Для отслеживания позиций понадобятся две переменные: Next (чтобы отметить следующую открытую позицию) и `Last` (чтобы отметить позицию, которая использовалась дольше всего). Если вы будете сохранять элементы на одной стороне массива и удалять их с другой, занятое пространство просто сместится вниз.

Предположим, очередь создается в массиве, имеющем восемь записей. Рассмотрим постановку элемента в очередь и его удаление из очереди.

```
Enqueue(M)
Enqueue(O)
Enqueue(V)
Dequeue() // Удаляем M.
Dequeue() // Удаляем O.
Enqueue(I)
Enqueue(N)
Enqueue(G)
Dequeue() // Удаляем V.
Dequeue() // Удаляем I.
```

Последовательность приведенных операций отражена на рисунке 5.9. Изначально `Next` и `Last` относятся к одной и той же записи. Получается, что очередь пуста. После цикла операций `Enqueue` и `Dequeue` для добавления новых элементов доступными окажутся лишь две ячейки. Далее это действие станет невозможным.

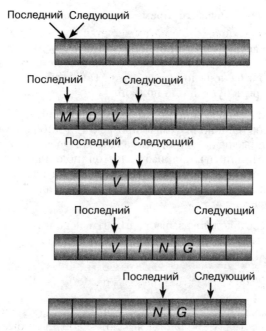

Рис. 5.9. Постановка элементов в очередь и удаление из нее

Решить поставленную задачу поможет увеличение массива в тот момент, когда из него выпадет `Next`. К сожалению, со временем массив сильно разрастется, а пространство перед записью `Last` окажется бесполезным. Можно попробовать также перемещать записи массива к началу каждый раз, когда из него выпадает `Last`. Этот способ будет работать относительно медленно.

Более эффективно будет построить *кольцевой массив*. В нем работа с последним элементом осуществляется так, будто он находится прямо перед первым. В этом случае, когда Next выпадает из массива, он как бы возвращается к первой позиции и у программы снова есть место для хранения новых элементов.

На рисунке 5.10 показана кольцевая очередь, содержащая значения *M, O, V, I, N* и *G*.

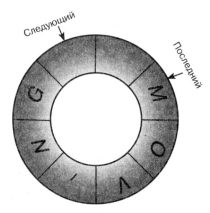

Рис. 5.10. Пример кольцевой очереди

Однако появляется новая проблема: когда очередь пуста, Next совпадает с Last. Если вы добавите достаточное количество элементов в очередь, Next совершит полный круг и снова дойдет до Last. Таким образом, невозможно определить, является очередь пустой или полной.

Справиться с задачей можно несколькими способами: отслеживать общее количество элементов, неиспользуемые промежутки либо элементы, добавляемые в очередь и удаляемые из нее. Программа CircularQueue (ее вы можете скачать на сайте с материалами книги), например, постоянно оставляет один из промежутков свободным. В этом случае, если добавить в очередь на рисунке 5.10 другой элемент, она будет считаться полной, когда Next стоит перед Last, даже несмотря на одну пустую запись.

Следующий псевдокод показывает алгоритм, используемый демонстрационной версией программы для добавления элемента в очередь.

```
// Переменные для управления очередью.
Data: Queue[<размер очереди>]
Integer: Next = 0
Integer: Last = 0

// Добавляем элемент.
Enqueue(Data: value)
    // Проверяем, есть ли место для добавления нового элемента.
    If ((Next + 1) Mod <размер очереди> == Last)
    Then <Формируем исключение.>

    Queue[Next] = value
    Next = (Next + 1) Mod <размер очереди>
End Enqueue
```

Приведенный ниже псевдокод выводит элемент из очереди.

```
// Удаляем элемент.
Data: Dequeue()
    // Проверяем, есть ли элемент для удаления.
    if (Next == Last) Then <Формируем исключение.>
    Data: value = Queue[Last]
    Last = (Last + 1) Mod <размер очереди>
    Return value
End Dequeue
```

Проблемы в кольцевой очереди возникают и тогда, когда она полностью заполнена. В таком случае необходимо добавить элементы, назначить больший массив, скопировать данные в новый массив или использовать новый массив вместо старого. Это может занять некоторое время, поэтому попытайтесь сделать массив достаточно вместительным с самого начала.

Специализированные очереди

Любая очередь — это уже довольно специализированная структура данных. Но есть еще такие интересные разновидности, как очереди с приоритетом и деки.

Очереди с приоритетом

В рассматриваемых очередях каждый элемент имеет свой приоритет и удаляется тот, у которого этот приоритет наивысший. Дело в том, что элементы с высоким приоритетом обрабатываются первыми.

В структурах подобного рода элементы можно хранить отсортированными по приоритету. При добавлении новой записи очередь пересматривается и находится нужная позиция, в которой та будет размещена. Удаление элементов осуществляется с самого верхнего. В таком случае постановка элемента в очередь занимает $O(N)$ времени, а удаление из нее — $O(1)$.

Элементы можно хранить и в произвольном порядке — том, в котором они добавляются в очередь. Тогда при удалении будет происходить поиск элемента с наивысшим приоритетом. При таком подходе постановка элемента в очередь займет $O(1)$ времени, а удаление из нее — $O(N)$.

Оба метода являются довольно простыми, и их легко использовать при работе со связными списками.

Пирамидальная структура данных, описанная в подразделе «Пирамидальная сортировка» раздела «Алгоритмы $O(N \times \log N)$» главы 6, предлагает более эффективный способ создания очереди с приоритетом. Он основан на пирамидальной сортировке, поэтому может добавлять и удалять элементы за время $O(\log (N))$.

Деки

Дек — это очередь с двусторонним доступом. Она позволяет добавлять элементы и удалять их с обоих концов.

Деки полезны в алгоритмах, где информация о приоритете элементов известна лишь частично. То есть вы обладаете сведениями, что некоторые элементы имеют высокий приоритет, а иные — низкий, но какой точно — вам знать не обязательно. В таком случае вы можете добавлять элементы с высоким приоритетом к одному концу дека, а элементы с низким приоритетом — к другому.

Деки легко реализовать с помощью двунаправленных списков.

Резюме

В этой главе описывались стеки и очереди — две структуры, часто используемые другими алгоритмами для хранения данных. В стеке добавление и удаление элементов осуществляется с одного и того же конца в порядке «последним пришел, первым вышел», в очереди — добавление происходит в один конец, а удаление из другого в порядке «первым пришел, первым вышел».

Построить стек можно на основе массива или связного списка. В первом случае вам нужно зарезервировать достаточно места, во втором это условие не имеет никакого значения. Массив подходит и для построения очереди, правда, его размер придется менять, если элемент достигнет конца. Чтобы избежать такой ситуации, удобнее пользоваться двунаправленными списками.

Стеки и очереди позволяют отсортировать элементы за $O(N^2)$ времени, но такие алгоритмы пригодны, скорее, для выполнения упражнений, чем для эффективной работы. В следующей главе рассматриваются способы сортировки, обеспечивающие значительно большую производительность — $O(N \times \log N)$ и даже $O(N)$.

Упражнения

Звездочкой обозначены задачи повышенной сложности.

1. Каково соотношение между переменными `NextIndex1` и `NextIndex2` для двух стеков, если один из них полный?

2. Разработайте алгоритм для получения выходного стека, в котором элементы входного стека расположены в обратном порядке.

3. Напишите программу, которая производит сортировку вставкой для стека.

4. Выполняя сортировку вставкой в стеке, алгоритм для каждого элемента перемещает во временный стек сначала неотсортированные элементы, затем некоторые из отсортированных, а далее возвращает все в исходный стек. Действительно ли ему нужно возвращать все элементы в исходный стек? Можно ли усовершенствовать работу алгоритма, изменив данный шаг? Как это повлияет на время работы алгоритма?

5. Как применить алгоритм сортировки вставкой для стека к задаче по формированию состава поезда?

6. Напишите программу, осуществляющую сортировку выбором для стеков.

7. Как применить алгоритм сортировки выбором для стека к задаче по формированию состава поезда?

8. Разработайте программу, которая реализует очередь с приоритетом.

9. Создайте программу, реализующую дек.

10*. Представьте, что в банке клиенты выстраиваются в одну очередь, которая обслуживается несколькими кассирами. Новый клиент занимает место в конце очереди и продвигается к ее началу, где необходимую операцию проводит освободившийся на данный момент кассир. Смоделируйте очередь «с несколькими головами» на основе обычной, которую обслуживают несколькими кассирами.

Создайте программу, подобную той, которая изображена на рисунке 5.11, чтобы сымитировать очередь «с несколькими головами». Разрешите пользователю устанавливать количество кассиров, время между клиентами, время нахождения каждого клиента в очереди, а также скорость симуляции. Запустите модель с введенными параметрами, чтобы увидеть, как ведет себя очередь. Как количество кассиров повлияет на среднее время ожидания?

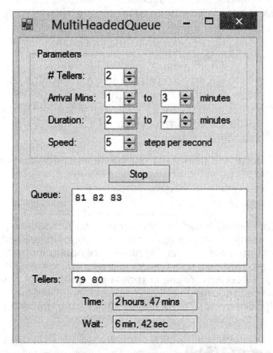

Рис. 5.11. Окно пограммы MultiHeadedQueue

11. Напишите программу, осуществляющую сортировку вставкой для очереди.
12. Создайте программу, осуществляющую сортировку выбором для очереди.

Глава 6
СОРТИРОВКА

Алгоритмы сортировки нередко описываются в книгах по алгоритмизации, и на то есть несколько причин. Во-первых, они интересны и на их основе хорошо изучать такие технологии, как рекурсия, разделение задач на подзадачи, кучи, а также деревья. Во-вторых, эти алгоритмы являются одними из немногих, для которых известно точное время работы. Наиболее быстрые из них, например, выполняются за время $O(N \times \log N)$, если количество сортируемых элементов равно N. Такой уровень производительности в отдельных случаях считается оптимальным. И в-третьих, алгоритмы сортировки полезны, поскольку позволяют упорядочить данные определенным образом.

В этой главе описано несколько различных алгоритмов сортировки. Одни из них — сортировка вставкой, выбором и слиянием — более сложные, но зато быстродействующие. Другие, например сортировка подсчетом, не используют сравнение элементов и могут преодолевать ограничение $O(N \times \log N)$, работая удивительно эффективно при правильных условиях.

В следующем разделе алгоритмы распределены по категориям с учетом их производительности.

> **ЗАМЕЧАНИЕ**
>
> Многие программные библиотеки содержат встроенные быстродействующие инструменты сортировки, которые удобно использовать при написании и отладке собственного кода. Но понимать принципы работы таких алгоритмов все же необходимо, поскольку иногда самостоятельно созданные инструменты могут оказаться лучше встроенных. Например, для очень малых списков пузырьковая сортировка будет эффективнее любой сложной библиотеки, как и сортировка счетом, если данные имеют определенные характеристики.

Алгоритмы $O(N^2)$

Алгоритмы $O(N^2)$ являются относительно медленными, зато простыми. Последнее качество позволяет им иногда превосходить сравнительно быстрые, но более сложные алгоритмы для очень малых массивов.

Сортировка вставкой в массивах

Алгоритм сортировки вставкой мы уже рассматривали в главе 3, когда речь шла о связных списках, и в главе 4, когда изучали стеки и очереди. Основная идея такого метода заключается в выборе элемента из списка ввода и его вставке в соответствующую позицию отсортированного списка вывода, который изначально пуст.

Аналогичную технологию можно использовать и для сортировки массива.

```
Insertionsort(Data: values[])
    For i = 0 To <количество значений> - 1
        // Перемещаем элемент i в соответствующую позицию
        // в отсортированной части массива.
        <Находим первый индекс j, при котором j < i
        и values[j] > values[i].>
        <Помещаем элемент в позицию j.>
    Next i
End Insertionsort
```

При циклическом прохождении по элементам массива на основе индекса i наблюдается следующее разделение: элементы с индексом менее i признаются отсортированными, а с индексом более или равным i — неотсортированными. После того как код пересмотрит все индексы массива (от 0 до последнего), он перемещает элемент с индексом i в соответствующую позицию во второй части массива. Чтобы обнаружить эту позицию, перебираются уже отсортированные элементы и находится первый элемент, который больше, чем values[i]. Перемещение может занять какое-то время. Ведь если новый индекс элемента должен быть j, код должен сдвинуть все элементы между индексами j и i на одну позицию вправо, чтобы освободить место.

На рисунке 6.1 показаны основные шаги алгоритма. Верхний фрагмент представляет собой исходный неотсортированный массив. На среднем фрагменте первые четыре элемента (они обведены толстой линией) уже отсортированы, а алгоритм готовится добавить к ним следующий со значением 3. Код пересматривает отсортированные элементы, пока не определит, что число 3 нужно вставить перед числом 4. На нижнем фрагменте видно, что алгоритм передвинул значения 5, 6 и 7 вправо, чтобы освободить место для значения 3. Вставив его, он продолжит цикл For, чтобы упорядочить следующий элемент со значением 2.

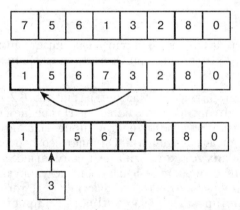

Рис. 6.1. Сортировка вставкой

Приведенный алгоритм сортирует элементы в исходном массиве, поэтому ему не требуется дополнительной памяти (исключение составляют нескольких переменных для контроля циклов и перемещения элементов).

Если в массиве содержится *N* элементов, алгоритм рассматривает все. Для каждой позиции i он должен найти предыдущие отсортированные элементы и определить новое место для сортируемого значения. Затем ему нужно передвинуть элементы между этим положением и положением индекса i на одну позицию вправо. Так, если элемент i должен сместиться на позицию j, потребуется вначале j шагов, а потом еще i – j для перестановки элементов. В результате общее количество шагов будет равно i.

Если суммировать шаги, требуемые для позиционирования всех элементов, общее время работы составит $1 + 2 + 3 + ... + N = (N^2 + N)/2$, отсюда производительность алгоритма — $O(N^2)$. Это не очень хороший показатель, однако для относительно малых массивов (менее 10 000 элементов) он является достаточно быстрым. К тому же алгоритм довольно простой, поэтому для совсем малых массивов может работать эффективнее, чем более сложные алгоритмы. Насколько малым должен быть такой массив, зависит от вашей системы. Обычно речь идет о 5–10 элементах.

Сортировка выбором в массивах

Подобная сортировка рассматривалась в главе 3 для связных списков и в главе 4 для стеков и очередей. Ее суть состоит в том, чтобы найти в списке ввода наибольший элемент и добавить его в конец отсортированного списка. Как вариант, можно искать наименьший элемент и перемещать его в начало отсортированного списка.

В следующем псевдокоде представлен алгоритм, работающий с массивами.

```
Selectionsort(Data: values[])
    For i = 0 To <количество значений> - 1
        // Находим элемент, принадлежащий позиции i.
        <Находим наименьший элемент, у которого индекс j >= i.>
        <Меняем местами values[i] и values[j].>
    Next i
End Selectionsort
```

Код проходит в рамках цикла по массиву и выбирает наименьший элемент, который еще не добавлен в отсортированную часть списка, затем меняет его местами с элементом в позиции i.

Основные шаги алгоритма представлены на рисунке 6.2. На верхнем фрагменте виден исходный неотсортированный массив. На среднем первые три элемента уже отсортированы (они обведены толстой линией), а алгоритм готовится поменять позицию следующего элемента. Он ищет неотсортированные элементы, чтобы выявить среди них тот, который имеет наименьшее значение, — в данном случае это 3. Найденное число перемещается в следующую неотсортированную позицию. На нижнем фрагменте показан массив после того, как новый элемент был добавлен в отсортированную часть. Цикл For приступает к следующему элементу со значением 5.

Как и в случае сортировки вставкой, алгоритм располагает упорядоченные элементы в исходном массиве, поэтому дополнительной памяти ему не требуется (кроме нескольких переменных для контроля над циклами и перемещения элементов). Если в массиве содержится N элементов, алгоритм изучает каждый из них. Для начала он должен пересмотреть $N – i$ еще не отсортированных элементов, чтобы найти принадлежащий позиции i, а затем передвинуть сортируемый элемент на последнюю позицию за малое количестве шагов. Таким образом, для перемещения всех элементов потребуется $(N-1) + (N-2) + ... + 2 + 1 = (N^2 + N)/2$ шагов. Это значит, что алгоритм обладает временем работы $O(N^2)$, как и алгоритм сортировки вставкой.

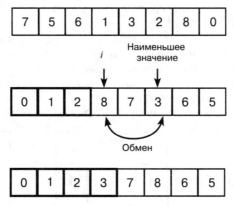

Рис. 6.2. Сортировка выбором

Сортировка выбором также является достаточно быстрой для относительно малых массивов (менее 10 000 элементов). Кроме того, она проста и если элементов совсем немного (от 5 до 10), работает эффективнее, чем более сложные алгоритмы.

Пузырьковая сортировка

Пузырьковая сортировка предполагает следующее: если массив не отсортирован, любые два смежных элемента в нем находятся в неправильном положении. Из-за этого алгоритм должен проходить по массиву несколько раз, меняя местами все неправильные пары.

```
Bubblesort(Data: values[])
    // Повторяем, пока не отсортируем массив.
    Boolean: not_sorted = True
    While (not_sorted)
        // Предполагаем, что неправильных пар нет.
        not_sorted = False
        // Ищем смежные элементы массива, стоящие в неправильном порядке.
        For i = 0 To <количество значений> - 1
            // Проверяем, стоят ли элементы i и i - 1
            // в правильном порядке.
            If (values[i] < values[i - 1]) Then
                // Меняем их местами.
                Data: temp = values[i]
                values[i] = values[i - 1]
                values[i - 1] = temp

                // Массив еще не отсортирован.
                not_sorted = True
            End If
        Next i
    End While
End Bubblesort
```

В коде используется булевская переменная `not_sorted`, которая отслеживает перемещение элементов при прохождении через массив. Пока она истинна, цикл работает — ищет неправильные пары элементов и перестраивает их.

Иллюстрацией этого алгоритма может служить рисунок 6.3. Первый массив выглядит по большей части отсортированным, но, пройдясь по нему, алгоритм выявит, что пара 6 — 3 находится в неправильном положении (число 6 должно следовать после 3). Код поменяет найденные элементы местами и получит второй массив, в котором в неправильном положении окажется пара 5 — 3. После ее исправления образуется третий массив, где неверна пара 4 — 3. Поменяв ее элементы местами, алгоритм сформирует четвертый массив, совершит еще один конечный проход и, не найдя пар, стоящих в неправильном положении, остановится.

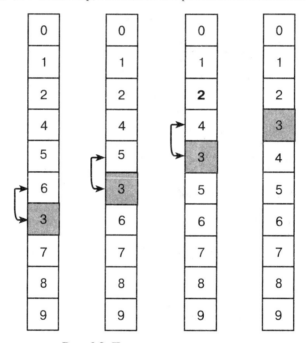

Рис. 6.3. Пузырьковая сортировка

В пузырьковой сортировке неупорядоченный элемент 3 как бы медленно «всплывает» на правильную позицию, отсюда и специфическое название метода. Каждое прохождение через массив ставит на нужное место как минимум один элемент. В массиве, приведенном на рисунке 6.3, при первом прохождении на правильной позиции оказывается число 6, при втором — 5, при третьем — 3 и 4.

Если предположить, что в массиве содержится N элементов и хотя бы один из них занимает свое место в результате однократного пересмотра значений, то алгоритм может совершить не более N прохождений. (Все N понадобятся, когда массив изначально отсортирован в обратном порядке.) Каждое такое прохождение включает N шагов, отсюда общее время работы алгоритма — $O(N^2)$.

Как и две предыдущие сортировки, пузырьковая является довольно медленной, но может показать приемлемую производительность в малых списках (менее

1000 элементов). Она также быстрее, чем более сложные алгоритмы для очень малых списков (около 5 элементов).

Вы можете несколько усовершенствовать пузырьковую сортировку. В массиве, приведенном на рисунке 6.3, элемент со значением 3 находится ниже своей конечной позиции. А что если он будет выше нее? Алгоритм определит, что элемент не там, где ему положено находиться, и поменяет местами со следующим элементом, затем снова переставит, обнаружив неверный распорядок. Так продолжится вниз по списку до тех пор, пока не отыщется конечная позиция. Чередуя прохождения вверх и вниз по массиву, вы можете ускорить работу алгоритма: первые быстрее поставят на место те элементы, которые находятся слишком низко в списке, вторые — те, что слишком высоко.

Еще один способ усовершенствования — выполнять несколько перестановок за проход. Например, при движении вниз по массиву элемент (назовем его K) может сменить свою позицию не один раз, прежде чем займет нужное место. Вы сэкономите время, если не будете передвигать его по массиву, а сохраните во временной переменной и, сместив другие элементы вверх, найдете целевую позицию для K, вставите его туда и продолжите прохождение.

Предположим, что в нашем массиве содержится наибольший элемент L, который стоит не на своем месте. Двигаясь вниз, алгоритм добирается до него (возможно, совершая другие перестановки) и затем перемещает вниз по списку, пока тот не достигнет конечной позиции. Во время последнего прохождения по массиву ни один элемент не может встать после L, поскольку этот элемент уже находится на нужном месте. Значит, алгоритм может остановиться, когда достигнет элемента L.

Если обобщить вышесказанное, получается, что алгоритм завершает прохождение через массив, добравшись до позиции последней перестановки, которую выполнил во время предыдущего прохождения. Таким образом, отследив последние перестановки при движении вниз и вверх по массиву, вы можете сократить путь.

Рассмотренные усовершенствования проиллюстрированы на рисунке 6.4. На крайнем левом фрагменте видно, что во время первого прохождения вниз по массиву алгоритм вставляет элемент 7 во временную переменную и меняет местами с элементами 4, 5, 6 и 3. Другими словами, алгоритму не требуется хранить элемент 7 в массиве до тех пор, пока он не займет конечную позицию.

Разместив 7 должным образом, алгоритм продолжает движение по массиву и не находит других элементов для перестановки. Теперь ему известно, что 7 и следующие за ним элементы стоят в своих конечных позициях и рассматривать их больше не нужно. Если бы какой-нибудь элемент, расположенный ближе к верху массива, оказался больше 7, то при первом же прохождении он переместился бы вниз, минуя 7. На среднем фрагменте элементы на конечных позициях закрашены серым — во время последующих прохождений они не нуждаются в проверке.

На крайнем правом фрагменте алгоритм совершает второе прохождение по массиву вверх, начиная с элемента, стоящего перед 7. В нашем случае это 3. Алгоритм меняет его местами с элементами 6, 5 и 4, удерживая во временной переменной, пока не поставит на конечную позицию. Теперь 3 и предшествующие ему элементы находятся на своих местах — они закрашены серым цветом.

Последнее прохождение осуществляется вниз по массиву, начиная со значения 4 и заканчивая значением 6. Во время него перестановки не выполняются, и алгоритм останавливается.

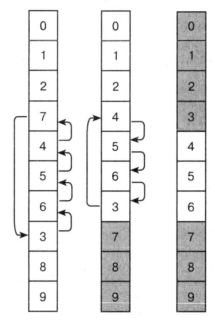

Рис. 6.4. Усовершенствованная пузырьковая сортировка

Такие усовершенствования на практике ускоряют пузырьковую сортировку (в ходе теста 10 000 элементов были отсортированы обычным образом за 2,5 с, а усовершенствованным за 0,69 с). Но все же время работы подобного алгоритма остается $O(N^2)$, то есть он применим для списков с ограниченным размером.

Алгоритмы $O(N \times \log N)$

Алгоритмы $O(N \times \log N)$ намного быстрее алгоритмов $O(N^2)$, по крайней мере, при работе с большими массивами. Например, если $N = 1000$, то время работы $O(N \times \log N)$ покажет результат 1×10^4, а $N^2 - 1 \times 10^6$, то есть примерно в 100 раз больше. Такая разница в скорости делает алгоритмы первого рода более полезными на практике.

Пирамидальная сортировка

Пирамидальная сортировка подходит для работы с полными бинарными деревьями в массиве. В ней используется структура данных, называемая *кучей*.

Хранение полных бинарных деревьев в массивах

Бинарное дерево — это дерево, в котором каждая вершина соединена с хотя бы двумя дочерними записями. Если все его уровни заполнены, кроме, возможно, последнего (где все вершины сдвинуты влево), то такое дерево называется *полным*.

На рисунке 6.5 показано полное бинарное дерево с 12 вершинами: первые три уровня полные, четвертый содержит пять вершин, сдвинутых влево.

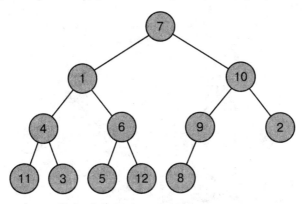

Рис. 6.5. Полное бинарное дерево

Полные бинарные деревья легко сохранить в массив: присвойте корневому узлу индекс 0, а дочерним записям любого узла с индексом i — индексы 2i + 1 и 2i + 2 и т. д.

Если узлу присвоен индекс j, то родительская запись для него будет иметь индекс ⌊(j - 1)/2⌋, где ⌊ ⌋ означают округление результата до следующего меньшего целого числа. Например, ⌊2,9⌋ = 2 и ⌊2⌋ = 2.

На рисунке 6.6 показано дерево (см. рис. 6.5), переведенное в массив. Сверху указаны входные индексы. Так, узлу 6 присвоен индекс 4. Значит, его дочерние записи 5 и 12 будут иметь индексы 4 × 2 + 1 = 9 и 4 × 2 + 2 = 10 соответственно.

Рис. 6.6. Полное бинарное дерево, переведенное в массив

Если индекс какой-либо дочерней записи превышает наибольший индекс массива — такой записи в дереве нет. Например, узел 9 имеет индекс 5, тогда его дочерняя запись справа должна носить индекс 2 × 5 + 2 = 12. Но это число выходит за пределы массива, и если посмотреть на рисунок 6.5, то можно убедиться, что у элемента со значением 9 справа дочерней записи нет. Рассмотрим также получение индекса родительской записи для элемента со значением 12, которому присвоен индекс 10. Согласно вышеприведенной формуле, родительская запись должна иметь индекс ⌊(10 - 1)/2⌋ = ⌊4,5⌋ = 4. В массиве ему соответствует элемент 6. На нашем дереве (см. рис. 6.5) это и есть родительский узел для вершины со значением 12.

Куча

Двоичная куча (рис. 6.7) — это полное бинарное дерево, где каждая вершина содержит значение, которое не меньше тех, что находятся в его дочерних записях.

На рисунке 6.5 изображена не куча. Если взять для примера корневой узел 7, можно заметить, что его правая дочерняя запись имеет значение 10, то есть она больше родительской.

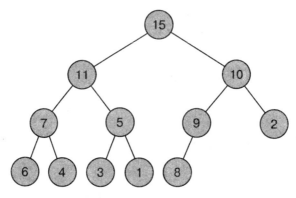

Рис. 6.7. Двоичная куча

Вы можете выстраивать кучу, добавляя по одной вершине за раз. Начните с дерева, состоящего из одной вершины. Поскольку у него нет дочерних записей, оно уже является кучей. Новый узел нужно добавлять в конец дерева. Чтобы оно оставалось полностью бинарным, это должен быть правый край нижнего уровня.

Теперь сравните новое значение со значением родительской записи. Если первое больше, поменяйте их местами. Поскольку дерево изначально формировалось как куча, текущее родительское значение должно превышать уже имеющееся дочернее (если оно есть). Поменяв местами родительский и новый дочерний элементы, вы сохраните нужное отношение в данном узле, но можете нарушить его в узле вышестоящем. Поднимитесь на уровень вверх, оцените располагающуюся там родительскую запись и, если нужно, произведите замену. Продолжайте это действие до тех пор, пока не дойдете до корневой записи. Так вы получите кучу.

На рисунке 6.8 показан процесс, в ходе которого к дереву, изображенному на рисунке 6.7, добавляют новую запись 12. Обновленную кучу вы можете увидеть на рисунке 6.9.

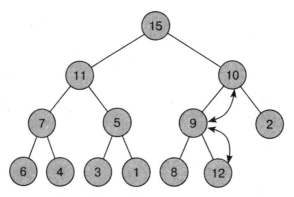

Рис. 6.8. Добавление нового значения к куче

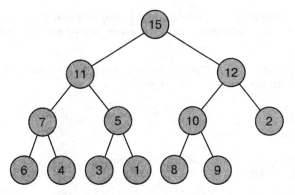

Рис. 6.9. Обновленная куча

Если куча хранится в массиве, ее обновление выполнить еще проще. Очередной элемент, присоединяемый к концу дерева, автоматически занимает соответствующую позицию в массиве.

Следующий псевдокод превращает массив в кучу.

```
MakeHeap(Data: values[])
    // Добавляем каждый элемент в кучу (по одному).
    For i = 0 To <количество значений> - 1
            // Начинаем с нового элемента и работаем до корня.
            Integer: index = i
            While (index != 0)
                    // Находим индекс родительской записи.
                    Integer: parent = (index - 1) / 2

                    // Если дочерняя запись меньше или равна родительской,
                    // мы закончили и выходим из цикла While.
                    If (values[index] <= values[parent]) Then Break

                    // Меняем местами родительскую и дочернюю записи.
                    Data: temp = values[index]
                    values[index] = values[parent]
                    values[parent] = temp

                    // Переходим к родительской записи.
                    index = parent
            End While
    Next i
End MakeHeap
```

Кучи хороши для создания очередей с приоритетом, поскольку чем больше элемент в дереве, тем ближе он к корневому узлу. Следовательно, при удалении элемента из очереди достаточно убрать тот, что является корневым. К сожалению, такая операция разрушает пирамидальную структуру кучи. Но ситуацию легко исправить, если переместить последний элемент дерева в корень. На следующем этапе понадобится восстановить основное свойство кучи. Для этого можно использовать тот метод, который фигурирует и при построении: если новое значение меньше какого-то дочернего, поменяйте их местами. Исправив текущий узел, проверьте тот, что идет на уровень ниже. Продолжайте перестановку узлов вниз по дереву, пока не найдете точку, в которой свойство кучи уже будет выполненным, либо не достигните конца дерева.

В следующем псевдокоде представлен алгоритм удаления элемента из кучи и восстановления ее основного свойства.

```
Data: RemoveTopItem (Data: values[], Integer: count)
    // Сохраняем верхний элемент, чтобы вернуться к нему позднее.
    Data: result = values[0]

    // Перемещаем последний элемент к корню.
    values[0] = values[count - 1]

    // Восстанавливаем свойство кучи.
    Integer: index = 0
    While (True)
            // Находим индексы дочерних записей.
            Integer: child1 = 2 * index + 1
            Integer: child2 = 2 * index + 2
            // Если индекс дочерней записи выпадает из дерева,
            // используем индекс родительской записи.
            If (child1 >= count) Then child1 = index
            If (child2 >= count) Then child2 = index

            // Если свойство кучи выполнено,
            // мы закончили и выходим из цикла While.
            If ((values[index] >= values[child1]) And
                    (values[index] >= values[child2])) Then Break

            // Получаем индекс дочерней записи с большим значением.
            Integer: swap_child
            If (values[child1] > values[child2]) Then
                    swap_child = child1
            Else
                    swap_child = child2

            // Меняем местами с большим дочерним элементом.
            Data: temp = values[index]
            values[index] = values[swap_child]
            values[swap_child] = temp

            // Переходим на дочернюю ветку.
            index = swap_child
    End While

    // Возвращаем значение, которое удалили из корня.
    return result
End RemoveTopItem
```

Приведенный алгоритм в качестве параметра берет размер дерева, поэтому он может найти место, где заканчивается куча внутри массива. Значение сохраняется в корневом узле, чтобы потом была возможность к нему вернуться. Затем последний элемент дерева перемещается к корневому узлу. Для этого алгоритм назначает индексу корневого узла переменную `index` и вводит бесконечный цикл `While`.

Внутри цикла алгоритм рассчитывает индексы дочерних записей текущего узла. Если они оба выпадают из дерева, то их значения приравниваются к родительскому. В таком случае дальнейшее сравнение индекса происходит с самим собой. А поскольку любое значение больше или равно самому себе, подобный подход удовлетворяет свойству кучи и недостающий узел не заставляет алгоритм менять значения местами.

После того как алгоритм рассчитает дочерние индексы, он проверяет, сохраняется ли свойство кучи в текущем месте. Если да, то алгоритм покидает цикл `While`. То же самое происходит, если нет обеих дочерних записей или в отсутствии одной из них другая соответствует свойству кучи.

Если свойство кучи не выполняется, алгоритм устанавливает `swap_child` на индекс дочерней записи, содержащий большее значение, и меняет местами значения родительского и дочернего узлов. Затем он обновляет переменную `index`, чтобы сдвинуть ее вниз к переставленному дочернему узлу, и продолжает спускаться по дереву.

Осуществление пирамидальной сортировки

Теперь, когда вы знакомы с построением кучи и знаете, как с ней работать, осуществить пирамидальную сортировку для вас не составит труда. Приведенный ниже алгоритм строит кучу. Он несколько раз меняет ее первый и последний элементы местами и перестраивает все дерево, исключая последний элемент. При каждом прохождении один элемент удаляется из кучи и добавляется в конец массива, где расположены элементы в отсортированном порядке.

```
Heapsort(Data: values)
    <Преобразуем массив в кучу.>

    For i = <количество значений> - 1 To 0 Step -1
        // Меняем местами корневой и последний элементы.
        Data: temp = values[0]
        values[0] = values[i]
        values[i] = temp

        <Определяем элемент в позиции i, который нужно удалить из
        кучи. Теперь куча содержит i - 1 элементов. Опускаем значение
        нового узла вниз, чтобы восстановить свойство кучи.>
    Next i
End Heapsort
```

Представленный алгоритм начинает свою работу с того, что превращает массив в кучу. Затем он несколько раз удаляет верхний элемент, самый большой и перемещает его в конец кучи. Количество элементов в куче при этом сокращается и восстанавливается ее основное свойство, а переставленный элемент занимает правильную позицию в конце кучи.

На завершающем этапе алгоритм удаляет элементы из кучи в порядке от наибольшего к наименьшему и помещает их в конец постоянно сокращающейся кучи. Массив продолжает содержать значения в порядке возрастания.

Объем памяти, требуемый для пирамидальной сортировки, легко рассчитать. Алгоритм хранит все данные внутри исходного массива и использует лишь определенное количество дополнительных переменных для расчета значений и их перестановки. Если в массиве содержится *N* значений, алгоритм использует $O(N)$ памяти.

Сложнее определить время работы алгоритма. Чтобы построить исходную кучу, ему приходится прибавлять каждый элемент к растущей куче. Всякий раз он размещает его в конце дерева и просматривает структуру данных до самого верха, чтобы убедиться, что она является кучей. Поскольку дерево полностью бинарное, количество его уровней равно $O(\log N)$. Таким образом, передвижение элемента вверх по дереву может занять максимум $O(\log N)$ шагов. Алгоритм осуществляет шаг, при котором добавляется элемент и восстанавливается свойство кучи, *N* раз, поэтому общее время построения исходной кучи составит $O(N \times \log N)$.

Для завершения сортировки алгоритм удаляет каждый элемент из кучи, а затем восстанавливает ее свойства. Для этого он меняет местами последний элемент кучи и корневой узел, а затем передвигает новый корень вниз по дереву. Дерево имеет высоту $O(\log N)$ уровней, поэтому процесс может занять $O(\log N)$ времени. Алгоритм повторяет такой шаг *N* раз, отсюда общее количество нужных шагов — $O(N \times \log N)$.

Суммирование времени, необходимого для построения исходной кучи и окончания сортировки, дает следующее: $O(N \times \log N) + O(N \times \log N) = O(N \times \log N)$.

Пирамидальная сортировка представляет собой так называемую сортировку на месте и не нуждается в дополнительной памяти. На ее основе хорошо видно, как работают кучи и как происходит сохранение полного бинарного дерева в массиве. И хотя производительность $O(N \log N)$ высока для алгоритма, сортирующего путем сравнений, далее пойдет речь об алгоритме, который показывает еще более быстрые результаты.

Быстрая сортировка

Приведенный ниже высокоуровневый алгоритм делит массив на две части и впоследствии рекурсивно вызывает сам себя для их сортировки.

```
Quicksort(Data: values[], Integer: start, Integer: end)
    <Выбираем элемент из массива. Называем его разделяющим элементом.>

    <Переносим элементы, которые меньше разделяющего, в начало массива.>
    <Переносим элементы, которые больше разделяющего или равны ему,
    в конец массива. >
    <Пусть серединой будет индекс, где помещен разделяющий элемент.>

    // Рекурсивно сортируем две части массива.
    Quicksort(values, start, middle - 1)
    Quicksort(values, middle + 1, end)
End Quicksort
```

В верхней части рисунка 6.10 показан массив для сортировки. В качестве разделяющего элемента выбрано первое значение 6.

На среднем фрагменте значения, которые меньше, чем разделяющий элемент, были перемещены в начало массива, а значения, которые больше или равны ему, — в конец. Разделяющий элемент с индексом 6 закрашен темно-серым.

Обратите внимание, что еще один элемент массива со значением 6 следует за разделителем.

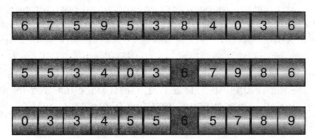

Рис. 6.10. Быстрая сортировка

Далее алгоритм рекурсивно вызывает сам себя, чтобы отсортировать части массива до и после разделяющего элемента. Результат этого процесса показан на нижнем фрагменте рисунка 6.10.

Перед тем как приступить к подробному анализу алгоритма, изучим время его работы.

Анализ времени работы алгоритма

Для начала рассмотрим особый случай, когда при каждом шаге разделяющий элемент делит анализируемый массив пополам (рис. 6.11).

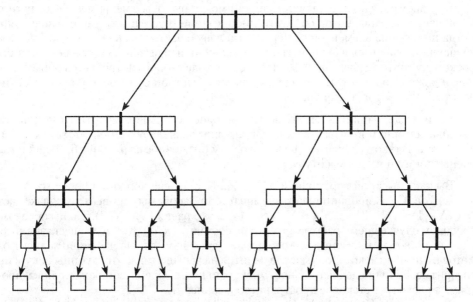

Рис. 6.11. Разделение массива поровну

В каждой вершине дерева, изображенного на рисунке 6.11, происходит обращение к алгоритму быстрой сортировки. Толстыми линиями отмечено разделение массива надвое. Стрелки символизируют алгоритм быстрой сортировки, он вызывает себя дважды — для каждой половины массива. Внизу дерева вызов осуществляется единожды (и возвращается, ничего не сделав), поскольку список из одного элемента уже отсортирован. Достигнув последнего уровня в пирамидальной структуре данных, вызовы начинают возвращаться к собственным методам — так происходит контроль снизу вверх.

Если изначально в массиве содержится N элементов и они разделены четко пополам, дерево вызовов быстрой сортировки имеет высоту $\log N$ уровней. При каждом вызове проверяются элементы в той части массива, которая подвергается сортировке. Например, в массиве из четырех элементов будут исследованы все четыре элемента с целью последующего разделения их значений.

Все элементы из исходного массива представлены на каждом уровне дерева. Таким образом, любой уровень содержит N элементов. Если вы добавите те, которые должен проверять каждый вызов быстрой сортировки на определенном уровне дерева, получится N элементов. Это значит, что вызовы быстрой сортировки потребуют N шагов. Поскольку дерево имеет высоту $\log N$ уровней и для каждого из них нужно N шагов, общее время работы алгоритма составит $O(N \times \log N)$.

Подобный алгоритм предполагает разделение массива на две равные части при каждом шаге, что выглядит не очень правдоподобно. Однако в большинстве случаев разделяющий элемент будет отстоять недалеко от середины — не точно по центру, но и не с самого края. Например, на рисунке 6.10 на среднем фрагменте разделяющий элемент 6 находится хотя и не ровно посередине, но близко к ней. В этом случае алгоритм быстрой сортировки все еще обладает временем работы $O(N \times \log N)$.

В худшем случае разделяющий элемент может оказаться меньше любого другого в той части массива, которую делит, либо все они будут иметь равные значения. Тогда ни один из элементов не перейдет в левую часть массива — все, кроме разделяющего, окажутся в правой. Первый рекурсивный вызов вернется немедленно, поскольку сортировка не понадобится, зато в ходе второго потребуется обработать почти каждый элемент. Если первому вызову быстрой сортировки надо отсортировать N элементов, то рекурсивному — $N - 1$.

Если разделяющий элемент всегда меньше остальных в сортируемой части массива, алгоритм вызывается для сортировки вначале N элементов, затем $N - 1$, $N - 2$ и т. д. В таком случае дерево вызовов, изображенное на рисунке 6.11, является очень тонким и имеет высоту N.

Вызовы быстрой сортировки на уровне i в дереве должны проверить $N - i$ элементов. Суммирование всех элементов, проверяемых на всех вызовах, даст $N + (N - 1) + (N - 2) + ... + 1 = N \times (N + 1)/2$, что равняется $O(N^2)$. Таким образом, в худшем случае время работы алгоритма составит $O(N^2)$. Кроме вышесказанного, следует обратить внимание на требуемый объем памяти. Он частично зависит от метода, с помощью которого массив делится на части, а также от глубины рекурсии алгоритма. Если последовательность рекурсивных вызовов слишком глубока, программа расходует стековое пространство и зависнет.

В примере с деревом, изображенным на рисунке 6.11, алгоритм быстрой сортировки рекурсивно вызывает сам себя до глубины N. Таким образом, в ожидаемом случае стек вызова программы будет иметь глубину $O(\log N)$ уровней. Для большинства компьютеров это не проблема. Даже если в массиве содержится 1 млрд элементов, в $\log N$ их всего 30, а стек вызова должен обладать возможностью работать с 30 рекурсивными вызовами. Однако в худшей ситуации, когда дерево высокое и тонкое, глубина рекурсии составит *N*. Немногие программы способны создать стек вызова с 1 млрд рекурсивных вызовов.

Вы можете избежать наихудшего сценария, если заставите алгоритм работать в течение разумного времени и с разумной глубиной рекурсии путем тщательного выбора разделяющего элемента. В следующих подразделах рассматриваются необходимые для этого стратегии, приводятся два метода разделения массива на части, а также резюмируются сведения по использованию быстрой сортировки на практике.

Выбор разделяющего элемента

В качестве разделяющего элемента можно использовать первый элемент из той части массива, которая сортируется. Это простой и, как правило, эффективный способ. К сожалению, если массив изначально отсортирован в прямом или обратном порядке, ситуация окажется наихудшей. Лучше всего, если элементы располагаются в случайном порядке, но чаще сортировка является частичной или полной.

Решить проблему поможет предварительная рандомизация массива перед вызовом быстрой сортировки. Если элементы расположены в случайном порядке, маловероятно, что описанный метод каждый раз будет выбирать плохой разделяющий элемент, и мы получим худший вариант его работы. В главе 2 рассказывалось, как рандомизировать массив за время $O(N)$ и не увеличить при этом ожидаемую производительность алгоритма быстрой сортировки $O(N \times \log N)$. Однако на практике для работы с большим массивом требуется довольно много времени, поэтому опытные программисты не используют такой метод.

Можно прибегнуть к другому варианту: определить первый, последний и средний элементы в сортируемой части массива и использовать в качестве разделителя элемент, чье значение находится между любыми двумя значениями из этого трио. Нет абсолютной гарантии, что результат не будет приближаться к наибольшему или наименьшему элементу в данной части массива, однако незначительная вероятность есть.

И наконец, последний метод заключается в том, чтобы выбрать случайный индекс из сортируемой части массива, а затем использовать в качестве разделителя значение элемента с данным индексом. Маловероятно, что каждый такой выбор приведет к плохому результату и худшему варианту работы алгоритма.

Осуществление быстрой сортировки со стеками

Когда разделитель выбран, нужно распределить элементы по обеим сторонам массива. Это довольно просто сделать, если разбросать элементы по двум стекам, в зависимости от того, больше или меньше они разделителя. Следующий псевдокод представляет реализацию рассматриваемого шага.

```
Stack of Data: before = New Stack of Data
Stack of Data: after = New Stack of Data

// Собираем элементы до и после разделяющего элемента.
// Предполагается, что разделяющий элемент хранится в переменной start.
For i = start + 1 To end
    If (values[i] < divider) Then before.Push(values[i])
    Else after.Push(values[i])
Next i
```

```
<Перемещаем обратно в массив элементы стека «до».>
<Добавляем разделяющий элемент в массив.>
<Перемещаем обратно в массив элементы стека «после».>
```

На этом месте алгоритм готов рекурсивно вызывать сам себя, чтобы отсортировать две части массива по обе стороны от разделяющего элемента.

Осуществление быстрой сортировки на месте

Применять стеки для разбиения массива на две части, безусловно, удобно, но для этого требуется выделить дополнительную память. Вы можете сэкономить время и назначить стеки в начале алгоритма, а затем при каждом вызове работать с ними, а не создавать собственные. Однако все равно потребуется объем памяти $O(N)$ для их первого использования.

Поработав немного, вы сможете разбить элементы на две группы без задействования дополнительной памяти. В следующем высокоуровневом псевдокоде иллюстрируется реализация этого метода.

```
<Перемещаем разделяющий элемент в начало массива.>
<Удаляем разделяющий элемент из массива. В начале массива образуется
«дырка», куда можно поместить другой элемент.>

Повторяем:
    <Пересматриваем массив с конца, чтобы найти последний элемент,
    который меньше разделяющего.>
    <Перемещаем найденный элемент в «дырку». Теперь возникает «дырка»
    на его месте.>

    <Пересматриваем массив с самого начала, чтобы найти первый элемент,
    который больше разделяющего или равен ему.>
    <Перемещаем найденный элемент в «дырку». Теперь возникает «дырка»
    на его месте.>
```

Поиск по массиву в обратном и прямом направлениях, а также перемещение элементов в «дырку» нужно вести до тех пор, пока две области, которые вы ищете, не сойдутся где-то посередине. Затем следует разместить разделяющий элемент в «дырке», образовавшейся между двумя частями, и отсортировать эти части, вызвав алгоритм рекурсивно. Это довольно трудный шаг, но, изучив внимательно настоящий код, вы сможете понять его работу.

В следующем псевдокоде представлен низкоуровневый алгоритм быстрой сортировки.

```
// Сортируем данную часть массива.
Quicksort(Data: values[], Integer: start, Integer: end)
    // Если в массиве не более одного элемента, значит, он отсортирован.
    If (start >= end) Then Return

    // Используем первый элемент как разделяющий.
    Integer: divider = values[start]

    // Перемещаем те элементы, которые меньше разделяющего,
    // в начало массива, а те, которые больше или равны ему, - в конец.
```

```
        Integer: lo = start
        Integer: hi = end
        While (True)
                // Просматриваем массив с конца от hi, чтобы найти
                // последний элемент, значение которого меньше разделяющего.
                // Перемещаем найденный элемент в «дырку».
                // Теперь «дырка» возникает на его месте.
                While (values[hi] >= divider)
                        hi = hi - 1
                        If (hi <= lo) Then <Выходим из внешнего цикла While.>
                End While
                If (hi <= lo) Then
                        // Левая и правая части массива сходятся посередине,
                        // значит, мы закончили. Помещаем сюда разделяющий
                        // элемент и выходим из цикла While.
                        values[lo] = divider
                        <Выходим из внешнего цикла While.>
                End If

                // Перемещаем найденное значение в нижнюю половину.
                values[lo] = values[hi]

                // Пересматриваем массив с начала от lo в поисках первого
                // элемента, значение которого больше или равно разделяющему.
                // Перемещаем найденный элемент в «дырку».
                // Теперь «дырка» возникает на его месте.
                lo = lo + 1
                While (values[lo] < divider)
                        lo = lo + 1
                        If (lo >= hi) Then <Выходим из внешнего цикла While.>
                End While

                If (lo >= hi) Then
                        // Левая и правая части массива сходятся посередине,
                        // значит, мы закончили. Помещаем сюда разделяющий
                        // элемент и выходим из цикла While.
                        lo = hi
                        values[hi] = divider
                        <Выходим из внешнего цикла While.>
                End If

                // Перемещаем найденное значение в верхнюю половину.
                values[hi] = values[lo]
        End While

        // Рекурсивно сортируем две части.
        Quicksort(values, start, lo - 1)
        Quicksort(values, lo + 1, end)
End Quicksort
```

В самом начале алгоритм проверяет, сколько элементов содержит данная часть массива. Если не более одного, значит, массив отсортирован и код завершает работу. Если элементов как минимум два, алгоритм сохраняет первый как разделяющий. Вы можете выбрать разделитель любым другим способом, просто переместите его в начало части, чтобы алгоритм мог воспользоваться им во время выполнения последующих шагов.

Далее вводятся переменные `lo` и `hi`, которые сохраняют высший индекс в нижней части массива и низший в верхней части соответственно. Алгоритм использует их, чтобы отслеживать размещение элементов в обеих половинах и выяснять, где остаётся «дырка» после каждого шага.

Затем начинается бесконечный цикл `While` и работает до тех пор, пока нижняя и верхняя части массива не сойдутся. Внутри внешнего цикла `While` алгоритм движется по массиву с конца, от индекса `hi`, пока не найдёт элемент, который должен находиться в нижней части массива. Он перемещает его в «дырку», оставленную разделяющим элементом. Затем алгоритм ведёт поиск с самого начала, от индекса `lo`, пока не отыщет элемент, который должен располагаться в верхней части массива. Этот элемент помещается в «дырку», оставленную предыдущим переставленным элементом.

Как только две части массива сходятся, в место соединения добавляется разделяющий элемент, и алгоритм рекурсивно вызывает сам себя для сортировки частей.

Использование быстрой сортировки

Если элементы делятся без использования стеков, быстрая сортировка не потребует дополнительной памяти, разве что для хранения нескольких переменных. Подобно пирамидальной сортировке, она имеет предположительное время работы $O(N \times \log N)$, в худшем случае — $O(N^2)$. У пирамидальной сортировки производительность всегда равна $O(N \times \log N)$, поэтому в некотором смысле такие алгоритмы более безопасны и изящны. Хотя на практике быстрая сортировка оказывается быстрее, и именно ей отдают предпочтение программисты. Подобный алгоритм также присутствует в большинстве готовых библиотек. (В Java иногда используется сортировка слиянием. В следующем разделе вы узнаете больше о её особенностях, а из врезки «Устойчивая сортировка» поймёте, чем обусловлен такой исключительный выбор.)

Помимо скорости, быстрая сортировка имеет ещё одно преимущество — её можно распараллелить. Предположим, в компьютере более одного процессора — такое не редкость в наши дни. Каждый раз, когда алгоритм разбивает массив на две части, он может отсортировать их с помощью различных процессоров. Теоретически многоядерный компьютер способен задействовать $O(N)$ процессоров для сортировки списка в течение $O(\log N)$ времени, но на практике их, как правило, два или четыре. Таким образом, истинное время работы нужно разделить на количество процессоров плюс дополнительные затраты на организацию различных потоков вычислений. Это не изменит поведение алгоритма, но повысит его производительность.

Поскольку в худшем случае быстрая сортировка работает за время $O(N^2)$, заимствовать её из готовых библиотек небезопасно с криптографической точки зрения. Если алгоритм использует простую стратегию разделения элементов (например, выбор первого элемента), взломщик может спровоцировать отказ от обслуживания, так называемую DoS-атаку: сформировать массив, который содержит элементы в порядке, дающем наихудшую производительность, и заставить вашу программу пройти по нему. Большинство программистов не задумываются о таком развитии событий, но если это для вас важно, лучше использовать случайные стратегии выбора разделяющего элемента.

Сортировка слиянием

Подобно быстрой сортировке, сортировка слиянием использует стратегию «разделяй и властвуй». Если в первом случае выбирается разделитель, а оставшиеся элементы делятся на две группы — бо́льшие и меньшие его, то во втором разделение происходит на две равные части, а затем алгоритм рекурсивно вызывает сам себя для их сортировки. Потом отсортированные половины сливаются в комбинированный отсортированный список. Описанный алгоритм представлен в следующем псевдокоде.

```
Mergesort(Data: values[], Data: scratch[], Integer: start, Integer: end)
    // Если в массиве только один элемент — он отсортирован.
    If (start == end) Then Return

    // Разбиваем массив на левую и правую половины.
    Integer: midpoint = (start + end) / 2

    // Вызываем Mergesort для сортировки двух половин.
    Mergesort(values, scratch, start, midpoint)
    Mergesort(values, scratch, midpoint + 1, end)

    // Соединяем отсортированные половины.
    Integer: left_index = start
    Integer: right_index = midpoint + 1
    Integer: scratch_index = left_index
    While ((left_index <= midpoint) And (right_index <= end))
            If (values[left_index] <= values[right_index]) Then
                    scratch[scratch_index] = values[left_index]
                    left_index = left_index + 1
            Else
                    scratch[scratch_index] = values[right_index]
                    right_index = right_index + 1
            End If
            scratch_index = scratch_index + 1 End While

    // Завершаем копирование из непустой половины.
    For i = left_index To midpoint
            scratch[scratch_index] = values[i]
            scratch_index = scratch_index + 1
    Next i
    For i = right_index To end
            scratch[scratch_index] = values[i]
            scratch_index = scratch_index + 1
    Next i

    // Копируем значения в исходный массив.
    For i = start To end
            values[i] = scratch[i]
    Next i
End Mergesort
```

Кроме сортируемых массивов, начального и конечного индексов, алгоритм также берет в качестве параметра рабочий массив, который использует для объединения отсортированных половин.

Код начинает работу с проверки общего количества элементов в части массива. Если элемент один, значит, массив отсортирован и алгоритм прекращает выполняться. Если элементов несколько, алгоритм рассчитывает индекс того, что находится в середине части, и рекурсивно вызывает сам себя для сортировки половин. Затем отсортированные половины объединяются. Они пересматриваются в цикле, при этом меньший элемент копируется в рабочий массив. Если одна половина пуста, алгоритм копирует остальные элементы из другой половины. На завершающем этапе объединенные элементы из рабочего массива переносятся обратно в исходный массив values.

ЗАМЕЧАНИЕ

Можно объединить сортируемые половины и без рабочего массива, но это более сложный и медленный процесс, поэтому программисты такой массив используют крайне редко.

В дереве, представленном на рисунке 6.11, изображены вызовы быстрой сортировки, которые осуществляются, когда значения в массиве сбалансированы наилучшим образом, другими словами, алгоритм делит элементы на равные части при каждом шаге. Как мы уже знаем, аналогичный подход используется в сортировке слиянием, поэтому можно утверждать, что рисунок 6.11 в большей степени относится именно к ней.

Анализ времени работы для быстрой сортировки применим и для сортировки слиянием. Таким образом, производительность рассмотренного выше алгоритма составит $O(N \times \log N)$. Как и в случае пирамидальной сортировки, она не зависит от изначального расположения элементов, поэтому всегда одинакова. Нет здесь и худшего варианта, как в быстрой сортировке.

Сортировку слиянием тоже можно распараллелить. Когда алгоритм рекурсивно вызывает сам себя, он вправе передать один из таких вызовов другому процессору. Однако это требует некоторой координации: исходный вызов должен подождать, пока оба рекурсивных вызова закончатся, чтобы объединить их результаты. Быстрая сортировка, напротив, может приказать рекурсивным вызовам отсортировать определенную часть массива и не ждать их возвращения.

Сортировка слиянием особенно полезна, когда данные не содержатся в памяти единовременно. Например, программе нужно отсортировать 1 млн записей о клиентах, каждая из которых занимает 1 Мбайт. Для комплексной загрузки данных ей понадобится 10^{18} байт памяти, или 1000 Тбайт, что намного больше, чем в основной массе компьютеров. Сортировка слиянием не требует такого количества ресурсов, алгоритму даже не нужно обращаться к элементам массива, пока не вернутся его рекурсивные вызовы. Он проходит через отсортированные половины линейным способом и объединяет их, что сокращает необходимость разбивать память компьютера на страницы. В противоположность вышесказанному быстрая сортировка, перемещая элементы в разные половины массива, перепрыгивает с одного места на другое, увеличивая разбивку на страницы и очень сильно замедляя алгоритм.

Сортировка слиянием была особенно полезна во времена, когда большие объемы данных хранились на ленточных накопителях. Они работали тем эффективнее, чем меньше требовалось совершить перемоток для продолжения записи. (Сортировка данных, которые не поместились в памяти, называется *внешней*.) Специализированные версии сортировки слиянием по-своему интересны, но, поскольку они больше не используются, рассматривать их не имеет смысла.

Более распространенный способ сортировки больших объемов данных — сортировка ключей элементов. Например, запись о клиенте может занимать 1 Мбайт, а его имя — только 100 байт. В этом случае проще создать отдельный индекс, который вначале подберет имена к номерам записей, а затем отсортирует исключительно их. В дальнейшем даже если у вас появится 1 млн клиентов, для сортировки имен потребуется лишь 100 Мбайт памяти — объем, который компьютер может легко хранить. (В главе 11 описываются деревья B и B+, которые часто используются системами баз данных для хранения и сортировки ключей.)

УСТОЙЧИВАЯ СОРТИРОВКА

Алгоритм устойчивой сортировки сохраняет относительное расположение эквивалентных значений. Например, программа сортирует объекты Car по свойству Cost, причем объекты A и B имеют одинаковые значения данного свойства. Если объект A изначально предшествует объекту B в массиве, то в алгоритме устойчивой сортировки он сохранит это положение и в отсортированном массиве.

Когда в качестве сортируемых элементов выступают типы значений, например целые числа, даты или строки, то при их совпадении две записи окажутся эквивалентными. Другими словами, абсолютно не важно, является ли сортировка устойчивой. Так, если в массиве есть две записи со значением 47, то все равно, какое из них станет первым в отсортированном массиве. Если же для вас важно, чтобы объекты были перераспределены нужным образом, устойчивая сортировка позволяет пересматривать массив много раз для получения результата, отсортированного по нескольким ключам, например Maker и Cost в случае с Car.

Сортировку слиянием легко использовать как устойчивую (это демонстрирует описанный ранее алгоритм), именно к ней обращается метод Arrays.sort в библиотеке Java. Ее также можно распараллелить и реализовать на компьютерах с более чем одним процессором (см. главу 18). И хотя в ряде случаев быстрая сортировка оказывается эффективнее, сортировка слиянием все же имеет свои преимущества.

Алгоритмы быстрее O(N × log N)

В текущей главе уже говорилось, что самому быстрому алгоритму, использующему сравнение, для сортировки N элементов требуется как минимум $O(N \times \log N)$ времени. Рассмотренные сортировки (пирамидальная, слиянием и быстрая) в ожидаемом случае достигают такого предела, поэтому может показаться, что тема исчерпана. Но если заострить внимание на словах «алгоритму, использующему сравнения» и воспользоваться другим методом, то указанная производительность не предел. В следующих подразделах вы познакомитесь с двумя алгоритмами, где сортировка осуществляется за время, которое значительно меньше, чем $O(N \times \log N)$.

Сортировка подсчетом

Подобный метод удобно использовать в том случае, если сортировать приходится целые числа, лежащие в относительно небольшом диапазоне. Например, вам нужно упорядочить 1 млн целых чисел от 0 до 1000. Основная идея заключается в том, чтобы установить количество элементов массива с определенным значением, а затем скопировать это значение по порядку нужное количество раз обратно в массив. Реализацию такого метода показывает следующий код.

```
Countingsort(Integer: values[], Integer: max_value)
    // Создаем массив счетчиков.
    Integer: counts[0 To max_value]
            // Инициализируем массив счетчиков
    // (требуется не во всех языках программирования).
    For i = 0 To max_value
            counts[i] = 0
    Next i

    // Считаем количество элементов для каждого значения.
    For i = 0 To <количество значений> - 1
            // Прибавляем 1 к счетчику данного значения.
            counts[values[i]] = counts[values[i]] + 1
    Next i

    // Копируем значения в исходный массив.
    Integer: index = 0
    For i = 0 To max_value
            // Копируем значение i в массив counts[i] раз.
            For j = 1 To counts[i]
                    values[index] = i
                    index = index + 1
            Next j
    Next i
End Countingsort
```

Параметр max_value содержит наибольшее значение из массива (если оно не задано, алгоритм определит его, просмотрев массив); M — общее количество элементов в массиве counts (M = max_value + 1), а N — в массиве values. Если используемый вами язык программирования не инициализирует массив counts так, чтобы он содержал нули, алгоритм затратит на это M шагов, после чего выполнит еще N шагов, чтобы посчитать значения.

В завершение работы алгоритм копирует значения обратно в исходный массив (каждое один раз), поэтому данная часть процесса займет N шагов. Если какая-либо из записей в массиве counts все еще равна 0, программа потратит определенное время на перепрыгивание через нее. В худшем случае, когда все значения одинаковы, а массив counts содержит в основном нули, для аналогичного действия понадобится M шагов. Отсюда общее время работы алгоритма: $O(2N + M) = O(N + M)$. Если M относительно мало по сравнению с N, полученная производительность окажется лучше $O(N \times \log N)$, которую демонстрирует пирамидальная сортировка и другие описанные выше алгоритмы.

На практике для тестового массива с 1 млн элементов и диапазоном значений от 0 до 1000, быстрая сортировка заняла 4,29 с, а сортировка подсчетом — всего 0,03 с. Следует отметить, что для быстрой сортировки выбранный пример оказался не самым лучшим, поскольку среди значений было множество дубликатов (приблизительно 1000), а данный алгоритм справляется с ними плохо. Пирамидальная сортировка аналогичного массива длилась около 1,02 с. Она показала себя эффективнее быстрой сортировки, но все равно значительно уступила сортировке подсчетом.

Блочная сортировка

Алгоритм *блочной*, или, как ее еще называют, *корзинной*, *сортировки* делит элементы на блоки, а затем сортирует их с помощью рекурсивного вызова блочной сортировки либо другого алгоритма и присоединяет содержимое блоков к исходному массиву. В следующем псевдокоде представлен высокоуровневый алгоритм, демонстрирующий этот метод.

```
Bucketsort(Data: values[])
    <Создаем блоки.>
    <Распределяем элементы по блокам.>
    <Сортируем блоки.>
    <Собираем элементы блоков в исходный массив.>
End Bucketsort
```

Если при использовании M блоков значения в массиве из N элементов распределены относительно равномерно и их диапазон делится поровну, можно ожидать, что в каждый блок попадет N/M элементов.

В качестве примера возьмем массив, изображенный вверху на рисунке 6.12. Он содержит 10 элементов со значениями от 0 до 99. На первом этапе алгоритм делит элементы на блоки, которые в нашем случае состоят из 20 значений: от 0 до 19, от 20 до 39 и т. д. На втором этапе алгоритм сортирует каждый блок, а на третьем объединяет их значения для построения результата сортировки.

Блоками могут выступать стеки, связные списки, очереди, массивы или любые другие структуры данных.

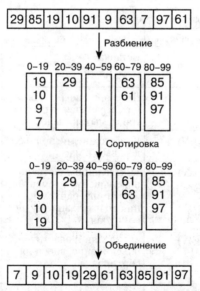

Рис. 6.12. Этапы блочной сортировки

Чтобы разбить N равномерно распределенных элементов по блокам, алгоритму понадобится N шагов, если не учитывать перенос элемента в блок. Обычно такое преобразование занимает фиксированный отрезок времени. Предположим, в массиве находятся целые числа от 0 до 99, как в примере на рисунке 6.12. Вам надо перенести элемент со значением v в блок номер ⌊v/20⌋. Этот номер можно рассчитать за определенное время, таким образом, для распределения элементов потребуется $O(N)$ шагов.

Если таких блоков M, для сортировки каждого из них понадобится $F(N/M)$ шагов, где F — функция времени работы алгоритма, который вы используете при сортировке блоков. Получается, что общее время сортировки всех блоков составит $O(M \times F(N/M))$.

Чтобы собрать все отсортированные значения назад в массив, надо выполнить N основных шагов и, возможно, $O(M)$ дополнительных, чтобы пропустить пустые блоки. Но если $M < N$, для всей операции потребуется $O(N)$ шагов.

При суммировании всех этапов получим следующее: $O(N) + O(M \times F(N/M)) + O(N) = O(N + M \times F(N/M))$. Если M является фиксированной долей N, то N/M, а следовательно, и $F(N/M)$ — константы. Тогда формула упрощается до $O(N + M)$.

На практике число M должно составлять относительно большую долю N, чтобы алгоритм мог хорошо работать. Если у вас 10 млн записей и 10 блоков, то в каждом из них будет в среднем по 1 млн записей. В отличие от сортировки подсчетом, производительность блочной сортировки не зависит от количества используемых блоков.

Резюме

Алгоритмы сортировки, описанные в текущей главе, используют разные методы и обладают различными характеристиками. Все они сведены в таблицу 6.1.

Таблица 6.1. Характеристики алгоритмов сортировки

Сортировка	Время работы	Метод	Область использования
Вставкой	$O(N^2)$	Вставка	Очень малые массивы
Выбором	$O(N^2)$	Выбор	Очень малые массивы
Пузырьковая	$O(N^2)$	Двусторонние прохождения, ограничения рассматриваемых пределов	Очень малые и частично сортированные массивы
Пирамидальная	$O(N \log N)$	Кучи, хранение полных деревьев в массиве	Крупные массивы с неизвестным распределением
Быстрая	$O(N \log N)$ ожидаемое, $O(N^2)$ в худшем случае	«Разделяй и властвуй», перемещение элементов в позицию, рандомизация во избежание худшего случая	Крупные массивы без большого количества дубликатов, параллельная сортировка
Слиянием	$O(N \log N)$	«Разделяй и властвуй», объединение, внешняя сортировка	Крупные массивы с неизвестным распределением, большие объемы данных, параллельная сортировка
Подсчетом	$O(N + M)$	Счет	Крупные массивы с достаточно единообразным распределением значений

Рассмотренные алгоритмы демонстрируют набор полезных методов и обеспечивают хорошую производительность для решения широкого спектра задач, но это далеко не все. Существуют десятки других способов сортировки. Некоторые из них являются модификациями приведенных алгоритмов, в других используются совершенно иные методы. Так, в главе 10 вы можете познакомиться с деревьями, которые также задействуются при сортировке данных, дополнительную информацию легко найти в Интернете.

В этой главе приводится только описание способов сортировки, но не поясняется, зачем она нужна, а тем временем самая простая сортировка может быть очень полезна. Например, просмотр информации о банковских клиентах с учетом сортировки по балансу поможет определить, кому из них нужно уделить особое внимание. Еще одно преимущество упорядочивания данных — поиск. Если вы расположите имена клиентов в алфавитном порядке, то найти конкретного человека станет намного проще. О методах поиска в отсортированных данных мы и поговорим в следующей главе.

Упражнения

1. Напишите программу, которая реализует сортировку вставкой.

2. Цикл For i, который используется в алгоритме, сортирующем вставкой, пересматривает индексы от 0 до последнего в массиве. Что произойдет, если начальный индекс будет равен 1? Изменит ли это время работы алгоритма?

3. Создайте программу, которая реализует сортировку выбором.

4. Какие изменения, наподобие тех, что приводятся в упражнении 2, вы бы внесли в сортировку выбором? Повлияет ли это на время работы алгоритма?

5. Напишите программу, которая реализует пузырьковую сортировку.

6. Добавьте к программе из предыдущего упражнения первое и третье улучшения пузырьковой сортировки из подраздела «Пузырьковая сортировка» в разделе «Алгоритмы $O(N^2)$» текущей главы (прохождение вниз и вверх, отслеживание последней перестановки).

7. Постройте очередь с приоритетом на основе кучи, используя массив, в котором не нужно изменять размеры. Назначьте ему фиксированный размер, возможно, 100 элементов, а затем отслеживайте те, с которыми работает программа. (Подсказка: используйте два массива (один для строковых значений, другой для соответствующих приоритетов), расположите элементы согласно их приоритетам.)

8. Определите время работы, необходимое для добавления элементов в очередь с приоритетом на основе кучи. Проанализируйте, сколько времени понадобится для удаления.

9. Напишите программу, которая реализует пирамидальную сортировку.

10. Попробуйте обобщить метод пирамидальной сортировки применительно к полному бинарному дереву так, чтобы в нем можно было хранить полное дерево степени d. Если дан индекс вершины p, каковы будут его дочерние и родительские индексы?

11. Напишите программу, которая реализует быструю сортировку со стеками (воспользуйтесь готовыми стеками из вашей среды программирования либо создайте собственные).

12. Реализуйте алгоритм быстрой сортировки, заменив стеки на очереди (воспользуйтесь готовыми очередями из вашей среды программирования или постройте собственные). Проанализируйте преимущества и недостатки такого преобразования.

13. Напишите программу, которая реализует быструю сортировку на месте.

14. Для быстрой сортировки наихудшим случаем является тот, при котором элементы отсортированы в прямом или обратном порядке либо содержат множество дубликатов. От первых двух проблем можно избавиться, если выбрать случайные разделяющие элементы. Как избежать третьей?

15. Напишите программу, которая реализует сортировку подсчетом.

16. Представьте, что значения массива counts находятся в диапазоне от 100 000 до 110 000, в нем 110 001 запись и количество элементов относительно мало. Как модифицировать сортировку подсчетом, чтобы добиться хорошей производительности в этой ситуации?

17. Если массив содержит N элементов, охватывающих диапазон от 0 до $M - 1$, что случится с блочной сортировкой при использовании M блоков?

18. Напишите программу, которая реализует блочную сортировку. Позвольте пользователю определить количество элементов, их максимальное значение и количество блоков.

19. Какой из алгоритмов сортировки будет хорошо работать, а какой нет для следующих наборов данных:

    - 10 значений с плавающей запятой;
    - 1000 целых чисел;
    - 1000 имен;
    - 100 000 целых чисел со значениями от 0 до 1000;
    - 100 000 целых чисел со значениями от 0 до 1 млрд;
    - 100 000 имен;
    - 1 млн значений с плавающей запятой;
    - 1 млн имен;
    - 1 млн целых чисел с равномерным распределением;
    - 1 млн целых чисел с неравномерным распределением?

Глава 7
ПОИСК

В предыдущей главе мы узнали о том, как упорядочивать данные, и выяснили, что алгоритмы быстрой и древовидной сортировки позволяют легко справиться с большим объемом значений, а блочная сортировка и сортировка подсчетом показывают неплохую производительность только при определенных условиях. В этой главе речь пойдет об алгоритмах, которые помогают находить конкретные данные в отсортированном массиве. Благодаря им, например, легко отыскать нужную фамилию в телефонной книге всего за 1–2 мин, если все десятки тысяч записей расположены в алфавитном порядке. Представьте, что было бы, если бы список был неотсортированным.

ЗАМЕЧАНИЕ

Приведенные ниже алгоритмы работают с простыми массивами, а не со специализированными структурами данных. Хотя последние, к числу которых относятся и деревья, также быстро находят элемент с определенным значением (читайте об этом в главе 10).

ЗАМЕЧАНИЕ

Некоторые языки программирования предоставляют свои инструменты для поиска элементов в сортированном массиве, например в классе `Array` в .NET Framework предусмотрен метод `BinarySearch`. Как правило, результаты их работы весьма неплохие, поэтому для экономии времени и отладки сортировочного кода можно пользоваться заложенными возможностями языка. Но понимать принцип действия поисковых алгоритмов все же нелишне: вполне вероятно, что ваш вариант окажется лучше, чем предлагаемые инструменты. Например, интерполяционный поиск в некоторых случаях показывает себя намного быстрее бинарного.

Линейный поиск

Линейный, или исчерпывающий, поиск циклически проходит по массиву, пытаясь отыскать целевой элемент. На рисунке 7.1 таким элементом является число 77.

Рис. 7.1. Линейный поиск

В отличие от бинарного и интерполяционного поиска, линейный работает не с массивами, а со связными списками, где нельзя запросто перепрыгнуть из одной части в другую. Списки могут быть и несортированными, но с отсортированными алгоритм экономит значительную часть времени: он останавливается, дойдя до элемента со значением, превышающим целевое, и не ведет дальнейший поиск того, чего заведомо не существует.

В следующем псевдокоде представлен линейный алгоритм поиска для массива.

```
// Находим индекс целевого элемента в отсортированном массиве.
// Если элемента в массиве нет, возвращаем -1.
Integer: LinearSearch(Data values[], Data target)
    For i = 0 To <количество значений> - 1
            // Проверяем, является ли элемент целевым.
            If (values[i] == target) Then Return i

            // Проверяем, прошли ли мы возможную позицию целевого элемента.
            If (values[i] > target) Then Return -1
    Next i

    // Если мы дошли до этой строки, то целевого элемента в массиве нет.
    Return -1
End LinearSearch
```

Приведенный алгоритм, возможно, циклически пройдет по всему массиву, прежде чем обнаружит, что целевого элемента нет. Это будет худшим случаем $O(N)$. В любой другой ситуации время работы составит $O(N)$. Если суммировать количество шагов, необходимых для поиска каждого элемента в массиве, получится $1 + 2 + 3 + \ldots + N = N \times (N + 1)/2$. Разделив сумму на N, чтобы получить среднее время поиска для всех элементов, получим $(N + 1)/2$, а это и есть $O(N)$.

Линейный поиск намного медленнее, чем бинарный или интерполяционный. Главное его преимущество заключается в том, что он работает со связными и несортированными списками.

Бинарный поиск

В бинарном поиске алгоритм отслеживает наименьший и наибольший индексы элементов массива — min и max. Изначально они равны первому (нулевому) и последнему индексу соответственно. Затем алгоритм рассчитывает индекс, находящийся между ними, то есть mid. Если целевое значение меньше mid, алгоритм сбрасывает max, чтобы начать новый поиск в левой половине массива; если оно больше — сбрасывается min и новый поиск ведется в правой половине. Если же целевое значение равно mid, алгоритм возвращает его индекс.

На рисунке 7.2 изображен бинарный поиск числа 77.

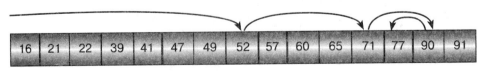

Рис. 7.2. Бинарный поиск

Описанный алгоритм представлен в следующем псевдокоде.

```
// Находим индекс целевого элемента в отсортированном массиве.
// Если элемента в массиве нет, возвращаем -1.
Integer: BinarySearch(Data values[], Data target)
    Integer: min = 0
    Integer: max = <количество значений> - 1
    While (min <= max)
            // Находим разделяющий элемент.
            Integer: mid = (min + max) / 2

            // Проверяем, в какой половине вести поиск - левой или правой.
            If (target < values[mid]) Then max = mid - 1
            Else If (target > values[mid]) Then min = mid + 1
            Else Return mid
    End While
    // Если мы дошли до этой строки, то целевого элемента в массиве нет.
    Return -1
End BinarySearch
```

На каждом шаге данный алгоритм делит элементы, среди которых может содержаться целевой, пополам. Если всего элементов N, то после прохождения $O(\log N)$ шагов в части массива, где может располагаться целевой элемент, останется только одно значение. Таким образом алгоритм найдет искомое или обнаружит, что действия не принесли должного результата. Это значит, что алгоритм обладает временем работы $O(\log N)$.

Интерполяционный поиск

Бинарный поиск каждый раз ищет целевой элемент массива в середине раздела, интерполяционный пытается ускорить процесс — он старается угадать расположение целевого элемента в массиве по его значению. Предположим, в массиве содержится 1000 элементов со значениями от 1 до 100. Если наша цель — найти число 30, то его нужно искать в районе первой трети массива, где-то рядом с индексом 300. Общее распределение чисел не всегда позволяет получить результат с прицельной точностью, но он может оказаться довольно близким.

На рисунке 7.3 изображен интерполяционный поиск числа 77.

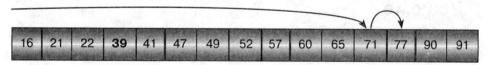

Рис. 7.3. Интерполяционный поиск

Следующий псевдокод представляет собой высокоуровневый алгоритм описанного метода.

```
Integer: InterpolationSearch(Data values[], Data target)
    Integer: min = 0
    Integer: max = values.Length - 1
    While (min <= max)
```

```
            // Находим разделяющий элемент.
            Integer: mid = min + (max - min) *
                    (target - values[min]) / (values[max] - values[min])

            If (values[mid] == target) Then Return mid

                <Устанавливаем min или max для поиска в левой или правой части.>
        End While

        Return -1
End InterpolationSearch
```

В данном алгоритме некоторые проблемы остаются нерешенными. Например, расчет `mid` может привести к выходу за пределы массива или к тому, что его значение не будет находиться между `min` и `max`. Эти задачи вам предлагается решить в упражнении 6.

Самая сложная часть приведенного кода — оператор для расчета `mid`. Чтобы найти его значение, к текущему значению `min` добавляется расстояние от `min` до `max`, масштабируемое по ожидаемой доле расстояния от `values[min]` до `values[max]`, где должен находиться `target`.

Например, если значение `values[min]` равно 100, `values[max]` — 200, а `target` — 125, определить место для поиска целевого элемента помогут следующие расчеты.

```
(target - values[min]) / (values[max] - values[min]) =
(125 - 100) / (200 - 100) =
25 / 100 =
0.25
```

Это значит, что новое значение `mid` должно располагаться на четверти пути от `min` до `max`.

Если данные распределены очень неравномерно и вы ищете наихудшее целевое значение, данный алгоритм обладает производительностью $O(N)$. Если распределение относительно равномерное, ожидаемая производительность составит $O(\log (\log N))$. Однако доказательство этого не входит в рамки данной книги.

Резюме

В таблице 7.1 представлены расчеты $\log N$ и $\log (\log N)$ для различных значений N. На их основе легко сравнить скорости линейного, бинарного и интерполяционного поиска.

Таблица 7.1. Характеристики алгоритмов

N	$\log_2 N$	$\log_2(\log_2 N)$
1 000	10	3,3
1 000 000	19,9	4,3
1 000 000 000	29,9	4,9
1 000 000 000 000	39,9	5,3

Линейный поиск наилучшим образом проявляет себя для относительно малых массивов. Бинарный хорошо работает даже с очень большими массивами — он может найти нужный элемент среди 1 трлн записей всего за 40 шагов.

Интерполяционный поиск подходит для массивов любого размера, которые целесообразно обрабатывать на компьютере. Ему удается найти целевой элемент среди 1 трлн записей всего за пять шагов. По сути, чтобы ожидаемых шагов было более девяти, массив должен состоять из 10^{154} элементов. В общем случае в интерполяционном поиске все зависит от распределения значений: иногда алгоритму «везет» и он находит целевой элемент за один-два шага, а в некоторых случаях могут понадобиться и четыре-пять шагов. Но по большому счету именно этот поиск является самым быстрым.

Упражнения

Если вы еще не знакомы с рекурсией, пропустите упражнения 2, 5 и 7 и вернитесь к ним после того, как ознакомитесь с главой 8.

1. Напишите программу, реализующую линейный поиск.
2. Создайте программу, применяющую рекурсивный линейный поиск. Каковы ее преимущества и недостатки по сравнению с нерекурсивной версией?
3. Реализуйте алгоритм линейного поиска в отсортированных связных списках.
4. Напишите программу, использующую бинарный поиск.
5. Разработайте программу, реализующую рекурсивный бинарный поиск. Каковы ее преимущества и недостатки по сравнению с нерекурсивной версией?
6. Создайте программу, применяющую интерполяционный поиск.
7. Реализуйте программу рекурсивного интерполяционного поиска. Каковы ее преимущества и недостатки по сравнению с нерекурсивной версией?
8. В каком алгоритме сортировки из главы 6 используется техника, напоминающая интерполяционный поиск?
9. Если в массиве содержатся дубликаты, описанные в этой главе алгоритмы бинарного и интерполяционного поиска не гарантируют возвращения первого элемента. Попробуйте изменить их, чтобы они могли вернуть первый целевой элемент. Определите время работы измененных версий.

Глава 8
ХЕШ-ТАБЛИЦЫ

В предыдущей главе вы познакомились с бинарным поиском — алгоритмом, который имеет производительность $O(\log N)$ и ищет элемент в сортированном списке. Он определяет разделяющий элемент в середине той части списка, где, по его мнению, находится целевой элемент, и сравнивает оба значения. Если разделяющий элемент оказывается больше целевого, осуществляется рекурсивная проверка левой части массива, если меньше — правой.

Еще один поиск, рассмотренный в главе 7, — интерполяционный — пытается спрогнозировать местонахождение целевого элемента путем математических расчетов. Он обладает временем работы $O(\log (\log N))$, что значительно превышает аналогичный показатель бинарного поиска. Причина такой высокой скорости кроется в том, что для нахождения значений используется специальная структура данных. (Подобным образом работают алгоритмы блочной сортировки и сортировки подсчетом, описанные в главе 6.)

Хеш-таблицы также позволяют быстро искать значения, поскольку не хранят их в специальном отсортированном списке, а организуют особым образом и легко могут рассчитать местонахождение нужного элемента. Предположим, у вас есть небольшая компания из 20 сотрудников и вам хотелось бы получать информацию о каждом из них по идентификационному номеру (ИН). Один из способов сохранить данные — сформировать массив из 100 элементов, в котором ИН будут соответствовать позициям $N \bmod 100$. Например, сотрудник с ИН 2190 будет размещен в позиции 90, с ИН 2817 — в позиции 17, а с ИН 3078 — в позиции 78. Чтобы найти определенного работника, достаточно воспользоваться формулой ИН mod 100 и просмотреть соответствующую запись в массиве. Подобная операция займет время $O(1)$, то есть на проверку окажется более быстрой, чем интерполяционный поиск.

На практике не все так просто. Если сотрудников окажется достаточно много, то среди них найдутся двое, у которых ИН будет соответствовать одному и тому же значению. Скажем, ИН 2817 и 1317 займут в таблице позицию 17. Но даже несмотря на этот недостаток, выполненное преобразование значений — хорошее начало. Оно является отправной точкой для работы с хеш-таблицами. Далее вы познакомитесь с этими структурами более подробно и рассмотрите способы их применения в различных программах.

Основы хеш-таблиц

Хеш-таблица соединяет данные с ячейками. Зачастую такая связь образуется между значением ключа, например ИН или фамилией, и гораздо большей записью, скажем, информацией о сотруднике или клиенте. В силу этой особенности хеш-таблицы иногда называют *ассоциативными массивами*, или, выражаясь менее официальным языком, *словарями*.

Преобразование значений ключей в вид, пригодный для использования в хеш-таблице, называется *хешированием* и описывается особыми хеш-функциями. Эти значения часто похожи, поэтому хорошие функции распределяют их таким образом, чтобы они располагались в разных позициях в таблице.

Предположим, вы хотите находить записи о клиентах в хеш-таблице по фамилиям. Если у вас работают два сотрудника — Ричардс и Ричардсон, в идеале функция хеширования должна связать их фамилии с двумя разными ячейками. В подобных случаях часто генерируются несколько бессмысленных значений, которые выглядят так, будто истинное значение ключа было разбито на куски.

Если в хеш-таблице размещается достаточно много значений, рано или поздно найдутся два ключа, которые окажутся связанными с одной и той же позицией. Такая ситуация называется *коллизией*. Если она произойдет, вам понадобится *политика разрешения коллизий*, определяющая, что нужно делать. Как правило, связь между ключом и позицией ищется до тех пор, пока не найдется свободная ячейка.

Коэффициент заполнения хеш-таблицы отражает то, насколько много в ней записей. Этот показатель влияет на вероятность возникновения коллизий. Больше шансов, что они будут иметь место при добавлении ключа в таблицу, заполненную на 95 %, нежели на 10 %.

Таким образом, для хеш-таблицы нужны:

- структура для хранения данных;
- функция хеширования для связывания ячеек со структурой данных;
- политика разрешения коллизий, определяющая, что нужно делать, когда ключи вступают в противоречие.

Чтобы быть полезной, хеш-таблица должна как минимум добавлять новые элементы и находить сохраненные ранее. Пригодится и способность удалять хешированный ключ, которая, к сожалению, иногда отсутствует.

ИЗМЕНЕНИЕ РАЗМЕРОВ ХЕШ-ТАБЛИЦ

По мере работы хеш-таблица может целиком заполниться или стать настолько полной, что коллизии будут очень вероятны и пострадает производительность. В таком случае понадобится усовершенствовать алгоритм, чтобы определить, где и как изменяется размер хеш-таблицы, и увеличить ее. Иногда доработки потребуются, чтобы таблицу уменьшить и освободить неиспользованное пространство, например если она рассчитана на 1 млн записей, а у вас их всего 10.

Самый простой способ изменить размеры хеш-таблицы — создать новую желаемого размера и рехешировать в нее все элементы из исходной структуры. Он применим почти ко всем таблицам, хотя есть и другие варианты осуществить то же действие, например прямое связывание. В следующих разделах вы узнаете более подробно о часто используемых способах построения хеш-таблиц.

Прямое связывание

В хеш-таблице с прямым связыванием (рис. 8.1) значения ключей хранятся в специальных наборах записей, называемых *блоками*. Каждый из них является вершиной связного списка, в котором находятся привязанные к блоку элементы.

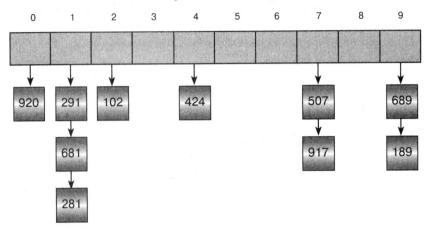

Рис. 8.1. Хеш-таблица с прямым связыванием

Обычно блоки расположены в массиве таким образом, что можно использовать простую функцию хеширования для определения их ключа. Например, если у вас N блоков, а ключи численные, свяжите ключ K с блоком под номером $K \bmod N$.

Чтобы добавить ключ к хеш-таблице, его нужно вначале соотнести с блоком через функцию хеширования, а затем вставить новую ячейку в верхнюю часть связного списка. Каждая из двух операций потребует $O(1)$ шагов, то есть займет очень мало времени. По определению хеш-таблица не должна содержать дублированных значений. Если в ней B блоков и N элементов, которые распределены достаточно равномерно, то каждый связный список блока будет включать приблизительно N/B элементов. Таким образом, чтобы проверить, присутствует ли новый элемент в блоке, понадобится $O(N/B)$ шагов. Это значит, что для добавления элемента в хеш-таблицу нужно всего $O(1) + O(N/B) = O(N/B)$ шагов.

ЗАМЕЧАНИЕ

Поиск элементов в хеш-таблице пройдет быстрее, если связные списки будут содержать ключи в отсортированном порядке. В этом случае алгоритм сделает вывод, что ключа нет, если дойдет до значения больше ключевого, и не станет просматривать список до конца. Теоретически время его работы составит $O(N/B)$, но на практике оно будет немного меньше.

Чтобы найти нужный элемент, программе необходимо хешировать ключ и определить, в каком из блоков он может содержаться, а затем двигаться по связному списку до тех пор, пока не будет достигнут его конец или не обнаружится искомое. Если вы доберетесь до конца списка, значит, запрашиваемого элемента в хеш-таблице нет. Как и в случае с добавлением элемента, предстоит выполнить $O(N/B)$ шагов.

Удалить элемент из хеш-таблицы с прямым связыванием также несложно: требуется хешировать ключ элемента, чтобы найти нужный блок, и выполнить соответствующую операцию в связном списке. Для хеширования понадобится $O(1)$ шагов, непосредственно удаление займет $O(N/B)$ шагов. Таким образом, общее время составит $O(N/B)$.

Хеш-таблица с прямым связыванием может расширяться и сжиматься по мере необходимости, поэтому вам не нужно специально изменять ее размер. Однако если связные списки станут слишком длинными, поиск и удаление элементов займут много времени. В этом случае вам понадобится увеличить таблицу, чтобы создать больше блоков. Поскольку при рехешировании таблицы не надо проводить поиск дубликатов до конца связного списка в каждом блоке, полностью справиться с операцией можно за время $O(N)$.

Открытая адресация

Безусловно, прямое связывание имеет свои преимущества. Основное из них заключается в том, что общее количество значений не зависит от количества блоков. Однако есть у таких хеш-таблиц и некоторые недостатки. Например, если элементов в блоках накопится слишком много, поиск нужного займет продолжительное время. Чтобы сократить временные затраты, число блоков можно увеличить, но тогда вы рискуете получить ряд пустых, которые потребуют места в памяти и не будут использоваться таблицей.

Еще один способ реализации хеш-таблиц — *открытая адресация*. В этом случае значения хранятся в массиве, а функция хеширования представляет собой некоторые расчеты. Например, в массиве с M записями простая функция хеширования может связать значение ключа K с позицией $K \bmod M$.

В разных видах открытой адресации используются различные функции хеширования. Неодинакова и политика разрешения коллизий, но в общем случае она выглядит так: для каждого значения в массиве подбирается несколько ячеек, и если первая уже занята, алгоритм пробует использовать вторую, затем третью и так до тех пор, пока не найдет свободную или не придет к выводу, что таковой нет.

Серия ячеек, которую алгоритм подбирает для значения, называется *пробной последовательностью*. По ее средней длине хорошо оценивать наполненность хеш-таблицы. В идеале пробная последовательность должна равняться 1 или 2, большие цифры говорят о полной таблице.

Иногда политика разрешения коллизий такова, что для элемента может не найтись свободной ячейки, даже когда она есть. Если пробная последовательность повторяет саму себя перед тем, как проверить очередную запись, некоторые записи могут остаться неиспользованными.

Чтобы найти элемент в хеш-таблице, алгоритм следует за пробной последовательностью, пока не произойдет одно из трех событий.

1. Если пробная последовательность сумела отыскать элемент, задача выполнена.
2. Если пробная последовательность находит пустую запись в массиве, элемента нет.

3. Пробная последовательность проверяет *M* записей (по размеру массива) — и алгоритм приходит к выводу, что значение отсутствует. Последовательность может перебрать не все элементы, но если пройдет по всем, вы будете знать, что они точно пересмотрены или что целевой элемент не найден. Она также может проверить в цикле одну и ту же позицию несколько раз. В любом случае значение не должно присутствовать, поскольку иначе оно бы добавлялось к массиву с использованием той же пробной последовательности.

При разумном заполнении хеш-таблицы открытая адресация работает очень быстро. Если длина пробной последовательности равна 1 или 2, добавление и нахождение элементов выполняются за время $O(1)$. Но если массив из *N* элементов существенно переполнен, производительность снижается. В наихудшем случае алгоритм придет к выводу, что элемента в массиве нет, за время $O(N)$. Поиск присутствующих элементов также будет выполняться крайне медленно.

Вы можете увеличить размер массива, чтобы уменьшить коэффициент наполненности хеш-таблицы. Для этого создайте новый массив и рехешируйте элементы в нем. Для каждого из них операция займет $O(1)$ времени, а общая производительность алгоритма составит $O(N)$.

В следующем подразделе описывается еще одна важная задача, связанная с открытой адресацией.

Удаление элементов

Открытая адресация позволяет относительно быстро добавлять и находить элементы, если массив не слишком полон, но не дает возможности удалять их так, как это делается при прямом связывании. Дело в том, что один элемент массива может являться частью пробной последовательности для другого элемента, нарушив ее, вы уже не сможете найти другой элемент.

Предположим, элементы массива *A* и *B* связаны с одним и тем же индексом I_A. Первоначально вы добавите в указанную позицию элемент *A*, а затем используете ее в пробной последовательности, чтобы перейти ко второй позиции I_B и добавить в нее элемент *B*. Теперь представьте, что элемент *A* удален и нужно найти элемент *B*. Обратившись последовательно к индексу I_A, вы увидите уже пустую запись и ошибочно решите, что элемент *B* отсутствует.

Если обозначить элемент как удаленный, а не делать запись массива пустой, указанной проблемы удастся избежать. Скажем, в массиве, где содержатся 32-битные целые числа, запись, не имеющую значения, можно представить как $-2\,147\,483\,648$, а удаленную — как $2\,147\,483\,647$. Тогда, добавляя новый элемент в хеш-таблицу, вы разместите его в пустую запись, если найдете таковую в пробной последовательности, а занимаясь поиском удаленного элемента, будете вести его до тех пор, пока не обнаружите соответствующее значение.

Недостаток такого подхода — наполнение таблицы удаленными записями. Это не замедлит вставку элементов, но отрицательно скажется на их поиске. В худшем случае, если массив окажется целиком заполнен текущими и удаленными элементами, чтобы найти нужный элемент или сделать вывод о его отсутствии, вам может понадобиться поиск по всему массиву.

При большом количестве удаленных элементов целесообразно рехешировать текущие значения и сбросить удаленные ячейки массива, чтобы они содержали специальное пустое значение. Если в массиве с разумным коэффициентом заполнения содержится N элементов, это должно занять $O(N)$ времени.

Линейное пробирование

В *линейном пробировании* политика разрешения коллизий добавляет к каждой ячейке постоянное число (чаще всего 1), называемое шагом по индексу, которое генерирует пробную последовательность. При каждом очередном добавлении берется размер массива по модулю, стало быть, при необходимости последовательность возвращается к началу массива.

Предположим, в хеш-таблице 100 элементов, а правило хеширования звучит следующим образом: N связано с ячейкой N mod 100. Тогда пробная последовательность для значения 2197 проверяет ячейки 97, 98, 99, 0, 1, 2 и т. д.

На рисунке 8.2 представлен массив из 10 записей, который уже содержит несколько значений. Чтобы добавить в него новое значение 71, используя линейную пробную последовательность, нужно связать его с ячейкой 71 mod 10 = 1. Но эта ячейка уже занята значением 61, поэтому алгоритм переходит к ячейке 2, которая тоже заполнена. Следующей должна быть ячейка 3 — она свободна, и алгоритм размещает там 71.

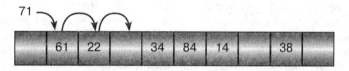

Рис. 8.2. Линейная пробная последовательность

Преимущество данного метода — в его простоте. Если необходимо, пробная последовательность пройдет по каждой ячейке массива и вставит элемент в свободное место, если оно еще осталось. Но есть и сопутствующий недостаток — так называемая *первичная кластеризация*, которая проявляется в образовании больших блоков смежных записей и приводит к длинным пробным последовательностям. В результате при добавлении нового элемента и его хешировании к какой-либо записи в кластере пробная последовательность вынуждена пройти через весь кластер, чтобы найти свободную ячейку.

Хороший пример первичной кластеризации демонстрирует программа LinearProbing. В ее окне (рис. 8.3) представлена хеш-таблица, состоящая из 101 ячейки, причем 50 из них являются заполненными. В общем случае при равномерном распределении элементов внутри таблицы пробная последовательность для каждого будет иметь длину, равную 1. Для новых элементов длина последовательности составит 1 или 2, в зависимости от того, свяжет начальное хеширование элемент со свободной или уже занятой ячейкой. В нашем примере средняя длина пробной последовательности хеш-таблицы составляет 2,42, что немного больше значения, которое можно получить при равномерном распределении. При более высоких коэффициентах заполнения дела станут еще хуже.

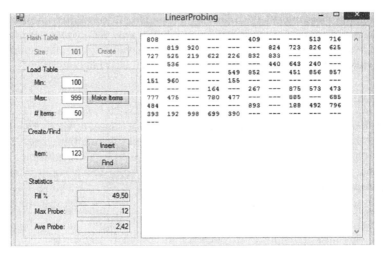

Рис. 8.3. Окно программы LinearProbing

> **ЗАМЕЧАНИЕ**
>
> Хеш-таблица, изображенная на рисунке 8.3, является ответом к упражнению 8.3 из приложения Б.

Чтобы понять, как формируются кластеры, рассмотрим пример пустой хеш-таблицы. Предположим, в ней содержится N записей и существует вероятность $1/N$, что она закончится в любой данной позиции при добавлении случайного числа. А теперь представим, что K — конечная позиция таблицы. Существует вероятность $1/N$, что новое случайное число попадет в позицию K и линейное пробирование попытается расположить элемент в позиции $K + 1$. Но та же вероятность характерна и для случая, при котором новый элемент будет связан с позицией $K + 1$ напрямую. Значит, существует вероятность $2/N$, что элемент займет конечную позицию $K + 1$ и сформируется малый кластер.

Через какое-то время таких кластеров станет много. Чем больше они будут, тем больше вероятность того, что новый элемент добавится в конец одного из них. В итоге более мелкие кластеры сольются в более крупные, массив заполнится ими — и возникнут длинные пробные последовательности.

В следующих двух подразделах описаны способы, позволяющие бороться с первичной кластеризацией.

Квадратичное пробирование

Возникновение больших кластеров при линейном пробировании связано с тем, что новые элементы связываются с ячейками, стоящими в конце группы, и постепенно увеличивают ее. Предотвратить подобную ситуацию помогает *квадратичное пробирование*. Для создания пробной последовательности в качестве шага по индексу берется квадрат количества ячеек. Другими словами, если в линейном пробировании существует последовательность $K, K + 1, K + 2, K + 3, \ldots$ то в квадратичном варианте она будет выглядеть так: $K, K + 1^2, K + 2^2, K + 3^2, \ldots$ В этом случае, если два элемента окажутся связанными с разными позициями в одном и том же кластере, они не обязательно будут придерживаться одной пробной последовательности и попадут в конец кластера.

На рисунке 8.4 показана хеш-таблица, в начале которой есть группа из пяти элементов. Новое значение 71 получает пробную последовательность 1, $1 + 1^2 = 2$, $1 + 2^2 = 5$, $1 + 3^2 = 10$ и не добавляется к существующему кластеру. Значение 93 поначалу связано с тем же кластером, но согласно собственной пробной последовательности 3, $3 + 1^2 = 4$, $3 + 2^2 = 7$ также не попадает в него.

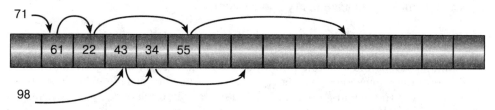

Рис. 8.4. Квадратичное пробирование

В окне программы QuadraticProbing на рисунке 8.5 используется квадратичное пробирование. Если сравнить хеш-таблицу из текущего примера с той, что представлена на рисунке 8.3, можно увидеть, что квадратичное пробирование дает более короткую длину пробной последовательности (1,92), чем линейное (2,42).

ЗАМЕЧАНИЕ

Программа, представленная на рисунке 8.5, является частью ответа к упражнению 8.4 из приложения Б.

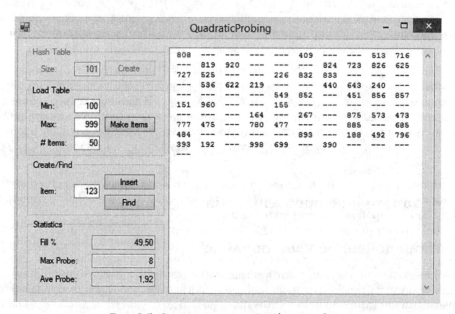

Рис. 8.5. Окно программы QuadraticProbing

Квадратичное пробирование предотвращает первичную, но не *вторичную кластеризацию*, при которой значения, связанные с одинаковой начальной позицией в массиве, получают одну и ту же пробную последовательность, иногда очень длинную. В результате образуется точно такая же группа элементов, но уже не собранных вместе, а распределенных по всему массиву.

Еще один недостаток квадратичного пробирования связан с тем, что оно может не найти свободную позицию, даже если в хеш-таблице их несколько. Дело в том, что с каждым разом перемещение по массиву происходит все дальше и дальше, и незаполненная ячейка попросту пропускается.

Псевдослучайное пробирование

Это пробирование подобно линейному, за исключением того, что шаг по индексу формирует псевдослучайная функция изначально связанной ячейки. Предположим, что это ячейка K, тогда пробная последовательность будет выглядеть следующим образом: $K, K + p, K + 2p, ...$ где p определяется псевдослучайной функцией.

Подобно квадратичному пробированию, псевдослучайное предотвращает только первичную кластеризацию, но страдает от вторичной: значения, связанные с одной и той же начальной позицией, размещаются в хеш-таблице согласно одной и той же пробной последовательности. Точно так же псевдослучайное пробирование может пропускать некоторые неиспользуемые записи.

Двойное хеширование

Чтобы избавиться от вторичной кластеризации значения, связанные с одной и той же начальной ячейкой, должны получать разные пробные последовательности. И здесь пригодится двойное хеширование. Оно похоже на псевдослучайное пробирование, только шаг для индекса задается не псевдослучайной функцией начальной ячейки, а второй функцией хеширования.

Допустим, значения A и B связаны с позицией K. В псевдослучайном пробировании шаг по индексу p генерируется функцией $F_1(K)$, затем оба значения используют пробную последовательность $K, K + p, K + 2p, K + 3p, ...$ В двойном хешировании для связывания начальных значений A и B применяется функция псевдослучайного хеширования F_2. В итоге при одном и том же начальном K образуются две пробные последовательности с различными шагами по индексу: $p_A = F_2(A)$ и $p_B = F_2(B)$ соответственно.

Несмотря на то что двойное хеширование хорошо справляется с первичной и вторичной кластеризациями, оно точно так же, как и псевдослучайное пробирование, может пропускать неиспользуемые записи.

Упорядоченное хеширование

Есть такие приложения, в которых значения хешируются всего один раз, а поиск ведется многократно. Речь идет, например, о программах, работающих со словарями, адресными книгами или каталогами товаров. В этом случае гораздо важнее быстро находить значения, нежели их добавлять.

Как вы уже знаете, в хеш-таблице с прямым связыванием поиск элементов занимает намного меньше времени, если ее связные списки отсортированы: алгоритм останавливается, если находит элемент со значением большим, чем целевое и не тратит время на проверку всех данных. Сортировку можно использовать и для составления самих хеш-таблиц. В этом случае пробная последовательность для значения K будет проверять ячейки массива со значениями V_1, V_2 и т. д., то есть все V_i, которые меньше K.

Обратите внимание, что значения не должны находиться в строго возрастающем порядке. Например, пробная последовательность со значениями 61, 32, 71 будет абсолютно нормальной для 71, но не для 32, поскольку перед ним окажется большее число 61.

Создав массив подобным образом, вы ускорите поиск элемента: алгоритм остановится, если найдет значение больше целевого. Следующий высокоуровневый псевдокод ищет элемент в отсортированной хеш-таблице.

```
// Возвращаем положение ключа в массиве или -1, если такового нет.
Integer: FindValue(Integer: array[], Integer: key)
    Integer: probe = <начальная позиция в пробной последовательности ключа>
    // Повторяем.
    While true
        // Проверяем, найден ли элемент.
        If (array[probe] == key) Then Return probe

        // Проверяем, есть ли пустое место.
        If (array[probe] == EMPTY) Then Return -1

        // Проверяем, не проходили ли мы уже это положение.
        If (array[probe] > key) Then Return -1

        // Пробуем следующее положение из пробной последовательности.
        probe = <следующая позиция в пробной последовательности ключа>
    End While
End FindValue
```

Точное расположение данных в хеш-таблицах, которые описывались ранее, зависело от порядка, в котором эти данные добавлялись. Так, если в массиве из 10 записей функция хеширования помещала элемент K в позицию $K \bmod 10$, то значения 11, 21, 31, 41 занимали позиции от 1 до 4 именно в таком порядке. Они могли бы разместиться и в обратной последовательности (41, 31, 21, 11), при условии что вы добавляли их именно так.

Предположим, элементы в хеш-таблицу вносятся в порядке от наименьшего к наибольшему. В этом случае пробная последовательность для нового значения должна содержать значения меньше его, ведь они уже находятся в таблице. Только так вы можете проводить быстрый поиск. К сожалению, подобные действия не всегда осуществимы — нужно заранее знать порядок расположения данных в таблице. А теперь представьте, что вы лишь изредка добавляете в нее по несколько элементов.

К счастью, есть способ создать отсортированную хеш-таблицу и без оглядки на существующий порядок. Согласно ему, для вновь добавляемого элемента ищется пустая позиция с помощью пробной последовательности. Если в предлагаемой алгоритмом позиции обнаруживается элемент с большим значением, он уступает место новому элементу, а сам подвергается рехешированию. В ходе процесса может случиться так, что будет найдено еще большее значение, тогда уже оно лишится собственной позиции и алгоритм займется его перемещением. Так продолжится до тех пор, пока не отыщется абсолютно пустое место.

Описанные действия представлены в следующем высокоуровневом псевдокоде.

```
AddItem(Integer: array[], Integer: key)
    Integer: probe = <начальная позиция в пробной последовательности>

        // Повторяем.
        While true
            // Проверяем, есть ли пустое место.
            If (array[probe] == EMPTY) Then
                array[probe] = key
                Return
            End If

            // Проверяем, является ли найденное значение больше ключа.
            If (array[probe] > key) Then
                // Помещаем сюда ключ и рехешируем другой элемент.
                Integer: temp = array[probe]
                array[probe] = key
                key = temp
            End If

            // Пробуем следующее положение из пробной последовательности.
            probe = <следующая позиция в пробной последовательности>
        End While
End AddItem
```

Последний шаг внутри цикла `While` приравнивает `probe` к следующему положению в текущей пробной последовательности. В линейном и псевдослучайном пробировании, а также в двойном хешировании вы сумеете определить его, даже если поменяли рехешируемое значение `key` на большее. Так, при двойном хешировании можно применить функцию второго хеширования к новому значению `key`, чтобы определить шаг по индексу в новой пробной последовательности и двигаться по ней с указанного места. В квадратичном пробировании подобный метод не сработает, поскольку вам, вероятно, понадобится знать, как долго алгоритм шел по новой пробной последовательности, чтобы добраться до этого места.

Приведенный метод действен потому, что вы заменяете найденные большие значения меньшими, то есть пробная последовательность так и остается отсортированной. Единственным сомнительным значением оказывается новое большее значение, которое рехешируется. Оно занимает позицию, которая делает его пробную последовательность отсортированной.

Резюме

Хеш-таблица позволяет очень быстро хранить и находить значения. Если она обладает разумным коэффициентом заполнения, то отыскать в ней нужный элемент несложно. Когда данных становится слишком много, скорость поиска снижается. Если же их очень мало, то ресурсы памяти расходуются неэкономно.

Возрастающий коэффициент заполнения хеш-таблицы — признак того, что необходимо изменить ее размеры. Это потребует определенных временных затрат и дополнительной памяти, однако подобный временно-пространственный компромисс вполне обычен для алгоритмов и приводит к улучшению их производительности.

Упорядоченное хеширование предполагает другой подход к ускорению поиска данных. В этом случае понадобится потратить дополнительное время на построение хеш-таблицы. Если при вставке нового значения алгоритм столкнется с бо́льшим значением, ему придется поменять их местами и заняться рехешированием бо́льшего. Здесь удобно использовать рекурсию, то есть заставить алгоритм вставки вызвать самого себя. В следующей главе вы узнаете, как это сделать, и познакомитесь с достоинствами и недостатками указанного метода. Кроме того, получите сведения о том, как удалить рекурсию из программы, если глубокие стеки вызовов или частый пересчет значений вызывают проблемы.

Упражнения

Для упражнений, где необходимо создать хеш-таблицу, используйте интерфейс, подобный тому, что показан на рисунке 8.6. Тут кнопка **Create** создает новую хеш-таблицу, **Make Items** разрешает пользователю единовременно добавить в нее много случайных элементов, а **Insert** и **Find** соответственно вставляют и находят один элемент. После каждого изменения в таблице или ее данных нужно отобразить количество ключей на один блок для алгоритмов прямого связывания или коэффициент заполнения для алгоритмов открытой адресации. Кроме того, следует продемонстрировать максимальную и среднюю длину пробной последовательности при попытке найти все значения между минимальным и максимальным, которые фигурируют в таблице.

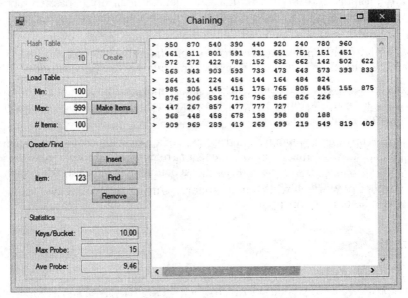

Рис. 8.6. Окно программы Chaining, позволяющей создавать и тестировать хеш-таблицы

Во всех программах хеширования используйте единый псевдослучайный генератор чисел, формирующий одни и те же значения. Это позволит вам сравнить поведение разных алгоритмов.

1. Напишите программу для создания хеш-таблицы с прямым связыванием.

2. Измените программу из предыдущего упражнения так, чтобы можно было использовать сортированные связные списки. Сравните средние длины пробных последовательностей двух программ для случая, когда в хеш-таблицах задействуются 10 блоков и содержится 100 элементов.

3. Начертите график средней длины пробной последовательности для программ из упражнений 1 и 2, где речь идет о хеш-таблицах с 10 блоками и 50, 100, 150, 200 и 250 элементами. Какой вывод можно сделать на основе полученных данных?

4. Напишите программу для создания хеш-таблицы с использованием открытой адресации и линейного пробирования.

5. Разработайте программу для создания хеш-таблицы с использованием открытой адресации и квадратичного пробирования.

6. Напишите программу для создания хеш-таблицы с использованием открытой адресации и псевдослучайного пробирования.

7. Разработайте программу для создания хеш-таблицы с использованием открытой адресации и двойного хеширования.

8. Линейное пробирование всегда находит пустое место для значения, если оно существует. Однако квадратичное и псевдослучайное пробирование, а также двойное хеширование могут пропускать пустые записи и приходить к ложному выводу о том, что таблица заполнена. Как выбрать размер таблицы N, чтобы предотвратить вывод о том, что хеш-таблица укомплектована, если это не так?

9. Напишите программу для создания хеш-таблицы с использованием открытой адресации и упорядоченного квадратичного пробирования.

10. Воспользуйтесь своим любимым языком программирования для построении хеш-таблицы, которая использует открытую адресацию с упорядоченным двойным хешированием.

11. Чтобы сравнить различные алгоритмы открытой адресации, начертите график средней длины пробной последовательности для программ из упражнений 4–7, 9 и 10. Сделайте выводы на основе таблицы со 101 записью и 50, 60, 70, 80 и 90 значениями.

Глава 9
РЕКУРСИЯ

В ходе *рекурсии* метод вызывает сам себя. Если он делает это непосредственно, то рекурсия называется *прямой*, если через другой метод — *косвенной*. Она также может быть *единичной* (однократный вызов) либо *множественной* (вызов осуществляется несколько раз).

На первый взгляд понятие кажется несколько сложным, поскольку человек не мыслит рекурсивно. Например, занимаясь покраской забора, вы, скорее всего, начнете с одного края и будете двигаться к другому. Вряд ли вам придет в голову разделить забор на две части (левую и правую), а затем красить каждую половину.

Тем не менее есть задачи, которые рекурсивны по своей природе, а их структура и решение легко отслеживаются с помощью алгоритма. Таковы, например, программы, выстраивающие деревья и проводящие по ним поиск.

В этой главе вам предстоит познакомиться с некоторыми рекурсивными алгоритмами. И хотя они полезны уже сами по себе, гораздо важнее понимать заложенный в них принцип. Уяснив его, вы начнете замечать рекурсию во многих ситуациях, имеющих отношение к программированию. Однако не всегда это наилучший способ решения задач, в некоторых случаях он снижает производительность программы, в связи с чем в книге будут рассмотрены еще и способы удаления рекурсии.

Базовые алгоритмы

В следующих подразделах приводятся три рекурсивных алгоритма для расчета факториала, чисел Фибоначчи, а также решения задачи о ханойской башне. Они относительно просты, но раскрывают важные понятия. Как только вы с ними разберетесь, сможете перейти к более сложным алгоритмам.

Факториал

Факториал числа N определяется через функцию `factorial`, которую можно представить рекурсивно следующими формулами.

$0! = 1$

$N! = N \times (N-1)!$

Тогда расчет 3! будет выглядеть так: $3! = 3 \times 2! = 3 \times 2 \times 1! = 3 \times 2 \times 1 \times 0! = 3 \times 2 \times 1 \times 1$.

Это определение приводит к простому рекурсивному алгоритму.

```
Integer: Factorial(Integer: n)
    If (n == 0) Then Return 1
    Return n * Factorial(n - 1)
End Factorial
```

Если входное значение $n = 0$, то алгоритм возвращает 1, что соответствует первому уравнению, которое определяет функцию `factorial`. В противном случае код возвращает число n раз с факториалом $n - 1$, согласно второму уравнению.

Отсюда вытекают две важные характеристики, которыми должны обладать рекурсивные алгоритмы.

1. Каждый раз при запуске метод снижает сложность задачи, а затем вызывает себя еще раз, чтобы решить ее упрощенный вариант. В приведенном примере расчет $n!$ преобразовался в расчет $(n - 1)!$, а затем в умножение на n.

2. Рекурсия должна быть конечной. В рассмотренном случае входной параметр n уменьшается с каждым вызовом, пока не становится равным 0. В этот момент алгоритм возвращает 1 — и процесс прекращается.

Обратите внимание на недостаток вышеприведенного алгоритма: при вызове метода `Factorial` с входным параметром –1, рекурсия никогда не остановится. Алгоритм будет выполнять нижеприведенные расчеты.

$-1! =$

$-1 \times -2! =$

$-1 \times -2 \times -3! =$

$-1 \times -2 \times -3 \times -4! = ...$

Чтобы избежать этого, нужно изменить первый оператор в алгоритме на `If (n <= 0) Then Return 1`. Тогда при вызове с отрицательным параметром вернется 1.

ЗАМЕЧАНИЕ

С точки зрения разработки программного обеспечения, рассмотренное выше решение считается не самым лучшим, поскольку в программе, вызывающей алгоритм, скрывается кое-какая проблема. Значение 1 возвращается, даже в том случае если истинный факториал отрицательного числа не определен, что может ввести в заблуждение. Правильнее осуществить проверку в коде вызова и убедиться в том, что число как минимум равно 0, или же вызвать исключение.

В целом анализировать время работы рекурсивных алгоритмов непросто, но не в данном случае. При входном значении N алгоритм вызывает сам себя $N + 1$, чтобы выполнить расчет $N!$, $(N - 1)!$, $(N - 2)!$, ..., $0!$. Здесь нет ничего сложного, поэтому общая производительность составляет $O(N)$.

Поскольку алгоритм вызывает сам себя $N + 1$ раз, максимальная глубина рекурсии также равна $O(N)$. В некоторых средах программирования она может быть ограничена, а это влечет за собой определенные проблемы.

Рекурсия

ВАЖНОЕ СТЕКОВОЕ ПРОСТРАНСТВО

Как правило, для работы программы в памяти компьютера выделяются две области памяти: стек и хип. Когда часть кода вызывает метод, информация о вызове находится в стеке (см. главу 5). Как только метод возвращается — информация из стека выталкивается и программа возобновляет свою работу с места, на котором остановилась. Список методов, необходимых для того, чтобы дойти до определенного шага в программе, называется *стеком вызова*.

Хип используется для создания переменных и проведения расчетов. Обычно он больше, чем стек, так как в объемный код часто не включаются методы, вызывающие другие методы. Тем не менее в алгоритмах иногда может быть очень глубокая рекурсия, что приводит к большому расходу стекового пространства и зависанию программы. В силу этого важно оценивать не только время работы алгоритма и требование к памяти, но и максимальную глубину используемой рекурсии.

Функция `factorial` возрастает очень быстро, поэтому значение *N* не беспредельно. Например, $20! \approx 2{,}4 \times 10^{18}$, а 21! окажется настолько длинным, что превысит 64 бита — и программа не справится с расчетами. Во избежание проблем глубина рекурсии не должна превосходить 20. Для работы с большими факториалами лучше использовать другие типы данных, например, 64-битное число двойной точности с плавающей запятой, которое справится с $170! \approx 7{,}3 \times 10^{306}$, или `BigInteger` в .NET, позволяющий содержать произвольно большие числа. Однако в подобном случае глубокая рекурсия может спровоцировать расход стекового пространства и зависание программы. О том, как решить эту проблему, мы поговорим в подразделе «Удаление хвостовой рекурсии» раздела «Удаление рекурсии» текущей главы.

Числа Фибоначчи

Числа Фибоначчи определяются приведенными ниже уравнениями.

Fibonacci (0) = 0

Fibonacci (1) = 1

Fibonacci (*n*) = Fibonacci (*n* – 1) + Fibonacci (*n* – 2) для *n* > 1

Например, первые 12 чисел Фибоначчи — это 0, 1, 1, 2, 3, 5, 8, 13, 21, 34, 55 и 89.

ЗАМЕЧАНИЕ

Иногда Fibonacci (0) и Fibonacci (1) приравнивают к 1. В результате получаются те же значения, как и в вышеприведенном определении, только пропускается 0.

Согласно определению, получаем следующий алгоритм.

```
Integer: Fibonacci(Integer: n)
    If (n <= 1) Then Return n
    Return Fibonacci(n - 1) + Fibonacci(n - 2);
End Fibonacci
```

Если входное значение *n* равно 0 или 1, на выходе возвращается 0 или 1. (Если оно меньше 1, возвращается само входное значение.) В случае когда *n* больше 1, алгоритм вызывает сам себя для входных значений *n* – 1 и *n* – 2, суммирует их, а затем возвращает результат.

Приведенный код легок для понимания, но работает довольно медленно. Так, для расчета Fibonacci (6) программа может определить Fibonacci (5) и Fibonacci (4), но перед расчетом Fibonacci (5) ей понадобится установить Fibonacci (4) и Fibonacci (3), то есть Fibonacci (4) определяется дважды. При больших N рекурсия Fibonacci (N) становится достаточно глубокой, а одни и те же значения приходится находить огромное количество раз, заставляя программу работать в течение долгого времени.

На рисунке 9.1 показано дерево вызовов алгоритма Фибоначчи для определения Fibonacci (6). Каждая вершина — это и есть вызов, а стоящее в ней число — входной параметр. В корневом узле алгоритм обращается к Fibonacci (5) и Fibonacci (4). Обратите внимание, что внизу дерево заполнено дублированными вызовами: например, Fibonacci (0) рассчитывается пять раз, а Fibonacci (1) — восемь.

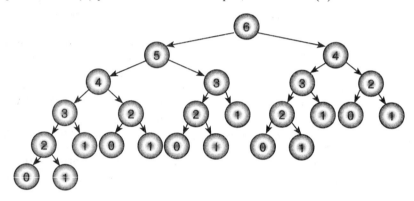

Рис. 9.1. Дерево вызовов алгоритма Фибоначчи

Оценить время работы этого алгоритма сложнее, чем факториального, поскольку он является многократно рекурсивным. Предположим, что $T(N)$ — производительность алгоритма Фибоначчи с входным значением N. Если $N > 1$, то код рассчитывает Fibonacci ($N-1$) и Fibonacci ($N-2$), затем на дополнительном шаге суммирует их и возвращает результат. Таким образом, $T(N) = T(N-1) + T(N-2) + 1$.

Это немного больше, чем $T(N-1) + T(N-2)$. Но если вы проигнорируете константу 1 в конце формулы, то получите определение функции Fibonacci, то есть именно от нее зависит итоговое время работы алгоритма. Функция Fibonacci возрастает довольно быстро, хотя и уступает функции factorial. Так, Fibonacci (92) ≈ 7,5 × 10^{18}, а вот Fibonacci (93) уже не укладывается в длину целого числа. Это значит, что максимальная глубина рекурсии равна 92 и для большинства сред программирования не является проблемной. На практике время работы алгоритма Фибоначчи возрастает очень быстро. На моем компьютере расчет Fibonacci (44) занимает свыше 1 мин, а использование бо́льших значений становится непрактичным.

Ханойская башня

Эта головоломка уже приводилась в главе 5 (см. рис. 5.7). Напомним, что в ней фигурирует стопка дисков, уложенных по размеру диаметра (от большего к меньшему) на один из трех колышков. Ваша цель — переместить стопку на другой колышек, при этом разрешается брать лишь по одному диску за раз и класть меньший на больший.

Рассматривать поставленную задачу как единое целое тяжело, но ее можно упростить и рекурсивным способом решить только часть.

```
// Перемещаем верхние n дисков с колышка from_peg на колышек to_peg,
// используя при необходимости колышек other_peg.
TowerOfHanoi(Peg: from_peg, Peg: to_peg, Peg: other_peg, Integer: n)
    // Рекурсивно перемещаем верхние n - 1 дисков с колышка from_peg
    // на колышек to_peg.
    If (n > 1) Then TowerOfHanoi(from_peg, other_peg, to_peg, n - 1)

    <Перемещаем верхний диск с колышка from_peg на колышек to_peg.>

    // Рекурсивно перемещаем верхние n - 1 дисков с колышка other_peg
    // на колышек to_peg.
    If (n > 1) Then TowerOfHanoi(other_peg, to_peg, from_peg, n - 1)
End TowerOfHanoi
```

Вначале вам придется полностью довериться алгоритму `TowerOfHanoi`, хотя пока и непонятно, как он работает. На первом этапе верхние *N* – 1 дисков переносятся с исходного колышка на тот, который не является целевым. Для этого алгоритм рекурсивно вызывает сам себя. Но как узнать, что он работает и справится с меньшей задачей?

Ответ прост: при необходимости алгоритм рекурсивно вызывает сам себя, чтобы перемещать все меньшие и меньшие стопки дисков. В определенный момент он переносит только один диск и останавливается. Другими словами, каждый рекурсивный вызов используется для решения более простой задачи, и в конце концов, она оказывается настолько примитивной, что в вызове уже нет необходимости.

На рисунке 9.2 изображены общие действия, которые требуются для решения головоломки из дисков. В самом начале с первого колышка на третий рекурсивно перемещаются все диски, кроме самого большого. Затем на второй колышек нанизывается самый большой диск. И наконец, с третьего колышка на второй рекурсивно перемещаются оставшиеся диски.

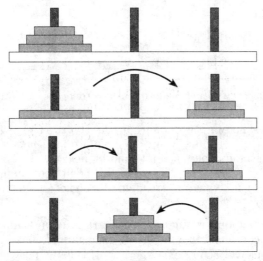

Рис. 9.2. Общая схема рекурсивного решения головоломки «Ханойская башня»

Вся последовательность шагов для перемещения стопки из трех дисков с первого колышка на второй представлена на рисунке 9.3.

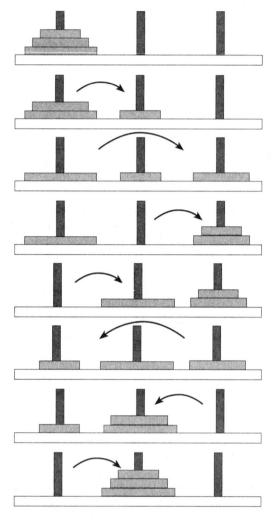

Рис. 9.3. Детальная схема рекурсивного решения головоломки «Ханойская башня»

Проанализируем время работы алгоритма. Пусть $T(N)$ — количество шагов, необходимых для перемещения N дисков с одного колышка на другой. Очевидно, что $T(1) = 1$, ведь для перемещения одного диска нужен один шаг. Для $N > 0$, $T(N) = T(N - 1) + 1 + T(N - 1) = 2T(N - 1) + 1$. Если проигнорировать константу 1, то $T(N) = 2T(N - 1)$, получается, что функция обладает экспоненциальным временем работы $O(2^N)$.

Еще один способ провести анализ — создать таблицу наподобие таблицы 9.1 и рассчитать количество шагов для разных значений N. Здесь для каждого $N > 1$ использовалась формула $T(N) = 2T(N - 1) + 1$. Изучив результаты, вы увидите, что $T(N) = 2^N - 1$.

Таблица 9.1. Время работы алгоритма
для решения головоломки «Ханойская башня»

N	$T(N)$
1	1
2	3
3	7
4	15
5	31
6	63
7	127
8	255
9	511
10	1 023

Как и в случае с алгоритмом Фибоначчи, максимальная глубина рекурсии при входном значении N равна N. С увеличением входного параметра время работы программы будет возрастать очень быстро, другими словами, применять алгоритм для решения головоломки станет нецелесообразно еще до того, как будет достигнута максимальная глубина рекурсии.

Графические алгоритмы

Некоторые алгоритмы используют рекурсию, чтобы создавать сложные графические изображения. И хотя код у них очень компактный, на самом деле они ничуть не проще тех базовых алгоритмов, что описаны в предыдущем разделе.

Кривые Коха

Кривая Коха — хороший пример *самоподобного фрактала*, где часть кривой напоминает ее общую форму. Построение таких фракталов начинается с *инициатора* — участка, определяющего основные очертания будущей фигуры. В ходе рекурсии все инициаторы или некоторые из них преобразуются (правильно масштабируются, поворачиваются и т. д.), превращаясь в своего рода *генераторы*, которые затем замещаются новыми версиями генераторов.

Простейшая кривая Коха в качестве инициатора использует линию, которая на каждом уровне рекурсии разбивается на четыре части. Из них формируются три сегмента длиной в 1/3 от исходного отрезка. Первая и четвертая части находятся в направлении базовой линии, вторая поворачивается на –60°, третья — на 120° (рис. 9.4). На следующем уровне рекурсии программа заменяет каждый сегмент в генераторе новой копией генератора. Взглянув на рисунок 9.5, вы поймете, почему кривая называется самоподобной: ее часть выглядит как уменьшенная копия целой фигуры.

Пусть `pt1`, `pt2`, `pt3`, `pt4` и `pt5` — точки, связанные с сегментами в генераторе на рисунке 9.4. Начертим кривую Коха с помощью приведенного ниже псевдокода.

```
// Чертим кривую Коха заданной сложности, начиная с точки p1
// и прокладывая расстояние length в направлении angle.
DrawKoch(Integer: depth, Point: pt1, Float: angle, Float: length)
    If (depth == 0) Then
            <Чертим сегмент.>
    Else
            <Находим точки pt2, pt3, and pt4.>
            // Рекурсивно чертим части кривой.
            DrawKoch(depth - 1, pt1, angle, length / 3);
            DrawKoch(depth - 1, pt2, angle - 60, length / 3);
            DrawKoch(depth - 1, pt3, angle + 60, length / 3);
            DrawKoch(depth - 1, pt4, angle, length / 3);
    End If
End DrawKoch
```

Рис. 9.4. Кривая Коха: инициатор *(слева)* и генератор *(справа)*

Рис. 9.5. Кривая Коха с уровнями рекурсии от 0 до 5

Если `depth = 0`, то алгоритм чертит сегмент от точки `p1` длиной `length`, следуя в направлении `angle`. (То как осуществляется рисование, зависит от используемой вами среды программирования.) При `depth > 0` алгоритм определяет точки `pt2`, `pt3` и `pt4`, а затем выстраивает четыре сегмента длиною 1/3 от исходного отрезка: вначале он следует из точки `pt1` в направлении `angle` до точки `pt2`, потом разворачивается на 60° влево и идет до точки `pt3`, совершает еще один поворот на 120° вправо (на угол, превышающий исходный на 60°) и двигается до точки `pt4`, и наконец, из нее, придерживаясь начального угла, преодолевает последнюю часть пути.

Если глубина больше 0, то алгоритм рекурсивно вызывает себя четыре раза. Предположим, что $T(N)$ — количество шагов, которые он совершает для глубины n, тогда $T(N) = 4 \times T(N-1) + C$, где C — константа. Если проигнорировать последнюю, то $T(N) = 4 \times T(N-1)$, отсюда время работы — $O(4^N)$. Максимальная глубина рекурсии, необходимая для построения кривой Коха сложностью N, определяется только N и не должна вызывать проблем, ведь, как и в предыдущих алгоритмах (для нахождения чисел Фибоначчи и решения головоломки «Ханойская башня»), время работы возрастает невероятно быстро.

Если соединить края трех кривых Коха таким образом, чтобы их инициаторы образовывали треугольник, то получится так называемая снежинка Коха (рис. 9.6).

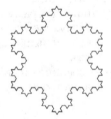

Рис. 9.6. Снежинка Коха третьего уровня

Кривая Гильберта

Как и в случае с кривой Коха, построение кривой Гильберта начинается с простого инициатора. Чтобы перейти к более глубокому уровню рекурсии, алгоритм разбивает инициатор на части и, повернув соответствующим образом уменьшенную копию целой кривой, выстраивает конечную фигуру.

На рисунке 9.7 показаны кривые Гильберта уровней 0, 1 и 2. На последних двух фрагментах соединяющие линии выделены серым цветом, чтобы вы понимали, как образуются фигуры высокого порядка.

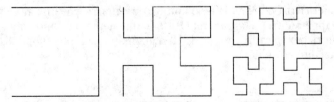

Рис. 9.7. Кривые Гильберта разного уровня

Следующий псевдокод выстраивает кривую Гильберта.

```
// Чертим кривую Гильберта, изначально двигаясь в направлении <dx, dy>.
Hilbert(Integer: depth, Float: dx, Float: dy)
    If (depth > 0) Then Hilbert(depth - 1, dy, dx)
    DrawRelative(dx, dy)
    If (depth > 0) Then Hilbert(depth - 1, dx, dy)
    DrawRelative(dy, dx)
    If (depth > 0) Then Hilbert(depth - 1, dx, dy)
    DrawRelative(-dx, -dy)
    If (depth > 0) Then Hilbert(depth - 1, -dy, -dx)
End Hilbert
```

Данный алгоритм предполагает, что местоположение рисунка уже определено. Метод DrawRelative прокладывает линию из текущей позиции в новую и обновляет координаты. Так, если текущая позиция (10, 20), то оператор DrawRelative(0, 10) начертит сегмент (10, 20) - (10, 30) и обозначит текущую позицию как (10, 30).

Если глубина рекурсии больше 0, то алгоритм рекурсивно вызывает сам себя, чтобы начертить кривую самого низкого порядка с параметрами dx и dy, переключаемыми таким образом, чтобы меньшая кривая поворачивалась на 90°. Вернувшись к рисунку 9.7, вы увидите, что кривая уровня 0 поворачивается в начале кривой уровня 1. На следующем этапе программа рисует сегмент, связывающий первую кривую низкого уровня со следующей, а после вызывает сама себя, чтобы начертить следующую часть кривой. Теперь алгоритм сохраняет dx и dy в их исходных позициях, чтобы вторая часть кривой не поворачивалась. В завершение выстраивается следующий сегмент соединяющей линии и происходит послений рекурсивный вызов. В этот раз dx меняется на -dy, а dy — на -dx, чтобы меньшая кривая поворачивалась на −90°.

Кривая Серпинского

Кривая Серпинского[1] также воспроизводит саму себя на более высоком уровне из кривых более низкого уровня. Однако в отличие от предыдущих примеров в построении простейшего фрагмента используются четыре косвенные рекурсивные функции, вызывающие самих себя. На рисунке 9.8 показаны кривые Серпинского уровней 0, 1, 2 и 3, серым цветом выделены соединяющие сегменты.

Кривая Серпинского уровня 1 (рис. 9.9) состоит из четырех частей, отрисованных четырьмя разными функциями. Эти функции чертят кривые, перемещая текущую позицию по направлениям вправо, вниз, влево и вверх. Например, функция Right формирует сегменты, для которых текущая позиция смещается вправо. На рисунке 9.9 серым цветом выделены соединяющие сегменты.

Чтобы начертить более сложную кривую, алгоритм разбивает ее часть на низкоуровневые фрагменты. На рисунке 9.10, например, показано, как создать часть уровня 2 из четырех частей уровня 1. Проанализировав рисунок 9.8, вы поймете, как образуется фигура в целом.

---

[1] Польский математик Вацлав Францизск Серпинский (1882–1969) изучал многие виды фракталов, поэтому его имя вы встретите в книге еще не раз.

Рекурсия

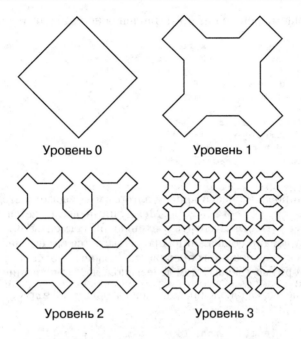

Рис. 9.8. Кривая Серпинского разных уровней

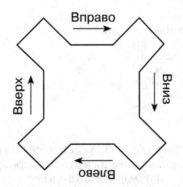

Рис. 9.9. Кривая Серпинского уровня 1

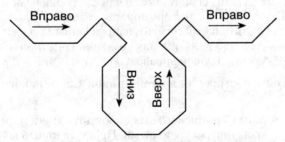

Рис. 9.10. Правая часть кривой Серпинского уровня 2

В следующем псевдокоде представлен основной алгоритм.

```
// Чертим кривую Серпинского.
Sierpinski(Integer: depth, Float: dx, Float: dy)
    SierpRight(depth, dx, dy)
    DrawRelative(dx, dy)
    SierpDown(depth, gr, dx, dy)
    DrawRelative(-dx, dy)
    SierpLeft(depth, dx, dy)
    DrawRelative(-dx, -dy)
    SierpUp(depth, dx, dy)
    DrawRelative(dx, -dy)
End Sierpinski
```

Для формирования части кривой алгоритм вызывает методы `SierpRight`, `SierpDown`, `SierpLeft` и `SierpUp`. Между ними он ссылается на еще один метод `DrawRelative`, чтобы начертить соединяющие сегменты. Как и в случае с кривой Гильберта, соединяющая линия прокладывается из текущей позиции в новую точку, затем текущая позиция обновляется. Вызовы `DrawRelative` — единственный шаг в алгоритме, где на самом деле выполняется рисование.

В следующем псевдокоде представлен алгоритм `SierpRight`.

```
// Чертим часть кривой, идущую вправо.
SierpRight(Integer: depth, Float: dx, Float: dy)
    If (depth > 0) Then
        depth = depth - 1

        SierpRight(depth, gr, dx, dy)
        DrawRelative(gr, dx, dy)
        SierpDown(depth, gr, dx, dy)
        DrawRelative(gr, 2 * dx, 0)
        SierpUp(depth, gr, dx, dy)
        DrawRelative(gr, dx, -dy)
        SierpRight(depth, gr, dx, dy)
    End If
End SierpRight
```

Наглядно работа данного метода представлена на рисунке 9.10. Сначала происходит вызов `SierpRight`, чтобы начертить часть кривой с меньшей глубиной рекурсии, идущую вправо. Затем формируется сегмент внизу справа, чтобы соединиться со следующей частью кривой. Далее вызывается метод `SierpDown`, чтобы образовалась часть кривой с меньшей глубиной рекурсии, идущая вниз, и прокладывается соединительный сегмент вправо для следующей части с меньшей глубиной рекурсии. Та в свою очередь формируется методом `SierpUp` и идет вверх. Далее появляется соединительный сегмент, направленный вверх и вправо. В завершение вызывается метод `SierpRight` для создания конечной части кривой с меньшей глубиной рекурсии, идущей вправо.

Другие методы построения частей кривой Серпинского рассматриваются в упражнениях.

Поскольку методы Серпинского вызывают друг друга много раз, они являются многократно и косвенно рекурсивными. Нерекурсивный способ решения задачи сложнее.

Рекурсия

ПРИБЛИЗИТЕЛЬНАЯ МАРШРУТИЗАЦИЯ

Кривые заполнения пространства — Гильберта и Серпинского — предполагают использование простого метода приблизительной маршрутизации. Предположим, вам нужно посетить несколько мест в городе. Если вы начертите кривую Гильберта или Серпинского на карте, то сможете посетить нужные пункты в том порядке, в котором через них проходит кривая. (Не нужно прокладывать маршрут в точности по кривой — она используется лишь для генерирования упорядоченности). Скорее всего, результат будет не оптимальным, но и не самым плохим. Его можно использовать в качестве отправной точки для задачи про коммивояжера, описанной в главе 17.

Салфетки

Салфетка — разновидность самоподобного фрактала. Ее построение начинают с такой геометрической фигуры, как треугольник или квадрат. Если заданная глубина рекурсии равна 0, создается примитивная форма. При глубине рекурсии больше 0, метод делит начальную форму на меньшие подобия и рекурсивно вызывает сам себя, чтобы начертить некоторые из них (но не все).

На рисунке 9.11 представлены треугольные салфетки уровня 0, 1, 2 и 3, часто называемые салфетками (иногда ситечками или треугольниками) Серпинского. Они создаются следующим образом: исходный треугольник делится на четыре части, три из которых, находящиеся в углах, рекурсивно окрашиваются.

Рис. 9.11. Салфетки Серпинского разного уровня

На рисунке 9.12 изображена квадратная салфетка, или ковер Серпинского. Чтобы ее получить, нужно разделить квадрат на девять частей, удалить центральную часть, а затем рекурсивно окрасить остальные.

Глава 9

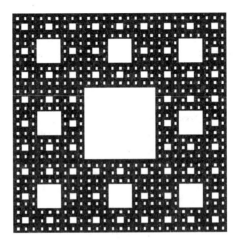

Рис. 9.12. Ковер Серпинского

Написать псевдокоды низкого уровня для создания салфетки и ковра Серпинского предлагается в качестве упражнений.

Алгоритмы с возвратом

Рекурсия используется также для поиска лучшего решения сложных задач. В алгоритмах с возвратом создаются тестовые варианты, которые просчитывают, возможность справится с поставленной задачей. Если программа приходит к выводу, что предлагаемый способ не приведет к нужному результату, данный тестовый вариант отбрасывается и вверху по стеку вызовов ищется другой.

Такой метод очень удобен: он позволяет строить частичное решение и определять, приведет ли оно к полному. Благодаря такому подходу вы можете прекратить дальнейшее усовершенствование пробного варианта и вернуться на несколько шагов назад, чтобы продолжить работу оттуда.

В следующем высокоуровневом псевдокоде представлен общий способ возврата.

```
// Исследуем тестовое решение.
// Возвращаем false, если его нельзя развить до полного решения.
// Возвращаем true, если рекурсивный вызов LeadsToSolution
// приводит к полному решению.
Boolean: LeadsToSolution(Solution: test_solution)
    // Если можно сделать вывод, что данное частичное решение
    // не приводит к полному, возвращаем false.
    If <test_solution не может решить проблему> Then Return false
    // Если это полное решение, возвращаем true.
    If <test_solution — полное решение> Then Return true

    // Расширяем частичное решение.
    Loop <Проходим по всем возможным расширениям в test_solution.>
        <Расширяем test_solution.>
        // Рекурсивно проверяем, ведет ли это к решению.
        If (LeadsToSolution(test_solution)) Then Return true
```

```
            // Это расширение не ведет к решению. Отменяем расширение.
            <Отменяем расширение.>
        End Loop

        // Если мы дошли до этой строки, данное частичное решение
        // не приводит к полному.
        Return false
End LeadsToSolution
```

Алгоритм `LeadsToSolution` берет в качестве параметра любые необходимые данные, чтобы проработать частичное решение, и возвращает `true`, если оно приводит к полному.

Первым делом осуществляется проверка — имеет ли частичное решение право на существование. Если оно не приводит к полному решению, алгоритм возвращает `false` и вызывает метод `LeadsToSolution`, который завершает текущий тест и приступает к новому. Если предлагаемое решение допустимо, алгоритм циклически проходит по всем возможным его расширениям до получения конечного результата. Для каждого расширения алгоритм рекурсивно ссылается на самого себя, чтобы определить, будет ли оно работать. Если рекурсивный вызов возвращает `false`, расширение не годится: оно отменяется и осуществляется следующая попытка с новым расширением. Если алгоритм перепробовал все возможные расширения и не нашел среди них целесообразного, он возвращает `false`, чтобы вызов `LeadsToSolution` закрыл тестовое решение.

Поиск нужного варианта можно представить в виде продвижения по дереву, где каждая ветвь соответствует конкретному решению, которое пытается справится с задачей. Например, в дереве для шахматной партии ветви будут представлять собой возможные ходы на определенном этапе игры. Относительно быстрые тесты помогают понять, приведет ли частичное решение к полному и, если нет, отрубить соответствующую ветвь дерева, не проводя по ней исчерпывающий поиск. Это позволяет сэкономить время. (Более подробно о дереве принятия решений читайте в главе 12.)

В следующих подразделах описываются две задачи, использующие алгоритмы с возвратом: задача о восьми ферзях и о ходе коня. Их изучение поможет вам разобраться в представленном общем решении.

Задача о восьми ферзях

Цель задачи — расположить на шахматной доске восемь ферзей так, чтобы они не могли атаковать друг друга (рис. 9.13). Другими словами, два ферзя не могут находиться в одном горизонтальном, вертикальном или диагональном ряду. Если попытаться разместить 8 ферзей во всех возможных вариантах на 64 клетках шахматной доски, то придется перепробовать 4 426 165 368 комбинаций. Это займет невероятно много времени.

ПОДСЧЕТ КОМБИНАЦИЙ

Огромное количество возможных вариантов решения объясняется тем, что каждый из 8 ферзей может занять любой из 64 квадратов доски. Фигуры равнозначны, поэтому не имеет значения, куда и какую из них вы поставите. Таким образом, можно считать, что из 64 квадратов шахматного поля, вам нужно выбрать любые 8.

Количество вариантов, при котором из множества *n* элементов выбирается *k* элементов без повторений, передается с помощью биномиального коэффициента (*n/k*) (читается как «из *n* по *k*») и рассчитывается по формуле:

$$\left(\frac{n}{k}\right) = \cdot \frac{n!}{k!(n-k)!}$$

Приведенные ниже расчеты отражают количество возможных оригинальных выборок в случае, когда из пяти допустимых элементов берутся три:

$$\left(\frac{5}{3}\right) = \frac{5!}{3!(5-3)!} = \frac{5!}{3!2!} = \frac{120}{6 \times 2} = 10.$$

Если в множестве из *n* элементов один и тот же элемент может присутствовать несколько раз, количество допустимых комбинаций определяется по формуле.

$$\left(\frac{n+k-1}{k}\right)$$

Например, для множества из пяти элементов, содержащего дубликаты, количество допустимых комбинаций из трех элементов будет рассчитываться так:

$$\left(\frac{5+3-1}{3}\right) = \left(\frac{7}{3}\right) = \frac{7!}{3!(7-3)!} = \frac{7!}{3!4!} = \frac{5040}{6 \times 24} = 35$$

В задаче о восьми ферзях нужно выбрать восемь разных клеток (более одного ферзя в одну клетку поставить нельзя), поэтому количество возможных вариантов составит:

$$\left(\frac{64}{8}\right)! = \frac{64!}{8!(64-8)!} = \frac{64!}{8!56!} = 4\ 426\ 165\ 36$$

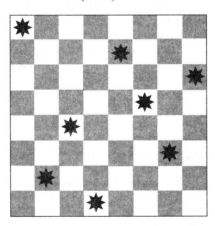

Рис. 9.13. Решение задачи о восьми ферзях

При решении данной задачи алгоритм с возвратом позволяет не рассматривать некоторые комбинации. Для начала, например, можно разместить одного ферзя в верхнем левом углу доски и попробовать добавить другого справа. Но поскольку фигуры запрещается располагать в одном ряду, вы можете сразу исключить любое решение, при котором первые два ферзя находятся рядом в верхнем левом углу. Программа вернется к тому моменту, перед которым она добавила второго ферзя, и сосредоточится на поиске потенциально успешных решений.

Если вам кажется, что от этого мало толку, представьте, сколько комбинаций могло включать неверное расположении двух таких ферзей: (62/6) = 61 474 519. Именно столько решений вы исключите. Таким образом, всего один шаг возврата сэкономит усилия, необходимые для проверки более 61 млн бесполезных возможностей.

По сути, если первая фигура займет верхний левый угол, уже ни одна другая не сможет стать в том же ряду по вертикали, горизонтали или диагонали. Это значит, что непригодной становится 21 клетка шахматной доски. Исключив все связанные с ними частичные решения, вы отбросите почти 1,3 млрд бесперспективных вариантов. В ходе последующих проверок возникнут и другие лишенные смысла комбинации. Например, после установки второго ферзя на одной из допустимых клеток доски размещение третьего получит свои ограничения.

В следующем псевдокоде показано, как использовать возврат для решения задачи о восьми ферзях.

```
Boolean: EightQueens(Boolean: spot_taken[,],
    Integer: num_queens_positioned)
            // Проверяем, допустимо ли тестовое решение.
            If (Not IsLegal(spot_taken)) Then Return false

            // Проверяем, все ли ферзи размещены.
            If (num_queens_positioned == 8) Then Return true

            // Расширяем частичное решение.
            // Проверяем все позиции для следующего ферзя.
            For row = 0 to 7
                For col = 0 to 7
                    // Проверяем, не занята ли эта позиция.
                    If (Not spot_taken[row, col]) Then
                        // Помещаем сюда ферзя.
                        spot_taken[row, col] = true

                        // Рекурсивно проверяем, ведет ли это
                        // к решению.
                        If EightQueens(spot_taken,
                        num_queens_positioned + 1))
                                Then Return true
                        // Это расширение не ведет к решению.
                        // Отменяем расширение.
                        spot_taken[row, col] = false
                    End If
                Next col
            Next row

            // Если мы дошли до этой строки, мы не смогли найти
            // подходящее решение.
            Return false
End EightQueens
```

Данный алгоритм в качестве параметра берет двумерный массив булевых значений `spot_taken`. Запись `spot_taken[row, col]`, имеющая значение `true`, говорит о том, что в ряду `row` и столбце `col` присутствует ферзь. Второй параметр алгоритма `num_queens_positioned` определяет, сколько ферзей фигурирует в тестовом решении.

В самом начале работы алгоритм вызывает метод `IsLegal` для проверки допустимости тестового решения. Этот метод не показан, но суть его заключается в циклическом прохождении через массив `spot_taken` и поиске двух ферзей в одном ряду, столбце или диагонали. Затем алгоритм сравнивает `num_queens_positioned` с общим количеством ферзей (напомним, что их восемь). Если все фигуры задействованы, то тестовое решение является полным и алгоритм возвращает `true`. (После этого массив `spot_taken` не меняется, поэтому при возвращении первого вызова `EightQueens` в нем будет находится ответ.)

В неполном решении алгоритм циклом проходит по всем рядам и столбцам и для каждой пары ряд — столбец проверяет `spot_taken`, чтобы определить, не занято ли это место. Если оно свободно, то алгоритм размещает в нем следующего ферзя и рекурсивно вызывает себя, чтобы определить, приводит ли расширенное решение к полному.

Когда рекурсивный вызов возвращает `true`, это значит, что он нашел полное решение и данный вызов также возвращает `true`. Если же рекурсивный вызов возвращает `false`, то расширенное решение не приводит к полному, алгоритм удаляет ферзя из его текущей позиции и пробует найти следующую. В случае когда перепробованы все возможные положения для следующего ферзя и ни одно из них не подходит, тестовое решение еще до добавления новой фигуры приходит к выводу, что желаемый ответ получить невозможно, и алгоритм возвращает `false`.

Вы можете усовершенствовать производительность данного алгоритма несколькими способами, о них говорится в упражнениях 13 и 14 в конце данной главы.

Ход коня

Цель задачи — заставить коня ступить на каждую клетку шахматной доски всего один раз. Ход считается завершенным, если в конечной позиции фигура находится в одном шаге от начальной позиции, — тогда конь может немедленно двигаться дальше. Незавершенный ход считается открытым.

ЗАМЕЧАНИЕ

За один ход конь преодолевает две клетки по горизонтали или вертикали и еще одну перпендикулярно текущей позиции (рис. 9.14).

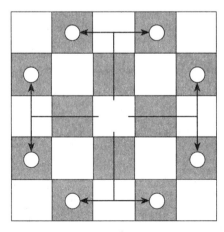

Рис. 9.14. Возможные восемь ходов коня без выхода за пределы шахматной доски

Общее решение задачи представлено в следующем высокоуровневом алгоритме.

```
// Перемещаем коня в позицию [row, col].
// Затем рекурсивно пробуем сделать следующие ходы.
// Возвращаем true, если найдено подходящее решение.
Boolean: KnightsTour(Integer: row, Integer: col,
    Integer: move_number[,], Integer: num_moves_taken)
            // Перемещаем коня в эту позицию.
            num_moves_taken = num_moves_taken + 1
            move_number[row, col] = num_moves_taken

            // Проверяем, сделали ли мы все требующиеся ходы.
            If (num_moves_taken == 64) Then Return true

            // Создаем массив, чтобы определить, допустимы ли ходы
            // в данной позиции.
            Integer: dRows[] = { -2, -2, -1, 1, 2, 2, 1, -1 }
            Integer: dCols[] = { -1, 1, 2, 2, 1, -1, -2, -2 }

            // Пробуем все допустимые позиции для следующего хода.
            For i = 0 To 7
                Integer: r = row + d_rows[i]
                Integer: c = col + d_cols[i]
                If ((r >= 0) And (r < NumRows) And
                        (c >= 0) And (c < NumCols) And
                        (move_number[r, c] == 0))
                Then
                    // Данный ход допустим и возможен.
                    // Делаем его, а затем рекурсивно пробуем другие.
                    If (KnightsTour
                    (r, c, move_number, num_moves_taken))
                                Then Return true
                End If
            Next i

    // Этот ход не работает. Отменяем его.
    move_number[row, col] = 0

    // Если мы дошли до этой строки, подходящее решение не найдено.
    return false
End KnightsTour
```

В качестве входных параметров алгоритм берет ряд и столбец, по которым конь продолжает движение, массив `move_number`, который нумерует движение коня по каждой клетке, также количество уже сделанных ходов.

В самом начале программа записывает хода коня на текущую клетку и увеличивает количество сделанных шагов. Если последнее равно 64, то фигура завершила перемещение по доске и алгоритм возвращает `true` (указание на успешное выполнение задачи). Если ход не окончен, алгоритм инициализирует два массива, чтобы показать шаги, которые можно выполнить из текущей клетки. Например, первые записи в массивах — это –2 и –1. Они указывают на то, что конь может переместиться из клетки (`row`, `col`) на (`row` – 2, `col` – 1), если таковая присутствует на шахматной доске.

Далее алгоритм проверяет в цикле все возможные ходы из позиции (`row`, `col`). Если ход допустим и не был совершен в тестовом решении, алгоритм передвигает фигуру и рекурсивно вызывает себя сам, чтобы проверить, приводит ли это к полному решению. Если ни один из возможных ходов в текущей позиции не приводит к решению, алгоритм устанавливает `move_number[row, col]` равным 0, чтобы отменить текущий шаг, и возвращает `false` (указание на то, что перемещение коня в клетку (`row`, `col`) бесполезно).

К сожалению, в задаче о ходе коня найти ограничения нелегко. Расставляя на доске восемь ферзей, мы довольно просто определяли, в каких позициях одна фигура подвергнется атаке другой, и не рассматривали их. Для коня любая клетка, на которую он может перейти и на которой он еще не был, дает новое тестовое решение. В некоторых случаях определить, что тестовое решение не сработает, не составляет труда. Например, если на доске есть клетка, на которой конь еще не стоял, и она находится на расстоянии одного шага от любой другой не пройденной клетки. Однако, распознать такую ситуацию сложно.

В силу этой причины на раннем этапе алгоритм часто подолгу следует за тестовым решением до того, как узнает, что оно невыполнимо. Поскольку конь может совершить до восьми ходов, количество потенциальных передвижений составляет 8^{64}, или в грубом округлении $6{,}3 \times 10^{57}$. Изучив позиции фигуры на доске, вы точнее определите данное число (например, в углу у коня остается лишь два потенциальных хода), но в любом случае оно будет огромно.

Все вышесказанное означает, что решить задачу о ходе коня на обычной шахматной доске размером 8×8 клеток чрезвычайно сложно. В ходе тестов программа справилась с тем же заданием на доске размерностью 6×6 почти сразу, а на доске 7×6 за 2 с. Зато для доски 7×7 решения не нашлось даже за час.

Справиться с задачей поможет *эвристический алгоритм*. Он часто дает хороший результат, хотя и не гарантирует, что тот будет наилучшим из возможных. Например, эвристический алгоритм может на 10 % увеличить предполагаемое время поездки, чтобы учесть задержки транспорта. Это не всегда гарантирует своевременное прибытие в пункт назначения, но повышает шансы попасть туда без опоздания.

В 1823 г. эвристический алгоритм для задачи о ходе коня предложил Варнсдорф. Согласно его теории, следующий возможный шаг подбирался таким образом, чтобы общее количество шагов получалось наименьшим. Предположим, конь находится в позиции, из которой допускается сделать всего два хода. Выбрав первый, вы получите еще пять возможных, выбрав второй — всего один. В таком случае эвристический алгоритм отдаст предпочтение второму ходу.

Предложенное Варнсдорфом решение является настолько эффективным, что находит полный ход без возвратов даже для досок размером 75×75 клеток. (В моем тесте программа нашла решение на доске размером 57×57 почти мгновенно, а затем зависла из-за переполнения стека на доске размером 58×58.)

Сочетания и размещения

Сочетание — набор элементов, выбранных из множества. Например, для множества {*A*, *B*, *C*} сочетаниями будут являться {*A*, *B*}, {*A*, *C*} и {*B*, *C*}. Причем в одном и том же множестве порядок элементов не имеет значения, то есть {*A*, *B*} считается равным {*B*, *A*}. Можно провести аналогию с заказом в кафе. Неважно, попросите ли вы бутерброд и кофе или же кофе и бутерброд.

Размещение — тот же набор элементов множества, но только упорядоченный. В том же множестве {*A*, *B*, *C*} можно выделить следующие размещения из двух элементов: (*A*, *B*), (*A*, *C*), (*B*, *A*), (*B*, *C*), (*C*, *A*) и (*C*, *B*). (Обратите внимание, что сочетание обозначается фигурными скобками, а размещение круглыми.)

Группы элементов в выборке зависят еще и от того, возможны ли в ней повторения. Например, для множества {*A*, *B*, *C*} к уже приведенным выше сочетаниям добавятся {*A*, *A*}, {*B*, *B*} и {*C*, *C*}.

Особым случаем размещений являются перестановки. В них используются все элементы множества и не допускаются повторения. Так, в случае множества {*A*, *B*, *C*} перестановками будут (*A*, *B*, *C*), (*A*, *C*, *B*), (*B*, *A*, *C*), (*B*, *C*, *A*), (*C*, *A*, *B*) и (*C*, *B*, *A*). Многие представляют себе размещения в виде множества, которое должно стать набором перестановок, а не в виде более общего случая, когда нельзя брать все элементы множества, но разрешены повторения.

В следующих подразделах описаны алгоритмы, которые используются для генерирования сочетаний и размещений с повторениями и без них.

Сочетания с циклами

Если вам нужно выбрать из множества определенное количество элементов, то при написании программы проще всего воспользоваться циклами For. Приведенный ниже псевдокод формирует все возможные сочетания из трех элементов с повторениями на основе множества из пяти элементов.

```
// Генерируем сочетания по три элемента с повторениями.
List<string>: Select3WithDuplicates(List<string> items)
    List<string>: results = New List<string>
    For i = 0 To <наибольший индекс в массиве items>
        For j = i To <наибольший индекс в массиве items>
            For k = j To <наибольший индекс в массиве items>
                results.Add(items[i] + items[j] + items[k])
            Next k
        Next j
    Next i
    Return results
End Select3WithDuplicates
```

Алгоритм берет в качестве параметра список string и использует три цикла For для выбора трех букв, входящих в формируемое сочетание. Причем в каждом новом цикле начальное значение счетчика приравнивается к текущему значению из предыдущего цикла. Так, второй цикл начинается с *j*, равного *i*. Это значит, что в формируемом сочетании вторая буква будет отличаться от тех букв, которые предшествуют первой в самом множестве. Например, если для множества {*A*, *B*, *C*, *D*, *E*} первой буквой в сочетании является *C*, то в качестве второй нельзя выбрать ни *A*, ни *B*. Благодаря такому подходу сохраняется алфавитный порядок и предотвращается образование сочетаний по типу {*A*, *B*, *C*} или {*A*, *C*, *B*}, которые, по сути, одинаковы. В третьем, внутреннем, цикле алгоритм объединяет все выбранные элементы в единое выходное значение.

Чтобы запретить повторения, в каждом новом цикле используйте для счетчика текущее значение предыдущего цикла, увеличенное на 1. В результате внутренний цикл не сможет выбрать тот же элемент, что и внешний, — и вы добьетесь желаемого эффекта.

```
// Генерируем сочетания по три элемента без повторений.
List<string>: Select3WithoutDuplicates(List<string> items)
    List<string>: results = new List<string>()
    For i = 0 To <наибольший индекс в массиве items>
            For j = i + 1 To <наибольший индекс в массиве items>
                    For k = j + 1 To <наибольший индекс в массиве items>
                            results.Add(items[i] + items[j] + items[k])
                    Next k
            Next j
    Next i
    Return results
End Select3WithoutDuplicates
```

О том, как рассчитывать количество возможных сочетаний для данного множества и количество элементов в сочетании, рассказывалось во врезке «Подсчет комбинаций» из подраздела «Задача о восьми ферзях» раздела «Алгоритмы с возвратом» текущей главы.

Сочетания с повторениями

Алгоритмы, описанные в предыдущем подразделе предполагают, что вы знаете, сколько элементов должно быть в выборке (общее количество элементов в исходном множестве программа может подсчитать самостоятельно). Но что если размер выборки вам неизвестен и невозможно запрограммировать нужное количество циклов For?

Вы можете решить проблему рекурсивно, добавляя при каждом вызове один элемент к сочетанию. Если выборка будет неполной, алгоритм сошлется сам на себя, чтобы добавить еще одно значение. Собрав нужное количество элементов, программа что-нибудь с ними сделает, например распечатает полученный список.

В следующем псевдокоде представлена генерация сочетаний с повторениями:

```
// Генерируем сочетания с повторениями.
SelectKofNwithDuplicates(Integer: index, Integer: selections[],
    Data: items[], List<List<Data>> results)
            // Проверяем, был ли это последний вызов.
            If (index == <длина сочетания>) Then
                    // Добавляем результат к списку элементов.
                    List<Data> result = New List<Data>()
            For i = 0 To <наибольший индекс в сочетании>
                    result.Add(items[selections[i]])
            Next i
            results.Add(result)
        Else
            // Получаем наименьшее значение,
            // которое мы можем использовать для следующего выбора.
            Integer: start = 0
            // Используем данное значение, если это первый индекс.
            If (index > 0) Then start = selections[index - 1]
```

```
            // Выполняем следующий вызов.
            For i = start To <наибольший индекс в массиве items>
                    // Добавляем i к сочетанию.
                    selections[index] = i

                    // Рекурсивно выполняем другие вызовы.
                    SelectKofNwithDuplicates
                    (index + 1, selections, items, results)
            Next i
    End If
End SelectKofNwithDuplicates
```

Приведенный алгоритм использует следующие параметры:

- `index` — индекс элемента в сочетании, который устанавливает рекурсивный вызов алгоритма. Если `index` равен 2, то вызов алгоритма заполняет `selections[2]`;

- `selections` — массив, в котором хранятся индексы элементов из сочетания. Так, если в `selections` содержатся две записи — 2 и 3, то в сочетание включены элементы с индексами 2 и 3;

- `items` — массив элементов, из которых формируется сочетание;

- `results` — список комбинаций элементов, представляющий полные сочетания. Например, для сочетания {*A*, *B*, *D*}, `results` будет хранить список, включающий индексы *A*, *B* и *D*.

В самом начале алгоритм проверяет индекс элемента в формируемом сочетании. Если значение больше длины массива `selections`, то сочетание полное и алгоритм добавляет его к списку `results`. В противном случае сочетание неполное, и программа определяет наименьший индекс в массиве `items`, который она может использовать для следующего выбора. Если данный вызов алгоритма заполняет первую позицию в массиве `selections`, он вправе взять любое значение в массиве `items`, другими словами, `start` установлен на 0. Если элемент в сочетании не первый, то алгоритм приравнивает `start` к индексу последнего выбранного значения.

Предположим, у нас есть множество {*A*, *B*, *C*, *D*, *E*} и алгоритм выбирает третий элемент сочетания. При этом первые два имели индексы 0 и 2, стало быть, текущую выборку можно представить как {*A*, *C*}. В данном случае алгоритм приравнивает `start` к 3 и рассматривает в качестве возможного элемента тот, у которого индекс больше либо равен 3. Согласно представленному множеству таковыми будут элементы *D* и *E*.

Используемая установка `start` сохраняет порядок элементов в сочетании (в рассмотренном выше примере он соответствует алфавиту) и предотвращает генерацию сочетаний из одинаковых элементов с разным расположением (например, {*A*, *C*, *D*} и {*A*, *D*, *C*}).

Приняв `start` за начальное значение счетчика, алгоритм циклически проходит до последнего индекса в массиве `items` и размещает каждое его значение в массиве `selections`, чтобы добавить соответствующий элемент к выборке. Затем он рекурсивно назначает величины другим записям в массиве `selections`.

Сочетания без повторений

Чтобы получить сочетания без повторений, в предыдущий алгоритм необходимо внести одно небольшое изменение: не просто приравнять переменную `start` к последнему индексу, добавленному в массив `selections`, но и увеличить ее на 1. В приведенном ниже псевдокоде преобразованная строка выделена полужирным шрифтом.

```
// Генерируем сочетания без повторений.
SelectKofNwithoutDuplicates(Integer: index, Integer: selections[],
    Data: items[], List<List<Data>> results)
            // Проверяем, был ли это последний вызов.
            If (index == <длина сочетания>) Then
                    // Добавляем результат к списку элементов.
                    List<Data> result = New List<Data>()
            For i = 0 To <наибольший индекс в сочетании>
                    Result.Add(items[selections[i]])
            Next i
            results.Add(result)
    Else
            // Получаем наименьшее значение, которое мы можем
            // использовать для следующего выбора.
            Integer: start = 0
            // Используем данное значение, если это первый индекс.
            If (index > 0) Then start = selections[index - 1] + 1

            // Выполняем следующий вызов.
            For i = start To <наибольший индекс в массиве items>
                    // Добавляем i к выборке.
                    selections[index] = i

                    // Рекурсивно выполняем другие вызовы.
                    SelectKofNwithoutDuplicates(
                    index + 1, selections, items, results)
            Next i
    End If
End SelectKofNwithoutDuplicates
```

Алгоритм работает, как и раньше, только в этот раз элемент выбирается из тех, что идут за последним, включенным в сочетание. Например, если из множества {*A*, *B*, *C*, *D*} уже сформировано сочетание {*A*, *B*}, то, занимаясь поиском третьего элемента, программа будет рассматривать исключительно буквы, стоящие после *B*, в данном случае *C* и *D*.

Размещения с повторениями

Генерация размещений с повторениями напоминает аналогичную операцию для сочетаний.

```
// Генерируем размещения с повторениями.
PermuteKofNwithDuplicates(Integer: index, Integer: selections[],
    Data: items[], List<List<Data>> results)
            // Проверяем, был ли это последний вызов.
            If (index == <длина размещения>) Then
                    // Добавляем результат к списку элементов.
```

```
                    List<Data> result = New List<Data>()
                    For i = 0 To <наибольший индекс в размещении>
                            Result.Add(items[selections[i]])
                    Next i
                    results.Add(result)
            Else
                    // Выполняем следующий вызов.
                    For i = 0 To <наибольший индекс в массиве items>
                            // Добавляем i к выборке.
                            selections[index] = i

                            // Рекурсивно осуществляем другие вызовы.
                            PermuteKofNwithDuplicates(index + 1,
                                selections, items, results)
                    Next i
            End If
    End PermuteKofNwithDuplicates
```

Основное отличие приведенного кода в том, что в цикле не устанавливается начальное значение, поэтому пересматриваются все элементы. Кроме того, они используются в любом порядке.

ПОДСЧЕТ РАЗМЕЩЕНИЙ С ПОВТОРЕНИЯМИ

Предположим, вы формируете размещения с повторениями из n элементов по k. Каждая позиция в размещении может быть заполнена любым элементом из множества n, то есть совершается k независимых выборов (каждый последующий не зависит от предыдущих). Таким образом, существует $n \times n \times \ldots \times n = n^k$ возможных размещений. В особом случае, если вы хотите сформировать размещения из всех имеющихся элементов n (то есть выполнить перестановку), общее число результатов будет равняться n^n.

Размещения без повторений

Размещения без повторений формируются подобно сочетаниям без повторений. Чтобы их получить, в предыдущий алгоритм достаточно внести лишь одно небольшое изменение: при выборе элементов исключить те, которые уже были использованы. В следующем псевдокоде исправленные строки выделены полужирным шрифтом.

```
// Генерируем размещения без повторений.
PermuteKofNwithoutDuplicates(Integer: index, Integer: selections[],
    Data: items[], List<List<Data>> results)
            // Проверяем, был ли это последний вызов.
            If (index == <длина размещения>) Then
                    // Добавляем результат к списку элементов.
                    List<Data> result = New List<Data>()
                    For i = 0 To <наибольший индекс в размещении>
                            Result.Add(items[selections[i]])
                    Next i
                    results.Add(result)
            Else
                    // Выполняем следующий вызов.
                    For i = 0 To <наибольший индекс в массиве items>
                            // Убеждаемся, что элемент i еще не использовался.
                            Boolean: used = false
                            For j = 0 To index - 1
```

```
                    If (selections[j] == i) Then used = true
            Next j

            If (Not used) Then
                    // Добавляем i к выборке.
                    selections[index] = i

                    // Рекурсивно осуществляем другие вызовы.
                    PermuteKofNwithoutDuplicates(
                        index + 1, selections, items, results)
            End If
        Next i
    End If
End PermuteKofNwithoutDuplicates
```

ПОДСЧЕТ РАЗМЕЩЕНИЙ БЕЗ ПОВТОРЕНИЙ

Предположим, вы формируете размещения без повторений из n элементов по k. В качестве первого элемента выборки алгоритм может взять любой из n имеющихся, второй ему придется искать из оставшихся $n - 1$ элементов. Перемножив все проделанные шаги, вы получите общее количество возможных размещений: $n \times (n - 1) \times (n - 2) \times ... \times (n - k + 1)$.

В случае когда $k = n$ и вы, по сути, совершаете перестановку всех элементов без повторений, формула примет вид $n \times (n - 1) \times (n - 2) \times ... 1 = n!$ Это число многие отождествляют с количеством размещений во множестве.

Большинство людей представляют себе размещения в виде перестановок из n элементов по n без повторений.

Удаление рекурсии

Рекурсия способствует лучшему пониманию некоторых проблем, например для головоломки «Ханойская башня» она дает простое и изящное решение. К сожалению, есть у рекурсии и свои недостатки: иногда ее использование очевидно, но неэффективно.

Так, рекурсивный алгоритм генерирования чисел Фибоначчи требует от программы многократного расчета одних и тех же величин. Это замедляет работу настолько, что расчет более 50 значений становится непрактичным. Другие алгоритмы используют очень глубокие уровни рекурсии и приводят к тому, что программа исчерпывает свой стек вызовов, как, например, ход коня с эвристическим алгоритмом Варнсдорфа для шахматной доски размером более 57×57.

Чтобы предотвратить подобные проблемы, можно предпринять несколько шагов. В следующих подразделах вы познакомитесь с несколькими методами реструктуризации и удаления рекурсии, которые помогут улучшить производительность.

Удаление хвостовой рекурсии

Удаление хвостовой рекурсии происходит в том случае, когда в последней операции перед возвратом алгоритм вызывает сам себя. В качестве примера рассмотрим применение факториального алгоритма.

```
Integer: Factorial(Integer: n)
    If (n == 0) Then Return 1

    Integer: result = n * Factorial(n - 1)
    Return result
End Factorial
```

Первым делом алгоритм проверяет, надо ли ему вызывать самого себя или можно вернуть значение 1. Если рекурсивный вызов нужен, программа умножает текущий результат на *n* и возвращает его.

Рекурсивную версию алгоритма можно преобразовать в нерекурсивную с помощью цикла, внутри которого будут выполняться любые необходимые задания из исходного кода. Перед окончанием цикла алгоритму потребуется установить для параметров значения, используемые во время рекурсивного вызова. В случае факториального алгоритма это значение нужно отследить с помощью переменной. Когда цикл повторяется, параметры устанавливаются для рекурсивного вызова — и алгоритм выполняет то, что делал рекурсивный вызов.

Конец цикла связан с условием, которое изначально заканчивало рекурсию. Для факториального алгоритма это *n* = 0. Когда алгоритм рекурсивно вызывает сам себя, он уменьшает параметр *n* на 1. Также должна поступать и нерекурсивная версия до окончания цикла.

В следующем псевдокоде представлена нерекурсивная версия факториального алгоритма.

```
Integer: Factorial(Integer: n)
    // Создаем переменную для отслеживания возвращаемого значения.
    // Приравниваем ее значение к 1, чтобы можно было умножить на нее результат.
    // (Результат равен 1, если мы не входим в цикл.)
    Integer: result = 1

    // Запускаем цикл, контролируемый условием остановки рекурсии.
    While (n != 0)
            // Сохраняем результат для данного «рекурсивного» вызова.
            result = result * n

            // Готовимся к рекурсии.
            n = n - 1
    Loop

    // Возвращаем накопленный результат.
    Return result
End Factorial
```

Алгоритм кажется длиннее только из-за комментариев.

Удалить хвостовую рекурсию довольно просто, поэтому некоторые компилирующие программы поступают подобным образом автоматически, чтобы сократить требования к стековому пространству.

Конечно, главная проблема факториального алгоритма связана не с глубиной рекурсии, а с тем, что результаты становятся слишком большими и их тяжело хранить в типах данных с фиксированным размером. Для некоторых алгоритмов хвостовая рекурсия является полезной и обычно улучшает производительность, поскольку проверка выходного условия цикла While осуществляется быстрее, чем вызов рекурсивного метода.

Хранение промежуточных значений

В алгоритме Фибоначчи хвостовая рекурсия не используется. Недостаток этой программы заключается в том, что она повторно рассчитывает слишком много промежуточных значений, а это отнимает время. Справиться с проблемой можно, если запоминать значения по мере их вычисления.

```
// Вычисляем значения.
Integer: FibonacciValues[100]

// Наибольшее вычисленное значение на данный момент.
Integer: MaxN

// Устанавливаем значения Fibonacci[0] и Fibonacci[1].
InitializeFibonacci()
    FibonacciValues[0] = 0
    FibonacciValues[1] = 1
    MaxN = 1
End InitializeFibonacci

// Возвращаем n-е число Фибоначчи.
Integer: Fibonacci(Integer: n)
    // Если мы еще не вычисляли данное значение, находим его.
    If (MaxN < n) Then
            FibonacciValues[n] = Fibonacci(n - 1) + Fibonacci(n - 2)
            MaxN = n
    End If

    // Возвращаем полученное значение.
    Return FibonacciValues[n]
End Fibonacci
```

В самом начале алгоритм объявляет глобально видимый массив FibonacciValues для хранения рассчитываемых величин. Переменная MaxN отслеживает наибольшее значение *n*, для которого Fibonacci (*n*) находится в массиве.

Затем инициализируется метод InitializeFibonacci. Он устанавливает первые два числа Фибоначчи перед тем, как программа обратится к функции Fibonacci. Эта функция сравнивает MaxN со своим входным параметром *n*. Если *n*-е число Фибоначчи еще не определено, алгоритм рекурсивно вызывает сам себя, чтобы его рассчитать, потом сохраняет полученное значение в массиве FibonacciValues и обновляет MaxN.

В конце программа возвращает значение, которое хранится в массиве FibonacciValues. К этому моменту она уже знает, что оно было там ранее либо его поместили туда предыдущие строки кода.

В данной версии алгоритма каждое число Фибоначчи рассчитывается единожды, а затем просто извлекается из массива. В результате нет необходимости определять промежуточные величины огромное количество раз. Если на моем компьютере исходный алгоритм находил Fibonacci (44) приблизительно за 1 мин (и это был предел его возможностей), то усовершенствованная версия способна взяться за большие значения, например Fibonacci (92) изменяется почти мгновенно. Однако рассчитать Fibonacci (93) даже у нее не получится, поскольку результат превышает целое число длиной 64 бита. (Если ваш язык программирования имеет доступ к более вместительным типам данных, то алгоритм легко справится с Fibonacci(1000) и более трудоемкими расчетами.)

Сохранение промежуточных величин повышает производительность программы, но не удаляет рекурсию. Если вы хотите это сделать, разберитесь с тем, как работает следующий алгоритм.

Для расчета конкретного значения Fibonacci (*n*) программа сначала рекурсивно определяет Fibonacci (*n* – 1), Fibonacci (*n* – 2) и т. д., вплоть до Fibonacci (2). Значения Fibonacci (1) и Fibonacci (0) она находит в массиве FibonacciValues. По окончании каждого рекурсивного вызова полученный результат заносится в массив FibonacciValues, чтобы его можно было использовать выше по стеку. Для этого записи сохраняются в порядке возрастания: Fibonacci (2), Fibonacci (3), ..., Fibonacci (*n*). Учитывая вышесказанное, можно удалить рекурсию и сделать так, чтобы алгоритм проходил похожие шаги для создания чисел Фибоначчи в порядке возрастания.

```
// Возвращаем n-е число Фибоначчи.
Integer: Fibonacci(Integer: n)
    If (n > MaxN) Then
            // Вычисляем значения Fibonacci(MaxN) и Fibonacci(n).
            For i = MaxN + 1 To n
                    FibonacciValues[i] = Fibonacci(i - 1) + Fibonacci(i - 2)
            Next i

            // Обновляем MaxN.
            MaxN = n
    End If

    // Возвращаем полученное значение.
    Return FibonacciValues[n]
End Fibonacci
```

Представленная версия алгоритма начинается с вычисления всех чисел Фибоначчи вплоть до необходимого числа. Затем программа возвращает это значение. Можно даже поместить весь код вычисления в метод инициализации InitializeFibonacci, а затем заставить метод Fibonacci вернуть правильное значение из массива.

Удаление общей рекурсии

Из предыдущих подразделов вы уже узнали, как удалить хвостовую рекурсию и рекурсию из алгоритма Фибоначчи. Однако как избавиться от нее в других ситуациях, для вас пока остается загадкой. Возьмем, например, многократно рекурсивную кривую Гильберта, здесь удаление хвостовой рекурсии не решит проблему. Возможно, поработав над алгоритмом достаточно долго, вы сможете получить его нерекурсивную версию, но это будет сложно.

В общем случае, чтобы избавиться от рекурсии, надо попытаться имитировать ее действия в программе. Перед совершением рекурсивного вызова алгоритм хранит информацию о своем текущем состоянии в стеке. Когда вызов возвращается, информация из стека выталкивается, чтобы код возобновил работу с того места, на котором остановился.

Чтобы воспроизвести подобные действия, представьте, что в алгоритме перед каждым рекурсивным вызовом находятся отдельные части. Назовем их 1, 2, 3 и т. д. Создайте переменную `section`, которая будет указывать на то, какую часть нужно запустить, и приравняйте ее к 1, чтобы отсчет начался с первой части кода.

Для организации работы используйте цикл `While`, он будет выполняться до тех пор, пока `section > 0`. Переместите весь код алгоритма в тело цикла и добавьте в него операторы `If-Else`. Сделайте так, чтобы каждый оператор `If` сравнивал переменную `section` с номером части: если они совпадают, должен выполняться соответствующий код. (Вместо операторов `If-Else` можно использовать оператор `Switch` или `Select Case`.)

При работе с определенной частью не забудьте увеличить переменную `section`, чтобы алгоритм знал, какая часть будет следующей в ходе цикла. Когда программа обычным образом рекурсивно вызовет сама себя, вставьте все текущие значения параметров в стеки. Добавьте туда и `section`, чтобы коду было понятно, какую часть выполнять по возвращении из псевдорекурсии. Обновите параметры, которые должны использоваться псевдорекурсией. Наконец, приравняйте `section` к 0, чтобы начать псевдорекурсивный вызов в первой части кода.

В следующем псевдокоде исходный алгоритм кривой Гильберта разбит на части после каждой рекурсии.

```
Hilbert(Integer: depth, Float: dx, Float: dy)
    // Часть 1.
    If (depth > 0) Then Hilbert(depth - 1, dy, dx)

    // Часть 2.
    DrawRelative(dx, dy)
    If (depth > 0) Then Hilbert(depth - 1, dx, dy)

    // Часть 3.
    DrawRelative(dy, dx)
    If (depth > 0) Then Hilbert(depth - 1, dx, dy)

    // Часть 4.
    DrawRelative(-dx, -dy)
    If (depth > 0) Then Hilbert(depth - 1, -dy, -dx)

    // Часть 5.
End Hilbert
```

Ниже представлена нерекурсивная версия алгоритма.

```
// Чертим кривую Гильберта.
Hilbert(Integer: depth, Float: dx, Float: dy)
    // Создаем стеки для хранения информации до рекурсии.
    Stack<Integer> sections = new Stack<int>();
    Stack<Integer> depths = new Stack<int>();
    Stack<Float> dxs = new Stack<float>();
    Stack<Float> dys = new Stack<float>();

    // Определяем, какая часть кода будет выполняться следующей.
    Integer: section = 1

    While (section > 0)
```

```
If (section == 1) Then
        section = section + 1
        If (depth > 0) Then
                sections.Push(section)
                depths.Push(depth)
                dxs.Push(dx)
                dys.Push(dy)
                // Hilbert(depth - 1, gr, dy, dx)
                depth = depth - 1
                float temp = dx
                dx = dy
                dy = temp
                section = 1
        End If
Else If (section == 2) Then
        DrawRelative(gr, dx, dy)
        section = section + 1
        If (depth > 0) Then
                sections.Push(section)
                depths.Push(depth)
                dxs.Push(dx)
                dys.Push(dy)
                // Hilbert(depth - 1, gr, dx, dy)
                depth = depth - 1
                section = 1
        End If
Else If (section == 3) Then
        DrawRelative(gr, dy, dx)
        section = section + 1
        If (depth > 0) Then
                sections.Push(section)
                depths.Push(depth)
                dxs.Push(dx)
                dys.Push(dy)
                // Hilbert(depth - 1, gr, dx, dy)
                depth = depth - 1
                section = 1
        End If
Else If (section == 4) Then
        DrawRelative(gr, -dx, -dy)
        section = section + 1
        If (depth > 0) Then
                sections.Push(section)
                depths.Push(depth)
                dxs.Push(dx)
                dys.Push(dy)
                // Hilbert(depth - 1, gr, -dy, -dx)
                depth = depth - 1
                float temp = dx
                dx = -dy
                dy = -temp
                section = 1
        End If
Else If (section == 5) Then
        // Возвращаемся из рекурсии.
        // Если выталкивать нечего, мы наверху.
        If (sections.Count == 0) Then section = -1
        Else
                // Выталкиваем предыдущие параметры.
                section = sections.Pop()
```

```
                    depth = depths.Pop()
                    dx = dxs.Pop()
                    dy = dys.Pop()
                End If
            End While
End Hilbert
```

Данный вариант алгоритма немного длиннее, поскольку в нем содержатся несколько копий кода для вставки значений в стеки, обновления параметров и выталкивания значений из стеков.

Резюме

Рекурсия представляет собой мощную технологию, и некоторые задачи уже сами по себе требуют ее применения, например головоломка «Ханойская башня». Кроме того, рекурсия позволяет создавать интересные фигуры (самоподобные кривые и салфетки с малым количеством кода), а также применять алгоритмы с возвратом. С ее помощью удобно выполнять задания, где требуется повторять конкретные шаги неопределенное количество раз. Так, сгенерировать сочетание или размещение элементов довольно легко, главное — знать заранее, сколько их будет в итоговой выборке. Но если это неизвестно, легче воспользоваться рекурсией.

Несмотря на неоспоримую пользу, рекурсия может вызывать некоторые проблемы. Иногда ее бесконтрольное применение вынуждает алгоритм многократно повторять одни и те же расчеты, как в случае с расчетом чисел Фибоначчи. Кроме того, глубокие уровни рекурсии способствуют быстрому расходованию стекового пространства и приводят к зависанию программы. В подобных случаях рекурсию целесообразно удалить, чтобы улучшить производительность.

Перечисленные недостатки не умаляют всей мощи и пользы рассмотренной технологии. Еще один вариант ее использования — работа с естественно рекурсивными структурами данных, например с деревьями, о которых пойдет речь в следующих трех главах.

Упражнения

Для выполнения некоторых упражнений потребуется опыт графического программирования. Такие задания отмечены звездочками, что говорит об их повышенной сложности. То, как вы будете их выполнять, зависит от используемой среды программирования. Обратите также внимание на задачи о восьми ферзях и о ходе коня, они подходят для графической реализации.

1. Напишите программу, реализующую исходный рекурсивный факториальный алгоритм.

2. Создайте программу с использованием исходного рекурсивного алгоритма Фибоначчи.

3. Реализуйте программу по решению головоломки «Ханойская башня». Вам нужно получить ряд ходов вида $A \rightarrow B$, которые представляют собой переме-

щение верхнего диска с колышка *A* на колышек *B*. Вот примерный результат перемещения трех дисков: *A*→*B A*→*C B*→*C A*→*B C*→*A C*→*B A*→*B*.

4*. Напишите программу для решения головоломки «Ханойская башня» и покажите ходы, изобразив передвижения дисков между колышками. (Ищите подсказку в приложении Б).

5*. Создайте программу для рисования снежинок Коха.

6*. В стандартной снежинке Коха генератор создает углы, равные 60°. Р но можно использовать и другие значения для получения интересных результатов. Напишите программу, которая разрешит пользователю задавать угол в качестве входного параметра и представит результат, подобный тому, что изображен на рисунке 9.15.

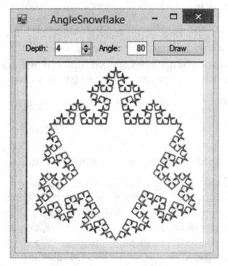

Рис. 9.15. Снежинка Коха, построенная с использованием угла 80

7. Реализуйте программу для черчения кривых Гильберта. (О том, как устанавливать dx, читайте в приложении Б.)

8. Напишите псевдокод для алгоритмов, которые чертят части кривой Серпинского вниз, влево и вверх.

9*. Создайте программу, которая чертит кривые Серпинского. (О том, как устанавливать dx, читайте в приложении Б.)

10. Напишите псевдокод низкого уровня, чтобы начертить салфетку Серпинского.

11. Напишите псевдокод низкого уровня, чтобы начертить ковер Серпинского.

12. Реализуйте программу для решения задачи о восьми ферзях.

13. Усовершенствуйте программу из предыдущего упражнения: отследите, сколько ферзей может атаковать определенную позицию на доске. Добавляя очередную фигуру, игнорируйте позиции, для которых значение не равно 0. Как проделанные модификации повлияют на расстановку одного ферзя и на общее время работы алгоритма?

14. Обратите внимание, что в задаче о восьми ферзях в каждом ряду на шахматной доске должна стоять лишь одна фигура. Усовершенствуйте программу из упражнения 12 так, чтобы каждый вызов метода `EightQueens` искал позицию для нового ферзя только в следующем ряду. Как это повлияет на количество возможных положений фигуры и общее время работы алгоритма?

15. Напишите программу, которая решает задачу о ходе коня методом возврата и в которой пользователю разрешается задавать размеры шахматной доски. Каковы будут наименьшие размеры доски, чтобы ход конем оказался возможен?

16. Используйте любимый язык программирования, чтобы решить задачу о ходе коня с использованием эвристического алгоритма Варнсдорфа.

17. Какова связь между выборкой без повторений и размещением без повторений?

18. Попробуйте написать программу, которая будет реализовывать алгоритмы `SelectKofNwithDuplicates` и `SelectKofNwithoutDuplicates`.

19. Постарайтесь написать программу, которая будет работать с алгоритмами `PermuteKofNwithDuplicates` и `PermuteKofNwithoutDuplicates`.

20. Реализуйте нерекурсивный факториальный алгоритм.

21. Разработайте рекурсивный алгоритм Фибоначчи с сохраняемыми значениями.

22. Напишите программу, применяющую нерекурсивный алгоритм Фибоначчи.

23. Нерекурсивный алгоритм Фибоначчи рассчитывает числа до необходимого предела, а затем находит требуемое значение в массиве. На самом деле алгоритм может рассчитывать меньшие значения Фибоначчи, лишь когда они нужны. Это займет немного больше времени, но зато вам не потребуется содержать полноценный массива. Напишите программу, реализующую нерекурсивный алгоритм Фибоначчи с использованием данного метода.

24. Разработайте нерекурсивный алгоритм построения кривой Гильберта.

Глава 10
ДЕРЕВЬЯ

В этой главе рассматриваются такие высоко рекурсивные структуры данных, как деревья. Они могут использоваться для отражения иерархии и моделирования процессов принятия решений. В виде дерева удобно хранить структуру организации компании или каталог частей, из которых состоит, скажем, автомобиль. В рамках приведенного ниже текста вы узнаете, как формируются относительно простые деревья, и усвоите базовые знания, необходимые для работы с более сложными деревьями, о которых пойдет речь в главах 11 и 12.

Терминология

В программировании при описании деревьев часто пользуются терминами, которые связаны с генеалогией, садоводством и вычислительной техникой. Большинство из них будет вам интуитивно понятно, поскольку вы, вероятно, уже сталкивались с ними в другом контексте.

Итак, дерево состоит из *вершин (узлов)*, которые содержат данные и соединяются *ветвями*. Последние изображают в виде стрелок, ведущих от *родительской вершины* к *дочерней*.

> **ЗАМЕЧАНИЕ**
> Дерево — особый вид сети, или графа, поэтому по аналогии ветви, соединяющие вершины, иногда называют *ссылками* или *линиями*. Более подробно о сетях рассказано в главах 13 и 14.

У каждой вершины, за исключением *корневой*, есть одна родительская вершина. Две вершины с общим родителем иногда называют *узлами-сестрами*, дочерние вершины дочерних вершин — *потомками*, а родительские вершины родительских вершин — *предками*. Все эти термины, описывающие связи, очень близки к генеалогии. Можно даже использовать такие определения, как двоюродный брат, племянник, дедушка, — они не внесут путаницы, хотя и покажутся несколько непривычными.

В зависимости от типа дерева у вершины может быть разное количество потомков. Это число называется *степенью вершины*. Его максимальное значение определяет *степень дерева* в целом. Например, дерево второй степени является *бинарным*, у каждой его вершины может быть максимум два дочерних узла. Вершина, не имеющая дочерних узлов, называется *терминальной (листовой)*; содержащая хотя бы один дочерний узел — *внутренней*.

У деревьев в программировании корень обычно располагается вверху, а ветви направлены вниз (рис. 10.1).

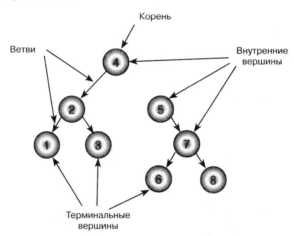

Рис. 10.1. Древовидная структура данных

Согласно всему вышесказанному, можно утверждать, что деревом является:

- вершина с одним корнем;
- корневая вершина, соединенная ветвями с одним или несколькими меньшими деревьями.

Уровень (глубина) вершины — это расстояние от вершины до корня. У корня оно будет равно 0.

Высота вершины — это длина нисходящего пути от текущей вершины до листовой, то есть до низа дерева. Высота дерева равна высоте корневой вершины.

Поддеревом дерева T с корнем R является вершина R со всеми ее потомками. Так, на рисунке 10.1 поддерево с корнем в вершине 5 — это дерево, содержащее вершины 5, 7, 6 и 8.

В *упорядоченном дереве* расположение дочерних деревьев имеет значение. Многие алгоритмы по-разному рассматривают левую и правую дочерние вершины. В *неупорядоченном* расположение дочерних деревьев не играет роли. (Как правило, деревья упорядоченны, даже если это не особо важно для алгоритма. Все дело в том, что дочерние вершины или ветви хранятся в массиве или другой совокупности, предполагающей сортировку.)

Для любых двух вершин *первый (наименьший) общий предок* — это узел-предок, расположенный наиболее близко к ним. Чтобы его обнаружить, нужно проследовать от одной из вершин к корню до нахождения общего родительского узла с другой вершиной. На рисунке 10.1 для вершин 3 и 5 первым общим предком будет корень 4. Следует отметить, что таким предком может оказаться и одна из двух вершин. На том же рисунке для вершин 5 и 6 это будет 5.

Обратите также внимание, что между любыми двумя вершинами дерева существует уникальный путь, который не следует по одной ветви дважды. Он берет начало из первой вершины, проходит вверх по дереву к наименьшему общему предку, а затем спускается ко второй вершине.

В *полном дереве* вершина не имеет дочерних вершин либо их количество равно степени дерева. Например, в полном бинарном дереве у каждого узла может быть два дочерних или ни одного. Дерево, изображенное на рисунке 10.1, неполное, поскольку у вершины 5 имеется только одна дочерняя вершина 7.

У *завершенного дерева* каждый уровень является полным, за исключением, возможно, нижнего, где все вершины сдвигаются влево. На рисунке 10.2 показано завершенное бинарное дерево. Оно неполное, поскольку третья вершина на втором уровне имеет лишь одну дочернюю.

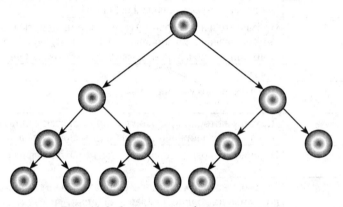

Рис. 10.2. Завершенное бинарное дерево

Идеальное дерево — полное дерево, все листья которого находятся на одном уровне. Другими словами, в нем присутствуют все вершины, допустимые для его высоты.

На рисунке 10.3. представлены примеры различных типов деревьев.

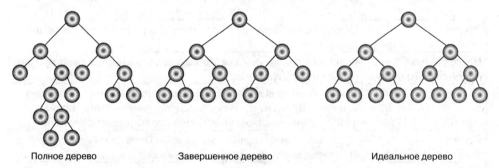

Полное дерево   Завершенное дерево   Идеальное дерево

Рис. 10.3. Примеры деревьев с возрастающим количеством вершин для данной высоты

Чтобы облегчить понимание материала, все упомянутые термины сведены в таблицу 10.1.

Таблица 10.1. Терминология, связанная с деревьями

Термин	Значение
Брат (сестра)	Две вершины дерева, имеющие общего родителя
Вершина (узел)	Объект дерева, содержащий данные и соединенный с другими такими же объектами с помощью ветвей
Вершина внутренняя	Вершина, содержащая как минимум одну дочернюю вершину
Вершина дочерняя	Вершина, соединенная с родительской вершиной и, как правило, расположенная на уровень ниже ее
Вершина терминальная (листовая)	Вершина, не содержащая дочерних вершин
Ветвь	Часть дерева, соединяющая вершины
Высота	Применительно к вершине самый длинный путь, ведущий от нее вниз по дереву к терминальной (листовой) вершине. Применительно к дереву то же, что и высота корня
Глубина	Уровень
Дерево бинарное	Дерево второго уровня
Дерево завершенное	Дерево, в котором каждый уровень является полным, кроме, возможно, самого нижнего, где вершины сдвинуты влево
Дерево идеальное	Полное дерево, в котором все листья находятся на одном уровне
Дерево полное	Дерево, в котором каждая вершина содержит нуль дочерних вершин либо их количество равно степени дерева
Дерево упорядоченное	Дерево, для которого важна сортировка всех дочерних узлов
Корень	Самая верхняя вершина дерева, не имеющая родительских вершин
Лист	Терминальная вершина
Поддерево	Вершина дерева со всеми ее потомками
Потомок	Дочерние вершины дочерних вершин и т. д. вниз по дереву до листьев
Предок	Родительская вершина родительской вершины и т. д. вверх по древу до корня
Предок первый (наименьший) общий	Один и тот же предок для двух любых вершин, который расположен к ним ближе всего
Родитель	Вершина, соединенная с дочерними вершинами с помощью ветвей и, как правило, расположенная на уровень выше них. Каждый узел дерева, кроме корня, имеет только одного родителя
Степень	Применительно к вершине общее количество ее дочерних вершин. По отношению к дереву максимальная степень любой из ее вершин
Уровень	Расстояние между данной вершиной и корнем дерева

Теперь, когда вам знакомы все необходимые термины, можно приступить к изучению некоторых свойств и функций деревьев.

Свойства бинарного дерева

Бинарные деревья используются во многих алгоритмах. Во-первых, они легки для понимания, а во-вторых, большинство задач основано на двойном выборе. Вот несколько полезных фактов о бинарных деревьях.

- Количество ветвей B в бинарном дереве из N вершин находится по формуле $B = N - 1$.

- Количество вершин N в идеальном бинарном дереве высотой H рассчитывается следующим образом: $N = 2^{H+1} - 1$.

- Если в идеальном бинарном дереве N вершин, его высота определяется как $\log_2(N+1) - 1$.

- Количество терминальных вершин L в идеальном бинарном дереве высотой H вычисляется по формуле $L = 2^{H+1} - 1$, а количество внутренних вершин I — по формуле $I = N - L = (2^{H+1} - 1) - 2^H = (2^{H+1} - 2^H) - 1 = 2^H \times (2 - 1) - 1 = 2^H - 1$. Отсюда следует, что в идеальном бинарном дереве количество терминальных и внутренних вершин практически одинаково: $I = L - 1$.

- Количество недостающих ветвей M (места, в которые можно добавить дочернюю вершину) в бинарном дереве из N вершин рассчитывается как $M = N + 1$.

- Если в бинарном дереве N_0 терминальных вершин и N_2 вершин второго уровня, то $N_0 = N_2 + 1$. Другими словами, терминальных вершин всегда на одну больше, чем вершина второго уровня.

ТЕРМИНАЛЬНЫЕ И ПОЛНЫЕ ВЕРШИНЫ

Последнее утверждение требует некоторых пояснений.

1. Пусть N — общее количество вершин, B — общее количество ветвей, а N_0, N_1 и N_2 — количество вершин степени 0, 1 и 2 соответственно.

2. От каждой вершины к родительской вершине ведет единственная ветвь, поэтому $B = N - 1$.

3. Вершины N_0 не имеют исходящих ветвей, у вершин N_1 по одной такой ветви, у вершин N_2 — по две. Таким образом, общее количество ветвей определяется как $B = N_1 + 2N_2$.

4. Приравняв оба уравнения для B, получим $N - 1 = N_1 + 2N_2$. Затем прибавим к обеим частям по единице: $N = N_1 + 2N_2 + 1$.

5. Общее количество вершин дерева — это сумма всех трех видов его вершин, то есть $N = N_0 + N_1 + N_2$.

6. Объединение двух уравнений для N даст следующее: $N_1 + 2N_2 + 1 = N_0 + N_1 + N_2$. На завершающем этапе вычтем $N_1 + N_2$ из обеих частей. В результате получим формулу $N_2 + 1 = N_0$.

Благодаря приведенным фактам производительность алгоритмов, связанных с деревьями, рассчитывать намного легче. Так, если программе понадобится пройти по всему идеальному бинарному дереву из N вершин от корня до листьев, то ей придется совершить $O(\log N)$ шагов.

Глава 10

ИНДУКТИВНОЕ РАССУЖДЕНИЕ

Многие из указанных фактов можно доказать методом математической индукции. Для этого сначала нужно установить базис для малой задачи, а затем предпринять индуктивный переход, который гласит: если свойство истинно для определенного значения K, то оно истинно и для значения $K + 1$, получается, свойство справедливо для всех значений K.

Рассмотрим в качестве примера второй факт, утверждающий, что количество вершин N в идеальном бинарном дереве высотой H находится по формуле $N = 2^{H+1} - 1$. (Далее в индуктивном доказательстве в роли K выступает H.)

База индукции. Рассмотрим идеальное дерево высотой $H = 0$ с одной корневой вершиной и без ветвей. В таком случае количество вершин N равно 1. Обратите внимание: $2^{H+1} - 1 = 2^{0+1} - 1 = 2^1 - 1 = 2 - 1 = 1$, поэтому $N = 2^{H+1} - 1$, что и требовалось получить.

Шаг индукции. Предположим, что свойство истинно для идеальных бинарных деревьев высотой H. Пусть есть идеальное бинарное дерево высотой $H + 1$, у которого корневая вершина соединена с двумя идеальными бинарными поддеревьями высотой H. Тогда в каждом поддереве содержится $2^{H+1} - 1$ вершин. Добавив корневую вершину, получим формулу для расчета общего количество вершин в дереве новой высоты: $2 \times (2^{H+1} - 1) + 1$. Небольшая перестановка даст следующее: $(2^{(H+1)+1} - 2) + 1 = 2^{(H+1)+1} - 1$. По сути, это и есть первоначальная формула, только вместо H подставлено $H + 1$.

Значит, свойство истинно, а количество вершин в идеальном бинарном дереве высотой H равно $2^{H+1} - 1$ для всех H.

Если бинарное дерево из N вершин является толстым, другими словами, не очень высоким и тонким, например полным, то для него прогнозы относительно O будут близки к идеальному бинарному дереву: высота — $O(\log N)$, количество листов — $O(N/2) = O(N)$, количество внутренних вершин — $O(N/2) = O(N)$, количество недостающих ветвей — $O(N)$.

Вышесказанное будет справедливо и для толстых деревьев более высоких степеней, но изменится основание логарифма. Так, высота толстого дерева степени 10 из N вершин окажется равной $O(\log_{10} N)$. Поскольку для O все основания логарифмов одинаковы, это то же, что $O(\log N)$. Однако на практике игнорируемые константы могут иметь значение.

В главе 11 описываются сбалансированные деревья, которые не вырастают слишком высокими или тонкими. Это гарантирует, что все свойства будут истинными.

Представление деревьев

Вершины деревьев можно представить с помощью классов, а для хранения полных деревьев использовать массив. В следующих подразделах описаны оба метода.

Общие правила построения деревьев

В случае деревьев классы используются для создания вершин аналогично тому, как в связных списках они используются для создания ячеек. Назначьте классу любые свойства, необходимые для хранения данных (в полном бинарном дереве это могут быть LeftChild и RightChild), и ссылки на объекты для представления ветвей, ведущих к дочерним вершинам.

Ниже в псевдокоде создается класс бинарной вершины. В зависимости от используемого вами языка программирования в нем могут быть те или иные изменения.

```
Class BinaryNode
    String: Name
    BinaryNode: LeftChild
    BinaryNode: RightChild
    Constructor(String: name)
        Name = name
    End Constructor
End Class
```

Класс начинается с объявления открытого свойства Name — имя вершины. Затем определяются свойства LeftChild и RightChild для ссылок на дочерние узлы. На следующем этапе конструктор класса берет строку в качестве параметра и сохраняет ее в свойстве вершины Name. Приведенный ниже алгоритм с помощью класса выстраивает дерево, изображенное на рисунке 10.1.

```
BinaryNode: root = New BinaryNode(«4»)
BinaryNode: node1 = New BinaryNode(«1»)
BinaryNode: node2 = New BinaryNode(«2»)
BinaryNode: node3 = New BinaryNode(«3»)
BinaryNode: node5 = New BinaryNode(«5»)
BinaryNode: node6 = New BinaryNode(«6»)
BinaryNode: node7 = New BinaryNode(«7»)
BinaryNode: node8 = New BinaryNode(«8»)
root.LeftChild = node2
root.RightChild = node5
node2.LeftChild = node1
node2.RightChild = node3
node5.RightChild = node7
node7.LeftChild = node6
node7.RightChild = node8
```

Первый созданный объект BinaryNode представляет корень дерева, последующие — остальные вершины. После того как все узлы определены, между ними устанавливаются ссылки. Если степень дерева больше 2 или оно не упорядоченно, дочерние ссылки удобнее разместить в массиве, списке или другой совокупности данных. Это позволит программе циклически пройти по дочерним вершинам и выполнить необходимые действия, а вам не придется писать для каждого дочернего узла отдельную строку кода.

В следующем псевдокоде создается класс TreeNode, допускающий присутствие любого количества дочерних вершин при каждой родительской.

```
Class TreeNode
    String: Name
    List Of TreeNode: Children

    Constructor(String: name)
        Name = name
    End Constructor
End Class
```

Этот код отличается от предыдущего тем, что дочерние вершины содержатся не в отдельных свойствах, а в списке ссылок `List` на объекты `TreeNode`.

Обратите внимание: в представлениях присутствуют ссылки только на дочерние вершины, на родительские ссылок нет. Большинство работающих с деревьями алгоритмов придерживается иерархии, поэтому передвигается вниз по дереву: от более высокого уровня к более низкому. Для определения родительской вершины добавьте к классу свойство `Parent`. Еще одна особенность подобных алгоритмов — они хранят данные в вершинах и лишь некоторые — в ветвях. Чтобы реализовать последнюю идею, необходимо добавить информацию в родительскую вершину либо создать отдельный класс `Branch`. Первый метод представлен в следующем псевдокоде.

```
Class TreeNode
    String: Name
    List Of TreeNode: Children
    List Of Data: ChildData

    Constructor(String: name)
        Name = name
    End Constructor
End Class
```

В этом классе добавление дочерней вершины должно сопровождаться добавлением данных для ведущей к ней ветви. Получается, что `ChildData[i]` содержит данные для ветви, направленной к `Children[i]`.

Ниже представлен класс `Branch`, который можно использовать для хранения информации о ветвях.

```
Class Branch
    Data: BranchData
    TreeNode: Child
End Class
```

В классе содержатся все необходимые данные и ссылка на дочерний объект. Если для хранения информации используется ветвь, класс вершины нужно заменить. В следующем псевдокоде показано, как это сделать по отношению к `TreeNode`.

```
Class TreeNode
    String: Name
    List Of Branch: Branches

    Constructor(String: name)
        Name = name
    End Constructor
End Class
```

Теперь, чтобы проверить дочерние узлы вершины, следует пройти циклом по списку `Branches` и использовать каждое свойство `Child` объекта `Branch`.

XML И ДЕРЕВЬЯ

XML (от англ. *eXtensible Markup Language*) — расширяемый язык разметки для представления данных. Созданные на его основе документы иерархичны: знаки определяются внутри других знаков. Все это хорошо подходит для постоянного хранения деревьев и их передачи из одной программы (компьютера) в другую.

Например, можно в файле XML сформировать структуру вашей компании, а затем переслать его какому-нибудь пользователю. Получить дополнительную информацию об XML можно по ссылкам ru.wikipedia.org/wiki/XML или w3schools.com/xml/xml_whatis.asp либо из книги Дэвида Хантера, Джеффа Рафтера, Джо Фаусетта и др. «Работа с XML» (4-е изд., М.: Диалектика, 2009).

Построение завершенных деревьев

В алгоритме пирамидальной сортировки (см. подраздел «Пирамидальная сортировка» раздела «Алгоритмы $O(N \times \log N)$» в главе 6), используется завершенное бинарное дерево, которое хранится в массиве для представления кучи. Напомним, что значение каждой родительской вершины в куче должно быть сопоставимо со значением ее дочерних вершин (рис. 10.4).

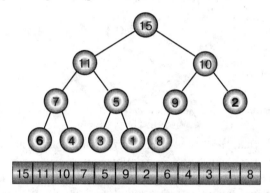

Рис. 10.4. Куча в виде дерева, хранящегося в массиве

Если вершина хранится в массиве с индексом i, ее дочерние вершины будут иметь индексы $2i + 1$ и $2i + 2$. Для вершины с индексом j родительская вершина получит индекс $\lfloor(j - 1) / 2\rfloor$, где запись $\lfloor\ \rfloor$ означает округление результата до ближайшего меньшего целого числа. Например, $\lfloor 2,9 \rfloor$ и $\lfloor 2 \rfloor$ равняются одному и тому же числу 2. Так образуется сжатый формат для хранения любого завершенного бинарного дерева в массиве.

Работа с подобным деревом осложняется, когда приходится менять размер массива, поэтому, возможно, лучше отдать предпочтение классам.

> **ЗАМЕЧАНИЕ**
>
> Познакомившись с деревьями более детально, вернитесь в подраздел «Пирамидальная сортировка» раздела «Алгоритмы $O(N \log N)$» главы 6, чтобы понять, как использовать классы вместо массива для построения кучи.

Обход дерева

Важнейшая операция, связанная с деревьями, — *обход*. Ее цель — пройти по всем вершинам в дереве в определенном порядке и выполнить некоторые действия (в самом простом случае только перечислить).

ОБХОД И ПОИСК

Многие алгоритмы проводят поиск определенной вершины по дереву. В его основе также лежит обход. В главе 11 вы узнаете об эффективных способах проведения поиска.

Для бинарных деревьев существует четыре вида обходов: в прямом порядке, в обратном порядке, симметричный и в ширину.

Обход в прямом порядке

При таком обходе алгоритм вначале обрабатывает вершину, затем ее левый дочерний узел, а после правый. Рассмотрим дерево, представленное на рисунке 10.5, и постараемся показать его вершины в прямом порядке.

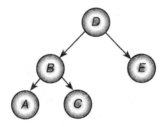

Рис. 10.5. Исходное дерево для обхода в прямом порядке

Как уже было сказано, первым делом алгоритм обратится к корню и выведет значение *D*. Затем он переместится к левой дочерней вершине корня, выведет *B* и рассмотрит уже ее левый дочерний узел, то есть *A*. Больше дочерних вершин нет, поэтому алгоритм вернется в узел *B* и проследует к его правой дочерней вершине, в нашем случае к *C*. У нее тоже нет потомков, следовательно, произойдет еще один возврат к вершине *B*. Раз дочерних узлов у этой вершины больше не имеется, то программа поднимется вверх по дереву к корню *D* и проследует к его правому дочернему узлу *E*. Не обнаружив и у него потомков, алгоритм вновь обратится к корню, констатирует отсутствие любых других дочерних вершин и завершит обход. В результате порядок обхода будет выглядеть так: *D, B, A, C, E*.

Примите во внимание, что алгоритм изучает (проходит) вершины в одном порядке, а итоги проделанной работы выводит в другом. В следующем списке представлены шаги, которые выполняются во время прямого обхода для дерева, изображенного на рисунке 10.5.

1. Пройти *D*.
2. Вывести *D*.
3. Пройти *B*.
4. Вывести *B*.
5. Пройти *A*.
6. Вывести *A*.
7. Пройти *B*.

8. Пройти *C*.

9. Вывести *C*.

10. Пройти *B*.

11. Пройти *D*.

12. Пройти *E*.

13. Вывести *E*.

14. Пройти *D*.

Рекурсивная реализация данного алгоритма представлена ниже.

```
TraversePreorder(BinaryNode: node)
    <Обрабатываем вершину.>
    If (node.LeftChild != null) Then TraversePreorder(node.LeftChild)
    If (node.RightChild != null) Then TraversePreorder(node.RightChild)
End TraversePreorder
```

Короткая и простая программа фактически иллюстрирует определение обхода в прямом порядке. Она начинается с обработки текущей вершины, но вместо этого действия можно вставить любой нужный код (добавьте, например, текущую метку вершины к строке вывода или изучите вершину, чтобы определить, был ли найден целевой элемент). Далее алгоритм определяет, содержит ли вершина левый дочерний узел. Если да — программа рекурсивно вызывает саму себя, чтобы обойти левое дочернее поддерево, затем повторяет тот же шаг для правого дочернего узла и заканчивает работу. Таким образом, чтобы исследовать все дерево, нужно вызывать алгоритм `TraversePreorder` и передать ему в качестве параметра корневую вершину.

Представленный код нужно разместить в главной программе, модуле кода или вспомогательном классе. Удобнее всего управлять деревом внутри класса вершины. В следующем псевдокоде это класс `BinaryNode`.

```
Class BinaryNode
    String: Name
    BinaryNode: LeftChild
    BinaryNode: RightChild

    Constructor(String: name)
        Name = name
    End Constructor
    TraversePreorder()
        <Обрабатываем вершину.>
        If (LeftChild != null) Then TraversePreorder(LeftChild)
        If (RightChild != null) Then TraversePreorder(RightChild)
    End TraversePreorder
End Class
```

Алгоритм имеет много общего с предыдущей версией, за исключением того, что код работает в объекте `BinaryNode` и обладает прямым доступом к свойствам `LeftChild` и `RightChild` данного объекта. Это немного упрощает запись и позволяет сохранить ее в инкапсулированном виде в классе `BinaryNode`. Теперь, чтобы обойти все дерево, нужно вызвать метод корневой вершины `TraversePreorder`.

МЕТОДЫ ПРОХОЖДЕНИЯ

В большинстве языков программирования ссылку методу можно передать в качестве параметра. В данном примере это означает, что `TraversePreorder`, дойдя до шага `<Обрабатываем вершину.>`, способен вызвать метод, который сделает с деревом все, что нужно, обработав вершины должным образом.

Обход в прямом порядке используется не только для бинарных деревьев, но и для тех, что имеют более высокую степень. Неизменным остается общее правило: первым делом изучается сама вершина, а затем ее дочерние узлы.

Симметричный обход

При симметричном обходе алгоритм обрабатывает левый дочерний узел вершины, затем ее саму и только после этого правый дочерний узел.

Работая с деревом, изображенным на рисунке 10.5, программа начнет двигаться с корня, переместится сразу к левому дочернему узлу *B*, а через него к левому дочернему узлу *A*. У этой вершины уже нет левого потомка, поэтому программа выведет *A* и, не обнаружив правого потомка, вернется к родительской вершине *B*, чтобы вывести ее. После этого алгоритм проследует к правому дочернему узлу *C*, у которого также отсутствует левый потомок. Выведя *C*, программа удостоверится, что нет и правого потомка, и снова вернется к родительской вершине *B*. Поскольку работа с левой частью дерева уже закончена, алгоритм поднимется к корню *D*, выведет его и обратится к правой части с дочерней вершиной *E*. У нее нет левого дочернего узла, значит, алгоритм выведет *E* и, не найдя правого дочернего узла, вернется к корню *D*. Итоговый порядок симметричного обхода будет таким: *A*, *B*, *C*, *D*, *E*.

Обратите внимание, что в выводе вершины располагаются в отсортированном порядке. Упорядоченные деревья как раз и строятся таким образом, чтобы симметричный обход дал на выходе отсортированные значения.

Рекурсивное применение описанного алгоритма представлено в следующем псевдокоде.

```
TraverseInorder(BinaryNode: node)
    If (node.LeftChild != null) Then TraverseInorder(node.LeftChild)
    <Обрабатываем вершину.>
    If (node.RightChild != null) Then TraverseInorder(node.RightChild)
End TraverseInorder
```

Запись полностью соответствует определению симметричного обхода. Программа рекурсивно обрабатывает левый дочерний узел вершины, если он существует, затем саму вершину, а после правый дочерний узел, если таковой есть.

Чтобы обойти целое дерево, достаточно вызвать метод `TraverseInorder` и передать ему корневую вершину в качестве параметра. Следующий псевдокод представляет такой же алгоритм, внедренный внутри класса `BinaryNode`.

```
Class BinaryNode
    String: Name
    BinaryNode: LeftChild
    BinaryNode: RightChild
```

```
Constructor(String: name)
        Name = name
End Constructor

TraverseInorder()
        If (LeftChild != null) Then TraverseInorder(LeftChild)
        <Обрабатываем вершину.>
        If (RightChild != null) Then TraverseInorder(RightChild)
    End TraverseInorder
End Class
```

В отличие от обхода в прямом порядке, для дерева со степенью больше 2 определить симметричный обход непросто. Можно заставить алгоритм обработать одну половину дочерних узлов, а затем вершину и оставшиеся дочерние узлы, но такое решение будет нетипичным.

Обход в обратном порядке

В данном случае алгоритм обрабатывает сначала левый дочерний узел вершины, затем правый и только после саму вершину. Как и в предыдущих обходах, алгоритм начнет рассматривать дерево, изображенное на рисунке 10.5, с корня, переместится в левую часть к дочернему узлу *B*, а через него к левому дочернему узлу *A*. Не найдя дальнейших потомков, он выведет *A*, вернется к родительской вершине *B* и перейдет к правому дочернему узлу *C*. У него тоже нет отходящих ветвей, поэтому программа выведет саму вершину *C* и снова обратится к родительскому узлу *B*. Поскольку работа с дочерними вершинами на этом уровне закончена, алгоритм выведет *B*, поднимется к корню *D* и проследует к правому дочернему узлу *E*. Не обнаружив связанных с ним потомков, он выведет *E* и вернется к *D*. Раз изучение дочерних узлов окончено, остается вывести *D* и завершить обход. В целом порядок следования алгоритма будет таким: *A*, *C*, *B*, *E*, *D*.

В следующем псевдокоде представлена рекурсивная реализация процесса.

```
TraversePostorder(BinaryNode: node)
    If (node.LeftChild != null) Then TraversePostorder(node.LeftChild)
    If (node.RightChild != null) Then TraversePostorder(node.RightChild)
    <Обрабатываем вершину.>
End TraversePostorder
```

Алгоритм обрабатывает правую и левую дочерние узлы данной вершины, если они существуют, а затем саму вершину.

Чтобы обойти все дерево, программа вызывает `TraversePostorder`, передавая ему в качестве параметра корень. В следующем псевдокоде алгоритм внедрен внутрь класса `BinaryNode`.

```
Class BinaryNode
    String: Name
    BinaryNode: LeftChild
    BinaryNode: RightChild
    Constructor(String: name)
            Name = name
    End Constructor

    TraverseInorder()
```

```
            If (LeftChild != null) Then TraversePostorder(LeftChild)
            If (RightChild != null) Then TraversePostorder(RightChild)
            <Обрабатываем вершину.>
    End TraversePostorder
End Class
```

Обход в обратном порядке также легко применить к деревьям со степенью больше 2: алгоритм должен пройти по всем дочерним узлам вершины перед тем, как обратиться к ней самой.

Обход в ширину

Совершая обход в ширину, алгоритм обрабатывает все вершины дерева на текущем уровне в порядке слева направо, а затем переходит к вершинам следующего уровня. В случае с деревом, изображенном на рисунке 10.5, программа первым делом обратится к корню и выведет *D*, потом перейдет к следующему уровню и выведет вершины *B* и *E*, а на завершающем этапе опустится на нижний уровень и выведет *A* и *C*. Полный обход будет выглядеть так: *D*, *B*, *E*, *A*, *C*.

Данный алгоритм не придерживается структуры дерева, в отличие от алгоритмов, рассмотренных выше. В используемом примере нет дочерней ссылки от вершины *E* к вершине *A*, поэтому неясно, как алгоритм к ней перейдет. Чтобы решить эту задачу, нужно добавить дочерние узлы в очередь, а затем обработать ее, когда завершится обработка родительского уровня.

```
TraverseDepthFirst(BinaryNode: root)
    // Создаем очередь для хранения дочерних вершин при дальнейшей обработке.
    Queue<BinaryNode>: children = New Queue<BinaryNode>()

    // Помещаем корень в очередь.
    children.Enqueue(root)

    // Обрабатываем очередь, пока она не станет пустой.
    While (children Is Not Empty)
        // Получаем следующую вершину в очереди.
        BinaryNode: node = children.Dequeue()

        // Обрабатываем вершину.
        <Обрабатываем вершину.>
        // Добавляем дочернюю вершину в очередь.
        If (node.LeftChild != null) children.Enqueue(node.LeftChild)
        If (node.RightChild != null) children.Enqueue(node.RightChild)
    End While
End TraverseDepthFirst
```

Сперва алгоритм создает очередь и размещает в ней корневую вершину. Затем начинается цикл, который работает до тех пор, пока очередь не опустеет. Внутри него программа удаляет из очереди первую вершину, обрабатывает ее, а после добавляет в очередь дочерние узлы. В таком случае все элементы рассматриваются в порядке «первым пришел, первым вышел», то есть вершины текущего уровня будут обработаны полностью, перед тем как начнется обработка любых дочерних узлов. Поскольку алгоритм ставит в очередь сразу левый дочерний узел вершины, а затем правый, на определенном уровне все вершины обрабатываются в порядке слева направо. (Этот факт можно доказать с помощью индукции.)

Время выполнения обхода

Алгоритмы, выполняющие обход дерева симметрично, в прямом и обратном порядках, следуют вниз до терминальных вершин, возвращаясь вверх к корню по мере разворачивания рекурсивных вызовов. После того как алгоритм прошел по вершине и вернулся к родителю, он больше к ней не обращается, то есть посещает ее всего один раз. Таким образом, для дерева из N вершин время работы этих алгоритмов составит $O(N)$.

Упомянутые три обхода не требуют дополнительного пространства на диске, поскольку они используют структуру дерева для отслеживания своего местоположения в нем. Тем не менее их глубина рекурсии равна высоте дерева, и если дерево окажется очень высоким, вероятно переполнение стека.

При обходе в ширину вершины обрабатываются по мере их постановки в очередь. Поскольку каждая вершина помещается туда единожды, для дерева из N вершин время работы алгоритма будет равным $O(N)$.

Этот алгоритм не использует рекурсию, а значит, не зависит от ее глубины, но нуждается в дополнительном пространстве для построения очереди. В наихудшем случае, если дерево является идеальным бинарным, то есть на его нижнем уровне находится практически половина всех вершин (см. раздел «Свойства бинарного дерева» текущей главы), в очереди окажется $O(N/2) = O(N)$ вершин.

В самом общем смысле можно представить, что дерево произвольного уровня состоит из одного корневого узла, а все другие являются дочерними. Тогда очередь образуется из $N - 1$ вершин, но требование к пространству остается прежним — $O(N)$.

Упорядоченные деревья

Как отмечалось ранее, вершины упорядоченных деревьев (рис. 10.6) структурированы таким образом, что симметричный обход обрабатывает их в отсортированном порядке. Другими словами, значение каждого родительского узла больше значения его левого дочернего узла и меньше правого (или равно ему).

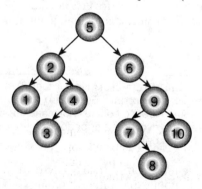

Рис. 10.6. Упорядоченное дерево

Чтобы работать с упорядоченным деревом, вам понадобятся три алгоритма для добавления, удаления и нахождения его вершин.

Добавление вершин

Построить упорядоченное дерево просто. Чтобы добавить дочернее значение к вершине, сравните его со значением родителя и рекурсивно переместитесь вниз по нужной ветке (левой или правой). Если таковой ветки нет, она появится вместе с новым значением.

В следующем псевдокоде представлен алгоритм для класса `BinaryNode`. Предполагается, что данные из вершины хранятся в свойстве `Value`.

```
// Добавляем вершину к упорядоченному поддереву вершины.
AddNode(Data: new_value)

    // Сравниваем новое значение со значением вершины.
    If (new_value < Value) Then
            // Если новое значение меньше, размещаем его в левом поддереве.
            If (LeftChild == null) LeftChild = New BinaryNode(new_value)
            Else LeftChild.AddNode(new_value)
    Else
            // Если новое значение не меньше, размещаем его в правом поддереве.
            If (RightChild == null) RightChild = New BinaryNode(new_value)
            Else RightChild.AddNode(new_value)
    End If
End AddNode
```

Алгоритм сравнивает новое значение со значением вершины. Если первое меньше, программа перемещается в левое поддерево. Ссылка на левый дочерний узел, равная `null`, говорит о том, что левый дочерний узел текущей вершины нужно создать и поместить в него новое значение. В противном случае программа рекурсивно вызывает метод дочерней вершины `AddNode` и дополняет левое поддерево.

Если новое значение не меньше значения вершины, алгоритм переходит в правое поддерево. Ссылка на правый дочерний узел, равная `null`, указывает программе на то, что его нужно создать и разместить в нем новое значение. В противном случае алгоритм рекурсивно вызывает метод дочерней вершины `AddNode` и достраивает правое поддерево.

ЗАМЕЧАНИЕ

Как и в случае со связными списками (см. главу 3), в верхней части дерева полезно использовать ограничитель. Если для упорядоченного дерева значение корня сделать меньше любого возможного значения, то, добавляя вершины, уже не надо проверять, пустое ли дерево. Все новые узлы будут заканчивать правое поддерево под корнем.

Время работы приведенного алгоритма зависит от порядка, в котором добавляются вершины. Если это происходит произвольно (без предварительной сортировки), дерево вырастает относительно низким и широким. В таком случае при N вершинах высота дерева составит $O(\log N)$. Добавляя новую вершину, необходимо провести поиск до самого низа структуры, то есть совершить $O(\log N)$ шагов. При N вершинах полное построение дерева займет $O(N \log N)$.

> **ВЫСОТА СЛУЧАЙНОГО ДЕРЕВА**
>
> При построении красивого широкого упорядоченного дерева высотой $O(\log N)$ не всегда заметно, что к нему добавляется $O(N)$ вершин. Но как быть, если дерево низкое и половина вершин уже сосредоточена в верхней части, а вам нужно разместить оставшиеся? Вспомните раздел «Свойства бинарного дерева» текущей главы. В нем говорилось, что в идеальном бинарном дереве почти половина всех вершин находится в нижней части. Значит, когда в дереве задействована уже половина имеющихся вершин, в нем построены все уровни, кроме последнего. Таким образом, высота дерева составляет $\log N - 1$. Теперь нужно добавить оставшиеся вершины на глубину $\log N - 1$. Отсюда общее количество шагов $N/2 \times \log N - 1 = O(N \log N)$.

Если вершины предварительно отсортировать, то выстроенное на их основе дерево получится высоким и тонким. В худшем случае, если все значения изначально будут находиться в прямом или обратном порядке, каждая вершина приобретет один дочерний узел и сформируется структура из N вершин высотой N. Тогда, добавив к дереву $N/2$ вершин, мы получим высоту $N/2$. Это означает, что размещение оставшихся $N/2$ вершин потребует $N/2$ шагов, а общее время работы алгоритма составит $O(N/2 \times N/2) = O(N^2)$.

Алгоритм `AddNode` можно использовать и для пирамидальной сортировки. Сформировав на его основе упорядоченное дерево, используйте симметричный обход для выведения элементов в сортированном порядке. Ожидаемое время работы алгоритма составит $O(N \log N)$, симметричный обход в свою очередь займет $O(N)$. Таким образом, общая производительность будет найдена по формуле $O(N \log N + N) = O(N \log N)$. В худшем случае построение упорядоченного дерева потребует $O(N^2)$ времени, а симметричный обход — $O(N)$, тогда общее время составит $O(N^2 + N) = O(N^2)$.

Поиск вершин

Построив упорядоченное дерево, вы можете задействовать его для поиска конкретных элементов. Например, если вершины представляют собой записи о сотрудниках, то используемыми для сортировки значениями станут их идентификационные номера. В следующем псевдокоде рассматривается метод, предоставленный классом `BinaryNode`, который проводит поиск целевого значения в поддереве вершины.

```
// Находим вершину с целевым значением.
BinaryNode: FindNode(Key: target)
    // Если мы нашли целевое значение, возвращаем эту вершину.
    If (target == Value) Then Return <текущая вершина>

    // Смотрим, где целевое значение — в левом или правом поддереве.
    If (target < Value) Then
        // Ищем в левом поддереве.
        If (LeftChild == null) Then Return null
        Return LeftChild.FindNode(target)
    Else
        // Ищем в правом поддереве.
        If (RightChild == null) Then Return null
        Return RightChild.FindNode(target)
    End If
End FindNode
```

Сначала алгоритм проверяет текущее значение вершины и, если оно равно целевому, возвращает его. Обнаружив, что целевое значение меньше текущего, программа приходит к выводу, что нужная вершина располагается в левом поддереве. Если левая дочерняя ветвь отсутствует, алгоритм возвращает null — целевого элемента в дереве нет. В противном случае рекурсивно вызывается метод FindNode, чтобы изучить поддерево. В ситуации когда целевое значение больше текущего, аналогичные шаги поиска предпринимаются по правому поддереву.

Если в дереве *N* вершин и оно сбалансированное (не высокое и не тонкое), его высота составляет $O(\log N)$. Тогда максимальное количество шагов для поиска — $O(\log N)$.

Удаление вершин

Убрать вершину из упорядоченного дерева несколько сложнее, чем в него добавить, ведь первым делом ее нужно найти (о том, как это сделать, рассказано в предыдущем подразделе). Следующий шаг будет зависеть от того, где целевая вершина находится. Чтобы разобраться с различными ситуациями, рассмотрим дерево, изображенное на рисунке 10.7.

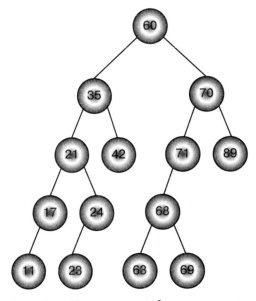

Рис. 10.7. Упорядоченное бинарное дерево

Терминальную вершину можно удалить не задумываясь — дерево все равно останется упорядоченным. Таков, например, узел 89 в дереве на рисунке 10.7; его удаление не нарушит общего порядка организации данных (рис. 10.8).

Если целевая вершина не является терминальной и у нее есть всего один дочерний узел, ее можно заменить этим дочерним узлом. Например, если удалить вершину 71 из дерева на рисунке 10.8, получится структура, изображенная на рисунке 10.9.

Деревья

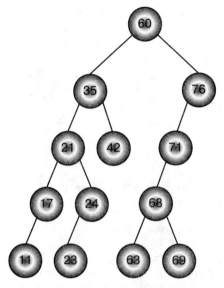

Рис. 10.8. Упорядоченное бинарное дерево после удаления терминальной вершины

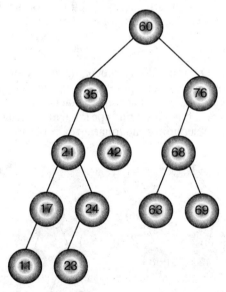

Рис. 10.9. Упорядоченное бинарное дерево с удаленной внутренней вершиной, имевшей один дочерний узел

Самый сложный случай — когда у целевой вершины есть два дочерних узла. Общая стратегия предполагает поставить вместо родительской вершины левую дочернюю. Но здесь возникают две ситуации. Если у левого дочернего узла нет правого потомка, то данный узел можно передвинуть на место целевого. Например, удалив вершину 21 из дерева на рисунке 10.9, получим дерево, как на рисунке 10.10.

233

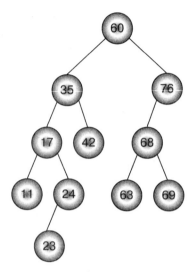

Рис. 10.10. Упорядоченное бинарное дерево с удаленной внутренней вершиной, где левый дочерний узел не имел правого потомка

Если же у левого дочернего узла целевой вершины есть правый потомок, придется спуститься от этого узла вниз до крайней правой вершины. В случае когда у нее нет своих дочерних узлов, именно она и заменит целевую. Удалось обнаружить левый дочерний узел — поставьте его вместо крайней правой вершины, а ту в свою очередь вместо целевой.

Попробуем удалить вершину 35 из дерева на левом фрагменте рисунка 10.11. Как видно, у нее два дочерних узла, причем левый узел 17 имеет правого потомка. Алгоритм перемещается вниз от 17 настолько, насколько это возможно, следуя по правым дочерним ссылкам. В нашем примере конечной целью станет 24, но, обычно крайняя правая дочерняя вершина располагается гораздо глубже.

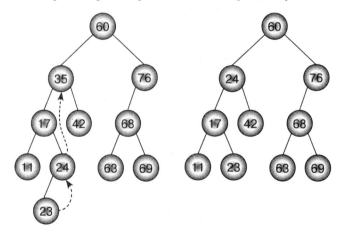

Рис. 10.11. Удаление из бинарного упорядоченного дерева внутренней вершины, у которой левый дочерний узел имеет правого потомка *(слева)*, и результат этой операции *(справа)*

Поскольку у найденной вершины есть дочерняя, алгоритм выполняет следующие перестановки: вместо крайней правого узла помещает дочерний, а вместо целевого — крайний правый. Применительно к нашему случаю вершина 24 заменится вершиной 23, а вершина 35 — вершиной 24 (см. рис. 10.11, правый фрагмент).

Связные деревья

Тред — это серия ссылок, которая позволяет перемещаться по дереву или сети особым способом, отличным от привычного следования по ветвям и ссылкам. Дерево, содержащее один тред или несколько, называется *связным*. Пример такой структуры изображен на рисунке 10.12, в ней каждая вершина связана тредами с вершинами, которые предшествуют ей или следуют за ней в симметричном обходе. Это позволяют алгоритму осуществлять симметричный или обратный обход быстрее, чем по ветвям.

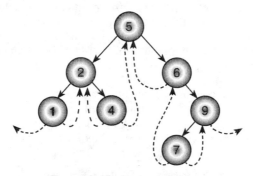

Рис. 10.12. Связное дерево
(пунктирными стрелками выделены треды)

> **ЗАМЕЧАНИЕ**
>
> В связном дереве можно определить и другие треды, но представленные на рисунке 10.12 являются самыми распространенными. Поскольку они указывают на прямое и обратное направления в симметричном обходе, такой вид дерева иногда называют *симметрично связным*.

> **ЗАМЕЧАНИЕ**
>
> Обратите внимание, что все вершины дерева на рисунке 10.12 имеют левую ветвь и левый тред или же правую ветвь и правый тред. Если вы можете как-то отличить ветвь и тред, то достаточно использовать всего одну ссылку. Например, создайте в классе вершины две булевские переменные `HasLeftBranch` и `HasRightBranch` и сохраняйте треды в дочерних ссылках, когда переменные примут значение `True`. Можно даже уложить две булевские переменные в один байт и использовать операции с байтами, чтобы понять, установлены ли они. Однако если вы работаете с небольшим деревом, экономия памяти не оправдает подобных сложностей.

Чтобы использовать связные деревья, вам нужно знать две вещи: как их строить и как совершать по ним обход.

Построение связных деревьев

Изначально в связном дереве имеется всего одна вершина, нет ветвей, а треды установлены на null. Создать эту вершину легко, тяжелее добавить последующие. В зависимости от того, будут они левыми или правыми дочерними узлами, действуют разными способами.

Предположим, нужно создать левый дочерний узел. Пусть он имеет значение 3 и формируется для вершины 4 в дереве, изображенном на рисунке 10.12. Местоположение новой вершины определяется путем сравнения со значением родительской вершины. В нашем примере число 3 — следующее наименьшее по отношению к числу 4. Получается, что вершина, которая теперь стала в обходе перед новой вершиной, ранее располагалась перед родительской. Применительно к нашему случаю вершина, размещенная перед 3, находилась перед 4, то есть это 2. Выходит, что при добавлении нового узла его левый тред нужно приравнять к левому треду родителя.

Предшественник родителя в обходе — это теперь новая вершина, именно на нее указывает левая ветвь родителя. Таким образом, родительская вершина больше не нуждается в левом треде и его нужно приравнять к null. Правый тред новой вершины должен вести к следующей вершине в обходе дерева, в нашем случае расположения — к родительской. Отсюда вытекает, что правый тред вершины 3 обязан указывать на вершину 4 (рис. 10.13).

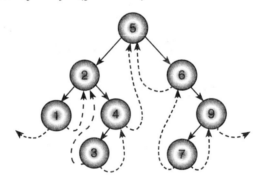

Рис. 10.13. Обновленное дерево с добавленной вершиной 3

При добавлении новой вершины в качестве правого дочернего узла шаги будут похожими, только левая и правая ветви и треды поменяются ролями. Правый тред новой вершины позаимствует значение у правого треда родителя (тот в свою очередь получит значение null), а левый тред станет указывать на родительскую вершину. На рисунке 10.14 изображено дерево с добавленным правым узлом. В следующем псевдокоде представлен алгоритм вставки вершины в связное упорядоченное дерево.

```
// Добавляем вершину к упорядоченному поддереву данной вершины.
AddNode(Data: new_value)
    // Сравниваем новое значение с имеющимся.
    If (new_value < this.Value)
        // Если новое значение меньше, добавляем его к левому поддереву.
        If (this.LeftChild != null)
        Then this.LeftChild.AddNode(new_value)
        Else
```

```
                // Добавляем новую дочернюю вершину сюда.
                ThreadedNode child = new ThreadedNode(new_value)
                child.LeftThread = this.LeftThread
                child.RightThread = this
                this.LeftChild = child
                this.LeftThread = null
            End If
    Else
            // Если новое значение не меньше,
            // добавляем его к правому поддереву.
            If (this.RightChild != null)
            Then this.RightChild.AddNode(new_value)
            Else
                // Добавляем новую дочернюю вершину сюда.
                ThreadedNode child = new ThreadedNode(new_value)
                child.LeftThread = this
                child.RightThread = this.RightThread
                this.RightChild = child
                this.RightThread = null
            End If
    End If
End AddNode
```

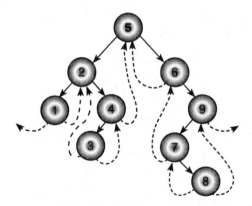

Рис. 10.14. Обновленное дерево с добавленной вершиной 8

В начале работы алгоритм сравнивает новое значение со значением текущей вершины. Если первое меньше, то программа обращается к левому поддереву и при наличии у вершины левого дочернего узла рекурсивно вызывает метод AddNode. Когда левого дочернего узла нет, алгоритм создает новую вершину, при этом приравнивает ее левый тред к левому треду текущей вершины, а правый ведет к текущей вершине, затем у текущей вершины направляет левую ветвь на новую вершину, левый же тред приравнивает к null. Если новое значение больше текущего, проделываются похожие шаги, но только в правом поддереве.

Приведенный алгоритм очень похож на рассмотренный ранее, который добавлял вершины к упорядоченному дереву. Оба рекурсивно спускаются по дереву, чтобы найти местоположение новой вершины. Разница лишь в том, что в последней версии программы нужно осуществить дополнительные действия по установке тредов.

Как и в предыдущем случае, построение связного упорядоченного дерева из N вершин займет $O(N \times \log N)$ времени, если значения добавляются произвольно. В худшей ситуации, когда значения отсортированы в прямом или обратном порядке, производительность алгоритма составит $O(N^2)$.

Использование связных деревьев

В следующем псевдокоде треды используются для осуществления симметричного обхода.

```
InorderWithThreads(BinaryNode: root)
    // Начинаем с корня.
    BinaryNode: node = root

    // Запоминаем, по ветке или по треду мы идем.
    // Предположим, что мы дошли до корня по ветке, поэтому идем налево.
    Boolean: via_branch = True

    // Повторяем до конца обхода.
    While (node != null)
        // Если мы дошли до этой вершины по ветке, идем вниз налево.
        If (via_branch) Then
            While (node.LeftChild != null)
                node = node.LeftChild
            End While
        End If

        // Обрабатываем данную вершину.
        <Обрабатываем вершину.>

        // Находим следующую вершину для обработки.
        If (node.RightChild == null) Then
            // Используем тред.
            node = node.RightThread
            via_branch = False
        Else
            // Используем правую ветку.
            node = node.RightChild
            via_branch = True
        End If
    End While
End InorderWithThreads
```

В начале работы алгоритм инициализирует переменную `node` для корневой вершины и устанавливает переменную `via_branch` на `True` как указатель на то, что он добрался до текущего места по ветке. Это заставляет программу обратиться к крайнему левому узлу дерева в следующем шаге. Далее идет цикл, который продолжается, пока переменная `node` не выпадет из дерева в конце обхода.

Добравшись до текущей вершины, алгоритм не обязательно приступает к ее обработке. Если он обнаруживает исходящую левую ветвь, то приходит к выводу, что расположенные ниже в поддереве узлы имеют значения, меньшие текущего, и их нужно рассмотреть в первую очередь. По этой причине программа перемещается вниз по ветви настолько далеко, насколько возможно, и лишь затем обрабатывает текущую вершину (например, в дереве, изображенном на рисунке 10.12, она проследует от вершины 6 к вершине 9 только после того, как рассмотрит 7).

Далее, если у вершины нет правой ветви, алгоритм следует по правому треду. В случае когда правый тред равен `null`, вершина также приравнивается к `null` — и цикл `While` заканчивает свою работу. Затем алгоритм устанавливает `via_branch` на `False`, чтобы показать, что он добрался до новой вершины по треду, а не по ветви. (Для дерева на рисунке 10.12 подобное произойдет не единожды, например на пути из вершины 4 к 5. Поскольку `via_branch` установлен на `False`, алгоритм будет следующей обрабатывать вершину 5.)

Если правая ветвь текущей вершины не `null`, алгоритм следует по ней и устанавливает `via_branch` на `True`, чтобы спуститься по поддереву данной вершины во время следующего прохождения через цикл `While`.

Ниже приводится описание шагов, которые предпринимает алгоритм для обхода дерева, изображенного на рисунке 10.12.

1. Начинаем работу у корня и устанавливаем переменную `via_branch` на `True`.

2. Поскольку `via_branch` равно `True`, следуем по левым ветвям к 2, а затем к 1. Обрабатываем вершину 1.

3. Движемся по правому треду к 2, а затем устанавливаем `via_branch` на `False`.

4. Поскольку `via_branch` равно `False`, обрабатываем вершину 2.

5. Следуем по правой ветви к 4, а затем устанавливаем `via_branch` на `True`.

6. Поскольку `via_branch` равно `True`, пытаемся переместиться вниз по левым ветвям. Левой ветви нет, значит, остаемся у вершины 4 и обрабатываем ее.

7. Для начала следуем по правому треду к 5, а затем устанавливаем переменную `via_branch` на `False`.

8. Поскольку `via_branch` равна `False`, обрабатываем вершину 5.

9. Движемся по правой ветви до 6, а затем устанавливаем `via_branch` на `True`.

10. Поскольку `via_branch` равна `True`, пытаемся переместиться вниз по левым ветвям. Левой ветви нет, значит, остаемся у вершины 6 и обрабатываем ее.

11. Следуем по правой ветви до 9, а затем устанавливаем переменную `via_branch` на `True`.

12. Поскольку `via_branch` равно `True`, идем по правой ветви к 7 и обрабатываем эту вершину.

13. Движемся по правому треду к 9, а затем устанавливаем переменную `via_branch` на `False`.

14. Поскольку `via_branch` равно `False`, обрабатываем вершину 9.

15. Следуем по правому треду до значения `null`, а затем устанавливаем переменную `via_branch` на `False`.

16. Теперь переменная `node` равна `null`, заканчиваем работу цикла `While`.

Приведенный алгоритм по-прежнему проходит по всем ветвям вершины и через каждую вершину, поэтому обладает временем работы $O(N)$, однако ему не требуется разрешение для рекурсивных вызовов и подъема по дочерним ветвям. Таким образом, он экономит немного времени по сравнению с обычным обходом, не использует рекурсию, а значит, не зависит от ее глубины. Кроме того, в отличие от обхода в ширину он не нуждается в дополнительном пространстве на диске.

Специализированные алгоритмы

Программисты разработали множество алгоритмов для решения специфических задач на основе деревьев. Описать абсолютно все невозможно, но в следующих подразделах мы коснемся четырех из них, которые представляют особый интерес. Благодаря им вы изучите такие полезные технологии, как обновление дерева для включения новых данных, расчет рекурсивных выражений, а еще разделение геометрических областей.

В последнем подразделе описываются префиксные деревья, которые хорошо известны в науке об алгоритмах.

Игра «Животные»

Суть игры заключается в следующем: программа пытается угадать задуманное пользователем животное и при этом самообучается, то есть постепенно совершенствуется. Вся необходимая информация хранится в бинарном дереве, каждая вершина которого содержит вопрос, предполагающий ответ «да» или «нет». Последовательный выбор одного из этих ответов ведет программу вниз по соответствующим ветвям до терминальной вершины, где и находится название животного. Если программа совершает ошибку, она просит пользователя ввести уточняющий вопрос, который позволил бы ей прийти к верному решению, затем добавляет его в новую внутреннюю вершину и создает для нее свои листья.

Предположим, алгоритм программы выглядит так, как на рисунке 10.15, и пользователь загадал змею. В таблице 10.2 приводятся список вопросов, которые задает программа, и полученные ответы пользователя.

Рис. 10.15. Исходное дерево знаний для игры «Животные»

Таблица 10.2. Игра «Животные» пытается угадать змею

Вопрос программы	Ответ пользователя
Это млекопитающее?	Нет
Оно покрыто чешуей?	Да
Оно дышит в воде?	Нет
Это змея?	Да

Если задуман жираф, вопросы и ответы прозвучат иначе (табл. 10.3), а программа добавить в дерево уточняющую информацию и нужное животное (рис. 10.16).

Таблица 10.3. Игра «Животные» пытается угадать жирафа

Вопрос программы	Ответ пользователя
Это млекопитающее?	Да
Оно лает?	Нет
Это кошка?	Нет
Какое животное вы загадали?	Жираф
Какой вопрос поможет отличить кошку от жирафа?	У него длинная шея?
Для жирафа ответ утвердительный?	Да

Рис. 10.16. Дополненное дерево знаний для игры «Животные»

Расчет математических выражений

Деревья хороши для моделирования математических выражений. Для каждого оператора создается внутренний код, а для каждого численного значения — терминальная вершина. Это значит, что единое сложное выражение разбивается на части, а полученные с их помощью результаты затем используются для поиска итогового значения.

Попробуем решить следующий пример: (6 × 14) / (9 + 12). Чтобы получить для него ответ, нужно сначала рассчитать 6 × 14 и 9 + 12, а затем разделить их результаты. Учитывая вышесказанное, моделирование дерева будет выглядеть так: необходимо выстроить поддеревья для нахождения частных выражений и потом соединить их с корневой вершиной, которая представляет собой комбинирующую операцию — в нашем случае деление (рис. 10.17).

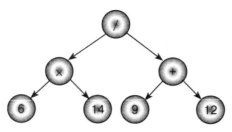

Рис. 10.17. Дерево для расчета математического выражения (6 × 14) / (9 + 12)

Каждая внутренняя вершина образованного дерева имеет дочерние узлы, в которых находятся операнды. Например, двоичные операторы сложения и деления (+ и /) должны комбинировать значения, расположенные в их левой и правой дочерних вершинах. Терминальные узлы можно представить в виде специальных операторов, преобразующих текстовое значение в числовое.

Единственное, что отсутствует в классе арифметической вершины, — это метод расчета. Ему следует изучить тип вершины и вернуть соответствующий результат. Например, в случае оператора сложения (+) метод должен рекурсивно рассчитать частные выражения и суммировать полученные значения.

В следующем псевдокоде приводится список, на основе которого определяется тип оператора: текстовое значение (например, 8), сложение, вычитание, умножение, деление или унарное отрицание (например, –5). При необходимости его можно дополнить и другими операторами, такими как квадратный корень, возведение в степень, синус, косинус и т. д.

```
Enumeration Operators
    Literal
    Plus
    Minus
    Times
    Divide
    Negate
End Enumeration
```

Ниже рассматривается класс `ExpressionNode`, представляющий вершину в дереве математического выражения.

```
Class ExpressionNode
    Operators: Operator
    ExpressionNode: LeftOperand, RightOperand
    String: LiteralText
            // Рассчитываем выражение.
    Float: Evaluate()
            Case Operator
                Literal:
                        Return Float.Parse(LiteralText)
                Plus:
                        Return LeftOperand.Evaluate() +
                        RightOperand.Evaluate()
                Minus:
                        Return LeftOperand.Evaluate() -
                        RightOperand.Evaluate()
```

```
            Times:
                    Return LeftOperand.Evaluate() *
                    RightOperand.Evaluate()
            Divide:
                    Return LeftOperand.Evaluate() /
                    RightOperand.Evaluate()
            Negate:
                    Return -LeftOperand.Evaluate()
        End Case
    End Evaluate
End ExpressionNode
```

В самом начале объявляются свойства класса:

- `Operator` — выбранный тип оператора из приведенного списка `Operators`;
- `LeftOperand` и `RightOperand` — ссылки на левые и правые дочерние узлы (если вершина содержит унарный оператор, например отрицание, то используется только левый дочерний узел; если текстовое значение — не используется ни один из дочерних узлов);
- `LiteralText` — это свойство используется только для вершин с текстовым значением, например 12.

Затем метод `Evaluate` совершает нужное действие, опираясь на свойство `Operator`. Например, если `Operator` равен `Plus`, он складывает значения левого и правого дочерних узлов, а потом возвращает сумму.

Таким образом, рассчитать все выражение на основе выстроенного дерева довольно легко — достаточно вызвать метод корневой вершины `Evaluate`. Сложно сформировать само дерево на основе строки — в нашем случае это $(6 \times 14) / (9 + 12)$. О том, как это сделать, читайте в главе 15, посвященной строкам.

Деревья квадрантов

Деревья квадрантов, или *квадродеревья*, — это древовидные структуры данных, которые помогают находить объекты в двумерном пространстве. Предположим, есть приложение, которое отображает на карте несколько тысяч объектов. Как только пользователь щелкнет в нужном ему месте, программа должна провести полноценный поиск по объектам и найти ближайший к указанному пункту назначения. Если объекты хранятся в простом списке, программа будет вынуждена последовательно проверить каждый из них, чтобы определить подходящий.

Дерево квадрантов значительно ускоряет подобные операции. В нем каждая вершина — это прямоугольник в двумерном пространстве, который содержит список элементов. Если элементов слишком много, они перераспределяются по четырем дочерним вершинам, представляющим собой северо-западный, северо-восточный, юго-восточный и юго-западный квадранты родительской вершины.

Первым делом элемент с заданными координатами *X* и *Y* ищется в корневой вершине. Если у дерева квадрантов есть дочерние вершины, то по координатам элемента определяется нужная, а затем рекурсивный поиск ведется уже в ней. Дойдя до вершины, которая не имеет дочерних узлов, алгоритм пересматривает ее элементы, пытаясь найти целевой.

Предположим, что вышеупомянутое приложение содержит 1500 объектов. Для линейного поиска по списку потребуется произвести приблизительно 750 сравнений. А теперь представьте, что вы храните информацию в дереве квадрантов, каждая вершина которого вмещает 100 элементов. Если вершины распределены по карте относительно равномерно, то получится следующая картина (рис. 10.18).

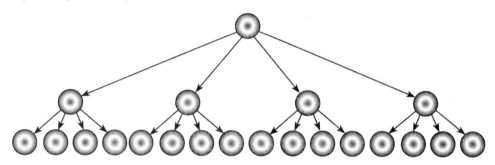

Рис. 10.18. Дерево квадрантов
с равномерно распределенными элементами

Корневая вершина разделена на четыре квадранта, каждый из которых включает еще четыре меньших квадранта. Терминальные вершины представляют собой наименьший квадрант, чья вместимость составляет 100 элементов.

Чтобы найти целевой элемент, нужно определить сначала бо́льший квадрант, в котором он содержится, затем внутри него более мелкий квадрант и, наконец, провести поиск по элементам терминальной вершины. Результатом станет среднее арифметическое из двух сравнений квадрантов и около 50 сравнений элементов. Относительная скорость сравнений квадрантов и элементов может меняться в зависимости от поставленной задачи, но обычно она намного быстрее, чем 750 сравнений из простого списка.

Если дерево квадрантов содержит N вершин, в каждой из которых может находиться до K элементов, относительно равномерно распределенных на одной площади, то его высота будет около $\log_4 (N/K)$. В нашем примере $N = 1500$, а $K = 100$, значит, высота дерева, изображенного на рисунке 10.8, равна $\log_4 (1500/100) = \log_4 15 \approx$ $\approx 1{,}95$, что близко к 2.

На рисунке 10.19 представлена визуализация дерева квадрантов из 200 элементов, каждая вершина которого включает около 10 элементов (на практике последнее число может быть больше, чтобы деление происходило не так часто). Обозначенные рамки показывают, как расчерчена область в целом: карта разбита на четыре основных квадранта, в каждом из которых выделяются четыре квадранта поменьше, затем некоторые из них дробятся еще раз и т. д.

Для работы с деревом квадрантов вам понадобятся алгоритмы, которые умеют находить нужный элемент или добавлять его к вершине поддерева. Кроме того, может пригодится алгоритм для нанесения элементов на карту.

В следующем псевдокоде представлено базовое определение класса для дерева квадрантов.

```
Class QuadtreeNode
    // Максимальное количество элементов в одной вершине дерева квадрантов.
    Integer: MaxItems = 10

    // Элементы данной вершины дерева квадрантов.
    List Of Data: Items

    // Область, которую представляет данная вершина дерева квадрантов.
    Rectangle: Area

    // Значения срединных координат X и Y.
    Float: Xmid, Ymid

    // Дочерние вершины дерева квадрантов.
    QuadtreeNode: NWchild, NEchild, SEchild, SWchild

    // Инициализация конструктора.
    Constructor(Rectangle: area)
        Area = area
        Xmid = (Area.Left + Area.Right) / 2
        Ymid = (Area.Top + Area.Bottom) / 2
    End Constructor
End QuadtreeNode
```

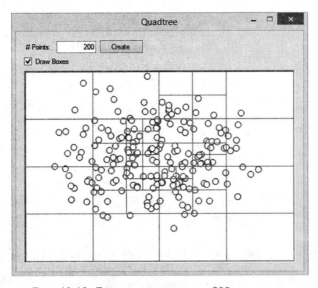

Рис. 10.19. Дерево квадрантов из 200 элементов

Значение MaxItems указывает на максимальное количество элементов, которые может содержать вершина, не разбиваясь на квадранты.

Свойство Items — это элементы вершины. Если вершина внутренняя, то Items равно null, а элементы хранятся в дочерних поддеревьях.

Свойство Area — область, которую представляет вершина в двумерном пространстве. Значения Xmid и Ymid — срединные координаты X и Y; они используются для определения нужного квадранта.

В классе есть конструктор, инициализирующий свойство вершины `Area`, а также `Xmid` и `Ymid`. По сути, последние два значения можно рассчитать в любой момент, но поскольку они часто используются (по крайней мере для нетерминальных вершин), инициализация позволяет сэкономить время.

Ниже в псевдокоде `QuadtreeNode` в поддерево добавляется новый элемент.

```
// Добавляем элемент в поддерево вершины.
AddItem(Item: new_item)
    // Проверяем, полная ли вершина.
    If ((Items != null) And (Items.Count + 1 > MaxItems)) Then
            // Разбиваем данную вершину.
            Float: wid = (Area.Right - Area.Left) / 2
            Float: hgt = (Area.Bottom - Area.Top) / 2
            NWchild = New QuadtreeNode(
                    New Rectangle(Area.Left, Area.Top, wid, hgt))
            NEchild = New QuadtreeNode(
                    New Rectangle(Area.Left + wid, Area.Top, wid, hgt))
            SEchild = New QuadtreeNode(
                    New Rectangle(Area.Left + wid, Area.Top + hgt, wid, hgt))
            SWchild = New QuadtreeNode(
                    New Rectangle(Area.Left, Area.Top + hgt, wid, hgt))

            // Сдвигаем точки в подходящее поддерево.
            For Each item In Items
                    If (item.Y < Ymid) Then
                            If (item.X < Xmid) Then NWchild.AddItem(item)
                            Else NEchild.AddItem(item)
                    Else
                            If (item.X < Xmid) SWchild.AddItem(item)
                            Else SEchild.AddItem(item)
                    End If
            Next item

            // Удаляем список Items данной вершины.
            Items = null
    End If // Заканчиваем, если вершина полная.

    // Добавляем элемент в подходящее поддерево.
    If (Items != null) ThenItems.Add(new_item)
    Else If (new_item.Y < Ymid) Then
            If (new_item.X < Xmid) Then NWchild.AddItem(new_item)
            Else NEchild.AddItem(new_item)
    Else
            If (new_item.X < Xmid) Then SWchild.AddItem(new_item)
            Else SEchild.AddItem(new_item)
    End If
End AddItem
```

Если текущая вершина терминальная и добавление еще одного элемента приводит к превышению их допустимого количества, алгоритм разбивает вершину на четыре дочерние. Затем он циклически проходит по элементам и, рекурсивно вызывая метод `AddItem`, перемещает их в соответствующее поддерево. После этого список `Items` устанавливается на `null`, чтобы указать, что вершина является внутренней.

Если свойство `Items` не равно `null`, это говорит о том, что вершина терминальная, и алгоритм добавляет новый элемент к списку `Items`. В противном случае алгоритм выполняет ряд тестов `If-Then`, чтобы определить, в каком поддереве содержится элемент, а затем рекурсивно вызывает соответствующий метод дочерней вершины `AddItem`.

В следующем высокоуровневом псевдокоде показано, как `QuadtreeNode` находит элемент в данной точке и возвращает ответ с помощью параметра `result`. Значение `True` сообщает о том, что целевой элемент найден, `False` — о том, что целевого элемента нет.

```
// Ищем элемент в данной точке. Возвращаем true, если находим его.
Boolean: FindItem(Point: target, Item: result)
    // Проверяем, есть ли дочерние вершины.
    If (Items == null) Then
            // Дочерние вершины есть, ищем подходящее поддерево.
            If (target.Y < Ymid) Then
                    If (new_item.X < Xmid) Then
                            Return NWchild.FindItem(target, result)
                    Else Return NEchild.FindItem(target, result)
            Else
                    If (new_item.X < Xmid) Then
                            Return SWchild.FindItem(target, result)
                    Else Return SEchild.FindItem(target, result))
            End If
    Else
            // Дочерних вершин нет, ищем элементы текущей вершины.
            For Each item In Items
                    // Проверяем, тот ли это элемент.
                    If ((item.X == target.X) And (item.Y == target.Y)) Then
                            result = item
                            Return True
                    End If
            Next item

            // Элемент не найден.
            Return False
    End If
End FindItem
```

Сначала алгоритм проверяет свойство `Items`, чтобы выяснить, имеет ли текущая вершина дочерние узлы. Если таковые есть, он определяет, в каком поддереве содержится элемент, и рекурсивно вызывает метод `FindItem` соответствующей дочерней вершины. В противном случае выполняется поиск целевого элемента по списку вершины `Items`. Не обнаружив элемент в указанном месте, программа возвращает `False`.

Рассмотренный код кажется относительно простым, но на практике все оказывается сложнее. Хранящиеся в дереве элементы отличны от обычных окружностей, прямоугольников или сегментов линий. Отсюда возникает вопрос: к какой из двух из вершин дерева квадрантов отнести элемент, расположенный на границе? Как вариант, можно поместить его в обе вершины, чтобы поиск оказался удачным независимо от того, на какой площади щелкнет пользователь. Но в этом случае необходимо изменить алгоритмы таким образом, чтобы они могли взаимодействовать с двумерными элементами. Например, при поиске элемента нужно не просто сравнивать целевую точку с местом, в котором он находится, но и разработать определенный метод, который позволит выяснить, располагается ли целевая точка внутри элемента.

Подобное решение приводит к дублированию элементов — они представляют один и тот же объект в различных вершинах дерева квадрантов. Это в свою очередь провоцирует нецелесообразное использование пространства. Кроме всего прочего, вершины дерева квадрантов заполняются гораздо быстрее, чем при другом способе, поэтому должны разделяться чаще, как следствие — дерево становится более глубоким.

Еще одно возможное решение — представить каждый элемент с помощью особой точки, расположенной в центре или в верхнем левом углу. Тогда при поиске элемента анализируются вершины дерева квадрантов с областями, частично покрывающими область вокруг целевой точки, которая достаточно велика, чтобы включать в себя наибольший элемент.

Например, изображенные на рисунке 10.19 элементы — это окружности с радиусом 5, которые представлены центральными точками. При поиске элемента в точке (A, B) программа проверяет любое дерево квадрантов с областью, пересекающей прямоугольник $A - 5 \leq X \leq A + 5$ и $B - 5 \leq Y \leq B + 5$.

Все описанные изменения внести в алгоритм несложно, правда, они удлинят код.

ВОСЬМЕРИЧНЫЕ ДЕРЕВЬЯ

Октодерево подобно квадродереву, за исключением одного — в нем хранятся трехмерные объекты. Восьмеричная вершина также трехмерна. Когда в ней накапливается много элементов, она делится на восемь октантов по числу дочерних вершин, а элементы распределяются между поддеревьями.

Префиксные деревья

Префиксное дерево, или *луч*, — это дерево, содержащее строки. Каждая внутренняя вершина представляет собой одну букву, терминальная — часто несколько. Путь от корня до терминальной вершины соответствует строке.

Частичный путь от корня к внутренней вершине создает префикс для более длинных путей, поэтому лучи часто называют *префиксными деревьями*. Путь, представляющий собой строку ключа, имеет присваиваемое значение, независимо от того, заканчивается он у внутренней или у терминальной вершины. На рисунке 10.20 изображено префиксное дерево, содержащее ключи и значения, перечисленные в таблице 10.4.

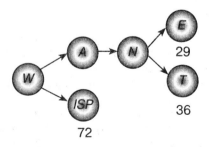

Рис. 10.20. Префиксное дерево: путь через него определяет строку

Таблица 10.4. Данные для типового префиксного дерева

Ключ	Значение
WANE	29
WISP	72
WANT	36

Рассмотрим путь от корня до вершины *E*. Пройденные узлы соответствуют буквам *W*, *A*, *N* и *E*, поэтому вершина представляет собой ключ *WANE*, значение которого равно 29. Путь к вершине *T* ведет через буквы *W*, *A*, *N* и *T*, отсюда ключ *WANT* со значением 36. А вот путь к вершине *N* создает строку *WAN*, которая является префиксом для *WANE* и *WANT*.

Обратите внимание, что терминальная вершина может содержать более одной буквы, например в вершине *ISP* их сразу три. Путь от корня до данной вершины представляет собой ключ *WISP*, имеющий значение 72.

Для добавления нового ключа к префиксному дереву используйте его буквы, чтобы пройти по соответствующему пути. Если вы доберетесь до терминальной вершины, а в ключе все еще будут содержаться буквы, добавьте новую дочернюю вершину — она представит оставшуюся часть пути. Поясним на примере. Предположим, нужно добавить к префиксному дереву ключ *WANTED*. Пройдя через вершины *W*, *A*, *N* и *T*, вы обнаружите, что у вас еще остались буквы *ED*. Все, что вам нужно сделать, — добавить новую вершину, в которой они будут храниться (рис. 10.21).

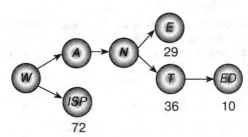

Рис. 10.21. Префиксное дерево с добавленной терминальной вершиной

Иногда новый ключ в префиксном дереве легко найти. Например, на рисунке 10.21 уже присутствуют все необходимые вершины для представления ключа *WAN*. В таком случае достаточно добавить значение к соответствующей вершине, как показано на рисунке 10.22.

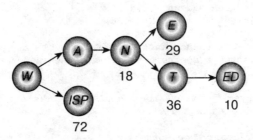

Рис. 10.22. Префиксное дерево с добавленным значением

Букву можно не хранить во внутренней вершине, а определить по пути, пройденному до нее от корня. Представьте себе, например, массив с дочерними вершинами, где `Children[0]` — это ветвь для буквы *A*, `Children[1]` — ветвь для буквы *B* и т. д.

На рисунке 10.23 изображено видоизмененное префиксное дерево с рисунка 10.22, у которого буквы из внутренних вершин перемещены на ветви. Обратите внимание, что для вершины со значением 29 не нужна дополнительная информация, поскольку ключ, который она представляет, полностью определяется путем, и напротив, путь к вершине со значением 10 задействует только буквы *W*, *A*, *N*, *T* и *E*, поэтому необходимо сохранить конечную *D*.

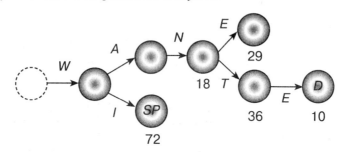

Рис. 10.23. Префиксное дерево,
в котором буквы располагаются не в вершинах, а на ветвях

В следующем псевдокоде показано, как добавить элемент к префиксному дереву. Под фразой «оставшийся ключ вершины» подразумевается та часть ключа, которая хранится в терминальной вершине, подобно *D* и *SP* на рисунке 10.23.

```
AddValue(string new_key, string new_value)
    <Если new_key не пуст и соответствует оставшемуся ключу вершины,
    помещаем значение в эту вершину и останавливаемся.>

    <Если new_key пуст, так же как и оставшийся ключ вершины,
    помещаем сюда значение и останавливаемся.>

    <Если new_key пуст, а оставшийся ключ вершины нет,
    переносим последний (за исключением первой буквы) в дочернюю вершину,
    помещаем сюда значение и останавливаемся.>

    // Если мы дошли до этой строки, нам нужна дочерняя вершина.
    If <дочерний массив обнулен> Then
            // Создаем массив Children.
            Children = New TrieNode[26]

            <Если оставшийся ключ вершины не пуст,
            переходим к соответствующей дочерней вершине.>
    End If

    // Конвертируем букву в целое число, не считая A.
    Integer: index = new_key[0] - 'A'

    // Ищем соответствующее поддерево.
    If (Children[index] == null)
```

```
            // Этой дочерней вершины не существует, поэтому создаем ее.
            // Она будет представлять оставшуюся часть нового ключа.
            Children[index] = New TrieNode()
            Children[index].RemainingKey = new_key.Substring(1)
            Children[index].Value = new_value
            Return
        End If

        // Ищем соответствующее поддерево.
        Children[index].AddValue(new_key.Substring(1), new_value)
End AddValue
```

Алгоритм довольно сложный. Его легче понять, если начертить дерево и вслед за кодом провести в нем необходимые обновления.

Перемещаясь по дереву, алгоритм удаляет буквы из нового ключа в соответствии с ветвями, которые пересекает. Затем рассматривается текущее значение нового ключа. Если оно не пустое и совпадает с ключом вершины, новое значение размещается в текущей вершине. На рисунке 10.23 данное положение совпадает с установкой значения WANTED. Когда алгоритм дойдет до последней вершины, новым значением ключа станет D, а это и есть оставшийся ключ вершины.

Если новый ключ и оставшийся ключ вершины пусты, алгоритм размещает значение в текущей вершине. Таким образом на рисунке 10.23 устанавливается значение WAN. Когда алгоритм пересекает ветвь N, новый ключ представляет собой пустую строку. У вершины в конце ветви нет оставшегося ключа (он может быть только у терминальных вершин), поэтому здесь должно разместиться значение WAN.

Если пуст только новый ключ, но не оставшийся ключ вершины, тогда алгоритм перемещает последний в дочерний узел. Так происходит, когда префиксное дерево содержит WANE и WANTED, но не WANT. В этом случае путь для WANTED будет выглядеть как W, A, N, T, ED. При добавлении WANT и пресечении ветви T новое значение ключа пусто, поскольку путь представляет полностью новый ключ WANT. Тем не менее данный ключ имеет значение ED, поэтому алгоритм перемещает ED вниз к дочерней вершине, а затем создает новую ветвь E и новую вершину с D в качестве оставшегося ключа.

Совершив все предыдущие шаги, программа должна переместиться в поддерево дочерней вершины. Перед тем как это сделать, она определяет, был ли инициализирован массив вершины Children. Если нет, то создается массив Children. В случае когда не пуст еще и оставшийся ключ вершины, алгоритм перемещает его (без первой буквы) в соответствующую дочернюю вершину.

Затем проверяется дочерняя вершина, которая должна содержать новый ключ. Если ее не существует, она создается и в нее сохраняется оставшаяся часть нового ключа и новое значение. Если дочерняя вершина есть, алгоритм рекурсивно вызывает сам себя, чтобы добавить новый ключ (без первой буквы) к поддереву этой вершины.

Поиск значения в префиксном дереве осуществляется по тому же принципу, но с использованием более простого алгоритма, поскольку здесь меньше особых случаев.

```
// Находим значение в поддереве вершины.
Data: FindValue(String: target_key)

    // Если целевой ключ соответствует оставшемуся ключу вершины,
    // возвращаем значение этой вершины.
    If (target_key == RemainingKey) Then Return Value

    // Ищем соответствующую дочернюю вершину.
    If (Children == null) Then Return null
    Integer: index = target_key[0] - 'A'

    If (Children[index] == null) Then Return null

    Return Children[index].FindValue(target_key.Substring(1))
End FindValue
```

Сначала алгоритм сравнивает целевой ключ с оставшимся ключом вершины. Если они одинаковы, возможны два варианта. Согласно первому, программа могла истощить целевой ключ и дойти до вершины, не имеющей оставшегося значения (как при поиске *WAN* на рисунке 10.22). В соответствии со вторым код дошел до вершины, на которой целевое значение подходит к оставшемуся ключу (как при поиске *WANTED* на рисунке 10.22). В обоих случаях код соответствует целевому ключу, поэтому алгоритм возвращает его значение.

Если оставшийся целевой ключ не подходит к оставшемуся ключу вершины, алгоритм выполняет поиск в дочерних узлах. Когда у текущей вершины их нет, это значит, что целевого ключа в префиксном дереве не существует и алгоритм возвращает `null`. В противном случае алгоритм рассчитывает индекс дочерней вершины целевого ключа и, не обнаружив ее, также делает вывод, что ключа в префиксном дереве нет, и возвращает `null`. Если же дочерняя вершина целевого ключа есть, то программа рекурсивно вызывает себя, чтобы эта вершина нашла целевой ключ (без первой буквы).

Резюме

Деревья позволяют хранить данные в иерархическом порядке и облегчают работу с ними. Выстроив единожды подобную структуру, вы можете затем перебирать ее значения разными способами и осуществлять поиск нужного элемента.

Производительность данных алгоритмов очень часто зависит от высоты дерева. Если последнее содержит N вершин и является относительно коротким и широким, то его высота составит $O(\log N)$, а алгоритм окажется относительно быстрым. Высокое и тонкое дерево высотой $O(N)$ даст плохую производительность. Например, построение упорядоченного бинарного дерева в лучшем случае займет время $O(N \log N)$, а в худшем — $O(N^2)$.

Приняв во внимание вышесказанную зависимость, программисты разработали специальные деревья, которые самостоятельно исправляют свою структуру, чтобы не расти слишком высокими или слишком тонкими. В следующей главе описано несколько видов таких деревьев, включая *B*-деревья и *B*+-деревья, используемые во многих системах баз данных для хранения и эффективного поиска информации.

Упражнения

Звездочками отмечены задачи повышенной сложности.

1. Может ли идеальное бинарное дерево содержать четное количество вершин?

2. Идеальное дерево считается полным и завершенным, но не все полные и завершенные деревья идеальны. Начертите дерево, которое является полным и завершенным, но не идеальным.

3. Докажите, что количество ветвей B в бинарном дереве из N вершин вычисляется по формуле $B = N - 1$. Используйте индукцию.

4. Докажите факт из упражнения 3 без использования индукции.

5*. Докажите, что количество терминальных вершин L в идеальном двоичном дереве высотой H определяется выражением $L = 2^H$. Используйте индукцию.

6*. Докажите, что в двоичном дереве из N вершин количество недостающих ветвей M (мест, куда может быть добавлена дочерняя вершина) находится по формуле $M = N + 1$. Используйте индукцию.

7. Как будет выглядеть обход в прямом порядке для дерева, изображенного на рисунке 10.24?

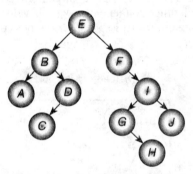

Рис. 10.24. Дерево значений

8. Совершите симметричный обход дерева, изображенного на рисунке 10.24.

9. Проанализируйте обход в обратном порядке для дерева, представленного на рисунке 10.24.

10. Каков обход в ширину для дерева, изображенного на рисунке 10.24?

11. Напишите программу, которая совершает все виды обхода из упражнений 7–10 для дерева, представленного на рисунке 10.24.

12. Что случится, если использовать стек вместо очереди в алгоритме обхода в ширину из подраздела «Обход в ширину» раздела «Обход дерева» текущей главы? Попробуйте сгенерировать такой обход рекурсивно.

13. Напишите программу, подобную той, чье окно представлено на рисунке 10.25, где отображаются значения, полученные в результате прямого обхода дерева на рисунке 10.24.

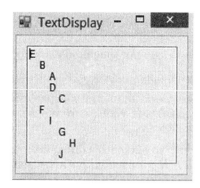

Рис. 10.25. Окно программы TextDispaly (значения дерева выведены наподобие иерархии папок в **Проводнике** ОС Windows)

14**. Напишите программу с более наглядным изображением дерева, подобную той, чье окно представлено на рисунке 10.26. (Подсказка: задайте метод класса для вершины `PositionSubtree`, чтобы позиционировать ее поддерево. Возьмите в качестве параметров координаты *x* и *y*, которые может занимать поддерево, и рассчитайте нужный для этого прямоугольник. Рекурсивным вызовом метода `PositionSubtree` определите размеры для возможных левых и правых дочерних поддеревьев, чтобы узнать размер исходного поддерева. Задайте также методы класса, чтобы рекурсивно начертить ссылки и вершины дерева).

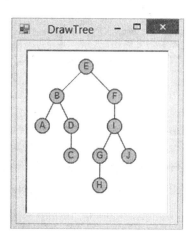

Рис. 10.26. Окно программы DrawTree

15**. Изображенная на рисунке 10.26 структура годится для представления неупорядоченного дерева. В случае с упорядоченным бинарным по ней будет трудно определить разновидность дочернего узла — левый он или правый по отношению к родителю. Измените программу из упражнения 14 так, чтобы она формировала структуру, подобную той, что представлена на рисунке 10.27. Здесь на отсутствие дочернего узла указывает пустое место.

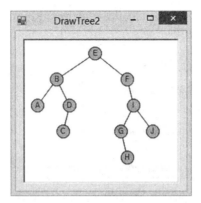

Рис. 10.27. Окно программы DrawTree2

16. Напишите псевдокод, выполняющий обратный симметричный обход в связном сортированном дереве.

17*. Напишите программу, которая создает связное упорядоченное дерево и совершает по нему симметричный и обратный симметричный обходы.

18**. Усовершенствуйте программу из упражнения 17 так, чтобы она отображала дерево, подобное тому, что представлено на рисунке 10.28. В каждой окружности содержится значение текущей вершины и тех вершин, к которым ведут ее треды. Например, левый тред вершины 4 установлен на null (обозначается как «- -»), а правый указывает на вершину 5.

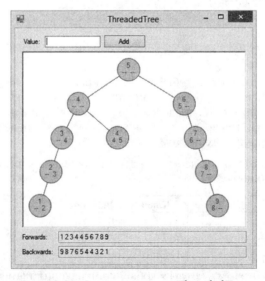

Рис. 10.28. Окно программы ThreadedTree

19. Идентифицируйте вид дерева знаний из игры «Животные». Оно полное, завершенное, идеальное, представляет собой комбинацию всех трех видов или же не относится ни к одному из них?

20. В игре «Животные» для хранения информации может использоваться следующий класс вершин.

    ```
    Class AnimalNode
        String: Question
        AnimalNode: YesChild, NoChild
    End Class
    ```

    Если им воспользоваться, то как отличить, что содержит вершина — вопрос или животное?

21. Напишите программу, реализующую игру «Животные».

22. Начертите деревья для следующих математических выражений:

    1) (15 / 3) + (24 / 6);

    2) 8 × 12 – 14 × 32;

    3) 1 / 2 + 1 / 4 + 1 / 20.

23. Напишите программу для расчета математических выражений. Поскольку информация о их разбиении рассматривается в главе 15, сделайте так, чтобы программа создавала математические выражения на основе примеров из упражнения 22.

24. Начертите деревья для следующих математических выражений:

    1) (36 × 2) / (9 × 32);

    2) 5! / ((5 – 3)! × 3!);

    3) $\sin^2(45°)$.

25*. Усовершенствуйте программу из упражнения 23 для расчета выражений из упражнения 24.

26**. Напишите программу, подобную той, что представлена на рисунке 10.19. Разрешите пользователю выбирать нужную окружность кнопкой мыши (если щелчок выполняется за пределами окружностей, ни одна из них не должна быть выбрана). При воспроизведении карты выделите целевую окружность (если она есть) другим цветом.

27. Начертите префиксное дерево, представляющее ключи и значения из следующей таблицы.

Ключ	Значение	Ключ	Значение
APPLE	10	ANT	40
APP	20	BAT	50
BEAR	30	APE	60

28**. Напишите программу, которая добавляет и находит элементы в префиксном дереве.

Глава 11
СБАЛАНСИРОВАННЫЕ ДЕРЕВЬЯ

В главе 10 уже приводилось общее описание деревьев и некоторых программ, в которых они используются. Вы уже знаете, что при совершении обхода время работы алгоритмов зависит от общего размера дерева, а при добавлении вершины к упорядоченному дереву — от его высоты. К тому же если упорядоченное дерево из N вершин является относительно коротким и широким, для вставки новой вершины потребуется $O(\log N)$ шагов. Если же древовидная структура получается высокой и тонкой (вершины добавляются в отсортированном порядке), число шагов рассчитывается как $O(N)$, что намного больше, чем в предыдущем случае.

В текущей главе описываются *сбалансированные деревья*, то есть такие, которые перестраивают свои вершины, чтобы не стать слишком высокими или тонкими. Подобные структуры данных могут быть не идеальными с точки зрения формирования или обладать минимальной возможной высотой для определенного количества вершин, но они достаточно оптимальны, чтобы проходящие по ним алгоритмы имели время работы $O(\log N)$.

ЗАМЕЧАНИЕ

В текущей главе не используется псевдокод, поскольку работу алгоритмов со сбалансированными деревьями гораздо легче объяснить на основе рисунков.

В следующих разделах рассматриваются три вида сбалансированных структур данных: АВЛ-, 2-3- и *B*-деревья.

АВЛ-деревья

АВЛ-дерево — упорядоченная бинарная структура, в любой вершине которой высота двух поддеревьев отличается максимум на единицу. При добавлении или удалении вершины дерево повторно балансируют по необходимости, чтобы сохранить данное свойство.

ЗАМЕЧАНИЕ

АВЛ-деревья стали самыми первыми сбалансированными структурами данных. Они описаны еще в 1962 г. и названы в честь разработчиков Георгия Максимовича Адельсона-Вельского и Евгения Михайловича Ландиса.

АВЛ-дерево является упорядоченным бинарным, поэтому поиск целевых значений в нем выполняется довольно легко (см. главу 10). Немного сложнее происходит их добавление и удаление. Об этих двух операциях мы и поговорим в следующих подразделах.

257

Добавление значений

Рассматривая вершину АВЛ-дерева, пользуются показателем сбалансированности. Он указывает на то, каковы относящиеся к ней поддеревья — тяжелые слева или справа либо же сбалансированные. Исходя из этого, показатель сбалансированности можно определить как разность между высотами левого и правого поддеревьев. Значение –1 скажет о том, что вершина утяжелена справа, 0 — что поддеревья равной высоты, +1 — что вершина утяжелена слева.

Добавление новой вершины к АВЛ-дереву происходит за счет рекурсивного спуска по дереву до места, где должна находиться новая вершина. По мере его выполнения программа обновляет показатели сбалансированности у каждой вершины, возвращаясь к корню. Если выявляется вершина, у которой показатель сбалансированности меньше –1 или больше +1, программа совершает одно вращение или несколько, чтобы устранить дисбаланс.

В общем случае поведение алгоритма зависит от того, куда именно добавляется новая вершина. Возможны четыре случая:

1) левое поддерево левой дочерней вершины;

2) левое поддерево правой дочерней вершины;

3) правое поддерево левой дочерней вершины;

4) правое поддерево правой дочерней вершины.

На рисунке 11.1 новое значение позиционируется в левое поддерево *A*1 левой дочерней вершины. Этот случай имеет особое название — *«левый – левый»*. Изображенные треугольники представляют собой сбалансированные АВЛ-поддеревья, которые могут содержать большое количество вершин. У вершины *B* дерево не сбалансировано, поскольку поддерево *A*1 в вершине *A* на два уровня выше, чем поддерево *B*2.

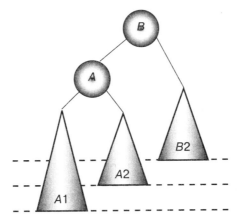

Рис. 11.1. Случай «левый – левый»

Чтобы сбалансировать дерево, необходимо совершить *правое вращение*: заменить вершину *B* вершиной *A* и сделать поддерево *A*2 левым поддеревом вершины *B* (рис. 11.2).

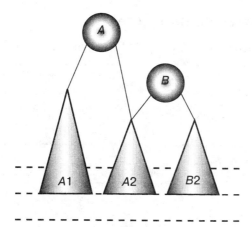

Рис. 11.2. Сбалансированное дерево после правого вращения

Случай *«правый — правый»* похож на предыдущий, только дерево балансируется с помощью *левого вращения* (рис. 11.3).

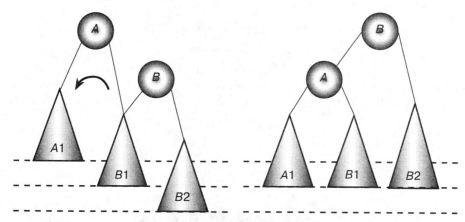

Рис. 11.3. Случай «правый — правый» *(слева)*
и сбалансированное дерево после левого вращения *(справа)*

В случае *«левый — правый»* (рис. 11.4, первый фрагмент) новое значение содержится в правом поддереве левой дочерней вершины, которое в свою очередь состоит из вершины *A* и еще двух поддеревьев — *A*1 и *A*2. В каком из последних находится добавленная вершина, абсолютно неважно — поддерево с корнем *A* все равно на два уровня ниже, чем поддерево *B*2. Это значит, что поддерево с корнем *C* на два уровня глубже, чем поддерево *B*2, получается, дерево не сбалансировано у вершины *B*.

Чтобы сбалансировать дерево, нужно использовать вначале левое, а затем правое вращение. На втором фрагменте рисунка 11.4 после перемены вершин *A* и *C* образуется случай «левый — левый»: поддерево левой дочерней вершины смещается на два уровня ниже правого поддерева с корнем *B*. Теперь можно сбалансировать всю структуру с помощью правого вращения (рис. 11.4, третий фрагмент).

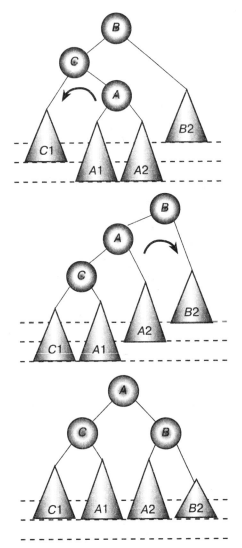

Рис. 11.4. Случай «левый — правый» *(сверху)* и дерево после левого *(посередине)* и правого вращений *(снизу)*

Подобным образом балансируются деревья и в случае «правый — левый», только вначале используется правое вращение (чтобы выйти на случай «правый — правый»), а затем левое (чтобы сбалансировать все дерево).

Удаление значений

Вращения помогают не только добавлять вершины в АВЛ-дерево, но и удалять их. На первом фрагменте рисунка 11.5 показана исходная структура данных. Удаление вершины 1 приводит к тому, что изображенное на втором фрагменте дерево становится несбалансированным у вершины 3: ее левое поддерево имеет высоту 1, а правое — 3. Чтобы сбалансировать структуру, нужно применить левое вращение (рис. 11.5, третий фрагмент).

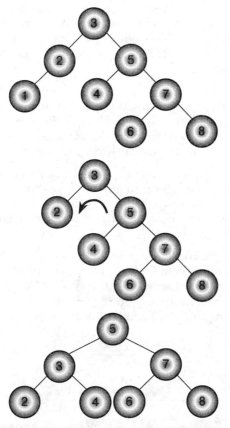

Рис. 11.5. Удаление значения: исходное *(вверху)*, несбалансированное *(посередине)* и сбалансированное дерево

Во всех случаях максимальная высота АВЛ-дерева из N вершин равна $O(\log N)$, потому оно является относительно коротким и широким. Это значит, что операции, в ходе которых происходит подъем по дереву (например, поиск значения), требуют $O(\log N)$ времени. Столько же занимает и балансировка. Таким образом, добавление или удаление значения происходит за время $O(\log N)$.

2-3-деревья

Чтобы АВЛ-дерево оставалось сбалансированным, его структура должна быть масштабной — поддеревья при любой вершине отличаются друг от друга максимум на один уровень по высоте. Для определения этой высоты вам пришлось бы просмотреть все поддерево вплоть до терминальной вершины.

Сбалансированное *2-3-дерево* не столь масштабно, поэтому можно не проводить полный анализ поддеревьев у данной вершины, а лишь рассмотреть количество имеющихся у нее дочерних узлов. Согласно названию, их бывает два или три. Вершина с двумя дочерними узлами называется *2-вершиной*, с тремя — *3-вершиной*.

Если представить, что каждая внутренняя вершина имеет минимум два дочерних узла, то максимальная высота дерева из N вершин составит $\log_2 N$. В этом случае структура данных подобна обычному бинарному дереву, где в каждой вершине содержится значение. Поиск нужного значения проводится сверху вниз по левой или правой ветви — в зависимости от того, меньше оно или больше значения вершины.

В вершинах с тремя дочерними узлами находятся два значения. При поиске спускаются по левой ветви дерева, если искомое значение меньше первого значения вершины, по средней — если оно расположено между первым и вторым значением или по правой ветви — если оно больше второго значения.

На практике и тот и другой вид вершины можно представить одним и тем же классом или структурой. Достаточно лишь указать количество возможных дочерних узлов, а затем добавить свойство, которое покажет, сколько значений используются. (У терминальной вершины может быть одно или два значения, но нет дочерних узлов.)

Чтобы найти значение 76 в 2-3-дереве, изображенном на рисунке 11.6, требуется сравнить его со значением корня 42. Поскольку искомое число больше, нам нужно двигаться по правой дочерней ветви. У следующей вершины значение 76 сравнивается с 69 и 81, и раз оно находится между ними, то дальше надо спуститься по средней ветви. Там, в терминальной вершине, и завершается поиск.

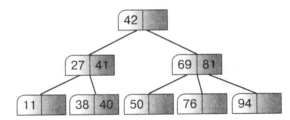

Рис. 11.6. 2-3-дерево с двумя и тремя дочерними узлами при внутренних вершинах

Поиск значений в 2-3-дереве осуществляется просто, чего не скажешь об их добавлении и удалении. Последние две операции немного сложнее, чем при работе с обычным бинарным деревом.

Добавление значений

Чтобы вставить новое значение, как и в случае с упорядоченным деревом, необходимо найти ту терминальную вершину, к которой это значение относится. В зависимости от того, заполнена ли вершина, действуют по-разному.

Если в терминальной вершине менее двух значений, новое добавляется с сохранением принятого порядка. Когда терминальная вершина заполнена (у нее уже есть два значения), действуют следующим образом: меньшее значение переносят в новую левую вершину, большее — в новую правую, а среднее перемещают вверх к родительской вершине. Это называется *разделением вершины*.

На рисунке 11.7 к исходному дереву добавляется значение 42. Сравнив его с корнем 27, приходим к выводу, что нам нужна нижняя правая ветвь. Вершина под этой ветвью терминальная (то есть в идеале в ней и должно находиться новое значение) и к тому же полная — к 32 и 57 необходимо добавить 42. Чтобы освободить для нового значения место, узел следует разделить: меньшее и большее числа (32 и 57) остаются в терминальных вершинах, а среднее (47) перемещается вверх к родительской вершине.

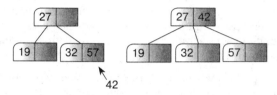

Рис. 11.7. Добавление нового значения к полной терминальной вершине: исходное *(слева)* и дополненное деревья *(справа)*

При разделении узла может получиться так, что в родительской вершине окажется слишком много значений и ее также придется делить. В худшем случае такую операцию понадобится повторить вверх по всему дереву, что спровоцирует *разделение корня* и сделает дерево большим. Однако это единственное стечение обстоятельств, при котором 2-3-дерево станет высоким.

Для упорядоченного бинарного дерева худший сценарий — добавление значений в отсортированном порядке. Это приведет к тому, что дерево получится высоким и тонким. При N вершинах оно будет иметь высоту N.

На рисунке 11.8 изображено формирование 2-3-дерева, в которое добавляются числа от 1 до 7 в порядке их следования.

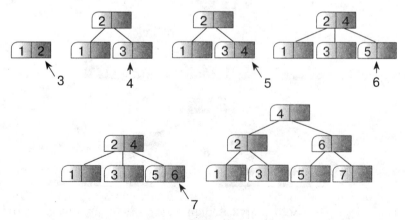

Рис. 11.8. Разделение корня 2-3-дерева

На первом фрагменте в терминальной вершине содержатся значения 1 и 2, далее показано, как происходит добавление остальных чисел и поиск их месторасположения. Проанализировав рисунок, вы увидите, что добавление значения 4 привело к разделению вершины, а 7 — к разделению корня.

Удаление значений

Теоретически удаление значения из 2-3-дерева должно напоминать добавление, только с точностью до наоборот: вместо разделения вершины следует ожидать слияние вершин. Однако на практике все гораздо сложнее.

Чтобы упростить задачу, представим, будто значение удаляется из терминальной вершины. Если оно находится не в терминальной вершине, то, как и в любом упорядоченном дереве, его следует заменить крайним правым значением, расположенным слева. Заменяемая вершина будет находиться в терминальной, поэтому далее ситуацию можно рассматривать так, словно крайнее правое значение было удалено из левой вершины.

Вершина, в которой произведено удаление, остается с одним значением или вовсе без них. В первом случае задачу можно считать выполненной. Во втором нужно позаимствовать одно из двух значений у вершины-сестры и переместить его в пустую вершину.

Обратимся к рисунку 11.9. Предположим, вы хотите удалить значение 4 из корня дерева на верхнем фрагменте. Для начала переместите число 3 в удаленную позицию, чтобы получить дерево, изображенное на втором фрагменте.

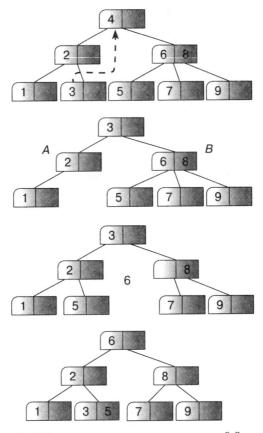

Рис. 11.9. Удаление значения из вершины в 2-3-дереве

Новая структура больше не является 2-3-деревом, поскольку у внутренней вершины A есть только один дочерний узел. Зато ее сестра B содержит три дочерних узла, один из которых можно позаимствовать: сделайте вершину со значением 5 дочерней для вершины A, как на третьем фрагменте. На следующем этапе нужно удалить значение 6, которое помогало решить, когда перемещаться от вершины B к вершине с числом 5.

Теперь у значения 6 нет вершины и числа расположены не в отсортированном порядке. Поскольку 6 больше любого другого значения в поддереве A, его следует переместить в корень. Значение 3, которое до этого в нем находилось, больше всех исходных значений в поддереве A и меньше позаимствованного значения 5. Таким образом, его нужно расположить слева от 5. На четвертом фрагменте рисунка 11.9 представлен конечный результат операции.

Рассмотрим еще такую ситуацию, когда значение удаляется из внутренней вершины и у нее остается только один дочерний узел, а у вершины-сестры — всего одно значение. В таком случае у вершины-сестры нельзя позаимствовать вершину, но можно присоединить ее саму целиком. Это называется *слиянием вершин*.

При слиянии вершин у их родителя теряется один дочерний узел. Если до этого детей было двое, нарушается условие, согласно которому каждая внутренняя вершина в 2-3-дереве должна иметь два или три дочерних узла. В таком случае нужно перейти вверх по дереву и изменить баланс у родителя, перераспределив значения либо объединив родителя с его вершиной-сестрой.

В качестве примера возьмем дерево, изображенное на верхнем фрагменте рисунка 11.10, и предположим, что нам нужно удалить из него значение 3. В результате получится структура, как на втором фрагменте. Она уже не является 2-3-деревом, поскольку у внутренней вершины A имеется только один дочерний узел.

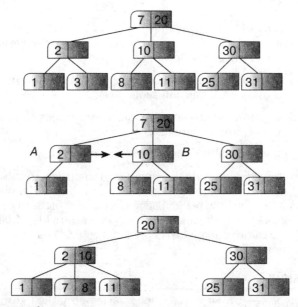

Рис. 11.10. Объединение вершин при удалении значения из 2-3-дерева

У вершины *B* тоже только два дочерних узла, поэтому позаимствовать у нее дочерний узел нельзя, но можно объединить ее с вершиной *A*. В результате у одной общей вершины появится два значения и три дочерних узла, что отлично впишется в нашу пространственную структуру. Однако родительская вершина потеряет дочерний узел, а следовательно, и значение. Последнее можно переместить в поддерево присоединенной вершины.

По окончании вышеперечисленных перестановок значения потеряют отсортированный порядок, следовательно, их придется переставить. Результирующее дерево, которое получится в ходе операции, изображено на третьем фрагменте рисунка 11.10.

В нашем примере верхняя вершина, где по итогу осталось значение 20, имеет два дочерних узла. Если бы подобная структура не образовалась, пришлось бы повторно балансировать дерево на уровне вершины, позаимствовать дочерний узел либо объединить текущую вершину с вершиной-сестрой.

В худшем случае слияния могут протянуться по всему дереву и коснуться корней. Однако это единственное стечение обстоятельств, в результате которого 2-3-дерево может вырасти более коротким.

B-деревья

B-деревья являются расширением 2-3-деревьев, или наоборот, 2-3-деревья можно считать особым случаем *B*-деревьев.

В 2-3-дереве каждая внутренняя вершина содержит одно или два значения и имеет две либо три ветви. В *B*-дереве порядка *K* каждая внутренняя вершина (кроме, возможно, корневой) содержит от *K* до 2*K* значений и имеет от *K* + 1 до 2*K* + 1 ветвей.

Количество значений, определяющее *порядок дерева*, может быть огромно, поэтому внутренние вершины в *B*-дереве часто называют *ведрами*. *B*-дерево порядка *K* обладает следующими свойствами:

- каждая его вершина содержит максимум 2*K* значений и минимум *K* значений (кроме, возможно, корневой вершины);
- внутренняя вершина, включающая *M* значений, имеет *M* + 1 ветвей, которые ведут к *M* + 1 дочерним вершинам;
- все терминальные вершины находятся на одном уровне.

Поскольку от каждой внутренней вершины отходит как минимум *M* + 1 ветвь, *B*-дерево не может вырасти слишком высоким или тонким. Например, в *B*-дереве девятого порядка у каждой внутренней вершины может быть 10 ветвей. Таким образом, дерево, содержащее 1 млн значений, должно иметь $\log_{10} 1\,000\,000 = 6$ уровней в высоту. (Для полного бинарного дерева при том же количестве значений высота составит 20 уровней.)

ЗАМЕЧАНИЕ

Степень дерева — это максимальное количество ветвей, которым может располагать любая его вершина, то есть *B*-дерево порядка *K* имеет степень 2*K* + 1.

Поиск по *B*-дереву проводится так же, как и по 2-3-дереву: рассматриваются значения каждой вершины, выясняется, между какими из них лежит целевое, а затем происходит спуск по соответствующей ветви.

На рисунке 11.11 показана вершина *B*-дерева второго порядка. Чтобы найти значение 35, нужно спуститься по ветви *B*, поскольку оно располагается между значениями 27 и 36. Если ведется поиск числа 50, превышающего все имеющиеся значения вершины, то надо пройти вниз по последней ветви *D*.

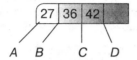

Рис. 11.11. Пример *B*-дерева (внутренние вершины содержат несколько значений, между которыми располагаются ветви)

Добавление и удаление значений в *B*-дереве подобно аналогичным операциям в 2-3-дереве.

Добавление значений

Чтобы включить новое значение в *B*-дерево, нужно найти соответствующую терминальную вершину. Если в ней менее 2*K* значений, новый элемент просто займет положенное ему место. В случае когда текущая терминальная вершина заполнена, но ее сестра содержит менее 2*K* значений, добавляемый элемент помещается в вершину-сестру с учетом существующего порядка.

В качестве примера рассмотрим рисунок 11.12. Предположим, что вам необходимо добавить значение 17 в дерево, изображенное на первом фрагменте. Подходящая терминальная вершина уже заполнена, поэтому меняется порядок в вершине-сестре, как на втором фрагменте, и новое значение становится в нее. (Обратите внимание, что разделяющее значение в родительской вершине также изменилось.)

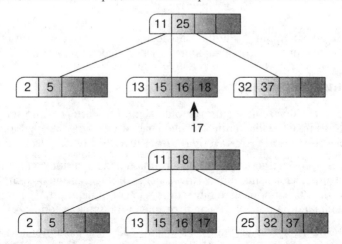

Рис. 11.12. Добавление значения к полной вершине *B*-дерева: исходная *(вверху)* и перераспределенная *(внизу)* структуры

Если все вершины-сестры заполнены (или вы не хотите менять в них порядок значений, что довольно сложно), то текущую терминальную вершину можно разделить на две по 2K значений в каждой. В этом случае, чтобы добавить новое значение к уже имеющимся в вершине, необходимо переместить среднее значение вверх, чтобы оно стало разделяющим в родительском узле, а оставшиеся разнести по двум новым вершинам.

Предположим, вам нужно добавить значение 34 к дереву, изображенному на первом фрагменте рисунка 11.13. Терминальная вершина и ее сестры заполнены, поэтому перераспределить элементы нельзя, зато можно разделить саму терминальную вершину, как показано втором фрагменте.

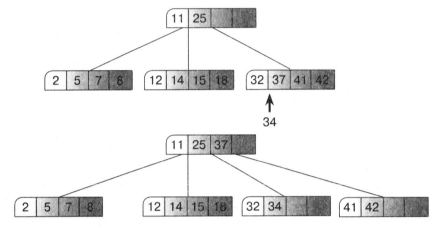

Рис. 11.13. Добавление значения к полной вершине *B*-дерева: исходная структура *(вверху)* и с разделенной терминальной вершиной *(внизу)*

Перемещая новое значение вверх, вы можете обнаружить, что и родительская вершина уже заполнена. Тогда необходимо повторить процесс — перераспределить значения между сестрами родителя или же разделить его самого, передвинув значения еще выше.

В худшем случае процесс пройдет по всей структуре и спровоцирует разделение корня, но это единственный вариант, когда *B*-дерево может вырасти высоким.

Удаление значений

Чтобы удалить значение из внутренней вершины *B*-дерева, поменяйте его местами с крайним правым значением в левой части, как в случае с упорядоченными деревьями, а затем действуйте так, будто имеете дело с терминальной вершиной.

Если после проведенной операции терминальная вершина содержит минимум *K* значений, ваша задача выполнена. Когда значений меньше, необходимо повторно сбалансировать дерево: обратите внимание на сестер вершины, где аналогичный показатель больше *K*, и перераспределите значения нужным образом.

Предположим, требуется удалить значение 32 из дерева, представленного на первом фрагменте рисунка 11.14. В результате ваших действий останется терминальная вершина всего с одним значением, что неприемлемо для *B*-дерева второй степени. Чтобы избежать подобной ситуации, значения в целевой вершине и ее сестрах были перераспределены, как на втором фрагменте, — в каждой из них осталось по два значения.

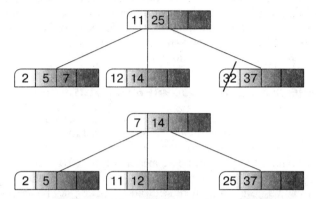

Рис. 11.14. Удаление значения из вершины B-дерева: исходная *(вверху)* и сбалансированная *(внизу)* структуры

Если в вершинах-сестрах не содержится более K значений, можно объединить одну из них с текущей вершиной, чтобы в ней оказалось $2K$ значений.

Допустим, вы хотите удалить значение 12 из дерева на верхнем фрагменте рисунка 11.15. И терминальная вершина, и ее сестры содержат по K значений, поэтому перераспределение тут не поможет. Зато можно объединить терминальную вершину с одной из сестер, как показано во втором фрагменте.

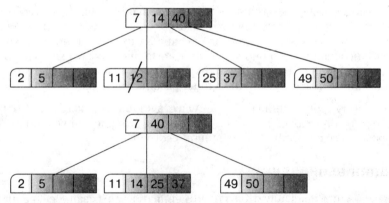

Рис. 11.15. Удаление значения из вершины B-дерева: исходная структура *(вверху)* и после объединения *(внизу)*

При слиянии двух вершин в их общем родителе может не оказаться K значений, тогда процесс нужно повторить на более высоком уровне: перераспределить значения среди вершин-сестер или объединить одну из них с родителем.

В худшем случае объединение пройдет по всему дереву и вызовет так называемое слияние корней, однако это единственный случай, когда B-дерево может вырасти коротким.

Разновидности сбалансированных деревьев

Помимо уже описанных видов деревьев существуют еще некоторые модификации. О двух из них, имеющих отношение к *B*-деревьям, мы поговорим в следующих подразделах. К слову, эти же модификации могут быть применимы и к другим видам сбалансированных структур, например к 2-3-деревьям (вы ведь помните, что это все те же *B*-деревья, только первого порядка).

Иерархически организованные B-деревья

При добавлении элемента к *B*-дереву сначала рекурсивно проходят по его высоте, чтобы найти нужную терминальную вершину. Если вершина полная, вероятно, ее понадобится разбить и перераспределить значение к родителю. В результате по мере возвращения рекурсивные вызовы могут то и дело добавлять перемещенные вверх значения к текущей вершине и, если она тоже разбивается, переставлять уже другие элементы ближе к корню. Поскольку разделение ведер происходит в то время, как алгоритм движется вверх по структуре данных, подобное *B*-дерево иногда называют *восходящим*.

Альтернативная стратегия — сделать так, чтобы алгоритм разбивал любые полные вершины, спускаясь по дереву. Тогда в родительской вершине создается пространство, в которое при необходимости можно поднять «лишнее» значение. И если целевая терминальная вершина является полной, то алгоритм знает, что у ее родителя есть место (не было бы его, родительский узел был бы уже разбит). Поскольку такие разбивки ведра случаются при перемещении рекурсии вниз по структуре данных, подобное *B*-дерево иногда называют *нисходящим*.

В нисходящем *B*-дереве разбивки ведра происходят раньше, чем в любом другом случае. Полные вершины разделяются даже тогда, когда их дочерние узлы содержат много неиспользованных записей. А поскольку пустых записей в таком дереве больше, чем необходимо, то оно выше, чем могло бы быть восходящее *B*-дерево. Тем не менее свободное пространство сокращает вероятность того, что добавление нового значения повлечет многочисленные разбивки ведер.

К сожалению, для слияния ведер не существует нисходящего алгоритма. Спускаясь по дереву, программа не может определить, потеряет ли вершина дочерний узел и нужно ли ее объединить с вершиной-сестрой.

B+-деревья

B-деревья часто используются для хранения объемных записей, например информации о сотрудниках. Каждая такая запись, как правило, занимает несколько килобайтов памяти, а при наличии фотографии и несколько мегабайтов. *B*+-дерево организует данные с применением некоего ключевого значения. Им может стать *идентификационный номер* (ИН) сотрудника.

В этом случае перераспределение элементов в ведре сильно замедлится, поскольку программе, скорее всего, придется иметь дело с большим объемом данных. Чтобы их переместить, понадобится каскадная разбивка ведра. Во избежание этого во внутренних вершинах *B*-деревьев располагаются лишь ключевые значения и указатели на остальные данные записи. Теперь, чтобы изменить порядок ведер, алгоритму необходимо переместить только их, а не целую запись. Такой тип структуры данных называется *B+-деревом*. Его пример показан на рисунке 11.16. Здесь пунктирные линии указывают на ссылки (указатели), которые ведут от ключа к соответствующим данным, заключенным в квадратные рамки.

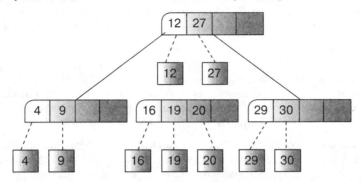

Рис. 11.16. Пример *B+*-дерева

Помимо того что *B+*-деревья ускоряют перестраивание значений, они имеют еще несколько преимуществ. Благодаря им облегчается работа с разными ключами для одних и тех же данных. Например, программа может использовать первое *B+*-дерево для систематизации записей о сотрудниках по их ИН, а второе — по номеру паспорта. При этом обращение к нужной записи происходит по одинаковым указателям. Так, чтобы найти сотрудника по ИН или номеру паспорта, нужно осуществить поиск по соответствующему дереву и перейти по правильному указателю к актуальным данным.

Другим преимуществом *B+*-деревьев является то, что их вершины могут содержать множество величин. Это значит, вам по силам увеличить степень дерева и сделать его более коротким. Предположим, вы строите *B*-дерево второго порядка таким образом, чтобы каждая его вершина имела от 3 до 5 дочерних узлов. Чтобы вместить 1 млн записей, понадобится структура высотой от $\log_5 1\,000\,000$ до $\log_3 1\,000\,000$ или от 9 до 13. Тогда для поиска нужного значения придется проверить 13 вершин. Маловероятно, что все записи дерева уместятся в памяти одновременно, поэтому, скорее всего, потребуется 13 доступов к диску, что существенно замедлит процесс. А теперь представьте, что вы храните тот же 1 млн записей в *B+*-дереве, где вершины имеют одинаковый размер в килобайтах. Поскольку в этих вершинах содержатся только ключевые значения, их количество может быть огромно.

Возьмем, например, *B+*-дерево, где в одной вершине умещается до 20 ИН сотрудников (в действительности эта цифра может быть намного больше). В этом случае у каждого узла может быть от 11 до 21 дочерних узлов. Таким образом, дерево распределит уже упомянутый 1 млн значений по высоте от $\log_{21} 1\,000\,000$ до $\log_{11} 1\,000\,000$ или от 5 до 6. Это значит, что для поиска нужного элемента программа проверит максимум шесть вершин и совершит шесть доступов к диску, сократив время операции приблизительно вдвое.

 ЗАМЕЧАНИЕ

Поскольку *B+*-деревья сокращают время поиска при нескольких доступах к диску, их часто используют в реляционных базах данных для хранения индексов.

Резюме

Подобно другим упорядоченным структурам данных сбалансированные деревья позволяют программе хранить и быстро находить нужные значения. Организация элементов в АВЛ-, 2-3-, *B*- и *B*+-деревьях гарантирует, что такие деревья не вырастут слишком высокими и тонкими, что может негативно сказаться на работе алгоритмов.

Добавление и удаление значений в сбалансированном дереве чуть более трудоемко, чем в обычном (несбалансированном) дереве. Тем не менее такие операции занимают лишь $O(\log N)$ времени, то есть теоретически для обоих видов деревьев этот показатель почти одинаков. Дополнительное время, затраченное в действительности, позволяет алгоритму гарантировать, что оба процесса не возрастут линейно.

В главе 8 описываются линейные хеш-таблицы, в которых можно хранить и искать значения даже быстрее, чем в сбалансированных деревьях. Однако таблицы не обладают другим преимуществом, например они не позволяют быстро отображать все значения в отсортированном порядке.

На данном этапе мы рассмотрели типовые алгоритмы, которые позволяют лишь строить и обходить обычные и сбалансированные деревья. В следующей главе вы столкнетесь с моделированием и решением более широкого спектра задач.

Упражнения

1. Начертите схему наподобие той, что представлена на рисунке 11.4, чтобы повторно сбалансировать АВЛ-дерево в случае «правый — левый».

2. Схематично изобразите добавление в АВЛ-дерево чисел от 1 до 8 в порядке их следования.

3. Сбалансируйте АВЛ-дерево, изображенное на рисунке 11.17, после удаления вершины 33.

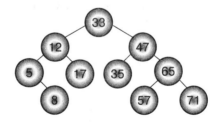

Рис. 11.17. Пример АВЛ-дерева

4. По примеру рисунка 11.7 повторно сбалансируйте 2-3-дерево, изображенное на рисунке 11.18, добавив к нему значение 24.

5. Опираясь на рисунок 11.9, изобразите, как удалить значение 20 из 2-3-дерева, представленного на рисунке 11.18.

6. Начертите схему наподобие рисунка 11.13, чтобы добавить значение 56 к *B*-дереву, изображенному на рисунке 11.19.

Сбалансированные деревья

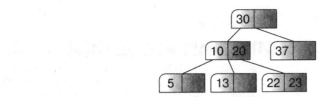

Рис. 11.18. Пример 2-3-дерева

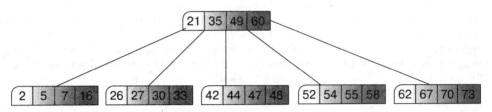

Рис. 11.19. Пример *B*-дерева

7. Возьмите за основу рисунок 11.14 и покажите, как удалить значение 49 из *B*-дерева, полученного в предыдущем упражнении.

8. Схематично изобразите *B*-дерево второго порядка, к которому последовательно добавляются числа 1, 2, 3 и т. д. до тех пор, пока корневая вершина не получит четыре дочерних узла. Сколько величин окажется в дереве в этот момент?

9. Как правило, компьютеры считывают данные с жесткого диска блоками. Предположим, вам нужно построить *B*- или *B*+-дерево, в котором хранятся записи о клиентах в ведрах, состоящих из четырех блоков по 2 Мбайта. Пусть каждая запись имеет размер 1 Кбайт, ключевое значение — это фамилия клиента, занимающая 100 байт, а каждый указатель, находящийся между вершинами (или ведущий к данным в *B*+-дереве), требует для хранения 8 байт. Каков наивысший порядок для *B*- или *B*+-дерева при использовании ведер с четырьмя блоками? Какова наибольшая высота *B*- и *B*+-дерева, если в них хранятся 10 000 записей?

Глава 12
ДЕРЕВЬЯ ПРИНЯТИЯ РЕШЕНИЙ

В главах 10 и 11 вы познакомились с алгоритмами, которые работают с деревьями в целом и со сбалансированными деревьями в частности. Вы узнали, как построить данного вида структуры и как работать с ними. Но пока неясно, как использовать деревья для решения конкретных задач.

В текущей главе описываются древовидные структуры, которые позволяют моделировать ситуации, где допустима множественность решений, а каждая ветвь представляет собой определенный выбор. В итоге каждая терминальная вершина содержит полный набор действий, приводящих к конечному результату, а целью становится поиск наилучшего возможного варианта или самой подходящей терминальной вершины в дереве.

Предположим, вам нужно разделить разные предметы на две группы так, чтобы вес каждой из них оказался одинаков. Задачу легко смоделировать с помощью бинарного дерева: на уровне K в левой ветви предмет K включается в одну группу, а в правой — в другую. Прохождение по всему дереву соответствует полному распределению предметов. Ваша цель — найти путь, позволяющий ровно разделить вес.

Деревья принятия решений подходят для моделирования всех видов ситуаций, когда для получения результата нужно совершить несколько шагов. Единственный их недостаток заключается в том, что они вырастают огромными. Например, бинарное дерево, которое делит вышеописанные N объекты на две группы, должно состоять из 2^N терминальных вершин, а это может сделать поиск по всему дереву безуспешным. Например, для разделения 50 предметов понадобится древовидная структура из $1{,}13 \times 10^{15}$ терминальных вершин. В этом случае, даже если проверять по 1 млн вершин в секунду, потребуется более 2100 лет.

В текущей главе рассказывается лишь о некоторых видах деревьев принятия решений. Из нее вы узнаете о методах эффективного поиска для больших задач, где нельзя перебрать все значения полностью, а также об эвристических методах нахождения приблизительных решений, когда изучение всего дерева невозможно. Для начала познакомимся с поиском по деревьям игры.

Поиск по деревьям игры

Деревья игры хорошо подходят для моделирования игры в шахматы, шашки, го и крестики-нолики. В них каждая ветвь отражает действие одного из игроков, другими словами, если в какой-то момент у игрока появится 10 возможных ходов, то и у дерева будет 10 возможных ветвей. Полное следование по дереву соответствует законченной игре.

Как и все остальные деревья принятия решений, эти структуры растут очень быстро. Например, если в игре в шахматы состоялось 40 ходов (оба игрока совершили по 20) и на каждом этапе возможно в среднем около 30 вариантов действий, то общее количество прохождений по дереву будет $30^{40} \approx 1{,}2 \times 10^{59}$. Исчерпывающий компьютерный поиск, осуществляющий 1 млн прохождений в секунду, продлится около $2{,}3 \times 10^{44}$ лет. (Об оценке неповторяющихся шахматных партий можно прочитать по ссылке ru.wikipedia.org/wiki/Число_Шеннона.)

Игра в крестики-нолики легче поддается решению. На первом шаге у крестиков есть девять возможных вариантов выбора, на втором шаге у ноликов таких вариантов уже восемь. В дальнейшем у каждого участника становится на одно возможное действие меньше, чем у соперника на предыдущем шаге. Таким образом, общее количество прохождений в дереве игры вычисляется как $9 \times 8 \times 7 \times \ldots \times 1 = 9! = 362\,880$.

Некоторые из действий становятся недопустимыми. Например, когда крестики занимают три верхние клетки после первых пяти ходов — игра заканчивается. Значит, любые прохождения по дереву, начинающиеся с того, что крестики стоят в указанных клетках, не достигают девятого уровня. Если удалить все подобные прохождения, которые рано заканчиваются, в дереве так или иначе сохранится еще около 250 000 терминальных вершин, то есть структура по-прежнему останется относительно разветвленной.

В следующих подразделах описываются алгоритмические методы, которые годятся для сравнительно небольшой игры в крестики-нолики, но они также применимы к любой похожей игре, например к шахматам или шашкам.

Минимакс

Чтобы выбрать предпочтительный ход, нужно оценить доступные позиции на доске. Если, разместив крестик в определенной клетке, вы выиграете, у этой позиции большое значение, и наоборот: если, совершив ход, позволите выиграть сопернику, стало быть, у нее малое значение. В различных играх на подобную ценность позиции влияют разные факторы, например лидируете ли вы в партии, какую часть доски занимают ваши фигуры, могут ли они представлять угрозу для фигур соперника и т. д. В крестиках-ноликах предполагается четыре возможные позиции:

- 4 — игра закончится победой данного игрока;
- 3 — неясно, чем завершится игра (победой, проигрышем или ничьей);
- 2 — игра закончится ничьей;
- 1 — игра завершится проигрышем данного игрока.

На рисунке 12.1 изображены все возможные позиции. В верхнем левом фрагменте крестики выиграют на следующем шаге; в верхнем правом — проиграют, поскольку нолики одержат победу независимо от того, каким будет очередной шаг. Нижний левый фрагмент демонстрирует неопределенную ситуацию при условии, что поиск ведется только на нескольких уровнях в дереве игры. Наконец, нижний правый приведет к ничьей, при этом абсолютно неважно, куда будет поставлен очередной крестик или нолик.

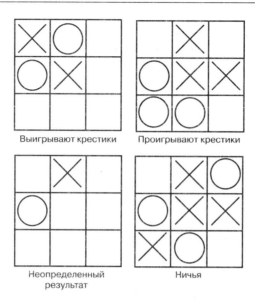

Рис. 12.1. Возможные позиции в игре крестики-нолики

Из приведенных позиций вытекают очевидные выводы.

- Если выигрывает первый игрок — второй проигрывает.
- Если для первого участника партия заканчивается ничьей, то она заканчивается ничьей и для второго.
- Если исход игры неизвестен для первого игрока, то он неизвестен и для второго.

В сложных играх оценить позицию на доске иногда сложно, поскольку программа не в состоянии провести тщательный поиск по дереву, чтобы просчитать все возможные варианты исхода партии. В таких случаях позициям назначаются приблизительные значения, чтобы программа могла выбрать наилучший вариант.

На достаточно быстром компьютере в игре крестики-нолики поиск можно провести по всему дереву, поэтому значение 3 не является обязательным. Оно приведено, скорее, для того, чтобы понять, как поступать в более сложных случаях. (Аналогичную ситуацию в крестиках-ноликах можно смоделировать, если ограничить поиск в дереве несколькими уровнями.)

ЗАМЕЧАНИЕ

Поскольку в игре в крестики-нолики поиск можно вести по всему дереву, очевидно, что уже на первом шаге один из участников может ускорить свой выигрыш либо ничью. Если оба игрока полностью понимают алгоритм принятия решений, то результат, по сути, становится предсказуемым. Единственный случай, при котором исход партии сомнителен, — если кто-то из соперников совершит ошибку. В более сложных играх, например в шахматах, такая ситуация маловероятна. Здесь дерево принятия решений становится слишком большим, чтобы его можно было целиком охватить, что, в свою очередь, делает игру интересной.

Минимакс — поисковая стратегия, при которой на каждом ходе игры пытаются минимизировать выгоду противника. Так, если есть два возможных хода, где первый позволяет выиграть вашему сопернику, а второй сулит проигрыш, следует предпочесть второй.

Ниже представлен высокоуровневый алгоритм минимакса.

```
// Находим лучший ход для player1.
Minimax(Board: board_position, Move: best_move, Value: best_value,
    Player: player1, Player: player2, Integer: depth, Integer: max_depth)
        // Проверяем, не превышена ли максимально допустимая
        // глубина рекурсии.
        If (depth > max_depth) Then
                // Максимально допустимая глубина рекурсии превышена.
                // Исход игры для данной позиции не определен.
                best_value = Unknown
                Return
        End If

        // Определяем ход, который минимизирует шансы player2.
        Value: lowest_value = Infinity
        Move: lowest_move
        For Each <возможный тестовый ход>
                <Обновляем board_position, чтобы сделать пробный ход.>

                // Оцениваем данную позицию.
                If <Это выигрыш, проигрыш или ничья.> Then
                        <Устанавливаем соответствующие lowest_value
                        и lowest_move.>
                Else
                        // Рекурсивно пробуем другие возможные ходы.
                        Value: test_value
                        Move: test_move
                        Minimax(board_position, test_move, test_value,
                                player2, player1, depth, max_depth)

                        // Проверяем, нашли ли мы худший ход для player2.
                        If (test_value < lowest_value) Then
                                // Этот ход лучше. Сохраняем его.
                                lowest_value = test_value
                                lowest_move = test_move
                        End If
                End If

                <Восстанавливаем board_position,
                чтобы отменить пробный ход.>
        Next <возможный пробный ход>

        // Сохраняем лучший ход.
        best_move = lowest_move

        // Преобразуем значение доски для player2 в значение для player1.
        If (lowest_value == Win)
                best_value = Loss
        Else If (lowest_value == Loss)
                best_value = Win
        Else
                ...
        End If
End Minimax
```

Алгоритм начинает свою работу с проверки глубины рекурсии. Если максимально допустимое значение превышено, то определить исход игры по данной позиции на доске невозможно. Тогда для `best_value` возвращается значение `Unknown`.

Чтобы выбрать лучший ход для `player1`, программа должна найти наихудшую позицию доски для `player2`. Для отслеживания последней создаются специальные переменные. Так, `lowest_value` принимается равным `Infinity` и заменяется любым найденным значением.

Затем алгоритм `Minimax` циклически пересматривает все шаги, которые может совершить `player1` и рекурсивно вызывает сам себя, чтобы установить лучший ход для `player2` вслед за тем, как `player1` сделает тестовый. После возвращения рекурсивного вызова возможный лучший результат для `player2` сравнивается со значением, сохраненным в `lowest_value`. Если тестовое значение меньше, то алгоритм обновляет `lowest_value` и `lowest_move`. Таким образом, ему становится известно, что этот ход является предпочтительным для `player1`.

По окончании проверки всех допустимых тестовых ходов алгоритм знает, какой из них подойдет `player1`, чтобы поставить в самую невыгодную позицию `player2`. Он сохраняет этот ход, а затем конвертирует значение доски для `player2` в значение для `player1` на основании того, что лучшая позиция заставит проиграть `player2`, но даст возможность выиграть `player1`, и наоборот.

Когда `player2` не выигрывает и не проигрывает, становится непонятно, как проводить конвертацию значений. Но для игры в крестики-нолики результаты `Unknown` и `Draw` сулят обоим участникам одно и то же. Так, если позиция на доске приводит к ничьей для `player2`, то такой же результат ожидает и `player1`.

Для более сложной игры, например в шахматы, положение на доске может принимать значения от –100 до +100, где +100 означает победу, –100 — поражение. В этом случае позиция для `player2` может быть просто отрицательным вариантом той же самой позиции для `player1`.

Побочный эффект стратегии минимакс проявляется в том, что она рассматривает все варианты решений с равным значением позиции одинаково предпочтительными. Чтобы понять, где кроется проблема, представьте, что игра близится к концу и проигрыш неизбежен независимо от предпринятых действий. В таком случае при поиске по дереву игры программа выберет первый же ход, поскольку любой из них приведет к одному и тому же результату. Иногда это может выглядеть крайне неразумно. Например, противник одержит победу уже на следующем шаге, хотя ее еще можно было отсрочить на два-три хода. Для человека логичнее было бы действовать иначе: затянуть игру в надежде, что противник допустит ошибку или не поймет, что партия почти закончилась. Кроме того, алгоритм может отдать предпочтение победе за шесть ходов, а не за два. С описанными проблемами реально справиться, если в случае неизбежного поражения выбирать более длинные последовательности шагов, в случае победы — более короткие.

Чтобы выиграть в крестики-нолики, простой стратегии минимакс, как правило, достаточно. Однако для более сложных игр программа не может проводить поиск по всему дереву, для них также нужны другие стратегии, о которых пойдет речь в следующих подразделах.

Начальные ходы и реакции

Уменьшить размеры дерева игры помогает сохранение заранее рассчитанных начальных шагов и реакций. Если вы уже провели предварительный поиск возможного первого хода, то программа может сделать его сразу, а не тратить время на просчеты.

Следующий шаг выполняет пользователь, поэтому компьютеру придется подождать, пока не завершатся оба действия. Размер дерева в этот момент зависит от конкретных предпринимаемых ходов, однако он будет намного меньше, чем первоначальный. Так, вся игра в крестики-нолики содержит 255 168 возможных сценариев, но если крестик поставить в верхнюю левую клетку, а нолик — в верхнюю среднюю, то число сценариев сократится до 2668. Этого много для пересчета вручную, но приемлемо для дерева и компьютерного поиска.

Когда пользователь выполняет ход в игре первым, дерево также сильно уменьшается. Если он, например, заполнит верхнюю левую клетку, то в оставшемся дереве окажется 27 732 возможных сценариев. Это намного больше, чем в случае второго хода, но меньше, чем в исходном дереве игры. Сократить полученное число поможет еще одно изменение.

Для постановки крестика в первом ходе есть девять возможных вариантов. Если предварительно просчитать все реакции на каждый из них, то можно заставить программу выбрать подходящую. Тогда вместо поиска по дереву игры из 27 732 возможных сценариев понадобится лишь найти реакцию.

Далее пользователь совершает очередной ход, и программе снова не нужно осуществлять поиск по дереву, пока не будут завершены все три шага: ход пользователя, выбор предварительно рассчитанной реакции и еще один ход пользователя. Дерево игры становится еще меньше. Так, если первый крестик займет верхнюю левую клетку, нолик — верхнюю среднюю, а второй крестик — верхнюю правую, то останется лишь 592 возможных сценария. При большом желании вы даже можете просчитать их вручную.

В более сложных играх, таких как шахматы, дерево является бесконечно большим и ликвидация нескольких верхних уровней не принесет особой пользы. Пропуск трех ходов позволит сократить количество сценариев с $1{,}2 \times 10^{59}$ до $4{,}5 \times 10^{54}$, но число по-прежнему останется огромным для полного поиска. Тем не менее благодаря предварительному расчету ходов и реакций программа способна быстро совершать свои первые действия, экономить время для планирования последующих шагов и избегать заведомо невыгодных начальных положений.

Эвристика дерева игры

Для всех игр, кроме, пожалуй, самых простых, деревья получаются довольно большими и не позволяют вести полный поиск. Именно поэтому нет возможности узнать, какой конкретно ход приведет к лучшему решению. В таких ситуациях значение для шага определяют с помощью эвристики.

Эвристика — это алгоритм, который находит возможный хороший результат, но не гарантирует, что тот будет наилучшим. Она не осуществляет поиск по всему дереву игры, но помогает сформулировать правила для принятия решения — какие части дерева нужно пропустить, а какие заслуживают особого внимания.

Один из видов игровой эвристики — поиск шаблонных позиций на доске. Например, некоторые шахматные игроки пользуются негласным правилом: «Когда побеждаешь, меняй беспощадно». Это значит следующее: если у вас есть преимущество и вы можете обменяться равнозначными фигурами — сделайте это. Подобным образом вам удастся укрепить свои шансы на победу и уменьшить дерево игры, что, в свою очередь, облегчит поиск по нему в будущем. К шаблонам также относятся длинная последовательность обменов, рокировка и ход, представляющий угрозу нескольким фигурам, королю или ферзю, вскрытый шах, превращение пешки и ее взятие на проходе и т. д.

Когда программа идентифицирует один из таких вариантов, она в состоянии изменить используемую стратегию для поиска по дереву. Например, если намечается длинный ряд обменов, алгоритм может превысить принятую максимальную глубину рекурсии и просчитать обмен до конца, чтобы выяснить, приведет он к выигрышу партии или нет.

Другой вид эвристики — присвоить позициям определенные числовые значения и изменять их сумму для доски в целом на основе того, как расположены фигуры игрока или какие из них находятся под угрозой. Например, в игре в крестики-нолики каждую клетку можно пронумеровать, согласно количеству вероятных победных сценариев, в которых он фигурирует. Так, верхняя левая клетка получит значение 3, поскольку с ее помощью можно одержать победу тремя способами (рис. 12.2).

3	2	3
2	4	2
3	2	3

Рис. 12.2. Эвристические значения клеток для игры в крестики-нолики

В шахматах три центральных квадрата доски самые важные, поэтому им следует придать наибольшее значение. Вам также понадобится ввести особые значения для квадратов, занятых фигурой или находящихся под угрозой. Обратите внимание и на то, что в большинстве игр со временем значимость позиций на доске меняется. Например, на ранних этапах шахматной партии важны четыре центральных квадрата, а в самом конце определяющими являются те, благодаря которым игрок может поставить шах и мат.

ЗАМЕЧАНИЕ

Весьма интересное упражнение для программиста — описать игру «Реверси». Ее дерево намного больше, чем для крестиков-ноликов, поэтому полный поиск все равно невозможен, зато правила и фигуры проще тех, что приняты в шахматах, а шаблоны легче распознать. Используя только значения позиций на доске и поиск по дереву, можно создать довольно-таки мощную программу. Чтобы найти больше информации о «Реверси» (правила игры и используемые стратегии), пройдите по ссылке ru.wikipedia.org/wiki/Реверси.

Еще больше об эвристике вы узнаете из подраздела «Эвристика дерева принятия решений» следующего раздела текущей главы.

Поиск по деревьям принятия решений

В игре с помощью дерева выбирают наилучший ход. В общем случае это выглядит как поиск самого оптимального пути по дереву. Подобным образом можно смоделировать и некоторые другие процессы принятия решений.

Рассмотрим, например, задачу о разбиении, когда предметы с разным весом, ценой, значением или любыми другими отличительными характеристиками необходимо разделить на две группы, которые в сумме по представленному признаку окажутся одинаковыми. В некоторых случаях это легко. Так, если у вас есть четыре предмета, чьи весовые значения представлены цифрами 2, 4, 1 и 1, то решение кажется очевидным: вы можете разместить самый тяжелый предмет в первой группе, а остальные отправить во вторую. Не составит труда и задача, где фигурирует четное количество предметов с одинаковым весом — их просто следует разделить поровну.

Намного сложнее ситуация, когда имеется большое количество предметов с различным весом. Тогда распределять их по группам удобнее с помощью бинарного дерева принятия решений, где на уровне K рассматривается судьба предмета K: левая ветвь относит его к первой группе, а правая — ко второй.

На рисунке 12.3 представлено полное дерево решений для задачи с четырьмя упомянутыми выше предметами весом 2, 4, 1 и 1 единицы. Путь по дереву — это окончательное разделение предметов на две группы. Так, если идти вначале по левой ветви корня, а затем по следующим трем правым ветвям, то первый предмет с весом 2 окажется в первой группе, а все остальные с весом 4, 1 и 1 — во второй. Числа под терминальными вершинами отражают суммарный весовой показатель каждой группы. В нашем случае это 2 и 6.

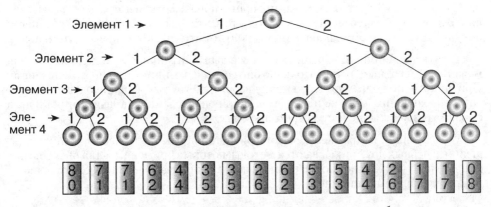

Рис. 12.3. Дерево решений для моделирования задачи о разбиении

Следует отметить, что на рисунке 12.3 только две терминальные вершины (пятая и двенадцатая) соответствуют разделению общего веса предметов поровну. В сущности, это одно и то же решение, просто предметы попадают в разные группы.

Глава 12

> **ЗАМЕЧАНИЕ**
>
> Фактически любое найденное решение будет иметь два варианта, в которых группы меняются местами. Если перед началом поиска расположить произвольный элемент в первой группе, то можно сократить дерево на один уровень, удалив все случаи, где тот же элемент попадает во вторую группу. Тем не менее сходные решения останутся.

Дерево решений, изображенное на рисунке 12.3, достаточно велико, хотя в примере фигурирует только четыре предмета. Если бы их было больше, то структура данных разрослась бы неимоверно. Например, для аналогичной задачи с 50 предметами понадобилось бы дерево, включающее 2^{50} терминальных вершин, то есть количество возможных решений составило бы около $1{,}13 \times 10^{15}$. При том что только несколько сценариев дадут нужное разделение веса, поиск наилучшего варианта становится слишком сложным.

Далее описана разница между разными версиями решения задача о разбиении. Одна из них — трудная, другая — очень трудная. Кроме того, вы познакомитесь с общими методами эффективного поиска по деревьям принятия решений.

Задачи оптимизации

Такие задачи, как задача о разбиении, зачастую принимают две формы: в первой устанавливается возможность того или иного решения, а во второй располагается лучшее. Применительно к вышеуказанному набору предметов первая форма должна определить, можно ли в принципе образовать две группы с равными суммарными весами, а вторая найти такое допустимое разделение, когда обе группы окажутся максимально близки по весу, — так называемая *задача оптимизации*. В одном случае требуется строгий ответ — да или нет, в другом предоставляется приближенное решение, поэтому оптимизационная версия в некотором смысле легче.

Предположим, вам нужно разбить на две группы 100 элементов с общим весом 400 единиц. Если вы найдете в дереве решений строго равное разделение, ответом на первый вопрос будет «да». Но на подобные поиски можно потратить часы и даже дни. В этом случае нельзя сделать вывод о том, что идеального варианта разбиения не существует. К такому заключению можно прийти только, если вы его не найдете.

В оптимизационной версии задачи все выглядит проще. Найденное решение может быть не самым лучшим, однако оно есть и как минимум приближено к нему. При достаточно долгом поиске вполне вероятно, что это решение окажется относительно хорошим, если не идеальным, а при определенной доле везения вы даже сможете разделить предметы строго поровну.

В следующих подразделах рассматривается поиск по деревьям принятия решений: в первых двух описываются методы, которые применимы для оптимизационной и неоптимизационной версии задачи, а далее, где речь идет об эвристике, — только для оптимизационной.

Метод полного перебора

Самый простой способ исследовать дерево принятия решений — проследить по всем его вершинам и найти лучший ответ к задаче, то есть провести *исчерпывающий поиск*. Следует отметить, что для этого само дерево строить не нужно, необходим лишь путь, который поможет определить, в каком месте структуры данных вы пребываете. Многие алгоритмы в таком случае используют рекурсию — она помогает выбирать ветви на разных уровнях, а сами вызовы отслеживают текущую позицию.

Представленный ниже высокоуровневый алгоритм работает на основе метода полного перебора решений для оптимизационной версии задачи о разбиении.

```
StartExhaustiveSearch()
    <Инициализируем лучшее решение, которое заменяет первое тестовое.>
    ExhaustiveSearch(0)
End StartExhaustiveSearch

ExhaustiveSearch(Integer: next_index)
    // Проверяем, закончили ли мы.
    If <next_index > max_index>
            // Все элементы назначены, значит, мы в терминальной вершине.
            <Если тестовое решение лучше, чем последнее найденное,
            сохраняем его.>
    Else
            // Назначены не все элементы — мы не в терминальной вершине.
            <Относим элемент next_index к группе 0.>
            ExhaustiveSearch(next_index + 1)
            <Отменяем отнесение элемента next_index к группе 0.>

            <Относим элемент at next_index к группе 1.>
            ExhaustiveSearch(next_index + 1)
            <Отменяем отнесение элемента next_index к группе 1.>
    End If
End ExhaustiveSearch
```

Метод `StartExhaustiveSearch` инициализирует лучшее найденное решение. Обычно он приравнивает начальное значение (в задаче о разбиении — это разница весов двух групп) к очень большому числу, поэтому первое же тестовое решение станет усовершенствованным. Затем вызывается метод `ExhaustiveSearch`, который и проделывает основную часть работы. Он берет в качестве параметра индекс элемента, который должен определить в группу, что, по сути, соответствует глубине рекурсии и уровню в дереве.

Распределив все элементы, `ExhaustiveSearch` сравнивает тестовое решение с последним найденным лучшим. Если тестовое более совершенно, метод сохраняет его как новое лучшее. В противном случае `ExhaustiveSearch` пытается отнести элемент `next_index` в группу 0, а затем рекурсивно вызывает сам себя, чтобы поработать с оставшимися элементами. Когда вызов возвращается, метод пробует определить элемент `next_index` в группу 1, после также рекурсивно разбирается с прочими элементами. В итоге вызовы спускаются по дереву, пока не дойдут до терминальных вершин и при необходимости не обновят лучшее решение.

Приведенный базовый алгоритм относительно гибкий — его легко адаптировать для многих сложных задач. В случае разбиения, например, массив можно использовать для хранения тестового и последнего найденного лучшего решений. Запись *К* принимает значения 0 или 1, что указывает на принадлежность элемента к той или иной группе. Когда алгоритм доходит до терминальной вершины, он подсчитывает вес всех элементов в каждой группе и сравнивает разницу с найденным лучшим решением.

Хотя алгоритм и выглядит простым, тот факт, что он осуществляет поиск по всему дереву решений, делает его относительно медленным. Применяемый метод нельзя ускорить, но реально улучшить и значительно сократить время поиска. Когда алгоритм дойдет до терминальной вершины, где тестовое назначение создает две группы со строго равными суммарными весами, он может прекратить работу и не рассматривать оставшуюся часть дерева решений. Если оптимальных ответов множество, такое прерывание позволит справиться с задачей относительно быстро и отказаться от дополнительных временных затрат.

Так, при проведении исчерпывающего поиска попытка разделить 20 элементов на две группы с равным весом потребует пересмотра 2 097 150 вершин. Если, отыскав оптимальное решение, алгоритм остановится, то он успеет пройти только по 4098 вершинам. Впрочем, эти результаты могут сильно отличаться в зависимости от веса.

Метод ветвей и границ

Это более эффективный метод, чем исчерпывающий поиск. Когда алгоритм доходит до конца ветви, он рассчитывает лучший результат, который может достичь на данном пути. Если полученное значение не превосходит последнее найденное лучшее, ветвь игнорируется и поиска по ее поддереву не происходит. Иногда такой способ значительно экономит время.

Предположим, в задаче о разбиении отслеживается текущий суммарный вес предметов в каждой из двух групп, а также тех предметов, что еще никуда не включены. А теперь представьте, что алгоритм достиг того момента, когда группа 0 весит 100 единиц, группа 1 — 50, а нераспределенные предметы — 20. При этом уже найдено решение, когда разница веса в двух группах составляет 20.

Если бы алгоритму пришлось поместить все оставшиеся элементы в группу 1, то ее вес стал бы 70, а разница в значениях с группой 0 оказалась бы равной 30. Однако алгоритм уже нашел решение с меньшим результатом 20. Это значит, что текущее тестовое решение нельзя усовершенствовать, программа может прекратить работу над ним и не распределять оставшиеся элементы.

В следующем высокоуровневом алгоритме осуществляется поиск методом ветвей и границ для оптимизационной версии задачи о разбиении.

```
StartBranchAndBound()
    <Инициализируем лучшее решение, которое заменяет первое тестовое.>
    BranchAndBound(0)
End StartBranchAndBound

BranchAndBound(Integer: next_index)
    // Проверяем, закончили ли мы.
    If <next_index > max_index>
        // Все элементы назначены, значит, мы в терминальной вершине.
        <Если тестовое решение более совершенно,
        чем лучшее, сохраняем его.>
    Else
        // Назначены не все элементы — мы не в терминальной вершине.

        <Если тестовое решение не может превзойти
        текущее лучшее решение, возвращаемся.>
                Then Return
```

```
            <Относим элемент item next_index в группу 0.>
            BranchAndBound(next_index + 1)

            <Отменяем отнесение элемента item next_index в группу 0.>
            <Относим элемент next_index В группу 1.>
            BranchAndBound(next_index + 1)
            <Отменяем отнесение элемента next_index в группу 1.>
    End If
End BranchAndBound
```

Действия подобны тем, что имеют место при исчерпывающем поиске. Разница заключается лишь в том, что алгоритм определяет, можно ли усовершенствовать тестовое решение по сравнению с текущим лучшим, и, если нельзя, то рекурсию не использует. Как правило, такой подход «срезает» многие ветви с дерева решений, поэтому он более быстрый, чем исчерпывающий поиск.

Например, если попытаться разделить на две группы с равным весом все те же 20 элементов, то метод ветвей и границ пройдет лишь по 774 650 вершинам, а исчерпывающий поиск, как мы помним, по 2 097 150. Используя разрешенное прерывание, описанное в предыдущем разделе, метод ветвей и границ успеет рассмотреть 298 вершин, а исчерпывающий поиск — 4082.

Метод ветвей и границ очень полезен, но перед тем как перейти к эвристике, вспомним связанные с ним два важных факта. Во-первых, поиск происходит по любому пути дерева и может в результате дать более совершенное решение, чем то лучшее, что уже найдено. Это значит, что ответ в задаче будет оптимальным. Во-вторых, хотя в данном методе игнорируется большая часть дерева, оно может быть поистине огромным и процесс останется относительно медленным.

Так, в тестовом исчерпывающем поиске задача с разбиением 25 элементов была решена за 6,6 с, а метод ветвей и границ показал результат 2 с, что на первый взгляд выглядит весьма неплохо. Однако добавление нового элемента к задаче расширило дерево приблизительно вдвое и привело к тому, что метод ветвей и границ сработал за 4 с. Еще один дополнительный элемент увеличил временные затраты до 7,9 с.

Метод ветвей и границ намного быстрее, чем исчерпывающий поиск, но и он не достаточно скор, чтобы справиться с действительно большим деревом принятия решений, например с тем, которое имеет 2,2 трлн вершин и иллюстрирует задачу о разбиении 40 элементов.

Эвристика дерева принятия решений

Исчерпывающий поиск и метод ветвей и границ находят наилучшее возможное решение, но, к сожалению, работают только с относительно небольшими задачами. Для поиска в больших деревьях удобнее использовать эвристику. Она не обязательно найдет наилучший возможный ответ, но даст неплохую версию хотя бы для оптимизационной версии задачи. В следующих пунктах рассматриваются четыре эвристических метода применительно к задаче о разбиении.

Случайный поиск

Одна из наиболее простых эвристик для поиска по дереву решений — следование по случайным путям. В этом случае в каждой вершине выбирается произвольная ветвь. Пересмотрев достаточное их количество, можно найти относительно неплохое решение. Описанный подход реализован в следующем псевдокоде.

```
RandomSearch()
    <Инициализируем лучшее решение, которое заменяет первое тестовое.>
    For i = 1 To num_trials
        For index = 0 To max_index
            <Произвольно относим элемент с номером index
            в группу 0 или 1.>
        Next index

        // Проверяем, насколько совершенно это решение.
        <Если тестовое решение превосходит лучшее, сохраняем его.>
    Next i
End RandomSearch
```

Работа алгоритма начинается с инициализации лучшего решения. Затем вводится цикл, задающий конкретное количество попыток. Для каждой из них алгоритм проходит по распределяемым элементам и случайным образом помещает их в одну из групп — 0 или 1.

По завершении распределения осуществляется проверка решения — превосходит ли оно последнее найденное лучшее. Если да, то новое решение сохраняется.

Когда вы пытаетесь разделить N предметов, для каждой попытки понадобится N шагов. Это доказывает быстроту, а следовательно, и эффективность эвристики в большом дереве. Ведь вероятность найти хорошее решение в таком случае может быть крайне мала и, очевидно, потребуется множество попыток.

Допустимо установить фиксированное количество попыток, например 100, — для малых деревьев этого вполне достаточно. Но все же лучше отталкиваться от размера дерева.

Еще одна стратегия — определить число попыток через функцию, связанную с количеством разделяемых предметов. Например, если предметов N, то можно воспользоваться такой формулой: num_trials = $3N^3$. Конечно, по мере увеличения N функция $3N^3$ также быстро возрастает, но все же медленнее, чем 2^N, поэтому поиск проводится лишь в небольшой части дерева принятия решений.

Вы также можете осуществлять попытки до тех пор, пока определенное количество случайных путей в ряду не перестанет находить улучшения. Тогда алгоритм продолжит работу, если поиск усовершенствований будет оставаться относительно простым.

Вполне возможно, что в некоторых случаях идеальный вариант — заставить алгоритм непрерывно обновлять лучшее решение, пока вы его не остановите. Что ж, ваше право: если вам не нужно получить ответ быстро, почему бы не заставить программу поработать в течение многих часов или даже дней?

Усовершенствование путей

Предыдущий эвристический метод можно сделать более эффективным: начните с выбора произвольного пути, затем случайным образом определите элемент и переместите его из текущей группы в другую. Если это улучшит разбиение, продолжайте обмен, если нет, отмените действия и предпримите следующую попытку. Повторяйте процесс, пока усовершенствование остается возможным.

У данного метода есть несколько вариантов. Например, вместо того чтобы перемещать элементы случайно, делайте это последовательно — по одному элементу за раз. Процесс можно повторять, поскольку одно действие способно изменить соотношение веса в двух группах и разрешить замену того элемента, который ранее было невозможно переместить. Описанный алгоритм представлен в следующем псевдокоде.

```
MakeImprovements()
    <Инициализируем лучшее решение, которое заменяет первое тестовое.>
    For i = 1 To num_trials
        // Выбираем случайное начальное решение.
        For index = 0 To max_index
            <Произвольно относим элемент с номером index
             в группу 0 или 1.>
        Next index

        // Пытаемся улучшить решение.
        Boolean: had_improvement = True
        While (had_improvement)
            // Предполагаем, что на этот раз улучшений нет.
            had_improvement = False

            // Пробуем переместить элементы.
            For index = 0 To max_index
                <Переносим элемент с номером index
                 в другую группу.>

                // Проверяем, улучшает ли это тестовое решение.
                If <обмен улучшает решение> Then
                    had_improvement = True
                Else
                    <Возвращаем элемент.>
                End If
            Next index
        Loop
        // Проверяем, является ли решение более эффективным.
        <Если тестовое решение превосходит лучшее, сохраняем его.>
    Next i
End MakeImprovements
```

Алгоритм вводит цикл, чтобы предпринять определенное количество попыток, для каждой из которых выбирается случайное тестовое решение. В следующем цикле алгоритм пытается усовершенствовать текущее решение, переместив каждый элемент в ту группу, куда он не был распределен. Если это оправдано, алгоритм сохраняет результат, если нет — действие отменяется. Когда совершенствования более невозможны, тестовое решение сравнивается с последним найденным лучшим и сохраняется, если превосходит его.

Количество попыток определяется так же, как и в случайной эвристике: можно использовать фиксированное число, создавать зависимость от количества элементов, вести поиск, пока не найдутся усовершенствованные лучшие решения или пока он не будет остановлен принудительно.

Улучшить путь, выполнив всего одно перемещение, практически невозможно. Предположим, вы распределяете предметы весом 6, 5, 5, 5, 3 и 3 единицы и создаете две группы {6, 3, 3} и {5, 5, 5} весом 12 и 15 единиц соответственно. Разница между ними равна 3. Перемещение элемента из первой группы во вторую лишь увеличит разрыв, поэтому не приведет к эффективному решению. Так, если вы переставите элемент весом 5 из второй группы в первую, то новые наборы будут выглядеть следующим образом: {6, 5, 3, 3} и {5, 5}, другими словами, их вес составит 17 и 10 единиц соответственно, что не является усовершенствованием. Зато если элемент весом 3 перенести из первой группы во вторую, а элемент весом 5 — из второй группы в первую, получатся наборы {6, 5, 3} и {5, 5, 3} весом 14 и 13 единиц. А это уже улучшенное решение по сравнению с исходным.

В других стратегиях усовершенствования делается попытка заменить сразу два элемента, хотя и этого не всегда достаточно (часто таких элементов должно быть три). Тем не менее предлагаемый подход считается несложным и может дать хороший результат, а потому является полезным.

Имитация отжига

Это улучшенная версия усовершенствования путей. В ходе нее в исходное решение вначале вносятся большие изменения, а затем все меньшие и меньшие, пока алгоритм не достигнет нужной тестовой версии, которая и сравнивается с последним найденным лучшим решением. Однако, как уже говорилось, и этот метод не идеален: могут быть случаи, когда необходимо переместить три элемента.

ЗАМЕЧАНИЕ

Идея имитации отжига заимствована из поведения молекул в охлаждающемся металле или минерале. Когда вещество нагревается слишком сильно, молекулы перемещаются быстро и беспорядочно. По мере снижения температуры это движение замедляется и формируются устойчивые структуры, которые благодаря излишкам энергии продолжают сливаться с другими образованиями, формируя более стабильные связи. Когда вещество полностью остывает, избыточная энергия, которая смогла бы спровоцировать структурные разрушения, сходит на нет. В результате, если процесс протекает достаточно медленно, образуется лишь несколько больших кристаллов с очень устойчивым соединением молекул.

Другой вариант осуществить имитацию отжига — проанализировать случайные изменения любой степени сложности. Если такое изменение приводит к усовершенствованию, то алгоритм принимает его и продолжает работу. Если нет, алгоритм все равно соглашается с ним в надежде, что оно в итоге улучшит решение. Со временем он отказывается принимать изменения, которые не приводят к усовершенствованию, и сосредотачивается только на по-настоящему действенных.

Поиск максимума

Предположим, вы — заблудившийся в ночи турист, которому нужно взобраться на самую высокую вершину горы. Один из способов сделать это — двигаться по наиболее крутому склону. Если гора имеет относительно ровную форму, то в конце концов вы доберетесь до места назначения, но если нет — рискуете застрять на каком-нибудь боковом пике или холме.

В эвристике такой горный подъем означает следующее: алгоритм всегда делает выбор, который приближает его к лучшему решению. Применительно к задаче о разбиении это означает, что очередным элементом в группе становится тот, который минимизирует разницу в суммарных весах. Другими словами, элемент добавляется к более «легкой» группе.

Предположим, у вас есть предметы весом 3, 4, 1, 5 и 6 единиц. Первый предмет может войти в любую группу, например в первую. Далее алгоритм рассматривает второй предмет весом 4. Если мы разместим его в той же группе, то образуются два набора — {3, 4} и { } с разницей в 7 единиц. Если отнести предмет во вторую группу — соотношение будет {3} и {4}, а разница — 1. Очевидно, что наилучшим выбором для алгоритма окажется последний вариант.

Затем выбирается место для третьего предмета весом 1. Размещение его в первой группе даст наборы {3, 1} и {4} с весовой разницей 0, а во второй — {3} и {4, 1} с весовой разницей 2. Значит, лучшим местом для третьего предмета станет первая группа. Аналогичная работа продолжается до тех пор, пока не будут распределены все предметы.

В следующем псевдокоде представлен алгоритм поиска максимума.

```
HillClimbing()
    For index = 0 To max_index
            Integer: difference_0 =
                    <Разница весов, если элемент index в группе 0.>
            Integer: difference_1 =
                    <Разница весов, если элемент index в группе 1.>

            If (difference_0 < difference_1)
                    <Размещаем элемент index в группе 0.>
            Else
                    <Размещаем элемент index в группе 1.>
            End If
    Next index
End HillClimbing
```

Если вы распределяете N предметов, то алгоритм совершает N шагов, поэтому является достаточно быстрым. Тем не менее в большом дереве принятия решений он вряд ли найдет лучший возможный ответ, хотя вполне вероятно, что предложенная версия будет рациональной. В целом же поиск максимума настолько быстр, что его вполне можно усовершенствовать, используя методы, описанные в предыдущих разделах.

Сортированный поиск максимума

Легкий способ усовершенствовать алгоритм поиска максимума — сначала провести сортировку предметов, потом их анализ в порядке убывания. Смысл заключается в том, что на ранних этапах по группам распределяются более тяжелые предметы, а затем с помощью более легких производится балансировка суммарных весовых значений.

```
SortedHillClimbing()
    <Сортируем элементы в порядке убывания веса.>

    For index = 0 To max_index
            Integer: difference_0 =
                    <Разница весов, если элемент index в группе 0.>
            Integer: difference_1 =
                    <Разница весов, если элемент index в группе 1.>

            If (difference_0 < difference_1)
```

```
                <Размещаем элемент index в группе 0.>
            Else
                <Размещаем элемент index в группе 0.>
            End If
    Next index
End SortedHillClimbing
```

Фактически это тот же алгоритм поиска максимума, только с добавлением сортировки.

На первый взгляд сделанная модификация незначительна, однако сортированный поиск максимума, как правило, предоставляет более эффективное решение, чем несортированный.

Если вы разбиваете N предметов, алгоритм сортированного поиска максимума совершает $O(N \log N)$ шагов для упорядочения значений, а затем еще N для генерирования решения. И хотя дополнительная сортировка несколько замедляет работу алгоритма, все равно он является очень быстрым, поэтому не ленитесь и попытайтесь усовершенствовать его точно так же, как и обычный алгоритм поиска максимума.

Другие задачи дерева принятия решений

Деревья принятия решений пригодны для моделирования не только для задачи о разбиении, но и других сложных ситуаций. В следующих пунктах именно об этих алгоритмических задачах и пойдет речь. Чаще всего они идут парами: в одном случае спрашивается, возможно что-либо или нет, а во втором ищется оптимальный ответ.

Обобщенная задача о разбиении

В обычной задаче о разбиении набор предметов делится на две группы с равным суммарным весом. В обобщенной версии аналогичное разделение происходит на K групп. В дереве решений в этом случае у каждой вершины имеется K ветвей, соответствующих уровню, на котором располагается элемент на одном из K разбиений. При N элементах дерево будет иметь N уровней и K^N терминальных вершин.

Эвристики, применяемые к обычной задаче о разбиении, подходят и для обобщенного варианта, хотя и существенно усложняются. Например, попытка переместить предмет из одной группы в другую трансформируется в попытку переставить предмет в любую из групп $K - 1$.

Оптимизационная версия обобщенной задачи ищет способ разделить предметы на K групп наилучшим образом, например так, чтобы минимизировать сумму всех абсолютных значений, которые получаются при вычитании из реального веса группы усредненного показателя. Предположим, у вас есть четыре группы суммарным весом 15, 18, 22 и 25 единиц. Среднее значение приведенных весов равно 20, поэтому абсолютные разности получатся равными 5, 2, 2 и 5, что в сумме даст 14. Вы также можете минимизировать сумму квадратов разностей. Для данного примера это будет выглядеть так: 25 + 4 + 4 + 25 = 58. Подобные приемы находят решения, в которых все веса групп близки к среднему значению.

Задача о сумме подмножеств

В этой задаче имеется набор чисел и нужно определить, есть ли подмножество, сумма элементов которого дает 0. В качестве примера возьмем числа {–11, –7, –5, –3, 4, 6, 9, 12, 14}, для них таким подмножеством является {–7, –5, –3, 6, 9}. Оптимизационная версия задачи потребует от вас найти результат, близкий к 0.

Для моделирования этой задачи дерево принятия решений напоминает таковое из задачи о разбиении. По сути, нужно разделить элементы на две группы: в одну собрать те, что в сумме дадут 0, а во вторую — все исключенные. Если всего элементов N, то у дерева будет N уровней, у каждой его вершины — по две ветви (одна соответствует добавлению элемента в подмножество с нулевой суммой, а вторая его исключению) и в общей сложности 2^N терминальных вершин.

С оптимизационной версией данной задачи можно использовать метод ветвей и границ, а также эвристику.

Задача об упаковке в контейнеры

В данной задаче имеется набор предметов разного веса, а также несколько контейнеров одинаковой емкости (в обобщенной версии емкости могут быть разными). Ваша цель — разложить элементы так, чтобы задействовать минимальное количество контейнеров.

Моделируя ситуацию, представьте следующее: каждая ветвь в дереве принятия решений соответствует тому, что предмет помещается в определенный контейнер. Если таких предметов N, а контейнеров K, то в дереве будет содержаться N уровней и K ветвей в каждой вершине, то есть в целом в нем окажется K^N терминальных вершин. Поскольку это задача оптимизации, в поисках хорошего решения можно использовать метод ветвей и границ, а также эвристику.

Смежная задача требует разложить предметы по контейнерам таким образом, чтобы число контейнеров определялось как ⌈<общий вес всех элементов> / <емкость контейнера>⌉, где ⌈ ⌉ означает округление. Например, если общий вес предметов равен 115 единицам, а емкость контейнеров — 20, то вам предстоит выяснить, можно ли упаковать весь набор в 6 контейнеров. Воспользуйтесь эвристикой, чтобы найти хорошее решение, но даже если вы не отыщите его, это не значит, что такового не существует.

Задача раскроя

По сути, это двумерная версия предыдущей задачи об упаковке в контейнеры, где необходимо вырезать из досок, кусков ткани и т. д. определенные фигуры (как правило, прямоугольники). Цель — использовать минимальное количество материала.

Смоделировать задачу в виде дерева принятия решений намного сложнее, чем в случае с распределением предметов по контейнерам, поскольку общее количество полученных форм зависит от способа их размещения на исходном материале. Просто привязать фигуру к материалу недостаточно, нужно назначить ее позицию. Если у вас имеется K кусков чего бы то ни было, то есть более K мест, где можно разместить форму, следовательно, у вершины дерева присутствует более K ветвей.

Тем не менее с учетом некоторых условностей дерево принятия решения использовать все же возможно. Например, если кусок материала имеет размер 36×72 см и вы допускаете размещение формы только на позиции (X, Y), где X и Y — целые числа, то существует 36 × 72 = 2592 вероятных положений для нее. Это означает, что у каждой вершины в дереве будет K × 2592 ветвей.

К счастью, многие из этих ветвей легко «срезать», например те, что располагают форму очень близко к краю материала или вынуждают перекрывать другую форму. Проигнорировав подобные случаи, проводят поиск хотя бы какого-то решения. Обратите внимание, что дерево все равно останется очень большим, и для нахождения рациональных ответов придется использовать эвристику.

Также следует отметить, что принятые допущения могут исключать некоторые решения. Предположим, вы пытаетесь расположить квадраты размером 7×7 см на куске материала площадью 20×20 см. Если края фигуры и материала будут параллельны друг другу, то получится уместить лишь четыре квадрата (рис. 12.4, слева); если же использовать вращение формы — квадратов ляжет уже пять (рис. 12.4, справа).

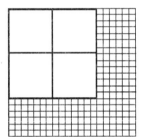 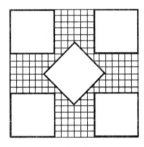

Рис. 12.4. Расположение фигур на материале: без поворота формы *(слева)* и с поворотом *(справа)*

В стандартном варианте задачи дается один очень длинный кусок материала, например рулон бумаги. Ваша цель — минимизировать число используемых погонных метров.

Задача о ранце

В этой задаче предметы с определенным весом и ценностью нужно сложить в ранец, рассчитанный на некоторую грузоподъемность. Причем сделать это следует так, чтобы содержимое ранца имело максимальное значение. Другими словами, можно наполнить его преимущественно тяжелыми предметами высокой ценности либо легкими предметами низкой ценности.

Рассматриваемая задача подобна задаче о разбиении, фактически предметы делятся на две группы: те, что войдут в ранец, и те, что не войдут. Цель — сделать так, чтобы первая группа оказалась максимально ценной и подходящей по весу. Дерево принятия решений будет иметь много общего с тем, что фигурирует в задаче о разбиении, разница лишь в том, что накладывается ограничение по весу. Пригодятся и аналогичные методы решения — случайные и улучшенные, а также имитация отжига.

Работу метода ветвей и границ можно остановить, если суммарное значение нерассмотренных элементов окажется недостаточным для совершенствования текущего решения так, чтобы оно превосходило уже найденное лучшее решение.

Предположим, вы уже отыскали ответ, где итоговая ценность предметов составляет 100 руб., и анализируете частичное решение, в котором на данный момент ценность равна 50 руб. Если суммарное значение оставшихся предметов 20 руб., то вам уже никак не удастся превзойти текущее лучшее решение.

Эвристика поиска максимума на каждом шаге будет добавлять предмет с наивысшим значением, который способен вместиться в ранец. Отсортированный вариант этого алгоритма рассмотрит предметы в порядке убывания веса, то есть на последних этапах постарается максимально использовать оставшееся пространство в ранце. А еще лучше анализировать соотношение вес — ценность, тогда в первую очередь в ранец попадут предметы, чей килограмм веса имеет большую стоимость в рублях.

Дерево решений для задачи о ранце при N элементах содержит 2^N терминальных вершин, то есть найти ответ не легко, но эвристические методы опробовать стоит.

Задача коммивояжера

Предположим, вы разъездной торговый агент, которому нужно посетить определенные места, а затем вернуться в исходную точку. Ваша цель — спланировать маршрут так, чтобы пройденное расстояние оказалось минимальным.

ЗАМЕЧАНИЕ

Задача коммивояжера имеет широкое практическое применение, например для служб доставки и почтовых учреждений. Рациональное планирование маршрута помогает сократить общее пройденное расстояние, уменьшить износ транспортных средств и сэкономить топливо.

При моделировании данной задачи каждый уровень K в дереве принятия решений должен соответствовать выбору места K в итоговом маршруте. Если есть N пунктов назначения, то в корневой вершине находится N ветвей, каждая из которых соответствует посещению определенного места. На втором уровне ветвей будет уже $N - 1$ по количеству еще не посещенных мест, на третьем — $N - 2$ и т. д. вплоть до терминальных вершин. Общее число последних составит $N \times (N - 1) \times (N - 2) \times ... \times 1 = N!$.

Итоговое дерево получится настолько большим, что для нахождения оптимальных решений вам потребуется использовать эвристику.

Задача выполнимости булевых формул

Если дано логическое утверждение, например «A и B или (A и не C)», то в текущей задаче требуется ответить на вопрос: можно ли присвоить значения `true` и `false` переменным A, B и C так, чтобы утверждение стало истинным? В смежной задаче необходимо найти это самое назначение.

При моделировании можно воспользоваться бинарным деревом принятия решений: его левые ветви будет соответствовать установке значения `true`, а правые — `false`. Каждая терминальная вершина в этом случае ознаменует назначение всех переменных и определит, является ли все утверждение истинным или ложным.

Данная задача сложнее задачи о разбиении, поскольку в ней нет приблизительных решений. Любая терминальная вершина дает конкретный ответ, ведь утверждение не может считаться приблизительно истинным. (Тем не менее вероятностная логика, где переменные не являются абсолютно истинными или ложными, позволяет сделать утверждение возможно истинным.)

Случайный поиск по дереву позволит найти решение, но если вы его не отыщете, то не сможете сделать вывод о том, что такого не существует. Пытаясь усовершенствовать решения, помните: внесенные изменения повлияют на истинность или ложность всего утверждения, то есть применять постепенные улучшения не получится. Это значит, что вам не удастся воспользоваться стратегией усовершенствования пути, имитацией отжига или поиском максимума, описанными ранее. Кроме того, невозможно определить, станет ли утверждение ложным после частичных назначений, поэтому метод ветвей и границ также отпадает. Получается, что единственно доступными остаются исчерпывающий и случайный поиски, которые действенны только для относительно малых задач.

ЗАМЕЧАНИЕ

Учитывая огромное количество нюансов, вы можете спросить, зачем в принципе нужна задача выполнимости булевых формул. Оказывается, к ней можно свести многие другие задачи и судить об их решаемости по тому, выполнимо или невыполнимо построенное логическое выражение. Другими словами, если нет известного простого решения для задачи выполнимости булевых формул, то нет его и для другой задачи.

Задача выполнимости булевых формул связана с задачей выполнимости в 3-конъюнктивной нормальной форме, где логическое утверждение состоит из высказываний, объединенных оператором And. Каждое высказывание в свою очередь содержит три переменные или их отрицания и оператор Or. Например, утверждение «(A или B или не C) и (B или не A или D)» записано в формате задачи 3-выполнимости. При желании можно доказать, что задачи выполнимости и 3-выполнимости являются равноценными, то есть их одинаково трудно решать. Кроме того, следует отметить, что для обеих версий подойдет одно и то же дерево принятия решений.

Резюме

Деревья принятия решений — мощный инструмент, с помощью которого легко найти ответ в сложных задачах, пусть даже и не наилучший. Например, задачу о восьми ферзях, описанную в главе 9, можно смоделировать посредством дерева, состоящего из 8 уровней, 64 ветвей и $64^8 \approx 2{,}8 \times 10^{14}$ терминальных вершин. В дальнейшем с учетом условий игры большую часть ветвей допустимо срезать и исследовать только 113 оставшихся позиций на доске. Но надо сказать, такая интерпретация задачи может стать ошибочной — вполне вероятно, что вы пропустите упрощения, которые позволят найти ответ более эффективным способом. Тем не менее деревья принятия решений предоставляют отличную технологию, весьма удобную для тех случаев, когда других идей решения задачи нет.

В главах 10–12 вы познакомились и с самими деревьями, и с алгоритмами, которые их строят и производят поиск по ним. В следующих двух главах мы перейдем к изучению сетей — еще одних связных структур данных, которые в отличие от деревьев не являются иерархичными. Это позволяет использовать циклы, что несколько усложняет работу в целом, зато помогает моделировать и решать другие интересные задачи.

Упражнения

Звездочкой отмечены задачи повышенной сложности.

1. Напишите программу, которая проводит исчерпывающий поиск по игре в крестики-нолики и подсчитывает количество партий, которые заканчиваются победой крестиков, ноликов или ничьей. Сколько партий в принципе возможно? Указывают ли полученные цифры на преимущество того или иного игрока?

2. Внесите изменения в программу из упражнения 1 из расчета, что пользователь совершил один начальный ход или несколько. Снова подсчитайте количество возможных побед крестиков, ноликов или ничьих. Сколько игр можно провести с учетом каждого из девяти начальных ходов, совершенных крестиками? (Нужно ли рассчитывать все девять?)

3. Напишите программу игры в крестики-нолики с компьютером. Пусть пользователь выступает за любую из команд. Продумайте три уровня сложности: «Случайный» (компьютер ходит произвольным образом), «Новичок» (компьютер использует минимакс только с тремя уровнями рекурсии) и «Эксперт» (компьютер использует минимакс во всей игре).

4. Напишите программу с исчерпывающим поиском для решения оптимизационной задачи о разбиении. Разрешите пользователю задать вес предметов в установленных пределах и установить флажок, допускающий принудительно прервать работу алгоритма.

5. Модернизируйте программу из упражнения 4: разрешите использовать метод ветвей и границ без принудительного прерывания.

6*. На основе программы из упражнения 4 решите задачу о разбиении, используя исчерпывающий поиск, метод ветвей и границ, а также значения от 1 до 5, от 1 до 6, от 1 до 7 и т. д. до 25. Отразите схематично количество пройденных вершин и разбиение предметов для двух методов. Отдельно изобразите логарифмическую зависимость количества пройденных вершин от количества весов. Какой вывод можно сделать о количестве пройденных вершин для двух методов?

7. Модернизируйте программу из упражнения 5, используя случайную эвристику.

8. Перепишите программу из упражнения 7 с учетом эвристики усовершенствования путей.

9. Какие группы найдет программа для разбиения, если она будет использовать эвристику поиска максимума для весов 7, 9, 7, 6, 7, 7, 5, 7, 5 и 6? Каковы суммарные веса групп и разница между суммарными весами?

10. Модернизируйте программу из упражнения 8, используя эвристику поиска максимума.

11. Проработайте упражнение 9, прибегнув к эвристике сортированного поиска максимума.

12. Проработайте упражнение 9, используя исчерпывающий поиск.

13. Усовершенствуйте программу из упражнения 10 за счет эвристики сортированного поиска максимума.

Глава 13
ОСНОВНЫЕ СЕТЕВЫЕ АЛГОРИТМЫ

В главах 10-12 мы рассматривали деревья. В этой главе описывается родственная структура данных — сеть. По аналогии с деревом сеть содержит узлы, которые соединяются посредством звеньев, но, в отличие от узлов в деревьях, сетевые узлы могут не иметь иерархической связи. В частности, звенья в сети формируют циклы, в результате чего путь, который следует через эти звенья, способен вернуться в исходную точку.

Эта глава посвящена сетям и некоторым базовым сетевым алгоритмам, таким как нахождение циклов, поиск кратчайшего пути и построение дерева, которое является частью сети, включающей в себя каждый узел.

Терминология

У сетей терминология не настолько сложная, как у деревьев, поскольку она не заимствует так много понятий из генеалогии. Однако на рассмотрение соответствующих терминов все же стоит потратить несколько минут.

Сеть состоит из набора *узлов*, соединенных с помощью *звеньев* (иногда, особенно в контексте математических алгоритмов и теорем, сеть называют *графом*, узлы — *вершинами*, а звенья — *ребрами*). Если узлы A и B связаны напрямую, они являются *смежными* и именуются *соседями*.

В отличие от деревьев, сеть не имеет корневого узла, хотя в некоторых сетях определенные узлы могут обладать особым значением. Например, транспортная сеть может содержать специальные узлы-концентраторы, в которых начинают и завершают свои маршруты автобусы, поезда, паромы или другие транспортные средства.

Звено может быть *направленным* (если переход по нему возможен только в одном направлении) или *ненаправленным* (если допускается любое направление перехода). Сеть называется направленной или ненаправленной в зависимости от типа звеньев, которые она содержит.

Путь — это последовательность чередующихся узлов и звеньев, проходящая по сети от одного узла к другому. Допустим, любые два соседних узла соединены только одним звеном (другими словами, между узлами A и B нет двух звеньев). В этом случае путь можно указать, перечислив узлы, которые он проходит, или звенья, которые использует.

Цикл, или *петля*, — это путь, который возвращается в свою исходную точку.

Как и в случае с деревьями, *степенью* узла называется количество звеньев, которые нужно пройти до него. Степень сети равна наибольшей степени любого узла внутри нее. В направленной сети входящая и исходящая степень узла определяются количеством звеньев, которые входят и выходят из него.

С узлами и звеньями часто связаны какие-нибудь данные. Например, узлы нередко имеют имя, идентификационный номер или физическое местоположение, такое как широта и долгота. Многие звенья характеризуются издержками или весом, в частности временем, которое занимает проезд по звену в уличной сети. Они также могут иметь максимальную пропускную способность, например максимальный объем тока, который можно пропустить по проводу в электросети, или наибольшее количество автомобилей, которые проедут по улице за определенную единицу времени.

Доступным называется узел, которого можно достигнуть из заданного узла, следуя по звеньям. В зависимости от сети некоторые узлы могут быть недоступны из определенных позиций.

В направленной сети узлы *A* и *B* называются *связанными*, если к *B* можно попасть из *A*. Стоит отметить, что если узел *A* связан с узлом *B*, а узел *B* — с узлом *C*, то узлы *A* и *C* также должны быть связанными.

Связный компонент сети — это набор всех взаимосвязанных узлов. Сеть называется связной, если все ее узлы соедененны друг с другом.

Если все узлы в направленной сети сообщаются между собой, такая сеть называется *сильно связной*. Если в связной направленной сети заменить направленные звенья на ненаправленные, такая сеть станет *слабо связной*.

На рисунке 13.1 показаны некоторые участки небольшой направленной сети. Звенья представлены стрелками, острия которых обозначают направления. Двунаправленные стрелки изображают парные звенья, которые имеют разные направления. Издержки звеньев указаны в виде чисел. В рассматриваемом примере, чтобы сделать изображение сети более простым, мы исходим из того, что противоположные звенья имеют одинаковые издержки. На практике это не всегда так.

Сеть, представленная на рисунке 13.1, является сильно связной, потому что с помощью ее звеньев можно найти путь от одного узла к любому другому.

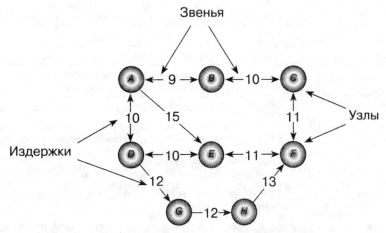

Рис. 13.1. В направленной сети стрелки обозначают направления звеньев

Обратите внимание, что пути между узлами могут не быть уникальными. Например, и *A-E-F*, и *A-B-C-F* являются путями между узлами *A* и *F*.

Термины, касающиеся деревьев, собраны в таблице 13.1 — так вам будет проще их запомнить.

Таблица 13.1. Краткое изложение сетевой терминологии

Термин	Значение
Смежный	Если два узла соединены звеном, они являются смежными
Пропускная способность	Максимальный объем чего-либо, что может пройти через узел или звено. Например, максимальный ток, проходящий через провод в электросети, или наибольшее количество автомобилей, которые пересекут звено в уличной сети за единицу времени
Связанный	В ненаправленной сети узлы *A* и *B* являются связанными, если в узел *B* можно попасть из узла *A* (и наоборот). Ненаправленная сеть считается связной, если каждый узел доступен из любого другого узла
Связный компонент	Набор взаимосвязанных узлов
Издержки	Со звеном могут быть связаны определенные издержки. То же самое, но в меньшей мере касается узлов
Цикл	Путь, который возвращается в свою исходную точку
Степень	В ненаправленной сети это количество звеньев, которые нужно пройти до узла. В направленной сети узел имеет входящую и исходящую степень
Направленный	Звено является направленным, если переход по нему возможен только в одном направлении. Сеть считается направленной, если она содержит направленные звенья
Ребро	Звено
Граф	Сеть
Входящая степень	Количество звеньев, входящих в узел направленной сети
Звено	Объект в сети, представляющий отношение между двумя узлами. Звенья могут быть направленными и ненаправленными
Петля	Цикл
Сосед	Два узла являются соседями, если они смежные
Узел	Объект в сети, представляющий точкообразное местоположение. Узлы соединяются с помощью звеньев
Исходящая степень	Количество звеньев, исходящих из узла в направленной сети
Путь	Последовательность чередующихся узлов и звеньев, проходящая по сети от одного узла к другому. Если два любых смежных узла соединены только одним звеном, путь можно указать в виде списка узлов или звеньев, которые он в себя включает
Доступный узел	Узел *B* является доступным из узла *A*, если существует путь из узла *A* в узел *B*
Сильно связный	Направленная сеть является сильно связной, если каждый ее узел доступен из любого другого узла

Термин	Значение
Ненаправленный	Звено является ненаправленным, если переход по нему возможен в любом направлении. Сеть считается ненаправленной, если она содержит только ненаправленные звенья
Вершина	Узел
Слабо связный	Направленная сеть является слабо связной, если каждый ее узел доступен из любого другого узла после замены направленных звеньев на ненаправленные
Вес	Затраты

Разные представления сети

Продемонстрировать сеть в виде объектов довольно просто. Можно обозначить узлы с помощью класса Node.

Представление звеньев зависит от того, как вы будете их использовать. Например, создавая направленную сеть, следует помнить, что звенья могут иметь вид ссылок, хранящихся в классе узла. Туда же добавляются затраты или другие данные, если они должны быть связаны со звеньями. Описываемый случай представлен на примере следующего псевдокода с простым классом узла.

```
Class Node
    String: Name
    List<Node>: Neighbors
    List<Integer>: Costs
End Node
```

Это решение подходит для простых ситуаций, но часто бывает полезно создать класс для представления звеньев в виде объектов. Например, отдельные алгоритмы, такие как алгоритм минимального остовного дерева, который будет описан далее в текущей главе, формируют список звеньев. Если звенья являются объектами, не составляет никакого труда поместить в список определенные их экземпляры. Если же они представлены в виде ссылок, хранящихся в классе узла, сделать это будет сложнее.

В следующем псевдокоде показаны классы узла и звена, которые хранят звенья в виде отдельных объектов для ненаправленной сети.

```
Class Node
    String: Name
    List<Link>: Links
End Node
Class Link
    Integer: Cost
    Node: Nodes[2]
End Link
```

Здесь класс Link содержит массив из двух объектов Node, представляющих соединяемые им узлы.

В ненаправленной сети объект Link выступает звеном, связывающим два узла, при этом порядок следования этих узлов не имеет значения. Если звено соединяет узлы *A* и *B*, объект `Link` будет находиться в списке `Neighbors` обоих узлов, поэтому вы можете придерживаться его, двигаясь в любом направлении.

Поскольку порядок следования узлов в массиве `Nodes` внутри звена неважен, алгоритм, пытающийся найти соседа, должен сравнивать текущий узел с элементами `Nodes`, чтобы определить, какой из них является смежным. Например, если алгоритм пытается отыскать соседа узла *A*, ему нужно обратиться к массиву `Nodes` внутри звена, чтобы понять, какой из его элементов — узел *A*, а какой — сосед.

В направленной сети классу звена по-настоящему необходимо знать только свой целевой узел. Классы для такой ситуации представлены в следующем псевдокоде.

```
Class Node
    String: Name
    List<Link>: Links
End Node
Class Link
    Integer: Cost
    Node: ToNode
End Link
```

Тем не менее в целях удобства класс звена по-прежнему может содержать ссылки на оба своих узла. Например, если узлы сети имеют пространственное размещение, а звенья содержат ссылки на свои исходные и целевые узлы, это облегчит задачу прорисовки звеньев. Если звенья располагают ссылками только на свои целевые узлы, объектам узлов придется передавать звеньям дополнительную информацию, чтобы те могли себя прорисовать.

Если вы используете класс звена, содержащий массив `Nodes`, исходный узел можно хранить в первом элементе этого массива, а целевой — во втором.

ЗАМЕЧАНИЕ

В демонстрационных программах, доступных для загрузки на веб-сайте этой книги, используется первое представление — то, в котором класс звена имеет свойство `Nodes`, хранящее ссылки как на исходный, так и на целевой узел.

Оптимальный способ представления сети в файле зависит от того, какие инструменты доступны в вашей среде программирования. Например, некоторые XML-библиотеки могут сохранять и загружать сетевую информацию, хотя XML является иерархическим языком, который лучше подходит для иерархических структур данных.

Чтобы ничего не усложнять, в примерах, доступных для загрузки, используется структура простого текстового файла. Файл начинается с количества узлов в сети. Затем для каждого узла выделяется по одной строке текста.

Каждая строка, представляющая узел, содержит его название и координаты (x, y). Дальше следует набор записей для звеньев узла. Каждая такая запись включает индекс целевого узла, затраты звена и его пропускную способность.

Формат показан на примере следующих строк.

```
number_of_nodes
name,x,y,to_node,cost,capacity,to_node,cost,capacity,...
name,x,y,to_node,cost,capacity,to_node,cost,capacity,...
name,x,y,to_node,cost,capacity,to_node,cost,capacity,...
```

Ниже показан файл, представляющий сеть, которая описана на рисунке 13.2.

```
3
A,85,41,1,87,1,2,110,4
B,138,110,2,99,4
C,44,144,1,99,4
```

Файл начинается с количества узлов — 3. Затем следуют строки, представляющие каждый узел.

Строка для узла *A* начинается с его имени — A. Следующие две записи определяют координаты узла (x, y); в рассматриваемом примере узел расположен в точке (85, 41).

Дальше строка содержит последовательность наборов значений, описывающих звенья. Первый набор относится к первому звену, ведущему к узлу *B* (индекс 1); он имеет издержки в размере 87 и пропускную способность 1. Второй набор относится ко второму звену, ведущему к узлу *C* (индекс 2); он имеет издержки в размере 110 и пропускную способность 4.

Остальные строки файла определяют узлы *B* и *C* вместе с их звеньями.

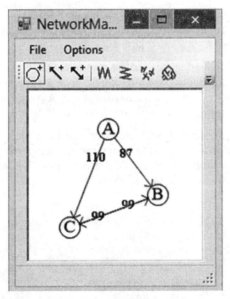

Рис. 13.2. Эта сеть содержит четыре звена: первые два соединяют узел *A* с узлами *B* и *C*, два других — узел *B* с узлом *C*

ЗАМЕЧАНИЕ

Чтобы программировать сетевые алгоритмы, вам нужно иметь возможность создавать сети. Вы можете написать код, который создает в сети по одному узлу и звену за раз, но было бы удобно иметь программу, с помощью которой можно генерировать тестовые сети. Инструкции касательно того, что эта программа должна делать, ищите в упражнении 1.

Глава 13

Обход сети

Многие алгоритмы так или иначе занимаются обходом сети. Например, алгоритмы остовного дерева и кратчайшего пути минуют узлы в дереве.

В следующих разделах описывается несколько алгоритмов, которые решают сетевые проблемы с помощью разных видов обхода.

Обход в глубину

Алгоритм обхода деревьев в ширину, приведенный в главе 10, почти подходит для сетей. Представленный ниже псевдокод демонстрирует немного видоизмененную версию этого алгоритма, адаптированную для класса сетевых узлов.

```
Traverse()
    <Process node>
    For Each link In Links
        link.Nodes[1].Traverse
    Next link
End Traverse
```

Сначала этот метод обрабатывает текущий узел. Затем он циклически перебирает его звенья и рекурсивно вызывает самого себя для обработки целевого узла каждого звена.

Этот код будет работать, если не считать одной серьезной проблемы. В отличие от деревьев, сети не являются иерархическими, вследствие чего они могут содержать петли. Если в сети есть петля, данный алгоритм в конце концов начнет по ней рекурсивное движение, войдя в бесконечный цикл.

Одно из решений подобной проблемы заключается в изменении алгоритма таким образом, чтобы он мог понимать, посещался ли узел ранее. Это можно сделать очень просто — добавить в класс узла свойство Visited. В следующем псевдокоде показан алгоритм, переписанный для использования такого свойства.

```
Traverse()
    <Process node>
    Visited = True

    For Each link In Links
        If (Not link.Nodes[1].Visited) Then
            link.Nodes[1].Traverse
        End If
    Next link
End Traverse
```

Теперь алгоритм, посещая текущий узел, присваивает свойству Visited значение True. Затем он циклически перебирает звенья узла. Если свойство Visited целевого узла звена равно False, он рекурсивно вызывает самого себя, обрабатывая этот целевой узел.

И хотя рассмотренное решение работает, оно может привести к глубоким уровням рекурсии. Если сеть содержит *N* узлов, алгоритм способен вызвать себя *N* раз. В случае большого *N* это грозит переполнением стека и сбоем программы.

Вы можете избежать этой проблемы с помощью методик, описанных в главе 9, которые позволяют убрать рекурсию. В следующем псевдокоде показана разновидность алгоритма, в которой вместо рекурсии используется стек.

```
DepthFirstTraverse(Node: start_node)
    // Посещаем узел.
    start_node.Visited = True

    // Создаем стек и помещаем в него начальный узел.
    Stack(Of Node): stack
    stack.Push(start_node)

    // Повторяем, пока стек не станет пустым.
    While <stack isn't empty>
            // Берем следующий узел из стека.
            Node node = stack.Pop()

            // Обрабатываем звенья узла.
            For Each link In node.Links
                    // Используем звено, только если
                    целевой узел еще не посещался.
                    If (Not link.Nodes[1].Visited) Then
                            // Отмечаем узел как посещенный.
                            link.Nodes[1].Visited = True
                            // Заносим узел в стек.
                            stack.Push(link.Nodes[1])
                    End If
            Next link
    Loop // Продолжаем обработку стека, пока тот не иссякнет.
End DepthFirstTraverse
```

Этот алгоритм посещает начальный узел и помещает его в стек, а затем, пока стек не освободится, убирает из него следующий узел и обрабатывает его.

В процессе обработки узла алгоритм проверяет его звенья. Если целевой узел звена еще не посещался, алгоритм помечает его как посещенный и добавляет в стек для дальнейшей обработки.

Благодаря такому способу добавления узлов в стек этот алгоритм обходит сеть в глубину. Чтобы понять, почему так происходит, предположим, что алгоритм начинает с узла A и что A имеет соседей B_1, B_2 и т. д. При обработке узла A алгоритм помещает его соседей в стек. Позже, во время обработки B_1, он добавляет в стек его смежные узлы, C_1, C_2 и т. д. Поскольку стек возвращает элементы по принципу «последним пришел — первым вышел», алгоритм обрабатывает узлы C_i перед B_i. Прежде чем приступить к обработке ближайших соседей начального узла A, алгоритм в процессе своей работы удаляется от него на большие расстояния, быстро проходя по сети.

Такой метод называется *обходом в глубину*, потому что перед посещением всех узлов, располагающихся ближе всего к корню, он удаляется от начальной точки на большое расстояние.

На рисунке 13.3 показан обход в глубину, где узлы помечены в соответствии с порядком, в котором их минуют.

Глава 13

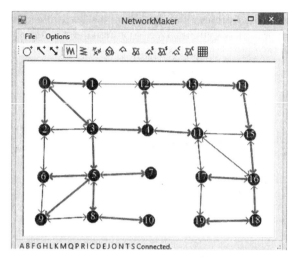

Рис. 13.3. При обходе в глубину некоторые узлы, значительно удаленные от корневого, посещаются раньше, чем те, что находятся близко к нему

Приложив некоторые усилия, можно выяснить, каким образом узлы выбирались для обхода. Алгоритм начал с узла, помеченного как 0. Затем он добавил в стек узлы с метками 1, 2 и 3.

Поскольку узел 3 был помещен в стек после всех остальных, он обрабатывался следующим, затем в стек добавлялись узлы 4 и 5. Вставленный узел — 5 — шел следующим в очереди на обработку; потом алгоритм помещал в стек узлы 6, 7, 8 и 9.

Если хотите, можете продолжить изучение рисунка 13.3, чтобы разобраться, почему алгоритм посетил узлы именно в таком порядке. Но уже сейчас вам должно быть видно, что некоторые узлы, удаленные от начальной точки, обрабатываются раньше тех, которые находятся ближе к ней.

Обход в ширину

Иногда удобнее начинать обход с узлов, которые находятся ближе к началу, и только потом посещать более удаленные узлы. Предыдущий алгоритм рассматривал узлы, удаленные от начальной точки, раньше тех, которые располагаются ближе к ней, поскольку для их обработки использовался стек. Если вместо стека прибегнуть к очереди, узлы будут обрабатываться по принципу «первый зашел — первый вышел», в результате чего сначала обработке подвергнутся узлы, находящиеся ближе к начальной точке.

Рассматриваемый алгоритм, прежде чем двигаться дальше, посещает всех соседей узла, поэтому его называют поиском в ширину. На рисунке 13.4 показан обход в ширину, где узлы помечены в соответствии с тем, в каком порядке их минуют.

Как и в случае с обходом в глубину, вы можете изучить рисунок 13.4, чтобы увидеть, каким образом алгоритм посещал узлы сети. Начав с узла, помеченного как 0, он добавил в очередь узлы с метками 1, 2 и 3.

Поскольку очередь возвращает элементы по принципу «первый зашел — первый вышел», следующим обрабатывается узел 1, соседи которого помещаются в ту же очередь. Единственный пока еще не посещенный сосед этого узла имеет номер 4.

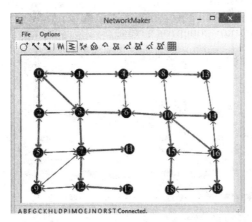

Рис. 13.4. При обходе в ширину узлы, находящиеся ближе к начальной точке, посещаются раньше узлов, которые располагаются дальше от нее

Дальше алгоритм удаляет из очереди узел 2 и добавляет в нее соседа этого узла, помеченного как 5. После из очереди убирается узел 3, а вместо него туда помещаются его соседи под номерами 6 и 7.

Если хотите, можете продолжить изучение рисунка 13.4, чтобы разобраться, почему алгоритм рассмотрел узлы именно в таком порядке. Но уже сейчас вам должно быть видно, что все узлы, находящиеся ближе всего к начальной точке, посещаются раньше любых узлов, более удаленных от нее.

Проверка связности

Из алгоритмов обхода, описанных в двух предыдущих разделах, логически вытекает еще несколько алгоритмов с незначительными изменениями. Например, алгоритм обхода посещает все узлы, доступные из начальной точки. В ненаправленной сети это означает, что посещенными окажутся все ее узлы (при условии, что она является связной). Отсюда следует простой алгоритм для определения связности ненаправленной сети.

```
Boolean: IsConnected(Node: start_node)
    // Обходим сеть, начиная со start_node.
    Traverse(start_node)

    // Смотрим, не остался ли какой-то узел непосещенным.
    For Each node In <all nodes>
        If (Not node.Visited) Then Return False
    Next node

    // Все узлы были посещены, значит, сеть связная.
    Return True
End IsConnected
```

Здесь используется предыдущий алгоритм обхода; при этом у каждого узла проверяется свойство Visited, чтобы понять, посещался ли он ранее.

Вы можете расширить приведенный способ обхода для поиска всех связных компонентов в сети. Просто повторяйте обход, пока не посетите все узлы. В следующем псевдокоде показан алгоритм, который использует обход в глубину для обнаружения связных компонентов в сети.

```
List(Of List(Of Node)): GetConnectedComponents
    // Следим за количеством посещенных узлов.
    Integer: num_visited = 0;

    // Создаем результат в виде списка списков.
    List(Of List(Of Node)): components

    // Повторяем, пока все узлы не попадут в связный компонент.
    While (num_visited < <number of nodes>)
        // Находим узел, который еще не посещали.
        Node: start_node = <first node not yet visited>

        // Добавляем начальный узел в стек.
        Stack(Of Node): stack
        stack.Push(start_node)
        start_node.Visited = True
        num_visited = num_visited + 1

        // Добавляем узел в новый связный компонент.
        List(Of Node): component
        components.Add(component)
        component.Add(start_node)

        // Обрабатываем стек, пока он не станет пустым.
        While <stack isn't empty>
            // Берем из стека следующий узел.
            Node: node = stack.Pop()
            // Обрабатываем звенья узла.
            For Each link In node.Links
                // Используем звено, только если
                целевой узел еще не посещали.
                If (Not link.Nodes[1].Visited) Then
                    // Помечаем узел как посещенный.
                    link.Nodes[1].Visited = True

                    // Помечаем звено как часть дерева.
                    link.Visited = True
                    num_visited = num_visited + 1

                    // Добавляем узел к текущему связному
                    компоненту.
                    component.Add(link.Nodes[1])

                    // Заносим узел в стек.
                    stack.Push(link.Nodes[1])
                End If
            Next link
        End // While <stack isn't empty>
    Loop // While (num_visited < <number of nodes>)

    // Возвращаем компоненты.
    Return components
End GetConnectedComponents
```

Этот алгоритм возвращает список списков, каждый из которых хранит узлы в связном компоненте. Сначала он создает переменную `num_visited` для отслеживания количества посещенных узлов. Затем генерирует список списков, который будет возвращаться.

Дальше идет цикл, продолжающийся до тех пор, пока не будет посещен каждый узел. Внутри этого цикла программа ищет узлы, которые она еще не исследовала, и добавляет их сначала в стек (так же как в алгоритме обхода), а потом в новый список, представляющий связный компонент узла.

После этого программа входит в цикл, подобный тому, который использовался ранее в алгоритме обхода. В нем стек обрабатывается до тех пор, пока не станет пустым. Единственная разница заключается в том, что в данном случае рассмотренные узлы добавляются не только в стек, но и в список, который формируется в процессе.

Когда стек становится пустым, это говорит о том, что алгоритм побывал во всех узлах, связанных с начальной точкой. На этом этапе он находит другой узел, который еще не был посещен, и запускает процесс по новой.

Исследовав все узлы, алгоритм возвращает список связных компонентов.

Остовные деревья

Если ненаправленная сеть является связной, вы можете создать дерево с корнем в любом узле, демонстрируя тем самым путь от корня к любому другому узлу сети. Такое дерево называется *остовным*, поскольку оно охватывает все сетевые узлы.

Например, на рисунке 13.5 показано остовное дерево для сети с корнем в узле *H*. Двигаясь по темным звеньям, можно отследить путь от корневого узла *H* к любой другой точке сети. Например, путь к узлу *M* проходит через точки *H*, *C*, *B*, *A*, *F*, *K*, *L* и *M*.

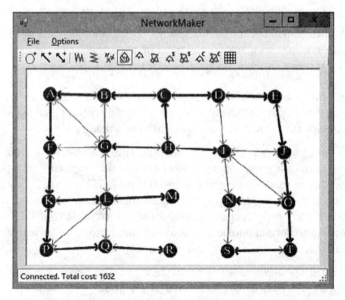

Рис. 13.5. Остовное дерево, соединяющее все узлы в сети

На самом деле алгоритмы обхода, описанные ранее, обнаруживают остовные деревья — они просто не запоминают, какие звенья дерева были использованы. Чтобы это исправить, достаточно дописать следующие строчки сразу после выражения, которое помечает новый узел как посещенный.

```
// Помечаем звено как часть остовного дерева.
link.Visited = True
```

В сущности, алгоритм начинает свою работу с корневого узла в остовном дереве. С каждым шагом он выбирает очередной узел, который является смежным по отношению к этому дереву, и добавляет его туда. Новый алгоритм просто записывает сведения о том, какие звенья были использованы при формировании остовного дерева, соединяющего узлы.

Минимальные остовные деревья

Алгоритм остовного дерева, рассмотренный в предыдущем разделе, позволяет использовать любой узел в качестве корневого, поэтому вариантов остовного дерева может быть множество.

Остовное дерево, которое имеет наименьшие затраты из возможных, называется *минимальным*. Стоит отметить, что сеть может иметь сразу несколько минимальных остовных деревьев. В сущности, если все звенья сети характеризуются одинаковыми затратами, минимальным считается любое остовное дерево.

Ниже пошагово описан простой высокоуровневый алгоритм, позволяющий находить минимальное остовное дерево с корневым узлом R.

1. Добавляем корневой узел R в исходное остовное дерево.

2. Повторяем, пока все узлы не окажутся в остовном дереве.

   a. Находим наименее затратное звено, соединяющее узел остовного дерева с узлом, который в это дерево пока не входит.

   b. Добавляем в остовное дерево целевой узел этого звена.

Такой алгоритм является «жадным», потому что на каждом этапе ищет звено с самыми низкими затратами из возможных. Делая оптимальный выбор на локальном уровне, он достигает наилучшего результата в целом.

Ознакомимся, например, с сетью, показанной в левой части рисунка 13.6, и предположим, что звенья и узлы, выделенные толстыми линиями, являются частью формирующегося остовного дерева с корнем в узле A. На шаге 2a мы рассмотрим звенья, соединяющие узлы внутри дерева с теми, которые пока еще находятся за его пределами. В нашем примере эти звенья имеют затраты 15, 10, 12 и 11. С помощью «жадного» алгоритма добавим наименее затратное звено (в этом случае 10), чтобы получить дерево, представленное справа.

Больше всего времени занимает шаг 2a, где выполняется поиск следующего звена для дерева. То, насколько долго это будет происходить, зависит от используемого вами подхода.

Основные сетевые алгоритмы

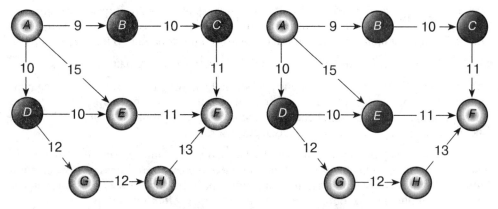

Рис. 13.6. На каждом шаге в остовное дерево добавляется наименее затратное звено, которое соединяет узел внутри дерева с узлом, находящимся за его пределами

Один из способов нахождения наименее затратного звена заключается в циклическом переборе узлов дерева и поиске среди их звеньев такого, которое ведет к узлу за пределами дерева и имеет минимальные затраты. Это достаточно медленный подход, поскольку алгоритм вынужден проверять звенья узлов много раз, даже если они ведут к узлам, которые уже располагаются в дереве.

Оптимальнее всего хранить список потенциально подходящих звеньев. Присоединяя узел к формирующемуся остовному дереву, алгоритм добавляет в список любые звенья этого узла, которые располагаются за пределами дерева. Поиск минимального звена осуществляется внутри этого списка. Если в процессе алгоритм обнаруживает звено, ведущее к узлу, который уже находится внутри дерева (потому что узел мог стать частью дерева уже после того, как звено попало в список), он удаляет его из списка. Таким образом, алгоритму не придется повторно рассматривать это звено в дальнейшем. Когда список потенциально подходящих звеньев иссякнет, алгоритм завершит свою работу.

Поиск путей

Поиск путей в сети является распространенной задачей. Обычный пример — нахождение маршрута из одной точки транспортной сети в другую.

В следующих разделах описываются некоторые алгоритмы для поиска путей в рамках сети.

Поиск произвольного пути

Алгоритмы остовного дерева, рассмотренные ранее в этой главе, предоставляют средство для нахождения пути между любыми двумя узлами в сети. Следующие шаги описывают простой высокоуровневый алгоритм для поиска пути из узла *A* в узел *B*.

1. Находим остовное дерево с корнем в узле *A*.

2. Проходим обратно по звеньям остовного дерева от узла *B* к узлу *A*.

3. Меняем порядок прохождения звеньев на противоположный.

Приведенный алгоритм генерирует остовное дерево с узлом *A* в качестве корня, а затем переходит к узлу *B*. Для каждой точки на своем пути он обнаруживает звено в рамках остовного дерева, которое ведет к этой точке. Записав найденное звено, переходит к следующему узлу на своем пути.

К сожалению, поиск звена, которое ведет к определенному узлу в остовном дереве, — довольно сложная задача. При использовании соответствующих алгоритмов, описанных ранее, придется циклически перебрать каждое звено, чтобы узнать, является ли оно частью остовного дерева и отсылает ли к текущему узлу.

Для решения этой проблемы достаточно немного подкорректировать алгоритм остовного дерева. Вначале нужно добавить свойство `FromNode` в класс `Node`. Затем, когда алгоритм отмечает, что узел находится внутри дерева, необходимо присвоить его свойству `FromNode` ссылку на узел, чье звено использовалось для соединения нового узла с деревом.

Теперь, чтобы на шаге 2 найти путь из узла *B* в узел *A*, можно просто следовать по свойствам `FromNode` этих узлов.

Поиск кратчайшего пути с помощью установки меток

Алгоритм, описанный в предыдущем разделе, находит путь от начального к целевому узлу, однако этот путь может оказаться не самым оптимальным. Он берется из остовного дерева, что не гарантирует его высокую эффективность. На рисунке 13.7 показан путь от узла *M* к узлу *S*. Если представить затраты звеньев в виде их длины, можно довольно легко найти маршрут покороче, такой как $M \to L \to G \to H \to I \to N \to S$.

Для нахождения кратчайшего пути между двумя узлами понадобится более практичный алгоритм. Такие алгоритмы делятся на две категории: установочные и корректирующие. Алгоритм коррекции меток будет описан в следующем разделе, а пока что мы рассмотрим их установку.

Этот алгоритм начинает свою работу в корневом узле, создавая остовное дерево способом, который напоминает процесс формирования минимального остовного дерева, описанный ранее. На каждом шаге выбирается наименее затратное звено, которое соединяет новый узел с деревом. Алгоритм кратчайшего пути действует иначе, выбирая звено, которое ведет к ближайшему от корневой точки узлу.

Чтобы определить, какой из узлов является наименее удаленным, алгоритм маркирует каждый из них с помощью расстояния до начальной точки. Проверяя звено, он добавляет расстояние до его исходного узла к его затратам и затем определяет текущее расстояние до целевого узла звена.

Добавив все узлы в остовное дерево, алгоритм завершает свою работу. Пути внутри дерева представляют собой кратчайшие маршруты от начального узла к любой точке сети, поэтому результат называется *деревом кратчайшего пути*.

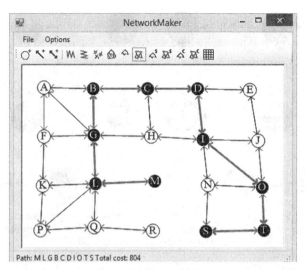

Рис. 13.7. Путь, который проходит остовное дерево от одного узла к другому, может быть неоптимальным

Ниже приводится высокоуровневое описание этого алгоритма.

1. Устанавливаем расстояние начального узла равным 0 и помечаем его как часть дерева.

2. Добавляем звенья начального узла в список потенциально подходящих звеньев, которые могут быть использованы для расширения дерева.

3. Циклически перебираем и проверяем звенья внутри списка, пока тот не окажется пустым.

   a. Если звено ведет к узлу, который уже находится в дереве, убираем его из списка.

   b. Допустим, звено L соединяет узел N_1 внутри дерева с узлом N_2, который в это дерево пока что не входит. Если D_1 — это расстояние до узла N_1, входящего в дерево, а C_1 — затраты звена, тогда вы можете добраться до узла N_2, расположенного на расстоянии $N_1 + C_L$, пройдя сначала к узлу N_1 и затем следуя по звену. Пусть $D_2 = N_1 + C_L$ будет потенциальным расстоянием для узла N_1, который использует это звено. Перебирая звенья в списке, мы будем отслеживать звено и узел (назовем их L_{best} и N_{best}), которые обеспечивают наименьшее расстояние из возможных (назовем его D_{best}).

   c. Устанавливаем расстояние для N_{best} равным D_{best} и маркируем N_{best} как часть дерева кратчайшего пути.

   d. Любое из звеньев L, исходящих из N_{best}, которое ведет к узлу за пределами дерева, добавляется в список потенциально подходящих звеньев.

Рассмотрим, например, сеть, показанную на рисунке 13.8. Допустим, звенья и узлы, выделенные толстыми линиями, являются частью формирующегося дерева кратчайшего пути. Метки на узлах обозначают их расстояние до корневой точки, которая помечена как 0.

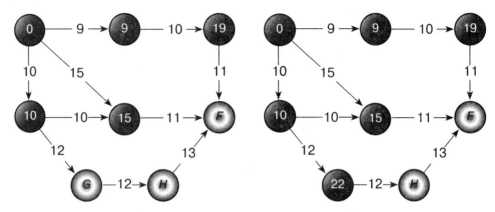

Рис. 13.8. На каждом шаге к дереву кратчайшего пути добавляется звено, формирующее самое короткое итоговое расстояние от корня к узлу, который не входит в дерево

Чтобы добавить следующее звено в дерево, проверим звенья, которые ведут от дерева к узлам за его пределами, и вычислим расстояние до этих узлов. В данном примере имеются три потенциально подходящих звена.

Первое ведет от узла с меткой 19 к узлу *F*. Расстояние от начальной точки до узла, помеченного как 19, равно 19 (отсюда и метка), а затраты звена составляют 11. Следовательно, итоговое расстояние до узла *F* через это звено равняется 19 + 11 = 30.

Второе звено ведет от узла с меткой 15 к узлу *F*. Расстояние от начальной точки до узла, помеченного как 15, равно 15, а затраты звена составляют 11. Таким образом, итоговое расстояние до узла *F* через это звено равняется 15 + 11 = 26.

Третье звено ведет от узла с меткой 10 к узлу *G*. Его затраты составляют 12, поэтому итоговое расстояние через него будет равно 10 + 12 = 22. Именно это звено должно быть добавлено в дерево, поскольку оно обеспечивает наименьшее из трех вычисленных расстояний. Результат показан в правой части рисунка 13.8.

На рисунке 13.9 изображен весь кратчайший путь, сгенерированный этим алгоритмом. В данной сети затраты ссылок выражены через их длину в пикселях. Каждый узел помечен порядковым номером, в соответствии с которым он был добавлен в дерево. Корневой узел вставлялся первым, поэтому он имеет номер 0; узел слева от него был добавлен следующим, поэтому он отмечен номером 1 — и т. д.

Обратите внимание на то, как значения меток увеличиваются по мере удаления от корневой точки. Это похоже на порядок добавления узлов в дерево при обходе в ширину. Разница лишь в том, что тогда алгоритм исходил из количества звеньев между узлами и корневой точкой, а в нашем случае учитывается расстояние, пройденное по звеньям от корневой точки до узлов.

Построив дерево кратчайшего пути, вы можете проследовать по значениям `FromNode`, принадлежащим его узлам, чтобы найти обратный путь от целевого узла к начальной точке, как было описано в предыдущем разделе.

Основные сетевые алгоритмы

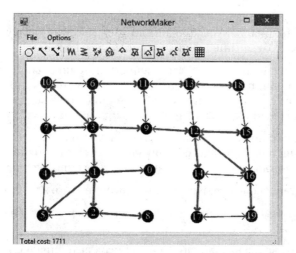

Рис. 13.9. Дерево кратчайшего пути, которое находит самый короткий маршрут от корневой точки до любого узла в сети

На рисунке 13.10 показан самый короткий путь из узла *M* в узел *S* в рамках исходной сети. Он выглядит более рациональным, нежели маршрут, построенный с помощью остовного дерева (см. рис. 13.7).

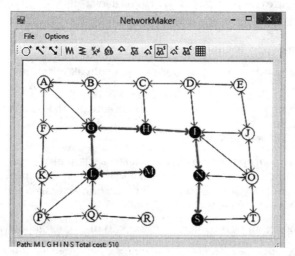

Рис. 13.10. Путь по дереву кратчайшего пути — самый короткий маршрут из корня в определенный узел сети

Поиск кратчайшего пути с помощью коррекции меток

Больше всего времени в алгоритме кратчайшего пути, использующего установку меток, отнимает поиск следующего звена, которое нужно добавить к дереву. Для этого алгоритм должен перебрать все потенциально подходящие звенья, чтобы найти то, которое ведет к новому узлу с наименьшими затратами.

313

В качестве альтернативной стратегии к дереву кратчайшего пути можно добавить любое из потенциально подходящих звеньев, пометив как обычно его целевой узел величиной затрат, возникающих при проходе к корню.

Позже, при рассмотрении звеньев из списка потенциально подходящих, алгоритм находит лучший путь к узлу, который уже является частью дерева кратчайшего пути. В этом случае он обновляет расстояние до узла, помещает его звенья обратно в список (если их там еще нет) и продолжает работу.

В алгоритме установки меток расстояние до узла назначается только один раз и никогда не меняется. В алгоритме коррекции меток расстояние тоже устанавливается лишь единожды, но позже оно может быть неоднократно исправлено.

Ниже представлено высокоуровневое описание этого алгоритма.

1. Устанавливаем расстояние до начального узла равным 0 и помечаем его как часть дерева.

2. Добавляем звенья начального узла в список потенциально подходящих звеньев.

3. Пока список не окажется пустым:

   a. рассматриваем первое звено в списке потенциально подходящих звеньев;

   b. вычисляем расстояние до целевого узла звена: <расстояние> = <расстояние до исходного узла> + <затраты звена>;

   c. если новое расстояние оказывается лучше текущего:

   d. обновляем расстояние до целевого узла;

   e. добавляем все звенья целевого узла в список потенциально подходящих звеньев.

Данный алгоритм может показаться более сложным, но на самом деле его код выглядит компактнее, потому что вам не нужно перебирать список потенциально подходящих звеньев в поисках лучшего.

Поскольку этот алгоритм может несколько раз изменить звено, ведущее к узлу, у вас нет возможности отметить, что звенья используются деревом, и оставить их в таком виде. Если вы меняете путь к узлу, вам необходимо найти старое звено и убрать с него метку.

В качестве более простого решения можно было бы добавить в класс `Node` свойство `FromLink`. Оно будет меняться вместе со звеном, ведущим к узлу.

Если вы все же хотите пометить звенья, используемые деревом кратчайшего пути, сначала постройте это дерево, а потом циклически переберите его узлы и присвойте метки звеньям из соответствующих свойств `FromLink`.

На рисунке 13.11 показана сеть с деревом кратчайшего пути, найденным с помощью метода коррекции меток. Как и прежде, затраты звеньев в этой сети выражены через их длину в пикселах. Каждый узел содержит метку, показывающую, сколько раз было исправлено расстояние до него (значение свойства `FromLink`). Корневой узел обозначен числом 0, поскольку его значение было установлено в самом начале и никогда не менялось.

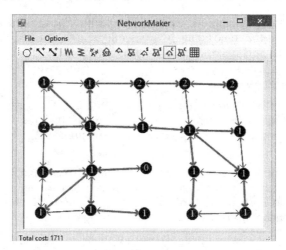

Рис. 13.11. В алгоритме коррекции меток расстояния до некоторых узлов могут корректироваться несколько раз

Многие из узлов на рисунке 13.11 помечены числом 1. Это означает, что расстояние к ним было установлено лишь один раз и никогда не корректировалось. Несколько узлов имеет метку 2, что для нас значит следующее: их значения изменялись всего один раз после установки.

В крупной и более сложной сети расстояние до узлов может корректироваться много раз, прежде чем дерево кратчайшего пути будет окончательно достроено.

Поиск кратчайшего пути между всеми парами вершин

Алгоритмы, которые были описаны до этого момента, находили дерево кратчайшего пути от начальной точки ко всем остальным узлам в сети. Но существует еще один алгоритм этого типа, который ищет кратчайший путь между каждой парой сетевых узлов.

Алгоритм Флойда — Уоршелла начинается с двумерного массива под названием Distance, где Distance[start_node, end_node] является самым коротким расстоянием между узлами start_node и end_node.

Чтобы создать массив, его нужно инициализировать, устанавливая элементам по диагонали (представляющим расстояние от самого узла) значения 0. Элементам, которые выступают прямыми звеньями между двумя узлами, присваиваются величины затрат этих звеньев. Остальные элементы массива должны быть равны бесконечности.

Предположим, что массив Distance частично заполнен. Рассмотрим внутри него путь от узла start_node к узлу end_node. Представим себе также, что для некоего значения via_node путь использует только узлы 0, 1, 2..., via_node - 1.

Добавление узла via_node может сократить путь только в том случае, если этот узел находится где-то в середине улучшенного пути. Другими словами, маршрут start_node → end_node превращается в start_node → via_node, за которым идет via_node → end_node.

Чтобы обновить массив `Distance`, нужно проверить все пары узлов `start_node` и `end_node`. Если `Distance[start_node, end_node]` > `Distance[start_node, via_node]` + `Distance[via_node, end_node]`, элемент `Distance[start_node, end_node]` обновляется путем присваивания ему более короткого расстояния.

Если сделать то же самое для `via_node` = 0, 1, 2..., $N - 1$, где N — число узлов в сети, то массив будет хранить итоговое кратчайшее расстояние между любыми двумя узлами, используя другие узлы в качестве промежуточных точек в оптимальных путях.

Пока что алгоритм не решает задачу нахождения самого короткого пути между двумя узлами. Он всего лишь объясняет, как искать оптимальное расстояние между ними. К счастью, информацию о пути можно добавить, создав еще один двумерный массив под названием `Via`.

Массив `Via` отслеживает определенный узел на пути от одной точки к другой. Иными словами, `Via[start_node, end_node]` хранит индекс узла, который вы должны посетить, проходя кратчайшее расстояние от `start_node` до `end_node`.

Если `Via[start_node, end_node]` равно `end_node`, это означает, что от `start_node` к `end_node` ведет одно звено, поэтому кратчайший путь состоит только из узла `end_node`.

Если `Via[start_node, end_node]` равно какому-то другому узлу `via_node`, вы можете рекурсивно перебрать массив, чтобы найти путь сначала от `start_node` к `via_node`, а затем от `via_node` к `end_node` (если это кажется вам немного запутанным, рассмотрение алгоритма для использования массива `Via` должно будет все прояснить).

Чтобы создать массив `Via`, его нужно инициализировать элементами со значениями.

Затем, если узлы соединяются напрямую, `Via[start_node, end_node]` следует присвоить значение `end_node`.

Теперь, когда мы создали массив `Distance` и оптимизировали расстояние `start_node` → `end_node`, заменив его путями `start_node` → `via_node` и `via_node` → `end_node`, нам нужно сделать еще кое-что. Мы должны присвоить `Via[start_node, end_node]` = `via_node`, чтобы сигнализировать о том, что кратчайший путь от `start_node` к `end_node` проходит через промежуточный узел `via_node`.

Ниже приведено полное пошаговое описание алгоритма для построения массивов `Distance` и `Via` (исходя из того, что сеть состоит из N узлов).

1. Инициализируем массив `Distance`:

    a. всем элементам `Distance[i, j]` присваивается бесконечность;

    b. для всех i от 1 до $N - 1$ присваиваем `Distance[i, i]` значение 0;

    c. если узлы i и j соединены звеном $i \rightarrow j$, присваиваем `Distance[i, j]` затраты этого звена.

2. Инициализируем массив `Via`. Для всех i и j:

a. если `Distance[i, j]` меньше бесконечности, присваиваем `Via[i, j]` значение *j*, сигнализируя тем самым, что путь от *i* к *j* идёт через узел *j*;

b. в противном случае присваиваем `Via[i, j]` значение –1, чтобы указать на то, что из узла *i* в узел *j* нет пути.

3. Выполняем следующие вложенные циклы, чтобы найти улучшения в пути.

```
For via_node = 0 To N - 1
    For from_node = 0 To N - 1
        For to_node = 0 To N - 1
            Integer: new_dist =
                    Distance[from_node, via_node] +
                    Distance[via_node, to_node]
            If (new_dist < Distance[from_node, to_node]) Then
                    // Это улучшенный путь. Обновляем его.
                    Distance[from_node, to_node] = new_dist
                    Via[from_node, to_node] = via_node
            End If
        Next to_node
    Next from_node
Next via_node
```

Цикл `via_node` перебирает индексы узлов, которые могут оказаться промежуточными, и оптимизирует имеющиеся маршруты. Когда он закончит свою работу, все кратчайшие пути будут готовы.

В следующем псевдокоде показано, как с помощью окончательных версий массивов `Distance` и `Via` искать узлы в рамках кратчайшего пути от начального узла к целевому.

```
List(Of Integer): FindPath(Integer: start_node, Integer: end_node)
    If (Distance[start, end] == infinity) Then
            // Между этими узлами нет пути.
            Return null
    End If

    // Получаем промежуточный узел для этого пути.
    Integer: via_node = Via[start_node, end_node]

    // Проверяем, есть ли прямое соединение.
    If (via_node == end_node)
            // Прямое соединение есть.
            // Возвращаем список, содержащий только end_node.
            Return { end_node }
    Else
            // Прямого соединения нет.
            // Возвращаем start_node --> via_node плюс via_node --> end_node.
            Return
            {
                    FindPath(start_node, via_node) +
                    FindPath(via_node, end_node)
            }
    End If
End FindPath
```

Рассмотрим, например, сеть, представленную на рисунке 13.12. Верхние массивы показывают то, как со временем трансформируется значения Distance; нижние массивы демонстрируют изменения значений Via. Элементы, подвергшиеся перестройке, выделены, чтобы их было легче заметить.

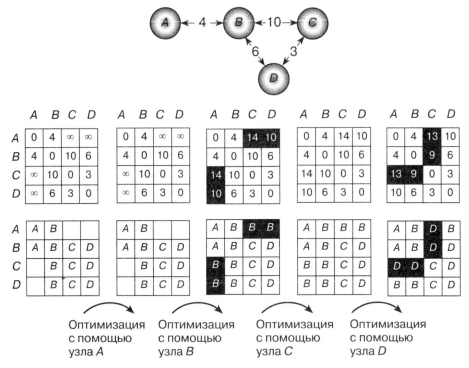

Рис. 13.12. Кратчайшие пути между всеми парами узлов в сети можно представить в виде массивов Distance (сверху) и Via (снизу)

Таблица в левом верхнем углу показывает исходные значения в массиве Distance. Расстояние от любого узла к самому себе равно 0. Расстояние между двумя узлами, соединенными звеном, устанавливается в размере затрат этого звена. Например, звено между узлами A и B имеет затраты 4, поэтому Distance[A, B] равно 4 (чтобы пример был более простым для понимания, имена узлов используются в качестве индексов массива). Остальным элементам присваивается бесконечность.

Таблица в левом нижнем углу показывает исходные значения в массиве Via. Например, от узла C к узлу B ведет звено, поэтому Via[C, B] равно B.

После инициализации массивов алгоритм пытается выполнить оптимизацию. Сначала он ищет пути, которые удастся улучшить, используя узел A в качестве промежуточной точки. Однако этот узел находится на краю сети, поэтому он не может оптимизировать никакой путь.

Затем алгоритм пытается улучшить пути с помощью узла B и находит четыре варианта для оптимизации. Например, взглянув на второй массив

Distance, легко заметить, что Distance[A, C] содержит бесконечность, однако Distance[A, B] и Distance[B, C] равны соответственно 4 и 10. Таким образом, путь $A \to C$ может быть улучшен. Чтобы выполнить оптимизацию, алгоритм присваивает Distance[A, C] значение 4 + 10 = 14, а Via[A, C] делает равным узлу B.

Изменения можно проследить, глядя прямо на сеть. Для начального пути $A \to C$ было установлено бесконечное расстояние. По сравнению с ним путь $A \to B \to C$ является улучшением, и, посмотрев на сеть, вы можете заметить, что итоговая длина этого пути равна 14.

Точно так же можно пройтись по изменениям в путях $A \to D$, $C \to A$ и $D \to A$.

Дальше алгоритм пытается улучшить пути, используя узел C в качестве промежуточного. Этот узел не позволяет ничего оптимизировать, так как он находится на краю сети.

Наконец, алгоритм пробует в качестве промежуточного узел D. С его помощью можно улучшить четыре пути: $A \to C$, $B \to C$, $C \to A$ и $C \to B$.

Примером, иллюстрирующим поиск пути внутри окончательной версии массива Via, служит таблица в правом нижнем углу (см. рис. 13.12). Допустим, вы хотите найти путь от узла A к узлу C. Пошаговый процесс определения этого пути описан ниже.

1. Via[A, C] равно D, поэтому $A \to C = A \to D + D \to C$.

2. Via[A, D] равно B, поэтому $A \to D = A \to B + B \to D$.

    a. Via[D, C] равно C, поэтому от узла D к узлу C ведет звено.

    b. Via[A, B] равно B, поэтому от узла A к узлу B ведет звено.

    c. И наконец, Via[B, D] равно D, поэтому от узла B к узлу D ведет звено.

Заключительный маршрут проходит через узлы B, D и C, следовательно, итоговый путь будет выглядеть как $A \to B \to D \to C$.

На рисунке 13.13 представлены рекурсивные вызовы.

Создав массивы Distance и Via, вы можете быстро найти кратчайший путь между любыми двумя точками в сети. Недостаток состоит в том, что массивы нередко занимают много места.

Например, сеть улиц в относительно большом городе может достигать 30 000 узлов, поэтому в массиве пришлось бы хранить $2 \times 30\,000^2 = 1{,}8$ млрд элементов. Если элементы являются 4-байтовыми целыми числами, то массив займет в памяти 7,2 Гбайт.

Даже если вы можете себе позволить такие объемы памяти, алгоритм для построения массивов использует три вложенных цикла, которые проходят от 1 до N, где N — количество узлов, поэтому общее время работы алгоритма будет равно $O(N^3)$. Если N достигает 30 000, это выливается в $2{,}7 \times 10^{13}$ итераций. Чтобы сгенерировать такие массивы, компьютеру, который выполняет 1 млн итераций в секунду, понадобится 10 месяцев.

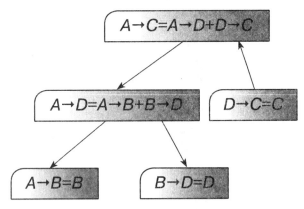

Рис. 13.13. Для поиска пути от `start_node` к `end_node` через промежуточную точку `via_node` нужно рекурсивно найти маршрут от `start_node` к `via_node` и от `via_node` к `end_node`

Этот алгоритм не получится использовать для по-настоящему больших сетей, поэтому при необходимости для нахождения маршрутов следует прибегнуть к другим алгоритмам кратчайшего пути. Если нужно искать множество путей в рамках небольшой сети, состоящей всего лишь из нескольких сотен узлов, вы, вероятно, сможете сэкономить некоторое время, применив рассматриваемый алгоритм для предварительного вычисления всех кратчайших маршрутов.

Резюме

Большинство алгоритмов, описанных в этой главе, занимается обходом сети. Алгоритмы обхода в глубину и ширину имеют разный порядок посещения сетевых узлов. Алгоритмы связности, остовного дерева, минимального остовного дерева и кратчайшего пути тоже минуют сеть различными способами. Например, минимальное остовное дерево перебирает звенья в порядке их затратности, а поиск кратчайшего пути с помощью установки меток учитывает расстояние до целевого узла звена.

Кратчайший путь между всеми парами вершин вычисляется несколько иначе. Вместо перебора сети он формирует коллекцию из N деревьев кратчайшего пути, каждое из которых позволяет обойти сеть.

В следующей главе мы продолжим разговор о сетях. Будут рассмотрены более эффективные алгоритмы, позволяющие решать реальные проблемы — например, расстановку задач, раскрашивание карт и распределение рабочих мест.

Упражнения

Звездочкой отмечены задачи повышенной сложности.

1*. Напишите программу, похожую на ту, что показана на рисунке 13.14. Она должна позволять вам создавать, сохранять и загружать тестовые сети. Кнопки на панели инструментов дают возможность пользователю добавлять узлы, одно- и двунаправленные звенья (на самом деле это два звена, соединяющие нажатые узлы в обоих направлениях). Меню **File** должно иметь пункты **New**, **Open** и **Save As** для создания, сохранения и загрузки сетей (если вы используете язык C# и не хотите разрабатывать все приложение целиком, можете загрузить пример программы с веб-сайта этой книги и заменить ее алгоритмический код своим собственным).

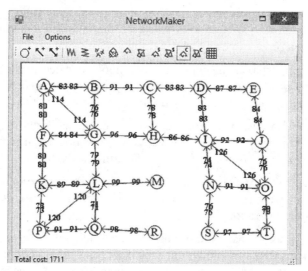

Рис. 13.14. Демонстрационная программа NetworkMaker позволяет создавать, сохранять и загружать тестовые сети

2. Расширьте программу из упражнения 1 таким образом, чтобы пользователь мог выполнять обход сети. При выборе инструмента обхода и щелчке по узлу должна отображаться схема обхода.

3. Расширьте программу из упражнения 1, добавив в нее инструмент, который отображает связные компоненты сети.

4. Подходит ли алгоритм поиска связных компонентов для направленных сетей? Почему?

5. Расширьте программу из упражнения 1, добавив в нее инструмент, что ищет и отображает остовное дерево с корнем в узле, по которому щелкнул пользователь.

6. В подразделе «Минимальные остовные деревья» раздела «Обход сети» в текущей главе сказано, что в сетях, где все звенья имеют одинаковые затраты, любое остовное дерево является минимальным. Почему это так?

7. Расширьте программу из упражнения 1, добавив в нее инструмент, что ищет и отображает минимальное остовное дерево с корнем в узле, по которому щелкнул пользователь.

8. Расширьте программу из упражнения 1, добавив в нее инструмент, который с помощью остовного дерева ищет и отображает пути между двумя узлами, выбранными пользователем.

9. Всегда ли дерево кратчайшего пути является минимальным остовным деревом? Если да, то почему? Если нет, нарисуйте обратный пример.

10. Расширьте программу из упражнения 1, добавив в нее инструмент, который ищет и отображает дерево кратчайшего пути с установкой меток. Его корень должен находиться в узле, по которому щелкнул пользователь.

11. Расширьте программу из упражнения 1, добавив в нее инструмент, который использует дерево кратчайшего пути с установкой меток для поиска и отображения маршрута между двумя выбранными узлами.

12. Расширьте программу из упражнения 1, добавив в нее инструмент, который ищет и отображает дерево кратчайшего пути с коррекцией меток. Его корень должен находиться в узле, по которому щелкнул пользователь.

13. Расширьте программу из упражнения 1, добавив в нее инструмент, который использует дерево кратчайшего маршрута с коррекцией меток для поиска и отображения пути между двумя выбранными узлами.

14. Как поведет себя алгоритм поиска кратчайшего пути с коррекцией меток, если сеть содержит цикл с отрицательным общим весом? Как будет работать алгоритм установки меток?

15. Представьте, что вам нужно найти кратчайший путь между относительно близкими точками в крупной сети. Как это сделать с помощью алгоритма установки меток, не прибегая к построению целого дерева кратчайшего пути? Сэкономят ли время внесенные изменения?

16*. Рассмотрим сценарий из упражнения 15. Как бы вы искали путь с помощью алгоритма коррекции меток, не создавая целое дерево кратчайшего пути? Помогло бы это сэкономить время?

17*. Представьте, что вы едете в музей и ремонтные работы на дороге постоянно заставляют вас сворачивать с кратчайшего пути. При этом вам необходимо каждый раз вычислять новое дерево кратчайшего путь для нахождения оптимального маршрута к музею с учетом вашего нового местоположения. Каким образом можно было бы избежать этих повторных вычислений?

18*. Расширьте программу из упражнения 1, добавив в нее инструмент, который ищет и отображает для сети массивы Distance и Via. Проверьте ее на примере сети, похожей на ту, что показана на рисунке 13.12.

19*. Расширьте программу из упражнения 18 так, чтобы она могла не только искать кратчайший путь между всеми парами узлов в сети, но и отображать его. Проверьте ее на примере сети, похожей на ту, что показана на рисунке 13.12.

20. Допустим, при создании массивов Distance и Via с помощью алгоритма кратчайшего пути между всеми парами вершин ваш компьютер может выполнять 1 млн итераций в секунду. Сколько времени займет создание этих массивов для сети, содержащей 100 узлов? 1000 узлов? 10 000 узлов?

21. Используя сеть, показанную на рисунке 13.15, изобразите изменение массивов Distance и Via так, как это сделано на рисунке 13.13. Как выглядят исходный и итоговый кратчайшие пути от узла *A* к узлу *C*?

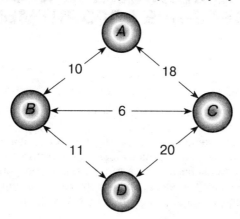

Рис. 13.15. Массивы Distance и Via, которые необходимо изобразить для этой сети

Глава 14
ДОПОЛНИТЕЛЬНЫЕ СЕТЕВЫЕ АЛГОРИТМЫ

Глава 13 была посвящена сетевым алгоритмам обхода, в том числе направленным в глубину и ширину для поиска кратчайшего пути между двумя узлами. В этой главе мы продолжим рассматривать сетевые алгоритмы, начиная с относительно простых, таких как топологическая сортировка и поиск циклов, и заканчивая чуть более сложными, среди которых будут раскраска графа и вычисление максимального потока.

Топологическая сортировка

Представьте, что вам нужно решить сложную задачу, состоящую из множества действий, часть которых должна быть выполнена раньше других. Возьмем, например, ремонт кухни. Для начала вам может понадобиться разрешение местных властей. Затем нужно будет заказать новую бытовую технику, перед установкой которой придется поменять проводку. Масштабный проект, такой как ремонт целого жилого или офисного помещения, обычно включает сотни шагов со сложным набором зависимостей.

В таблице 14.1 приведены некоторые зависимости, с которыми можно столкнуться во время ремонта кухни.

Таблица 14.1. Зависимости, связанные с ремонтом кухни

Задача	Предварительное требование
Получение разрешения	—
Покупка бытовой техники	—
Установка бытовой техники	Покупка бытовой техники
Снос стен	Получение разрешения
Монтаж проводки	Снос стен
Установка гипсокартонных стен	Монтаж проводки
Прокладка труб	Снос стен
Начальная проверка	Монтаж проводки
Начальная проверка	Прокладка труб
Установка гипсокартонных стен	Прокладка труб
Установка гипсокартонных стен	Начальная проверка
Покраска стен	Установка гипсокартонных стен
Покраска потолка	Установка гипсокартонных стен

Задача	Предварительное требование
Отделка пола	Покраска стен
Отделка пола	Покраска потолка
Итоговая проверка	Отделка пола
Установка кафеля	Установка гипсокартонных стен
Установка освещения	Покраска потолка
Итоговая проверка	Установка освещения
Установка шкафов	Отделка пола
Итоговая проверка	Установка шкафов
Установка столешницы	Установка шкафов
Итоговая проверка	Установка столешницы
Отделка пола	Установка гипсокартонных стен
Установка бытовой техники	Отделка пола
Итоговая проверка	Установка бытовой техники

Вы можете представить этот проект в виде сети, в которой звено ведет от задачи A к задаче B, если задача B должна быть выполнена перед A. На рисунке 14.1 показана сеть, представляющая задачи, которые перечислены в таблице 14.1.

Частичное упорядочивание — это набор зависимостей, который определяет порядок следования отдельных, но не обязательно всех содержащихся в нем объектов. Зависимости, которые перечислены в таблице 14.1 и показаны на рисунке 14.1, частично упорядочивают действия, связанные с ремонтом.

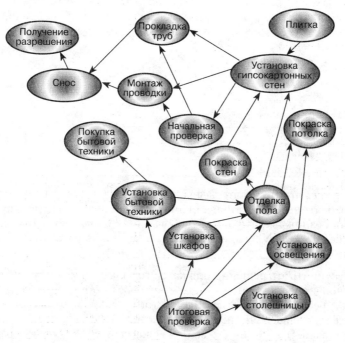

Рис. 14.1. Набор частично упорядоченных задач можно представить в виде сети

Если же вы хотите решить эти задачи, то необходимо превратить частичное упорядочивание в полное, чтобы действия шли друг за другом. Например, условия, перечисленные в таблице 14.1, не содержат явного запрета на отделку пола перед прокладкой труб, но если внимательно изучить таблицу или сеть, можно увидеть, что эти задачи в такой последовательности выполнять нельзя (отделка пола должна проводиться после покраски стен, а та, в свою очередь, должна идти после установки гипсокартона, которая требует предварительной прокладки труб).

Топологическая сортировка — это процесс превращения частичного упорядочивания сети в полное.

Есть один довольно простой алгоритм для расширения частичного упорядочивания. Если задачи можно выполнить в правильной последовательности, некоторые из них должны быть такими, что не имеют предварительных условий и могут быть решены в первую очередь. Найдите подобную задачу, добавьте ее к расширенному упорядочиванию и удалите из сети. Затем повторите то же самое для аналогичных задач, пока все из них не будут выполнены.

Если на каком-то этапе у вас останутся только задачи с предварительными требованиями, это будет означать, что они имеют циклическую зависимость и что частичное упорядочивание нельзя расширить до полного.

Общий алгоритм показан на примере следующего псевдокода.

```
// Возвращаем узлы полностью упорядоченными.
List(Of Node) ExtendPartialOrdering()
    // Создаем список полностью упорядоченных узлов.
    List(Of Node): ordering

    While <the network contains nodes>
        // Находим узел без предварительных требований.
        Node: ready_node
        ready_node = <a node with no prerequisites>
        If <ready_node == null> Then Return null

        // Перемещаем узел в итоговый список.
        <Add ready_node to the ordering list>
        <Remove ready_node from the network>
    End While
    Return ordering
End ExtendPartialOrdering
```

Основная идея этого алгоритма довольно проста. Сложность заключается в том, чтобы реализовать его эффективно. Если на каждом шаге вы будете просто искать в сети задачи без предварительных требований, количество таких шагов всякий раз может достигать $O(N)$, что выльется в общее время работы продолжительностью $O(N^2)$.

Чтобы улучшить это решение, для каждого узла сети можно создать и инициализировать новое свойство `NumBeforeMe`, которое будет хранить количество предварительных требований для узла. После этого при удалении узла из сети нужно проследовать по его звеньям, найти узлы, которые зависят от него, и уменьшить их значения `NumBeforeMe` на 1. Узел, чье свойство `NumBeforeMe` равно 0, готов стать частью расширенного упорядочивания.

Улучшенный алгоритм показан на примере следующего псевдокода.

```
// Возвращаем узлы полностью упорядоченными.
List(Of Node) ExtendPartialOrdering()
    // Создаем список полностью упорядоченных узлов.
    List(Of Node): ordering

    // Создаем список узлов без предварительных условий.
    List(Of Node): ready

    // Инициализация.
    <Initialize each node's NumBeforeMe count>
    <Add nodes with no prerequisites to the ready list>

    While <the ready list contains nodes>
            // Расширяем упорядочивание за счет узла.
            Node: ready_node = <First node in ready list>
            <Add ready_node to the ordering list>

            // Обновляем счетчики NumBeforeMe.
            For Each link In ready_node.Links
                    // Обновляем счетчик NumBeforeMe этого узла.
                    ink.Nodes[1].NumBeforeMe = link.Nodes[1].NumBeforeMe - 1

                    // Проверяем, готов ли узел к перемещению.
                    If (link.Nodes[1].NumBeforeMe == 0) Then
                            ready.Add(link.Nodes[1])
                    End If
            Next link
    End While

    If (<Any node has NumBeforeMe> 0>) Then Return null
    Return ordering
End ExtendPartialOrdering
```

В приведенном алгоритме мы исходим из того, что сеть является полностью связной. Если это не так, алгоритм нужно применить к каждому связному компоненту.

Поиск циклов

Процесс поиска циклов заключается в определении их наличия в составе сети. Другими словами, это определение того, возвращается ли путь, проходящий через сеть, в исходную точку.

Найти цикл довольно просто, если рассматривать этот процесс как разновидность топологической сортировки. Сеть содержит цикл лишь в том случае, если она не может быть отсортирована топологически. Проще говоря, с точки зрения топологической сортировки сеть содержит цикл, если последовательности задач $A, B, C... K$ формируют петлю зависимостей.

Имея это в виду, вы сможете легко находить циклы. Следующий псевдокод демонстрирует алгоритм.

```
// Возвращаем True, если сеть содержит цикл.
Boolean: ContainsCycle()
```

```
// Пытаемся отсортировать сеть топологически.
If (ExtendPartialOrdering() == null) Then Return True
Return False
End ContainsCycle
```

В рассматриваемом алгоритме мы исходим из того, что сеть является полностью связной. Если это не так, алгоритм нужно применить к каждому связному компоненту.

Раскрашивание карты

Цель подобного алгоритма — раскрашивание карты таким образом, чтобы на ней не было двух смежных участков одинакового цвета. Конечно, это можно сделать, используя разные цвета для каждого участка. Вопрос состоит в том, с помощью какого минимального количества цветов реально раскрасить конкретную карту. И еще: какое минимальное количество цветов может потребоваться для раскраски *любой* карты?

Чтобы научиться раскрашивать карту с помощью сетевых алгоритмов, вам нужно привести проблему закрашивания ее участков к задаче раскраски узлов. Просто создайте для каждого участка по одному узлу и соедините узлы, представляющие смежные участки, ненаправленными звеньями.

В зависимости от карты, вам может потребоваться два, три или четыре цвета. Подобные типы карт и алгоритмы для их закрашивания описаны в следующих разделах.

Закрашивание двумя цветами

Некоторые карты, как та, что показана на рисунке 14.2, можно закрасить всего двумя цветами.

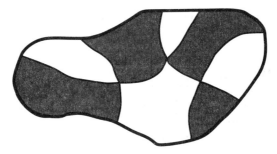

Рис. 14.2. Карта, закрашенная всего двумя цветами

> **ЗАМЕЧАНИЕ**
>
> Создать двухцветную карту довольно просто. Поместите карандаш на лист бумаги и нарисуйте фигуру, которая возвращается в вашу исходную точку. Объект может иметь любую форму, нужно только избегать «наложения» линий одну на другую. Иными словами, линия может пересекать себя в любой точке, но не совмещаться с частью самой себя на отрезке какой-либо длины. Такая фигура показана на рисунке 14.3.

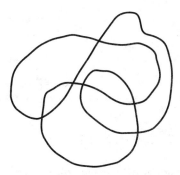

Рис. 14.3. Если нарисовать замкнутую кривую, не отрывая карандаш от бумаги и не делая «двойных линий», результат можно будет закрасить двумя цветами

Неважно, как именно пересекает себя линия, полученный объект всегда можно будет закрасить двумя цветами. Если после этого поверх первой фигуры нарисовать еще одну, следуя тем же правилам, результат будет обладать аналогичными свойствами.

В раскрашивании такого рода карт нет ничего сложного. Выберите любой участок и назначьте ему один из двух цветов. Затем задайте всем его соседям другой цвет и рекурсивно обойдите их, раскрашивая смежные участки. Если вы столкнетесь с тем, что соседний узел уже закрашен тем же цветом, каким заполнен и текущий, это будет означать следующее: карту нельзя сделать двухцветной.

Алгоритм показан на примере следующего псевдокода.

```
TwoColor()
    // Создаем очередь узлов, которые уже закрашены.
    Queue(Of Node): colored

    // Закрашиваем первый узел и добавляем его в список.
    Node: first_node = <Any node>
    first_node.Color = color1
    colored.Enqueue(first_node)

    // Обходим сеть, закрашивая узлы.
    While (colored contains nodes)
            // Берем следующий узел из списка закрашенных.
            Node: node = colored.Dequeue()

            // Вычисляем цвет соседних узлов.
            Color: neighbor_color = color1
            If (node.Color == color1) Then neighbor_color = color2

            // Закрашиваем соседние узлы.
            For Each link In node.Links
                    Node: neighbor = link.Nodes[1]

                    // Смотрим, не закрашены ли соседние узлы.
                    If (neighbor.Color == node.Color) Then
                            <The map cannot be two-colored>
                    Else If (neighbor.Color == neighbor_color) Then
```

```
                                    // Соседний узел уже был правильно закрашен.
                                    // Больше ничего не делаем.
                        Else
                                    // Соседний узел не был закрашен. Закрашиваем
                                    его.
                                    neighbor.Color = neighbor_color
                                    colored.Enqueue(neighbor)
                        End If
                Next link
        End While
End TwoColor
```

В приведенном алгоритме мы исходим из того, что сеть является полностью связной. Если это не так, алгоритм нужно применить к каждому связному компоненту.

Закрашивание тремя цветами

Как оказывается, определение того, является ли карта трехцветной, — крайне сложная задача. Фактически еще не изобретено такого алгоритма, который мог бы ее решить за полиномиальное время.

Одно из довольно очевидных решений заключается в применении к узлам каждого из трех цветов и поиске подходящей комбинации. Если сеть содержит N узлов, время поиска будет равно $O(3^N)$; это довольно медленно, если N большое. Для проверки комбинаций можно прибегнуть к алгоритму перебора, воспользовавшись одним из деревьев принятия решений, описанных в главе 12. Но скорость все равно будет очень низкой.

Вы можете попробовать улучшить поиск, упростив сеть. Если узел имеет меньше трех соседей, эти соседи нередко используют не более двух цветов — таким образом, оставшийся цвет следует задействовать в исходном узле. В данном случае вы можете убрать из сети узел, у которого меньше трех соседей, раскрасить уменьшенную сеть и затем вернуть его обратно, назначив ему цвет, не примененный смежными узлами.

Удаление узла из сети уменьшает количество соседей для оставшихся узлов, поэтому вы можете попробовать сделать сеть еще меньше. Если вам повезет, сеть будет уменьшаться, пока в ней не останется всего один узел. Выбрав для него цвет, вы сможете постепенно возвращать удаленные узлы, раскрашивая каждый из них.

Ниже представлено пошаговое описание алгоритма, который использует этот подход.

1. Повторяем, пока сеть содержит узлы со степенью меньше 3, — удаляем узел со степенью меньше 3, запоминая его местоположение, чтобы он мог быть позже восстановлен.

2. Используем алгоритм обхода, чтобы раскрасить оставшуюся часть сети тремя цветами. Если решение найти не удается, это означает, что его нет и для исходной сети.

3. Восстанавливаем ранее удаленные узлы, начиная с тех, что были исключены последними, и закрашиваем их цветами, которые не используются их соседями.

Если сеть не является полностью связной, вы можете применить этот алгоритм к каждому из ее связных компонентов.

Закрашивание четырьмя цветами

Согласно *теореме о четырех красках*, любую карту можно закрасить четырьмя цветами. Впервые эта теорема была предложена Фрэнсисом Гутри в 1852 г. Она активно изучалась на протяжении 124 лет, пока в 1974 г. ее, наконец, не доказали Кеннет Аппел и Вольфганг Хакен. К сожалению, их доказательство включает исчерпывающее исследование набора из 1936 специально подобранных карт, поэтому оно не предлагает надежного метода для раскрашивания любой карты четырьмя цветами.

ЗАМЕЧАНИЕ

Теорема о четырех красках исходит из того, что сеть является *планарной*. Это означает, что ее можно нарисовать на плоскости без пересечения звеньев. Звенья должны иметь вид прямых линий; они могут отклоняться и перемещаться по всей поверхности, но только не пересекаться.

Если сеть не планарная, нет никакой гарантии того, что ее получится закрасить четырьмя цветами. Например, вы можете создать 10 узлов с 90 звеньями, соединяющими каждую из пар. Поскольку все узлы связаны между собой, для закрашивания сети понадобится 10 цветов. Однако сеть, созданная из обычной карты, является планарной.

Вы можете воспользоваться приемами, похожими на те, что применялись в предыдущем разделе для закрашивания тремя цветами.

1. Повторяем, пока в сети есть узлы со степенью меньше 4, — удаляем узел со степенью меньше 4, запоминая его местоположение, чтобы он мог быть позже восстановлен.

2. Используем алгоритм обхода, чтобы раскрасить оставшуюся часть сети четырьмя цветами. Если решение найти не удается, это означает, что его нет и для исходной сети.

3. Восстанавливаем ранее удаленные узлы, начиная с тех, что были исключены последними, и закрашиваем их цветами, которые не используются их соседями.

Опять же, если сеть не является полностью связной, вы можете применить этот алгоритм к каждому из ее связных компонентов.

Закрашивание пятью цветами

В отличие от предыдущего случая, для которого не придумано простого и конструктивного алгоритма, для закрашивания пятью цветами существует одно решение, хотя и не самое легкое.

Рассматриваемый алгоритм, как и те, что были описаны в предыдущих двух разделах, постепенно упрощает сеть. Его отличие заключается в том, что он всегда может привести сеть к состоянию, когда она будет содержать всего один узел.

После этого вы можете обратить изменения, восстанавливая исходную сеть и закрашивая узлы, как делали это ранее.

Приведенный алгоритм использует упрощения двух типов.

Первый тип похож на подход, который применялся в предыдущих двух разделах. Если сеть содержит узел, у которого меньше пяти соседей, он удаляется из сети. При восстановлении ему присваивается цвет, который не используется его соседями. Назовем это правилом 1.

Второй тип упрощения используется в случае, если в сети нет узлов с менее чем пятью соседями. Можно утверждать (хотя это выходит за рамки книги) следующее: такая сеть должна иметь по крайней мере один узел K с соседями M и N, при условиях, что:

- у K есть ровно пять соседей;
- M и N имеют максимум семь соседей;
- M и N не являются соседями друг друга.

Чтобы упростить сеть, найдите такие узлы K, N и M; при этом N и M должны иметь один и тот же цвет. Это допустимо, поскольку мы знаем, что они не являются смежными. Узел K имеет ровно пять соседей, а M и N закрашены одним цветом, поэтому соседи узла K не могут использовать все пять доступных цветов, ведь один из них нужно оставить для K.

Упрощение заключается в удалении из сети узлов K, N и M и создании нового узла M/N для представления цвета, которым будут закрашены M и N. Назначьте новому узлу тех же соседей, которые были у M и N. Назовем это правилом 2.

При восстановлении узлов K, N и M, которые были удалены с использованием правила 2, назначьте последним двум цвет, которым закрашивался узел M/N. Затем выберите для узла K цвет, который не занят ни одним из его соседей.

Вы можете воспользоваться приемами, похожими на те, что применялись в предыдущем разделе для закрашивания тремя цветами.

1. Повторяем, пока в сети есть больше одного узла:
   - удаляем узел со степенью меньше 5, если такой имеется, и запоминаем его местоположение, чтобы он мог быть восстановлен позже;
   - если сеть не содержит ни одного узла со степенью меньше 5, находим узел K со степенью 5 и два его дочерних элемента M и N, как было описано ранее. Удаляем узлы K, N и M, после чего создаем новый узел M/N (см. правило 1).
2. Когда в сети останется один узел, назначаем ему цвет.
3. Восстанавливаем ранее удаленные узлы, закрашивая их соответствующим образом.

Если сеть не является полностью связной, вы можете применить этот алгоритм к каждому из ее связных компонентов.

На рисунке 14.4 показан процесс упрощения небольшой демонстрационной сети. Если взглянуть на верхнюю его часть, можно заметить, что каждый узел имеет пять соседей, поэтому для упрощения сети нельзя использовать правило 1.

Несмотря на это, в нашем распоряжении все еще есть правило 2. Существует несколько узлов, которые потенциально могут играть роль K, N и M. В рассматриваемом примере используются узлы C, B и H. Они удаляются из сети, а их место занимает новый узел, B/H, который имеет такие же дочерние элементы, как B и H до него.

После замены узлов C, B и H на B/H оказывается, что узлы G, A и D имеют меньше пяти соседей, поэтому их следует удалить (в данном примере мы предполагаем, что они были исключены именно в таком порядке).

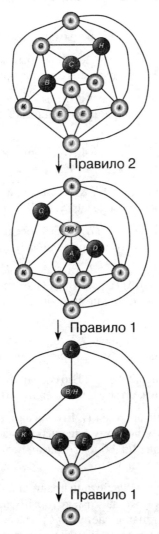

Рис. 14.4. Эту сеть можно упростить до единственного узла, применив единожды правило 2 и несколько раз правило 1

После удаления оказывается, что узлы L, B/H, K, F, E и I имеют меньше пяти соседей, поэтому они тоже удаляются.

На данном этапе в сети остается всего один узел *J*, поэтому алгоритм произвольным образом присваивает ему цвет и приступает к восстановлению сети.

Допустим, алгоритм назначает узлам цвета в таком порядке: красный, зеленый, синий, желтый и оранжевый. Если соседние узлы закрашены красным, зеленым и оранжевым цветами, тогда сам узел получит первый неиспользованный цвет — в нашем случае синий.

Начиная с итоговой сети, показанной на рисунке 14.4, алгоритм выполняет следующие шаги.

1. Алгоритм закрашивает узел *J* красным цветом.

2. Алгоритм восстанавливает узел, который был удален последним (*I*). Сосед узла *I* — *J* — имеет красный цвет, поэтому алгоритм делает узел *I* зеленым.

3. Алгоритм восстанавливает узел, который был удален предпоследним (*E*). Соседи узла *E*, — *J* и *I*, — закрашены красным и зеленым, поэтому алгоритм делает узел *E* синим.

4. Алгоритм восстанавливает узел *F*. Его соседи, *J* и *E*, закрашены красным и синим, поэтому алгоритм делает узел *F* зеленым.

5. Алгоритм восстанавливает узел *K*. Его соседи, *J* и *F*, закрашены красным и зеленым, поэтому алгоритм делает узел *K* синим.

6. Алгоритм восстанавливает узел *B/H*. Его соседи, *K*, *F* и *I*, закрашены синим, зеленым и зеленым, поэтому алгоритм делает узел *B/H* красным.

7. Алгоритм восстанавливает узел *L*. Его соседи, *K*, *B/H* и *I*, закрашены синим, красным и зеленым, поэтому алгоритм делает узел *L* желтым (на данном этапе сеть выглядит подобно нижнему варианту на рисунке 14.4, только с закрашенными узлами).

8. Алгоритм восстанавливает узел *D*. Его соседи, *B/H*, *E* и *I*, закрашены красным, синим и зеленым, поэтому алгоритм делает узел *D* желтым.

9. Алгоритм восстанавливает узел *A*. Его соседи, *B/H*, *F*, *E* и *D*, закрашены красным, зеленым, синим и желтым, поэтому алгоритм делает узел *A* оранжевым.

10. Алгоритм восстанавливает узел *G*. Его соседи, *L*, *B/H* и *K*, закрашены желтым, красным и синим, поэтому алгоритм делает узел *G* зеленым (на данном этапе сеть выглядит подобно среднему варианту на рисунке 14.4, только с закрашенными узлами).

11. Теперь алгоритм отменяет действие правила 2. Он восстанавливает узлы *B* и *H*, закрашивая их тем же цветом, который был у *B/H* (то есть красным). В завершение он восстанавливает узел *C*; его соседи, *G*, *H*, *D*, *A* и *B*, закрашены зеленым, красным, желтым, оранжевым и красным, поэтому алгоритм делает его синим (на данном этапе сеть выглядит подобно верхнему варианту на рисунке 14.4, только с закрашенными узлами).

На рисунке 14.5 показана исходная сеть. Узлы разных цветов представлены различными фигурами.

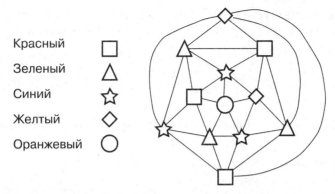

Рис. 14.5. Фигуры представляют узлы разных оттенков в этой пятицветной сети

Другие алгоритмы закрашивания карт

Рассмотренные выше алгоритмы не единственные возможные для закраски карт. Например, стратегия восхождения на вершину может циклически перебирать узлы сети, выдавая каждому из них первый цвет, который не используется ни одним из его соседей. Этот алгоритм не всегда позволяет закрасить сеть минимальным количеством цветов, однако при этом является чрезвычайно простым и быстрым. Он работает даже для непланарных сетей (например, как в случае с сетью, на рисунке 14.6) и в некоторых ситуациях дает возможность использовать для закрашивания четыре цвета.

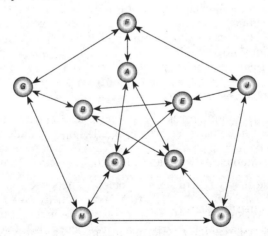

Рис. 14.6. Эта сеть не является планарной, но ее можно закрасить тремя цветами

Приложив определенные усилия, вы можете применить другие эвристические методики, описанные в главе 12, и попытаться найти с их помощью минимальное количество цветов, необходимых для закрашивания конкретной планарной или непланарной сети. Например, можно попробовать стратегии случайного присваивания или инкрементального улучшения, чтобы поменять местами цвета двух или более узлов.

Глава 14

Максимальный поток

В *нагруженной сети* каждое звено имеет максимальную пропускную способность, указывающую на то, поток какого объема способен через него пройти. Это может быть количество галлонов воды, которую может пропустить через себя труба за минуту, количество автомобилей, способных проехать по улице за час, или максимальный ток, который выдерживает провод.

При решении данной задачи цель заключается в присвоении звеньям потоков таким образом, чтобы максимизировать общий поток из исходного узла в конечный.

Рассмотрим, например, сети, показанные на рисунке 14.7. Цифры на звеньях обозначают их поток и пропускную способность. Так, звено между узлами *B* и *C* в первой сети имеет поток объемом 1 и пропускную способность 2.

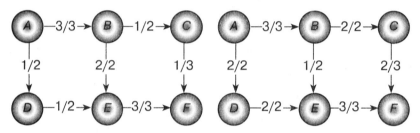

Рис. 14.7. Цель задачи максимального потока заключается в максимизации потока из исходного узла в конечный

В сети, размещенной слева, общий поток от узла *A* к узлу *F* равен 4. Общий объем потока, исходящего из узла *A*, в этой сети составляет 1 единицу в направлении *A* → *D* плюс 3 единицы в направлении *A* → *B*, что в сумме дает 4. Аналогичная ситуация со входящим потоком, который ведет к конечному узлу *F*/3 единицы по звену *E* → *F* плюс 1 единица по звену *C* → *F* (если сеть не получает дополнительные потоки и не теряет имеющиеся, общий поток, проникающий в конечный узел, будет равен общему потоку, исходящему из него).

Нельзя увеличить общий поток за счет увеличения потока отдельных звеньев. В этом примере уже используется максимальная пропускная способность звена *A* → *B*, и ее нельзя больше расширить. То же самое касается звеньев *A* → *D* и *E* → *F* — дополнительный поток просто некуда было бы девать.

Однако вы можете улучшить данное решение, перенеся одну единицу потока из пути *B* → *E* → *F* в путь *B* → *C* → *F*. Это позволит звену *E* → *F* задействовать неиспользуемую пропускную способность и добавить новую единицу потока к пути *A* → *D* → *E* → *F*. Сеть, показанная в правой части рисунка 14.7, демонстрирует внесенные изменения, благодаря которым общий поток от узла *A* к узлу *F* увеличился до 5.

Алгоритм поиска максимального потока является довольно простым (по крайней мере на высоком уровне). Однако принцип его работы не столь очевиден. Помочь разобраться в нем может краткое знакомство с такими понятиями, как остаточная пропускная способность, остаточная сеть и дополняющий путь.

Это может звучать устрашающе, но вам не стоит беспокоиться. Данные концепции помогают понять алгоритм, однако для вычисления максимальных потоков не нужно создавать множество новых сетей. Остаточная пропускная способность, остаточные сети и дополняющие пути можно найти в рамках исходной сети, не прилагая особых усилий.

Остаточная пропускная способность звена — объем дополнительного потока, который можно добавить к этому звену. Например, звено $C \to F$ в левой части рисунка 14.7 имеет остаточную пропускную способность в размере 2, поскольку всего она может пропустить 3 единицы, а ее текущий поток равен 1.

У каждого звена есть виртуальное обратное звено, которое может не быть частью сети. Например, для звена $A \to B$ на рисунке 14.7 неявно определено обратное звено $B \to A$. Обратные звенья имеют большое значение, поскольку они могут обладать остаточной пропускной способностью и передавать через себя поток в противоположном направлении.

Остаточная пропускная способность обратного звена — это объем потока, проходящего в прямом направлении по соответствующему обычному звену. Например, звено $B \to E$ в левой части рисунка 14.7 имеет поток в размере 2, поэтому остаточная пропускная способность обратного звена $E \to B$ тоже равна 2. Чтобы улучшить решение, показанное слева, алгоритм должен провести поток обратно по пути $E \to B$, освободив пропускной потенциал звена $E \to F$. Именно так в алгоритме используется остаточная пропускная способность обратных звеньев.

Остаточная сеть — сеть, которая состоит из прямых и обратных звеньев, помеченных объемом их остаточной пропускной способности. Пример, который основан на сети, показанной в левой части рисунка 14.7, представлен на рисунке 14.8. Обратные звенья обозначены пунктирными линиями.

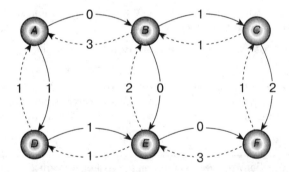

Рис. 14.8. Остаточная сеть, демонстрирующая остаточную пропускную способность прямых и обратных звеньев сети

Например, звено $C \to F$ в левой части рисунка 14.7 имеет пропускную способность 3 и поток 1. Его остаточная пропускная способность равна 2, поскольку вы можете добавить к ней еще две единицы потока. Остаточная пропускная способность его обратного звена равна 1, потому что из прямого звена можно убрать одну единицу потока. На рисунке 14.8 вы можете видеть, что звено $C \to F$ помечено числом 2 (это его остаточная пропускная способность). Обратное звено $F \to C$ обозначено числом 1.

Чтобы улучшить это решение, нужно просто найти в рамках остаточной сети путь от начального звена к конечному, который проходит по прямым и обратным звеньям с положительной остаточной пропускной способностью. Затем необходимо направить по сформированному пути дополнительный поток. В контексте исходной сети данное действие будет эквивалентно добавлению потока к соответствующему прямому звену (если звено остаточной сети обычное) или вычитанию из него этого потока (если звено обратное). Поскольку путь доходит до конечного узла, он увеличивает поток до него. Такой путь улучшает решение задачи, поэтому он называется *дополняющим*.

Звенья, выделенные на рисунке 14.8 толстыми линиями, изображают дополнительный путь в рамках остаточной сети для примера, представленного в левой части рисунке 14.7.

Чтобы определить, поток какого объема способен пропускать данный путь, проследуйте по нему в обратном направлении от конечного к исходному узлу и найдите прямое или обратное звено с наименьшей остаточной пропускной способностью. После этого обновите сетевые потоки, направив найденный объем по нашему пути. Преобразовав таким способом сеть, показанную в левой части рисунка 14.7, вы получите результат, изображенной в его правой части.

Это может показаться сложным, но после усвоения терминологии алгоритм не должен выглядеть таким уж запутанным. Приведенные ниже шаги описывают алгоритм Форда — Фалкерсона.

1. Повторяем, пока есть возможность находить дополняющий путь в рамках остаточной сети:

    a. находим дополняющий путь от исходного узла к конечному;

    b. проходим по дополняющему пути и определяем в нем наименьшую остаточную пропускную способность;

    c. опять проходим по дополняющему пути и корректируем его, обновляя потоки для звеньев.

Помните, что вам не нужно создавать настоящую остаточную сеть. Вы можете воспользоваться исходной сетью, сравнивая пропускную способность и потоки звеньев, чтобы вычислить их остаточную пропускную способность.

ЗАМЕЧАНИЕ

Вы можете добавить список обратных звеньев в каждый узел — так будет проще искать прямые звенья, которые к ним ведут (чтобы по ним можно было следовать в обратном направлении). В остальном структура сети не нуждается в изменениях.

Сетевые потоковые алгоритмы имеют несколько применений помимо, собственно, вычисления потоков (входящих или текущих). Два из них описываются в следующих двух разделах: «Распределение рабочих мест» и «Поиск минимальных разрезов в потоке».

Распределение рабочих мест

Представьте, что в вашем распоряжении есть 100 служащих (каждый со своей специализацией) и 100 рабочих мест, требующих определенного набора навыков. *Задача о назначениях* заключается в распределении людей по должностям таким образом, чтобы количество выполненной ими работы было максимальным.

На первый взгляд это выглядит как сложная комбинаторная проблема. Вы можете перепробовать все доступные варианты назначений, чтобы увидеть, какой из них дает лучший результат. Максимальное число комбинаций служащих составляет $100! \approx 9{,}3 \times 10^{157}$, поэтому для такого процесса потребуется некоторое время. Вы можете попытаться получить приблизительные результаты, воспользовавшись эвристическими методиками из главы 12, однако у этой проблемы есть лучшее решение: нужно задействовать алгоритм максимального потока.

Создайте сеть должностных назначений, где для одного служащего и рабочего места отводится по узлу. Соедините сотрудника с каждым рабочим местом, которое ему подходит. Создайте исходный узел, связанный со всеми служащими, а рабочие места «подключите» к конечному узлу. Назначьте всем звеньям пропускную способность, равную 1.

На рисунке 14.9 показана сеть должностных назначений с пятью служащими (помечены буквами) и пятью рабочими местами (обозначены цифрами). Все звенья направлены вправо и наделены пропускной способностью 1. Стрелки и обозначения пропускной способности были опущены, чтобы не усложнять рисунок.

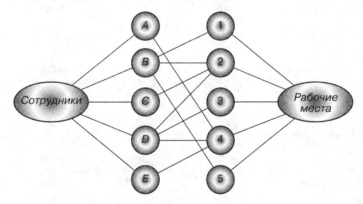

Рис. 14.9. Максимальный поток через сеть должностных назначений обеспечивает оптимальный результат

Теперь нужно найти максимальный поток от начального узла к конечному. Каждая единица потока проходит через служащего к рабочему месту, которое тот должен получить. Общий поток обозначает количество рабочих мест, что можно покрыть.

ЗАМЕЧАНИЕ

В *двудольной сети* узлы можно разделить на две группы, *А* и *В*, таким образом, чтобы каждое звено соединяло узел из группы *А* с узлом из группы *В*. Если удалить исходный и конечный узлы из сети, показанной на рисунке 14.9, получится двудольная сеть.

Двудольное паросочетание — процесс сопоставления узлов из группы *А* с узлами из группы *В*. Методика, описанная в этом разделе, обеспечивает неплохое решение проблемы двудольных паросочетаний.

Глава 14

Минимальный разрез в потоке

Цель, которую преследует задача минимального разреза в потоке, заключается в отделении исходного узла от конечного путем исключения звеньев из сети; при этом пропускная способность удаляемых звеньев минимизируется.

Возьмем, например, сеть, показанную на рисунке 14.10. Попробуем найти наиболее подходящие для удаления звенья, чтобы отделить начальный узел A от конечного — O. Мы могли бы удалить звенья $A \rightarrow B$ и $A \rightarrow E$ с общей пропускной способностью 9. Но у нас есть лучший вариант — звенья $K \rightarrow O$, $N \rightarrow O$ и $P \rightarrow O$, которые в сумме обеспечивают пропускную способность размером 6 (попробуйте найти собственное решение и посмотрите, насколько оно хорошее).

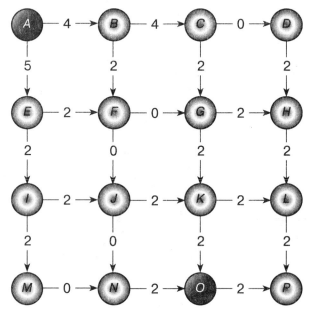

Рис. 14.10. Попробуйте найти в этой сети наиболее подходящие для удаления звенья, чтобы отделить узел A от узла O

Полное удаление всех допустимых комбинаций звеньев выльется в огромную работу даже в рамках небольшой сети. Каждое звено либо исключается, либо остается на месте, поэтому в сети с N звеньями количество возможных вариантов будет равно 2^N. Относительно маленькая сеть, показанная на рисунке 14.10, содержит 24 звена, стало быть, нам придется рассмотреть $2^{24} \approx 16{,}8$ млн комбинаций. В сети со 100 звеньями, которая в ряде сценариев (например, при моделировании транспортной сети) тоже считается довольно небольшой, у нас было бы $2^{100} \approx 1{,}3 \times 10^{30}$ вариантов. Если ваш компьютер способен рассматривать 1 млн комбинаций в секунду, на их полную обработку ушло бы примерно $4{,}0 \times 10^{16}$ лет. Несомненно, поиск можно облегчить, воспользовавшись некоторыми эвристическими методами, но это чрезвычайно сложная задача.

К счастью, алгоритм максимального потока предлагает куда более простое решение. Его высокоуровневое описание представлено в виде следующих шагов.

1. Вычисляем максимальный поток между исходным и конечным узлами.

2. Посещаем все доступные узлы, начиная с конечного. Используем только прямые и обратные звенья, у которых остаточная пропускная способность больше 0.

3. Помещаем все посещенные на шаге 2 узлы во множество A, а все оставшиеся — во множество B.

4. Удаляем звенья, которые ведут от узлов во множестве A к узлам из множества B.

Есть, правда, один нюанс, касающийся рассматриваемого алгоритма: причины, по которым данный подход работает, могут показаться неочевидными.

Для начала рассмотрим максимальный набор потоков при условии, что общий максимальный поток равен F, как и разрез, создаваемый алгоритмом. Этот разрез должен разделить начальные и конечные узлы. Без него от исходной к конечной точке вел бы путь, через который можно пропустить дополнительный поток. В этом случае соответствующий дополняющий путь проходил бы по остаточной сети, что исключает корректную работу алгоритма максимального потока, который выполняется на шаге 1.

Обратите внимание, что любой разрез, останавливающий поток от начального узла к конечному, должен иметь общий поток F через все свои звенья. Движение по разрезу может быть прямым и обратным, но в итоге к конечному узлу должно доходить F единиц потока, чтобы общий его объем был равен F.

Это означает, что звенья в разрезе, созданном с помощью алгоритма, должны иметь общую пропускную способность не меньше F. Остается только понять, почему данный показатель равен всего лишь F, но не больше. F — это общий объем потока, проходящего через разрез, однако некоторые его составляющие двигаются в разных направлениях, увеличивая суммарный поток звеньев разреза.

Предположим, что все так и есть. Тогда звено L направлено обратно от узлов во множестве B к узлам из множества A, а другое звено передает поток уже от A к B. Этот поток, двигающийся в противоположных направлениях, нивелирует сам себя, вследствие чего итоговый результат равен 0.

Тем не менее если звено L существует, оно имеет положительный поток от множества B к множеству A. В этом случае соответствующее обратное звено будет наделено положительной остаточной пропускной способностью. Но на шаге 2 алгоритм проходит по всем прямым и обратным звеньям с положительной остаточной пропускной способностью, чтобы создать множество A. Поскольку звено L попадает в их число и ведет к узлу из данного множества, алгоритм должен был пройти по нему и добавить в эту же группу узел, находящийся на другом его конце.

Из этого следует, что звено с положительным потоком, ведущее от B к A, не может существовать.

Общий поток через разрез равен F. При этом обратного потока через разрез к узлам во множестве A быть не может. Следовательно, поток через разрез должен иметь объем F, равно как и общая пропускная способность, нивелированная в результате разреза.

Глава 14

Я предупреждал, что это будет выглядеть запутанно. Формальное объяснение, которое используют теоретики в области графов, является еще более сложным.

Теперь, поработав над задачей из рисунка 14.10, можно ознакомиться с ее решением. Оптимальный разрез должен удалить звенья $E \to I$, $F \to J$, $F \to G$, $C \to G$ и $C \to D$, которые имеют общую пропускную способность 4. То, как будет выглядеть сеть после процесса удаления, показано на рисунке 14.11.

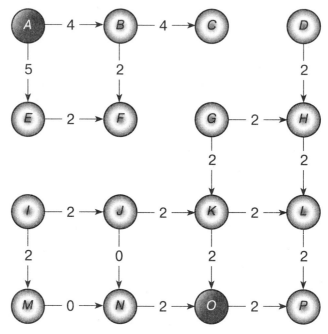

Рис. 14.11. Демонстрация решения задачи минимального разреза в потоке для сети, представленной на рисунке 14.10

Резюме

Некоторые сетевые алгоритмы довольно точно моделируют ситуации из реальной жизни. Например, алгоритм кратчайшего пути может помочь вам найти оптимальный маршрут проезда. Другие сетевые алгоритмы имеют не столь очевидное применение. Алгоритм максимального потока, например, может не только вычислить, какой наибольший поток способна пропустить через себя сеть, но и помочь распределить рабочие места между служащими.

Алгоритм редакционного расстояния, о котором речь пойдет далее, тоже использует сеть не совсем очевидным образом. С ее помощью он решает, насколько одна строка отличается от другой. Например, он может определить, что слова «персик» и «праздник» имеют больше сходства, чем «маслина» и «рассол».

Этот и другие алгоритмы для анализа и изменения строк рассматриваются в следующей главе.

Упражнения

Звездочкой отмечены задачи повышенной сложности.

1. Реализуйте алгоритм топологической сортировки в программе, которую вы написали, решая упражнения для главы 13.

2. В некоторых программах можно одновременно выполнять несколько задач. Например, в случае с ремонтом кухни электрик и водопроводчик могут делать свою работу в одно и то же время. Как бы вы видоизменили алгоритм топологической сортировки, чтобы добиться подобного параллелизма?

3. Как бы вы расширили алгоритм, созданный вами для упражнения 2, чтобы вычислить предполагаемое время завершения всех задач (исходя из того, что вам заранее известна продолжительность выполнения каждой из них).

4. Алгоритм топологической сортировки, описанный в этой главе, основывается на том факте, если задачи могут быть полностью упорядоченными, одна из них не должна иметь предварительных условий (то есть ее исходящая степень равна 0, если использовать сетевую терминологию). Можете ли вы сказать то же самое об узлах с нулевой входящей степенью? Влияет ли это на время работы алгоритма?

5. Расширьте программу, которую вы использовали в упражнении 1, чтобы закрасить узлы сети двумя цветами.

6. Когда для упрощения сети, показанной на рисунке 14.4, применялось правило 2, в нашем примере использовались узлы *C*, *B* и *H*. Перечислите все пары узлов, которые вы могли бы задействовать при условии, что *C* является промежуточной точкой. Прибегая к формулировкам правила 2, какие узлы реально использовать в качестве *M* и *N*, если узел *C* играет роль *K*? Сколько вариантов применения этих пар вы можете придумать для упрощения сети?

7*. Расширьте программу из упражнения 5, чтобы в результате исчерпывающего поиска найти минимальное количество цветов, которыми можно закрасить планарную сеть. Подсказка: для начала воспользуйтесь алгоритмом закраски двумя цветами, чтобы определить, достаточно ли двух цветов для закраски сети. Если это не сработает, вам нужно будет проделать то же самое для трех и четырех цветов.

8. Используйте программу из упражнения 7 для закрашивания четырьмя цветами сети, показанной на рисунке 14.5.

9. Расширьте программу из упражнения 5, реализовав эвристический алгоритм восхождения на вершину, описанный в подразделе «Другие алгоритмы закрашивания карт» раздела «Раскрашивание карты» в текущей главе. Сколько цветов понадобится для закрашивания сетей, показанных на рисунках 14.5 и 14.6?

10. Нарисуйте для сети, изображенной на рисунке 14.12 (с исходным узлом *A* и конечным *I*), остаточную сеть. Найдите дополнительный путь и обновите сеть для оптимизации потоков. Можете ли вы после этого выполнить дальнейшие улучшения?

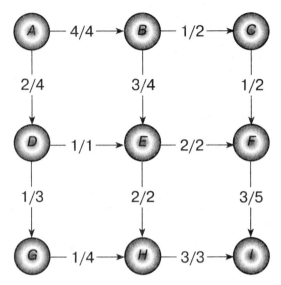

Рис. 14.12. Остаточная сеть, с помощью которой следует найти дополняющий путь для этой сети

11*. Расширьте программу из упражнения 9 для поиска максимального потока между исходным и конечным узлами в нагруженной сети.

12. Используйте программу, созданную вами в упражнении 11, чтобы найти оптимальное распределение рабочих мест для сети, показанной на рисунке 14.9. Каково максимальное количество должностей, для которых можно найти работников?

13. Чтобы определить устойчивость сети, можно вычислить количество разных путей между двумя узлами. Каким образом вы бы задействовали алгоритм максимального потока для подсчета путей между двумя узлами, которые не имеют общих звеньев? Как можно определить количество путей, у которых нет не только общих звеньев, но и узлов?

14. Сколько цветов нужно для закрашивания двудольной сети? Сколько оттенков необходимо, чтобы закрасить сеть распределения рабочих мест?

15*. Расширьте программу, созданную вами в упражнении 12, чтобы найти разрез минимального потока между исходным и конечным узлами в нагруженной сети.

16. Используйте программу, созданную вами в упражнении 15, чтобы найти разрез минимального потока в сети, которая показана на рисунке 14.12. Какие звенья были удалены и какова общая пропускная способность разреза?

Глава 15
СТРОКОВЫЕ АЛГОРИТМЫ

Строковые операции часто применяются в ряде программ, благодаря чему они хорошо изучены. Множество программных библиотек имеет хорошие инструменты для работы со строками. Поскольку эти операции настолько важны, доступные вам утилиты, скорее всего, используют наиболее оптимальные алгоритмы, стало быть вашему коду вряд ли удастся их превзойти.

Например, алгоритм Бойера — Мура, описанный в текущей главе, позволяет определять первое вхождение подстроки в другой строке. Это настолько распространенная операция, что в большинстве языков программирования для нее предусмотрены специальные инструменты. В них, вероятно, используется какая-нибудь разновидность алгоритма Бойера — Мура, поэтому вряд ли ваша собственная реализация окажется намного лучше. На самом деле многие библиотеки написаны на ассемблере или на каком-нибудь другом очень низком уровне, поэтому они могут обеспечить лучшую производительность, даже если вы задействуете тот же алгоритм в своем коде.

Если ваша программная библиотека содержит инструменты для выполнения таких задач, используйте их. Алгоритмы, рассматриваемые в этой главе, были выбраны, потому что они представляют определенный интерес и являются важной частью базового алгоритмического образования. Кроме того, они служат примером практичных методик, которые можно применять и в других целях.

Парные скобки

Некоторые строковые значения, такие как арифметические выражения, иногда содержат вложенные скобки. Чтобы обеспечить корректную вложенность, вы можете поместить одни парные скобки внутрь других; поместить внутрь пары всего одну скобку нельзя. Например, ()(()(())) имеет корректную вложенность, а (() и (())) — нет.

Если обратиться к графическому представлению, то скобки выражения вложены корректно, если вы можете соединить линиями каждую скобку, которая находится слева, с каждой скобкой с противоположной стороны; при этом линии не должны пересекаться и могут находиться либо сверху, либо снизу от выражения. На рисунке 15.1 выражение ()(()(())) имеет корректную вложенность, а (() и (())) — нет.

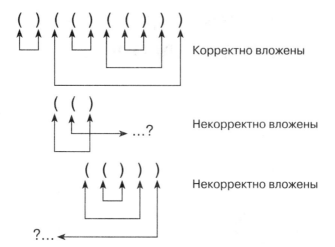

Рис. 15.1. Линии соединяют парные скобки

Алгоритмически довольно легко проверить, соответствуют ли скобки друг другу, — достаточно использовать счетчик для отслеживания количества открытых скобок, у которых нет пары. Теперь следует инициализировать счетчик значением 0 и сделать циклический перебор выражения. При обнаружении открывающей или закрывающей скобки счетчик, соответственно, увеличивается или уменьшается на 1. Если счетчик в какой-либо момент становится отрицательным, это свидетельствует о некорректной вложенности. То же самое можно сказать, если по окончании проверки выражения счетчик не равен 0.

Алгоритм показан на примере следующего псевдокода.

```
Boolean: IsProperlyNested(String: expression)
    Integer: counter = 0
    For Each ch In expression
            If (ch == '(') Then counter = counter + 1
            Else If (ch == ')') Then
                    counter = counter - 1
                    If (counter < 0) Then Return False
            End If
    Next ch
    If (counter == 0) Then Return True
    Else Return False
IsProperlyNested
```

Например, когда алгоритм сканирует выражение ()(()(())), значения счетчика после считывания каждого символа выглядят так: 1, 0, 1, 2, 1, 2, 3, 2, 1, 0. Счетчик ни разу не становится отрицательным и заканчивает работу на значении 0, поэтому выражение имеет корректную вложенность.

Некоторые выражения, помимо скобок, содержат какой-нибудь текст. Например, (8 × 3) + (20 / (7 − 3)) состоит из цифр, операторов, таких как × и +, и скобок. Чтобы узнать, вложены ли скобки корректно, вы можете проверять только их, игнорируя любые другие символы. Для этого подойдет предыдущий алгоритм `IsProperlyNested`.

Вычисление арифметических выражений

Арифметическое выражение, полностью заключенное в скобки, можно рекурсивно определить как:

- литеральное значение, такое как 4 или 1,75;
- выражение *expr*, заключенное в скобки — (*expr*);
- два выражения, разделенные оператором, как в *expr*1 + *expr*2 или *expr*1 × × *expr*2.

Например, в выражении 8 × 3 используется правило 3, где два операнда, 8 и 3 (они являются таковыми согласно правилу 1), разделены оператором ×.

Для создания рекурсивного алгоритма, который будет заниматься вычислением арифметических выражений, можно воспользоваться рекурсивным определением. Пошаговое высокоуровневое описание алгоритма представлено ниже.

1. Если выражение является литеральным значением, используем для его разбора инструменты языка программирования, после чего возвращаем результат.

2. Если выражение имеет вид (*expr*), удаляем внешние скобки, рекурсивно выполняем алгоритм для вычисления *expr* и возвращаем результат.

3. Если выражение выглядит как *expr*1?*expr*2, где два операнда *expr*1 и *expr*2 разделены оператором ?, рекурсивно выполняем алгоритм для вычисления *expr*1 и *expr*2, объединяем полученные значения в соответствии с оператором ? и возвращаем результат.

В целом, это довольно очевидный подход. Наверное, самое сложное — определить, с каким из трех случаев мы имеем дело, и если вам выпал третий вариант, разбить выражение на два операнда и оператор. Это можно реализовать с помощью счетчика, похожего на тот, что использовался в предыдущем разделе в алгоритме `IsProperlyNested`.

Если счетчик равен 0 и вы находите оператор — это третий случай. Тогда операнды расположены по обе стороны от оператора.

Если вы закончили сканировать выражение и не нашли оператор, а счетчик при этом равен 0 — вы имеете дело с одним из первых двух случаев. Если выражение начинается открывающей скобкой — это второй случай, если нет — первый.

Синтаксические деревья

Алгоритм, описанный в предыдущем разделе, разбирает и затем вычисляет арифметические выражения. Но у вас может появиться необходимость в выполнении каких-то других действий с выражениями после их разбора. Представьте, что вам нужно многократно вычислить выражение с переменной (допустим, X), которая принимает разные значения, — например, чтобы нарисовать график уравнения (X × X) – 7. Вы могли бы выполнить разбор и вычисления, раз за разом применяя предыдущий алгоритм и подставляя в него разные значения для X. К сожалению, разбор текста — относительно медленная операция.

Есть еще один вариант: разобрать выражение, но не вычислять его сразу. Таким образом вы можете вычислить его много раз, подставляя разные значения X, не выполняя одновременно разбор. Это можно сделать с помощью алгоритма, который очень похож на тот, что был описан в предыдущем разделе. Только вместо рекурсивных вызовов самого себя и объединения полученных результатов он генерирует дерево объектов, которые представляют выражение.

Например, чтобы представить умножение, алгоритм создает узел с двумя дочерними элементами, которые обозначают операнды. Аналогичным образом показывается операция сложения.

Для каждого типа узлов можно также создать отдельный класс. Классы должны предоставлять метод Evaluate, который вычисляет и возвращает значение узла, вызывая при необходимости одноименный метод для своих дочерних узлов, если таковые имеются.

Построив подобное синтаксическое дерево, вы сможете циклически вызывать метод Evaluate из корневого узла для разных значений X.

На рисунке 15.2 показано синтаксическое дерево для выражения (X × X) – 7.

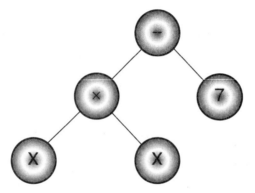

Рис. 15.2. Синтаксические деревья можно использовать для представления таких выражений, как (X × X) – 7

Сопоставление с шаблоном

Алгоритмы, описанные в предыдущих разделах, являются полезными и эффективными, но они привязаны к конкретной задаче, а именно к разбору и вычислению арифметических выражений. Данная операция очень распространена в программировании, поэтому было бы полезно иметь более универсальный подход, с помощью которого можно разбирать и другие виды текстов.

Например, *регулярное выражение* — это строка, в виде которой программа может представлять шаблон для сопоставления в тексте. Программисты разработали несколько разных языков регулярных выражений. Чтобы не слишком усложнять этот раздел, мы будем использовать в нем язык, где применяются следующие символы.

- Алфавитные символы, такие как *A* или *Q*, представляют соответствующие буквы.

- Символ + представляет конкатенацию. Чтобы сделать выражения более простыми для чтения, такое обозначение часто опускается. Поэтому ABC — то же самое, что и $A + B + C$. Однако было бы удобно сделать его обязательным, чтобы программа смогла легко разбирать регулярные выражения.

- Символ * означает, что предыдущее выражение может быть повторено сколько угодно раз (в том числе и ноль).

- Символ | означает, что текст должен соответствовать либо предыдущему, либо последующему выражению.

- Скобки ( ) определяют порядок выполнения задачи.

Например, в этом урезанном языке выражение $AB*A$ соответствует строке, которая начинается и заканчивается буквой A и содержит любое количество букв B. Под этот шаблон подошли бы строки ABA, $ABBBBA$ и AA.

В более общем случае программа может искать первое вхождение шаблона в строку. Например, строка $AABBA$ соответствует предыдущему шаблону $AB*A$, начиная со второй буквы.

Чтобы понять описанные здесь алгоритмы, предназначенные для сопоставления регулярных выражений, сначала лучше познакомиться с детерминированными и недетерминированными конечными автоматами (ДКА и НКА). Им посвящены следующие два подраздела. В подразделе, который следует за ними, вы узнаете, каким образом эти автоматы можно использовать для сопоставления с шаблонами с помощью регулярных выражений.

Детерминированные конечные автоматы

Детерминированный конечный автомат (ДКА) — по сути, виртуальный компьютер, который следит за выполняемыми им операциями с помощью набора режимов (состояний). На каждом шаге он считывает некий ввод и в зависимости от этого ввода и своего текущего состояния переходит к новому режиму. Одно состояние, из которого автомат принимается за работу, является начальным. Одно или несколько состояний могут быть помечены как принимающие.

Если автомат заканчивает свои вычисления в принимающем режиме, он принимает ввод. С точки зрения обработки регулярных выражений это означает, что введенный текст соответствует шаблону.

Некоторым моделям автоматов удобно принимать ввод при переключении в любой принимающий режим.

ДКА можно представить в виде *диаграммы перехода состояний*, которая, в сущности, является сетью, где режимы обозначены окружностями, а переходы к новым состояниям — звеньями. Каждое звено помечено вводом, который заставляет автомат переключиться в новый режим. Если автомат сталкивается с вводом, для которого не предусмотрено соответствующего звена, он останавливается в непринимающем состоянии.

Например, на рисунке 15.3 показаны переходы состояний для ДКА, который распознает шаблон $AB*A$. ДКА начинает с состояния 0. Если вводится символ A, он переходит к состоянию 1. Сталкиваясь с каким-либо другим символом, он останавливается в непринимающем режиме.

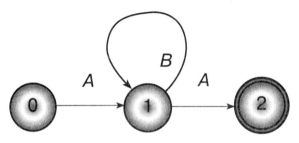

Рис. 15.3. Сеть, представляющая переходы состояний для ДКА, который распознает шаблон AB*A

Затем, если в состоянии 1 считывается символ *B*, ДКА проникает в цикл и возвращается к прежнему режиму. Если считывается символ *A*, ДКА переходит к состоянию 2.

Состояние 2 помечено двойной окружностью; это говорит о том, что оно является принимающим. В зависимости от способа использования ДКА может вернуть успешное соответствие, просто перейдя в данное состояние. Иногда автомату в этом состоянии необходимо завершить считывание ввода; в таких случаях, если входящая строка содержит больше символов, соответствие не обнаруживается.

Рассмотрим другой пример. Взгляните на диаграмму перехода состояний, показанную на рисунке 15.4. Она представляет автомат, ищущий строку, которая состоит из символов *AB* или *BA*, повторяющихся произвольное количество раз.

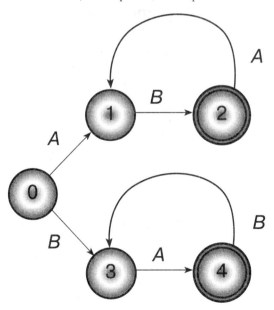

Рис. 15.4. Сеть, представляющая переходы состояний для ДКА, который распознает шаблон (AB)*|(BA)*

Чтобы реализовать ДКА на программном уровне, можно создать объект, который представляет каждое состояние на диаграмме перехода. При получении входящих данных текущий объект сменяется таким, который годится для подобного ввода.

ДКА часто реализуют в виде таблицы, демонстрирующей переходы состояний. Например, в таблице 15.1 показаны переходы состояний для диаграммы, представленной на рисунке 15.3.

Таблица 15.1. Переходы состояний для AB*A

Состояние	0	1	1	2
При вводе	A	A	B	–
Новое состояние	1	2	1	–
Принимающее?	Нет	Нет	Нет	Да

ЗАМЕЧАНИЕ

ДКА используются не только для обработки регулярных выражений. С их помощью можно моделировать состояния любой системы, которую удобно описывать в виде правил и диаграммы/таблицы переходов.

Например, система обработки заказов позволяет следить за их состоянием. Каждому состоянию можно назначить интуитивно понятное название: Размещен, Выполнен, Отправлен, Счет-фактура, Отменен, Оплачен, Возвращен. Состояние заказа будет изменяться по мере возникновения событий. Например, если заказ пребывает в состоянии «Размещен» и клиент решает его отменить, этот заказ переходит в состояние «Отменен» и прекращает свое продвижение по системе.

Построение ДКА для регулярных выражений

Простые регулярные выражения можно довольно легко и интуитивно перевести в диаграммы и таблицы состояний. Но в случае со сложными регулярными выражениями лучше вооружиться методическим подходом, который позволит делегировать программе выполнение этой работы.

Чтобы преобразовать регулярное выражение в таблицу перехода состояний ДКА, можно построить синтаксическое дерево, которое будет рекурсивно генерировать соответствующие переходы.

Листья синтаксического дерева обозначают входящие литеральные символы, такие как *A* и *B*. Диаграмма перехода состояний для считывания одиночных входящих символов представляет собой обычное начальное состояние, соединенное с принимающим конечным с помощью звена, помеченного необходимым символом. На рисунке 15.5 изображена простая диаграмма перехода состояний для считывания входящего символа *B*.

Внутренние узлы синтаксического дерева представляют операторы +, * и |.

Чтобы реализовать оператор +, возьмем принимающее состояние диаграммы перехода левого поддерева и совместим его с начальным состоянием диаграммы перехода правого поддерева. Таким образом, автомат должен по очереди выполнить действия обоих поддеревьев. Например, слева на рисунке 15.6 показаны диаграммы перехода для простых литеральных шаблонов *A* и *B*, а справа — для объединенного шаблона *A* + *B*.

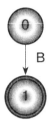

Рис. 15.5. Диаграмма перехода, представляющая простое регулярное выражение B

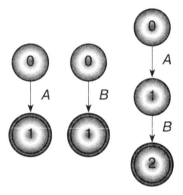

Рис. 15.6. Диаграмма перехода, показанная справа, представляет регулярное выражение A + B

Чтобы реализовать оператор *, объединим одиночное принимающее состояние подвыражения с его начальным состоянием. На рисунке 15.7 показаны диаграммы перехода для шаблонов A + B (слева) и (A + B)* (справа).

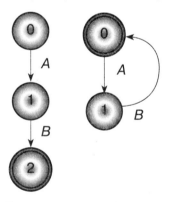

Рис. 15.7. Диаграмма перехода, показанная справа, представляет регулярное выражение (A + B)*

Наконец, чтобы реализовать оператор |, свяжем начальное и конечное состояния диаграмм перехода левого и правого подвыражений. В левой части рисунка 15.8 представлены диаграммы перехода для шаблонов A + B и B + A; в правой его части можно видеть объединенный шаблон (A + B) | (B + A).

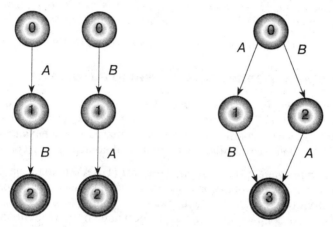

Рис. 15.8. Диаграмма перехода, показанная справа, представляет регулярное выражение (A + B) | (B + A)

Этот подход работает в нашем случае, но в некоторых ситуациях у него могут проявиться существенные недостатки. Что случится с оператором |, если оба подвыражения начинаются с одних и тех же входящих переходов? Возьмем, например, подвыражения A + A и A + B. Если слепо следовать ранее описанной методике, получится диаграмма перехода, показанная в левой части рисунка 15.9. Она содержит два звена, помеченные как *A*, которые покидают состояние 0. Если ДКА в начальном состоянии столкнется с вводом символа *A*, какое звено он должен будет выбрать?

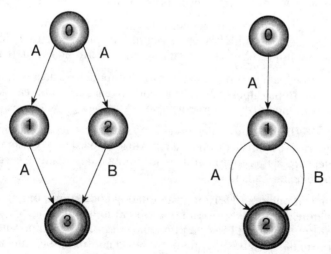

Рис. 15.9. Эти диаграммы перехода представляют регулярное выражение (A + A) | (A + B)

Одно из решений, представленное в правой части рисунка 15.9, заключается в небольшом изменении структуры диаграммы таким образом, чтобы диаграммы двух подвыражений имели общее первое состояние (состояние 1). И хотя подобный подход работает, он требует определенной сноровки, а это не так-то легко реализовать в программе. Найти аналогичное решение для более сложных подвыражений было бы еще труднее — по крайней мере, на программном уровне.

Чтобы решить эту проблему, можно прибегнуть к НКА вместо ДКА.

Недетерминированные конечные автоматы

Конечный автомат называют *детерминированным*, потому что его поведение полностью определяется текущим состоянием и вводом, который он принимает. Если ДКА, находясь в состоянии 0 и используя диаграмму перехода из правой части рисунка 15.8, прочитает символ *B*, он однозначно перейдет в состояние 2.

Недетерминированные конечные автоматы (НКА) похожи на ДКА, однако для одного и того же ввода они могут иметь несколько звеньев, исходящих из текущего состояния (см. рис. 15.9). Если такая ситуация возникает во время обработки, НКА сам способен выбрать путь, чтобы в конечном итоге попасть в принимающее состояние. Все выглядит так, будто НКА советуется с гадалкой, которая заранее знает, какой ввод будет принят позже, и может решить, по каким звеньям нужно перемещаться.

Естественно, в реальности компьютер не сумеет сам определить, по какому пути он должен проследовать, чтобы в итоге найти принимающее состояние. Зато он способен перебрать все возможные пути. Для этого программа будет хранить список состояний, в которых она может оказаться. Сталкиваясь с вводом, она обновляет каждое из них и в некоторых случаях генерирует дополнительные состояния. На это можно посмотреть иначе: представьте, что НКА находится во всех этих состояниях одновременно. Тогда, если любое из его текущих состояний является принимающим, весь НКА начинает принимать ввод.

Вы можете внести еще одно изменение в переходы НКА, чтобы немного упростить их реализацию. Операции, представленные на рисунках 15.6–15.9, требуют совмещения состояний из разных подвыражений — и это может быть неудобно.

В качестве альтернативного варианта стоит попробовать ввести новый тип нулевых переходов, которые происходят безо всякого ввода. Сталкиваясь с таким переходом, НКА немедленно его выполняет.

На рисунке 15.10 показано, как совместить автоматы перехода состояний для подвыражений, чтобы произвести более сложные выражения. Символ ∅ обозначает нулевой переход, а прямоугольник — потенциально сложную сеть состояний, представляющую подвыражение.

В первой части рисунка 15.10 показан набор состояний, описывающих некое подвыражение. Это может быть простой единичный переход, который сопоставляет единичный ввод (как на рис. 15.5), или же сложное множество состояний и переходов. С точки зрения остальных состояний единственной важной чертой этой конструкции является наличие одного входящего и одного исходящего состояний.

Во второй части рисунка 15.10 показано, как совместить два автомата, M_1 и M_2, с помощью оператора +. Исходящее состояние M_1 соединено со входящим состоянием M_2 с использованием нулевого перехода. Это позволяет избежать их совмещения.

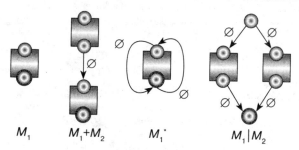

Рис. 15.10. Использование НКА и нулевых переходов упрощает объединение подвыражений

В третьей части рисунка 15.10 показано, как добавить оператор * к M_1. Исходящее состояние этого автомата соединено с его входящим состоянием с помощью нулевого перехода. Оператор * позволяет указывать выражение, за которым он следует, сколько угодно раз (или не указывать вообще), поэтому посредством еще одного нулевого перехода НКА может оказаться в принимающем состоянии без сопоставления с содержимым M_1.

Последняя часть рисунка 15.10 демонстрирует процесс совмещения автоматов M_1 и M_2 с помощью оператора |. Итоговый автомат использует новое входящее состояние, связанное нулевым переходом со входящими состояниями M_1 и M_2. Исходящие состояния M_1 и M_2 соединены нулевым переходом с итоговым исходящим состоянием нового совмещенного автомата.

Чтобы подытожить все вышесказанное, можете создать анализатор регулярных выражений, выполнив следующие шаги.

1. Создайте синтаксическое дерево для регулярного выражения.
2. С помощью синтаксического дерева рекурсивно сгенерируйте состояния для НКА, представляющие выражение.
3. Запустите НКА в состоянии 0 и посимвольно обработайте с его помощью входящую строку.

Поиск строк

В предыдущем разделе объяснялось, как с помощью ДКА и НКА искать шаблоны в строках. Описанные там методики являются довольно гибкими, но в то же время относительно медленными. Для поиска сложного шаблона НКА иногда приходится отслеживать огромное количество состояний, так как он отдельно проверяет каждый символ во входящей строке.

Если вы хотите найти во фрагменте текста определенную подстроку, а не шаблон, у вас есть более быстрые варианты. Самое очевидное решение — это циклически перебрать все символы в тексте и проверить наличие искомой подстроки

Глава 15

в каждой из позиций. Этот прямолинейный подход показан на примере следующего псевдокода.

```
// Возвращаем позицию подстроки в тексте.
Integer: FindTarget(String: text, String: target)
    For i = 0 To <last index of string>
        // Проверяем, начинается ли подстрока с позиции i.
        Boolean: found_it = True
        For j = 0 To <last index of target>
            If (string[i + j] != target[j]) Then found_it = False
        Next j

        // Проверяем, нашли ли мы искомую подстроку.
        If (found_it) Then Return i
    Next i
    // На этом этапе можно сказать, что подстрока не найдена.
    Return -1
End FindTarget
```

В этом алгоритме переменная i изменяется, пока не достигнет длины текста. Для каждого ее значения переменная j проходит по всей длине подстроки. Если текст содержит N символов, а подстрока — M, тогда общее время работы алгоритма равно $O(N \times M)$. Это уже проще по сравнению с использованием НКА, но все равно не очень эффективно.

Алгоритм Бойера — Мура имеет другой подход, который значительно упрощает поиск строк. Вместо того чтобы перебирать искомую подстроку с самого начала, он начинает проверять ее с конца, двигаясь в обратном направлении.

Чтобы вам было проще понять рассматриваемый алгоритм, представьте, что искомая подстрока расположена под текстом в позиции, в которой может быть найдено совпадение. Сравнение символов начинается с левого края подстроки. Если в текущей позиции она не совпадает с текстом, алгоритм перемещает ее вправо к следующей позиции, где он может найти соответствие.

Представьте, например, что вы хотите найти строку `Roosevelt` в тексте `A man a plan a canal Panama`. Рассмотрите рисунок 15.11.

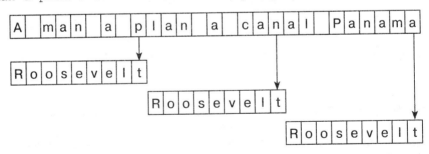

Рис. 15.11. Поиск подстроки `Roosevelt` в тексте `A man a plan a canal Panama` требует всего трех сравнений

Сначала алгоритм выравнивает обе строки по левому краю и сравнивает последний символ подстроки (`t`) с соответствующим символом в тексте (`p`). Они не совпадают, поэтому искомая подстрока сдвигается вправо, чтобы можно было найти очередную позицию, где возможно совпадение. Следующий символ, `p`, не содержится в подстроке, поэтому алгоритм сдвигает подстроку вправо на девять символов, чтобы полностью поменять текущее местоположение.

На новой позиции последний символ подстроки, t, не совпадает с соответствующим символом в тексте, n. Совпадение опять не найдено, и подстрока сдвигается вправо на девять символов, потому как она не содержит n.

В новой позиции последний символ подстроки, t, не совпадает с соответствующим символом в тексте, a. Опять не найдено совпадения, и опять в искомой подстроке не встречается символ a, поэтому она снова сдвигается на девять позиций вправо.

На данном этапе подстрока выходит за пределы текста, поэтому совпадение невозможно. Алгоритм делает заключение: подстрока не содержится в тексте. Чтобы узнать то же самое с помощью ранее описанного алгоритма перебора, пришлось бы выполнить 37 сравнений — алгоритму Бойера — Мура понадобилось всего три.

Но не всегда все проходит так гладко. В качестве более сложного примера попробуем найти подстроку cadabra в тексте abba daba abadabracadabra. Рассмотрим рисунок 15.12.

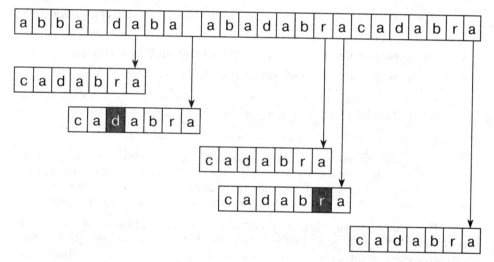

Рис. 15.12. Поиск cadabra в тексте abba daba abadabracadabra требует 18 сравнений

Алгоритм начинает свою работу с двух строк, выровненных по левому краю, и сравнивает символ подстроки a с символом в тексте — a. Они совпадают, поэтому алгоритм проверяет следующие символы — r и d. Совпадения нет, в связи с чем искомая подстрока сдвигается вправо. Однако в данном случае символ d встречается в подстроке, поэтому он может оказаться частью совпадения. Подстрока сдвигается до тех пор, пока ее последний символ d (закрашен серым цветом на рисунке 15.12) не поравняется с аналогичным символом в тексте.

На новой позиции последний символ подстроки a не совпадает с соответствующим символом в тексте, — пробелом. Подстрока не содержит пробелов, поэтому она сдвигается вправо на всю свою длину (семь символов).

На новой позиции последний символ подстроки a не совпадает с соответствующим символом в тексте r. В подстроке встречается символ r, поэтому она сдвигается вправо, пока ее r (закрашенный серым цветом) не поравняется с r в тексте.

На очередной позиции последний символ подстроки a совпадает с соответствующим символом в тексте a, поэтому алгоритм проверяет предыдущие символы. Поскольку они тоже совпадают, алгоритм продолжает двигаться в обратном направлении, сравнивая содержимое подстроки с текстом. Совпало шесть символов. Однако на первом символе подстроки c обнаружилось несовпадение с соответствующим символом в тексте, b.

В искомой подстроке встречается символ b, но не на той позиции, в которой алгоритм находится в данный момент. Чтобы совместить его с подходящим символом в тексте, алгоритму пришлось бы сдвигать подстроку влево. Однако этого не произойдет, поскольку все позиции слева уже были исключены. Алгоритм двигается в противоположном направлении, сдвигая подстроку вправо на семь символов — туда, где еще возможно совпадение. На этой позиции все символы подстроки совпадают с аналогичными символами в тексте. Следовательно, алгоритм нашел соответствие.

Пошаговое высокоуровневое описание алгоритма Бойера — Мура представлено ниже.

1. Выравниваем искомую подстроку и текст по левому краю.
2. Повторяем, пока последний символ подстроки не выйдет за пределы текста:

    a. начиная с конца подстроки, сравниваем ее символы с соответствующими символами в тексте. Двигаемся в обратном направлении к началу;

    b. если все символы совпадают — соответствие найдено;

    c. допустим, символ x в тексте не совпадает с соответствующим символом в подстроке. Сдвигаем подстроку вправо, пока x не поравняется с таким же символом в той части подстроки, которая находится слева от текущей позиции. Если такого символа нет, сдвигаем подстроку вправо на всю ее длину.

Одним из наиболее трудоемких участков этого алгоритма является шаг 2c, который вычисляет, насколько далеко нужно сдвинуть подстроку вправо. Его можно ускорить, если заранее подсчитать количество несовпадающих символов в разных позициях подстроки.

Представьте, например, что в позиции 3, где текст содержит символ G, обнаруживается несовпадение. Это заставит алгоритм сдвинуть текст вправо, чтобы его символ G поравнялся с первым символом G в подстроке, который находится слева от позиции 3.

ЗАМЕЧАНИЕ

В некоторых разновидностях алгоритма Бойера — Мура используются более сложные правила для эффективного сдвига искомой подстроки. Представьте, к примеру, что алгоритм находится в следующем положении.

```
... what shall we draw today ...
          abracadabra
```

Он сканирует `abracadabra` в обратном направлении. Первые два символа, `a` и `r`, совпадают. Затем символ `d` в тексте не совпадает с символом `b` в подстроке. Предыдущая версия алгоритма сдвинула бы подстроку так, чтобы несовпавший символ текста `d` находился в следующей позиции:

```
... what shall we draw today ...
         abracadabra
```

Но мы уже видели, что текст совпадает со следующими двумя символами, `ra`, поэтому знаем: в этом месте символы в тексте `dra` соответствуют символам в подстроке `dab`.

Вместо того чтобы делать сдвиг на позицию несовпавшего символа `d`, находящегося в тексте, мы можем выровнять совпавший суффикс (`ra` в нашем случае) с более ранним вхождением этих символов в искомой подстроке. Проще говоря, подстрока сдвигается так, чтобы поместить предыдущее вхождение `ra` напротив текущего суффикса.

```
... what shall we draw today ...
              abracadabra
```

Это позволяет алгоритму сдвинуть подстроку дальше, что ускорит выполнение поиска.

Больше о разновидностях алгоритма Бойера — Мура можно узнать по адресу https://ru.wikipedia.org/wiki/Алгоритм_Бойера_–_Мура.

Алгоритм Бойера — Мура имеет необычную особенность: чем длиннее искомая подстрока, тем быстрее он работает. Это связано с тем, что при нахождении несовпадающего символа он может сдвинуть подстроку на большее расстояние.

Вычисление редакционного расстояния

Редакционное расстояние между двумя строками — это минимальное количество изменений, необходимых для превращения одной строки в другую. Допустимые изменения можно определить несколькими способами. Мы будем исходить из того, что нам позволено только удалять и вставлять буквы. Есть еще один вид изменений, который здесь не рассматривается, — замена одной буквы на другую. Тот же результат можно получить путем удаления первой буквы и вставки второй.

Рассмотрим, например, слова *encourage* и *entourage*. Очевидно, что для превращения первого во второе достаточно удалить c и вставить t. Это два изменения, поэтому редакционное расстояние между данными словами равно 2.

Давайте возьмем еще два слова: *assent* и *descent*. Один из способов преобразования первого во второе будет состоять из следующих шагов.

1. Удаляем *a*, чтобы получить *ssent*.

2. Убираем *s*, чтобы образовать *sent*.

3. Удаляем *s*, чтобы получить *ent*.

4. Добавляем *d*, чтобы сформировать *dent*.

5. Добавляем *e*, чтобы получить *deent*.

6. Вставляем *s*, чтобы образовать *desent*.

7. Добавляем *c*, чтобы получить *descent*.

Всего потребовалось семь шагов, поэтому редакционное расстояние не больше 7. Но как определить, является ли данный способ преобразования *assent* в *descent* самым эффективным? В случае с более длинными словами или строками (либо файлами, как вы вскоре увидите в этом разделе) проверить, что мы нашли оптимальное решение, может оказаться довольно сложно.

Один из способов вычисления редакционного расстояния заключается в построении редакционного графа, представляющего все изменения, которые можно внести, чтобы превратить одно слово в другое. Начнем с создания массива узлов, похожего на тот, что изображен на рисунке 15.13.

Узлы в верхней части графа представляют буквы первого слова. Буквы второго слова находятся слева. Создадим звенья между узлами, ведущие вправо и вниз.

Добавим диагональные звенья, отсылающие к тем узлам, где совпадают соответствующие буквы в обоих словах. Например, в слове *assent* буква *e* является четвертой, а в слове *descent* — второй, поэтому диагональное звено ведет к узлу снизу от *e* в *assent* и справа от первого *e* в *descent*.

Каждое звено представляет собой преобразование первого слова, которое делает его более похожим на второе. Звено, ведущее вправо, обозначает удаление буквы из первого слова. Например, звено, отсылающее к букве а в верхней строке, описывает удаление *a* из *assent*, результатом которого будет *ssent*.

Звено, указывающее вниз, обозначает добавление буквы в слово. Например, звено, ведущее к букве *d* в первом столбце, иллюстрирует вставку этой буквы, в результате чего получится слово *dassent*.

Диагональное звено означает, что буква остается без изменений.

Любой путь в этом графе, идущий из левого верхнего в правый нижний угол, соответствует последовательности изменений для преобразования первого слова во второе. Например, изменения, описанные выше, представлены на рисунке 15.13 в виде звеньев, которые выделены толстыми линиями.

Теперь найти в редакционном графе наименее затратный путь будет достаточно легко. Присвоим горизонтальным и вертикальным звеньям затраты в размере 1, а дополнительным — 0. Теперь нам нужно просто вычислить самый короткий путь в сети.

Для этого можно использовать методики, которые были описаны в главе 13, но эта сеть обладает особой структурой, которая позволяет прибегнуть к более простому способу.

Для начала установим для узлов расстояния, равные номерам их столбцов. Расстояние от левого верхнего угла до узла в пятом столбце равно 5 — то есть, количеству звеньев, которое нужно до него пройти.

Аналогично расстояния до узлов в крайнем левом столбце равны номерам их строк. Чтобы получить узел в строке 7, необходимо пройти по семи звеньям.

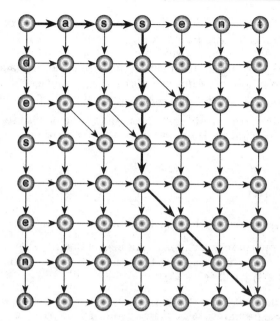

Рис. 15.13. Редакционный граф, описывающий возможные пути превращения *assent* в *descent*

Теперь циклически переберем все строки и для каждой из них выполним перебор соответствующих столбцов. Самый короткий путь к узлу на позиции (r, c) проходит через узел, размещенный сверху $(r - 1, c)$ или слева $(r, c - 1)$ от него; если же допускается движение по диагонали, промежуточный узел может находиться сверху слева, $(r - 1, c - 1)$. Расстояния ко всем этим узлам уже были установлены, поэтому вы можете определить затраты всех возможных путей и определить узел, который находится на самом коротком расстоянии (r, c).

Выяснив, как искать редакционное расстояние между двумя словами или строками, сделать то же самое для двух файлов. Алгоритм можно оставить без изменений, сравнивая файлы посимвольно. К сожалению, для этого потребуется слишком большой редакционный граф. Например, если файлы содержат примерно по 40 000 символов (допустим, как эта глава), редакционный граф будет состоять из 40 000 × 40 000 = 1,6 млрд узлов. Его построение потребует большого объема памяти, а на его использование уйдет много времени.

В качестве альтернативного подхода алгоритм можно изменить таким образом, чтобы вместо символов он сравнивал строчки в файлах. Для файлов, состоящих из 700 строчек, редакционный граф будет иметь 700 × 700 = 49 000 узлов. Это все равно довольно много, но уже более приемлемо.

Резюме

Многим программам приходится заниматься анализом и изменением строк. И хотя программные библиотеки содержат самые разные инструменты для этих задач, вам стоит понимать, как именно работают некоторые из таких алгоритмов.

Например, использовать готовое регулярное выражение намного проще, чем писать свое собственное, однако методики применения ДКА и НКА для обработки команд могут пригодиться во многих других ситуациях. Известный алгоритм поиска строк Бойера — Мура достоин как минимум краткого знакомства. Алгоритмы редакционного расстояния позволяют определить, насколько близкими друг к другу являются слова, строки или даже файлы, и найти разницу между ними.

Мы не стали рассматривать здесь алгоритмы для шифрования и дешифрования строковых и других данных. Наиболее важным и интересным из них посвящена следующая глава.

Упражнения

Звездочкой отмечены задачи повышенной сложности.

1. Напишите программу, содержит ли введенное пользователем выражение корректно вложенные скобки. Применять в выражении другие символы. Пример: (8 × 3) + (20 / (7 − 3)).

2. Напишите программу, которая разбирает и вычисляет арифметические выражения, содержащие вещественные числа и операторы +, −, * и /.

3. Как бы вы изменили программу из упражнения 2, чтобы добавить поддержку унарного оператора отрицания? Пример: − (2 / 7).

4. Как бы вы изменили программу из упражнения 2, чтобы добавить поддержку функций, таких как `sine`? Пример: 3 * sine(45).

5. Напишите программу, которая разбирает и вычисляет булевы выражения, такие как `T&(-F|T)`, где *T* означает `TRUE`, *F* — `FALSE`, `&` — `AND`, `|` — `OR`, а `NOT` представлено знаком -.

6*. Напишите программу, аналогичную той, что показана на рисунке 15.14. Она должна генерировать синтаксическое дерево для введенного пользователем выражения и затем выводить его на экран. В зависимости от способа прорисовки графиков начальная точка в системе координат в вашем изображении (0, 0), скорее всего, будет находиться в левом верхнем углу, а оси — направлены вправо и вниз. Координатная сетка *X* и *Y* нередко привязывается к пикселям, из-за чего итоговый график может оказаться довольно мелким. Если у вас нет опыта программирования графиков, можете не волноваться о масштабировании и подгонке результата к размерам окна.

7. Создайте таблицу переходов для диаграммы перехода состояний ДКА, показанной на рисунке 15.4.

8. Нарисуйте диаграмму перехода состояний ДКА, которая соответствует регулярному выражению ((AB) | (BA))*.

9. Создайте таблицу переходов для диаграммы перехода состояний, которую вы нарисовали в упражнении 8.

10*. Напишите программу, которая позволяет выбирать переходы состояний ДКА, вводить строки и определять, принимает ли их автомат.

11. Как вы думаете, каким образом ДКА лучше принимать переходы состояний — из таблицы, аналогичной 15.1, или в виде объектов, которые представляют состояния? Почему?

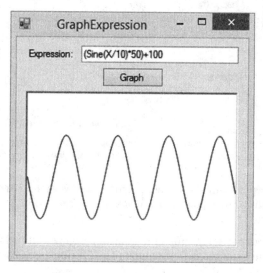

Рис. 15.14. Программа GraphExpression генерирует на основе выражения синтаксическое дерево и затем многократно его вычисляет, чтобы отобразить это выражение на экране

12. Как бы вы создали набор состояний для НКА, чтобы проверить вхождение шаблона в строку? Например, как бы определили вхождение в длинную строку шаблона ABA? Нарисуйте диаграмму перехода состояний, используя блок для представления соответствующего автомата (как было сделано на рисунке 15.10).

13. Нарисуйте синтаксическое дерево для выражения (AB*) | (BA*). Нарисуйте сеть НКА, которая является результатом применения правил, описанных в этой главе, к вашему синтаксическому дереву.

14. Приведите диаграмму перехода состояний НКА, которую вы нарисовали в упражнении 13, к простой диаграмме перехода состояний ДКА.

15. Представьте, что вам нужно найти некую подстроку длиной M в тексте размера N. Подберите вариант, при котором поиск методом перебора займет $O(N \times M)$ шагов.

16. Изучите редакционный граф, представленный на рисунке 15.13. Каким правилом нужно руководствоваться, чтобы найти наименее затратный путь из левого верхнего в правый нижний угол? Каким будет реальное редакционное расстояние?

17*. Напишите программу, которая вычисляет редакционное расстояние.

18*. Усовершенствуйте программу, написанную вами в упражнении 17, таким образом, чтобы она отображала изменения, необходимые для преобразования одной строки в другую. Удаленные символы выводите зачеркнутыми, а вставленные — подчеркнутыми (рис. 15.15).

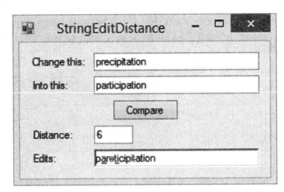

Рис. 15.15. Проходя путь по редакционному графу, можно показать, какие именно правки были нужны для превращения одной строки в другую

19. Является ли редакционное расстояние коммутативным? (То есть идентичны ли редакционные расстояния между парами слов 1, 2 и 2, 1?) Объясните свой ответ.

20*. Измените программу, написанную вами в упражнении 17, чтобы она вычисляла редакционное расстояние между файлами, а не между двумя строками.

21*. Измените программу, написанную вами в упражнении 18, чтобы она отображала разницу между файлами, а не между двумя строками.

Глава 16
КРИПТОГРАФИЯ

Криптография — это исследование методов безопасной передачи информации, которая потенциально может быть перехвачена злоумышленниками. На ранних этапах развития криптография представляла собой обычную письменность; она работала по той простой причине, что немногие тогда, на заре цивилизации, умели читать. Позже в обиход вошли специальные алфавиты, известные только отправителю и получателю. В одном из самых ранних образцов этого вида криптографии использовались нестандартные иероглифы, высеченные в гробницах (Египет, 1900 г. до н. э.).

Другая форма криптографии, популярная в Древней Греции и Спарте, была основана на использовании деревянного стержня — скиталы. Вокруг него по спирали наматывалась полоска пергамента, на которой записывались слова. Когда пергамент разворачивали, буквы оказывались в неправильном положении. Чтобы прочитать сообщение, получатель должен был намотать пергамент на стержень того же диаметра.

Такой подход к криптографии иногда называют «безопасность через неясность» (*security through obscurity*), поскольку в нем предполагается, что злоумышленник не знает, в чем подвох. Но если вам известен секретный алфавит или то, что сообщение написано на скитале, вы сможете без труда его воспроизвести.

В более современных криптографических методиках исходят из того, что злоумышленник знает все о способе шифрования сообщения, кроме небольшого, но крайне важного фрагмента информации, который называют *ключом*. Ключ используется как отправителем, чтобы зашифровать данные, так и получателем, чтобы их расшифровать. Поскольку метод шифрования известен, злоумышленник тоже может расшифровать сообщение, получив ключ.

Такой подход к криптографии более надежен, чем безопасность через неясность, поскольку способ шифрования рано или поздно будет разгадан.

В этой главе описываются некоторые интересные и полезные криптографические методики. Сначала будут рассмотрены классические подходы. Они больше не считаются безопасными, но все еще представляют определенный интерес, демонстрируя несколько практичных идей вроде частотного анализа.

Криптоанализ (исследование способов взлома и восстановления зашифрованных данных) зародился примерно в те же времена, что и сама криптография. В следующих разделах описываются не только классические подходы к шифрованию, но и способы их взлома.

В дальнейших разделах уделяется внимание более безопасным методикам, таким как перестановочная сеть и шифрование с открытым ключом. Полное описание самых последних криптографических методов, таких как AES (*Advanced Encryption Standard* — улучшенный стандарт шифрования) и *Blowfish*, выходит за рамки тем, рассматриваемых в этой книге, однако общее представление о современных подходах к криптографии вы сможете получить в завершающих разделах.

Терминология

Прежде чем приступить к изучению криптографии, вам следует усвоить несколько основных понятий.

Задача шифрования — сделать так, чтобы *отправитель* мог послать сообщение *получателю*, а третья сторона, которую обычно зовут *злоумышленником* или *перехватчиком*, не могла данное сообщение понять. Предполагается, что злоумышленник в любом случае перехватит данные, поэтому помешать ему их прочитать может только шифрование.

Расшифрованное сообщение называют *открытым текстом*, а зашифрованное — *криптограммой*. Процесс превращения открытого текста в криптограмму именуется *шифрованием*, или *кодированием*. Восстановление открытого текста из криптограммы называется *дешифрованием*, или *декодированием*.

Формально *шифр* — пара алгоритмов для шифрования и дешифрования сообщений.

Криптоанализ — это исследование злоумышленником методов взлома шифрования.

Чтобы упростить работу с мелкими сообщениями, они обычно шифруются в верхнем регистре без пробелов или знаков препинания. Получается, что отправителю и адресату нужно брать во внимание только необходимые символы — важный фактор при ручном шифровании/дешифровании сообщений. Это также лишает злоумышленника зацепок, которые могли бы у него появиться благодаря пробелам и знакам препинания.

Чтобы зашифрованные сообщения было легче читать, они обычно записываются моноширинным шрифтом (для выравнивания текста) и разбиваются на куски по пять символов каждый. Например, сообщение *This is a secret message* записывается как `THISI SASEC RETME SSAGE`, а его зашифрованная версия будет выглядеть примерно так: `TSRSH AESIS TASEM GICEE`. Получателю может потребоваться дополнительное время на выяснение того, куда нужно вставлять пробелы и знаки препинания.

Современные криптографические алгоритмы занимаются шифрованием и дешифрованием байтовых потоков. Таким образом, в зависимости от сообщения они могут поддерживать буквы в верхнем и нижнем регистрах, пробелы, знаки препинания, символы *Unicode* и даже изображения. Эти алгоритмы достаточно хороши для того, чтобы не дать злоумышленнику отличить пробелы и знаки препинания от других символов, благодаря чему он лишается дополнительной информации о сообщении.

Перестановочные шифры

В перестановочном шифре буквы открытого текста меняются местами каким-то определенным образом, результатом чего является криптограмма. Чтобы прочитать сообщение, получатель возвращает буквы на их исходные позиции.

Такие шифры частично полагаются на безопасность через неясность, если злоумышленник не знает, какой именно метод перестановки используется. Например, метод скиталы, описанный в начале этой главы, выполняет перестановку, вызванную обертыванием пергамента вокруг стержня. Он полностью зависит от того, что злоумышленнику не должен быть известен способ шифрования сообщения.

Большинство из этих методик, помимо прочего, предоставляют ключ, который несет в себе определенную информацию о перестановке. Например, перестановочный шифр по строкам/столбцам, описанный в следующем подразделе, использует в качестве ключа количество столбцов. Однако такие ключи обычно допускают достаточно ограниченное число значений, поэтому их несложно подобрать и взломать тем самым шифрование, особенно если использовать компьютер.

С такими шифрами довольно легко работать с помощью карандаша и бумаги — они могут играть роль занятных упражнений (если они кажутся вам слишком простыми, попробуйте проводить вычисления в голове).

Перестановка строк/столбцов

В перестановочном шифре по строкам/столбцам текстовое сообщение построчно записывается в массив. Затем оттуда же считывается криптограмма, но уже по столбцам. Например, на рисунке 16.1 показано текстовое сообщение *THIS IS A SECRET MESSAGE*, построчно записанное в массив размерностью четыре строки на пять столбцов (обычно, если после сохранения сообщения остаются пустые ячейки, они заполняются буквами *X* или случайными символами).

T	H	I	S	I
S	A	S	E	C
R	E	T	M	E
S	S	A	G	E

Рис. 16.1. В перестановочном шифре по строкам/столбцам открытый текст построчно записывается в массив, после чего оттуда по столбцам считывается криптограмма

Чтобы получить криптограмму, нужно прочитать каждый столбец сверху вниз. В нашем примере результат будет выглядеть так: `TSRSH AESIS TASEM GICEE`. В качестве ключа выступает количество столбцов, которые использовались при перестановке.

Для расшифровки криптограммы, в сущности, нужно выполнить операцию шифрования в обратном порядке. Создается массив, туда по вертикали записывается криптограмма, а расшифрованное сообщение считывается построчно.

При реализации этого алгоритма текст не обязательно помещать в массив. Если количество столбцов равно num_columns, вы можете просто считывать содержимое строки с открытым текстом, пропуская num_columns между каждым символом. Данный подход представлен на примере следующего псевдокода.

```
String: ciphertext = «»
For col = 0 To num_columns - 1
    Integer: index = col
    For row = 0 To num_rows - 1
          ciphertext = ciphertext + plaintext[index]
          index += num_columns
    Next row
Next col
```

При программном дешифровании сообщения стоит принять во внимание следующее: расшифровка сообщения, изначально записанного в массив с *R* строками и *C* столбцами, идентична его шифрованию в массиве с *C* строками и *R* столбцами.

В предыдущем примере сообщение вставлялось в массив размером 4×5. На рисунке 16.2 показана криптограмма *TSRSH AESIS TASEM GICEE*, построчно записанная в массив размером 5×4. Взглянув на нее, вы увидите, что открытый текст можно прочитать по столбцам.

T	S	R	S
H	A	E	S
I	S	T	A
S	E	M	G
I	C	E	E

Рис. 16.2. Расшифровывание в массиве *R*×*C* эквивалентно шифрованию в массиве *C*×*R*

Перестановка строк/столбцов — довольно простой алгоритм. Это занятное упражнение, но такую систему относительно легко взломать. В качестве секретного ключа выступает количество столбцов в массиве. Разбивая строку на отрезки разной длины, можно получить несколько версий ключа. Например, предыдущая криптограмма содержит 20 символов. 20 делится на 1, 2, 4, 5, 10 и 20 — это все возможные варианты количества столбцов. Массивы размером 1×20 и 20×1 делают криптограмму идентичной открытому тексту, поэтому для проверки остается всего два варианта. Попробовав каждое из значений, вы увидите, что при четырех столбцах у вас получится тарабарщина, а вот при пяти символы сложатся в понятные слова.

Отправитель может попытаться усложнить задачу злоумышленнику, добавив в конец криптограммы какие-нибудь случайные символы (в частности, размер массива нельзя будет определить лишь длиной сообщения). Например, если к предыдущей криптограмме добавить девять символов (чтобы получить строку длиной 29), будет уже не так очевидно, что массив должен состоять из четырех или пяти столбцов.

Но даже в этом случае не составляет никакого труда написать программу, которая перебирает все варианты количества столбцов между 2 и 1, которые не превышают длину криптограммы. Наличие слов в соответствующем расшифрованном тексте будет означать, что ключ найден.

Перестановка столбцов

В перестановочном шифре по столбцам открытое сообщение построчно записывается в массив, как это делалось в предыдущем случае. Затем столбцы меняются местами и текст считывается по строкам.

На рисунке 16.3 показан открытый текст *THIS IS A SECRET MESSAGE*, построчно записанный в массив размером четыре строки на пять столбцов (слева). Столбцы меняются местами. Номера, указанные над массивом, представленным слева, обозначают порядок следования столбцов в перегруппированном массиве справа. Если считать сообщение из итогового массива по строкам, получится криптограмма *HTIIS ASSCE ERTEM SSAEG*.

2	1	3	5	4
T	H	I	S	I
S	A	S	E	C
R	E	T	M	E
S	S	A	G	E

H	T	I	I	S
A	S	S	C	E
E	R	T	E	M
S	S	A	E	G

Рис. 16.3. В перестановочном шифре по столбцам запись открытого текста и считывание криптограммы выполняется построчно; между этими двумя операциями происходит перестановка столбцов в массиве

В данном случае ключом является количество столбцов в массиве плюс порядок их следования. Для этого примера ключ будет выглядеть как 21354.

Более удобно было бы хранить ключ в виде слова, чья длина совпадает с количеством столбцов и чьи буквы выстроены в алфавитном порядке, который соответствует порядку перестановок. В этом примере ключом могло бы быть слово

CARTS. Буква *A* в алфавите идет первой, поэтому ее значение — 1, буква *C* идет второй, поэтому ее значение — 2, буква *R* идет третьей — 3 и т. д. Расставив алфавитные значения букв в порядке, в котором они выстроены в слове, мы получим ключ 21354, описывающий порядок следования столбцов. На практике сначала выбирается слово, а потом уже в соответствии с ним переставляются столбцы. Не нужно первым делом выполнять перестановку, а потом подбирать подходящее слово.

Чтобы расшифровать сообщение, криптограмму нужно записать в массив, у которого количество столбцов совпадает с длиной ключевого слова. Затем необходимо обратить в противоположную сторону соответствие, основанное на алфавитном порядке букв. В данном примере цифровой ключ 21354 означает, что столбцы переставляются следующим образом:

- столбец 1 передвигается в позицию 2;
- столбец 2 передвигается в позицию 1;
- столбец 3 передвигается в позицию 3;
- столбец 4 передвигается в позицию 5;
- столбец 5 передвигается в позицию 4.

Обратим соответствие в противоположную сторону:

- столбец 2 передвигается в позицию 1;
- столбец 1 передвигается в позицию 2;
- столбец 3 передвигается в позицию 3;
- столбец 5 передвигается в позицию 4;
- столбец 4 передвигается в позицию 5.

Теперь мы можем поменять местами столбцы и построчно прочитать открытый текст.

Как и в случае с перестановочным шифром по строкам/столбцам, программе, которая выполняет перестановки, вовсе не обязательно записывать значения в массив; ей просто нужно тщательно следить за тем, куда должен быть перемещен тот или иной символ. На самом деле, чтобы определить, на какой позиции символ должен находиться в криптограмме, можно использовать обратное соответствие, рассмотренное в предыдущих разделах.

Допустим, `mapping` — это массив целых чисел, описывающий перестановку столбцов. Например, если столбец 2 перемещается на позицию 1, `mapping[2] = 1`. Теперь представьте, что `inverse_mapping` — это массив, описывающий обратное соответствие; то есть в нашем случае `inverse_mapping[1] = 2`. Тогда следующий псевдокод демонстрирует то, как программно закодировать открытый текст.

```
String: ciphertext = «»
For row = 0 to num_rows - 1
    // Считываем эту строку в измененном порядке.
    For col = 0 to num_columns - 1
        Integer: index = row * num_columns + inverse_mapping[col]
        ciphertext = ciphertext + plaintext[index]
    Next col
Next row
```

Обратите внимание: этот псевдокод использует обратное соответствие для шифрования открытого текста. Чтобы найти символ, который привязан к определенному номеру столбца в криптограмме, он должен сначала узнать, из какого столбца данный символ был взят.

Для расшифровки криптограммы можно использовать прямое соответствие.

Чтобы взломать перестановочный шифр по столбцам, злоумышленник может записать сообщение в массив, узнав количество столбцов из длины ключевого слова. Затем ему бы пришлось менять столбцы местами, угадывая корректный порядок. Если массив содержит *C* столбцов, количество возможных вариантов их размещения равно *C*!, что потребует перебора огромного числа комбинаций. Например, для 10 столбцов таких вариантов было бы 3 628 800. Это довольно большое число, особенно если злоумышленник не использует компьютер, но расшифровать сообщение можно инкрементально. Для начала следует попробовать найти пять первых столбцов в открытом тексте. Если удастся это сделать, в первой строке будет содержаться пять символов из искомого сообщения, которые представляют собой или целое слово, или как минимум его префикс. Другие строки могут начинаться с отрывков, но за ними тоже будут следовать слова или префиксы. Существует всего лишь $10 \times 9 \times 8 \times 7 \times 6 = 30\,240$ возможных комбинаций, если взять 5 столбцов из 10; это уже намного меньше вариантов для проверки, но задача по-прежнему не из легких.

Маршрутные шифры

В маршрутном шифре открытый текст записывается в массив (или упорядочивается каким-то другим способом) и затем считывается из него в порядке, который определяется конкретным маршрутом. Например, на рисунке 16.4 показано открытое сообщение, построчно записанное в массив. Криптограмма формируется путем перемещения по диагонали, начиная с левого края массива: *SRSSE ATATG HSMEI EESCI*.

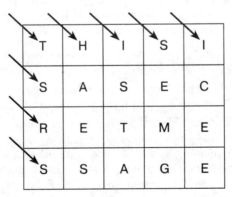

Рис. 16.4. В маршрутном шифре открытый текст построчно записывается в массив и затем считывается оттуда в каком-то другом порядке, формируя криптограмму

Теоретически количество допустимых маршрутов через массив может быть огромным. Если в массиве содержится *N* элементов, число маршрутов через него будет равно *N*! В примере, показанном на рисунке 16.4, их будет $20! \approx 2{,}4 \times 10^{18}$.

Тем не менее хороший маршрут должен быть достаточно простым, чтобы получатель мог его запомнить. Диагональный маршрут, показанный на рисунке 16.4, годится для этой цели, но если он будет перескакивать по всему массиву в произвольном порядке, получателю придется его записать, что сделает ключ таким же длинным, как и само сообщение. (Позже в текущей главе вы увидите, что то же самое можно сказать и о ключе для схемы одноразовых блокнотов, которая ко всему прочему меняет буквы сообщения таким образом, что злоумышленник не может получить дополнительную информацию — например, частоту использования тех или иных букв в сообщении.)

Некоторые маршруты оставляют большие фрагменты текста нетронутыми или сохраняют их в обратном порядке. Например, спираль, ведущая внутрь по часовой стрелке, начиная с левого верхнего угла, легко запоминается, но при этом первая строка сообщения попадает в криптограмму неизменной. Подобные маршруты дают злоумышленнику дополнительные сведения, что может облегчить их подбор.

Если отказаться от маршрутов, которые сложно запоминаются и содержат крупные фрагменты нетронутого открытого текста, количество оставшихся вариантов окажется значительно меньше теоретического максимума.

Шифры подстановки

В шифрах подстановки буквы открытого текста заменяются другими. В следующих разделах описываются четыре распространенных шифра этого типа.

Шифр Цезаря

Примерно 2100 лет назад Юлий Цезарь (100 г. до н. э. — 44 г. до н. э.) кодировал сообщения, которые он отправлял своим офицерам, с помощью простого шифра подстановки. В этой версии шифра он сдвигал каждый символ сообщения на три буквы в алфавите. Буква *A* превращалась в *D*, *B* — в *E* и т. д. Чтобы расшифровать сообщение, получатель вычитал 3 из каждой буквы: *Z* становилась *W*, *Y* — *V* и т. д.

Например, сообщение *This is a secret message* со сдвигом в три позиции выглядит как *WKLVL VDVHF UHWPH VVDJH*.

Племянник Юлия Цезаря, Август, использовал похожий шифр, только с одинарным сдвигом вместо тройного. В принципе вы можете сдвигать буквы в открытом тексте на любое количество символов.

Злоумышленник способен раскодировать сообщение, зашифрованное этим методом, изучив частоту использования букв в криптограмме. В английском языке буква *E* встречается намного чаще других — приблизительно в 12,7 % случаев. Вторая по популярности буква, *T*, имеет частоту 9,1 %. Если злоумышленник подсчитает, сколько раз каждая буква встречается в криптограмме, наиболее используемой из них, вероятно, окажется зашифрованная буква *E*. Посчитав разницу между буквой *E* и закодированным символом, он получит сдвиг, который применялся при шифровании.

Такой метод взлома лучше всего подходит для длинных сообщений, поскольку в коротких частота распределения букв может оказаться нетипичной.

В таблице 16.1 показано количество вхождений разных букв в криптограмму *WKLVL VDVHF UHWPH VVDJH*.

Таблица 16.1. Частота использования букв в вышеприведенной криптограмме

Буква	D	F	H	J	K	I	P	U	V	W
Число вхождений	2	1	4	1	1	2	1	1	5	2

Если предположить, что *V* — зашифрованная буква *E*, тогда размер сдвига должен быть равен 17. Расшифровав сообщение с этим сдвигом, вы получите текст вида *FTUEU EMEQO DQFYQ EEMSQ*, который не содержит настоящих слов.

Если принять за *E* вторую по использованию букву в криптограмме, *H*, то сдвиг будет равен 3, что позволит расшифровать исходное сообщение.

Шифр Виженера

У подстановочного шифра Цезаря есть одна проблема — для него существует всего 26 ключей. Злоумышленник может с легкостью перепробовать все 26 вариантов сдвига и найти тот, который позволяет получить членораздельный текст. Шифр Виженера устраняет подобный недостаток, используя разную длину сдвига для разных букв в сообщении.

ЗАМЕЧАНИЕ

Шифр Виженера изначально был описан в 1553 г. Джованом Баттистой Беллазо, но в XIX в. его авторство начали приписывать Блезу Виженеру. С тех пор это название прочно вошло в обиход.

В шифре Виженера ключевое слово обозначает сдвиги для разных букв в сообщении. Каждый символ в ключевом слове указывает сдвиг исходя из своей позиции в алфавите. *A* означает нулевой сдвиг, *B* — сдвиг на одну позицию и т. д.

Чтобы расшифровать сообщение, открытый текст вставляется снизу от ключевого слова, которое повторяется, пока не достигнет длины сообщения. На рисунке 16.5 показан текст, записанный снизу от повторяющегося несколько раз ключевого слова ZEBRAS.

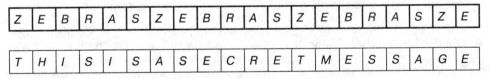

Рис. 16.5. В шифре Виженера ключевое слово записывается сверху от открытого текста, повторяясь необходимое количество раз

Теперь с помощью соответствующих букв можно создать шифрограмму. Например, ключевая буква *Z* обозначает сдвиг 25, поэтому буква открытого текста *T* превращается в *S*.

Чтобы упростить процесс сдвига, можно использовать «таблицу умножения» по примеру той, которая показана на рисунке 16.6. Для кодирования буквы открытого текста *T* с буквой ключа *Z* нужно найти строку *T* и столбец *Z*.

Буква ключа →

Буква сообщения ↓

	A	B	C	D	E	F	G	H	I	J	K	L	M	N	O	P	Q	R	S	T	U	V	W	X	Y	Z
A	A	B	C	D	E	F	G	H	I	J	K	L	M	N	O	P	Q	R	S	T	U	V	W	X	Y	Z
B	B	C	D	E	F	G	H	I	J	K	L	M	N	O	P	Q	R	S	T	U	V	W	X	Y	Z	A
C	C	D	E	F	G	H	I	J	K	L	M	N	O	P	Q	R	S	T	U	V	W	X	Y	Z	A	B
D	D	E	F	G	H	I	J	K	L	M	N	O	P	Q	R	S	T	U	V	W	X	Y	Z	A	B	C
E	E	F	G	H	I	J	K	L	M	N	O	P	Q	R	S	T	U	V	W	X	Y	Z	A	B	C	D
F	F	G	H	I	J	K	L	M	N	O	P	Q	R	S	T	U	V	W	X	Y	Z	A	B	C	D	E
G	G	H	I	J	K	L	M	N	O	P	Q	R	S	T	U	V	W	X	Y	Z	A	B	C	D	E	F
H	H	I	J	K	L	M	N	O	P	Q	R	S	T	U	V	W	X	Y	Z	A	B	C	D	E	F	G
I	I	J	K	L	M	N	O	P	Q	R	S	T	U	V	W	X	Y	Z	A	B	C	D	E	F	G	H
J	J	K	L	M	N	O	P	Q	R	S	T	U	V	W	X	Y	Z	A	B	C	D	E	F	G	H	I
K	K	L	M	N	O	P	Q	R	S	T	U	V	W	X	Y	Z	A	B	C	D	E	F	G	H	I	J
L	L	M	N	O	P	Q	R	S	T	U	V	W	X	Y	Z	A	B	C	D	E	F	G	H	I	J	K
M	M	N	O	P	Q	R	S	T	U	V	W	X	Y	Z	A	B	C	D	E	F	G	H	I	J	K	L
N	N	O	P	Q	R	S	T	U	V	W	X	Y	Z	A	B	C	D	E	F	G	H	I	J	K	L	M
O	O	P	Q	R	S	T	U	V	W	X	Y	Z	A	B	C	D	E	F	G	H	I	J	K	L	M	N
P	P	Q	R	S	T	U	V	W	X	Y	Z	A	B	C	D	E	F	G	H	I	J	K	L	M	N	O
Q	Q	R	S	T	U	V	W	X	Y	Z	A	B	C	D	E	F	G	H	I	J	K	L	M	N	O	P
R	R	S	T	U	V	W	X	Y	Z	A	B	C	D	E	F	G	H	I	J	K	L	M	N	O	P	Q
S	S	T	U	V	W	X	Y	Z	A	B	C	D	E	F	G	H	I	J	K	L	M	N	O	P	Q	R
T	T	U	V	W	X	Y	Z	A	B	C	D	E	F	G	H	I	J	K	L	M	N	O	P	Q	R	S
U	U	V	W	X	Y	Z	A	B	C	D	E	F	G	H	I	J	K	L	M	N	O	P	Q	R	S	T
V	V	W	X	Y	Z	A	B	C	D	E	F	G	H	I	J	K	L	M	N	O	P	Q	R	S	T	V
W	W	X	Y	Z	A	B	C	D	E	F	G	H	I	J	K	L	M	N	O	P	Q	R	S	T	V	W
X	X	Y	Z	A	B	C	D	E	F	G	H	I	J	K	L	M	N	O	P	Q	R	S	T	V	W	X
Y	Y	Z	A	B	C	D	E	F	G	H	I	J	K	L	M	N	O	P	Q	R	S	T	V	W	X	Y
Z	Z	A	B	C	D	E	F	G	H	I	J	K	L	M	N	O	P	Q	R	S	T	V	W	X	Y	Z

Рис. 16.6. Приведенная таблица упрощает сдвиг букв в шифре Виженера

Чтобы расшифровать букву криптограммы, ее нужно искать в столбце буквы ключа. Расшифрованный символ берется из строки.

Простой частотный анализ, с помощью которого можно взломать шифр Цезаря, здесь не сработает, поскольку не все буквы имеют одинаковый сдвиг. Однако для взлома можно воспользоваться частотой вхождения букв в криптограмму.

Допустим, ключевое слово имеет длину *K*. В этом случае каждая *K*-я буква (например, 1, $K + 1$, $2 \times K + 1$ и т. д.) имеет один и тот же сдвиг. В открытом тексте эти буквы могут отличаться, но их относительные частоты совпадают.

Процесс взлома начинается с попытки угадать длину ключа и поисков букв с одинаковым сдвигом. Например, можно попробовать ключ длиной 2, проверив буквы под номерами 2, 4, 6, 8 и т. д. Если мы угадали с длиной, частота букв должна быть подобна той, что в обычном английском языке (или в языке, который вы используете). В частности, несколько букв, которые соотносятся с символами открытого текста (такими как *E*, *S* и *T*), должны встречаться намного чаще других, таких как *X* и *Q*.

Если длина ключа не равна 2, частоты букв должны распределяться достаточно равномерно — ни одна из них не должна встречаться намного чаще других. В этом случае придется пробовать другую длину и повторять все заново.

Если вы найдете длину ключа, при которой частота распределения похожа на ту, что существует в английском языке, вам нужно будет проверять отдельные частоты, как это делалось в подстановочном шифре Цезаря. Буква, которая встречается чаще других, скорее всего, представляет зашифрованную *E*.

Точно так же нужно проверить другие буквы с тем же сдвигом, чтобы определить, насколько они смещены на самом деле. В сущности, на данном этапе происходит декодирование подстановочного шифра Цезаря для каждой буквы в ключе.

Результатом должен стать сдвиг для каждого символа в ключевом слове. Взлом этого шифра требует больше усилий, чем в предыдущем случае, но он все равно возможен.

Простая подстановка

В простом подстановочном шифре у каждой буквы есть фиксированная замена. Например, вместо *A* можно подставить *H*, вместо *B* — *J*, вместо *C* — *X* и т. д.

В качестве ключа здесь выступает соответствие между буквами открытого текста и шифрограммы. Если в сообщении используются только буквы английского алфавита (*A–Z*), число возможных соответствий будет равно $4{,}0 \times 10^{26}$.

В том случае, когда вы шифруете и расшифровываете сообщения вручную, вам необходимо записывать используемые соответствия.

Если в вашем распоряжении есть компьютер, можно попробовать воссоздать соответствие с помощью генератора псевдослучайных чисел. Отправитель выбирает число *K* и использует его для инициализации генератора, который затем придает случайный характер буквам *A–Z* и создает соответствие. Значение *K* становится ключом. Получатель выполняет те же шаги, инициализируя генератор случайных чисел и восстанавливая соответствие, которое использовалось отправителем.

Единственное число запомнить проще, чем соответствия для всех букв, но в большинстве генераторов случайных чисел количество возможных внутренних состояний куда меньше, чем $4{,}0 \times 10^{26}$. Например, если число, выбранное вами для инициализации генератора, является целым и имеет знак, у ключа будет лишь около 2 млрд потенциальных значений. Это все равно много, однако компьютер способен с легкостью их перебрать и найти число, которое дает членораздельный текст.

Чтобы немного упростить данный процесс, можно также использовать частотность. Если в криптограмме больше всего встречается буква *W*, то это, скорее всего, зашифрованная *E*.

Схема одноразовых блокнотов

Схема одноразовых блокнотов — это некая разновидность шифра Виженера, в которой ключ имеет ту же длину, что и сообщение. Сдвиг присваивается каждой букве отдельно, поэтому для его поиска нельзя использовать частотный анализ криптограммы.

Поскольку зашифрованные буквы могут быть сдвинуты как угодно, то и соответствовать им по всей вероятности могут любые символы в открытом тексте. Следовательно, злоумышленник не имеет возможности извлечь какую-либо информацию из криптограммы (если не считать длины сообщения; хотя вы можете скрыть и ее, добавив в текст дополнительные буквы).

Если подходить к процессу вручную, отправитель и получатель должны иметь по одному блокноту с одинаковым набором случайных букв. С помощью этих букв отправитель шифрует сообщение, вычеркивая их после того, как они были использованы, и больше не прибегая к ним снова. Те же буквы применяются для расшифровки сообщения получателем; после использования они точно так же вычеркиваются.

Поскольку каждая буква, в сущности, имеет свой собственный сдвиг, шифр нельзя будет взломать до тех пор, пока у злоумышленника не окажется одна из копий одноразового блокнота.

Недостаток подобной схемы заключается в том, что отправитель и получатель должны обладать идентичными копиями блокнота, а безопасная передача этих копий может оказаться такой же сложной, как и отправка самого сообщения. Когда-то блокнотами обменивались при помощи курьеров. Если курьера перехватывали, блокнот выбрасывался и вместо него высылался новый.

ЗАМЕЧАНИЕ

В программной реализации схемы одноразовых блокнотов для шифрования каждого символа вместо сдвига можно использовать побитовый оператор XOR (исключающее ИЛИ). Если в качестве байтов в блокноте взять случайные значения от 0 до 255, зашифрованный результат тоже будет иметь вид случайных чисел в этом диапазоне.

Блочные шифры

В блочном шифре сообщение разбивается на блоки, которые затем отдельно шифруются и объединяются в криптограмму.

Во многих блочных шифрах кодирование выполняется путем многократной трансформации данных. Трансформация должна быть обратимой, чтобы позже криптограмму можно было расшифровать. Разбиение текста на одинаковые блоки позволяет предусмотреть изменения фрагментов определенной длины.

Полезное свойство блочных шифров заключается в том, что они позволяют криптографическому программному обеспечению работать с относительно небольшими фрагментами текста. Представьте, например, что вам нужно зашифровать очень длинное сообщение размером, скажем, в несколько гигабайтов. Если использовать шифр с перестановкой по столбцам, программе придется переходить в разные участки сообщения в памяти. Это может привести к сбрасыванию данных в файл подкачки, что существенно замедлит работу.

Блочный шифр ведет себя иначе. Он может анализировать сообщение по частям, которые легко помещаются в памяти. Даже если программе придется использовать файл подкачки, каждый фрагмент сообщения будет загружаться в память всего один раз.

В подразделах, представленных ниже, описываются наиболее распространенные виды блочных шифров.

Подстановочно-перестановочные сети

Шифр подстановочно-перестановочной сети совершает несколько чередующихся раундов, состоящих из подстановочной и перестановочной стадий. Представьте, что эти стадии выполняются автоматами, размещенными внутри блоков двух видов: подстановочных (S-блоки) и перестановочных (P-блоки).

S-блок берет небольшой фрагмент текста и объединяет его с частью ключа, запутывая тем самым конечный результат. Чтобы «замести следы» как можно сильнее, измените один-единственный бит ключа — в идеале это должно привести к трансформации примерно половины итоговых битов. Например, если S-блок имеет дело с 1 байтом, он способен применить операцию XOR, чтобы совместить первый бит ключа с битами 1, 3, 4 и 7, взятыми из текста. В разных шаблонах могут соединяться разные биты ключа и сообщения. Вы можете варьировать S-блоки для разных частей текстового фрагмента.

P-блок меняет местами биты во всем фрагменте и отправляет их в разные S-блоки. Например, бит 1 из первого S-блока может отправиться к биту 7 из следующего раунда в третьем S-блоке.

На рисунке 16.7 показан трехраундовый шифр подстановочно-перестановочной сети. S-блоки S_1–S_4 совмещают ключ с фрагментами сообщения (стоит отметить, что в каждом раунде могут использоваться разные части ключа). Все P-блоки выполняют одну и ту же перестановку, отправляя результат работы S-блоков в S-блоки следующего раунда.

Чтобы расшифровать сообщение, нужно выполнить те же шаги, только в обратном порядке. Криптограмма пропускается через перевернутые S-блоки, после чего результаты поступают в перевернутый P-блок; все это повторяется необходимое количество раундов.

Один из недостатков такого подхода заключается в том, что S- и P-блоки должны уметь работать в обратном направлении, чтобы сообщения можно было расшифровывать. Кроме того, для шифрования и расшифровки нужен разный код, что усложняет процесс написания, отладки и сопровождения программ.

ЗАМЕЧАНИЕ

AES (Advanced Encryption Standard — улучшенный стандарт шифрования), вероятно, наиболее распространенный на сегодня метод шифрования, тоже основан на подстановочно-перестановочной сети. Он использует фрагменты размером 128 бит и 128-, 192- или 256-битные ключи, в зависимости от желаемого уровня безопасности.

Чтобы осознать, какое количество ключей из этого можно извлечь, достаточно принять во внимание, что $2^{128} \approx 3{,}4 \times 10^{38}$ и $2^{256} \approx 1{,}2 \times 10^{77}$. Если компьютер злоумышленника способен проверить 1 млрд ключей за секунду (что довольно маловероятно для обычного персонального компьютера, учитывая сложность шагов, необходимых для шифрования сообщения), на перебор всех 128- и 256-битных ключей у него уйдет, соответственно, $1{,}1 \times 10^{22}$ и $3{,}7 \times 10^{60}$ лет.

Метод AES использует разные количества раундов в зависимости от размера ключа: 10 раундов для 128-битных ключей, 12 раундов для 192-битных и 14 раундов для 256-битных. Чем больше раундов и длиннее ключ, тем сильнее запутывается сообщение, что замедляет атаку методом перебора.

Больше о методе AES можно узнать по адресу https://ru.wikipedia.org/wiki/Advanced_Encryption_Standard.

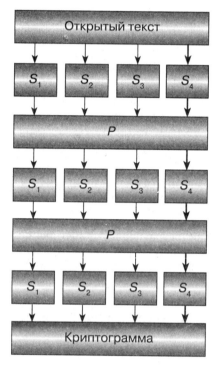

Рис. 16.7. В шифре подстановочно-перестановочной сети стадии подстановки и перестановки чередуются

Шифр Фейстеля

В шифре Фейстеля, названном в честь криптографа Хорста Фейстеля, сообщение разбивается пополам на левую и правую части — L_0 и R_0. К правой части применяется функция, и полученный результат совмещается с левой частью с помощью операции XOR. Затем эти два фрагмента меняются местами и процесс повторяется определенное количество раундов.

Высокоуровневое описание такого алгоритма показано в виде следующих шагов.

1. Разбиваем открытый текст пополам на два блока — L_0 и R_0.
2. Повторяем:
    a. присваиваем $L_{i+1} = R_i$;
    b. присваиваем $R_{i+1} = L_i\ XOR\ F(R_i, K_i)$.

K_i — это подключ, который используется в раунде i (набор значений, сгенерированных с помощью ключа сообщения). Например, проще всего было бы разбить ключ на части и использовать их по порядку, повторяя при необходимости (это похоже на шифр Виженера, который задействует каждую букву ключа для шифрования одного символа из открытого текста и затем, если понадобится, повторяет данные буквы).

После выполнения нужного количества раундов криптограмма будет иметь вид $L_{i+1} + R_{i+1}$.

Чтобы расшифровать сообщение, нужно получить итоговые значения L_{i+1} и R_{i+1}, разделив криптограмму пополам. Если взглянуть на предыдущие шаги, можно увидеть, что R_i — это L_{i+1}. Поскольку мы уже знаем, чему равно L_{i+1}, значение R_i нам тоже известно.

Чтобы восстановить L_i, заменим в уравнении, использованном на шаге 2b, L_{i+1} на R_i. Получим следующее:

$$R_{i+1} = L_i \text{ XOR } F(R_i, K_i) = L_i \text{ XOR } F(L_{i+1}, K_i).$$

На данном этапе нам уже известно значение L_{i+1}, поэтому мы можем вычислить $F(L_{i+1}, K_i)$. Если совместить это с R_{i+1}, условия $F(L_{i+1}, K_i)$ нивелируются. В результате остается только восстановленное значение L_i.

Алгоритм расшифровывания описан в виде следующих шагов.

1. Разделяем криптограмму пополам, на L_{i+1} и R_{i+1}.

2. Повторяем:

   a. присваиваем $R_i = L_{i+1}$;

   b. присваиваем $L_i = R_{i+1} \text{ XOR } F(L_{i+1}, K_i)$.

Одним из преимуществ шифров Фейстеля является то, что расшифровывание не требует инвертировать функцию F. Это означает, функция F может быть любой, даже такой, которую сложно обратить в противоположную сторону.

Еще одно преимущество шифров Фейстеля заключается в том, что процессы шифрования и расшифровывания практически совпадают. Отличается только порядок использования подключей. Это означает, что для шифрования и расшифровывания нужен всего лишь один фрагмент кода.

ЗАМЕЧАНИЕ

Стандарт шифрования данных (*Data Encryption Standard*, или DES), который до недавних пор был одним из наиболее популярных методов шифрования, основан на шифре Фейстеля. Он больше не считается достаточно безопасным для высокозащищенных приложений, в основном из-за относительно короткого 56-битного ключа.

Разновидность этого метода под названием Triple DES просто применяет алгоритм DES по три раза к каждому блоку. Triple DES считается безопасным, хотя в высокозащищенных приложениях вместо него теперь используют AES.

Больше о методе DES можно узнать по адресу https://ru.wikipedia.org/wiki/DES.

Глава 16

Шифрование с открытым ключом и RSA

В шифровании с открытым ключом используется два отдельных ключа — открытый и закрытый. Открытый ключ обычно публикуется, поэтому его может узнать кто угодно (включая злоумышленника). Закрытый ключ известен только получателю.

Отправитель использует открытый ключ для шифрования сообщения и передает результат получателю. Однако расшифровать его можно только с помощью закрытого ключа.

В других типах шифрования для кодирования и декодирования сообщения используется один и тот же ключ, поэтому их называют *симметричными*.

Одним из самых известных алгоритмов шифрования с открытым ключом является RSA, названный в честь тех, кто впервые его описал: Рональда Ривеста, Ади Шамира и Леонарда Адлемана.

ОСТОРОЖНО: МАТЕМАТИКА

Алгоритм RSA является крайне интересным, и определенное понимание принципов его работы может пригодиться при прохождении собеседования. К сожалению, он, кроме всего прочего, еще и очень «математический». Если вам не по душе данная наука, можете сразу переходить к подразделу «Практические соображения» раздела «Шифрование с открытым ключом и RSA» в текущей главе.

Чтобы сгенерировать открытый и закрытый ключи для данного алгоритма, нужно выполнить следующие шаги.

1. Выбираем два больших простых числа, p и q.

2. Вычисляем $n = p \times q$. Это будет модуль открытого ключа.

3. Вычисляем $\phi(n)$, где ϕ — функция Эйлера (подробнее об этом чуть позже).

4. Выбираем целое число e в диапазоне $1 \leq e \leq \phi(n)$; e и $\phi(n)$ должны быть взаимно простыми (то есть у них не должно быть общих делителей). Это будет экспонента открытого ключа.

5. Вычисляем значение d, обратное к числу e по модулю $\phi(n)$. Другими словами, $e \times d \equiv 1 \bmod \phi(n)$ (об этом тоже поговорим чуть ниже). Значение d является закрытым ключом.

6. Открытый ключ состоит из значений n и e. Чтобы зашифровать цифровое сообщение M, отправитель использует формулу $C = M^e \bmod n$.

ЗАМЕЧАНИЕ

В главе 2 описывается несколько методик, необходимых для реализации алгоритма RSA. В частности, там объясняется, как провести вероятностную проверку, чтобы определить, является ли число простым. Чтобы найти большое простое число, выберите случайное большое значение и проверьте, простое ли оно. Повторяйте до тех пор, пока не получите нужный вам результат.

В главе 2 также рассказывалось об эффективном возведении в степень и о том, как с помощью алгоритма Евклида быстро определить, имеют ли два числа общий делитель.

Стойкость алгоритма RSA основывается на том факте, что разложение больших чисел на множители является сложной задачей. Если злоумышленнику удастся разложить на множители открытый модуль n, он сумеет восстановить простые числа p и q. Имея p и q, а также открытую экспоненту e, он сможет подобрать закрытый ключ и взломать шифр.

Вот почему простые числа p и q должны быть большими — так злоумышленнику будет труднее разложить n на множители.

ЗАМЕЧАНИЕ

Интересный факт: хотя задача разложения на множители считается сложной и многие люди потратили на ее изучение огромное количество времени, нет никакой гарантии того, что однажды кто-нибудь придумает быстрый способ разложения на множители больших чисел.

Функция Эйлера

В шагах 1 и 2 алгоритма генерирования ключа непосредственно используются методики, описанные в главе 2.

На шаге 3 необходимо вычислить функцию Эйлера, $\phi(n)$ (ее еще называют фи-функцией). Она возвращает количество натуральных чисел, меньших определенного числа n и не имеющих с ним общего делителя. Например, $\phi(12)$ равно 4, поскольку существует четыре числа меньших, чем 12, и выступающих взаимно простыми с ним: 1, 5, 7 и 11.

Простое число является взаимно простым по отношению к любому целому положительному значению, которое меньше этого числа, поэтому $\phi(p) = p - 1$, если p простое.

Оказывается, если p и q являются взаимно простыми, то $\phi(p \times q) = \phi(p) \times \phi(p)$. Это возможно, если они являются простыми по отдельности, поэтому в шаге 3 имеем: $\phi(n) = \phi(p \times q) = \phi(p) \times \phi(q) = (p - 1) \times (q - 1)$. Это легко вычислить.

Представим, например, что $p = 3$ и $q = 5$. Тогда $\phi(15) = \phi(3) \times \phi(5) = (3 - 1) \times (5 - 1) = 2 \times 4 = 8$. Действительно, всего существует восемь положительных целых чисел, которые меньше 15 и взаимно простые с 15: 1, 2, 4, 7, 8, 11, 13 и 14.

Обратные величины

Шаг 4 в алгоритме генерирования ключа довольно прост. Достаточно выбрать случайные числа в диапазоне между 1 и $\phi(e)$ и проверить с помощью алгоритма Евклида, являются ли они взаимно простыми по отношению к e.

В шаге 5 необходимо обнаружить значение d, обратное к числу е по модулю $\phi(n)$. Другими словами, нужно найти такое e, при котором $e \times d \equiv 1 \bmod \phi(n)$.

Один из простых способов получить обратную величину заключается в вычислении $(1 \times d) \bmod \phi(n)$, $(2 \times d) \bmod \phi(n)$, $(3 \times d) \bmod \phi(n)$ и т. д., пока не будет найдено значение, дающее результат 1.

Чтобы сделать поиск значения *e* более эффективным, можно воспользоваться расширенным алгоритмом Евклида. Подробности ищите по адресу http://ru.wikipedia.org/wiki/Алгоритм_Евклида.

Пример использования RSA

Для начала рассмотрим образец подбора открытого и закрытого ключей.

1. Выберем два больших простых числа *p* и *q*.

2. Пусть *p* = 17 и *q* = 29. В реальных условиях следует выбирать значительно большие значения (например, 128-битные числа, записанные в двоичном виде), порядка 1×10^{38}.

3. Вычислим *n* = *p* × *q*. Это будет модуль открытого ключа.

4. Модуль открытого ключа *n* равен *p* × *q* = 493.

5. Вычислим ϕ(*n*), где ϕ — функция Эйлера.

6. Значение ϕ(*n*) = (*p* − 1) × (*q* − 1) = 16 × 28 = 448.

7. Выберем целое число *e* в диапазоне 1 ≤ *e* ≤ ϕ(*n*); *e* и ϕ(*n*) должны быть взаимно простыми.

8. В этом примере нужно выбрать такое *e*, чтобы оно находилось в диапазоне 1 ≤ *e* ≤ 448 и было взаимно простым по отношению к 448. Разложение на простые сомножители числа 448 дает $2^6 \times 7$, поэтому *e* не может делиться на 2 и 7. Пусть *e* = 3 × 5 × 11 = 165.

9. Вычислим значение *d*, обратное к числу *e* по модулю ϕ(*n*). Другими словами, *e* × *d* ≡ 1 mod ϕ(*n*).

10. В этом примере нужно найти значение, обратное к 165 mod 448. То есть получить такое *d*, при котором *d* × 165 ≡ 1 mod 448. В нашем случае 429 × 165 ≡ ≡ 1 mod 448, поэтому обратная величина будет равна 429. (Демонстрационная программа MultiplicativeInverse, которую можно загрузить среди других примеров к этой главе, вычисляет обратные величины, аналогичные вышеприведенной. Она проверяет все значения, пока не находит такое, при котором 429 является корректным результатом.)

Итак, открытая экспонента *e* = 165, открытый модуль *n* = 493, а закрытый ключ *d* = 429.

Теперь представьте, что вам нужно зашифровать значение 321 (назовем его *C*). *C* должно быть равно M^e mod *n* = 321^{165} mod 493. Программа ExponentiateMod, являющаяся частью решения к упражнению 11 из главы 2 и доступная для загрузки на веб-сайте книги, быстро вычисляет большие экспоненты. Зашифрованное значение, которое она выдает, равно 321^{165} mod 493 = 359.

Чтобы расшифровать значение 359, получателю необходимо вычислить C^d mod *n*. В нашем случае это будет 359^{429} mod 493. Программа ExponentiateMod из главы 2 дает результат 359^{429} mod 493 = 321, поэтому расшифрованное значение, как и ожидалось, равно 321.

Практические соображения

На создание надежных закрытых ключей и вычисление больших экспонент может уйти некоторое время, даже если использовать быстрое возведение в степень по модулю. Как вы помните, *p* и *q* являются очень большими числами, поэтому применение криптографии с закрытым ключом для шифрования длинных сообщений (с предварительной разбивкой на мелкие блоки, которые легко представить в виде чисел) может оказаться довольно медленным.

Для экономии времени в некоторых криптографических системах применяется шифрование с открытым ключом. Это позволяет отправителю и получателю обмениваться закрытыми ключами и использовать симметричное шифрование.

> **ЗАМЕЧАНИЕ**
>
> Популярная программа под названием Pretty Good Privacy (PGP) использует шифрование с открытым ключом как минимум для части своих вычислений. Чтобы сделать криптограмму максимально запутанной, сохранив при этом умеренную длину сообщения и приемлемую скорость, PGP обрабатывает данные в несколько этапов, включая хеширование, сжатие, а также шифрование с открытым и закрытым ключами.
>
> Больше о PGP можно узнать по адресу https://ru.wikipedia.org/wiki/PGP.

Другие области применения криптографии

Алгоритмы, описанные в этой главе, нацелены на шифрование и расшифровывание сообщений, однако криптографию можно использовать и в других целях.

Например, криптограграфическая функция хеширования принимает в качестве ввода блок данных, такой как файл, и возвращает хеш, с помощью которого эти данные можно идентифицировать. После файл и его хеш можно сделать публично доступными.

Получатель, который хочет использовать этот файл, должен выполнить ту же функцию и проверить, совпадает ли его хеш с публичным. Если кто-то подделал файл, совпадения быть не должно; таким образом, адресат будет знать, что данные дошли к нему в измененном виде.

Хорошая функция хеширования должна:

- легко вычисляться;
- максимально усложнять злоумышленнику задачу создания файла с установленным значением хеша (чтобы нельзя было заменить оригинальный файл поддельным);
- максимально усложнять изменение файла без преобразования хеша;
- максимально усложнять поиск двух файлов с одним и тем же хешем.

Одна из возможностей применения криптографического хеширования заключается в проверке паролей. Когда вы создаете пароль, система сохраняет его хеш. Но она не хранит сам пароль, поэтому злоумышленник не может его заполучить.

Затем при входе в систему вы снова вводите свой пароль. Для него создается хеш, который сравнивается с уже сохраненным значением.

Цифровая подпись — это криптографический инструмент, чем-то напоминающий криптографическое хеширование. Если вы хотите доказать, что какой-то конкретный документ написан вами, его нужно подписать. Позже можно будет проверить подлинность вашей подписи. Если кто-то другой изменит документ, он не сможет подписать его от вашего имени.

Обычно система цифровых подписей состоит из трех частей:

- алгоритм генерирования закрытых и открытых ключей;
- алгоритм, который подписывает документ с помощью закрытого ключа;
- алгоритм, проверяющий подлинность вашей подписи с помощью открытого ключа.

Цифровая подпись в некотором смысле является противоположной по отношению к системе шифрования с закрытым ключом. Сообщение может быть зашифровано с помощью открытого ключа любым числом отправителей, но расшифровать его сумеет только один из получателей, обладающий закрытым ключом. В системе цифровых подписей сообщение подписывается отправителем с помощью закрытого ключа, а открытый ключ, позволяющий проверить его подлинность, доступен любому количеству получателей.

Резюме

В этой главе было рассмотрено несколько криптографических алгоритмов. Простейшие из них, такие как перестановочные и подстановочные шифры, не являются безопасными с точки зрения криптографии, но могут представлять собой интересные упражнения. Любой, кто изучает алгоритмы, должен иметь о них какое-то представление, особенно это касается шифров Цезаря и Виженера.

Далее мы познакомились с современными алгоритмами и узнали, какие из них все еще находятся в употреблении. AES (использует подстановочно-перестановочные сети) и RSA (основан на шифровании с открытым ключом) являются сегодня наиболее распространенными. Стандарт DES больше не считается достаточно безопасным, однако в нем применяется шифр Фейстеля, который сам по себе может быть интересным; к тому же на его основе легко создавать безопасные методы шифрования, такие как Triple DES.

Эта глава охватывает всего лишь незначительную часть изученных криптографических алгоритмов. Больше информации можно найти в Интернете или книге, посвященной криптографии. Свои поиски следует начать с веб-сайтов https://ru.wikipedia.org/wiki/Криптография и http://mathworld.wolfram.com/Cryptography.html. Если вы предпочитаете печатный вариант, настоятельно рекомендую вам второе издание книги Брюса Шнайера «Прикладная криптография. Протоколы, алгоритмы, исходные тексты на языке Си» (Триумф, 2002). В нем описано огромное количество алгоритмов для шифрования и расшифровывания, цифровых подписей, аутентификации, защищенной системы выборов и цифровой валюты.

Эти алгоритмы исходят из предположения, что при наличии ключа можно довольно легко выполнить определенные вычисления и что без него этого сделать нельзя. Например, в стандарте RSA получателю не составляет труда расшифровывать сообщения, однако злоумышленнику нужно разложить на множители комбинацию из двух больших простых чисел. Эта операция считается крайне сложной, благодаря чему шифрование RSA нельзя взломать.

В теории алгоритмов выделяют два чрезвычайно важных класса проблем: P и NP. К первому классу относят проблемы, которые относительно просто решить, — например, умножение двух чисел или поиск бинарного дерева для фрагмента информации. Во второй класс входят проблемы повышенной сложности, такие как упаковка в контейнеры, задача о ранце и задача коммивояжера, описанные в главе 12.

Следующая глава посвящена классам задач P и NP. В ней рассматриваются некоторые интересные вопросы, касающиеся этих классов, а также проблемы, которые остаются нерешенными.

Упражнения

Звездочкой отмечены задачи повышенной сложности.

1. Напишите программу, которая шифрует и расшифровывает сообщения с помощью перестановочного шифра по строкам/столбцам.

2. Напишите программу, которая шифрует и расшифровывает сообщения с помощью перестановочного шифра по столбцам.

3. Перестановочный шифр по столбцам использует относительный алфавитный порядок для букв своих ключей, чтобы определить соответствие столбцов. Что произойдет, если в ключе некоторые буквы будут дублироваться, как в *PIZZA* или *BOOKWORM*? Как решить эту проблему? Имеет ли такой подход какие-либо преимущества?

4. Перестановочный шифр по столбцам меняет местами столбцы в сообщении, сохраненном в массиве. Удастся ли улучшить безопасность, если переставлять не только столбцы, но и строки?

5. Напишите программу, которая подобна шифру перестановки столбцов, что меняет местами не только столбцы, но и строки.

6. Напишите программу, которая использует подстановочный шифр Цезаря для шифрования и расшифровывания сообщений. Как будет выглядеть текст Nothing but gibberish, если его зашифровать со сдвигом 13?

7*. Напишите программу, что выводит частоту, с которой буквы встречаются в сообщении. Отсортируйте результат по количеству вхождений и выведите для каждой буквы сдвиг относительно *E*.

8. Затем используйте написанный вами код и программу, созданную в упражнении 6, для расшифровки сообщения *KYVIV NRJRK ZDVNY VETRV JRIJL SJKZK LKZFE NRJKY VJKRK VFWKY VRIK*. Какой сдвиг применялся при шифровании?

9. Напишите программу, которая использует шифр Виженера для шифрования и расшифровывания сообщений. Расшифруйте с ее помощью криптограмму *VDOKR RVVZK OTUII MNUUV RGFQK TOGNX VHOPG RPEVW VZYYO WKMOC ZMBR*, применив ключ *VIGENERE*.

10. Почему нельзя начать заново, когда заканчиваются все буквы в одноразовом блокноте?

11. Представьте, что вы обмениваетесь сообщениями с другим человеком с помощью большого одноразового блокнота и одно из полученных вами сообщений после расшифровывания оказалось бессмысленным набором символов. С чем это может быть связано и как следует поступить в таком случае?

12. Представьте, что при использовании одноразового блокнота вы отправляете сообщения вместе с индексом первой буквы, с помощью которого они были зашифрованы. Поставит ли это под угрозу ваш шифр?

13. Напишите программу, которая использует псевдослучайный одноразовый блокнот. При запуске она должна генерировать блокнот с помощью генератора псевдослучайных чисел (не путать с генератором случайных чисел). Программа должна следить за тем, какие символы используются при шифровании и расшифровывании сообщений.

14. Объясните, почему генератор случайных чисел, безопасный с точки зрения криптографии, является эквивалентом метода шифрования, который невозможно взломать. Другими словами, как бы вы использовали такой генератор для создания абсолютно надежной системы шифрования (и наоборот)?

15. Длина и время передачи сообщений иногда предоставляют злоумышленнику дополнительную информацию. Например, он может заметить, что вы всегда отправляете длинное сообщение перед важным событием, таким как визит высокопоставленного лица или покупка крупного объема акций. Каким образом реально скрыть подобные сведения?

16. Представьте, что вы используете шифр RSA со значениями $p = 107$, $q = 211$ и $e = 4,199$. Чему в этом случае будут равны n, $\phi(n)$ и d? Как будут выглядеть после шифрования значения 1,337 и 19,905? (При желании воспользуйтесь программой ExponentiateMod из главы 2. Вы также можете написать программу, которая находит обратные величины для модулей, или обратиться к MultiplicativeInverse, включенной в архив загрузок к этой главе.)

Глава 17
ТЕОРИЯ ВЫЧИСЛИТЕЛЬНОЙ СЛОЖНОСТИ

При решении задач производительность алгоритма всегда имеет большое значение. Он не будет достаточно эффективным, если работает очень долго или требует слишком много памяти либо других ресурсов компьютера.

Теория вычислительной сложности — тесно связанный с этим раздел информатики, изучающий сложность вычислительных задач. Данная теория ориентирована не на конкретные алгоритмы, а на проблемы, которые решаются с их помощью.

Например, алгоритм сортировки слиянием, описанный в главе 6, способен отсортировать список из N чисел за время $O(N \times \log(N))$. Теория вычислительной сложности рассматривает процесс сортировки в целом, а не какой-то определенный алгоритм. Оказывается, *любой* алгоритм, который сортирует с помощью сравнения, в худшем случае потратит как минимум $N \times \log(N)$ времени.

СОРТИРОВКА ЗА ВРЕМЯ N × LOG (N)

Чтобы понять, почему любой алгоритм, который использует сравнение для сортировки списка, в худшем случае тратит как минимум $N \times \log(N)$ времени, представьте, что у вас есть массив из N редких элементов. Ввиду своей уникальности они могут быть упорядочены $N!$ разными способами. Если посмотреть на это с другой стороны, алгоритму может понадобиться перебрать $N!$ вариантов, чтобы расставить элементы в правильном порядке. Получается, что он должен быть пройти по всем $N!$ путям выполнения, чтобы выдать максимально возможное количество результатов.

Единственный способ, который можно использовать для перехода по разным путям выполнения, — это сравнение двух значений. Следовательно, потенциальные пути выполнения можно представить в виде бинарного дерева, в котором каждый узел и лист иллюстрируют, соответственно, операцию сравнения и итоговую расстановку элементов в массиве.

Существует $N!$ способов расставить элементы в массиве, поэтому дерево выполнения должно иметь $N!$ листовых узлов. Поскольку это бинарное дерево, его высота равна $\log_2(N!)$. Таким образом, $\log_2(N!) = \log_2(N) + \log_2(N - 1) + \log_2(N - 2) + \ldots + \log_2(2)$. Половина из этих условий (то есть $N/2$) равна как минимум $\log_2(N/2)$, поэтому $\log_2(N!) \geq N/2 \times \log_2(N/2)$. Указанное значение имеет порядок $N \times \log(N)$.

Теория вычислительной сложности — обширная и сложная тема, для раскрытия которой здесь просто не хватит места. Тем не менее любой программист, изучающий алгоритмы, должен иметь о ней хотя бы общее представление, что в первую очередь касается классов *P* и *NP*. В этой главе вы познакомитесь с теорией вычислительной сложности и узнаете, что представляют эти важные виды проблем.

Обозначения

Одна из первых тем, рассмотренных в этой книге, была посвящена обозначениям «О» большое и «о» малое. В первой главе «О» большое описывалось интуитивно понятным образом, как улучшение худшего варианта производительности при росте масштаба проблемы.

В ряде случаев такое определение является достаточно хорошим и полезным, но в теории вычислительной сложности оно приобретает более формальный характер. Если время работы алгоритма равно $f(N)$, тогда производительность «О» большого выражается как $g(N)$ if $f(N) < g(N) \times k$, где k — некая константа, а N — достаточно большое число. Другими словами, функция $g(N)$ является верхним пределом функции времени работы $f(N)$.

При обсуждении сложности алгоритмов могут пригодиться еще два обозначения, похожих на «О» большое. *«Омега» большое* записывается как $\Omega(g(N))$ и означает, что функция времени работы ограничена снизу функцией $g(N)$. Например, как уже было сказано выше, $N \times \log(N)$ является нижней границей для алгоритмов сортировки, основанных на сравнении, поэтому такие алгоритмы можно представить как $\Omega(N \times \log(N))$.

«Тета» большое записывается как $\Theta(g(N))$ и означает, что функция времени работы ограничена функцией $g(N)$ как снизу, так и сверху. Например, время, за которое алгоритм выполнит сортировку слияния, не может превышать $O(N \times \log(N))$, а время работы любой сортировки, основанной на сравнении, ограничено снизу величиной $\Omega(N \times \log(N))$; таким образом, производительность сортировки слиянием равна $\Theta(N \times \log(N))$.

Итак, «О» большое обозначает верхнюю границу, «Омега» большое (Ω) — нижнюю, а «Тета» большое (Θ) — обе.

Стоит отметить, что в некоторых алгоритмах верхняя и нижняя границы могут быть другими. Например, быстрая сортировка, как и любой аналогичный алгоритм, основанный на сравнении, имеет в качестве нижней границы $\Omega(N \times \log(N))$. В лучшем и предполагаемом случаях производительность быстрой сортировки будет равна $\Omega(N \times \log(N))$. Однако в худшем случае она опускается до $O(N^2)$. У данного алгоритма другие границы, поэтому нет такой функции, которая могла бы описать его в виде «Тета» большого. Хотя в реальности указанный алгоритм часто показывает лучшую скорость, чем методики наподобие сортировки слиянием, строго ограниченные функцией $\Theta(N \times \log(N))$, поэтому он все еще является популярным.

Классы сложности

Алгоритмические задачи иногда разбивают на классы алгоритмов по времени выполнения или требованиям к ресурсам на каком-то определенном либо абстрактном компьютере.

Двумя наиболее распространенными видами абстрактных вычислительных машин являются детерминированные и недетерминированные автоматы.

Действия детерминированного компьютера полностью определяются конечным набором внутренних состояний (переменными программы и ее кодом) и вводом. Другими словами, если передать такому компьютеру конкретный набор данных, результат будет полностью предсказуемым (говоря более формальным языком, «компьютером» в этом определении является *машина Тьюринга*).

МАШИНЫ ТЬЮРИНГА

Понятие машины Тьюринга было придумано Аланом Тьюрингом в 1936 г. (хотя сам он называл ее «a-машиной»). Идея состояла в создании абстрактного автомата настолько простого, чтобы теоремы о том, что он способен или не способен вычислить, можно было бы доказать.

Машина Тьюринга — простой конечный автомат, основанный на наборе внутренних состояний, которые определяют его реакцию на конкретный ввод. Это очень похоже на автоматы ДКА и НКА, описанные в главе 15. Разница заключается в том, что ввод машины Тьюринга состоит из нулей и единиц на полубесконечной ленте, доступной для чтения и записи. Когда машина считывает с ленты 0 или 1, ее состояние определяет следующее:

- должна ли она записать 0 или 1 в текущую позицию на ленте;
- должна ли двигаться считывающая/записывающая головка вдоль ленты и если должна, то в каком направлении;
- новое состояние, в которое она должна войти.

Несмотря на свою простоту, машина Тьюринга позволяет достаточно неплохо моделировать настоящие компьютеры, хотя создание такой машины для симуляции сложной программы может оказаться нетривиальной задачей.

Существует несколько вариантов машины Тьюринга. Некоторые из них используют ленту без начала и конца. В других применяется несколько лент и считывающих/записывающих головок. Встречаются и недетерминированные машины, способные находиться сразу в нескольких состояниях одновременно. Бывают и такие, которые допускают нулевые переходы, что позволяет им менять состояния без чтения каких-либо данных.

Один из интересных выводов, который можно сделать при изучении машин Тьюринга, заключается в том, что все их разновидности имеют одинаковую степень, другими словами, могут выполнять одни и те же вычисления.

Больше информации о машинах Тьюринга можно найти по адресу https://ru.wikipedia.org/wiki/Машина_Тьюринга.

Для сравнения: недетерминированный компьютер может находиться в нескольких состояниях одновременно. Это похоже на принцип работы автоматов НКА, описанных в главе 15. Поскольку недетерминированная машина способна использовать для перехода к принимающему состоянию любое количество путей, ей достаточно принять ввод во всех состояниях, в которых она может находиться, и установить тот, что является рабочим путем выполнения. В сущности (если опустить некоторые подробности), это означает, что такая машина способна угадать правильное решение и затем удостовериться в том, что оно действительно правильное.

Заметьте, что недетерминированному компьютеру не нужно удостоверяться в отсутствии результата. Если решение есть, он может его угадать и проверить. Если решения нет, компьютеру не обязательно это доказывать.

Например, чтобы определить простые множители для целого числа, детерминированному компьютеру пришлось бы каким-то образом найти все его множители — возможно, перебрав каждый из них вплоть до квадратного корня числа или воспользовавшись решетом Эратосфена (больше информации об упомянутых методиках можно найти в главе 2). Это заняло бы очень много времени.

Недетерминированные компьютеры ведут себя иначе. Они могут разложить числа на простые множители и проверить, что результат получился корректным, выполнив произведение данных множителей и сравнив его с исходным числом. Это делается очень быстро.

Усвоив значение понятий «детерминированный» и «недетерминированный» в данном контексте, вы сможете относительно легко разобраться с большинством классов сложности. Ниже перечислены наиболее важные из этих классов, которые являются детерминированными.

- DTIME($f(N)$) — задачи, которые детерминированный компьютер может решить за время $f(N)$. Время работы алгоритмов для решения таких задач составляет $O(f(N))$, где $f(N)$ — некая функция. Например, DTIME($N \times \log(N)$) включает в себя класс задач, которые можно решить за время $O(N \times \log(N))$, например сортировку путем сравнения.

- P — задачи, с которыми детерминированный компьютер способен справиться за полиномиальное время. Время работы алгоритмов для решения таких задач составляет $O(N^P)$, причем степень P может быть сколь угодно большой, даже $O(N^{1000})$.

- EXPTIME (EXP) — задачи, которые детерминированный компьютер может решить за экспоненциальное время. Время работы алгоритмов для решения таких задач составляет $O(2f(N))$, где $f(N)$ — некая полиномиальная функция.

В следующем списке приводятся наиболее важные недетерминированные классы сложности.

- NTIME($f(N)$) — задачи, которые недетерминированный компьютер может решить за время $f(N)$. Время работы алгоритмов для решения таких задач составляет $O(f(N))$, где $f(N)$ — некая функция. Например, NTIME(N^2) включает задачи, с которыми алгоритм может справиться, если будет угадывать проверку ответа за время $O(N^2)$.

- NP — задачи, которые недетерминированный компьютер способен решить за полиномиальное время. На поиск решения и проверку его корректности уходит время объемом $O(N^P)$, где P — некая степень.

- NEXPTIME (NEXP) — задачи, которые недетерминированный компьютер может решить за экспоненциальное время. На поиск решения и проверку его корректности уходит время объемом $O(2^{f(N)})$, где $f(N)$ — некая полиномиальная функция.

Аналогичным образом задачи можно разделить на классы в зависимости от объема свободного пространства, которое требуется для их решения. Они имеют довольно предсказуемые названия: DSPACE($f(N)$), PSPACE (полиномиальное пространство), EXPSPACE (экспоненциальное пространство), NPSPACE (недетерминированное полиномиальное пространство) и NEXPSPACE (недетерминированное экспоненциальное пространство).

Отношения между некоторыми из этих классов расцениваются как довольно тривиальные. Например, $P \subseteq NP$ (символ $\subseteq$ означает «является подмножеством», поэтому данное выражение можно прочитать как «P является подмножеством NP»). Чтобы понять, почему это действительно так, представьте, что задача имеет класс P. Следовательно, существует детерминированный алгоритм, способный найти ее решение за полиномиальное время. В данном случае вы можете решить эту задачу и с помощью недетерминированного компьютера, используя тот же алгоритм. Если алгоритм срабатывает (то есть если найденное им решение корректно), это очевидно доказывает корректность результата, поэтому недетерминированный алгоритм тоже подходит.

Бывают и не такие очевидные отношения. Например, PSPACE = NSPACE и EXPSPACE = NEXSPACE.

Наиболее глубокий вопрос в теории сложности вычислений звучит так: является ли P равным NP? Некоторые задачи, допустим, сортировка, определенно находятся во множестве P. Другие же (например, задачи о ранце и коммивояжере, описанные в главе 12) совершенно точно имеют класс NP. Вопрос в том, входят ли проблемы класса NP во множество P?

Многие люди на протяжении долгого времени пытались определить, являются ли два указанных множества одинаковыми. Никому еще не удалось изобрести детерминированный алгоритм, который бы решал задачи о ранце или коммивояжере за полиномиальное время, однако это не означает, что такого алгоритма не может быть в принципе.

Среди способов сравнения сложности двух алгоритмов можно выделить такой: сведение одного из них к другому. Об этом пойдет речь в следующем разделе.

Сведение

Чтобы свести одну задачу к другой, нужно придумать такое решение первой проблемы, которое позволяет решить вторую. Если это можно сделать за определенный промежуток времени, максимальное время работы двух алгоритмов будет, как и при сведении.

Например, вам уже известно, что разложение на простые множители имеет сложность NP, а сортировка принадлежит к классу задач P. Представьте, что у вас есть алгоритм, который сводит разложение к сортировке, и на это уходит всего лишь полиномиальное время. В таком случае вы могли бы выполнить разложение на множители за то же полиномиальное время, решив задачу сортировки. Если бы мы знали, как свести операцию разложения на множители к сортировке, она не была бы настолько сложной. Но это еще никому не удалось.

Сведение за полиномиальное время особенно важно, поскольку оно позволяет превращать одни задачи класса NP в другие. На самом деле существуют такие задачи, к которым можно свести любую проблему в рамках NP. Их называют *NP-полными*.

Глава 17

Первой известной *NP*-полной проблемой была задача выполнимости (сокращенно *SAT*). В ней вам дается булево выражение с переменными, которые могут быть равны TRUE или FALSE, например (A AND B) OR (B AND NOT C). Необходимо определить, можно ли присвоить этим переменным такие значения, которые бы сводили все выражение к результату TRUE.

Теорема Кука–Левина (или просто теорема Кука) доказывает, что задача *SAT* является *NP*-полной. Она по большей части состоит из теоретических нюансов (см. https://ru.wikipedia.org/wiki/Теорема_Кука_–_Левина), но ее основная идея понятна.

Чтобы продемонстрировать принадлежность *SAT* к *NP*-полным задачам, необходимо сделать две вещи: показать, что она входит в класс *NP*, и доказать, что к ней можно свести любую другую задачу этого класса.

Задача выполнимости принадлежит к *NP*, поскольку вы можете подобрать значения переменных и затем проверить, делают ли они выражение истинным.

Доказать, что любую другую задачу класса *NP* можно свести к *SAT*, оказывается куда сложнее. Допустим, проблема входит в *NP*. В этом случае у нас должна быть возможность создать недетерминированную машину Тьюринга с внутренними состояниями, которые позволяют ей решить нашу задачу. Доказательство основывается на построении такого булевого выражения, которое будет сигнализировать о передаче ввода машине Тьюринга, корректном срабатывании состояний и об остановке машины в принимающем режиме.

Булево выражение содержит три вида переменных, обозначенных как T_{ijk}, H_{ik} и Q_{qk}, где i, j, k и q могут принимать разные значения. Их описание приводится в следующем списке.

- Переменная T_{ijk} равна true, если во время вычисления на шаге k ячейка ленты i содержит символ j.
- Переменная H_{ik} равна true, если во время вычисления на шаге k считывающая/записывающая головка находится над ячейкой ленты i.
- Переменная Q_{qk} равна true, если во время вычисления на шаге k машина находится в состоянии q.

Выражение также должно содержать некоторые условия, описывающие принцип работы машины Тьюринга. Представим, например, что на ленте могут храниться только нули и единицы. В этом случае выражение (T_{001} AND NOT T_{011}) OR (NOT T_{001} AND T_{011}) будет означать, что при вычислении на шаге 1 ячейка 0 содержит либо 0, либо 1 (но не оба значения сразу).

Благодаря другим частям выражения гарантируется, что на любом этапе вычисления считывающая/записывающая головка находится в какой-то одной позиции, что машина начинает свою работу в состоянии 0, что исходной позицией головки является ячейка 0 и т. д.

Полное булево выражение является эквивалентом оригинальной машины Тьюринга для задачи класса *NP*. Другими словами, если присвоить переменным T_{ijk} значения, представляющие наборы входящих данных, истинность или ложность выражения будет свидетельствовать о том, принимает ли машина Тьюринга указанные данные.

Это сводит изначальную проблему к задаче определения выполнимости булевого выражения, потому *SAT* является *NP*-полной.

Найдя одну *NP*-полную задачу (такую как *SAT*), вы можете свести к ней другую проблему и доказать тем самым, что она тоже является *NP*-полной.

Если задачу *A* можно свести к задаче *B* за полиномиальное время, выразить ее стоит как $A \leq_p B$.

Примеры сведения одних задач к другим приводятся в следующих разделах.

3SAT

3SAT — это задача выполнимости булевых выражений в *3-конъюнктивной нормальной форме* (ЗКНФ). Это означает, что булево выражение состоит из набора операндов, объединенных операторами AND или NOT, где каждый операнд представляет собой ровно три переменные, которые соединены операторами OR или NOT. Например, все три выражения, приведенные ниже, принадлежат к ЗКНФ.

- (A OR B OR NOT C) AND (C OR NOT A OR B).
- (A OR C OR C) AND (A OR B OR B).
- (NOT A OR NOT B OR NOT C).

3SAT определенно имеет класс *NP*, поскольку, как и в случае с *SAT*, вы можете присвоить переменным значения TRUE и FALSE, а затем проверить, является ли выражение истинным.

Приложив определенные усилия, любое булево выражение сводится к ЗКНФ за полиномиальное время. Это означает, что *SAT* преобразуется к *3SAT*. Следовательно, задача *3SAT*, как и *SAT*, должна быть *NP*-полной.

Паросочетание в двудольном графе

Двудольным называют граф, узлы которого разделены на два множества таким образом, что ни одно из его звеньев не соединяет узлы в одном и том же множестве (рис. 17.1).

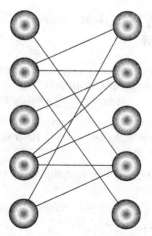

Рис. 17.1. В двудольном графе узлы разделены на два множества и звенья могут связывать только узлы из разных множеств

Паросочетание в двудольном графе — это множество звеньев, у каждого из которых своя уникальная конечная точка.

Задача о паросочетаниях в двудольном графе звучит так: существует ли такое паросочетание, которое содержит как минимум k звеньев (где k — некое число)?

В подразделе «Распределение рабочих мест» раздела «Максимальный поток» из главы 14 рассказывалось, как выполнить должностные назначения с помощью задачи максимального потока. Распределение рабочих мест — обычное сопоставление служащих с должностями в двудольном графе, стало быть алгоритм, который для этого используется, подходит и в данном случае.

Добавим исходный узел и соединим его со всеми узлами в одном из множеств. Создадим конечный узел и свяжем его с узлами из другого множества. Теперь алгоритм максимального потока найдет наибольшее паросочетание в двудольном графе. После этого можно сравнить максимальный поток со значением k.

NP-сложность

Задача является *NP-полной*, если она входит в класс *NP* и к ней можно свести любую другую задачу этого класса за полиномиальное время. *NP-сложная* задача отличается от *NP*-полной только тем, что она не обязательно должна иметь класс *NP*.

Обратите внимание: все *NP*-полные задачи считаются *NP*-сложными и входят в *NP*.

Если задача является *NP*-сложной, это в некотором роде означает, что она как минимум не уступает в сложности любой задаче класса *NP*, поскольку все такие задачи могут быть сведены к ней.

Для демонстрации того, что проблема определяется как *NP*-полная, можно показать, что она преобразуется в *NP*-сложную задачу за полиномиальное время. Аналогичным образом доказывается и то, что она *NP*-сложная, если свести ее за то же полиномиальное время к *NP*-сложной задаче.

Задачи обнаружения, сообщения и оптимизации

Многие задачи можно разделить на три вида: обнаружение, сообщение и оптимизация. В задаче обнаружения проверяется само наличие решения заявленного качества. В задаче сообщения это решение нужно найти, а в задаче оптимизации — улучшить.

Например, задача о сумме подмножеств состоит из трех соответствующих подзадач, относящихся к одному и тому же набору чисел.

- Обнаружение: существует ли такое подмножество, сумма чисел которого равна k?

- Сообщение: найдите такое подмножество, сумма чисел которого равна k (если такое существует).

- Оптимизация: найдите такое подмножество, сумма чисел которого находится как можно ближе к значению k.

Одна из разновидностей этой задачи требует найти подмножество, сумма значений которого равна 0.

На первый взгляд некоторые из этих задач могут показаться проще, чем остальные. Например, задача обнаружения всего лишь требует доказать, что элементы какого-то подмножества в сумме дают 0. Поскольку находить само подмножество не нужно, как в случае с задачей сообщения, вам может показаться, что процесс обнаружения является более легким. На самом же деле, воспользовавшись сведением, вы можете убедиться в том, что все три вида задач имеют одинаковую сложность (по крайней мере с точки зрения теории вычислительной сложности). Для этого необходимо выполнить четыре операции:

- Обнаружение $\leq_p$ Сообщение;
- Сообщение $\leq_p$ Оптимизация;
- Сообщение $\leq_p$ Обнаружение;
- Оптимизация $\leq_p$ Сообщение.

Операции сведения являются транзитивными, поэтому первые две из них означают, что Обнаружение $\leq_p$ Сообщение $\leq_p$ Оптимизация, а из двух последних следует, что Оптимизация $\leq_p$ Сообщение $\leq_p$ Обнаружение.

Обнаружение $\leq_p$ Сообщение

Сведение вида *Обнаружение $\leq_p$ Сообщение* является достаточно очевидным. Имея алгоритм для создания сообщений о подмножествах, вы можете использовать его для нахождения этих подмножеств. С его помощью можно определить подмножество, сумма членов которого равна некоему значению k. Если поиск дал хотя бы один результат, мы можем ответить на вопрос, который ставится в задаче обнаружения: «Да, такое подмножество существует».

В качестве конкретного примера возьмем ReportSum — алгоритм, который сообщает о результатах в задаче о сумме подмножеств (то есть ReportSum(k) возвращает подмножество, сумма членов которого равна k, если такое подмножество существует). В таком случае DetectSum(k) может просто вызывать алгоритм ReportSum(k) и возвращать `true`, если тот отзывает подмножество.

Обнаружение $\leq_p$ Оптимизация

Сведение вида *Обнаружение $\leq_p$ Оптимизация* тоже выглядит довольно очевидным. Представим, что у нас есть алгоритм, занимающийся поиском оптимального решения. Если возвращаемый им результат находится в рамках значения k, которое было получено при решении задачи сообщения, тогда задача сообщения может отозвать результат работы оптимизационного алгоритма. Если это не так, нужно вернуть `false`.

В качестве конкретного примера представим, что OptimizeSum(k) возвращает подмножество, сумма членов которого должна быть как можно ближе к значению k. Тогда ReportSum(k) может задействовать алгоритм OptimizeSum(k) и проверить, отзывает ли тот нужный результат. Если ответ положительный, ReportSum(k) возвращает соответствующее подмножество. В противном случае он не возвращает результат, сигнализируя о том, что такого подмножества не существует.

Сообщение ≤$_p$ Обнаружение

Сведение вида *Сообщение* ≤$_p$ Обнаружение выглядит менее очевидным по сравнению с предыдущими случаями. Для начала мы воспользуемся алгоритмом обнаружения, чтобы проверить, существует ли решение. Если решения нет, алгоритму сообщения можно ничего не делать.

Если решение возможно, упростим задачу: чтобы убедиться в том, что решение по-прежнему существует, воспользуемся алгоритмом обнаружения. Если решения нет, откажемся от текущего упрощения и попробуем другое. Облегчив задачу всеми возможными способами и не найдя ни одного подходящего, мы можем сказать, что оставшийся вариант является решением, и именно его должен вернуть алгоритм сообщения.

В качестве конкретного примера представим, что при обнаружении подмножества, члены которого в сумме дают k, DetectSum(k) возвращает true. В следующем псевдокоде показано, как на основе DetectSum построить алгоритм ReportSum.

1. Применяем DetectSum(k) ко всему множеству, проверяя, существует ли решение. Если решения нет, алгоритм ReportSum сигнализирует об этом и завершает свою работу.

2. Для каждого значения V_i внутри множества:

   a. удаляем V_i из множества. Вызываем DetectSum(k) для оставшихся элементов и проверяем, существует ли подмножество, сумма членов которого равна k;

   b. если DetectSum(k) возвращает FALSE, вставляем отозванное V_i во множество и возвращаемся в начало цикла (шаг 2);

   c. если DetectSum(k) возвращает TRUE, оставляем V_i вне множества и возвращаемся в начало цикла (шаг 2).

По окончании цикла, инициированного на шаге 2, оставшиеся внутри множества значения будут составлять подмножество, которое в сумме дает k.

Оптимизация ≤$_p$ Сообщение

На последнем этапе, демонстрирующем, что все три вида задач имеют одинаковый уровень сложности, нужно доказать утверждение Оптимизация ≤$_p$ Сообщение. Допустим, у нас есть алгоритм сообщения Report(k). Тогда оптимизационный алгоритм может вызывать Report(k), Report(k + 1), Report(k + 2) и т. д., пока решение не будет найдено (можно также попробовать решения вида Report(k − 1), если задача это позволяет).

В качестве конкретного примера представим, что ReportSum(k) возвращает подмножество членов, сумма которых равна k (если такое существует). Тогда алгоритм OptimizeSum(k) можно описать в виде следующих шагов.

1. For i = 0 To N, где N — количество элементов внутри множества:

   a. если ReportSum(k + i) возвращает подмножество, тот же результат должен вернуть и алгоритм OptimizeSum;

b. если `ReportSum`($k - i$) возвращает подмножество, тот же результат должен вернуть и алгоритм `OptimizeSum`;

c. возвращаемся к шагу 1.

Данные операции сведения показывают, что Обнаружение $\leq_p$ Сообщение $\leq_p$ Оптимизация и Оптимизация $\leq_p$ Сообщение $\leq_p$ Обнаружение. Следовательно, все эти задачи имеют одинаковую сложность.

NP-полные задачи

Всего было найдено более 3000 *NP*-полных задач, поэтому ниже перечислены только некоторые из них. Это сделано для того, чтобы вы имели представление о том, проблемы какого рода являются *NP*-полными.

Как вам уже известно, у *NP*-полных задач нет известного решения, нахождение которого занимает полиномиальное время, поэтому все они считаются крайне сложными. Какие-то задачи можно решить только в небольшом масштабе.

Поскольку все эти задачи являются *NP*-полными, каждую из них всегда можно свести к другой.

- **Задача о картинной галерее.** Зная план комнат и коридоров в картинной галерее, нужно найти минимальное количество охранников, необходимых для присмотра за картинами.

- **Задача об упаковке в контейнеры.** Имея набор объектов и контейнеров, необходимо упаковать эти объекты так, чтобы количество использованных контейнеров было минимальным.

- **Задача о коммивояжере с устранением узких мест.** Нужно найти такой гамильтонов путь по взвешенной сети, в котором минимизируется наиболее затратное звено.

- **Задача о китайском почтальоне (о проверке маршрута).** Необходимо найти кратчайший цикл, состоящий из каждого звена сети.

- **Хроматическое число (или раскраска вершин графа).** Нужно найти наименьшее количество цветов, необходимых для раскраски узлов графа (граф не обязательно должен быть планарным).

- **Задача о клике.** Нужно найти наибольшую клику в графе. (*Кликой* называется множество, в котором все узлы соединены друг с другом. Другими словами, у каждой пары узлов внутри множества есть ребро, которое их соединяет).

- **Задача о покрытии кликами.** Нужно разделить граф на k множеств, каждое из которых является кликой.

- **Задача об остовном дереве с ограниченной степенью.** Нужно найти в рамках графа остовное дерево со степенью, не больше заданной.

- **Задача о доминантном множестве.** Нужно найти в рамках графа такое множество S, в котором один из узлов является смежным по отношению ко всем остальным.

- **Задача о множестве вершин, разрезающих циклы.** Нужно найти в рамках графа такое минимальное множество вершин S, после удаления которого в графе не осталось бы циклов.
- **Гамильтоново заключение.** Нужно найти минимальное количество рёбер, при добавлении которых граф становится гамильтоновым (таким, что содержит гамильтонов путь).
- **Гамильтонов цикл.** Нужно определить, существует ли такой путь, который проходит через все узлы графа ровно один раз и возвращается в начальную точку.
- **Гамильтонов путь.** Нужно определить, существует ли такой путь, который проходит через все узлы графа ровно один раз.
- **Задача планирования заданий.** Имея N заданий разного объёма и M идентичных машин, нужно распланировать работу таким образом, чтобы минимизировать время, за которое машины выполнят все задания.
- **Задача о ранце.** Нужно найти множество объектов с максимальным общим весом, способных поместиться в ранец заданного объёма.
- **Задача о самом длинном пути.** Нужно найти в сети самый длинный путь, который не проходит через один и тот же узел дважды.
- **Задача о максимальном независимом множестве.** Нужно найти в рамках графа наибольшее множество, в котором ни один из узлов не связан с другим.
- **Задача о связном доминирующем множестве.** Необходимо найти остовное дерево с максимальным количеством листьев в графе.
- **Задача об остовном дереве с минимальной степенью.** Нужно найти в рамках графа остовное дерево с минимальной степенью.
- **Задача о минимальном k-разрезе.** Требуется найти множество рёбер с минимальным весом, без которых граф окажется разделённым на k частей.
- **Задача разделения.** Имея множество целых чисел, нужно разделить их на два подмножества с одним и тем же суммарным значением (в некоторых разновидностях этой задачи используется больше двух подмножеств).
- **Задача выполнимости (*SAT*).** Имеется булево выражение с переменными. Нужно подобрать для этих переменных такие значения `true` и `false`, чтобы выражение было истинным (больше подробностей можно найти в разделе «Сведение» текущей главы).
- **Задача о кратчайшем пути.** Нужно найти кратчайший путь между двумя заданными узлами сети (не обязательно планарной).
- **Задача о сумме подмножеств.** Необходимо найти внутри множества целых чисел подмножество с заданным суммарным значением.
- **Задача тройного разделения.** Нужно разделить множество целых чисел на три части, каждая из которых имеет одно и то же суммарное значение.
- **Задача выполнимости булевых выражений в 3-конъюнктивной нормальной форме (*3SAT*).** Имеется булево выражение в конъюнктивной нормальной

форме. Нужно присвоить его переменным такие значения `true` или `false`, чтобы оно оказалось истинным (больше подробностей ищите в разделе «3SAT» текущей главы).

- **Задача о коммивояжере.** Имеется список городов и расстояния между ними. Нужно найти кратчайший маршрут, проходящий через все города и возвращающийся в начальную точку.

- **Задача о безразмерном ранце.** То же самое, что и обычная задача о ранце, только любой элемент можно выбрать больше одного раза.

- **Задача маршрутизации транспортных средств.** Имеется список клиентов, находящихся в определенных местах, и парк автомобилей. Нужно найти наиболее оптимальные маршруты, позволяющие посетить всех клиентов. (У этой задачи есть разновидности. Например, маршрут может предусматривать доставку с возвратом или без; иногда товар необходимо доставлять в порядке «последним погрузил — следующим доставил»; автомобили могут иметь разную вместимость и т. д.)

- **Задача о вершинном покрытии.** Нужно найти такое минимальное множество вершин, чтобы каждое ребро графа проходило хотя бы через одну из них.

Резюме

Эта глава предоставляет краткое введение в теорию сложности вычислений. В ней приведено объяснение классов сложности и дано описание наиболее важных из них, включая P и NP. Вам не обязательно знать все тонкости каждого такого класса, но в понятиях P и NP вы определенно должны ориентироваться. Также не помешает познакомиться, наверное, с самым глубоким вопросом в сфере компьютерных наук: «Является ли P равным NP?»

За этим следовали разделы, которые были посвящены операциям сведения, выполняемым за полиномиальное время, с их помощью реально показать, что одна задача является не менее сложной, чем другая. Сведения подобного рода потребуются при изучении теории сложности вычислений, но их также можно применять и в более общем случае — для использования имеющегося решения в новых задачах. В этой главе не описывается никаких определенных алгоритмов, которые можно было бы реализовать на компьютере, однако операции сведения демонстрируют, как посредством одного и того же алгоритма решить две разные проблемы.

Задачи, описанные в текущей главе, позволят распознать самую сложную проблему и дать вам понимание того, что у нее может просто не быть идеального решения. Сталкиваясь с разновидностями задач о гамильтоновом пути, коммивояжере или ранце, вы не будете удивлены, что решить их программным способом можно только в очень небольшом масштабе.

Методики, которые могут пригодиться при решении некоторых из этих крайне сложных проблем, приводятся в главе 12. С помощью ветвления и ограничения получится добиваться результатов даже там, где нельзя применять метод простого перебора. Эвристика позволяет находить приблизительные решения и в случаях даже для более масштабных задач.

Еще одним подходом, помогающим справляться со сложными проблемами, является параллелизм. Разделяя работу между несколькими центральными процессорами или компьютерами, вы можете решать задачи, которые не по силам одной вычислительной машине. Некоторые алгоритмы, являющиеся эффективными благодаря этой методике, описаны в следующей главе.

Упражнения

Звездочкой отмечены задачи повышенной сложности.

1. Если любому алгоритму, который упорядочивает элементы с помощью сравнения, требуется для выполнения работы максимум $O(N \times \log(N))$ времени, почему алгоритмы сортировки подсчетом и блочной сортировки, описанные в главе 6, работают быстрее?

2. Существует задача, в которой нужно определить, является ли граф двудольным. Сведите ее к задаче закраски карты за полиномиальное время. Как бы вы охарактеризовали класс сложности, к которому принадлежит задача определения двудольного графа?

3. Задача о тройных циклах звучит так: содержит ли назначенный граф хотя бы один цикл длиною три узла? Сведите ее к другой задаче за полиномиальное время. Как бы вы охарактеризовали класс сложности, к которому принадлежит задача о тройных циклах?

4. Задача о цикле нечетной длины звучит так: содержит ли граф циклы с нечетным количеством вершин? Сведите ее к другой задаче за полиномиальное время. Как бы вы охарактеризовали класс сложности, к которому она принадлежит? Как она соотносится с задачей о тройных циклах?

5. Задача о гамильтоновом пути (ЗГП) звучит так: существует ли в сети путь, который проходит через все ее узлы ровно один раз? Покажите, что эта задача принадлежит к классу *NP*.

6. Задача о гамильтоновом цикле (ЗГЦ) звучит так: существует ли в сети путь, который проходит через все ее узлы ровно один раз и возвращается в начальную точку? Покажите, что эта задача принадлежит к классу *NP*.

7*. Сведите ЗГП к ЗГЦ за полиномиальное время.

8*. Сведите ЗГЦ к ЗГП за полиномиальное время.

9. Задача закраски сети звучит так: возможно ли закрасить узлы сети k цветами, где k — некое число? Покажите, что эта задача принадлежит к классу *NP*.

10. Задача о нулевой сумме подмножеств звучит так: существует ли внутри множества чисел такое подмножество, сумма членов которого равна нулю? Покажите, что эта задача принадлежит к классу *NP*.

11*. Представьте, что у вас есть множество объектов с весом W_i и значениями V_i, а также ранец, способный выдержать вес W. На основе этого можно сформулировать три разновидности задачи о ранце.

- Обнаружение. Существует ли подмножество объектов, которые влезают в ранец и имеют суммарное значение не меньше k?

- Сообщение. Найдите подмножество объектов, которые влезают в ранец и имеют суммарное значение не меньше k (если такое существует).

- Оптимизация. Найдите подмножество объектов, которые влезают в ранец и имеют как можно большее суммарное значение.

12. Сведите задачу сообщения к обнаружению.
13*. Сведите задачу оптимизации к обнаружению (см. упражнение 11).
14*. Представьте, что у вас есть множество объектов со значениями V_i. На основе этого можно сформулировать два вида задачи разделения.

- Обнаружение. Возможно ли разделить объекты на два подмножества A и B, имеющие одно и то же суммарное значение?

- Сообщение. Найдите способ разделения объектов на два подмножества A и B так, чтобы они имели одно и то же суммарное значение.

15. Сведите задачу сообщения к обнаружению.

Глава 18
РАСПРЕДЕЛЕННЫЕ АЛГОРИТМЫ

В статье, опубликованной в 1965 г., Гордон Мур отметил, что с момента изобретения микропроцессоров (1958) количество транзисторов в их кристаллах удваивалось каждые два года. Исходя из данного наблюдения он предположил, что такая тенденция сохранится на протяжении как минимум следующих 10 лет. Предсказание, которое ныне известно как *закон Мура*, оказалось на удивление точным и не теряло своей актуальности на протяжении последних 50 лет (хотя уже видно, что этому скоро придет конец).

Размер объектов, которые можно разместить внутри микросхемы, постепенно приближается к пределу текущих технических возможностей. Даже если миниатюризация транзисторов продолжится (это вполне возможно, ведь производители электроники известны своей смекалкой), на каком-то этапе все равно будет достигнут квантовый уровень, где законы физики приобретают непредсказуемый характер и делают современные технологии бессильными. Некоторые из эффектов, проявляющихся на данном уровне, могут быть использованы в квантовых вычислениях для создания новых потрясающих компьютеров, однако, по всей видимости, закон Мура не вечен.

Самый эффективный способ повышения вычислительной мощности без увеличения количества транзисторов на кристалле заключается в применении сразу нескольких процессоров. Большинство компьютеров, которые продаются в наши дни, содержат свыше одного центрального процессорного устройства (ЦПУ). Часто они имеют несколько ядер, представляя собой многоядерный процессор на общей микросхеме. Умные операционные системы могут пользоваться преимуществами дополнительных ядер, а качественный компилятор способен распознать участки программы, которые реально выполнять параллельно на нескольких ядрах. Но чтобы извлечь максимальную выгоду от многопроцессорных систем, вам необходимо понимать, как пишутся параллельные алгоритмы.

В этой главе рассмотрены проблемы, возникающие при использовании нескольких процессоров для решения одной задачи. В ней описываются разные модели параллельной обработки и объясняется принцип работы отдельных алгоритмов и методик, которые позволяют ускорить решение проблем параллелизации.

Виды параллелизма

Существует несколько моделей параллелизма, и каждая из них основана на отдельном наборе допущений, в первую очередь количестве доступных процессоров и том, как они между собой соединены. Самой распространенной моделью сегодня являются *распределенные вычисления*, но и другие виды параллельной обработки представляют определенный интерес; некоторые из них, начиная с систолических массивов, будут так или иначе затронуты в этой главе. Вам вряд ли удастся применить на практике большой систолический массив, но понимание принципа его работы даст некоторое представление о других алгоритмах, которыми вы сможете воспользоваться в распределенных системах.

Систолические массивы

Систолическим называют массив модулей обработки данных (МОД или просто *ячеек*). Он может быть одно-, двух- или даже многомерным.

Все смежные ячейки в массиве связаны друг с другом — прямой связи между остальными ячейками быть не может.

Все ячейки синхронно реализуют одну и ту же программу. Такая модель называется *параллелизмом данных*, поскольку процессоры выполняют один код, но с разными наборами информации (выбор термина «систолический массив» связан с тем, что данные проходят через процессоры за равные промежутки времени — по аналогии с бьющимся сердцем, прокачивающим кровь по телу).

Систолические массивы могут быть крайне эффективными, однако область их применения очень узкая, к тому же их построение стоит недешево. Алгоритмы, которые для них написаны, часто отталкиваются от того, что количество ячеек массива зависит от количества входящих данных. Например, алгоритм умножения матриц размерностью $N \times N$ подразумевает, что в его наличии есть массив ячеек того же размера. Это предположение ограничивает масштаб доступных для решения задач объемом массива, который реально построить.

Вам может никогда не представиться случая поработать с систолическими массивами, однако их алгоритмы достаточно любопытны, и чтобы вы понимали принцип их работы, мы рассмотрим один из них в данном разделе.

Предположим, у вас есть последовательность из N чисел, которые нужно отсортировать в одномерном систолическом массиве, содержащем N ячеек. Ниже представлено пошаговое описание того, как каждая из ячеек обрабатывает свои данные.

1. Чтобы ввести первую половину последовательности, повторяем N раз:

    a. каждая ячейка должна передать свое текущее значение вправо;

    b. если это нечетный шаг, помещаем новое число в первую ячейку. Если шаг четный, не делаем этого.

2. Чтобы ввести вторую половину последовательности, повторяем N раз:

    a. если ячейка содержит два значения, она должна их сравнить и передать меньшее из них влево, а большее — вправо;

    b. если первая ячейка содержит одно значение, она должна передать его вправо;

    c. если последняя ячейка содержит одно значение, она должна передать его влево;

    d. если это нечетный шаг, помещаем новое число в первую ячейку. Если шаг четный — не делаем этого.

Глава 18

3. Чтобы вывести отсортированный список, повторяем *N* раз:

   a. если ячейка содержит два значения, она должна их сравнить и передать меньшее из них влево, а большее — вправо;

   b. если ячейка содержит одно значение, она должна передать его влево.

Алгоритм, показанный на рисунке 18.1, сортирует значения 3, 4, 1 и 2 в массиве с четырьмя ячейками. В первой строке ячейки изображены пустыми, а числа для сортировки представлены слева.

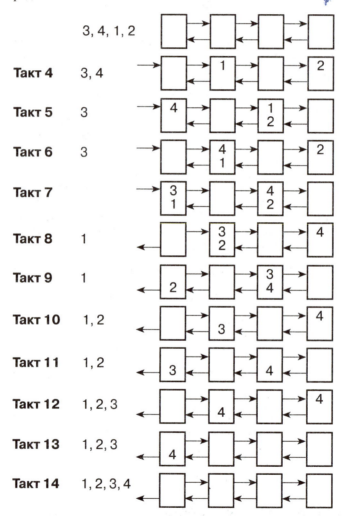

Рис. 18.1. Систолический массив с четырьмя ячейками может отсортировать четыре числа за 14 тактов

Четыре начальных систолических такта (на рисунке они обозначены как такты, чтобы вы не перепутали их с шагами алгоритма) помещают в массив первые два значения (2 и 1). Все это происходит на шаге 1 алгоритма.

404

Самое интересное начинается на такте под номером 5, когда алгоритм переходит к шагу 2. На данном такте значение 4 помещается в первую ячейку. В этот момент третья ячейка содержит значения 1 и 2; она их сравнивает и перемещает меньшее (1) влево, а большее (2) — вправо.

На такте 6 вторая ячейка сравнивает значения 4 и 1. Первое отправляется влево, а второе — вправо. Вместе с этим алгоритм помещает последнее значение, 3, в первую ячейку.

На такте 7 первая ячейка сравнивает значения 3 и 1; 3 перемещается вправо, а 1 — влево. В то же время третья ячейка сравнивает 4 и 2; 2 перемещается влево, а 4 — вправо.

На такте 8 вторая ячейка сравнивает 3 и 2; 3 отправляется вправо, а 2 — влево. Последняя ячейка передает влево значение 4.

На такте 9 начинается шаг 3 алгоритма. Первая ячейка выводит значение 2. Третья ячейка сравнивает 3 и 4; 3 идет влево, а 4 — вправо.

В тактах с 10 по 14 ячейки содержат не более одного значения. Они перемещают свое содержимое влево и в итоге добавляют их к имеющемуся выводу.

Вам может показаться, что на сортировку всего лишь четырех элементов тратится слишком много шагов, но при работе с более крупными списками данный алгоритм способен сэкономить время. Если количество элементов N, алгоритму требуется N тактов, чтобы добавить в массив половину из них (шаг 1), потом еще N тактов, чтобы вставить вторую половину (шаг 2), и завершающие N тактов для вывода последних отсортированных значений.

Общее число тактов равно $O(3 \times N) = O(N)$. Это меньше, чем у непараллельных алгоритмов, сортирующих N значений с помощью сравнения — $O(N \times \log(N))$. Поскольку числа могут распределяться по $N/2$ ячейкам, массив способен выполнять одновременно до $(N/2)^2$ сравнений.

Этот алгоритм имеет несколько интересных особенностей. Прежде всего на такте 7 в массив добавляется последнее значение, а на такте 8 выводится первое отсортированное число. Поскольку первое готовое значение выносится сразу после ввода последнего, все выглядит так, как будто на упорядочивание элементов вообще не тратится времени. В связи с этим данный алгоритм называют *мгновенной сортировкой*.

Еще одно интересное его свойство заключается в том, что на любом этапе только половина ячеек содержит данные. При желании в свободные ячейки можно поместить значения из второй последовательности чисел, благодаря чему массив будет сортировать одновременно две последовательности.

Распределенные вычисления

Распределенные вычисления — это когда несколько компьютеров работают вместе по сети, чтобы выполнить некую задачу. У каждого из них своя оперативная память, хотя жесткие диски могут быть общими.

По сравнению с взаимодействием между ЦПУ в рамках одной вычислительной машины, сети являются относительно медленными, поэтому распределенные алгоритмы должны пытаться свести к минимуму передачу информации между компьютерами. Обычно вычислительные машины получают данные, работают какое-то время над задачей и отправляют обратно готовое решение.

Существует два вида распределенных сред: *кластеры* и так называемые *гриды*. Первые представляют собой набор тесно связанных компьютеров, обычно соединенных с помощью интранета или сети специального назначения, которая имеет ограниченный доступ ко внешним сетям. На практике к кластеру часто относятся как к гигантскому компьютеру с необычными внутренними коммуникациями.

В грид-вычислениях компьютеры связаны между собой намного слабее. Они могут взаимодействовать через открытую сеть, состоять из разного оборудования и работать под управлением разных операционных систем.

Взаимодействие между компьютерами в грид-среде может быть довольно медленным и ненадежным. Поскольку связь между ними является слабой, любой из них может быть выключен до завершения доверенных ему вычислений. В связи с этим система в случае необходимости должна иметь возможность переназначать подзадачи другим компьютерам.

Несмотря на такие недостатки, как относительно медленное взаимодействие и ненадежность отдельных устройств, грид-вычисления сделали возможным создание виртуального суперкомпьютера, который потенциально способен выделить для решения задачи огромный объем вычислительных ресурсов. Ниже перечислены некоторые публичные грид-проекты.

- MilkyWay@home

  http://milkyway.cs.rpi.edu/milkyway

  Этот проект занимается созданием очень точной модели галактики Млечного Пути для использования в исследованиях в сфере астроинформатики и компьютерных наук. В нем принимает участие примерно 38 000 компьютеров общей мощностью 1,6 терафлопсов.

- BOINC (*Berkeley Open Infrastructure for Network Computing* — открытая программная платформа университета Беркли для сетевых вычислений)

  http://boinc.berkeley.edu

  Эта платформа с открытым исходным кодом используется во многих отдельных проектах, посвященных исследованиям в сфере астрофизики, математики, медицины, химии, биологии и других областях. В ее состав входит приблизительно 600 000 компьютеров общей мощностью 9,2 петафлопсов.

- Folding@home

  http://folding.stanford.edu

  Этот проект, моделирующий сворачивание белка, призван расширить наше понимание таких недугов, как болезнь Альцгеймера, коровье бешенство (ГЭКРС), СПИД, болезнь Хантингтона, болезнь Паркинсона и раковые заболевания. Количество компьютеров в проекте достигает почти 200 000, а их суммарная мощность равна примерно 12 петафлопсов.

ФЛОПСЫ

Скорость компьютеров, которые используются для ресурсоемких математических вычислений, часто измеряют в операциях с плавающей запятой в секунду (*floating-point operations per second* или *flops*). Один терафлопс (тфлоп) равен 10^{12} (то есть миллиарду) флопсов. Один петафлопс (пфлопс) равен 10^{15} флопсов, или тысяче терафлопсов. Для сравнения: диапазон мощности обычных настольных компьютеров колеблется от 0,25 до 10 гигафлопсов.

УЧАСТИЕ В ГРИД-ВЫЧИСЛЕНИЯХ

Если вас заинтересовали эти проекты, посетите их веб-страницы и загрузите, программное обеспечение, которое позволит делиться процессорными циклами вашего компьютера, когда тот простаивает без работы.

Процессы в распределенных компьютерах могут выполнять разные задачи — это пример распараллеливания работы. Сравните это с параллелизмом данных, при котором акцент делается на распределение информации между несколькими процессорами.

Многопроцессорные вычисления

Большинство современных компьютеров имеет больше одного процессора. Иногда процессоры размещаются на отдельных платах, но чаще всего речь идет о нескольких ядрах на одном кристалле.

ЦПУ, входящие в состав одного компьютера, могут взаимодействовать между собой намного быстрее, чем отдельные компьютеры в сети, поэтому они не страдают некоторыми коммуникационными проблемами, характерными для распределенных систем. Например, чтобы производительность не упиралась в скорость сети, распределенные системы должны передавать внутри себя как можно меньше данных. ЦПУ в рамках одного компьютера способны общаться между собой на очень высокой скорости, поэтому они могут обмениваться большими объемами информации без существенного влияния на производительность.

Кроме того, разные ЦПУ в одном и том же компьютере нередко имеют общие дисковый накопитель и память.

Возможность обмениваться большими объемами данных и иметь доступ к одним и тем же дискам и памяти — удобно, но это также может привести к таким проблемам, как состояние гонки или взаимная блокировка. От подобных явлений не застрахованы и распределенные системы, однако отмеченные неприятности характерны больше для многопроцессорных компьютеров, поскольку нескольким ЦПУ очень легко оказаться в ситуации соперничества за одни и те же ресурсы.

Состояние гонки

Состояние гонки означает, что два процесса пытаются выполнить запись внутрь ресурса примерно в один и тот же момент времени. Процесс, который записывает вторым, побеждает.

Чтобы понять, как это может случиться, представьте, что два процесса используют эвристические методики для решения задачи гамильтонова пути (см. главу 17) и затем с помощью следующего псевдокода обновляют общие переменные, которые содержат лучший путь, найденный на этот момент, и его общую длину.

```
// Эвристический анализ.
...

// Сохраняем лучшее решение.
If (test_length < BestLength) Then
    // Сохраняем новое решение.
    ...

    // Сохраняем новую общую длину.
    BestLength = test_length
End If
```

Псевдокод начинается с применения эвристических методик для поиска нужного решения. Затем он сравнивает итоговую длину лучшего найденного маршрута со значением, находящимся в общей переменной `BestLength`. Если новое решение лучше предыдущего, псевдокод сохраняет его вместе с его итоговой длиной.

К сожалению, невозможно предсказать, в какой момент несколько процессов могут обратиться к общей памяти. Допустим у нас есть два процесса, которые выполняются в порядке, представленном на примере следующего псевдокода.

``// Эвристический анализ.``
``...``
 	
``// Сохраняем лучшее решение.``
``If (test_length < BestLength)``
``Then``
 	
``    // Сохраняем новое решение.``
``    ...``
 	
``    // Сохраняем новую общую``
``длину.``
``    BestLength = test_length``
``End If``
	``// Эвристический анализ.``
	``...``
	
	``// Сохраняем лучшее решение.``
	``If (test_length < BestLength)``
	``Then``
	
	``    // Сохраняем новое решение.``
	``    ...``
	``    // Сохраняем новую общую``
	``длину.``
	``    BestLength = test_length``
	``End If``

Действия, выполняемые процессом *A* (слева) и процессом *B* (справа), показаны в хронологическом порядке.

Сначала процесс *A* проводит эвристический анализ, потом это делает процесс *B*.

Затем процесс *A* выполняет проверку `If`, чтобы узнать, нашел ли он улучшенное решение. Допустим, в нашем примере исходное лучшее решение имеет маршрут длиной 100, а процесс *A* обнаруживает путь, общая длина которого равна 70 и, следовательно, входит в блок `If Then`.

Затем проверку If делает процесс *B*. Допустим, он обнаруживает маршрут общей длиной 90 и тоже входит в блок If Then.

Процесс *A* сохраняет свое решение.

После этого процесс *B* делает то же самое. Кроме того, он присваивает общей переменной BestLength длину нового маршрута — 90.

Теперь процесс *A* назначает переменной BestLength длину найденного им маршрута — 70.

На данном этапе в качестве лучшего используется решение, полученное процессом *B*; из двух найденных вариантов оно является наихудшим. Переменная BestLength хранит значение 70, которое является длиной маршрута, полученного процессом *A* (а не того, который на самом деле был сохранен).

Состояние гонки можно предотвратить с помощью *мьютекса* (*mutex*, или *mutual exclusion*, — взаимное исключение). Такая методика позволяет гарантировать, что определенная операция выполняется одновременно только одним процессом. В контексте общих переменных это означает, что считывать и записывать их может лишь один процесс в любой отдельно взятый момент времени.

РЕАЛИЗАЦИЯ МЬЮТЕКСОВ

Некоторые компьютеры могут предоставлять аппаратные ресурсы для более эффективной реализации мьютексов, но в остальных случаях это приходится делать в программном режиме.

Псевдокод, показанный ниже, демонстрирует добавление мьютекса в предыдущий алгоритм, что позволяет избежать состояния гонки.

```
// Эвристический анализ.
...

// Захватываем мьютекс.
...

// Сохраняем лучшее решение.
If (test_length < BestLength) Then
    // Сохраняем новое решение.
    ...

    // Сохраняем новую общую длину.
    BestLength = test_length
End If

// Освобождаем мьютекс.
...
```

Данная версия кода, как и предыдущая, начинается с эвристического анализа. Это делается без использования общей памяти, поэтому здесь не может возникнуть состояние гонки.

Когда процесс готов обновить общее решение, он сначала захватывает мьютекс. В разных языках программирования это может выглядеть по-разному. Например, в языках семейства .NET (таких как C# и Visual Basic) процесс создает объект `Mutex` и вызывает из него метод `WaitOne`, чтобы попробовать завладеть мьютексом.

Если другой процесс попытается захватить мьютекс в этот момент, он будет заблокирован; ему придется подождать, пока мьютекс не будет освобожден первым процессом.

Захватив мьютекс, процесс начинает работу с общей памятью. Поскольку этот захват эксклюзивен, никто другой не может изменить общую память, пока с ней работает первый процесс.

Закончив проверку и обновление общего решения, он освобождает мьютекс, чтобы любой другой процесс, ожидающий своей очереди, мог продолжить работу.

В следующем коде показаны описанные выше события, но при условии использования процессами *А* и *В* мьютексов.

`// Эвристический анализ.`
`...`
 	
`// Захватываем мьютекс.`
`...`
 	
`// Сохраняем лучшее решение.`
`If (test_length < BestLength)`
`Then`
 	
    `// Сохраняем новое решение.`
    `...`
    `// Сохраняем новую общую`
`длину.`
        `BestLength = test_length`
`End If`
 	
`// Освобождаем мьютекс.`
`...`
	`// Эвристический анализ.`
	`...`
	
	`// Процесс В пытается захватить мьютекс, но процесс А уже им владеет; процесс В блокируется.`
	
	`// Процесс В захватывает мьютекс, разблокируется и продолжает работу.`
	
	`// Сохраняем лучшее решение.`
	`If (test_length < BestLength)`
	`Then`
	    `// Сохраняем новое решение.`
	    `...`
	    `// Сохраняем новую общую`
	`длину.`
	        `BestLength = test_length`
	`End If`
	
	`// Освобождаем мьютекс.`
	`...`

Теперь два процесса не мешают друг другу пользоваться общей памятью, поэтому состояния гонки не возникает.

Стоит отметить, что в данном сценарии процесс *B* остается заблокированным, пока ждет мьютекс. Чтобы не тратить большое количество времени на ожидание, процесс не должен запрашивать мьютексы слишком часто.

В рассматриваемом примере, где выполняется эвристический анализ гамильтонова пути, процессу не нужно сравнивать каждый найденный им маршрут с общим лучшим решением. Вместо этого он может начать сравнение только тогда, когда находит более оптимальный вариант рядом с имеющимся у *него самого*.

При захвате мьютекса процесс также может обновить свое локальное решение, чтобы у него был более короткий путь для сравнения. Представим, например, что процесс *A* находит новый лучший маршрут длиной 90. Он захватывает мьютекс и обнаруживает, что длина общего лучшего решения (обнаруженного процессом *B*) равна 80. На данном этапе процесс *A* должен использовать это значение в качестве длины своего локального маршрута. Ему не обязательно знать оптимальное решение; достаточно уже того, что его будут интересовать маршруты длиной меньше 80.

При использовании мьютексов можно допустить следующие ошибки:

- захватить мьютекс и не освободить его;
- освободить мьютекс, который никогда не был захвачен;
- удерживать мьютекс длительное время;
- использовать ресурс без предварительного захвата мьютекса.

Даже если все делать правильно, у вас так или иначе могут возникнуть следующие проблемы.

- **Перестановка приоритетов.** Высокоприоритетный процесс блокируется в ожидании низкоприоритетного, владеющего мьютексом. В данном случае было бы неплохо забрать мьютекс у второго процесса и отдать его первому. Это означает, что низкоприоритетный процесс должен уметь каким-то образом откатывать любые не завершенные им изменения и затем снова захватывать мьютекс. В качестве альтернативного решения можно заставить процессы отдавать мьютекс как можно быстрее, чтобы высокоприоритетный процесс не был заблокирован слишком долго.

- **Голодание.** Процесс не может получить ресурсы, которые ему нужны для завершения работы. Иногда это происходит в ситуациях, когда операционная система пытается решить проблему перестановки приоритетов. Если высокоприоритетная задача загружает центральный процессор, у процесса с низким приоритетом может никогда не появиться шанса быть выполненным, из-за чего он не завершится.

- **Взаимная блокировка.** Два процесса блокируются в ожидании друг друга.

Более подробно взаимные блокировки освещены в следующем разделе.

Взаимная блокировка

При *взаимной блокировке* два процесса блокируют друг друга, пока каждый ждет освобождение мьютекса, захваченного другим.

Представьте, например, что процессам *A* и *B* нужны два ресурса, которые контролируются мьютексом 1 и мьютексом 2. Предположим, процесс *A* захватил первый мьютекс, а процесс *B* — второй. Теперь процесс *A* блокируется в ожидании мьютекса 2, а процесс *B* ждет мьютекс 1. Оба они заблокированы, поэтому ни один из них не способен освободить удерживаемый им мьютекс и дать возможность продолжить работу другому процессу.

Есть один способ, предотвращающий взаимные блокировки: нужно договориться о том, что каждый процесс будет захватывать мьютексы в порядке их номеров (при условии, что они пронумерованы). Вернемся к предыдущему примеру. Оба процесса попытаются захватить мьютекс 1. У одного из них это получится, а другой будет заблокирован. Более успешный процесс сможет потом захватить мьютекс 2. Закончив работу, он освободит оба мьютекса, после чего их захватит другой процесс.

Эта проблема усугубляется в сложных средах, таких как операционные системы, где за общие ресурсы соперничают десятки и сотни процессов и где нет четкого порядка запрашивания мьютексов.

Частный случай взаимного блокирования, проблема обедающих философов, будет описан в этой главе позже.

Квантовые вычисления

Квантовые компьютеры управляют данными с помощью таких квантовых эффектов, как *запутанность* (частицы остаются в одинаковом состоянии, даже если их разделить) и *суперпозиция* (частица пребывает в нескольких состояниях одновременно).

В настоящее время квантовые вычисления находятся в зачаточном состоянии. Очень немногие лаборатории могут позволить себе создание и использование даже небольшого квантового компьютера всего с несколькими кубитами (квантовыми битами — основной единицей информации в квантовых вычислениях). Пока что такую машину удается применять лишь для разложения на множители чисел 15 и 21 с использованием алгоритма Шора. Учитывая столь скромные результаты, вам, вероятно, стоит повременить с добавлением в свои программы квантовых алгоритмов.

Тем не менее все передовые технологии начинались с таких крошечных прототипов и существует вероятность того, что квантовые компьютеры когда-нибудь станут обычным явлением. Тогда производители смогут создавать по-настоящему недетерминированные и вероятностные вычислительные машины, способные точно решать задачи класса *NP*.

Например, алгоритм Шора может разложить число на множители за время $O((\log N)^3)$, где *N* — размер входящего числа. Это намного быстрее самого оптимального алгоритма, известного сегодня, — решета числового поля, которому для выполнения работы требуется экспоненциальное время (хотя все равно медленнее, чем методики полиномиального времени).

Квантовые вычисления — довольно запутанная тема, поэтому в данной книге мы не будем рассматривать их подробно. К счастью, в ближайшие несколько лет вам не придется писать собственные алгоритмы для квантовых компьютеров.

> **ЗАМЕЧАНИЕ**
> Больше информации о квантовых компьютерах и алгоритме Шора можно найти на страницах https://ru.wikipedia.org/wiki/Квантовый_компьютер и https://ru.wikipedia.org/wiki/Алгоритм_Шора.

Распределенные алгоритмы

Некоторые виды параллелизма, описанные в предыдущих разделах, являются довольно редкими. Очень немногие домашние и промышленные компьютеры содержат систолические массивы (хотя создание микросхемы для выполнения мгновенной сортировки может быть оправданным). Прежде чем квантовые компьютеры появятся на прилавках магазинов, могут пройти десятилетия (если это вообще когда-нибудь случится).

Тем не менее, распределенные вычисления уже сейчас широко распространены. В крупных грид-проектах для решения сложных проблем используется огромная вычислительная мощь десятков или даже сотен тысяч компьютеров. Менее масштабные сетевые кластеры позволяют работать вместе десяткам машин. Даже настольные и переносные системы в большинстве своем имеют несколько ядер.

Они могут полагаться на быстрое взаимодействие между ядрами на одном кристалле или учитывать медленное, ненадежное сетевое соединение, но во всех этих случаях используются распределенные алгоритмы.

В следующих двух разделах рассматриваются общие проблемы, характерные для распределенных методик: отладка и установка задач, которые хорошо распараллеливаются.

Далее описываются одни из самых интересных классических распределенных алгоритмов. Некоторые из них больше похожи на IQ-тесты или загадки, чем на практические методы, но они тоже являются полезными по нескольким причинам.

Во-первых, они подчеркивают некоторые проблемы, которые могут испытывать распределенные системы, и показывают, под каким углом нужно смотреть на задачу, чтобы суметь обнаружить в ней потенциальные проблемные места.

Во-вторых, эти алгоритмы на самом деле применяются в некоторых реальных ситуациях. Для многих приложений сбой какого-то одного набора процессов не имеет значения. Если грид-процесс не возвращает результат, вы можете просто переложить задачу на другой компьютер и продолжать работу. Но если группа процессоров управляет системой жизнеобеспечения пациента, крупным пассажирским лайнером или космическим кораблем стоимостью в миллиарды долларов, никогда не помешает лишний раз удостовериться в том, что процессы пришли к правильному решению, даже и в том случае, когда один из них вернул некорректный результат.

Отладка распределенных алгоритмов

Поскольку в сложных ЦПУ события могут происходить в произвольном порядке, отладка распределенных алгоритмов может оказаться крайне сложной. Вернемся к примеру с гамильтоновым путем, описанному ранее. Состояние гонки возникает только в том случае, если события в процессах A и B происходят в строго определенной последовательности. Если они не станут обновлять общее лучшее решение слишком часто, шанс столкнуться с попыткой одновременного обновления будет небольшим. Эти два процесса могут работать очень долго, прежде чем что-то пойдет не так.

Но даже если возникнет проблема, вы можете ее просто не заметить. Обнаружить ее реально только в тот момент, когда процесс *B* посчитает, что его решение лучше текущего сохраненного. Но прежде чем вы об этом узнаете, другой процесс может найти более оптимальный выход и перезаписать некорректный результат.

Некоторые отладчики позволяют изучать переменные, которые используются одновременно несколькими процессами; это дает возможность отслеживать проблемы в распределенных системах. К сожалению, останавливая процессы для исследования их переменных, вы сбиваете временные рамки, которые нередко являются причиной ошибки.

Еще один подход заключается в том, чтобы заставить процессы записывать информацию о своих действиях в файл или терминал для возможности дальнейшего ее изучения. Если запись выполняется слишком часто, имеет смысл использовать отдельные файлы, чтобы процессы не соперничали друг с другом за доступ к ресурсу. В этом случае они также должны добавлять временные метки, с помощью которых можно было бы понять, в каком порядке создавались записи.

Но даже если у вас есть хороший журнал событий, перед возникновением проблемы каждый процесс может прорабатывать часы и даже дни, выполняя миллионы шагов.

Вероятно, лучшим решением задачи отладки распределенных алгоритмов будет написание кода, который изначально не содержит ошибок. Тщательно обдумывайте наиболее важные участки вашего приложения, где несколько процессов могут помешать друг другу, и используйте мьютексы, чтобы избежать неприятностей.

При написании программы ее нужно тестировать максимально тщательно. Стоит добавить код для регулярной проверки всех общих переменных, чтобы быть уверенным в корректности их значений. Если вы протестировали приложение и считаете, что оно работает надежно, можете закомментировать код для проверки значений и записи сведений в журнал — это повысит производительность.

Чрезвычайно параллельные алгоритмы

Чрезвычайно параллельными называют алгоритмы, которые естественным образом разбиваются на самостоятельные задачи, хорошо подходящие для решения отдельными процессами. Это не требует интенсивного взаимодействия между процессами; объединение результатов в идеале должно выполняться довольно легко.

Ниже представлены примеры чрезвычайно параллельных задач.

- В компьютерной графике применяется методика, в которой луч трассируется из точки обзора на сцену, чтобы увидеть, какие объекты он задевает. Луч способен проходить через прозрачные предметы и отражаться от зеркальных. Данная задача является чрезвычайно параллельной, поскольку вычисления, необходимые для каждого луча, выполняются независимо, что позволяет легко разделить их между процессорами. Имея 10 процессоров, вы можете генерировать на каждом из них одну десятую часть изображения. Каждый процессор должен знать размеры сцены, но его не должны интересовать вычисления, выполняемые его «коллегами». Он записывает свои результаты в определенный участок изображения, поэтому здесь можно обойтись без мьютексов для управления доступом к общей памяти.

- **Фракталы.** Многие фракталы, такие как множество Мандельброта, требуют выполнения длинных цепочек вычислений для каждого пикселя в итоговом изображении. Как и в случае с трассировкой лучей, эти вычисления являются полностью независимыми, поэтому их легко распределять между доступными процессорами.

- **Поиск методом полного перебора.** Если пространство поиска легко разбить на части, вы можете доверить каждую такую часть отдельному процессу. Представьте, что вам нужно получить точное решение задачи о ранце и вы хотите смоделировать проблему в виде дерева принятия решений, описанного в главе 12. Будем исходить из того, что у вас есть восьмиядерный процессор. Каждая ветвь дерева имеет два ответвления, представляющие добавление элемента в ранец и изъятие его оттуда. В этом случае третий уровень дерева будет иметь восемь узлов, на нем вы можете назначать каждому процессору отдельное поддерево, которое будет возвращать лучшее найденное решение.

- **Случайный поиск.** Если вам нужно производить поиск по пространству решений случайным образом, вы можете сделать так, что каждый процессор будет искать отдельно, обновляя общее лучшее решение. В том случае когда пространство большое, вероятность того, что несколько процессоров одновременно станут проверять одно и то же решение, является минимальной, поэтому на дублирование попыток не будет уходить много времени.

- **Поиск по неиндексированной базе данных.** Если вам нужно выполнить поиск по большой базе данных, у которой нет индексов, вы можете разделить ее на части и назначить их отдельным процессам. Представьте, например, что у вас есть библиотека из 100 000 фотопортретов и вы хотите найти тот из них, который больше всего похож на только что сделанную фотографию. Можно поделить библиотеку на 10 разделов с 10 000 фотографий в каждом и распределить их между 10 процессами.

- **Обработка файлов.** Представьте, что вам нужно выполнить медленную операцию с большим количеством файлов. Допустим, у вас есть база данных из 100 000 изображений и вы хотите создать для них эскизы, сделать рельефные версии или выполнить с ними какую-то другую графическую операцию. Вы можете распределить их между группами процессоров и обрабатывать отдельно.

ОСТЕРЕГАЙТЕСЬ КОНКУРИРУЮЩИХ ПРОЦЕССОВ

В примерах с неиндексированной базой данных и обработкой фотографий используется большое количество файлов. Если вы хотите, чтобы этим занималось несколько процессоров, вам нужно знать, как долго выполняются операции чтения и записи. Чтение и запись файлов на жестком диске происходит значительно медленнее, чем обработка данных в памяти. Если выполняемая вами операция относительно быстрая, процессы могут потратить много времени, конкурируя за диск и ожидая своей очереди. В худшем случае это затянется настолько, что производительность приложения будет в большей степени зависеть от скорости доступа к диску, чем от скорости самой обработки (это называется *привязкой к диску*).

Конкуренции часто можно избежать, записывая файлы на разные диски или запуская процессы на разных компьютерах, на каждом из которых находится своя часть базы данных.

Иногда задачу можно полностью распараллелить естественным образом между тем количеством процессоров, которое у вас имеется; иногда это можно сделать только частично. Возможно, вам не удастся разделить все приложение между группами процессоров, но вы можете попытаться сэкономить время, выделяя отдельные участки задачи.

В следующем разделе рассказывается, как выполнять сортировку слиянием на многопроцессорной системе. В разделах, которые идут дальше, описываются классические алгоритмы для распределенных вычислений. Некоторые из них являются не очень распространенными и могут показаться запутанными, однако они подчеркивают отдельные низкоуровневые проблемы, которые могут возникнуть в распределенных системах.

Сортировка слиянием

Алгоритм сортировки слиянием, о котором рассказывалось в главе 6, является естественно рекурсивным. Его пошаговое высокоуровневое описание представлено ниже.

1. Разделяем значения на два подсписка одинакового размера.
2. Рекурсивно вызываем сортировку слиянием, чтобы упорядочить оба подсписка.
3. Объединяем два отсортированных подсписка в один итоговый список.

Ниже объясняется, как распределить сортировку слиянием между N процессорами, где N — относительно небольшое постоянное число.

1. Разделяем значения на N подсписков одинакового размера.
2. Запускаем N процессов для сортировки N подсписков.
3. Объединяем N отсортированных подсписков в один итоговый список.

Стоит отметить, что для упорядочивания отдельных подсписков процессорам не обязательно использовать сортировку слиянием.

Задача обедающих философов

Задача обедающих философов формулируется следующим образом. За столом сидят N философов, перед каждым находится тарелка спагетти. Между любыми двумя соседними философами лежит вилка. Философы предпочитают есть спагетти двумя руками, поэтому каждому из них нужно две вилки. Цель философа — отведать спагетти, отложить обе вилки на какое-то время, чтобы подумать, и затем снова приступить к приему пищи. Они повторяют этот процесс до тех пор, пока не постигнут все тайны Вселенной. Чтобы усложнить задачу, философы не должны разговаривать друг с другом (по-видимому, они слишком погружены в свои размышления).

Ниже пошагово описан один из алгоритмов, которым могли бы руководствоваться философы.

1. Повторять до бесконечности:

    a. поразмышлять, пока не освободится вилка слева; взять ее;
    b. поразмышлять, пока не освободится вилка справа; взять ее;
    c. поесть досыта;
    d. отложить левую вилку;
    e. отложить правую вилку;
    f. поразмышлять, пока не вернется чувство голода.

К сожалению, данный алгоритм может привести к взаимной блокировке. Представим, что философы похожи друг на друга и что все они начинают трапезу одновременно. Изначально каждый философ находит у себя слева свободную вилку и пытается ее взять. На этом этапе все вилки уже были разобраны теми, кто находился справа от них. Следовательно, философы входят в ступор, ожидая, когда освободится вилка справа от них.

У этой проблемы есть несколько решений.

Привнесение эффекта случайности

Избавиться от взаимной блокировки можно следующим образом: если философу больше 10 мин не удается получить правую вилку, он откладывает левую вилку и ждет 10 мин. Однако нередко это приводит к *активной взаимной блокировке*, когда процессы блокируются не навсегда, но все равно не могут завершить работу из-за способа, с помощью которого они пытаются получить доступ к ресурсам. В данном примере все философы поднимут левую вилку, подождут 10 мин, положат ее обратно, опять подождут 10 мин и начнут все сначала.

Впрочем, иногда простой эффект случайности может сдвинуть ситуацию с мертвой точки. Если философ берет вилку и ждет больше 10 мин, он может положить ее обратно. Даже если синхронизировать эти действия, вы все равно сумеете получить активную взаимную блокировку.

Вместо 10 мин философ может ждать произвольное количество времени — например, в диапазоне от 5 до 15 мин. Рано или поздно действия рассинхронизируются настолько, что кто-то все-таки сумеет поесть.

Это решение может потребовать некоторого времени, в зависимости от ситуации. Например, если множество процессов соперничает за большое количество общих ресурсов, рассинхронизация должна быть довольно существенной, прежде чем хотя бы один из процессов получит все необходимые ему ресурсы.

ЗАМЕЧАНИЕ

Не помешает также убедиться в том, что генераторы псевдослучайных чисел, которые используются для философов, не синхронизированы между собой, чтобы они не выбирали одно и то же «случайное» количество времени для ожидания. Для инициализации генераторов можно использовать, например, их идентификаторы.

Иерархия ресурсов

В этом варианте решения ресурсы упорядочиваются в виде иерархии, и когда философ пытается их получить, он учитывает их уровень. Например, вы можете пронумеровать вилки от 1 до N, и тогда философы в первую очередь будут искать вилки с наименьшим номером. Если все философы берутся за вилку одновременно, большинство из них выбирает ту, которая лежит слева (предполагается, что номера вилок увеличиваются слева направо или против часовой стрелки).

Однако у последнего философа слева будет вилка N, а справа вилка 1, поэтому он потянется за правой вилкой. И здесь возможно два варианта развития событий в зависимости от того, удалось ему получить вилку или нет.

Если последний философ смог добраться до вилки 1, он возьмет и вилку N. Тем временем философ, сидящий слева от него, уже успел взять вилку $N - 1$ и теперь пытается получить вилку N. У одного из них окажется две вилки и он, наконец, поест.

Последний философ может не застать вилку 1, если его сосед справа взял ее первым. В этом случае философ, сидящий слева, берет вилку $N - 1$, лежащую по левую руку от него. Поскольку последний философ все еще ждет вилку 1, его сосед слева теперь может беспрепятственно взять вилку N и поесть.

Если хотя бы один философ ест, это означает, что синхронизированный выбор времени, приведший к активной взаимной блокировке, нарушен. Как только наступает рассинхронизация, философы окончательно избавляются от перспектив бесконечного блокирования, хотя время от времени им придется ждать свободной вилки.

Официант

Еще одно решение проблемы активной взаимной блокировки заключается в добавлении «официанта» (так называемого процесса-судьи). Прежде чем взять вилку, философ должен спросить разрешение у человека, который знает, где какая вилка лежит, и способен предотвратить блокирование. Если философ просит вилку и это может застопорить процесс, официант просит его подождать, пока не освободится другая вилка.

Чанди/Мисра

В 1984 г. К. М. Чанди и Дж. Мисра из Техасского университета в Остине предложили еще одно решение, которое позволяет любому числу процессов соперничать за любое количество ресурсов, хотя при этом необходимо, чтобы философы могли разговаривать друг с другом.

Любая вилка может быть чистой или грязной. Изначально все они считаются грязными. Исходя из этого, алгоритм состоит из следующих шагов.

1. В самом начале выдаем вилку соседнему философу с наименьшим идентификатором (если вилки и философы пронумерованы так, как было описано в подразделе «Иерархия ресурсов» раздела «Распределенные алгоритмы» в текущей главе, вилку слева не смогут получить только философы 1 и N).

2. Когда философу нужна вилка, он просит ее у своего соседа.

3. Когда у философа попросят вилку, он оставит ее у себя, если она чистая. Если вилка грязная, он почистит ее и отдаст тому, кто ее попросил.

4. После начала приема пищи вилки философа становятся грязными. Если в этот момент их кто-то попросит, он почистит и отдаст их только после завершения трапезы.

Представим, что философы и вилки пронумерованы от 1 до N таким образом, что философ K имеет слева от себя вилку K. Изначально каждый философ имеет одну вилку. Исключения составляют философ N, оставшийся с пустыми руками, и философ 1, который взял вилки 1 и N. На этом этапе активная взаимная блокировка, которая могла возникнуть в синхронизированном решении, исключается благодаря асимметрии.

После этого наличие чистых и грязных вилок, в сущности, заставляет философов делиться друг с другом. Если вы воспользовались вилкой, она становится грязной, как следствие — ваш сосед при желании может взять ее у вас.

Задача двух генералов

В этой задаче у двух генералов есть армии, которые дислоцируются рядом со вражеским городом по разные стороны от него. Если оба генерала одновременно нападут на город, они победят. В том же случае, когда в нападении будет участвовать только один из них, победу одержит противник.

Теперь представим, что единственный способ, каким генералы могут общаться друг с другом, — отправка связного через вражеский город; при этом связной может быть захвачен. Нужно сделать так, чтобы генералы смогли договориться и пойти в атаку в одно и то же время.

Очевидное решение выглядит так: генерал A отправляет связного с сообщением о том, что армия A будет атаковать на рассвете. К сожалению, генерал A не может знать, прошло ли сообщение. Если он пойдет в атаку, а генерал B нет, то армия A будет разбита. Поэтому генерал A сильно заинтересован в том, чтобы атаковать только после того, как станет известно об успешном рейде связного.

Чтобы генерал A узнал о получении сообщения, генерал B может отправить ему подтверждение. Если генерал A его получит, он будет в курсе, что армии согласовали свои действия и атаковать можно в соответствии с планом. Но откуда генерал B узнает, что его подтверждение дошло до адресата? Если генерал A его не получил, генерал B не будет располагать сведениями о том, остается ли договоренность в силе и безопасно ли идти в атаку.

Очевидно, решение заключается в том, чтобы генерал A отправил подтверждение о том, что он получил подтверждение генерала B.

Вы уже, вероятно, поняли, в чем кроется проблема. Неважно, сколько раз генералы подтвердят свои планы, ведь невозможно узнать наверняка, что последнее сообщение дошло благополучно, поэтому нельзя сказать, достигнуто ли соглашение между армиями.

Один из способов разрешить данную дилемму — отправить достаточное количество копий одного и того же сообщения, чтобы гарантировать высокую вероятность доставки хотя бы одного из них. Представим, например, что шансы захвата связного равны один к двум. Если один генерал пошлет N сообщений содержания «атакуем на рассвете», вероятность того, что все они будут перехвачены, составит $1/2^N$. Стопроцентной гарантии добиться нельзя, однако главнокомандующие армиями могут свести шансы на несогласованность до приемлемого минимума.

Но как они узнают вероятность того, что связной будет захвачен? Они могут догадаться об этом, обмениваясь сообщениями друг с другом. Сначала генерал A отправляет 10 сообщений с текстом «Это 1 сообщение из 10. Атакуем на рассвете». После какого-то небольшого промежутка времени генерал B получает некоторые из этих сообщений. Их количество (и тот факт, что всего их должно было быть 10) позволяет ему вычислить вероятность их успешного прохождения (а об атаке на рассвете он узнает из содержания посланий).

На основе этих данных генерал B решает, сколько подтверждений ему нужно отправить, чтобы с какой-то приемлемой долей уверенности полагаться на прохождение хотя бы одного из них.

Такой подход будет работать, если сообщения будут доходить до генерала B, но как быть, если все они окажутся перехваченными? В данном случае генерал A не получит никаких подтверждений и не будет знать о том, дошли ли хоть какие-то из его посланий до адресата.

Чтобы решить эту проблему, генералу A нужно немного подождать. Если подтверждений не будет, он отправит новый набор сообщений с текстом «Это 1 сообщение из 20. Атакуем на рассвете». Если их получение опять не будет подтверждено, он отправит еще один набор из 30 посланий. И так будет продолжаться до тех пор, пока в какой-то момент он не получит подтверждение.

Рано или поздно сообщения дойдут, генерал B выполнит вычисления и пошлет в ответ нужное количество подтверждений, а генерал A их получит.

Задача византийских генералов

В этой задаче византийские генералы должны согласовать план действий. К сожалению, некоторые из них могут оказаться предателями, распространяющими противоречивые сведения среди своих коллег. Имеются следующие цели:

- генералы, верные присяге, должны договориться о слаженных действиях;
- если у них это получится, предатели не должны склонить их к какому-то другому решению.

Подходя к задаче более формально, каждому генералу можно присвоить значение V_i; тогда те из них, кто остался верным присяге, должны узнать значения друг друга. Их цель можно сформулировать так: узнать значения V_i у других верных генералов.

Трудности возникают из-за того, что предатели передают другим генералам противоречивые сведения. Другими словами, один и тот же человек может отправить генералу A одно значение, генералу B — второе, а вдобавок навести подозрения на генерала *B* (например, сообщить кому-нибудь, что тот сказал ему нечто такое, чего последний никогда не говорил).

Данную проблему будет легче решать, если свести ее к связанной с нею *задаче о генерале и лейтенантах*, в которой командующий генерал отдает приказ всем своим лейтенантам, но при этом любой из них (включая самого генерала) может оказаться предателем (рис. 18.2). Верные лейтенанты должны:

- договориться о слаженных действиях;
- выполнить приказ генерала, если тот не является предателем.

Стоит отметить, что эту задачу невозможно решить, если лейтенантов всего два и один из них предатель.

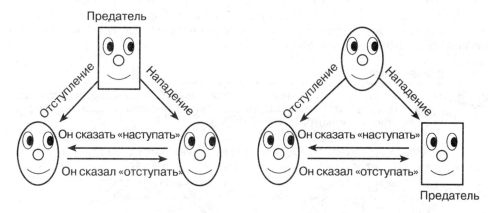

Рис. 18.2. Верный лейтенант не может распознать предателя, будь тот лейтенантом или генералом

В ситуации, представленной слева, предателем является генерал. Он раздает противоречивые приказы своим лейтенантам, которые честно передают их друг другу.

В правой части рисунка генерал остается верным присяге и приказывает обоим лейтенантам отступать, но второй лейтенант искажает его приказы.

В обоих случаях первый лейтенант видит один и тот же результат — приказ к отступлению, пришедший от генерала, и приказ атаковать, полученный от другого лейтенанта. Он не знает, где правда, а где ложь.

Если лейтенантов хотя бы трое (в общей сложности четыре человека) и только один из них предатель, задача будет иметь простое решение.

1. Генерал отдает приказы лейтенантам.

2. Каждый лейтенант рассказывает сослуживцам о том, какой приказ был получен от генерала.

3. Каждый лейтенант действует согласно приказу, о котором он узнал от большинства людей (включая генерала).

Чтобы понять, как это работает, взгляните на рисунок 18.3. Если генерал является предателем, как в левой части рисунка, он может отдавать лейтенантам противоречивые приказы. В данном случае все лейтенанты остаются верными, честно сообщая о полученных ими сведениях. Это означает, что они, получив одну и ту же информацию, придут к единому выводу о том, какой из приказов имеет большинство. В левой части рисунка 18.3 все три лейтенанта видят два приказа атаковать и один приказ к отступлению, поэтому решают идти в атаку. Они выработали общее решение, которое совпадает с распоряжением верного генерала.

Если предателем оказывается лейтенант (см. правую часть рисунка 18.3), генерал отдает всем подчиненным один и тот же приказ. Предатель может попытаться внести неясность, распространяя противоречивые или ложные приказы, но два других лейтенанта имеют одинаковые сведения (поскольку генерал остался верен) и честно рапортуют о них друг другу. В зависимости от того, что сообщил изменник, другие два лейтенанта могут получить разные наборы приказов, но так как верных среди них достаточно, не стоит бояться, что большинство у каждого лейтенанта предпочтет неверный приказ.

> **ЗАМЕЧАНИЕ**
>
> Решение, основанное на приказе, который набрал большинство, подходит для задачи о генерале и лейтенантах, только если количество предателей равно T, а количество лейтенантов не меньше 3 × T.

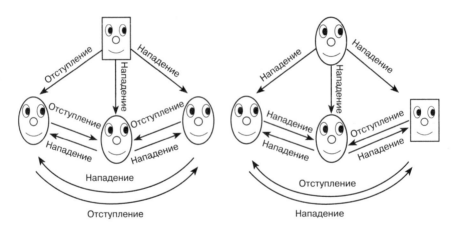

Рис. 18.3. Три лейтенанта всегда могут выработать общее решение, независимо от того, кто является предателем

Если вы поняли, как решить задачу о генерале и лейтенантах, то можете свести к ней задачу византийских генералов. Если исходить из того, что каждый генерал имеет значение V_i, для передачи корректных данных тем из них, кто является верным, нужно выполнить следующие шаги.

1. Для каждого генерала G_i:

    a. выполняем алгоритм генерала и лейтенантов с G_i в качестве командующего генерала. Остальные генералы ведут себя как лейтенанты, а G_i играет роль отданного приказа;

b. все некомандующие генералы должны выбирать значение V_i для G_i большинством голосов.

После выполнения всех этапов шага 1 каждый генерал будет знать значения, хранящиеся у его верных коллег. Они могут иметь разные сведения о том, какие значения находятся у предателей, но в контексте данной задачи это несущественно.

Согласование

В *проблеме согласования* некоторое количество процессов должны прийти к какому-то общему значению, даже если отдельные из них не могут этого сделать (случай очень похож на задачу византийских генералов, в которой генералы должны согласовать план действий, несмотря на потенциальное наличие предателей). Существуют определенные правила.

- **Результат.** Каждый корректный процесс рано или поздно выбирает значение.
- **Корректность.** Если один корректный процесс останавливается на значении V, его в итоге выбирают все остальные.
- **Надежность.** Если корректный процесс выбирает значение V, значит это значение должно было быть предложено неким корректным процессом.
- **Согласие.** Все корректные процессы в конце концов должны прийти к одному и тому же значению.

Алгоритм «царь этапа» (*phase king*) решает проблему согласования, если отказывают не более F процессов и если общее количество процессов равно как минимум $4 \times F + 1$. Например, чтобы справиться с одним сбоем, алгоритму потребуется не менее пяти процессов.

Представим, что у нас есть N процессов, F из которых отказывают. Изначально каждый процесс пытается выбрать то значение, которое, по его мнению, должно быть итоговым. Пусть для процесса P_i это будет V_i.

Чтобы выдержать максимум F сбоев, алгоритм выполняет серию из $F + 1$ этапов. На каждом этапе один из процессов становится царем. Какой именно, может зависеть от его идентификатора или другого произвольного значения — главное, чтобы у всех этапов были разные цари.

Каждый из $F + 1$ этапов состоит из двух стадий. На первой стадии все процессы поочередно сообщают остальным свои текущие варианты итогового значения.

Процессы анализируют полученные варианты (плюс свой собственный) и находят тот, который встречается чаще всего. Если такого нет, используется некое заранее подготовленное значение. Пусть в процессе P_i основная часть набирает вариант M_i.

Во второй стадии текущий царь этапа, P_k, транслирует значение, набравшее у него большинство, всем остальным процессам, которые должны использовать его в качестве дополнительного фактора. Каждый процесс (включая царя этапа) проверяет значение M_i, которое набрала основная часть. Если оно встречается чаще, чем $N/2 + F$ раз, процесс обновляет свой вариант, присваивая $V_i = M_i$. В противном случае процесс присваивает V_i значение, переданное царем этапа в качестве дополнительного фактора.

Чтобы понять, как это работает, возьмем для примера пять процессов, один из которых может оказаться некорректным, но на самом деле все пять работают без сбоев. Пусть царем этапа i будет процесс P_i, и пусть изначальные варианты процессов будут выглядеть так: *атака, отступление, отступление, атака* и *атака*.

- **Этап 1, стадия 1.** Процессы честно транслируют свои значения всем остальным, поэтому каждый из них думает, что у варианта *атака* три голоса, а у отступления — только два.

- **Этап 1, стадия 2.** Царь этапа транслирует значение, набравшее у него больше всего голосов (атака), остальным процессам. Каждый процесс сравнивает количество раз, которое он встречал данное значение (во всех случаях это 3), с $N/2 + F$ (которое равно $5/2 + 1 = 3{,}5$). Поскольку значение, набравшее большую часть голосов, встречается не чаще, чем 3,5 раза, все процессы используют в качестве собственного варианта дополнительный фактор — *атака*.

- **Этап 2, стадия 1.** Процессы опять честно транслируют свои значения друг другу. Теперь все они выбирают *атаку*.

- **Этап 2, стадия 2**. Царь этапа транслирует значение, набравшее у него больше всего голосов (*атака*), остальным процессам. Теперь каждый процесс встречает это значение пять раз. Все они используют его в качестве своего варианта, поскольку 5 больше, чем 3,5.

Поскольку этот пример может справиться только с одним сбоем, он заканчивается всего лишь после второго этапа. Каждый процесс голосует за значение *атака*, которое действительно встречается чаще.

Рассмотрим более сложный пример. Пусть у нас будет пять процессов, как и прежде, но первый из них не просто отказывает, а является предателем (как в задаче с византийскими генералами). Представим, что изначальные варианты выглядят так: *предатель, атака, атака, отступление, атака* (у предателя нет исходного варианта — он просто хочет запутать остальных).

- **Этап 1, стадия 1.** На этом этапе царем является процесс-предатель P_1. Процессы транслируют свои значения друг другу. Предатель соглашается с их вариантами, какими бы они ни были. Таким образом, процессы получают следующие значения:

    - P_1 — <Предателю все равно>;
    - P_2 — *Атака, атака, атака, отступление, атака*;
    - P_3 — *Атака, атака, атака, отступление, атака*;
    - P_4 — *Отступление, атака, атака, отступление, атака*;
    - P_5 — *Атака, атака, атака, отступление, атака*.

    Далее представлены варианты, набравшие большинство, и количество отданных за них голосов в каждом процессе: <*предатель*>, *атака* × 4, *атака* × 4, *атака* × 3 и *атака* × 4.

    - **Этап 1, стадия 2**. Царь этапа (*предатель*) раздает другим процессам противоречивые дополнительные факторы. P_2 и P_3 он передает значение *атака*, а P_4 и P_5 — *отступление*. Процессы P_2, P_3 и P_5 считают, что все четыре раза большинство набирает *атака*, поэтому они принимают его в качестве нового варианта. У процесса P_4 это значение набирает большинство только три раза, что не дотягивает до отметки 3,5, необходимой для полной уверенности. В связи с этим P_4 использует дополнительный фактор, *отступление*. Новые варианты процессов распределены так: <*предатель*>, *атака*, *атака*, *отступление*, *атака*.

- **Этап 2, стадия 2**. На этом этапе царем становится корректный процесс P_2. Процессы транслируют свои значения друг другу. В отчаянной попытке сбить всех с толку, предатель говорит остальным процессам, что они должны *отступать*. В итоге будут получены следующие значения:

  - P_1 — <Предателю все равно>;
  - P_2 — *Отступление, атака, атака, отступление, атака*;
  - P_3 — *Отступление, атака, атака, отступление, атака*;
  - P_4 — *Отступление, атака, атака, отступление, атака*;
  - P_5 — *Отступление, атака, атака, отступление, атака*.

  Варианты, набравшие большинство, а также количество отданных за них голосов в каждом процессе выглядят так: <*предатель*>, *атака* × 3, *атака* × 3, *атака* × 3 и *атака* × 3.

- **Этап 2, стадия 2**. Большинство у царя этапа набрало значение *атака* (встречалось три раза), поэтому P_2 транслирует его всем остальным процессам в качестве дополнительного фактора. Все корректные процессы (включая царя этапа) видят значение *атака* меньше 3,5 раз, поэтому они соглашаются на еще один фактор (тоже *атака*).

В этот момент все процессы имеют в качестве текущего варианта значение *атака*.

Данный алгоритм работает благодаря тому, что он проходит $F + 1$ этапов. Если отказов не больше F, он будет иметь как минимум один этап с честным царем.

Предположим, что на этом этапе корректный процесс P_i не встречает значение, которое было набрано большинством, больше $N/2 + F$ раз. В таком случае он использует дополнительный фактор, полученный от царя.

Это означает, что все корректные процессы P_i, которые не встречают значение больше $N/2 + F$ раз, останавливаются в итоге на одном и том же варианте. Но что, если кто-то из них увидит значение больше $N/2 + F$ раз? Поскольку количество некорректных процессов не может превышать F, мы получим больше $N/2$ корректных вхождений. То есть у значения будет настоящее большинство, вдобавок оно будет одинаковым для всех процессов, которые встречают его больше $N/2 + F$ раз. В таком случае мы имеем значение, набирающее подавляющее число голосов, поэтому оно получит большинство и у царя текущего этапа (даже если он не видел его больше $N/2 + F$ раз).

Из этого следует, что после правления честного царя этапа все корректные процессы проголосуют за одно и то же значение.

После этого уже не важно, что попытается предпринять некорректный царь этапа. Корректные процессы (их насчитывается $N - F$) согласовали единое значение. Поскольку $F < N/4$, количество корректных процессов равно $N - F > N - (N/4) =$ $= 3/4 \times N = N/2 + N/4$. Значение будет равно $N/2 + N/4 > N/2 + F$, потому что $N/4 > F$. Но если корректный процесс встречает какое-то значение чаще, чем согласованный вариант, он использует именно его. Это означает, что все корректные процессы сохраняют собственные значения, независимо от попыток некорректного царя этапа их запутать.

Выбор лидера

Иногда набору процессов требуется некий центральный лидер для координации действий. Если у него происходит сбой или связь с ним теряется, процессы должны каким-то образом выбрать нового лидера.

Алгоритм хулигана использует для выбора лидера идентификаторы процессов. Побеждает тот, у кого идентификатор больше.

Вопреки такому простому описанию, полная версия этого алгоритма является более сложной, чем можно было бы подумать. Необходимо предусмотреть нестандартные ситуации, которые могут возникнуть при разнообразных неполадках в сети. Представьте, например, что один процесс объявляет себя лидером, а затем то же самое делает другой процесс, но с меньшим идентификатором. Лидером должен быть первый процесс, но очевидно, что второй просто не получил соответствующее сообщение.

Полный алгоритм хулигана описывается в виде следующих шагов.

1. Если процесс P считает, что с текущим лидером произошел сбой (поскольку тот не отвечал дольше положенного времени), он транслирует всем процессам с большим идентификатором сообщение: «Вы живы?».

2. Если за отведенный период процесс P не получил ответ вида «Я жив» ни от одного процесса с более высоким идентификатором, он сам становится лидером, транслируя всем сообщение «Я лидер».

3. Если процесс P все-таки получает сообщение «Я жив» от одного из процессов с большим идентификатором, он начинает ждать, когда тот пришлет сообщение «Я лидер». Если процесс P не получает его за отведенный период, он считает, что у предполагаемого лидера произошел сбой, и предпринимает новые выборы с шага 1.

4. Если процесс P получает сообщение «Вы живы?» от процесса с меньшим идентификатором, он отвечает «Я жив» и начинает новые выборы с шага 1.

5. Если процесс P получает от процесса с меньшим идентификатором сообщение «Я лидер», он начинает новые выборы с шага 1.

На шаге 5, когда процесс с меньшим идентификатором объявляет себя лидером, процесс, имеющий более высокий идентификатор, в сущности, говорит «Нет, ты не лидер», заставляет его уступить и перебирает командование на себя.

Снимок

Представьте, что у вас есть набор распределенных процессов, и вы хотите сделать снимок состояния всей системы, описав действия каждого из процессов в заданный момент.

На самом деле довольно сложно решить, когда именно нужно создать снимок. Допустим, процесс A отправляет процессу B сообщение, которое все еще находится в пути. Когда следует копировать состояние системы — до отправки сообщения, во время его передачи или после того, как оно дойдет до адресата?

Если выбрать первый вариант, процесс A может не запомнить свое состояние в этот момент и ничего не получится (разве что заставить все процессы запоминать свои предыдущие состояния, что может быть довольно обременительно).

Если состояния процессов сохранить, пока сообщение находится в пути, результат может оказаться несогласованным. Представьте, например, что вам нужно восстановить состояние системы путем сброса всех процессов до их сохраненного состояния. У вас не получится восстановить всю систему, потому что процесс B получил сообщение после создания снимка, а в восстановленной версии он его не получит.

Обратимся к конкретному примеру. Пусть процессы A и B хранят баланс банковских счетов, принадлежащих клиентам A и B. Представим, что клиент A хочет перевести клиенту B 100 \$. Процесс A вычитает деньги и передает процессу B сообщение, в котором просит положить на счет клиента B 100 \$. И пока сообщение находится в пути, создается снимок системы. Если позже этот снимок будет восстановлен, окажется, что клиент A уже послал 100 \$, а клиент B их еще не получил. Таким образом, 100 \$ теряются. Такой подход абсолютно не годится для управления банковскими счетами. При сбое в сети вместе с сообщениями теряются и деньги. Чтобы оба процесса знали о денежном переводе, необходимо использовать более безопасный согласованный протокол.

Итак, чтобы сделать хороший снимок системы, необходимо сохранять не только состояния всех процессов, но и любые сообщения, которые они передают друг другу.

Ниже пошагово описан алгоритм создания снимка, разработанный К. М. Чанди и Лесли Лэмпортом.

1. Любой процесс (назовем его *наблюдателем*) может инициировать создание снимка. Для этого он:

    a. сохраняет собственное состояние;

    b. отправляет сообщение о снимке остальным процессам. Сообщение содержит адрес наблюдателя и маркер, которым помечен снимок.

2. Если процесс впервые получает маркер определенного снимка, он:

    a. отправляет наблюдателю свое сохраненное состояние;

    b. прикрепляет маркер этого снимка ко всем последующим сообщениям, которые будет отправлять другим процессам.

3. Допустим, процесс B получает маркер снимка и вслед за этим ему приходит сообщение от процесса A, к которому не прикреплено никакого

маркера. Это означает, что сообщение было в пути. Его послали перед тем, как процесс *A* получил маркер снимка, поэтому оно не было учтено в сохраненном состоянии этого процесса. Чтобы не потерять это сообщение, процесс *B* отправляет его копию наблюдателю.

Как только сообщения перестают циркулировать по системе, наблюдатель получает запись о состоянии каждого процесса и о каждом сообщении, которое было в пути в момент создания снимка.

Синхронизация часов

Точная синхронизация часов может оказаться непростой задачей ввиду того, что время передачи сообщений в общей сети может варьироваться. Все становится намного проще, если процессы минуют сеть и взаимодействуют напрямую. Например, если соединить проводом два компьютера, которые стоят в одной комнате, их часы можно будет синхронизировать, измерив длину провода и подсчитав, сколько времени уходит на передачу сигнала по нему.

Такой подход работает, но он является довольно громоздким и не годится для синхронизации компьютеров, находящихся далеко друг от друга. К счастью, неплохих результатов можно добиться и с использованием сети. Для этого нужно, чтобы за какой-то определенный короткий период время передачи сообщений в сети не варьировалось слишком сильно.

Представьте, что вам нужно синхронизировать часы процесса *B* с часами, которые используются в процессе *A*. Время в процессе *A* будем считать эталонным.

Ниже пошагово изложен обмен сообщениями между процессами.

1. Процесс *A* отправляет процессу *B* сообщение, содержащее T_{A1} (текущее время согласно процессу *A*).

2. Процесс *B* получает сообщение и шлет процессу *A* ответ, в котором указаны T_{A1} и T_{B1} (текущее время согласно процессу *B*).

3. Процесс *A* получает ответ и отправляет процессу *B* новое сообщение, содержащее T_{A1}, T_{B1} и T_{A2} (новое текущее время согласно процессу *A*).

Теперь процесс *B* может выполнить некоторые вычисления, чтобы синхронизировать свои часы с процессом *A*.

Допустим, между часами возникло отклонение *E*, тогда $T_B = T_A + E$ в любой заданный момент времени. Также введем в наше уравнение *D* — задержку, необходимую для передачи сообщения от одного процесса к другому.

Когда процесс *B* записывает время T_{B1}, в исходное сообщение добавляется задержка *D*, которая нужна для его транспортировки из *A* в *B*, поэтому:

$$T_{B1} = (T_{A1} + E) + D.$$

Аналогичным образом в ответ процесса *A* записывается та же задержка *D*, которая требуется для прохождения из *B* в *A*:

$$T_{A2} = (T_{B1} - E) + D.$$

Если вычесть второе уравнение из первого, получится:

$$T_{B1} - T_{A2} = (T_{A1} + E + D) - (T_{B1} - E + D) =$$
$$= T_{A1} - T_{B1} + 2 \times E.$$

Решение этого уравнения для погрешности E дает следующий результат:

$$E = (2 \times T_{B1} - T_{A2} - T_{A1}) / 2.$$

Теперь, имея поправку по E, процесс B может откорректировать свои часы соответствующим образом.

Этот алгоритм исходит из того, что во время передачи сообщений туда и обратно задержка остается примерно одинаковой. Также предполагается, что доставка сообщений из A в B и из B в A занимает одно и то же время.

Резюме

В этой главе освещались проблемы, связанные с параллельной обработкой. Были рассмотрены разные модели параллельных вычислений и описано несколько алгоритмов, предназначенных для работы в распределенных системах. Некоторые из них, такие как мгновенная сортировка, систолический массив или решение задачи обедающих философов, могут вам никогда не понадобиться, но все они подчеркивают те или иные проблемы, присущие распределенным системам. В число этих проблем входят состояние гонки, активная и пассивная взаимные блокировки, согласованность и синхронизация.

Распределенные среды варьируются от настольных компьютеров и ноутбуков до многоядерных и масштабных грид-проектов, в которых для решения одной-единственной задачи задействуются сотни и тысячи вычислительных машин. Даже если закон Мура продержится еще одно-два десятилетия, в наши дни доступно столько недоиспользованной процессорной мощи, что было бы странно не включить ее в распределенные вычисления. Чтобы получить максимальную выгоду от современных вычислительных сред, которые становятся все более и более параллельными, вы должны иметь представление об этих проблемах и о методиках, которые позволяют их решать.

Упражнения

Звездочкой отмечены задачи повышенной сложности.

1. Создайте диаграмму, похожую на ту, что представлена на рисунке 18.1. Она должна описывать процесс одновременного упорядочивания последовательностей чисел 3, 5, 4, 1 и 7, 9, 6, 8 алгоритмом мгновенной сортировки. Обозначьте одну из последовательностей полужирным начертанием или другим цветом, чтобы во время работы алгоритма было легче отличить два списка. Сколько дополнительных тактов понадобится для двух списков вместо одного?

2. Во многих системах процессы могут безопасно считывать общий участок памяти, а для безопасной записи им достаточно использовать мьютексы (предполагается, что такие системы поддерживают атомарное чтение, потому что они не позволяют прерывать процесс считывания). Как поведет себя

пример с гамильтоновым путем, если процесс прочитает общую итоговую длину маршрута внутри выражения If и затем захватит мьютекс в качестве первой операции в блоке If Then?

3*. Рассмотрим решение Чанди/Мисра для задачи об обедающих философах. Представим, что философы синхронизированы и что все разом пытаются приступить к поеданию пищи. Пусть после еды они надолго уходят в размышления, чтобы ни одному из них не нужно было возвращаться к обеду до того, как все остальные закончат с трапезой.

В каком порядке едят философы? Другими словами, кто ест первым, вторым, третьим и т. д. Подсказка: попробуйте пошагово изобразить этот процесс в виде рисунков — это может помочь?

4. Вернемся к задаче двух генералов. Что произойдет, если какое-то из первых сообщений дойдет до адресата, но генерал B окажется на редкость неудачливым и все его подтверждения будут перехвачены?

5. Пусть в задаче двух генералов PAB будет вероятностью того, что связной будет схвачен по пути от A к B. Пусть вероятность того, что его схватят по дороге от B к A будет равна PBA. В исходном алгоритме предполагается, что $PAB = PBA$, но представьте, что это не так. Каким образом генералы смогут вычислить вероятность обоих событий?

6. Рассмотрим задачу о генерале и лейтенантах с тремя участниками (рис. 18.2). Ее можно попытаться решить путем введения следующего правила: любой лейтенант, услышавший противоречащие друг другу приказы, должен подчиниться приказу генерала. Почему это не сработает?

7. Рассмотрим задачу о генерале и лейтенантах с тремя участниками (рис. 18.2). Ее можно попытаться решить путем введения следующего правила: любой лейтенант, услышавший противоречащие друг другу приказы, должен отступить. Почему это не сработает?

8. Могут ли верные лейтенанты вычислить предателя в задаче о генерале и лейтенантах с четырьмя участниками (рис. 18.3)? Если нет, то сколько лейтенантов для этого потребуется?

9. Опять обратимся к задаче о генерале и лейтенантах с четырьмя участниками (рис. 18.3). Придумайте ситуацию, в которой лейтенанты могут вычислить предателя. Какие действия они должны предпринять? Естественно, смышленый предатель никогда не позволит этому случиться.

10. Как бы вы изменили задачу обедающих философов, чтобы при ее решении можно было использовать алгоритм выбора лидера? Как именно это могло бы помочь?

11. Может ли алгоритм хулигана или подобный ему помочь в решении задачи обедающих философов?

12. Сформулируйте задачу прожорливых философов. Она должна быть похожа на задачу обедающих философов, только ее участники всегда должны быть голодными. Закончив есть, философ кладет свои вилки на стол. Если прибо-

ры сразу же не будут взяты кем-то другим, он хватает их и продолжает обед. К каким проблемам это приведет? Какого рода алгоритм мог бы их решить?

13. Представьте, что в алгоритме синхронизации часов отправка сообщения от A к B и от B к A занимает разное время. К какому отклонению в итоговом значении для процесса B может привести эта разница?

14. В алгоритме синхронизации часов предполагается, что при обмене сообщениями время их передачи остается примерно одинаковым. К какому отклонению в итоговом значении для процесса B может привести изменение скорости сети в процессе работы алгоритма?

15. Представьте, что на протяжении работы алгоритма скорость сети сильно колеблется. Как бы вы улучшили алгоритм синхронизации часов, используя ответ к упражнению 14?

Глава 19
ГОЛОВОЛОМКИ, ВСТРЕЧАЮЩИЕСЯ НА СОБЕСЕДОВАНИЯХ

Во время собеседования работодатели часто задают вопросы, которые требуют от соискателя навыков решения задач определенного рода. Каждая глава этой книги содержит упражнения, из которых могли бы получиться отличные вопросы для собеседования — по крайней мере, если кандидат на должность хорошо ориентируется в алгоритмах. Многие из этих вопросов могут оказаться довольно сложными для тех, кто давно не читал соответствующей литературы.

В последнее время определенные виды головоломок становятся популярными на собеседованиях в таких компаниях, как Microsoft и Google. Предполагается, что они должны помочь оценить креативность соискателя и его способность критически мыслить. К сожалению, в подобных головоломках используется множество допущений, которые могут оказаться неверными. Большинство реальных ситуаций, даже в программировании, нельзя выразить в виде задачек с весами и стеклянными шариками. В них обычно нет остроумных подвохов или невероятных зацепок, которые кажутся до смешного очевидными, когда о них рассказывает кто-то другой, но о существовании которых практически невозможно догадаться на 10-минутном собеседовании.

Действительно, поиск оптимального решения для реальных проблем часто требует креативности, но многие подобные головоломки не имеют с ней ничего общего. Вместо этого они просто показывают, сколь долго вы искали в Интернете ту самую задачку (или ее аналог), которую вам задали на собеседовании.

Рассмотрим следующие вопросы.

1. Почему крышки канализационных люков делают круглыми?

2. С какой стороны у автомобиля находится крышка топливного бака?

3. Что означает словосочетание *dead beef*?

4. Каким должно быть следующее число в последовательности 17, 21, 5, 19, 20, 9, 15?

Подумайте немного (но только немного) над этими вопросами. Вот ответы с краткими комментариями.

1. Для того чтобы их нельзя было поддеть, поставить ребром и уронить в отверстие. Это разумно (хотя подошли бы и другие формы, особенно если от-

верстие относительно небольшое, а крышка достаточно толстая), но вопрос сформулирован так, что вам нужно идти от решения к проблеме, а не наоборот. Как часто этим приходится заниматься в реальной жизни?

2. Он находится с противоположной стороны от выхлопной трубы (разве что крышка бака или выхлопная труба находятся по центру, но тогда вопрос не имеет смысла). Этот вопрос тоже требует от вас сформулировать задачу на основе готового решения (как предотвратить попадание бензина на раскаленную выхлопную трубу).

3. Когда-то, во времена мейнфреймов и программирования на ассемблере, разработчики могли поместить в свой код шестнадцатеричное значение 0 x DEADBEEF, которое позволяет найти определенное место в программе. Этот вопрос не помогает оценить креативность или умственные способности соискателя, он лишь дает понять, программировал ли тот когда-либо на ассемблере и сталкивался ли с подобным приемом. Было бы намного проще спросить у кандидата на должность, какой опыт программирования на ассемблере он имеет (для справки, я учился разработке на ассемблере, но никогда не сталкивался с этим трюком).

4. Ответ — 14. Если пронумеровать буквы (например, *A*=1, *B*=2, *C*=3 и т. д.), последовательность в вопросе превратится в *QUESTIO*. Если вы об этом догадаетесь, вам не составит труда понять, что последней буквой должна быть *N* (чтобы получилось слово *QUESTION* — «вопрос»), номер которой 14. Подобная задачка заставляет соискателя думать о числах, хотя на самом деле речь здесь идет о буквах и кодировках. Это, скорее всего, бесполезный навык — разве что вы нанимаете криптографа (если вам действительно нужен криптограф, кандидата лучше спрашивать о преобразовании Лапласа и гиперболических функциях).

В журнале *Journal of Applied Psychology* (журнал о прикладной психологии) была опубликована статья под названием «Почему канализационные люки круглые? Лабораторные исследования реакций на собеседования с головоломками», в которой ставится под сомнение полезность подобного рода вопросов. В ней говорится, что они не демонстрируют высокой эффективности в оценивании способностей логически мыслить. Кроме того, кандидаты на должность считают такие вопросы несправедливыми и бессмысленными, что может снизить их стремление к сотрудничеству или привести к отказу от предложенной работы.

Означает ли это, что подобные вопросы бесполезны на собеседованиях? Безусловно, если использовать их неправильно.

В следующих двух разделах объясняется, как их следует задавать и как на них отвечать.

Как задавать вопросы с подвохом

В предыдущем разделе приводились примеры плохих головоломок. Они основываются на знании определенных мелочей или в лучшем случае заставляют идти от разгадки к загадке. Для того чтобы мыслить в обратном направлении, действительно нужна креативность, но вы можете быть новатором и без этого навыка.

Прежде всего эти задачки говорят о том, насколько скрупулезно кандидат на должность прочесывает Интернет в поисках головоломок, которые могут попасться на собеседовании. Конечно, похвально, что человек тщательно подготовился, но это ничего не говорит о его сообразительности или умении решать проблемы.

Чтобы прояснить ситуацию, вам нужно задать соискателю вопрос, с которым он прежде не сталкивался. При этом, вопрос не должен быть чрезмерно сложным, чтобы человек не запаниковал. Он не должен основываться на подвохе или какой-то мелочи, иначе все, что вы узнаете — это читал ли кандидат определенный выпуск какого-то малоизвестного журнала.

К сожалению, это исключает использование множества головоломок. Те, что соответствуют критериям, требуют выполнить вычисления, дать оценку либо проделать какую-то другую более или менее тривиальную операцию, которая дает кандидату простор для выбора разных подходов.

Например, один из вопросов, популярных на собеседованиях, формулируется примерно так: «Сколько бейсбольных мячиков помещается внутри школьного автобуса?». Вряд ли кандидат заранее запомнил какое-то определенное число, поэтому ему придется дать свою приблизительную оценку. Хороший ответ будет содержать перечень допущений, на которых основана оценка, а также некоторые вычисления (предположим, что школьный автобус имеет длину 11 м и салон высотой 2 м, размер бейсбольного мячика составляет 7,5 см и т. д.). Не так уж важно, точны ли допущения, — главное, чтобы процесс был осмысленным.

Этот вопрос показывает, способен ли кандидат выполнить предварительные расчеты, что является ценным качеством в программировании.

Еще одна вычислительная головоломка звучит следующим образом: «Сколько мне лет, если я втрое старше моего брата и через два года мне будет в два раза больше лет, чем ему?» (ответ ищите в упражнении 6). Этот вопрос по большей части основывается на получении набора уравнений из задачи тождества. Безусловно, данный навык может оказаться полезным, но задачи тождества приходятся по душе далеко не всем и большинство реальных проблем все равно не формулируются в таком виде.

Пример головоломки с часами: «Сколько раз пересекаются часовая и минутная стрелки между полуднем и полночью?» (ответ ищите в упражнении 7). Подобного рода задачки решаются путем вписывания в таблицу определенных значений. Такой подход не дает кандидату проявить свою креативность, но может продемонстрировать его организованность.

Еще один способ узнать о кандидате что-нибудь интересное с помощью головоломок — обсудить их постфактум. Например, вы можете попросить кандидата решить довольно простую задачу, с которой он, по вашему мнению, должен справиться. После этого предложите вместе обсудить, почему его решение работает, как он к нему пришел, какие еще подходы стоит попробовать (даже если они не сработают) и т. д.

Как вариант, вы можете дать кандидату очень сложную головоломку. Пусть он подумает над ней хорошенько, осознает все ее аспекты. Затем обсудите решение. Так вы сможете поговорить о разных потенциальных способах получения результата.

РЕШЕНИЕ НЕКОРРЕКТНОЙ ЗАДАЧИ

Если дать кандидату нерешаемую задачу и небольшое количество времени, это не поможет ни ему, ни вам. Но как быть, если он не сумел ответить на вопрос, который, по вашему мнению, не представлял особой сложности? Вы можете потратить остаток собеседования, расспрашивая кандидата о том, почему у него не получилось найти решение, и указывая на то, что задача выглядит просто, если посмотреть на нее определенным образом, — другими словами, издеваться над бедным парнем, раздувая собственное эго.

Но куда более продуктивно приуменьшить важность вопроса и продолжать собеседование дальше. Вы можете сказать: «Все нормально. Почти никто не решает данную задачу. На самом деле это лишь проверка того, как вы ведете себя в сложных ситуациях». А затем вернуться к нормальному ходу собеседования.

Наверное, вместо головоломки лучше описать ситуацию, которая напоминает реальную бизнес-проблему из вашего опыта. Например, вы можете сказать: «Давайте спроектируем базу данных, которая будет хранить планы на отпуск для пришельцев с других планет». Эта задача является достаточно масштабной, тем самым позволяет кандидату продемонстрировать креативность и навыки проектирования баз данных, однако то, как нелепо она сформулирована, должно успокоить его. Если хотите, поработайте над задачей вместе — так вы поймете, как кандидат взаимодействует с другими людьми. Или же предложите разные неожиданные повороты и попросите его рассказать, что может пойти не так в разных ситуациях, оценивая, насколько творчески он реагирует на непредвиденные обстоятельства. Подобного рода интерактивные испытания сложнее контролировать, и разные люди способны выдать совершенно разные решения, которые часто не так-то просто оценить. Но из этого можно извлечь куда больше информации, чем из банальной головоломки.

Вопросы с подвохом могут быть интересными и веселыми, однако следует помнить: они не самый лучший способ оценить характеристики, которые интересуют вас в соискателях на ту или иную должность.

Как отвечать на вопросы с подвохом

В предыдущем разделе приводились доводы в пользу того, что вопросы с подвохом на самом деле не помогают оценить качества, которые нужны работодателю от претендента на рабочее место. Они проверяют не креативность и способность к критическому мышлению, а умение запоминать мелкие детали и бороздить просторы Интернета.

Впрочем, тот факт, что головоломки не оценивают нужные качества, вовсе не означает, что они не попадутся вам на собеседовании. Некоторые интервьюеры проверяют с их помощью то, как вы справляетесь с давлением, реагируете на необоснованные требования и подходите к решению нереальных задач. Подобные головоломки могут не иметь ничего общего с творческим мышлением, но они способны составить ваш психологический портрет.

Так как же следует реагировать на вопросы с подвохом? Первое и самое главное: не паникуйте. Неважно, ожидают ли от вас решения задачи или просто хотят посмотреть на вашу реакцию. Паника в этом деле не поможет, она практически сведет к нулю шансы на правильный ответ и выставит вас в плохом свете.

Вместо этого сосредоточьтесь на проблеме. Когда вы начнете над ней работать, у вас не останется времени, чтобы паниковать.

Многие головоломки на технических собеседованиях связаны с программированием. Вас могут попросить изменить порядок следования символов в строке на противоположный, отсортировать объекты каким-то необычным способом, скопировать структуру данных или выполнить какие-то другие прямолинейные, но сбивающие с толку задания. В таких ситуациях следует вспомнить известные вам алгоритмические методики. Приведем те, на которые стоит обратить внимание.

- **Разделяй и властвуй.** Можно ли разбить задачу на части, которые легче решать по отдельности?

- **Рандомизация.** Возможно ли избежать худших сценариев с помощью рандомизации?

- **Вероятность.** Приходит ли вам на ум такой вероятностный метод, который способен угадать решение или решить задачу с определенной вероятностью?

- **Адаптивные методики.** Можете ли вы придумать такой подход, который нацелен на отдельные участки задачи? Действительно ли задача состоит всего из нескольких аспектов, а основная ее часть призвана лишь отвлечь вас от решения?

- **Структура задачи.** Является ли структура задачи естественно рекурсивной, иерархической или похожей на сеть? Можете ли вы воспользоваться древовидными или сетевыми алгоритмами для поиска данных?

- **Деревья принятия решений.** Сумеете ли вы применить к задаче метод поиска по дереву принятия решений (во многих случаях это возможно, но работает слишком медленно)? Вы можете сказать: «Что ж, в такой ситуации неплохо бы попытаться проверить все допустимые сочетания данных, но это займет целую вечность. Пожалуй, здесь лучше прибегнуть к методу "разделяй и властвуй"».

Если вам никак не удается продвинуться в решении задачи, можете воспользоваться следующими советами общего характера.

- Убедитесь в том, что поняли задачу. Если что-то в ней вам кажется неясным, попросите уточнить.

- Переформулируйте задачу, чтобы убедиться, что ее понимаете. Если вы сделали неудачное допущение, вас могут поправить.

- Сравните текущую задачу с теми, которые уже встречались в прошлом.

- Разбейте задачу на небольшие части. Если задача крупная, подбирайте размер частей так, чтобы их можно было решить по отдельности.

- Сосредоточьтесь на деталях. Иногда легче работать с мелкими нюансами.

- Сосредоточьтесь на общей картине. Иногда детали приобретают смысл, только если рассматривать их как единое целое.

- Составьте перечень известных вам фактов.

- Назовите перечень фактов, которые вам хотелось бы узнать. Перечислите способы, с помощью которых можно это выяснить.
- Составьте таблицу значений. Попробуйте пополнить ее новыми данными.
- Делайте предположения и сразу же их проверяйте. Вы можете решить задачу, формулируя догадки и корректируя их для получения нужного вам результата.
- Мыслите нестандартно. Если задача касается чисел, думайте о буквах, фигурах и других нечисловых значениях. Если речь идет о буквах, обратите внимание на числа.
- Мозговой штурм. Расскажите вслух о шагах, которые собираетесь предпринять. Это может быть подходящим моментом для того, чтобы показать интервьюеру, в каких методиках вы разбираетесь. «Бинарное последовательное деление, скорее всего, не сработает... Задача является естественно рекурсивной, но это приведет к бесконечному выполнению операций...». Опять-таки, вас могут поправить, но вы уместно продемонстрируете рекрутеру приемы, которыми владеете.
- Нарисуйте изображение, если в этом есть какой-то смысл. Иногда может быть полезно взглянуть на задачу в графическом виде, а не в текстовом.
- Если выбранный вами подход не дает сдвинуться с мертвой точки, попробуйте другой. Интервьюеру неинтересно наблюдать за тем, как вы стойко идете по очевидно ложному пути.
- Идите до конца или сдавайтесь. Если у вас есть время и интервьюер ясно дал понять, что вы можете решать предложенную вам головоломку сколь угодно долго, — дерзайте. Если же чувствуете, что времени не хватает, лучше спросить, стоит ли продолжать.

Неудача при решении головоломки вовсе не означает, что вы провалили собеседование. Если старались, испробовали все приемы, которые приходят вам на ум, и все равно зашли в тупик, лучше спросить, стоит ли вам остановиться. Это может звучать примерно так: «Рекурсивный выглядит многообещающе, но мне кажется, что я что-то упускаю. Хотите, чтобы я продолжал?». Если интервьюер не хочет, чтобы вы останавливались, он сможет вам об этом сказать.

Даже если вам не удалось решить задачу, интервьюер наверняка составит о вас какое-то мнение. Если вы разговариваете во время работы, он сможет понять, какие приемы вам известны, и каков ход вашей мысли. У вас есть шанс также показать, что за предположения и действия помогают вам раскрыть проблему, прежде чем браться за решение, проявив при этом все свое упорство.

ОДИН НЕСЕРЬЕЗНЫЙ ОТВЕТ

Вы можете позволить себе один несерьезный ответ, но на этом шутки должны закончиться. Например, на собеседованиях часто задают оценочный вопрос, такой как «Сколько бейсбольных мячиков помещается внутри школьного автобуса?» или «Сколько парикмахеров проживает в Тампе, Флорида?».

Подобные вопросы часто располагают к остроумным ответам. Например, если вас спросят: «Сколько вы бы запросили за очистку всех дымоходов в Детройте?», вы можете ответить: «Столько, сколько выдержит рыночная экономика» или «30 $ за дымоход». Вам позволительно даже сделать паузу, чтобы подавить смешок, но потом вам следует всерьез приняться за подсчет. Если шутливый ответ предполагался изначально, вас в этот момент остановят, но, скорее всего, интервьюер хочет увидеть, как вы справитесь с вычислениями, полными неизвестных значений.

Если у вас нет ни малейшего представления о какой-то величине, оставьте ее в виде переменной. Выработав некое уравнение, вы сможете подставить в него какие-нибудь значения, просто чтобы увидеть, как оно себя поведет, и подумать над тем, выглядит ли оно корректным. В примере с дымоходами у вас может получиться уравнение наподобие следующего:

```
сумма = ставка × время × население × процент,
```

где сумма — итоговая сумма, которую вы запросите; ставка — почасовая оплата (скажем, 20 $ в час); время — как долго чистится дымоход (например, 1 ч); население — население Детройта (скажем, 1 млн); процент — доля населения, проживающего в домах с дымоходами (например, 25 %).

Последнее значение требует некоторых дополнительных расчетов. Вы можете попробовать оценить количество людей в каждой семье и количество людей, проживающих в частных домах, а затем прикинуть, как это соотносится с числом жильцов квартир, не оснащенных дымоходами.

Закончив с этим, вы сможете подставить в уравнение свои оценочные значения и посмотреть, какая сумма у вас получится. Если взять приведенные выше цифры, результат будет следующим:

```
сумма = 20 × 1 × 1 000 000 × 0.25 = 5 000 000 $.
```

Не так уж важно, оказался ли ваш ответ правильным (почти наверняка он далек от реальности). Важно то, каким образом вы его получили.

Чего никогда не следует делать — так это придираться к задаваемым вопросам, чтобы продемонстрировать, насколько глупыми они являются. Просматривая веб-сайты с головоломками для собеседований, я наткнулся на статью, автор которой отпускает едкие комментарии в сторону вопроса «Как бы вы устроили процесс копирования файла?». В статье кандидат дотошно расспрашивает о всяких подробностях: о каком типе файлов идет речь, нужно ли копировать права доступа, должен ли файл быть зашифрован или помечен для резервного копирования и т. д. Так продолжалось до тех пор, пока вымышленный интервьюер не раздосадовался и не заявил: «Слушай, просто скопируй чертов файл».

Суть статьи заключалась в том, что это был дурацкий вопрос, потому что никто не пишет свои собственные операции копирования файлов. В большинстве случаев это действительно так, хотя я работал над проектами, где процесс копирования был довольно мудреным из-за проблем с блокированием файлов. На самом деле наиболее узким местом в работе подобных проектов было ежедневное многократное копирование десятков тысяч файлов между множеством компьютеров, которые проводили с ними различные операции. Малейшая ошибка в процессе копирования означала потерю данных или накапливание сотен тысяч необработанных файлов. Даже если вопрос кажется вам бессмысленным, вы не можете быть в этом уверены, пока не узнаете всей подоплеки.

Попытки блеснуть интеллектом за счет уничижения поставленного вопроса не помогут вам получить работу. Предъявляя претензии к задаче, в лучшем случае вам удастся продемонстрировать нетерпеливость и отсутствие заинтересованности. В худшем — вызвать антипатию у интервьюера, который может подумать, что вы не способны ответить на поставленный вопрос и что проблемы работодателя вас не интересуют.

Куда лучше будет спросить, с чем именно связан данный вопрос, чтобы понять точку зрения интервьюера и ответить надлежащим образом.

Резюме

Иногда головоломки на собеседованиях используются для оценки креативности и способности критически мыслить. Они не очень хорошо для этого подходят, хотя с их помощью можно узнать, как кандидат на должность ведет себя в стрессовых ситуациях.

Если вы интервьюер, избегайте вопросов, которые основываются на мелких деталях, требуют мыслить в обратном направлении от ответа к задаче или являются настолько сложными, что разъяснить их можно только с изрядной долей везения. Больше пользы принесут головоломки, требующие выполнить предварительные вычисления.

В любом случае лучше задавать вопросы, которые имеют отношение к будущей работе кандидата. Вы также можете использовать упражнения, подобные тем, что приводятся в этой или какой-то другой книге, посвященной алгоритмам либо программированию в целом. Будьте осторожны, чтобы не выбрать слишком сложные задачи. Только тот, кто изучал алгоритмы углубленно или относительно недавно, сможет припомнить все тонкости поворота сбалансированного дерева или объяснить, почему Оптимизация $\leq_p$ Сообщение (или даже просто понять, что это означает).

Задавая вопросы и обсуждая способы решения проблем, вы, скорее всего, узнаете о кандидате больше, чем предложив ему одну головоломку, для решения которой у него может не хватить опыта.

Если вы сами являетесь соискателем, попытайтесь не паниковать и не обижаться, сталкиваясь с хитроумными задачками. Убедитесь в том, что поняли условие, и постарайтесь выдать лучший ответ, на который способны. Помните, что нерешенная задача вовсе не означает провал собеседования.

В Интернете можно найти огромное множество головоломок, если ввести в строку поиска «задачи на собеседовании». Ознакомьтесь с некоторыми из них, чтобы получить представление о том, о чем вас могут спросить и как следует подходить к ответу. Даже если они не будут заданы, вы все равно не потеряете время впустую, ведь подобные задачи часто оказываются интересными и веселыми.

Не забудьте уделить внимание другим навыкам, которые могут пригодиться на собеседовании. Освежите в памяти алгоритмы, проектирование баз данных, архитектуру, управление проектами и другие связанные с этим темы. Последний, но далеко не маловажный совет: не забудьте обзавестись парочкой хороших книг, посвященных более общей подготовке к собеседованиям.

Ниже представлены ссылки на некоторые веб-сайты с особо интересными головоломками, которые применялись в таких компаниях, как Microsoft и Google, и другой информацией о подобных задачах.

- Насколько эффективными являются вопросы-головоломки на собеседованиях: http://resourceszone.com/blog/how-effective-are-those-puzzle-interview-questions.
- 10 головоломок, встречающихся на собеседованиях в Google: http://www.mytechinterviews.com/10-google-interview-questions.
- 10 знаменитых головоломок, встречающихся при приеме на работу в Microsoft: http://www.mytechinterviews.com/10-famous-microsoft-interview-puzzles.
- Как успешно пройти собеседование в Google: http://online.wsj.com/article/SB10001424052970204552304577112522982505222.html.
- Технические собеседования: http://www.techinterview.org.
- Группа в Facebook, посвященная головоломкам на собеседованиях: https://www.facebook.com/interviewpuzzles.
- Головоломки для собеседований от Хайдона Ванга (стоит отметить, что на этом веб-сайте приводятся решения для многих из них): http://www-cs-students.stanford.edu/~hdwang/puzzle.html.
- 5 лучших головоломок при приеме на работу в Miscrosoft: http://dailybrainteaser.blogspot.com/2010/08/top-5-microsoft-interview-questions.html.
- Собеседования в компанию A2Z: головоломки (ответы приводятся без объяснений): http://www.a2zinterviews.com/Puzzles/logical-puzzles.
- Вопросы, подходящие для собеседований: http://www.knoowgle.com/Puzzles.
- Головоломки, подобранные редакцией веб-сайта CoolInterview: http://www.coolinterview.com/type.asp?iType=619.
- CareerCup: http://www.careercup.com.
- Олимпиады по математике (этот веб-сайт поддерживает организацию Math Olympiads, которая проводит математические состязания для учащихся 4–8 классов. Многие из задач похожи на вопросы, встречающиеся на собеседованиях; плюс они довольно забавные): http://www.moems.org.

Подобным головоломкам также посвящено множество изданий. Одна из таких книг, задачи в которой будут в основном интересны программистам, называется «Карьера программиста. Как устроиться на работу в Google, Microsoft или другую ведущую IT-компанию» (автор Гейл Лакман Макдауэлл, CareerCup, 2011). Многие приведенные в ней головоломки помогают проверить то, насколько хорошо вы разбираетесь в важных структурах данных и методиках программирования, хотя попадаются и такие хитроумные вопросы (например, задача о черепахе и зайце), которые требуют знания определенных приемов.

Упражнения

Ниже представлены краткие примеры отдельных видов головоломок, которые часто встречаются на собеседованиях.

1. У мужчины в ящике комода находится 10 коричневых и 10 черных носков. Проснувшись рано утром, он хочет найти носки, не включая свет в спальне, чтобы не разбудить свою жену. Сколько носков он должен взять с собой в гостиную (где можно включить свет), чтобы гарантированно получить хотя бы одну совпавшую пару?

2. У вас есть 10 черных и 10 белых шариков, а также две миски. Вы можете разделить шарики между мисками так, как вам угодно. Затем вам завязывают глаза и меняют миски местами. Вы должны залезть рукой в миску и выбрать оттуда шарик. Каким образом следовало распределить содержимое мисок, чтобы максимально увеличить вероятность выбора белого шарика?

3. Если составить круг из случайно расставленных шариков (четырех красных и восьми синих), каковы шансы на то, что у вас не получится ни одной пары шариков одинакового цвета, прилегающих друг к другу?

4. Какая структура данных лучше всего подходит для того, чтобы изменить порядок следования записей в списке клиентов без использования дополнительной памяти?

5. Если я втрое старше своего брата, а через два года стану старше него в два раза, каков сейчас мой возраст?

6. Сколько раз пересекаются часовая и минутная стрелки между полуднем и полуночью?

7. В некоторых странах родители особенно ценят мальчиков, поэтому каждая пара рожает детей до тех пор, пока у них не появится наследник, и на этом останавливается. Если предположить, что рождение на свет мальчиков и девочек равновероятно, какую долю будут составлять девочки от общего населения?

8. Вы наняли консультанта, который требует оплату своих услуг золотом. Работа займет от одного до семи дней (вы не знаете заранее). Если консультант проработает полную неделю, он получит золотой слиток, если меньше, вы будете давать ему 1/7 слитка за каждый день. На какое минимальное количество частей нужно разделить слиток, чтобы консультант всегда мог получить оплату, независимо от того, сколько он проработал?

9. У вас есть восемь золотых яиц, но вам известно, что одно из них всего лишь позолоченное, поэтому оно легче остальных. Как бы вы нашли это яйцо с помощью весов с двумя чашами, если позволено сделать только два взвешивания?

10. У вас есть пять баночек без этикеток, в каждой из которых находится от 10 до 20 таблеток. В четырех баночках содержатся 1-граммовые таблетки, а в пятой — 0,9-граммовые (плацебо). Как с помощью цифровых весов (не чашечных, а таких, что показывают вес в граммах) найти баночку с плацебо, используя всего одно взвешивание?

Приложение А
СОБРАНИЕ АЛГОРИТМИЧЕСКИХ ПОНЯТИЙ

Глава 1. Основы алгоритмизации

Понимание алгоритмов. Для того чтобы понимать алгоритмы, вам нужно усвоить несколько связанных с ними аспектов.

- **Поведение.** Всегда ли алгоритм находит лучшее решение?
- **Скорость.** Как сильно колеблется скорость в зависимости от количества входных данных?
- **Требования к памяти.** Являются ли они приемлемыми? Насколько использование памяти зависит от количества входных данных?
- **Основные методики.** Можете ли вы их применить в своих задачах?

Алгоритмы и структуры данных. Структура данных хранит информацию, размещенную в каком-то порядке. Алгоритм выдает результат. Нужно, чтобы ваш алгоритм создавал и использовал структуру данных.

Псевдокод — это текст, который выглядит как исходный код, но не соответствует какому-то конкретному языку программирования. Перед выполнением его следует перевести в реальный программный код.

Алгоритмические цели. Чтобы приносить какую-то пользу, алгоритм должен быть корректным, эффективным и удобным в сопровождении.

«О» большое — это обозначение, которое описывает, как количество входящих данных коррелирует с требованиями к памяти или времени выполнения по мере масштабирования задачи. Оно игнорирует постоянные множители, беря во внимание только функцию для описания производительности с самым высоким показателем роста.

Функции времени выполнения. Некоторые распространенные функции времени выполнения в порядке увеличения скорости роста: 1 (константа), $\log(N)$, $\operatorname{sqrt}(N)$, N, $N \times \log(N)$, N^2, 2^N и $N!$.

Глава 2. Численные алгоритмы

Рандомизация. Программа может рандомизировать коллекцию объектов. Затем в качестве случайного объекта она может выбрать первый элемент рандомизированной коллекции. Например, чтобы получить из колоды пять случайных карт, программа может выбрать первых пять из них, предварительно перетасовав колоду. Вы можете использовать разные диапазоны случайных величин (как в случае с подбрасыванием монеты для выбора числа от 0 до 7). Для генерирования приемлемой выборки случайные величины можно брать из неправильных источников.

Равноправие. Псевдослучайный процесс является равноправным, если все генерируемые им результаты возникают с одинаковой вероятностью.

Неправильные источники. Псевдослучайный процесс считается неправильным, если он неравноправен. В качестве примера можно привести шестигранную игральную кость, в которой в половине случаев выпадает 1.

Вероятностный алгоритм. Алгоритм, выдающий результат с заданной достоверностью, является вероятностным. Например, тест простого числа Ферма определяет непростые числа как минимум в 50 % случаев. Если многократно повторить тест, можно с высокой долей уверенности сказать, является ли число простым.

Предварительно вычисленные значения. При быстром возведении в степень используются предварительно вычисленные значения, чтобы ускорить получение экспонент. Этот же подход применяется в решете Эратосфена, чтобы быстро исключать величины из списка потенциальных простых чисел. Многие программы можно оптимизировать, предварительно вычисляя значения (на лету или заблаговременно) и сохраняя их для дальнейшего использования.

Точность моделирования. Методы прямоугольников и трапеций показывают, что качественное моделирование задачи может давать лучшие результаты, не требуя при этом большого объема дополнительной работы.

Адаптивные методики. Многие алгоритмы можно улучшить, если прилагать больше усилий для решения сложных частей задачи, а на более простые участки тратить меньше времени.

Метод Монте-Карло. Некоторые алгоритмы для получения приблизительного результата используют псевдослучайные значения. Такой подход часто уступает в точности детерминированным методикам, но во многих случаях его проще применить.

Глава 3. Связные списки

В основе связных списков лежат объекты под названием «ячейки», каждый из которых содержит фрагмент данных и ссылку на следующую ячейку в списке.

В двунаправленных связных списках ячейки ссылаются как на следующий, так и на предыдущий элементы списка.

Ограничитель. В связных списках ограничителем называют ячейку, которая не содержит полезных данных и используется для обозначения начала или конца списка.

Операции со связными списками. В связных списках легко хранить коллекции объектов. При необходимости список может увеличиваться, чтобы вместить больше данных. Он позволяет легко добавлять и удалять объекты внутри себя. Однако связные списки не очень эффективны при сортировке или поиске элементов.

Глава 4. Массивы

Массив — это непрерывный участок памяти, который хранит элементы.

Упаковка массива. Вам разрешено располагать элементы внутри участка памяти, привязывая индексы массива к физическим адресам. Например, чтобы сэкономить место, можно сформировать треугольный массив, наладив контакт между индексами треугольного и одномерного массивов. Без особых усилий создаются ненулевые нижние границы, которые связываются с обычным массивом, где отсчет индексов начинается с нуля.

Массивы с разрывом. С помощью связных структур данных можно создавать массивы или матрицы с разрывом, которые эффективно используют память.

Глава 5. Стеки и очереди

Стек — это структура данных, которая предоставляет доступ к элементам в порядке «последним пришел — первым ушел» (*last-in-first-out* — LIFO). Стек можно реализовать на основе связного списка или массива, хотя если массив заполнится, его придется расширять.

Очередь — это структура данных, которая предоставляет доступ к элементам в порядке «первым пришел — первым ушел» (*first-in-first-out* — FIFO). Очередь можно реализовать на основе связного списка или кольцевого массива, хотя во втором случае, если массив заполнится, его придется расширять.

В очередях с приоритетом элементы извлекаются в порядке своей важности.

Дек — это очередь, которая позволяет добавлять и удалять элементы с обоих концов.

Применение. Разные алгоритмы при обработке элементов часто помещают их в стеки и очереди.

Глава 6. Сортировка

Вставка. Алгоритм берет элемент и вставляет его в подходящую позицию в некой структуре данных. В качестве примера можно привести сортировку вставкой.

Выбор. Алгоритм анализирует пока еще не обработанные элементы, находит среди них лучший на данный момент и добавляет его в некую структуру данных. В качестве примера можно привести сортировку выбором.

Сужение диапазона рассматриваемых элементов. Алгоритм отслеживает интересующий его диапазон, сужая его со временем, чтобы уменьшить количество элементов, которые нужно анализировать. В качестве примера можно привести сортировку пузырьком.

Куча — это дерево, в котором каждая вершина имеет значение, как минимум не уступающее по величине значениям своих дочерних элементов. Куча может использоваться в очереди с приоритетом.

Сортировка полного дерева. Алгоритм может хранить полное дерево в массиве.

Разделяй и властвуй. Алгоритм разбивает задачу на более мелкие части и решает их отдельно, как правило, рекурсивно.

Рандомизация. Поскольку элементы изначально находятся в определенном порядке, быстрая сортировка может применять рандомизацию для уменьшения вероятности получить наихудший сценарий (это бесполезно в случае, когда одинаковых элементов большое количество).

Распараллеливание. Сортировку слиянием, быструю и блочную сортировку можно распараллелить.

Внешнее упорядочивание. Ввиду того, как сортировка слиянием продвигается по памяти, она хорошо подходит для выполнения внешнего упорядочивания.

Подсчет. Если элементы имеют ограниченный диапазон, вы можете их посчитать, не прибегая к упорядочиванию. Этот подход используется в сортировке подсчетом.

Разделение. Чтобы упростить задачу, блочная сортировка разделяет элементы на блоки.

Выбор подходящего алгоритма. Алгоритмы сортировки — это тот случай, когда для задачи важно выбрать подходящее решение. От вашего выбора зависит, насколько быстро будет решена проблема — за секунды, минуты или годы.

Глава 7. Поиск

Линейный (исчерпывающий) поиск просто циклически перебирает все возможные элементы, пытаясь найти подходящий. Время его работы составляет $O(N)$. Если список отсортирован, алгоритм может завершиться преждевременно, то есть как только дойдет до позиции, в которой находится искомый элемент.

Алгоритм бинарного поиска на каждом своем шаге уменьшает интересующую его область вдвое, благодаря чему время его работы равно $O(\log(N))$. Этот метод подходит для многих задач.

Алгоритм интерполяционного поиска угадывает место нахождения искомого элемента с помощью интерполяции. Время его выполнения равно $O(\log(\log(N)))$.

Глава 8. Хеш-таблицы

Необходимые условия для хеширования. Для процесса хеширования необходимо наличие структуры данных, где можно хранить значения, функцию хеширования для привязки значений к структуре данных и политику разрешения коллизий.

Привязка. Хеш-таблицы используют функции хеширования для привязки значений из одной проблемной области (имена, идентификаторы работников) к другой (индексы массива). Хорошая функция хеширования привязывает любые входящие значения к случайному распределению исходящих данных.

Связывание — это использование связных списков на случай переполнения диапазона блоков.

Упорядоченное связывание. Сортировка связных списков улучшает производительность многих алгоритмов.

Открытая адресация — это привязка данных напрямую к записям массива.

Маркирование элементов как удаленных. Во многих структурах данных удаление элементов является непростой задачей. Иногда элемент можно не вырезать, а просто пометить его удаленным, чтобы занимаемое им место было доступно для дальнейшего использования.

Кластеризация. В некоторых алгоритмах, таких как линейное и квадратичное пробирование, вероятность сохранения элемента в разных позициях может быть неравномерной. Это снижает их эффективность.

Рандомизация. Иногда рандомизация данных позволяет избежать негативных последствий. Например, для борьбы с кластеризацией в двойном хешировании используется две хеш-функции.

Глава 9. Рекурсия

Свойства рекурсии. При использовании рекурсивных алгоритмов, помимо требований ко времени выполнения и памяти, необходимо учитывать максимальную глубину рекурсии и объем занимаемого стека.

Рекурсивный подход. Рекурсивный алгоритм вызывает сам себя, чтобы сделать задачу более мелкой. На этапе, когда задача уменьшилась до нужных размеров, он решает ее без рекурсии и возвращается в исходную точку вызова.

Рекурсивные определения. Некоторые последовательности (например, факториальная функция и числа Фибоначчи) имеют естественно рекурсивные определения. Для них легко подобрать рекурсивный алгоритм, хотя это не всегда оказывается настолько же эффективным, как нерекурсивный подход.

Самоподобный фрактал представляет собой кривую-инициатор, части которой рекурсивно заменяются кривыми-генераторами, что масштабируются, поворачиваются и преобразуются соответствующим образом.

Алгоритмы с возвратом — рекурсивный подход, который ищет частичные решения. Если частичное решение не может быть расширено до полного, оно отвергается, после чего алгоритм возвращается к предыдущему подходящему варианту и использует его как отправную точку для дальнейшего поиска.

Выборка — неупорядоченное подмножество объектов. Количество вариантов выбора k элементов без дубликатов при условии, что общее число элементов равно n, описывается следующим уравнением:

$$\binom{n}{k} = \frac{n!}{k!(n-k)!}.$$

Количество вариантов выбора k элементов из множества n элементов с дубликатами описывается так:

$$\binom{n+k-1}{k}.$$

Перестановка — это упорядоченное подмножество элементов, взятое из множества. Количество перестановок с дублированием k элементов, позаимствованных из множества размером n элементов, равно n^k. Количество перестановок без дубликатов составляет $n \times (n-1) \times (n-2) \times ... \times (n-k+1)$. В отдельном случае, когда $k = n$ (именно под этим обычно и понимают перестановку), число перестановок равно $n!$.

Удаление хвостовой рекурсии. Хвостовую рекурсию можно заменить циклом, который перед окончанием сбрасывает параметры.

Хранение промежуточных значений. Если во время вычислений вам приходится многократно рассчитывать одни и те же значения (как в случае с числами Фибоначчи), вы можете сэкономить время, сохраняя их в таблице поиска. Так они будут вычисляться всего один раз.

Удаление общей рекурсии. От рекурсии можно избавиться более универсальным образом, имитируя рекурсивные вызовы метода. Перед выполнением рекурсивного вызова переменные следует поместить в стек; по завершении их можно будет оттуда забрать.

Глава 10. Деревья

Деревья используются во многих алгоритмах, поэтому вам следует запомнить их основные свойства.

Логарифмический рост. Если дерево правильно сбалансировано, его высота растет как логарифм количества его вершин.

Большое число листовых вершин. Если бинарное дерево правильно сбалансировано, примерно половина его вершин являются листовыми.

Индуктивное доказательство. Доказательство путем индукции является полезной методикой доказывания теорем.

Ветви и ссылки на объекты. Ссылки и указатели позволяют связывать вершины с дочерними элементами. С их помощью также можно создавать связи между деревьями и строить сети.

Обход. Прямой, симметричный и обратный обход, а также обход в ширину позволяют обрабатывать вершины дерева в разном порядке.

Упорядоченные деревья. В упорядоченном дереве вершины сгруппированы определенным образом, поэтому во время симметричного обхода они обрабатываются в порядке сортировки.

Треды. Это специальные ветви или ссылки, которые позволяют посещать вершины дерева или сети в необычном порядке. Структура данных может иметь столько тредов, сколько вы посчитаете нужным, хотя их обслуживание требует дополнительных усилий.

Деревья знаний. В игре «Животные» дерево знаний используется для представления вопросов и ответов на них (результатов).

Выражения могут быть представлены и вычислены в виде деревьев.

Квадро- и октодеревья делят на сегменты двух- или трехмерное пространство, ускоряя тем самым нахождение объектов.

Глава 11. Сбалансированные деревья

Амортизационные операции. Иногда во время рутинных операций имеет смысл провести некоторую дополнительную работу, чтобы избежать выполнения куда более ресурсоемких действий в дальнейшем. Например, это может быть балансирование дерева при добавлении или удалении значений.

В АВЛ-деревьях для балансировки применяется операция поворота, благодаря чему разница в высоте двух поддеревьев в любой вершине не превышает 1.

2–3-деревья. Каждая внутренняя вершина имеет либо два, либо три дочерних объекта. Если их три, то при добавлении новой вершины она будет разделена на две с двумя дочерними объектами. Если их две, то при удалении одной из них оставшаяся вершина обменивается значениями с вершиной того же уровня или объединяется с содержимым своего родителя.

***B*-деревья.** Каждая вершина содержит от K до $2 \times K$ значений, где K — порядок дерева. Вершина, хранящая M значений, имеет $M + 1$ дочерних объектов. *B*-деревья являются общим случаем 2–3-деревьев и используют похожую модель разделения и слияния вершин.

Иерархически организованные *B*-деревья. Перемещаясь вниз по дереву для добавления значения, алгоритм разделяет любые полные вершины, встречающиеся на его пути, чтобы в случае необходимости иметь нужное пространство. Это еще один пример амортизационной операции, когда алгоритм выполняет какую-то дополнительную работу, чтобы упростить свои дальнейшие действия.

Глава 12. Деревья принятия решений

С помощью деревьев принятия решений можно смоделировать множество задач. Каждая ветвь дерева представляет собой один выбор.

Деревья игры можно определить как частный случай дерева принятия решений. Минимальная стратегия (минимакс) позволяет минимизировать позицию оппонента на игровой доске. Среди эвристических методик, применяемых в деревьях игры, можно выделить предварительное вычисление первого хода и ответных ходов, поиск родительских объектов и нумерацию позиций на доске (номера могут меняться со временем).

Типы задач. Многие сложные задачи имеют одну из двух форм: оптимизационную и такую, что требует строгого ответа «да» или «нет». Деревья принятия решений помогают моделировать оптимизационную форму. Если у них не получается найти решение в виде ответа «да» или «нет», это не дает оснований утверждать, что решения не существует.

Примеры.

- Чтобы определить упорядочивание элементов, ветвь дерева на уровне K представляет выбор одного из оставшихся элементов для K-й позиции в наборе. Дерево содержит $N!$ листовых вершин.

- Чтобы выбрать подмножество из коллекции элементов, ветвь дерева на уровне определяет, находится ли K-й элемент внутри множества. Каждая вершина имеет две ветви. Дерево содержит 2^N листовых вершин.

- Чтобы выбрать подмножество размером M элементов из коллекции, в которую входит N элементов, ветвь дерева на уровне выбирает один элемент из оставшихся $N - K$. Дерево содержит $N \times (N - 1) \times ... \times K$ листовых вершин.

Метод ветви и границы может значительно опережать поиск полным перебором при нахождении оптимального решения.

Эвристика. При решении масштабных задач все деревья достигают огромных размеров, из-за чего нахождение точного результата становится невозможным. В связи с этим приходится обращаться к эвристическим методикам. К любому дереву принятия решений можно применить такие виды эвристики, как случайный поиск, усовершенствование путей, имитация отжига и т. д. Алгоритм восхождения на вершину (в том числе и с упорядочиванием) может выдать приемлемый результат чрезвычайно быстро, хотя для его использования необходимо определить, чем именно является «восхождение на вершину» в контексте конкретной задачи.

Глава 13. Основные сетевые алгоритмы

Чтобы освежить в памяти сетевую терминологию, просмотрите первый раздел главы 13 и ознакомьтесь с таблицей 13.1.

В некоторых представлениях сети используется отдельный класс Link. В других информацию о звеньях записывают в узлы, из которых эти звенья выходят.

Обход сети. Алгоритмы обхода сети в глубину и ширину работают аналогично алгоритмам обхода деревьев, за исключением того, что в классе узлов появляется новое свойство, по которому можно узнать, посещался ли узел прежде. Без этого свойства алгоритм обхода способен войти в бесконечный цикл.

Связность. Вы можете определить, является ли сеть связной, начиная с заданного узла. Для этого ее нужно обойти, используя узел в качестве исходной точки, и затем установить, был ли посещен каждый узел в сети.

Остовным называют дерево, которое охватывает все узлы сети. Минимальное остовное дерево имеет наименьшие затраты из возможных. Обход остовного дерева, описанный в главе 13, является хорошим примером жадного алгоритма.

Алгоритм с установкой меток всегда добавляет к промежуточному значению элементы, которые затем войдут в итоговый результат. Поиск кратчайшего пути с установкой меток является обходом сети в ширину.

Алгоритм с установкой меток прикрепляет к промежуточному значению элементы, которые затем могут быть заменены другими элементами. Поиск кратчайшего пути с коррекцией меток является обходом сети в глубину.

Поиск кратчайшего пути между всеми парами вершин находит маршрут между любыми двумя узлами сети. Он выполняется за полиномиальное время, однако полином $O(N^3)$ достаточно велик для того, чтобы данный алгоритм был слишком медленным для объемных сетей. Ему также требуется память объемом $O(N^2)$, что делает его довольно ресурсоемким в больших масштабах.

Глава 14. Дополнительные сетевые алгоритмы

Топологическая сортировка расширяет частичное упорядочивание до полного, позволяя вам выполнять задачи в подходящем порядке. С ее помощью можно также определить, содержит ли сеть циклы.

Если карта является двухцветной, для нее легко найти способ раскрашивания двумя цветами. Задача определения трехцветной карты считается крайне сложной. Любую карту можно закрасить максимум четырьмя цветами, но сделать это не всегда просто. Жадный алгоритм во многих случаях способен закрасить карту без использования слишком большого количества лишних цветов.

Для поиска максимального потока можно задействовать (виртуальную) остаточную сеть. Дополняющий путь показывает, как улучшить потоки. С помощью максимальных потоков можно распределять должности между работниками, находить минимальный разрез потока и устанавливать количество несвязных путей между исходной и конечной точками.

Глава 15. Строковые алгоритмы

Сопоставление скобок обеспечивает анализ математических, логических и других выражений. С его помощью можно также создавать синтаксические деревья, которые позволяют многократно вычислять выражения и генерировать структуры данных.

Регулярные выражения дают возможность программе определять, содержит ли текст подстроку, соответствующую шаблону. Алгоритм для работы с регулярными выражениями использует при обработке строки ДКА и НКА. Эти автоматы могут быть полезны и в других ситуациях — например, когда нужно управлять виртуальным компьютером посредством набора простых правил.

Алгоритм Бойера — Мура позволяет программе искать в тексте заданную подстроку, не проверяя каждый символ этого текста. Принцип, лежащий в его основе, можно применять в разных сценариях: простая проверка (анализ конца целевой строки) иногда способна исключить из области поиска большие участки текста.

Алгоритм редакционного расстояния оценивает степень схожести двух строк или файлов. Узнать с его помощью, насколько похожи два объекта, можно в любой ситуации, в которой позволено определять типы доступных изменений.

Глава 16. Криптография

Для большинства программистов данные алгоритмы представляют разве что академический интерес или развлечение. Тем не менее они демонстрируют несколько полезных методик.

Перестановочные шифры. Некоторые из этих алгоритмов представляют текст в виде массива, хотя, если вам нужно просто вычислить местонахождение тех или иных участков текста, массив использовать вовсе не обязательно.

Одноразовые блокноты. Обеспечивают доказуемо стойкое шифрование. Их недостаток заключается в том, что копии одного и того же блокнота необходимо безопасным образом передать как отправителю, так и получателю.

Блочные шифры. Разделяют сообщение на части, каждая из которых шифруется отдельно. Большинство подобных алгоритмов многократно выполняют с блоками текста относительно простые операции, повышая тем самым стойкость к взлому.

Алгоритмы шифрования с открытым ключом. По сути, публикуют частичное преобразование, которое применяется отправителем. Завершает трансформацию получатель, когда восстанавливает исходное сообщение.

Среди других криптографических алгоритмов можно выделить хеширование и цифровую подпись.

Глава 17. Теория вычислительной сложности

Классы сложности. Задачи (не алгоритмы) разделяют по классам сложности в зависимости от того, насколько трудно их решить.

P и NP. P — это множество задач, которые детерминированный компьютер может решить за полиномиальное время. Задачи класса NP тоже решаются за полиномиальное время, но уже недетерминированным компьютером. Вероятно, наиболее острый вопрос в информатике звучит так: «Равны ли классы P и NP?».

DTIME и NTIME. Задача входит во множество DTIME$(f(N))$, если детерминированный компьютер может решить ее за время $O(f(N))$. Если ее можно решить за тот же промежуток на недетерминированном компьютере, она является частью NTIME$(f(N))$.

EXPTIME и NEXPTIME. Задача входит во множество EXPTIME, если детерминированный компьютер может решить ее за экспоненциальное время. Задачи класса NEXPTIME решаются за тот же промежуток, но уже недетерминированным компьютером.

Сведение. С помощью сведений, занимающих полиномиальное время, можно показать, что одна задача является как минимум такой же сложной, как другая (в обычном программировании подобный подход используется для того, чтобы не изобретать совершенно новое решение).

NP-полные задачи. Задача является NP-полной, если она входит в NP и если к ней можно свести любые другие задачи этого класса.

Определение, сообщение и оптимизация. С помощью сведения можно показать, что эти виды задач одинаково сложны — по крайней мере, с точки зрения теории вычислительной сложности.

Глава 18. Распределенные алгоритмы

Существует множество видов параллелизма, включая систолические массивы, сетевые компьютеры, распределенные и квантовые вычисления, а также многопроцессорную/многоядерную обработку в рамках одного компьютера. В настоящее время наиболее распространенными являются распределенные вычисления на сетевых и многопроцессорных устройствах.

Отладка параллельных алгоритмов может оказаться крайне сложной, поскольку проблемы с синхронизацией мешают воспроизвести некорректное поведение программы.

Чрезвычайно параллельными называют алгоритмы, которые можно естественным образом подробить на части и сделать общими для нескольких процессов с минимальным взаимодействием.

Сортировка слиянием имеет естественно распределенную реализацию.

Задача обедающих философов посвящена проблеме взаимных блокировок, в том числе и активных.

Задача двух генералов демонстрирует проблемы небезопасного взаимодействия.

Задача византийских генералов, включая ее разновидности, имеет дело с процессами, в которых может произойти самый худший из возможных сбоев — это когда выдаются неправильные результаты вместо их полного отсутствия.

В проблеме согласования речь идет о ситуации, в которой несколько процессов должны согласовать общий результат.

Задача выбора лидера посвящена определению главного процесса, который занимается координацией и помогает решать многие другие распределенные проблемы.

Снимок копирует состояние распределенной системы, включая состояния всех ее внутренних процессов и любые сообщения, которые в этот момент находятся в пути.

Задача синхронизации часов — это попытка синхронизировать два процесса при наличии коммуникационных задержек.

Глава 19. Головоломки, встречающиеся на собеседованиях

Задачи-головоломки, которые используют на собеседованиях, далеко не всегда помогают понять ход мыслей кандидата на должность и проверить его способности к решению проблем. Часто они сводятся к мелким деталям, хитрым трюкам или необходимости мыслить в обратном направлении — от решения к самой задаче. Кандидаты, которые знают, в чем подвох, могут решить их, не демонстрируя особой креативности. Те же, кто не знаком с тонкостями подобных задач, столкнутся, скорее всего, с большими трудностями, и творческое мышление им здесь не поможет.

Задачи, связанные с программированием, на порядок выше головоломок с шариками или колодами карт. Еще лучше, если они не основаны на остроумных приемах.

Слишком сложная головоломка может заставить кандидата нервничать на протяжении всего собеседования (или оставшегося дня), и тогда вам вряд ли удастся узнать многое о том, как он ведет себя в обычных условиях.

Приложение Б
РЕШЕНИЯ К УПРАЖНЕНИЯМ

Глава 1. Основы алгоритмизации

1. В новой версии алгоритма внешний цикл по-прежнему имеет $O(N)$ итераций. Когда его счетчик равен i, внутренний цикл выполняется $O(N - i)$ раз. Если сложить количество итераций внутреннего цикла, получится $N + (N - 1) + (N - 2) + ... + 1 = N \times (N - 1) / 2 = (N^2 - N) / 2$. Время работы новой версии все так же будет равно $O(N^2)$, хотя по скорости она, вероятно, будет опережать оригинал.

2. Рассмотрите таблицу Б.1. Значение Бесконечность говорит о том, что программа может выполнить алгоритм для задачи любого разумного размера. Демонстрационное приложение, доступное для загрузки на веб-сайте этой книги, генерирует следующие значения.

Таблица Б.1. Задачи максимальных размеров, которые выполняются за разное время

Время	$LOG_2(n)$	$SQRT(n)$	n	n^2	2^n	$n!$
Секунда	Бесконечность	1×10^{12}	1×10^6	1000	20	10
Минута	Бесконечность	4×10^{15}	6×10^7	7746	26	12
Час	Бесконечность	1×10^{19}	4×10^9	60 000	32	13
День	Бесконечность	7×10^{21}	9×10^{10}	293 939	36	14
Неделя	Бесконечность	4×10^{11}	6×10^{11}	777 689	39	15
Год	Бесконечность	1×10^{27}	3×10^{13}	5 617 615	45	17

3. Вопрос в том, для какого N справедливо неравенство $1500 \times N > 30 \times N^2$? Решение относительно N дает $50 < N$, поэтому первый алгоритм будет медленнее, если $N > 50$. Второй алгоритм подход при $N > 50$, а первый — при $N \leq 50$.

4. Вопрос в том, для какого N справедливо неравенство $N^3 / 75 - N^2 / 4 + N + 10 > N/2 + 8$? Вы можете решить эту задачу любым удобным для вас способом — например, с помощью алгебры или метода Ньютона (см. главу 2). Двумя положительными решениями данного уравнения являются $N < 4{,}92$ и $N > 15{,}77$. Это означает, что первый алгоритм следует использовать, если $5 \geq N \geq 15$. Демонстрационное приложение Ch01Ex04, доступное для загрузки на веб-сайте данной книги, представляет оба уравнения в графическом виде и находит точки их пересечения с помощью метода Ньютона.

5. Имея *N* букв, вы можете сделать первой каждую из них. Это *N* вариантов. Как только сделаете свой выбор, для второй буквы останется *N* – 1 вариантов. Общее количество комбинаций будет равно $N \times (N - 1)$. Помните, что каждая пара учитывается по два раза (*AB* и *BA*), поэтому суммарное число неупорядоченных пар составит $N(N - 1)/2$. В представлении «О» большого это будет $O(N^2)$.

6. Если грани куба имеют длину *N*, площадь каждой из них равна N^2. Куб имеет шесть граней, поэтому площадь всей его поверхности составляет $6 \times N^2$. Если алгоритм генерирует одно значение для каждой единицы измерения площади, время его работы будет равно $O(N^2)$.

7. Если подойти к задаче менее формально, можно заметить, что поверхность куба зависит от величины N^2. Не прибегая к вычислениям, легко прийти к выводу, что алгоритм будет работать на протяжении времени $O(N^2)$.

8. Если грани куба имеют длину *N*, такая же длина будет и у всех его двенадцати ребер. Следовательно, общая длина ребер равна $12 \times N$. Однако каждая кубическая единица, находящаяся в углу, является частью сразу трех граней, поэтому в выражении $12 \times N$ она учитывается целых три раза. У куба есть восемь углов, поэтому чтобы подсчет был правильным, нужно вычесть 2×8 из $12 \times N$, — так каждая из кубических единиц, размещенных в углу, будет учтена только один раз. Реальное количество элементарных кубов составит $12 \times N - 16$, значит время работы алгоритма будет $O(N)$.

9. Если подойти к задаче менее формально, можно заметить, что общая длина граней куба зависит от *N*. Следовательно, без выполнения всех вычислений можно заключить: время работы алгоритма равно $O(N)$.

10. В таблице Б.2 показано количество элементарных кубов для некоторых значений *N*.

Табл. Б.2. Элементарные кубы для разных значений N

N	1	2	3	4	5	6	7	8
Количество кубов	1	4	10	20	35	56	84	120

11. По тому, как фигуры увеличиваются в длину, ширину и высоту (см. рис. 1.5), можно догадаться, что количество кубов каким-то образом зависит от N^3. Если предположить, что количество кубов равно $A \times N^3 + B \times N^2 + C \times N + D$, где *A*, *B*, *C* и *D* — некие константы, становится возможным подставить значения из таблицы Б.2 и вычислить выражение для *A*, *B*, *C* и *D*. Сделав это, вы обнаружите, что количество кубов равно $(N^3 + 3 \times N^2 + 2 \times N)/6$, поэтому время выполнения алгоритма составляет $O(N^3)$.

12. Если подойти к задаче менее формально, можно заметить, что суммарный объем фигур зависит от N^3. Даже если не прибегать к вычислениям, напрашивается вывод о том, что алгоритм будет работать на протяжении времени $O(N^3)$.

13. Может ли быть алгоритм без структуры данных? Да. Алгоритм — всего лишь набор инструкций, поэтому наличие структуры данных для него не являет-

ся обязательным. В качестве примера можно привести численные алгоритмы, описанные в главе 2.

Возможно ли существование структуры данных без алгоритма? Нет. Алгоритмы нужны как для построения структуры данных, так и для получения определенного результата с ее использованием. В структуре данных, которая не используется ни в каких вычислениях, нет особого смысла.

14. Первый алгоритм просто красит доски забора из конца в конец. Количество досок равно N, поэтому время работы алгоритма составляет $O(N)$.

   Второй алгоритм рекурсивно делит забор на части, но в итоге закрашивает все N досок. На рекурсивное разделение забора и его покраску уходит, соответственно, $O(\log(N))$ и $O(N)$ шагов. Общее количество шагов равно $N + \log(N)$, поэтому время работы у второго алгоритма будет таким же, как и у первого — $O(N)$.

   Теоретическая продолжительность обоих алгоритмов одинакова, но на практике, если отойти от представления «О» большого, второй из них работает чуть дольше. Кроме того, он отличается сложностью и запутанностью, стало быть, лучше использовать первый алгоритм.

15. На рисунке Б.1 показана функция Фибоначчи вместе с другими функциями времени работы алгоритма. Внимательно приглядевшись, можно заметить, что по крутости подъема вверх Fibonacci(x) / 10 превосходит x^2 / 5 и немного уступает 2^x / 10. По форме своей кривой она очень близка к функции 2^x / 10, поэтому вы будете правы, если предположите, что она является экспоненциальной.

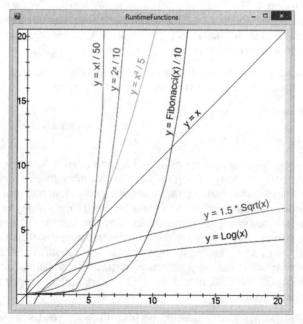

Рис. Б.1. Функция Фибоначчи растет быстрее, чем x^2, но медленнее, чем 2^x

Как известно, числа Фибоначчи можно вычислить непосредственно с помощью следующей формулы.

$$Fibonacci(n) \frac{\varphi^N}{\sqrt{5}},$$

где:

$$\varphi \frac{1 | \sqrt{5}}{2}.$$

Таким образом, функция Фибоначчи является экспоненциальной с основой φ. По скорости возрастания она уступает 2^N, потому что значение φ равно 1,618, но ввиду своей экспоненциальности превосходит полиномиальные функции.

Глава 2. Численные алгоритмы

1. Просто привяжите числа 1, 2 и 3 к орлу, а 4, 5 и 6 — к решке.

2. В данном случае шансы на то, что орел выпадет два раза подряд, равны 3 / 4 × 3 / 4 = 9 / 16. Вероятность получить подряд две решки составляет 1 / 4 × 1 / 4 = 1 / 16. Поскольку эти события не зависят друг от друга, вы можете суммировать их вероятности. Следовательно, шанс того, что вам придется повторить попытку, равен 9 / 16 + 1 / 16 = 10 / 16 = 0,625, или 62,5 %.

3. Если монета правильная, вероятность того, что орел выпадет два раза подряд, составляет 1 / 2 × 1 / 2 = 1 / 4. Аналогично вычисляются шансы для двойной решки: 1 / 2 × 1 / 2 = 1 / 4. Поскольку эти события не зависят друг от друга, вы можете суммировать их вероятности. Стало быть, шанс того, что вам придется повторить попытку, равен 1 / 4 + 1 / 4 = 1 / 2, или 50 %.

4. Здесь можно воспользоваться подходом, похожим на тот, в котором с помощью неправильной монеты генерировались правильные подбрасывания.

```
Бросаем неправильную кость 6 раз.
    Если выпадают все 6 возможных значений, возвращаем первое из них.
    В противном случае повторяем все сначала.
```

От того, насколько неправильной является кость, зависит и количество попыток которые потребуются для выпадения всех шести значений. Например, если кость правильная (идеальный вариант), вероятность такого исхода будет составлять $6! / 6^6 = 720 / 46\,656 \approx 0,015$, поэтому шансы на то, что шесть бросков дадут шесть разных результатов, равны примерно 1,5 %. Возьмем еще один пример: если в половине случае встречается число 1, а каждое из оставшихся пяти значений попадается через девять бросков на десятый, вероятность получения всех шести результатов за шесть бросков составляет $0,5 \times 0,1^5 \times 6! = 0,0036$, или 0,36 %. Поэтому кость, скорее всего, придется бросать очень долго.

5. Для рандомизации массива можно использовать тот же алгоритм, останавливаясь после выбора позиций для первых M элементов:

```
String: PickM(String: array[], Integer: M)
    Integer: max_i = <Upper bound of array>
    For i = 0 To M - 1
        // Выбираем элемент для позиции i в массиве.
        Integer: j = <pseudo-random number between i and max_i inclusive>
        <Swap the values of array[i] and array[j]>
    Next i

    <Return array[0] through array[M - 1]>
End PickM
```

Время работы этого алгоритма равно $O(M)$. $M \leq N$, поэтому $O(M) \leq O(N)$. На практике M часто оказывается значительно меньше N, поэтому данный алгоритм может по скорости значительно превысить рандомизацию всего массива.

Чтобы раздать пять книг, нужно выбрать пять имен, которые следует разместить в первых пяти позициях массива, и затем остановиться. Вам потребуется всего пять шагов, поэтому такой подход будет очень быстрым. И неважно, сколько всего имен находится в массиве, — главное, чтобы их было не меньше пяти.

6. Просто создайте массив из 52 карт, рандомизируйте его и затем обращайтесь с картами так, как обычно — раздавайте их по одной за раз до тех пор, пока их количество у каждого игрока не достигнет пяти.

На самом деле не имеет значения, раздаете ли вы по одной карте или вручаете игроку сразу все пять. Если колода рандомизирована, у всех игроков будет случайный расклад.

7. На рисунке Б.2 показана программа, написанная на C#. Ее можно загрузить на веб-сайте этой книги. Числа, указанные для каждого значения, — относительная доля бросков, с помощью которых оно было получено, ожидаемое процентное отношение для данного значения и относительная разница.

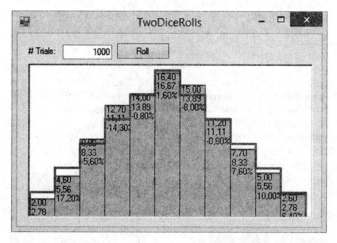

Рис. Б.2. Относительно небольшое количество попыток иногда приводит к существенной разнице между наблюдаемым и ожидаемым числом бросков

Полученные результаты не полностью совпадают с ожидаемыми значениями, пока не выполнить достаточно большое количество попыток. Программа часто выдает 5%-ное отклонение, если число попыток меньше 10 000.

8. Если $A_1 < B_1$ и $A_1 \bmod B_1 = A_1$, тогда $A_2 = B_1$ и $B_2 = A_1 \bmod B_1 = A_1$. Другими словами, при первом прохождении цикла While значения A и B меняются местами. После этого алгоритм продолжает работу как обычно.

9. LCD(A, B) = $A \times B$ / GCD (A, B). Пусть g = GCD(A, B), тогда $A = g \times m$ и $B = g \times n$, где m и n — некоторые целые числа. Из этого следует, что $A \times B$ / GCD(A, B) = $g \times m \times g \times n / g = g \times m \times n$. У m и n нет общих множителей, следовательно, это наименьшее общее кратное.

10. В следующем псевдокоде показан алгоритм, который используется в демонстрационном приложении FastExponentiation, доступном для загрузки на веб-сайте данной книги.

```
// Выполняем возведение в степень.
Integer: Exponentiate(Integer: value, Integer: exponent)
    // Создаем список степеней и соответствующих значений.
    List Of Integer: powers
    List Of Integer: value_to_powers

    // Начинаем со степени 1 и значения^1.
    Integer: last_power = 1
    Integer: last_value = value
    powers.Add(last_power)
    value_to_powers.Add(last_value)

    // Вычисляем другие степени, пока не дойдем
    до той, что больше экспоненты.
    While (last_power < exponent)
          last_power = last_power * 2
          last_value = last_value * last_value
          powers.Add(last_power)
          value_to_powers.Add(last_value)
    End While

    // Объединяем значения, чтобы получить нужную степень.
    Integer: result = 1

    // Получаем индекс самой большой степени,
    не превышающей экспоненту.
    For power_index = powers.Count - 1 To 0 Step - 1
          // Проверяем, не превышает ли
          данная степень экспоненту.
          If (powers[power_index] <= exponent)
                // Если нет, используем ее.
                exponent = exponent - powers[power_index]
                result = result * value_to_powers[power_index]
          End If
    Next power_index

    // Возвращаем результат.
    Return result
End Exponentiate
```

11. Вам придется изменить строки, выделенные в вышеприведенном коде жирным шрифтом. Если модуль равен *m*, нужно заменить строку

    ```
    last_value = last_value * last_value
    ```

    на

    ```
    last_value = (last_value * last_value) Modulus m
    ```

    Также нужно поменять строчку

    ```
    result = result * value_to_powers[power_index]
    ```

    на

    ```
    result = (result * value_to_powers[power_index]) Modulus m
    ```

    Данный алгоритм демонстрируется на примере приложения ExponentiateMod, доступного для загрузки на веб-сайте этой книги.

12. На рисунке Б.3 представлено демонстрационное приложение GcdTimes, которое можно загрузить на веб-сайте этой книги. Серыми линиями изображен график зависимости количества шагов от значений. Логарифм значений выводится в виде кривой, размещенной вверху. Глядя на этот график, сложно сказать, действительно ли количество шагов коррелирует с логарифмом, но растет оно определенно очень медленно.

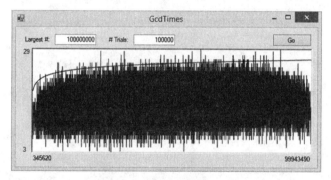

Рис. Б.3. Демонстрационное приложение GcdTimes выводит график зависимости количества шагов в алгоритме НОД от размера значений

13. Вы уже знаете, что значение `next_prime` × 2 было убрано, поскольку оно кратно 2. Если `next_prime` > 3, тогда `next_prime` × 3 тоже вычеркивается, поскольку число 3 уже рассматривалось. На самом деле проверку прошли все простые числа p меньше `next_prime`, поэтому удаленным можно считать и значение `next_prime` × p. Первое простое число, которое не меньше `next_prime`, — само `next_prime`, поэтому первый множитель, который еще не был вычеркнут, равен `next_prime` × `next_prime`. Это означает, что вы можете внести в цикл следующие изменения.

```
// Вычеркиваем множители этого простого числа.
For i = next_prime * next_prime To max_number Step next_prime Then
    is_composite[i] = true
Next i
```

14. Следующий псевдокод демонстрирует алгоритм для вывода чисел Кармайкла и их простых множителей.

```
// Генерируем числа Кармайкла.
GenerateCarmichaelNumbers(Integer: max_number)
    Boolean: is_composite[]
    <Make is_composite a sieve of Eratosthenes for
     numbers 2 through max_number>

    // Ищем числа Кармайкла.
    For i = 2 To max_number
            // Игнорируем простые числа.
            If (is_composite[i]) Then
                    // Проверяем, является ли i числом Кармайкла.
                    If (IsCarmichael(i)) Then
                            <Output i and its prime factors>
                    End If
            End If
    Next i
End GenerateCarmichaelNumbers

// Возвращаем true, если number — число Кармайкла.
Boolean: IsCarmichael(Integer: number)
    // Проверяем всех возможных свидетелей.
    For i = 1 to number - 1
            // Проверяем только те числа,
            для которых GCD(number, 1) = 1.
            If (GCD(number, i) == 1) Then
                    <Use fast exponentiation to calculate
                     i ^ (number-1) mod number>
                    Integer: result = Exponentiate(i, number - 1, number)

                    // Если мы нашли свидетеля Ферма,
                    это не число Кармайкла.
                    If (result != 1) Then Return false
            End If
    Next i

    // Они все обманщики!
    // Это число Кармайкла.
    Return true
End IsCarmichael
```

Чтобы ознакомиться с реализацией данного алгоритма на языке C#, можете загрузить на веб-сайте этой книги демонстрационное приложение CarmichaelNumbers.

15. Предположим, что вы используете значение функции, равноудаленное от верхней и нижней точек прямоугольника. При возрастании функции левая часть прямоугольника становится слишком низкой, а правая — очень высокой, поэтому отклонения в обеих частях постепенно уравновешиваются (по крайней мере, до какого-то предела). Аналогичный процесс происходит при убывании функции, что существенно нивелирует отклонение, при этом не увеличивая количество прямоугольников.

Однако этот метод не сработает (и может даже навредить), если локальный минимум или максимум кривой находятся рядом с центром прямоугольника. В таких случаях отклонения левой и правой части кривой будут суммироваться, приводя к еще большей общей погрешности.

Приложение MidpointRectangleRule, которое демонстрирует этот подход, показано на рисунке Б.4; его можно загрузить на веб-сайте данной книги. Если сравнить результат с тем, что представлен на рисунке 2.2, нетрудно заметить, что использование центральной точки прямоугольника снизило общее отклонение с примерно –6,5 % до 0,2 % — практически в 30 раз. И для этого не пришлось менять количество прямоугольников.

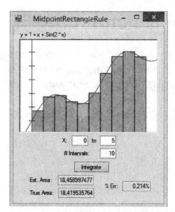

Рис. Б.4. Демонстрационное приложение MidpointRectangleRule снижает погрешность, используя для вычисления высоты прямоугольников их центральные точки

16. Да. Подобная программа будет похожа на разновидность приложения AdaptiveGridIntegration, в котором вместо решетки используются псевдослучайные точки. Если сделать все правильно, это будет значительно эффективнее, чем адаптивная интеграция Монте-Карло, поскольку больше точек будет приходиться на интересующие нас области и меньше на участки, которые располагаются либо полностью внутри фигуры, либо за ее пределами.

17. Следующий псевдокод демонстрирует алгоритм для выполнения интеграции Монте-Карло в трехмерном пространстве.

```
Float: EstimateVolume(Boolean: PointIsInShape(,,), Integer: num_trials,
    Float: xmin, Float: xmax, Float: ymin, Float: ymax,
    Float: zmin, Float: zmax)
        Integer: num_hits = 0
        For i = 1 To num_trials
                Float: x = <pseudorandom number between xmin
                and xmax>
                Float: y = <pseudorandom number between ymin
                and ymax>
                Float: z = <pseudorandom number between zmin
                and zmax>
                If (PointIsInShape(x, y, z)) Then num_hits =
                num_hits + 1
        Next i
```

```
            Float: total_volume = (xmax - xmin) * (ymax - ymin) * (zmax -
    zmin)
            Float: hit_fraction = num_hits / num_trials *
            Return total_volume * hit_fraction
End EstimateVolume
```

18. Чтобы найти точки пересечения функций $y = f(x)$ и $y = g(x)$, можно воспользоваться методом Ньютона, который позволяет получить корни уравнения $y = f(x) - g(x)$. Эти корни и будут значениями абсциссы, при которых пересекаются $f(x)$ и $g(x)$.

Глава 3. Связные списки

1. С учетом того, что в программе имеется переменная bottom, указывающая на последний элемент связного списка, процесс добавления элемента в конец списка можно изобразить в виде следующего псевдокода.

```
Cell: AddAtEnd(Cell: bottom, Cell: new_cell)
    bottom.Next = new_cell
    new_cell.Next = null

    // Возвращаем новую последнюю ячейку.
    Return new_cell
End AddAtEnd
```

Данный алгоритм возвращает новую последнюю ячейку, поэтому переменную, которая на нее указывает, легко обновить внутри вызывающего кода. Вы также могли бы передать указатель bottom по ссылке, чтобы его преобразовал сам алгоритм.

Использование указателя bottom позволяет не изменять алгоритмы для поиска элементов или добавления их в начало списка.

Операция удаления происходит аналогичным образом, разве что вырезаемый элемент располагается в конце списка; в этом случае придется дополнительно обновлять указатель bottom. Поскольку элемент, который нужно изъять, определяется указателем на значение, находящееся перед ним, изменения будут минимальными. Следующий код демонстрирует модифицированный алгоритм для удаления последнего элемента списка.

```
Cell: DeleteAfter(Cell: after_me, Cell: bottom)
    // Если удаляемая ячейка является последней, обновляем bottom.
    If (after_me.Next.Next == null) Then bottom = after_me

    // Удаляем заданную ячейку.
    after_me.Next = after_me.Next.Next

    // Возвращаем указатель на последнюю ячейку.
    Return bottom
End DeleteAfter
```

2. На примере следующего кода представлен алгоритм для нахождения наибольшего элемента в несортированном однонаправленном списке с ячейками, содержащими целые числа.

```
Cell: FindLargestCell(Cell: top)
    // Если список пустой, возвращаем null.
    If (top.Next == null) Return null

    // Переходим к первой ячейке с данными.
    top = top.Next

    // Сохраняем ячейку и ее значение.
    Cell: best_cell = top
    Integer: best_value = best_cell.Value

    // Переходим к следующей ячейке.
    top = top.Next

    // Проверяем другие ячейки.
    While (top != null)
            // Смотрим, является ли
            значение ячейки большим.
            If (top.Value > best_value) Then
                    best_cell = top
                    best_value = top.Value
            End If

            // Переходим к следующей ячейке.
            top = top.Next
    End While

    Return best_cell
End FindLargestCell
```

3. В следующем псевдокоде показан алгоритм для добавления элемента в начало двунаправленного списка.

```
AddAtBeginning(Cell: top, Cell: new_cell)
    // Обновляем ссылки Next.
    new_cell.Next = top.Next
    top.Next = new_cell

    // Обновляем ссылки Prev.
    new_cell.Next.Prev = new_cell
    new_cell.Prev = top
End AddAtBeginning
```

4. В следующем псевдокоде показан алгоритм для добавления элемента в конец двунаправленного списка.

```
AddAtEnd(Cell: bottom, Cell: new_cell)
    // Обновляем ссылки Prev.
    new_cell.Prev = bottom.Prev
    bottom.Prev = new_cell

    // Обновляем ссылки Next.
    new_cell.Prev.Next = new_cell
    new_cell.Next = bottom
End AddAtEnd
```

5. Алгоритм `InsertCell` принимает в качестве параметра ячейку, после которой должен быть вставлен новый элемент. Алгоритмам `AddAtBeginning`

и `AddAtEnd` достаточно в `InsertCell` занять подходящую ячейку. Новый алгоритм показан на примере следующего кода.

```
AddAtBeginning(Cell: top, Cell: new_cell)
    // Вставляем после верхнего ограничителя.
    InsertCell(top, new_cell)
    End AddAtBeginning

AddAtEnd(Cell: bottom, Cell: new_cell)
    // Вставляем после заданной ячейки,
    но перед нижним ограничителем.
    InsertCell(bottom.Prev, new_cell)
End AddAtEnd
```

6. Следующий псевдокод демонстрирует алгоритм, удаляющий определенную ячейку из двунаправленного списка.

```
DeleteCell(Cell: target_cell)
    // Обновляем ссылку Prev следующей ячейки.
    target_cell.Next.Prev = target_cell.Prev

    // Обновляем ссылку Next предыдущей ячейки.
    target_cell.Prev.Next = target_cell.Next
End DeleteCell
```

Графическое представление этого процесса показано на рисунке Б.5.

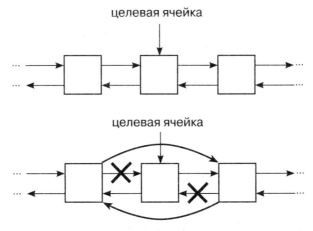

Рис. Б.5. Для удаления элемента из двунаправленного списка нужно изменить ссылки следующей и предыдущей ячеек, чтобы «обойти вокруг» заданного элемента

7. Если имя, которое вам нужно найти, располагается ближе к концу алфавита, чем к его началу, оно должно начинаться с N (или другой буквы, следующей за ней). Следовательно, вы можете выполнить поиск по списку в обратном направлении, начиная с нижнего ограничителя. Это не повлияет на теоретическое время работы $O(N)$, но на практике может ускорить поиск примерно в два раза, если имена распределены достаточно равномерно.

8. Следующий псевдокод демонстрирует алгоритм вставки элемента в отсортированный двунаправленный список.

```
// Вставляем элемент в отсортированный
двунаправленный список.
InsertCell(Cell: top, Cell: new_cell)
    // Находим ячейку, перед которой
    нужно вставить новый элемент.
    While (top.Next.Value < new_cell.Value)
        top = top.Next
    End While

    // Обновляем ссылки Next.
    new_cell.Next = top.Next
    top.Next = new_cell

    // Обновляем ссылки Prev.
    new_cell.Next.Prev = new_cell
    new_cell.Prev = top
End InsertCell
```

Этот алгоритм похож на тот, который использовался для однонаправленного списка, если не считать двух строчек, которые обновляют ссылки `Prev`.

9. Следующий псевдокод определяет, является ли связный список отсортированным.

```
Boolean: IsSorted(Cell: sentinel)
    // Если список содержит 0 или 1 элемент,
    он отсортирован.
    If (sentinel.Next == null) Then Return true
    If (sentinel.Next.Next == null) Then Return true

    // Сравниваем другие элементы.
    sentinel = sentinel.Next;
    While (sentinel.Next != null)
        // Сравниваем этот элемент со следующим.
        If (sentinel.Value > sentinel.Next.Value) Then Return false

        // Переходим к следующему элементу.
        sentinel = sentinel.Next
    End While

    // Если мы добрались сюда, список отсортирован.
    Return true
End IsSorted
```

10. В процессе сортировки методом вставки из исходного списка берется первый элемент и затем в растущем отсортированном списке ищется место, куда его нужно расположить. Это место может находиться ближе к началу или концу списка, в зависимости от значения элемента. Алгоритму не обязательно перебирать весь список, разве что новый объект больше всех тех, что уже отсортированы.

В отличие от вышеприведенного метода, сортировка методом выбора исследует весь исходный список, чтобы найти самый большой элемент. В связи с этим она никогда не может завершить поиск преждевременно.

11. Одно из решений демонстрирует приложение PlanetList, доступное для загрузки на веб-сайте этой книги.

12. Программа BreakLoopTortoiseAndHare, доступная для загрузки на веб-сайте данной книги, демонстрирует решение на языке C#.

Глава 4. Массивы

1. Следующий алгоритм вычисляет дисперсию выборки массива.

```
Double: FindSampleVariance(Integer: array[])
    // Находим среднее.
    Integer: total = 0
    For i = 0 To array.Length - 1
            total = total + array[i]
    Next i
    Double: average = total / array.Length

    // Находим дисперсию выборки.
    Double: sum_of_squares = 0
    For i = 0 To array.Length - 1
            sum_of_squares = sum_of_squares +
                    (array[i] - average) * (array[i] - average)
    Next i

    Return sum_of_squares / array.Length
End FindSampleVariance
```

2. В следующем коде алгоритм, описанный выше, используется для расчета стандартного отклонения выборки.

```
Integer: FindSampleStandardDeviation(Integer: array[])
    // Находим дисперсию выборки.
    Double: variance = FindSampleVariance(array)

    // Возвращаем стандартное отклонение.
    Return Sqrt(variance)
End FindSampleStandardDeviation
```

3. Поскольку массив отсортирован, медианой является элемент в центре массива. Здесь есть два момента, на которые следует обратить внимание. Во-первых, с массивами, имеющими четную и нечетную длину, необходимо обращаться по-разному. Во-вторых, нужно быть осторожным при вычислении индекса центрального элемента, помня, что отсчет начинается с 0.

```
Double: FindMedian(Integer: array[])
    If (array.Length Mod 2 == 0) Then
            // Массив имеет четную длину.
            // Возвращаем среднее значение двух
            центральных элементов.
            Integer: middle = array.Length / 2
            Return (array[middle - 1] + array[middle]) / 2
    Else
            // Массив имеет нечетную длину.
            // Возвращаем центральный элемент.
            Integer: middle = (array.Length - 1)/ 2
            Return array[middle]
    End If
End FindMedian
```

4. Следующий псевдокод удаляет элемент из линейного массива.

```
RemoveItem(Integer: array[], Integer: index)
    // Сдвигаем элементы на 1 позицию влево,
    чтобы перекрыть местонахождение элемента.
    For i = index + 1 To array.Length - 1
        Array[i - 1] = Array[i]
    Next i

    // Изменяем размер, убирая последнюю лишнюю запись.
    <Resize the array to delete 1 item from the end>
End RemoveItem
```

5. Все, что вам нужно изменить в начальном классе треугольного массива, — это метод, который вычисляет индекс в одномерном массиве с помощью строки и столбца. Исходный метод показан в виде следующего псевдокода.

```
Integer: FindIndex(Integer: r, Integer: c)
    Return ((r - 1) * (r - 1) + (r - 1)) / 2 + c
End FindIndex
```

Ниже приведен псевдокод, демонстрирующий новую версию, в которой строка и столбец меняются местами.

```
Integer: FindIndex(Integer: r, Integer: c)
    Return ((c - 1) * (c - 1) + (c - 1)) / 2 + r
End FindIndex
```

6. Отношение между строкой и столбцом для непустых записей в массиве размером $N \times N$ выглядит как строка + столбец < N. Вы можете переделать уравнение для привязки строки и столбца к индексу в одномерном массиве, но проще будет выполнить привязку к новым строке и столбцу, которые в исходном треугольном размещении элементов заполняют собой нижнюю левую часть. Для этого можно заменить r на N - 1 - r, как показано в нижеприведенном псевдокоде.

```
Integer: FindIndex(Integer: r, Integer: c)
    r = N - 1 - r
    Return ((r - 1) * (r - 1) + (r - 1)) / 2 + c
End FindIndex
```

Это изменение, по сути, переворачивает массив вверх ногами так, что маленькие номера строк привязываются к нижней части массива, а большие номера — к верхней его части. Представим, например, что $N = 5$. Тогда запись [0, 4] находится в верхнем правом углу. Эта позиция недопустима в обычном нижнем левом треугольном массиве, поэтому содержимое строки меняется на $N - 1 - 0 = 4$. Позиция [4, 4] допускается, поскольку она находится в нижнем правом углу.

7. Следующий псевдокод заполняет массив значениями ll_value и ur_value. Чтобы добиться желаемого результата, вы можете присвоить им 1 и $\overline{0}$.

```
FillArrayLLtoUR(Integer: values[,],
    Integer: ll_value, Integer: ur_value)
            For row = 0 To <Upper bound for dimension 1>
                For col = 0 To <Upper bound for dimension 2>
```

```
            If (row >= col) Then
                values[row, col] = ur_value
            Else
                values[row, col] = ll_value
            End If
        Next col
    Next row
End FillArrayLLtoUR
```

8. Следующий псевдокод заполняет массив значениями `ul_value` и `lr_value`. Чтобы добиться желаемого результата, вы можете присвоить им 1 и 0.

```
FillArrayULtoLR(Integer: values[,],
    Integer: ul_value, Integer: lr_value)
        Integer: max_col = <Upper bound for dimension 2>
        For row = 0 To <Upper_bound for dimension 1>
            For col = 0 To max_col
                If (row > max_col - col) Then
                    values[row, col] = ul_value
                Else
                    values[row, col] = lr_value
                End If
            Next col
        Next row
End FillArrayULtoLR
```

9. Одно из решений заключается в том, чтобы присвоить каждой записи в массиве минимальное значение, выбранное из индексов ее строки и столбца, а также из расстояния от нее к правому нижнему углу массива.

```
FillArrayWithDistances(Integer: values[,])
    Integer: max_row = values.GetUpperBound(0)
    Integer: max_col = values.GetUpperBound(1)

    For row = 0 To max_row
        For col = 0 To max_col
            values[row, col] =
                Minimum(row, col, max_row - row, max_col - col)
        Next col
    Next row
End FillArrayWithDistances
```

10. Ключевой момент здесь — это привязка [строка, столбец, высота] к индексам массива. Чтобы ее выполнить, программе необходимо знать, сколько ячеек содержится в полных четырехгранных и треугольных группах. Как вы знаете из главы 4, количество ячеек в полном треугольном массиве составляет $(N^2 + N) / 2$, поэтому искомое значение можно получить с помощью следующего псевдокода.

```
Integer: NumCellsForTriangleRows(Integer: rows)
    Return (rows * rows + rows) / 2
End NumCellsForTriangleRows
```

Получить число ячеек в полном четырехгранном массиве будет сложнее. Вы можете воспользоваться подходом, описанным в данной главе (см. таблицу 4.1 и соседние разделы), если нарисуете схему массива и посчитаете ячейки. Если отталкиваться от того, что искомое значение зависит от количества строк, возведенного в куб, можно прийти к такому решению: $(N^3 + 3 \times N^2 + 2 \times N) / 6$. Эта формула используется в следующем псевдокоде.

```
Integer: NumCellsForTetrahedralRows(Integer: rows)
    Return (rows * rows * rows + 3 * rows * rows + 2 * rows) / 6
End NumCellsForTetrahedralRows
```

С помощью этих двух подходов можно написать метод для привязки [строка, столбец, высота] к индексам массива.

```
Integer: RowColumnHeightToIndex(Integer: row, Integer: col,
    Integer: hgt)
            Return
                NumCellsForTetrahedralRows(row) +
                NumCellsForTriangleRows(col) +
                hgt;
End RowColumnHeightToIndex
```

Приведенный код возвращает количество записей, находящихся перед заданной ячейкой. Для вычисления этого значения он суммирует записи согласно полным четырехгранным и треугольным группам, размещенным перед указанным элементом, и добавляет к полученному результату отдельные записи, которые стоят перед данным элементом в рамках его треугольной группы.

11. В массиве с разрывом пропущенные записи не занимают никакого места, поэтому этот вопрос не касается упорядочивания структуры данных для экономии дискового пространства. Все, что вам нужно сделать, — проверить при доступе к записи, является ли индекс строки больше индекса столбца.

12. Чтобы сложить два треугольных массива, достаточно просто суммировать их соответствующие элементы. Единственная хитрость здесь заключается в том, чтобы учитывать только те записи, у которых индекс строки превышает индекс столбца. Эту задачу решает следующий псевдокод.

```
AddTriangularArrays(Integer: array1[,], Integer: array2[,],
    Integer: result[,])
            For row = 0 To <Upper bound for dimension 1>
                For col = 0 To row
                    Result[row, col] = array1[row, col] +
array2[row, col]
                Next col
            Next row
End AddTriangularArrays
```

13. Этот псевдокод для умножения двух матриц был показан в основном тексте данной главы.

```
MultiplyArrays(Integer: array1[], Integer: array2[], Integer: result[])
    For i = 0 To <Upper bound for dimension 1>
        For j = 0 To <Upper bound for dimension 2>
            // Вычисляем результат [i, j].
            result[i, j] = 0
            For k = 0 To <Upper bound for dimension 2>
```

```
                    result[i, j] = result[i, j] + array1[i, k] *
array2[k, j]
            Next k
        Next j
    Next i
End MultiplyArrays
```

Теперь рассмотрим внутренний цикл For k. Если i < k, значит запись array1[i, k] равна 0. Аналогично, если k < i, то array2[k, j] = 0. Если хотя бы одна из этих записей содержит 0, их произведение тоже будет равно 0.

В следующем коде показано, каким образом можно отредактировать внутреннюю операцию присваивания, чтобы значение записи изменялось, только если умножаемые элементы присутствуют в обоих массивах.

```
If (i >= k) And (k >= j) Then
    result[i, j] = result[i, j] + array1[i, k] * array2[k, j]
End If
```

Это можно сделать немного проще, если обратить внимание на индексы k у тех записей, которые имеются и в первом, и во втором массивах. Данные индексы существуют, если k <= i и k >= j. Вы можете использовать эти границы для индексов k во внутреннем цикле For, как показано ниже.

```
For k = j To i
    total += this[i, k] * other[k, j];
Next k
```

14. В следующем коде показан метод CopyEntries, копирующий элементы в связный список ArrayEntry, начиная с from_entry и заканчивая последним элементом списка, которым в данный момент является to_entry.

```
// Копируем записи в заданный список, начиная
с from_entry и заканчивая to_entry.
CopyEntries(ArrayEntry: from_entry, ArrayEntry: to_entry)
    While (from_entry != null)
            to_entry.NextEntry = new ArrayEntry
            to_entry = to_entry.NextEntry
            to_entry.ColumnNumber = from_entry.ColumnNumber
            to_entry.Value = from_entry.Value
            to_entry.NextEntry = null

            // Переходим к следующей записи.
            from_entry = from_entry.NextEntry
    End While
End CopyEntries
```

В список to_entry добавляются новые объекты типа ArrayEntry, пока элемент to_entry не окажется пустым.

Метод AddEntries, показанный ниже, копирует записи из списков from_entry1 и from_entry2 в итоговый список to_entry.

```
// Слагаем элементы в списках from_entry1 и from_entry2
и сохраняем результат в итоговом списке после to_entry.
AddEntries(ArrayEntry: from_entry1, ArrayEntry: from_entry2,
```

```
            ArrayEntry: to_entry)
            // Повторяем до тех пор, пока в обоих списках не
            закончатся элементы.
            While (from_entry1 != null) And (from_entry2 != null)
                // Создаем новую итоговую запись.
                to_entry.NextEntry = new ArrayEntry
                to_entry = to_entry.NextEntry
                to_entry.NextEntry = null

                // Ищем запись с меньшим индексом столбца.
                If (from_entry1.ColumnNumber < from_entry2.
                ColumnNumber) Then
                    // Копируем запись from_entry1.
                    to_entry.ColumnNumber = from_entry1.
                    ColumnNumber
                    to_entry.Value = from_entry1.Value
                    from_entry1 = from_entry1.NextEntry
                Else If (from_entry2.ColumnNumber < from_entry1.
                ColumnNumber)
                Then
                    // Копируем запись from_entry2.
                    to_entry.ColumnNumber = from_entry2.
                    ColumnNumber
                    to_entry.Value = from_entry2.Value
                    from_entry2 = from_entry2.NextEntry
                Else
                    // Номера столбцов одинаковые. Слагаем обе
                    записи.
                    to_entry.ColumnNumber = from_entry1.
                    ColumnNumber
                    to_entry.Value = from_entry1.Value + from_
                    entry2.Value
                    from_entry1 = from_entry1.NextEntry
                    from_entry2 = from_entry2.NextEntry
                End If
            End While

            // Добавляем содержимое списка, в котором еще остаются записи.
            if (from_entry1 != null) CopyEntries(from_entry1, to_entry)
            if (from_entry2 != null) CopyEntries(from_entry2, to_entry)
End AddEntries
```

Приведенный код перебирает оба списка `from` и отбирает из каждого записи с меньшим номером столбца. Если номера столбцов текущих элементов в обоих списках совпадают, программа создает новую запись и сохраняет туда сумму значений этих элементов.

Следующий код демонстрирует сложение двух матриц с помощью методов `CopyEntries` и `AddEntries`, которые используются внутри метода `Add`.

```
// Слагаем два массива с разрывом, представляющие матрицы.
SparseArray: Add(SparseArray: array1, SparseArray: array2)
    SparseArray: result = new SparseArray

    // Переменные для перебора всех массивов.
    ArrayRow: array1_row = array1.TopSentinel.NextRow
    ArrayRow: array2_row = array2.TopSentinel.NextRow
    ArrayRow: result_row = result.TopSentinel
```

Приложение Б

```
            While (array1_row != null) And (array2_row != null)
                  // Создаем новую итоговую строку.
                  result_row.NextRow = new ArrayRow
                  result_row = result_row.NextRow
                  result_row.RowSentinel = new ArrayEntry
                  result_row.NextRow = null

                  // Проверяем, какая из входящих строк имеет меньший индекс.
                  If (array1_row.RowNumber < array2_row.RowNumber) Then
                        // array1_row идет первой. Копируем
                        ее значения в итоговый массив.
                        result_row.RowNumber = array1_row.RowNumber
                        CopyEntries(array1_row.RowSentinel.NextEntry,
                              result_row.RowSentinel)
                        array1_row = array1_row.NextRow
                  Else If (array2_row.RowNumber < array1_row.RowNumber) Then
                        // array2_row идет первой. Копируем
                        ее значения в итоговый массив.
                        result_row.RowNumber = array2_row.RowNumber
                        CopyEntries(array2_row.RowSentinel.NextEntry,
                              result_row.RowSentinel)
                        array2_row = array2_row.NextRow
                  Else
                        // Номера строк совпадают. Слагаем их значения.
                        result_row.RowNumber = array1_row.RowNumber
                        AddEntries(
                              array1_row.RowSentinel.NextEntry,
                              array2_row.RowSentinel.NextEntry,
                              result_row.RowSentinel)
                        array1_row = array1_row.NextRow
                        array2_row = array2_row.NextRow
                  End If
            End While

            // Добавляем оставшиеся строки.
            If (array1_row != null) Then
                  // Создаем новую итоговую строку.
                  result_row.NextRow = new ArrayRow
                  result_row = result_row.NextRow
                  result_row.RowNumber = array1_row.RowNumber
                  result_row.RowSentinel = new ArrayEntry
                  result_row.NextRow = null
                  CopyEntries(array1_row.RowSentinel.NextEntry,
                        result_row.RowSentinel)
            End If
            If (array2_row != null) Then
                  // Создаем новую итоговую строку.
                  result_row.NextRow = new ArrayRow
                  result_row = result_row.NextRow
                  result_row.RowNumber = array2_row.RowNumber
                  result_row.RowSentinel = new ArrayEntry
                  result_row.NextRow = null
                  CopyEntries(array2_row.RowSentinel.NextEntry,
                        result_row.RowSentinel)
            End If

            return result
      End Add
```

Этот метод перебирает два массива from. Если текущая строка одного списка имеет меньший номер, чем текущая строка другого, вызывается метод CopyEntries, который копирует записи этой строки в список to.

Если номера текущих строк в обоих списках совпадают, вызывается метод AddEntries, который объединяет эти строки в итоговом массиве.

Когда один список from станет пустым, метод CopyEntries скопирует в итоговый массив оставшиеся элементы другого списка.

15. Для умножения двух матриц следует умножить строки первой из них на столбцы второй. Чтобы сделать это эффективно, нужно иметь возможность последовательно перебирать записи в столбцах второго массива. Массивы с пропуском, описанные в тексте данной главы, позволяют перемещаться по строкам, но не по столбцам.

    Чтобы вам легче было перебирать содержимое столбцов, вы можете объединить их в связный список, где в каждом столбце хранится связный список записей — по аналогии с тем, как создавались связные списки строк.

    Однако вместо создания совершенно нового класса вы можете использовать уже имеющийся класс SparseArray. Поменяв местами строки и столбцы, вы получите аналогичный массив, позволяющий перебирать записи в столбцах. Конечно, здесь можно запутаться, ведь класс будет работать со строками, как со столбцами, и наоборот. Высокоуровневый алгоритм умножения двух матриц с пропуском показан в виде следующего псевдокода.

```
Multiply(SparseArray: array1, SparseArray: array2, SparseArray: result)
    // Меняем местами строки и столбцы в массиве array2.
    SparseArray: new_array2
    For Each entry [i, j] in array2
            new_array2[j, i] = array2[i, j]
    Next [i, j]

    // Умножаем.
    For Each row number r in array1
        For Each «row» number c in array2 // В реальности это столбцы.
            Integer: total = 0
            For Each <k that appears in both array1's row
                        and array2's column>
                total = total +
                    <The row's k value> * <the column's k value>
            Next k
            result[r, c] = total
        Next c
    Next r
End Multiply
```

Глава 5. Стеки и очереди

1. Когда один из стеков полный, NextIndex1>NextIndex2. В этот момент заполняются оба стека, NextIndex1 становится индексом верхнего элемента второго стека, а NextIndex2 — первого.

2. Просто переместите каждый элемент исходного стека в новый. Алгоритм показан в виде следующего псевдокода.

```
Stack: ReverseStack(Stack: values)
    Stack: new_stack
    While (<values is not empty>)
          new_stack.Push(values.Pop())
    End While

    Return new_stack
End ReverseStack
```

3. Сортировка вставкой для стека демонстрируется в программе StackInsertionsort, которую можно загрузить на веб-сайте этой книги.

4. На самом деле алгоритму не обязательно возвращать все неотсортированные элементы в исходный стек, поскольку он все равно будет брать их оттуда и вставлять согласно порядку сортировки. Вместо этого вы можете вернуть в начальный стек отсортированные записи и затем уже вставлять туда остальные элементы. Это немного ускорит алгоритм, но время его работы так или иначе будет равно $O(N^2)$.

5. Тот факт, что алгоритм сортировки вставкой работает, говорит о том, что вагоны поезда можно отсортировать с использованием всего двух колей — накопительной и выходной. Накопительная колея может служить в качестве второго стека, выводя на выходную те вагоны, которые вы в данный момент сортируете (или наоборот). Это потребует больше шагов по сравнению с ситуацией, в которой накопительная колея не одна. Имеет смысл увеличить количество таких колей, поскольку перемещение железнодорожных вагонов происходит куда медленнее, чем перетягивание элементов из стека в стек.

6. Сортировка выбором для стека демонстрируется в программе StackSelectionsort, которую можно загрузить на веб-сайте этой книги.

7. Внеся небольшие изменения, вы сможете применить алгоритм сортировки выбором для упорядочивания железнодорожных вагонов. Версия, описанная в главе 5, хранит самый крупный элемент в отдельной переменной. Во время сортировки вагонов нельзя просто отложить некоторые из них в сторону. Однако его можно отправить на выходящий путь, а остальные сохранить на накопительной колее. Найдя вагон с наибольшим номером, вы без труда вернете его обратно на накопительную колею, переместив на выходной путь новый вагон.

Естественно, в случае с реальными поездами вам не обязательно ограничиваться передним вагоном. Прежде чем начинать какие-то перемещения, вы можете пройтись вдоль неупорядоченного состава и посмотреть, какой вагон имеет самый большой номер. Когда такой найдется, его можно будет выкатить на выходной путь, а остальные вагоны переместить на накопительную колею. Это избавит вас от необходимости выводить на выходной путь не те вагоны и сократит длинный процесс упорядочивания.

8. Демонстрационное приложение InsertionsortPriorityQueue, доступное для загрузки на веб-сайте этой книги, реализует очередь с приоритетом, используя связный список.

9. Демонстрационное приложение LinkedListDeque, доступное для загрузки на веб-сайте этой книги, реализует дек с помощью двунаправленного списка.

10. Работу многоголовой очереди демонстрирует приложение MultiHeadedQueue, доступное для загрузки на веб-сайте этой книги.

   Среднее время ожидания сильно зависит от количества кассиров. Если их будет хотя бы на одного меньше от оптимального числа, клиентов в очереди заметно возрастет, а среднее время, которое они в ней проводят, увеличится в разы. Если добавить еще хотя бы одного кассира — очередь может почти полностью исчезнуть, а время ожидания сократится до нескольких секунд (некоторые торговые сети хорошо усвоили этот урок; как только количество ожидающих клиентов начинает превышать пару человек, открываются дополнительные кассы и туда перебрасываются работники из других отделов, что быстро рассеивает очередь).

11. Это делает демонстрационное приложение QueueInsertionsort.

12. Это делает демонстрационное приложение QueueSelectionsort.

Глава 6. Сортировка

Все демонстрационные приложения выводят максимум 1000 элементов, которые они сортируют. Если элементов оказывается больше, все они по-прежнему обрабатываются, но в итоговом списке отображается только первая 1000.

1. Алгоритм сортировки вставкой реализует демонстрационное упражнение Insertionsort.

2. Когда алгоритм начинает с индекса 0, он переходит к 0-му элементу в 0-й позиции, при этом ничего не меняя. Если заставить цикл For начинать с индекса 1 вместо 0, алгоритм, в сущности, будет относиться к первому элементу как к уже отсортированному. Это разумно, поскольку группа из одного элемента сама по себе является упорядоченной.

   Запуск цикла с индекса 1 не повлияет на время работы алгоритма.

3. Алгоритм сортировки выбором реализован в демонстрационном приложении Selectionsort.

4. Внешний цикл For мог бы остановиться перед последним элементом в массиве; на последней итерации цикла элемент все равно никуда не двигается, так как алгоритм помещает его в позицию $N - 1$ с индексом $N - 1$. Измененная инструкция For показана на примере следующего псевдокода.

```
For i = 0 To <длина значений> - 2
```

   Это не повлияет на время работы алгоритма.

5. Пузырьковая сортировка осуществлена в демонстрационном приложении Bubblesort.

6. Данные улучшения реализованы в демонстрационном приложении ImprovedBubblesort.

7. Реализация очереди с приоритетом, подразумевающим применение кучи, демонстрируется в приложении PriorityQueue (оно работает напрямую с массивами значений и приоритетов; попрактикуйтесь, попробовав вынести код кучи в отдельный класс).

8. На добавление элемента в кучу и удаление его оттуда потребуется время $O(\log(N))$ — при условии, что в куче находится N элементов. Подробнее об этом написано при рассмотрении времени работы алгоритма древовидной сортировки.

9. Алгоритм древовидной сортировки реализован в демонстрационном приложении Heapsort.

10. Если в полном дереве степени d узел имеет индекс p, его дочерние узлы находятся на позициях $d \times p + 1$, $d \times p + 2$ и $d \times p + 3$, а индекс его родительского узла равен $\lfloor (p-1) \rfloor / d$.

11. Быстрая сортировка со стеками реализована в демонстрационном приложении QuicksortStack.

12. Быстрая сортировка с очередями реализована в демонстрационном приложении QuicksortQueue. С точки зрения алгоритма, реализующего быструю сортировку, стеки и очереди обеспечивают одинаковую производительность. Любые различия будут вытекать из их реализации.

13. Алгоритм быстрой сортировки на месте осуществлен в демонстрационном приложении Quicksort.

14. Вместо того чтобы на каждом шаге разделять элементы на две половины, распределите их на три группы. В первой и последней группах будут значения, которые, соответственно, меньше и больше разделяющего элемента, а в среднюю группу попадут значения, которые его дублируют. Затем рекурсивно отсортируйте первую и последнюю группы, а вторую оставьте без изменений.

15. Алгоритм сортировки подсчетом реализован в демонстрационном приложении Countingsort.

16. Выделите массив `counts` с индексами от 0 до 10 000. На каждой итерации перед увеличением счетчика вычтите из текущего элемента наименьшее значение в массиве (100 000). Затем, записывая подсчет обратно в исходный массив, снова прибавьте к элементам 100 000 (как вариант, можете использовать массив с ненулевыми нижними границами, описанный в главе 4).

17. В этом случае блочная сортировка превращается в сортировку подсчетом. Алгоритму нужно упорядочить каждый блок, но все элементы любого отдельно взятого блока будут иметь одинаковые значения. Это не проблема, если блоки имеют не слишком большой размер, однако у сортировки подсчетом все равно есть небольшое преимущество, поскольку ей достаточно просто посчитать элементы в каждом блоке.

18. Алгоритм блочной сортировки реализован в демонстрационном приложении Bucketsort.

19. Ниже по пунктам перечисляются алгоритмы, которые хорошо подходят для заданных условий.

- **10 значений с плавающей запятой.** Здесь подойдет любой алгоритм за исключением сортировки подсчетом. Наиболее простыми и, вероятно, производительными решениями в данном случае будут алгоритмы сортировки вставкой, выбором и пузырьком.

- **1000 целых чисел.** В этой ситуации подойдут сортировка с кучей и сортировка слиянием. Быстрая сортировка будет наиболее производительным вариантом, если среди значений не встречается слишком много дубликатов и если они не отсортированы изначально; плюс следует избегать выбора разделяющих элементов случайным способом. Для успешного применения сортировки подсчетом нужно, чтобы диапазон значений был ограниченным.

- **1000 имен.** Здесь подойдут сортировка с кучей, быстрая сортировка и сортировка слиянием. Быстрая сортировка будет наиболее производительным вариантом, если среди значений не встречается слишком много дубликатов и если они не отсортированы изначально; плюс следует избегать выбора разделяющих элементов случайным способом. Сортировка подсчетом не сработает. Применение блочной сортировки может оказаться затруднительным (префиксное дерево, описанное в главе 10, похоже на блочную сортировку и тоже подходит для этой задачи).

- **100 000 целых чисел со значениями от 0 до 1000.** Здесь очень хорошо подойдет сортировка подсчетом. Блочная сортировка тоже будет неплохим вариантом, хотя и не таким удачным. Можно также использовать сортировку с кучей, быструю сортировку и сортировку слиянием, но это будет медленнее.

- **100 000 целых чисел со значениями от 0 до 1 млрд.** Сортировка подсчетом здесь не очень подходит, потому что для хранения результатов ей пришлось бы выделить массив с 1 млрд записей. Хорошим решением для этой задачи будет блочная сортировка. Можно также использовать сортировку с кучей, быструю сортировку и сортировку слиянием, но это будет медленнее.

- **100 000 имен.** Сортировка подсчетом не работает со строками. Использование блочной сортировки может оказаться проблематичным (хотя, опять же, префиксное дерево, описанное в главе 10, будет работать). Хорошо с этой задачей справятся сортировка с кучей и сортировка слиянием, а самым производительным вариантом будет быстрая сортировка.

- **1 млн значений с плавающей запятой.** Сортировка подсчетом не работает со строками. Здесь хорошо подойдет блочная сортировка. Можно также использовать сортировку с кучей, быструю сортировку и сортировку слиянием, но это будет медленнее.

- **1 млн имен.** Представленная задача плохо совместима с алгоритмами, описанными в текущей главе. Сортировка подсчетом не работает со строками. Использование блочной сортировки для строковых значений может оказаться проблематичным, но выполнимым заданием. Сортировка с кучей, быстрая сортировка и сортировка слиянием тоже сработают, но медленно. С этой задачей также могут справиться деревья, описанные в главе 10.

- **1 млн целых чисел с равномерным распределением.** Сортировка подсчетом может сработать, если ограничить диапазон значений. В противном случае лучшим вариантом, вероятно, будет блочная сортировка. Можно также использовать сортировку с кучей, быструю сортировку и сортировку слиянием, но это будет медленнее.

- **1 млн целых чисел с неравномерным распределением.** Сортировка подсчетом может сработать, если ограничить диапазон значений. С блочной сортировкой могут возникнуть проблемы из-за неравномерности распределения. Сортировка с кучей, быстрая сортировка и сортировка слиянием тоже сработают, но медленно.

Глава 7. Поиск

1. Алгоритм линейного поиска реализован в демонстрационном приложении LinearSearch.

2. Алгоритм рекурсивного линейного поиска представлен в демонстрационном приложении RecursiveLinearSearch. Если массив содержит N элементов, данный метод может потребовать N уровней рекурсии. Рекурсия большой глубины нередко оказывается недопустимой для некоторых языков программирования, поэтому нерекурсивный подход, скорее всего, будет более безопасным.

3. Алгоритм линейного поиска по связным спискам реализован в демонстрационном приложении LinearLinkedListSearch.

4. Алгоритм бинарного поиска представлен в демонстрационном приложении BinarySearch.

5. Алгоритм рекурсивного бинарного поиска реализован в демонстрационном приложении RecursiveBinarySearch. Для этого метода требуется стек большего объема, чем для нерекурсивной версии. Рекурсия большой глубины может привести к проблемам, но это актуально лишь для действительно огромных массивов, которые вряд ли встретятся на практике. В таком случае лучшим алгоритмом будет тот, который вам кажется наименее запутанным (лично я выбрал бы нерекурсивную версию).

6. Алгоритм интерполяционного поиска реализован в демонстрационном приложении InterpolationSearch.

7. Алгоритм рекурсивного интерполяционного поиска представлен в демонстрационном приложении RecursiveInterpolationSearch. Как и в случае с бинарным поиском, для данного метода необходимо наличие стека большего объема по сравнению с нерекурсивной версией. Рекурсия большой глубины может привести к проблемам, но это актуально лишь для чрезвычайно больших массивов, которые вряд ли встретятся на практике. В таком случае лучшим алгоритмом будет тот, который вам кажется наименее запутанным (лично я выбрал бы нерекурсивную версию).

8. Вычисления, подобные интерполяционному поиску, используются в блочной сортировке при выборе блока для каждого элемента.

9. Вы можете просто перебирать массив в обратном направлении, пока не найдете первый элемент, не совпадающий с целевым значением. В худшем случае это займет $O(N)$ времени. Например, если программа выполняет бинар-

ный поиск по массиву, состоящий исключительно из копий целевого элемента, алгоритм найдет данный элемент на полпути и затем вернется в начало, что займет $N / 2 = O(N)$ шагов.

В качестве более быстрого, но и сложного подхода можно выполнить бинарный или интерполяционный поиск, начиная с позиции, в которой был обнаружен первый целевой элемент, и затем найти следующее меньшее значение. Это не повлияет на время работы исходного алгоритма: $O(\log(N))$ для бинарного и $O(\log(\log(N)))$ для интерполяционного поиска.

Глава 8. Хеш-таблицы

1. Хеш-таблица с прямым связыванием реализована в демонстрационном приложении Chaining.

2. Хеш-таблица с прямым связыванием и отсортированными связными списками представлена в демонстрационном приложении SortedChaining. В ходе одного тестирования средняя длина пробной последовательности программы Chaining была равна 9,46 позициям, а аналогичный показатель программы SortedChaining составил 5,55 позиций. При этом хеш-таблицы обеих программ использовали 10 блоков и хранили 100 элементов.

3. На рисунке Б.6 показана средняя длина пробной последовательности для программ Chaining и SortedChaining. По мере роста две кривые становятся линейными; это говорит о том, что при фиксированном количестве блоков время работы обоих алгоритмов равно $O(1)$. Однако приложение SortedChaining имеет лучшую производительность, поэтому во время его работы используются более мелкие константы.

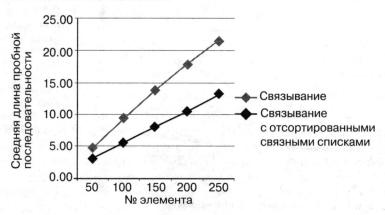

Рис. Б.6. Связывание с отсортированными связными списками обеспечивает меньшую среднюю длину пробной последовательности, чем простое связывание

4. Хеш-таблица, использующая открытую адресацию с линейным пробированием, реализована в демонстрационном приложении LinearProbing.

5. Хеш-таблица, задействующая открытую адресацию с квадратичным пробированием, представлена в демонстрационном приложении QuadraticProbing.

6. Хеш-таблица, использующая открытую адресацию с псевдослучайным пробированием, реализована в демонстрационном приложении PseudoRandomProbing.

7. Хеш-таблица, обращающаяся к открытой адресации с двойным хешированием, реализована в демонстрационном приложении DoubleHashing.

8. Пробные последовательности, которые используются этими алгоритмами, пропускают значения, если их шаг по индексу делит таблицу размером N поровну. Представьте, например, что таблица имеет размер 10, а значение привязано к позиции 1 с шагом по индексу 2. Пробная последовательность посещает позиции 1, 3, 5, 7, 9 и затем повторяется. Этого не произойдет, если шаг по индексу не сможет разделить N поровну. Таким образом, в качестве N следует взять простое число.

9. Хеш-таблица, использующая открытую адресацию с упорядоченным квадратичным хешированием, реализована в демонстрационном приложении OrderedQuadraticHashing.

10. Хеш-таблица, прибегающая к открытой адресации с упорядоченным двойным хешированием, приведена в демонстрационном приложении OrderedDoubleHashing.

11. На рисунке Б.7 показана средняя длина пробной последовательности для разных алгоритмов открытой адресации. Все алгоритмы, не использующие упорядочивание, имеют похожую производительность. В целом самым медленным является линейное пробирование, но остальные опережают его не больше чем на одну пробу. Некоторое преимущество имеет двойное хеширование.

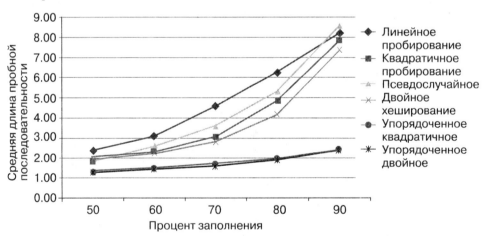

Рис. Б.7. Двойное хеширование имеет меньшую среднюю длину пробной последовательности, но квадратичное и псевдослучайное пробирование демонстрируют сравнимую производительность

По приведенному графику сложно сказать, но если добавить эти же значения в таблицы, этого будет достаточно, чтобы изменить расклад производительности данных алгоритмов.

Алгоритмы упорядоченного квадратичного пробирования и упорядоченного двойного хеширования обеспечивают почти одинаковую среднюю длину пробной последовательности. Их показатели значительно меньше, чем у других алгоритмов, хотя добавление элементов в упорядоченные хеш-таблицы занимает больше времени.

Глава 9. Рекурсия

1. Факториальный алгоритм реализован в демонстрационном приложении Factorial.

2. Алгоритм Фибоначчи представлен в демонстрационном приложении FibonacciNumbers.

3. Алгоритм ханойской башни реализован в демонстрационном приложении TowerOfHanoi.

4. Графическая реализация алгоритма ханойской башни представлена в демонстрационном приложении GraphicalTowerOfHanoi. Подсказки приведены ниже.

   - Создайте класс Disk для представления дисков. Оснастите его свойствами, описывающими его размер, позицию, а также список точек, обозначающих позиции, которые он должен посетить. Добавьте в него метод Draw для рисования диска и Move для перемещения диска на определенное расстояние по направлению к следующей точке в списке.

   - Создайте стеки, обозначающие колышки. Изначально объекты Disk должны находиться в стеке первого колышка, обозначая тем самым исходную башню.

   - Для представления движений создайте класс Move. Он должен записывать номер исходного и конечного колышков, между которыми нужно переместить диск. Снабдите его методом MakeMovePoints, который принимает верхний диск из начального колышка в объекте Move, формирует точки передвижения объекта Disk и передвигает его в нужный стек.

   - Когда пользователь нажимает кнопку, нужно решить задачу ханойской башни, сформировав список объектов Move, представляющих собой решение. Затем следует запустить таймер, который задействуют объекты Move из списка, чтобы создать точки движения для дисков, а потом перемещает и рисует эти диски с помощью методов Move и Draw из объектов Disk.

5. Черчением снежинок Коха занимается демонстрационное приложение KochSnowflake.

6. Приложение, с помощью которого пользователь может указывать углы в генераторе, называется AngleSnowflake.

7. Черчение кривых Гильберта реализовано в демонстрационном приложении Hilbert. Подсказка: если ширина всей кривой должна быть равна with, установите dx = width / ($2^{depth+1 - 1}$).

8. В следующем псевдокоде показаны методы, которые чертят части кривой Серпинского вниз, влево и вверх.

```
// Чертим вниз в правой части.
SierpDown(Integer: depth, Float: dx, Float: dy)
    If (depth > 0) Then
            depth = depth - 1
            SierpDown(depth, gr, dx, dy)
            DrawRelative(gr, -dx, dy)
            SierpLeft(depth, gr, dx, dy)
            DrawRelative(gr, 0, 2 * dy)
            SierpRight(depth, gr, dx, dy)
            DrawRelative(gr, dx, dy)
            SierpDown(depth, gr, dx, dy)
    End If
End SierpDown

// Чертим влево в нижней части.
SierpLeft(Integer: depth, Float: dx, Float: dy)
    If (depth > 0) Then
            depth = depth - 1
            SierpLeft(depth, gr, dx, dy)
            DrawRelative(gr, -dx, -dy)
            SierpUp(depth, gr, dx, dy)
            DrawRelative(gr, -2 * dx, 0)
            SierpDown(depth, gr, dx, dy)
            DrawRelative(gr, -dx, dy)
            SierpLeft(depth, gr, dx, dy)
    End If
End SierpLeft

// Чертим вверх в левой части.
SierpUp(Integer: depth, Float: dx, Float: dy)
    If (depth > 0) Then
            depth = depth - 1
            SierpUp(depth, gr, dx, dy)
            DrawRelative(gr, dx, -dy)
            SierpRight(depth, gr, dx, dy)
            DrawRelative(gr, 0, -2 * dy)
            SierpLeft(depth, gr, dx, dy)
            DrawRelative(gr, -dx, -dy)
            SierpUp(depth, gr, dx, dy)
    End If
End SierpUp
```

9. Черчение кривых Серпинского реализовано в демонстрационном приложении Sierpinski. Подсказка: если ширина всей кривой должна быть равна with, установите dx = width / (2depth + 2 - 2).

10. Следующий псевдокод чертит салфетку Серпинского. Подразумевается, что тип данных Point имеет свойства x и y.

```
// Чертим салфетку.
SierpinskiGasket(Integer: depth,
    Point: point1, Point: point2, Point: point3)
            // Если глубина равна 0, заполняем оставшийся треугольник.
            If (depth == 0) Then
                    Point: points[] = { point1, point2, point3 }
                    FillPolygon(points)
            Else
```

```
            // Находим точки слева, справа и снизу
            // от треугольника.
            Point: lpoint = new Point(
                    (point1.X + point2.X) / 2,
                    (point1.Y + point2.Y) / 2)
            Point: bpoint = new Point(
                    (point2.X + point3.X) / 2,
                    (point2.Y + point3.Y) / 2)
            Point: rpoint = new Point(
                    (point3.X + point1.X) / 2,
                    (point3.Y + point1.Y) / 2)

            // Чертим треугольники по углам.
            SierpinskiGasket(depth - 1, gr, point1, lpoint, rpoint)
            SierpinskiGasket(depth - 1, gr, lpoint, point2, bpoint)
            SierpinskiGasket(depth - 1, gr, rpoint, bpoint, point3)
    End If
End SierpinskiGasket
```

11. Следующий псевдокод чертит ковер Серпинского. Подразумевается, что тип данных `Rectangle` имеет свойства X и Y, Width и Height.

```
// Чертим ковер.
SierpinskiCarpet(Integer: depth, Rectangle: rect)
    // Если глубина равна 0, заполняем оставшийся четырехугольник.
    If (depth == 0) Then
            FillRectangle(rect)
    Else
            // Заполняем 8 внешних четырехугольников.
            Float: width = rect.Width / 3
            Float: height = rect.Height / 3
            For row = 0 To 2
                For col = 0 To 2
                    // Пропускаем центральный четырехугольник.
                    If ((row != 1) || (col != 1)) Then
                        SierpinskiCarpet(depth - 1,
                            New Rectangle(
                                rect.X + col * width,
                                rect.Y + row * height,
                                width, height))
                    End If
                Next col
            Next row
    End If
End SierpinskiCarpet
```

12. Решение задачи о восьми ферзях представлено в демонстрационном приложении EightQueens.

13. Демонстрационное приложение EightQueens2 следит за тем, сколько раз было атаковано каждое поле, чтобы быстрее решить, является ли позиция для нового ферзя корректной. За один пробный запуск это снизило количество проверяемых позиций почти с 1,5 млн до 26 000 и сократило общее время выполнения с 2,13 до 0,07 с. Чем быстрее и эффективнее вы сможете отбросить лишние варианты, тем производительнее будет ваша программа.

14. Демонстрационное приложение EightQueens3 ищет только следующий ряд для новой позиции ферзя. За один пробный запуск это снизило количество проверяемых позиций с почти 26 000 до 113 и практически свело к нулю общее время выполнения, которое ранее составляло 0,07 с. Данная программа ограничивает число возможных позиций ферзя еще сильнее, чем предыдущая версия, что позволяет ей выполнять меньше работы.

15. Демонстрационное приложение KnightsTour использует для решения задачи о ходе коня только обратное отслеживание. Наименьшая квадратная доска, на которой возможно решить эту задачу, имеет размер 5×5.

16. Эвристический алгоритм Варнсдорфа реализован в демонстрационном приложении KnightsTour2.

17. Если взять коллекцию выборок и сгенерировать для каждой из них размещение, получатся перестановки исходного множества. Рассмотрим, например, множество {A, B, C}. Выборки из двух элементов в нем выглядят так: {A, B}, {A, C} и {B, C}. Если добавить повторное размещение этих выборок, {B, A}, {C, A} и {C, B}, результатом будут перестановки исходного множества: {A, B}, {A, C}, {B, A}, {B, C}, {C, A} и {C, B}.

18. Такие алгоритмы SelectKofNwithDuplicates и SelectKofNwithoutDuplicates, реализованы в демонстрационном приложении SelectKofN.

19. Такие алгоритмы, вы как PermuteKofNwithDuplicates и PermuteKofNwithoutDuplicates, рассмотрены в демонстрационном приложении Permutations.

20. Нерекурсивное вычисление факториала демонстрируется в приложении NonrecursiveFactorial.

21. Рекурсивный алгоритм Фибоначчи с сохраняемыми значениями реализован в демонстрационном приложении FastFibonacci.

22. Нерекурсивный алгоритм Фибоначчи разбирается в демонстрационном приложении NonrecursiveFibonacci.

23. Нерекурсивный алгоритм, который рассчитывает числа Фибоначчи до необходимого числа без использования глобального массива, приведен в демонстрационном приложении NonrecursiveFibonacci2.

24. Нерекурсивный алгоритм, занимающийся построением кривой Гильберта, реализован в демонстрационном приложении NonrecursiveHilbert.

Глава 10. Деревья

1. Нет. Количество вершин N в идеальном бинарном дереве с высотой H равно $N = 2^{H+1} - 1$. Значение 2^{H+1} кратно 2, поэтому оно всегда четное. Следовательно, $2^{H+1} - 1$ всегда является нечетным.

2. Полное и завершенное, но неидеальное дерево показано на рисунке Б.8.

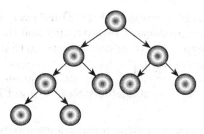

Рис. Б.8. Не все полные завершенные деревья являются идеальными

3. База: если $N = 1$, дерево является корневой вершиной без ветвей, поэтому $B = 0$. Таким образом, $B = N - 1$.

   Шаг: рассмотрим бинарное дерево с N вершинами и предположим, что свойство для таких деревьев равно True. Добавляя вершину, вы должны предусмотреть ветвь, которая свяжет ее с деревом. Изначально количество ветвей равно $N - 1$, поэтому новое дерево будет иметь $N + 1$ вершин и $(N - 1) + + 1 = (N + 1) - 1$ ветвей. Данное выражение подходит для свойства, предназначенного для деревьев с $N + 1$ вершинами, следовательно, свойство остается истинным.

   Это доказывает, что $B = N - 1$.

4. Каждая вершина в бинарном дереве (за исключением корневой) крепится к родительскому элементу с помощью ветви. Количество таких вершин равно $N - 1$ (это касается всех деревьев, не только бинарных).

5. База: если $H = 0$, дерево является корневой вершиной без ветвей. В таком случае существует только одна листовая вершина, поэтому выражения $L = 1$ и $L = 2^H = 2^0 = 1$ истинны.

   Шаг: предположим, что свойство истинно для идеального бинарного дерева высотой H. В идеальном бинарном дереве высотой $H + 1$ содержится корневая вершина, соединенная с двумя идеальными бинарными поддеревьями высотой H. Поскольку мы исходим из того, что свойство истинно для деревьев высотой H, общее количество листовых вершин в каждом поддереве равно 2^H. Добавление новой корневой вершины сверху от двух поддеревьев не приведет к появлению в дереве высотой $H + 1$ никаких новых листьев, поэтому общее количество листовых вершин составляет $(2 \times 2^H) = 2^{H+1}$. Таким образом, свойство остается истинным для идеальных бинарных деревьев высотой $H + 1$.

   Это доказывает, что $L = 2^H$.

6. База: если $H = 1$, дерево является корневой вершиной без ветвей. Этой вершине не хватает двух веток. Следовательно, $M = 2 = 1 + 1$, поэтому свойство $M = N + 1$ истинно для $N = 1$.

   Шаг: предположим, что свойство истинно для бинарных деревьев с числом вершин N. Рассмотрим такое дерево. Для добавления новой вершины ее нужно соединить с родительским элементом с помощью ветви, которая заменит недостающую ветвь (их количество уменьшается на 1). У новой вершины тоже будет две недостающие ветви. Если добавить их к уже имеющимся

($N + 1$), получится $M = (N + 1) - 1 + 2 = (N + 1) + 1$. Данное выражение подходит для свойства, предназначенного для деревьев с $N + 1$ вершинами, следовательно, свойство остается истинным.

Это доказывает, что $M = N + 1$.

7. Прямой обход дерева, изображенного на рисунке 10.24, выглядит так: *E, B, A, D, C, F, I, G, H, J*.

8. Симметричный обход для дерева, представленного на рисунке 10.24, выглядит так: *A, B, C, D, E, F, G, H, I, J*.

9. Обратный обход для дерева, изображенного на рисунке 10.24, выглядит так: *A, C, D, B, H, G, J, I, F, E*.

10. Обход в глубину для дерева, приведенного на рисунке 10.24, выглядит так: *E, B, F, A, D, I, C, G, J, H*.

11. Разные типы обходов для дерева, изображенного на рисунке 10.24, реализованы в демонстрационном приложении BinaryTraversals.

12. Если в алгоритме обхода в глубину, описанном в разделе «Обход в глубину», применить очередь вместо стека, результат будет аналогичным обходу в обратном направлении, только перевернутым. То же самое можно сделать рекурсивно, используя прямой обход, но при этом правый дочерний элемент каждой вершины должен посещаться перед левым.

13. Демонстрационное приложение TextDisplay отображает дерево, показанное на рисунке 10.25, в текстовом виде.

14. Демонстрационное приложение DrawTree воссоздает дерево, подобное тому, что изображено на рисунке 10.26.

15. Демонстрационное приложение DrawTree2 отображает дерево, подобное тому, что показано на рисунке 10.27.

16. Приведенный ниже псевдокод иллюстрирует алгоритм для выполнения обратного симметричного обхода в связном сортированном дереве. Отличия от прямого обхода выделены полужирным начертанием.

```
ReverseInorderWithThreads(BinaryNode: root)
    // Начинаем с корня.
    BinaryNode: node = root

    // Запоминаем, как мы добрались до вершины: через ветвь
    // или тред. Делаем вид, что это была ветвь,
    // и, следовательно, сворачиваем дальше направо.
    Boolean: via_branch = True

    // Повторяем, пока не выполним обход.
    While (node != null)
        // Если мы попали сюда через ветвь, спускаемся
        вниз и идем направо как можно дальше.
        If (via_branch) Then
            While (node.RightChild != null)
                node = node.RightChild
            End While
        End If
```

```
            // Обрабатываем эту вершину.
            <Process node>

            // Находим для обработки следующий узел.
            If (node.LeftChild == null) Then
                    // Используем тред.
                    node = node.LeftThread
                    via_branch = False
            Else
                    // Используем левую ветвь.
                    node = node.LeftChild
                    via_branch = True
            End If
    End While
End ReverseInorderWithThreads
```

17. Созданием связного упорядоченного дерева и отображением его обходов занимается демонстрационное приложение ThreadedTree.

18. Созданием связного упорядоченного дерева и отображением его обходов по примеру того, как показано на рисунке 10.28, занимается демонстрационное приложение ThreadedTree.

19. Все внутренние вершины дерева знаний, которое используется в игре «Животные», хранят вопросы и ведут к дочерним вершинам, поэтому они имеют степень 2. Степень всех листовых вершин равна 0. Степень 1 не встречается, поэтому дерево является полным.

    Дерево растет несимметрично, в зависимости от порядка добавления животных и того, какие вопросы используются для описания их отличий. Таким образом, дерево нельзя назвать ни полным, ни идеальным.

20. Вершины, представляющие вопросы, являются внутренними и имеют по два дочерних элемента. Вершины, изображающие животных, считаются листовыми и не содержат дочерние элементы. Чтобы их отличить, можете проверить, обладает ли свойство вершины YesChild значением null.

21. Игра «Животные» реализована в демонстрационном приложении AnimalGame.

22. Деревья выражений показаны на рисунке Б.9.

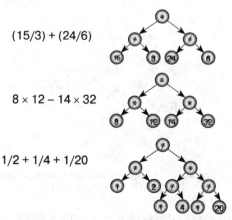

(15/3) + (24/6)

8 × 12 − 14 × 32

1/2 + 1/4 + 1/20

Рис. Б.9. Деревья в правой части рисунка представляют выражения, изображенные слева

23. Расчетом необходимых выражений занимается демонстрационное приложение Expressions.

24. Деревья выражений показаны на рисунке Б.10.

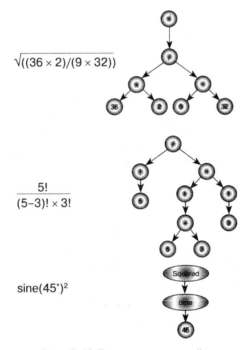

Рис. Б.10 Деревья выражений

25. Расчетом необходимых выражений занимается демонстрационное приложение Expressions2.

26. Деревья квадрантов рассматриваются в приложении Quadtree.

27. Префиксное дерево для заданных строк показано на рисунке Б.11.

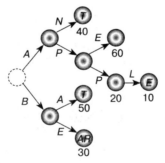

Рис. Б.11. Префиксное дерево, представляющее строки *APPLE, APP, BEAR, ANT, BAT* и *APE*

28. Построение префиксного дерева и поиск по нему реализованы в демонстрационном приложении Trie.

Глава 11. Сбалансированные деревья

1. Случай «правый — левый» изображён на рисунке Б.12.

2. АВЛ-дерево, при добавлении к нему значений от 1 до 8 в порядке следования чисел, показано на рисунке Б.13.

3. Процесс удаления вершины 33 и повторная балансировка дерева показаны на рисунке Б.14. Сначала вам нужно заменить вершину 33 на ту, что находится правее всего по левую сторону от нее, — в данном случае это вершина 17. Дерево оказывается разбалансированным в вершине 12, поскольку высота его левого и правого поддеревьев равна соответственно 2 и 0. Разбалансировку вызывает высокое поддерево-внук, которое состоит из вершины 8, поэтому мы имеем дело со случаем «левый — правый». Чтобы сбалансировать дерево, нужно выполнить поворот влево, переместив вершину 8 на уровень выше, а вершину 5 — на уровень ниже. Затем следует сделать поворот вправо, продвинув вершину 8 вверх на еще один уровень и понизив на уровень вершины 12.

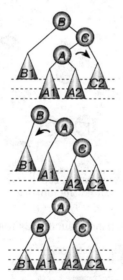

Рис. Б.12. Для сбалансирования АВЛ-дерева в случае «правый—левый», нужно последовательно выполнить повороты вправо и влево

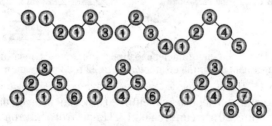

Рис. Б.13. АВЛ-дерево остается сбалансированным, даже если добавить в него упорядоченные значения

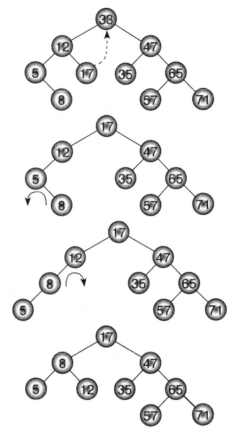

Рис. Б.14. Для сбалансирования верхнего дерева, нужно значение 33 заменить на 17 и затем выполнить повороты влево-вправо

4. Процесс добавления в дерево значения 24 показан в левой части рисунка Б.15.

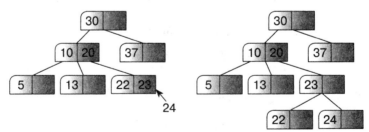

Рис. Б.15. При добавлении в дерево, представленное слева, значения 24 листовая вершина со значениями 22 и 23 разделяется

5. Процесс удаления из дерева значения 20 показан в левой части рисунка Б.16. Сначала значение 20 заменяется на 13. Из-за этого листовая вершина, содержавшая число 13, остается пустой. Балансировка проводится путем заимствования значения у вершины того же уровня.

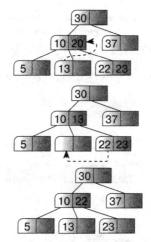

Рис. Б.16. У вас может не получиться заимствовать значение у вершины того же уровня, если у вершины 2–3, содержимое которой удаляется, нет значений

6. Процесс добавления в *B*-дерево значения 56 показан в верхней части рисунка Б.17. Чтобы вставить новое значение, следует разделить блок, содержащий числа 52, 54, 55 и 58. Нужно добавить к этим значениям 56, создать два новых блока и переместить среднее значение (55) вверх к родительской вершине. Там для него не найдется свободного места, поэтому вам опять нужно будет выполнить разделение. Родительская вершина содержит значения 21, 35, 49, 55 и 60 (в том числе и новое). Числа 21 и 35 помещаются в новые блоки, а среднее значение (49) передвигается вверх к родительской вершине, которая является корнем дерева. Таким образом, дерево становится на один уровень выше.

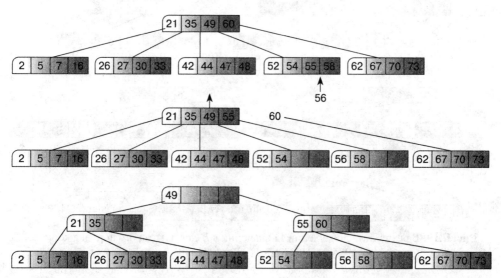

Рис. Б.17. Иногда разделение блоков доходит до корня *B*-дерева, в результате чего оно становится выше

7. Чтобы удалить из дерева, показанного в нижней части рисунка Б.17, значение 49, достаточно просто заменить его числом, которое находится правее всего по левую сторону от него (в данном случае это 48). Вершина, в которой изначально содержалось число 48, все еще имеет три значения, поэтому ее не нужно балансировать. Результат показан на рисунке Б.18.

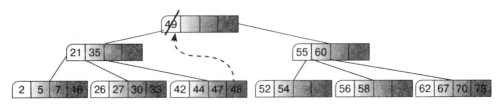

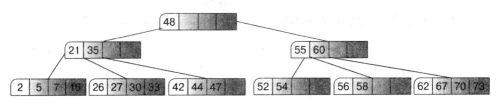

Рис. Б.18. Иногда при удалении значения повторная балансировка не требуется

8. На рисунке Б.19 показано *B*-дерево, растущее по мере добавления значений в диапазоне от 1 до 11. После добавления числа 11 корневая вершина имеет четыре дочерних элемента, поэтому дерево на данном этапе будет хранить 11 значений.

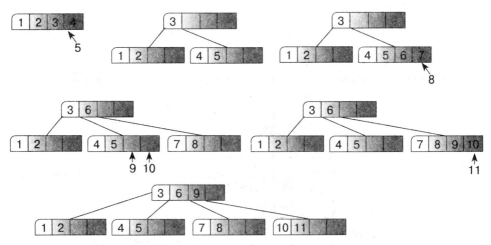

Рис. Б.19. В результате добавления 11 значений в *B*-дерево второго порядка корневой узел будет содержать четыре дочерних элемента

9. *B*-дерево порядка *K* заняло бы $1024 \times (2 \times K) + 8 \times (2 \times K+1) = 2048 \times K + 16 \times K + 8 = 2064 \times K + 8$ байт. Чтобы поместиться в четыре блока

по 2 Кб, оно не должно превышать 4 × 2 × 1024 = 8192 байт, поэтому 2064 × K + 8 ≤ 8192. Если решить это неравенство для K, получится, что K ≤ (8192 – 8) / 2064, или K ≤ 3,97. K должно быть целым, поэтому его следует округлить до 3.

B+дерево порядка K заняло бы 100 × (2 × K) + 8 × (2 × K + 1) = 200 × K + 16 × × K + 8 = 216 × K + 8 байт. Чтобы поместиться в четыре блока по 2 Кб, оно не должно превышать 4 × 2 × 1024 = 8192 байт, поэтому 216 × K + 8 ≤ 8192. Если решить это неравенство для K, получится, что K ≤ (8192 – 8) / 216, или K ≤ 37,9. K должно быть целым, поэтому его следует округлить до 37.

При наличии 10 000 элементов каждое дерево может иметь высоту не более $\log_{(K+1)}(10\,000)$. Для B-дерева это значение равно $\log_4(10\,000) \approx 6{,}6$, поэтому оно может достигать семи уровней. Для B+дерева данное значение равно $\log_{38}(10\,000) \approx 2{,}5$, поэтому количество его уровней не может превышать 3.

Глава 12. Деревья принятия решений

1. Это делает демонстрационное приложение CountTicTacToeBoards. Оно находит следующие результаты:

    - X выигрывает 131 184 раза;
    - O выигрывает 77 904 раза;
    - 46 080 раз игра завершается вничью;
    - общее количество возможных вариантов игры составляет 255 168.

    Если ходы делаются случайным образом, больше побед одерживает X, однако стратегия, которой придерживаются опытные игроки, подразумевает сведение матчей к ничьей, что делает подобный исход наиболее частым.

2. Это делает демонстрационное приложение CountPrefilledBoards. Количество возможных партий для каждого начального поля показано на рисунке Б.20. Например, игру, которую запустили в левом верхнем углу с X, можно провести 27 732 способами.

27,732	29,592	27,732
29,592	25,872	29,592
27,732	29,592	27,732

Рис. Б.20. Эти числа показывают, сколько возможных вариантов игры начинается с установки X в соответствующем поле

Поскольку доска для игры в крестики-нолики симметрична, вам не нужно подсчитывать партии для каждой начальной позиции. Все угловые поля приводят к одному и тому же количеству возможных партий; то же самое касается средних полей. Чтобы получить все значения, достаточно посчитать партии для одного углового, среднего и центрального полей.

3. Это делает демонстрационное приложение TicTacToe.
4. Это выполняет демонстрационное приложение PartitionProblem.
5. Это делает демонстрационное приложение PartitionProblem.
6. На рисунке Б.21 показаны две диаграммы. В обоих случаях график логарифмов посещенных вершин выглядит как почти полностью прямая линия, поэтому количество вершин, рассмотренных каждым алгоритмом, является экспоненциальной функций числа весов N. Другими словами, если N — количество весов, число посещенных вершин равно C^N. При использовании метода ветвей и границ это значение окажется меньшим, чем при полном переборе, но оно все равно будет экспоненциальным.
7. Это делает демонстрационное приложение PartitionProblem.
8. Это выполняет демонстрационное приложение PartitionProblem.
9. Будут найдены группы {9, 6, 7, 7, 6} и {7, 7, 7, 5, 5}. Их общие веса составляют 35 и 31, поэтому разница равна 4.
10. Это делает демонстрационное приложение PartitionProblem.

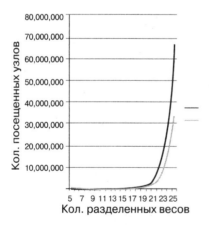
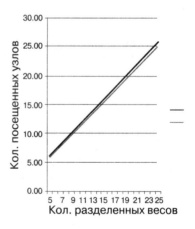

Рис. Б.21. Поскольку график зависимости логарифма посещенных вершин от количества весов является линейным, число посещенных вершин растет экспоненциально по отношению к общему числу вершин

11. Будут найдены группы {5, 6, 7, 7, 7} и {5, 6, 7, 7, 9}. Их общие веса составляют 32 и 34, поэтому разница равна 2.
12. Будут обнаружены группы {7, 9, 7, 5, 5} и {6, 7, 7, 7, 6}. Общие веса в обоих случаях составляют 33, поэтому разница равна 0.
13. Это делает демонстрационное приложение PartitionProblem.

Глава 13. Основные сетевые алгоритмы

1. Это делает демонстрационное приложение NetworkMaker. Выберите пункт меню **Add Node** и щелкните по поверхности рисования, чтобы создать новые узлы. При использовании любого из инструментов для добавления звеньев начальный узел выбирается щелчком левой клавиши мыши, а конечный — правой.

2. Это выполняет демонстрационное приложение NetworkMaker.

3. Это делает демонстрационное приложение NetworkMaker.

4. Этот алгоритм не подходит для направленных сетей, поскольку в нем предполагается, что если есть путь от узла A к узлу B, то должен существовать путь от узла B к узлу A. Представим, например, что в сети три узла, соединенные последовательно: $A \to B \to C$. Если алгоритм начнет в точке A, он доберется до всех трех узлов, но если первой выбрать точку B, тогда он сможет найти только лишь узлы B и C. Из-за этого он ошибочно решит, что в сети имеется всего два связных компонента: $\{B, C\}$ и $\{A\}$.

5. Это делает демонстрационное приложение NetworkMaker.

6. Если сеть состоит из N узлов, любое остовное дерево будет содержать ровно $N - 1$ звеньев. Если все звенья имеют одинаковые затраты C, общие затраты любого остовного дерева будут равны $C \times (N - 1)$.

7. Это делает демонстрационное приложение NetworkMaker.

8. Это выполняет демонстрационное приложение NetworkMaker.

9. Нет, дерево кратчайшего пути не обязательно должно быть минимальным остовным деревом. На рисунке Б.22 показан обратный пример. Слева изображена исходная сеть, в центре находится дерево кратчайшего пути с корнем в узле A, а справа можно увидеть минимальное остовное дерево с тем же корневым узлом.

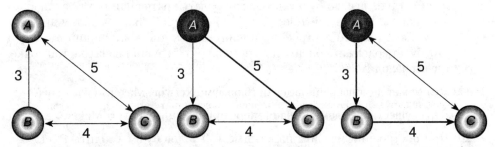

Рис. Б.22. Дерево кратчайшего пути всегда является остовным деревом, но не обязательно минимальным

10. Это делает демонстрационное приложение NetworkMaker.

11. Это выполняет демонстрационное приложение NetworkMaker.

12. Это делает демонстрационное приложение NetworkMaker.

13. Это выполняет демонстрационное приложение NetworkMaker.

14. Если сеть содержит цикл с общим отрицательным весом, алгоритм поиска кратчайшего пути с коррекцией меток будет следовать по нему бесконечно, уменьшая расстояние до содержащихся в нем узлов.

    Этого не может произойти с алгоритмом установки меток, поскольку в нем расстояние до каждого узла назначается всего один раз и больше никогда не меняется.

15. Расстояние до узла, который помечен алгоритмом поиска кратчайшего пути с установкой меток, никогда не меняется, поэтому алгоритм можно прерывать сразу после маркировки целевой точки. Если сеть большая, а начальная и конечная точки находятся близко друг к другу, это, скорее всего, сэкономит время.

16. Когда алгоритм поиска кратчайшего пути с коррекцией меток маркирует узел, это вовсе не означает, что он позже не изменит расстояние до него, поэтому вы не можете сразу же сказать, является ли данный путь к узлу самым коротким (как в случае с установкой меток).

    Однако алгоритм не способен оптимизировать расстояние, если оно короче тех, что предоставляются списком потенциальных звеньев. Это означает, что вы можете периодически проверять звенья в списке. Если ни одно из них не обеспечивает более короткий путь, значит вы нашли итоговый кратчайший маршрут.

    Это достаточно сложное и медленное изменение вряд ли ускорит алгоритм, разве что сеть окажется очень большой, а начальный и конечный узлы располагаются совсем близко друг к другу. Вероятно, вам лучше использовать алгоритм с установкой меток.

17. В качестве корня для дерева кратчайшего пути можно выбрать не начальный узел, а конечный и следовать при этом по звеньям в обратном направлении. Такое дерево будет демонстрировать кратчайший путь от любого узла сети к финальной точке, а не от исходной точки к любому другому узлу. Если при его построении покинуть текущий кратчайший путь, оно уже будет содержать оптимальный маршрут, берущий начало в той точке, где вы находитесь.

18. Это делает демонстрационное приложение NetworkMaker.

19. Это осуществляет демонстрационное приложение NetworkMaker.

20. При построении массива на каждые 100 узлов будет уходить 1 сек. Это 16,67 мин для 1000 узлов и 11,57 дня для 10 000 узлов.

21. На рисунке Б.23 изображены массивы `Distance` и `Via` для сети, представленной на рисунке 13.15. Начальный путь от узла A к узлу B выглядит как $A \rightarrow C$ и имеет затраты в размере 18. Затраты итогового кратчайшего пути, $A \rightarrow B \rightarrow C$, равны 16.

Рис. Б.23. Массивы `Distance` и `Via` позволяют находить кратчайший путь между всеми парами вершин

Глава 14. Дополнительные сетевые алгоритмы

1. Это делает демонстрационное приложение NetworkMaker.

2. Когда алгоритм вставляет узел в итоговый список, он обновляет счетчик `NumBeforeMe` из соседнего узла. Если этот счетчик становится равным 0, алгоритм добавляет соседний узел в список `ready`. На данном этапе он также мог бы включить его в список узлов, готовых к работе. Например, при добавлении в итоговый список узла Гипсокартон становятся готовыми узлы Проводка и Трубопровод, поэтому они могут оказаться в списке вместе. Результатом будет перечень заданий, которые завершаются в одно и то же время.

3. Алгоритм должен следить за временем с момента запуска первой задачи. Присваивая счетчику узла `NumAfterMe` значение 0, он должен сделать время, которое уже успело пройти, начальным. После этого он может вычислить ожидаемое время завершения работы этого узла. Когда возникает необходимость убрать элемент из списка готовых узлов, нужно выбрать узел с самым ранним временем завершения.

4. Да. Помимо минимум одного узла с нулевой исходящей степенью, представляющего задачу без предварительных требований, у нас должен быть по крайней мере один узел с нулевой входящей степенью, который обозначает задачу, не являющуюся предварительным требованием ни для одного другого узла. Вы можете добавить его в конец списка полностью упорядоченных задач. Это позволит удалить узлы из сети и вставить их в начало и конец упорядоченного списка.

5. Это делает демонстрационное приложение NetworkMaker.

6. Для узлов *M* и *N* можно использовать следующие пары: *B/H*, *B/D*, *G/D*, *G/A*, *H/A*, *H/B*, *D/B*, *D/G*, *A/G* и *A/H*. У всех них есть обратный эквивалент (например, для *B/H* таковым является *H/B*), поэтому на самом деле существует только пять разных вариантов.

7. Это делает демонстрационное приложение NetworkMaker.

8. Это выполняет демонстрационное приложение NetworkMaker. Запустите его, чтобы увидеть, какой из вариантов закраски карты четырьмя цветами будет найден.

9. Это делает демонстрационное приложение NetworkMaker. Когда я его проверял, оно использовало пять цветов для сети, показанной на рисунке 14.5, и три цвета для сети, изображенной на рисунке 14.6. Запустите его, чтобы увидеть, какие цвета оно выбирает.

10. В левой части рисунка Б.24 показана остаточная версия сети, представленной на рисунке 14.12, где дополняющий путь выделен толстыми линиями. Если использовать этот путь для обновления сети, получится новый поток, изображенный справа. Это лучшее решение из возможных, поскольку общий поток равен 7 и больше из исходного узла *A* получить нельзя.

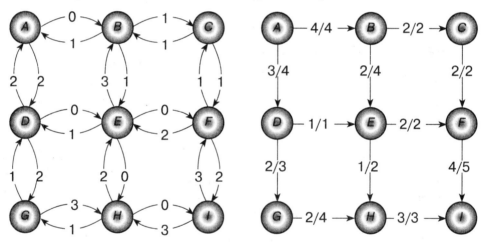

Рис. Б.24. Дополнительный путь в остаточной сети слева позволяет получить обновленную сеть, показанную справа

11. Это делает демонстрационное приложение NetworkMaker. Загрузите сеть и выберите инструмент **Calculate Maximal Flows**. Затем щелкните левой и правой клавишами мыши, чтобы выделить исходный и конечный узлы. Выведите потоки и емкость звеньев с помощью пункта **Show Links Capacities** в меню **Options**.

12. На рисунке Б.25 показан пример приложения NetworkMaker, которое выводит максимальные потоки для сети, представленной на рисунке 14.9. Работников можно назначить всего на четыре должности. Загрузите или создайте сеть распределения рабочих мест и выберите инструмент **Calculate Maximal Flows**. После этого щелкните левой и правой клавишами мыши, чтобы выделить исходный и конечный узлы.

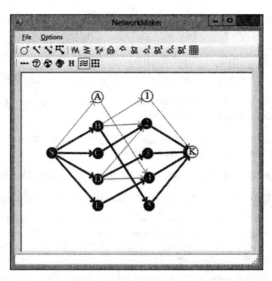

Рис. Б.25. Пример сети, в которой работников можно назначить максимум на четыре должности

13. Чтобы узнать, сколько путей не имеет общих звеньев, достаточно присвоить каждому звену емкость 1 и найти максимальный поток между узлами. Итоговый поток и будет означать количество искомых путей.

    Чтобы узнать, сколько путей не имеет общих звеньев и узлов, замените каждый узел двумя новыми — входящим и исходящим. Свяжите их звеном пропускной способностью 1. Подсоедините звено, которое было в составе замененного узла, к новому входящему узлу. Звенья, которые выходили из замененного узла, теперь должны выходить из исходящего узла. Сделав все это, найдите максимальный поток. Поскольку каждый узел представлен двумя новыми узлами (одним входящим и одним исходящим), соединенными звеном емкостью 1, через любую такую пару может проходить только один путь.

14. Для закрашивания двудольной сети достаточно всего лишь двух цветов. Просто закрасьте первый набор узлов одним цветом, а второй другим. Поскольку узлы в одном и том же наборе не связаны между собой, двуцветное закрашивание сработает.

    Для закрашивания сети распределения рабочих мест хватит трех цветов. Один цвет назначьте узлам, которые представляют работников, другой — узлам, отведенным для должностей, и еще один используйте для входящего и исходящего узлов.

15. Это делает демонстрационное приложение NetworkMaker. Загрузите сеть и выберите инструмент **Minimal Flow Cut**. Затем щелкните левой и правой клавишами мыши, чтобы выбрать исходный и конечный узлы.

16. Существует два решения. Первое заключается в удалении звеньев $B \to C$, $E \to F$ и $H \to I$, а во втором нужно удалить звенья $C \to F, E \to F$ и $H \to I$. В обоих случаях общая пропуская способность уменьшается на 7. Приложение NetworkMaker находит первое решение.

Глава 15. Строковые алгоритмы

1. Это делает демонстрационное приложение ParenthesisMatching.

2. Это выполняет демонстрационное приложение EvaluateExpression.

3. Приложению придется рассматривать четвертый рекурсивный случай, в котором выражение имеет вид *-expr*.

4. Приложению придется рассматривать другой рекурсивный случай, в котором выражение имеет вид sine(*expr*).

5. Это делает демонстрационное приложение EvaluateBoolean.

6. Это выполняет демонстрационное приложение GraphExpression.

7. В таблице Б.3 представлены переходы состояний для ДКА, который соответствует регулярному выражению (AB) * | (BA) *.

Таблица Б.3. Переходы состояний для выражения (AB)* | (BA)*

Состояние	0	0	1	2	3	4
На входе	*A*	*B*	*B*	*A*	*A*	*B*
Новое состояние	1	3	2	1	4	3
Принимающее	Нет	Нет	Нет	Да	Нет	Да

8. Диаграмма перехода состояний показана на рисунке Б.26.

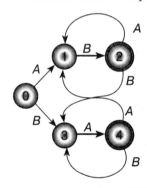

Рис. Б.26. Эта диаграмма перехода состояний для ДКА соответствует регулярному выражению ((AB)|(BA))*

9. В таблице Б.4 представлены переходы состояний для диаграммы, показанной на рисунке Б.26.

Таблица Б.4. Переходы состояний для выражения ((*AB*)|(*BA*))*

Состояние	0	0	1	2	2	3	4	4
На входе	*A*	*B*	*B*	*A*	*B*	*A*	*A*	*B*
Новое состояние	1	3	2	1	3	4	1	3
Принимающее	Нет	Нет	Нет	Да	Да	Нет	Да	Да

10. Это делает демонстрационное приложение DFAMatch.

11. Таблицу легко записать, но в ней непросто найти нужные переходы. Представьте, например, что ДКА пребывает в состоянии 17 и сталкивается с вводом Н. Программе придется искать в таблице соответствующую запись, прежде чем перейти к новому состоянию. Если таблица большая, на это может потребоваться какое-то время. Чтобы ускорить процесс, переходы следует хранить в дереве, хеш-таблице или другой структуре данных. Это сделает поиск более простым, но потребует больше памяти и усложнит программу.

    Теперь представьте, что в качестве состояний используются объекты (по аналогии с тем, как точки в сети обозначаются в виде объектов узлов). Каждый подобный объект может содержать список, предоставляющий новые состояния для разного ввода. В таком случае переходы состояний будут относительно быстрыми и простыми. Если какие-то объекты способны считывать множество разных поступающих данных (то есть на диаграмме состояний из них выходит много звеньев), вам придется тратить время на поиск новых состояний. В связи с этим имеет смысл использовать дерево, хеш-таблицу или другую структуру данных, что может ускорить поиск — по крайней мере, вам не нужно будет перебирать всю таблицу переходов.

12. Как всегда, нужно создать НКА для распознавания шаблона, затем добавить новое начальное состояние и нулевой переход, который соединяет его с обычными состояниями. Еще по одному переходу понадобится, чтобы при вводе любого символа новое исходное состояние и принимающее состояние шаблона связывались сами с собой. Диаграмма переходов показана на рисунке Б.27.

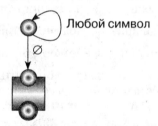

Рис. Б.27. Диаграмма переходов НКА, ищущая шаблон по всей строке

13. Решение показано на рисунке Б.28.

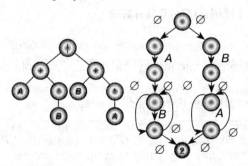

Рис. Б.28. Синтаксическое дерево *(слева)* и соответствующая сеть НКА *(справа)* для выражения (AB*) | (BA*)

14. Решение показано на рисунке Б.29.

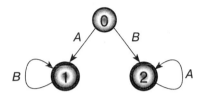

Рис. Б.29. Эта диаграмма переходов ДКА соответствует тем же значениям, что и диаграмма для НКА, показанная в правой части рисунка Б.28

15. Пусть искомая подстрока состоит из последовательности символов A, а текст содержит повторяющиеся цепочки из $M - 1$ символов A, за каждой из которых следует B. Например, если M равно 4, целевая строка будет выглядеть как $AAAA$, а текст — иметь вид повторяющихся произвольное количество раз символов $AAAB$. В этом случае подстроки не может быть в тексте, поскольку в нем ни разу не встречается M символов A подряд. Пока внешний цикл изменяет переменную i, внутренний цикл должен перебирать $M, M - 1, M - 2$... значений (пока не останется один-единственный символ), чтобы понять, что совпадение не найдено. Затем последовательность повторяется. Внутренний цикл в среднем встречается примерно $M/2$ раз, из-за чего общее время выполнения равно $O(N \times M/2) = O(N \times M)$.

16. Путь с наименьшими затратами использует максимально возможное количество диагональных звеньев. На четыре диагональных звена приходится пять обычных, поэтому редакционное расстояние будет равно 5.

17. Это делает демонстрационное приложение StringEditDistance.

18. Это делает демонстрационное приложение StringEditDistance.

19. Да, редакционное расстояние является коммутативным. Для преобразования первого слова во второе необходимо выполнить обратные операции. То есть вместо удаления символ нужно добавить, а вместо добавления — удалить.

20. Это делает демонстрационное приложение FileEditDistance.

21. Это делает демонстрационное приложение FileEditDistance.

Глава 16. Шифрование

1. Это делает демонстрационное приложение RowColumnTransposition.

2. Это делает демонстрационное приложение SwapColumns.

3. Если ключ содержит дублирующиеся символы, узнать, какой из соответствующих столбцов должен идти первым, нельзя.

   Одно из решений заключается в использовании только первого вхождения каждой буквы; таким образом, *PIZZA* превращается в *PIZA*, а *BOOKWORM* в *BOKWRM*. Это также позволяет маскировать количество столбцов в шифрующем массиве, что усложняет задачу для злоумышленника, который не знает, какой метод шифрования был применен.

4. Меняя местами как столбцы, так и строки, вы значительно увеличиваете количество возможных вариантов их размещения. Например, если сообщение, состоящее из 100 символов, записать в массив размером 10×10, получится $10! \times 10! \approx 1{,}3 \times 10^{13}$ вариантов.

Если злоумышленнику удастся определить порядок следования столбцов, то во всех строках, хотя они и не упорядочены, будет находиться членораздельный текст. Распознавая отдельные слова, злоумышленник сумеет восстановить порядок размещения столбцов и затем сможет попытаться переставить строки так, чтобы получить все сообщение целиком.

Если каждая строка начинается с нового слова, восстановить исходную расстановку строк может оказаться непросто, но если допускается перенос слова на следующую строку, это даст злоумышленнику дополнительные зацепки. Представьте, например, что первая строка заканчивается на GREA, а вторая и третья начинаются соответственно с NT и TLY. В таком случае третья строка, скорее всего, должна следовать за первой.

Это пример того, как, казалось бы, совершенно оправданная попытка совместить два метода шифрования оказывается практически бесполезной. И хотя перестановка строк в сочетании с перестановкой столбцов значительно увеличивает количество возможных комбинаций, в целом данная операция мало влияет на число вариантов, которые должны интересовать злоумышленника.

5. Это делает демонстрационное приложение SwapRowsAndColumns.

6. Это делает демонстрационное приложение CaesarSubstitution. Зашифрованная версия сообщения *Nothingbut gibberish* со сдвигом 13 будет выглядеть как ABGUV ATOHG TVOOR EVFU.

7. Демонстрационное приложение LetterFrequencies отображает относительную частоту вхождения букв в сообщение. Для трех наиболее используемых букв в криптограмме оно находит следующие значения.

Таблица Б.5. Относительная частота вхождения букв в сообщение

Буква	Частота, %	Сдвиг
K	18,5	6
V	14,8	17
R	13,0	13

Если попробовать расшифровать сообщение с помощью демонстрационной программы CaesarSubstitution и сдвига 6, получится бессвязный текст. Но если указать сдвиг 17, получится следующий результат: *THERE WASAT IMEWH ENCAE SARSU BSTIT UTION WASTH ESTAT EOFTH EART* (были времена, когда подстановка Цезаря считалась передовым методом шифрования).

8. Это делает демонстрационное приложение VigenereCipher. Расшифрованное сообщение будет выглядеть как *A VIGE NEREC IPHER ISMOR ECOMP LICAT EDTHA NCAES ARSUB STITU TION* (шифр Виженера превосходит по сложности подстановку Цезаря).

9. Если повторно использовать одноразовый блокнот, получится, в сущности, шифр Виженера, в котором весь блокнот играет роль ключевого слова.

Это может сработать на некоторое время, но рано или поздно злоумышленник узнает, что вы используете один и тот же блокнот, и шифр может быть взломан.

10. Это может случиться, если сообщение было утеряно или пришло не в том порядке, в результате чего вы используете в своем блокноте не те буквы. Расшифровать сообщение удастся, если подбирать разные начальные позиции, пока не найдется та, которая выдает членораздельный текст. Количество букв в блокноте, которые необходимо пропустить, говорит о том, насколько длинным было пропущенное вами сообщение. Вы можете либо игнорировать факт пропуска, либо связаться с отправителем (зашифрованным образом, естественно) и попросить его повторно выслать пропущенный текст.

11. Несущественно. Это даст злоумышленнику информацию о длине и частоте отправляемых вами сообщений, но он и так мог это узнать, производя замеры перехваченного текста (все сообщения перехватываются).

12. Это делает демонстрационное приложение OneTimePad.

13. Если у вас есть криптографически безопасный генератор случайных чисел, вы можете сгенерировать с его помощью одноразовые блокноты и использовать их для шифрования. Такие блокноты нельзя будет взломать, поскольку каждая буква сообщения может принимать в криптограмме какой угодно вид.

    Не исключен такой алгоритм действий. Представьте, что у вас есть метод шифрования, устойчивый ко взлому. Вы можете сгенерировать с его помощью последовательность случайных букв, зашифровав сообщение, состоящее из одних лишь букв *A*. Затем, используя полученные буквы, реально сгенерировать случайные числовые значения для безопасного генератора случайных чисел.

14. Каждый день в одно и то же время отправляйте сообщение одной длины. Если вам нечего сказать, напишите об этом в сообщении, а недостающую длину компенсируйте за счет случайных символов. Если шифрование является безопасным, злоумышленник не сможет отличить важную информацию от набора бессмысленных букв.

15. В этой ситуации значения будут следующими:

    $n = 22\,577$;

    $\phi(n) = 106 \times 210 = 22\,260$;

    $d = 18\,899$;

    $C = 1337^{4\,199} \bmod 22\,577 = 13\,400$;

    $M = 19\,905^{18\,899} \bmod 22\,577 = 12\,345$.

Глава 17. Теория вычислительной сложности

1. Алгоритмы сортировки подсчетом и блочной сортировки не используют сравнение. Вместо этого они ищут, в каком месте отсортированного списка должно находиться каждое значение, используя математические вычисления.

2. Эту задачу можно свести к закрашиванию карты двумя цветами. Двухцветный граф является также двудольным. Попробуйте закрасить его двумя цветами, чтобы решить задачу обнаружения двудольного графа. Если вам это удастся, граф действительно двудольный. При этом вы также получите два множества узлов. Поместите узлы первого цвета в одно множество, а узлы второго цвета — в другое.

Алгоритм закрашивания двумя цветами, описанный в главе 14, выполняется за полиномиальное время (на самом деле это довольно быстро), поэтому он, как и алгоритм обнаружения двудольного графа, принадлежит к классу P.

3. Задачу о тройных циклах можно свести к обнаружению двудольного графа. Если граф содержит цикл длиной 3, он недвудольный. Для решения подобной задачи проверьте, является ли граф двудольным, используя соответствующий алгоритм. Если ответ положительный, это означает, что граф не содержит ни одного цикла длиной 3.

Стоит отметить, что обратное утверждение не всегда является справедливым. Чтобы граф не был двудольным, в его состав должен входить любой цикл нечетной длины.

Как показано в упражнении 2, задача обнаружения двудольного графа принадлежит к классу P, поэтому тройной цикл имеет такой же класс сложности.

4. Задачу о цикле нечетной длины можно свести к обнаружению двудольного графа. Если граф содержит цикл нечетной длины, он недвудольный. Для решения такой задачи проверьте, является ли граф двудольным, используя соответствующий алгоритм. Если ответ положительный, это означает, что граф не содержит ни одного цикла с нечетной длиной.

Стоит отметить, что в данном случае обратное утверждение тоже является справедливым. Если в состав графа не входят циклы нечетной длины, он является двудольным.

Как показано в упражнении 2, задача обнаружения двудольного графа принадлежит к классу P, поэтому цикл нечетной длины имеет такой же класс сложности.

5. Недетерминированный алгоритм для решения ЗГП (задачи о гамильтоновом пути) заключается в следующем: необходимо угадать порядок, в котором можно посетить узлы, и затем проверить (за полиномиальное время), является ли данный маршрут гамильтоновым путем. Для этого нужно определить, что все узлы в таком маршруте посещаются ровно один раз и что пары смежных узлов соединены звеньями.

6. Вы можете воспользоваться алгоритмом, похожим на тот, что описан в решении упражнения 5: необходимо угадать порядок, в котором можно посетить узлы, и затем проверить (за полиномиальное время), является ли данный маршрут гамильтоновым циклом. Единственное отличие состоит в том, что в этой задаче нужно также удостовериться, что первый и последний узлы совпадают.

7. Задачи, описанные в предыдущих двух упражнениях, являются тесно связанными, но их решения нельзя считать полностью взаимозаменяемыми,

поскольку в сети с гамильтоновым путем может не быть гамильтонова цикла. Возьмем, например, сеть с двумя узлами и единственным звеном $A \to B$. Маршрут $A \to B$ представляет собой гамильтонов путь, но не гамильтонов цикл.

Чтобы свести ЗГП к ЗГЦ, вам нужно придумать, как с помощью алгоритма ЗГЦ решать задачи о гамильтоновом пути. Другими словами, если сеть содержит гамильтонов путь, вы должны обнаружить его, используя алгоритм ЗГЦ.

Для начала обратите внимание на то, что сеть с гамильтоновым циклом обязательно содержит гамильтонов путь. Чтобы получить этот путь, просто уберите из цикла последнее звено.

Теперь представим, что в сети нет гамильтонова цикла, но есть гамильтонов путь. Как превратить путь в цикл? Нужно всего лишь соединить звеном исходный узел с конечным. Сеть не может изначально содержать такое звено, иначе в ее состав входил бы гамильтонов цикл.

Чтобы обнаружить гамильтонов цикл, добавьте новое звено L_{AB} между узлами A и B. Теперь, если цикл существует, по тому же маршруту в исходной сети будет находиться гамильтонов путь. Предположим, что цикл проходит через узлы $N_1, N_2, ..., A, B, N_k, N_{k+1}, ... N_1$. Тогда исходная сеть будет содержать гамильтонов путь $B, N_k, N_{k+1}, ... N_1, N_2, ..., A$.

Полная версия алгоритма для решения ЗГП выглядит так.

1. Используем алгоритм ЗГЦ, чтобы узнать, содержит ли исходная сеть гамильтонов цикл. Если ответ положительный, в ее состав также есть гамильтонов путь.

2. Проверяем каждую пару узлов A и B. Если между ними нет звена:

   a. добавляем звено LAB между A и B;

   b. проверяем с помощью алгоритма ЗГЦ, содержит ли сеть гамильтонов цикл. Если ответ положительный, в ее состав также входит гамильтонов путь;

   c. удаляем звено LAB и продолжаем проверять другие пары узлов.

Общая идея показана на рисунке Б.30. Исходная сеть изображена слева. Она определенно не содержит гамильтонов цикл, поскольку узел L имеет всего одно звено, и путь, который через него проходит, не может пройти дальше.

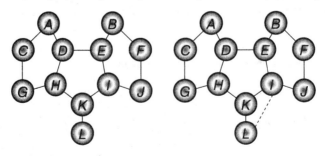

Рис. Б.30. Сеть, изображенная слева, содержит гамильтонов путь, но не гамильтонов цикл

В процессе своей работы алгоритм сведения рано или поздно попытается добавить звено между узлами *I* и *L*. Алгоритм ЗГЦ находит гамильтонов путь, показанный в правой части рисунка Б.30. Его можно получить путем удаления звена между узлами *I* и *L* из начальной сети.

Стоит отметить, что этот алгоритм может оказаться неэффективным для нахождения гамильтоновых путей. Если сеть содержит *N* узлов, вам, возможно, придется повторить второй шаг N^2 раз. Это все еще вписывается в рамки полиномиального времени, поэтому данное сведение удовлетворяет условию упражнения.

Алгоритм ЗГЦ является *NP*-полным, поэтому у него нет известных решений, которые были бы достаточно быстрыми. Это означает, что его выполнение N^2 раз и в самом деле будет очень медленным.

8. Чтобы свести ЗГЦ к ЗГП, вам нужно придумать, как с помощью алгоритма ЗГП решать задачи о гамильтоновом цикле. Другими словами, если сеть содержит гамильтонов цикл, вы должны обнаружить его, используя алгоритм ЗГП.

    К сожалению, расширить гамильтонов путь до цикла можно только в том случае, если в этом пути есть звено, идущее от последнего узла к первому. Алгоритм ЗГП способен найти путь, в котором такого звена нет, поэтому он не гарантирует формирование цикла.

    Допустим, сеть содержит гамильтонов цикл со звеном *LAB*, соединяющим узлы *A* и *B*. Теперь представьте, что вы соединяете узел *A'* с узлом *A* и узел *B'* с узлом *B*. В таком случае новая сеть будет содержать нециклический гамильтонов путь, ведущий от *A'* к *B'*.

    Справедливо и обратное утверждение: любой гамильтонов путь должен начинаться с узла *A'* и заканчиваться узлом *B'* (или наоборот, если сеть ненаправленная). Предположим, что алгоритм ЗГП обнаруживает путь, проходящий по узлам *A'*, *A*, N_1, N_2, ..., *B*, *B'*. Тогда путь *A*, N_1, N_2, ..., *B*, *A* является гамильтоновым циклом.

    Полная версия алгоритма для решения ЗГЦ выглядит так.

    Для каждого звена *LAB*, соединяющего узлы *A* и *B*:

    a. соединяем новый узел *A'* с узлом *A* и новый узел *B'* с узлом *B*;

    b. проверяем с помощью алгоритма ЗГП, содержит ли сеть гамильтонов путь. Если ответ положительный, в ее состав также входит гамильтонов цикл;

    c. удаляем новые узлы *A'* и *B'* вместе со звеном, которое их соединяет. Повторяем то же самое с другим звеном.

    Общая идея показана на рисунке Б.31. Вам, вероятно, без особых сложностей удастся найти гамильтонов цикл, но представьте, что это не так. Как видно в правой части рисунка, алгоритм сведения проверяет звено L_{QR}, соединяющее узлы *Q* и *R*. Он добавил узел *Q'*, связанный с узлом *Q*, и узел *R'*, сведенный с узлом *R*. Алгоритм ЗГП находит в измененной сети, что показана справа, путь, выделенный толстыми линиями. Удалив узлы *Q'* и *R'* вместе с их звеньями и добавив к пути звено L_{QR}, мы получим гамильтонов цикл.

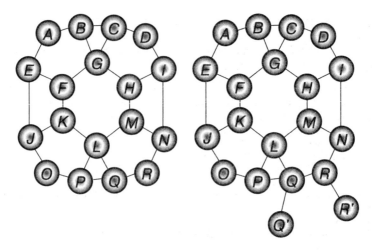

Рис. Б.31. Гамильтонов путь, выделенный в сети справа толстыми линиями, соответствует гамильтонову циклу, представленному слева

9. Недетерминированный алгоритм выглядит так: выбираем цвет наугад и следим за тем, чтобы у каждого узла он отличался от цветов его соседей.

10. Недетерминированный алгоритм выглядит так: выбираем наугад подмножество, добавляем к нему числа и следим за тем, чтобы их общая сумма была равна 0.

11. Один из способов сведения задачи сообщения к алгоритму обнаружения имеет вид следующего псевдокода.

    1. Если DetectKnapsack(k) возвращает False, ни одно из подмножеств с общим значением не меньше k не влезет в ранец. Таким образом, алгоритм сообщения может вернуть эту информацию и остановиться.

    2. Если DetectKnapsack(k) возвращает True, выполняем для каждого объекта множества O_i:

        a. удаляем объект O_i из множества;

        b. проверяем с помощью алгоритма DetectKnapsack(k), по-прежнему ли существует решение со значением k;

        c. если решение со значением k все еще возможно, оставляем объект O_i удаленным и продолжаем цикл с шага 2;

        d. если решение со значением k больше не является возможным, возвращаем объект O_i во множество и продолжаем цикл с шага 2.

    По завершении цикла мы получим решение, состоящее из элементов, которые остались внутри множества.

12. Один из способов сведения задачи оптимизации к алгоритму обнаружения имеет вид следующего псевдокода.

    1. Допустим, Kall — это суммарное значение всех объектов во множестве. Используем алгоритм обнаружения DetectKnapsack(Kall),

```
DetectKnapsack(Kall - 1), DetectKnapsack(Kall - 2) и т. д.,
пока DetectKnapsack(Kall - m) не вернет true. Когда это произойдет, Kall - m будет максимальным значением, которое можно вместить в ранец. Пусть Kmax = Kall - m.
```

2. Найдем `ReportKnapsack(Kmax)`, воспользовавшись алгоритмом сведения, описанным в решении к упражнению 11. Полученный результат будет решением задачи оптимизации.

13. Один из способов сведения задачи сообщения к алгоритму обнаружения имеет вид следующего псевдокода.

    1. Если `DetectKnapsack()` возвращает `false`, разделение на множества невозможно. Таким образом, алгоритм сообщения может вернуть эту информацию и остановиться.

    2. Если `DetectKnapsack()` возвращает `true`:

        a. пусть O_{max} входит в подмножество A и является при этом объектом с наибольшим значением. (Если разделение возможно, O_{max} может находиться в подмножестве A. Если после разделения объект Omax попал в подмножество B, нужно просто поменять местами все элементы двух подмножеств);

        b. выполняем для всех остальных объектов O_i:

           - удаляем O_i из множества и добавляем его значение V_i к значению объекта O_{max};

           - проверяем с помощью алгоритма `DetectKnapsack`, по-прежнему ли возможно выполнить разделение. Если ответ положительный, разделить исходное множество можно при нахождении объекта O_i в подмножестве A. Оставляем множество и значение V_{max} как есть и продолжаем цикл с шага 2b;

           - если алгоритм `DetectPartition` указывает на то, что разделение больше не возможно, объект O_i должен быть помещен в подмножество B. В этом случае из V_{max} нужно вычесть значение V_i, добавленное ранее, и вернуть O_i во множество, восстановив его до состояния, которое оно имело на шаге 2b-II. Чтобы представить процесс помещения объекта O_i в подмножество B, удалим его из множества и вычтем его значение V_i из V_{max}. Теперь цикл можно продолжить с шага 2b.

    По завершении цикла, начатого на шаге 2b, множество должно содержать только объект O_{max}, значение которого, V_{max}, равно 0. Шаги, предпринятые для достижения данного результата, показывают, какие элементы принадлежат к подмножеству A, а какие должны входить в подмножество B.

Глава 18. Распределенные алгоритмы

1. На рисунке Б.32 показан алгоритм мгновенной сортировки, упорядочивающий два списка.

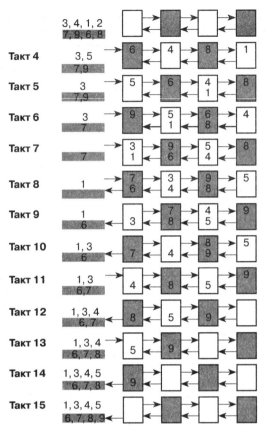

Рис. Б.32. Систолический массив с четырьмя ячейками способен отсортировать два списка, содержащие по четыре числа, за 15 тактов

Сортировка двух числовых списков занимает на один такт больше, чем сортировка одного списка.

2. Допустим, длина общего лучшего маршрута равна 100 и процесс *A* имеет новый маршрут с суммарной длиной 80. Он считывает общее значение и входит в свой блок If Then. Теперь процесс *B* сравнивает общее значение с длиной нового маршрута (70) и тоже включает его в свой блок If Then, первым захватывая мьютекс. Процесс *B* сохраняет свое решение вместе с суммарной длиной нового маршрута (70) и освобождает мьютекс. После этого процесс *A*, захватив мьютекс, сохраняет свое решение с маршрутом, суммарная длина которого 80.

В таком случае решение, сохраненное процессом *A*, уступает решению, сохраненному процессом *B*. Оно совпадает с длиной маршрута, сохраненного процессом *A*, поэтому данный подход выигрывает у начального примера с состоянием гонки, но лучшее решение по-прежнему перезаписывается. Процесс *B* также хранит локальную копию длины маршрута, который он считает оптимальным (70), поэтому он не сообщит о ней, если подобный маршрут будет найден.

Процесс A может сохранить себя, если снова проверит общую длину после захвата мьютекса. Этого дополнительного шага можно избежать, захватив мьютекс раньше, но на самом деле двойная проверка значения может иметь смысл.

Захват мьютекса обычно является относительно медленной операцией, по крайней мере если сравнивать его с проверкой участка памяти. Если значение процесса A уступает значению, которое уже находится в общей переменной, процесс A может быстро об этом узнать, не прибегая к использованию мьютексов.

3. Сценарий с четырьмя философами показан на рисунке Б.33. Зачеркнутые вилки являются грязными. В левой части изображения показано исходное состояние, в котором философ 4 остался без вилок, философ 1 имеет две вилки, а остальные держат по одной вилке в левой руке.

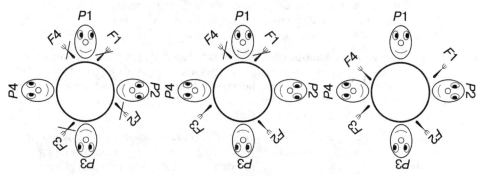

Рис. Б.33. Согласно решению Чанди/Мисра с использованием синхронизации, философ 1 ест первым, а философ N — вторым

Когда все философы одновременно пытаются приступить к обеду, философ 1 уже держит в руках две вилки, поэтому он начинает есть первым. Остальные (за исключением философа 4) уже держат в левой руке грязную вилку и ждут, когда освободится правая. Философ N остался без вилок, поэтому он просит обе — правую и левую. Поскольку все вилки грязные, тот, у кого они есть, чистит и кладет их на стол (кроме философа 1, который все еще ест). Результат показан в средней части рисунка Б.33.

Теперь в данном примере два философа имеют справа чистую вилку; левой вилки у них нет, поэтому они ее просят (в более масштабном варианте задачи здесь оказалось бы большинство философов). Их соседи держат чистые вилки и, следовательно, отказываются их отдавать. В итоге все ждут.

Когда философ 1 заканчивает есть, он чистит свои вилки и отдает их соседям, философам 2 и 4. Результат показан в правой части рисунка Б.33. Теперь у философа 4 есть две вилки, поэтому он приступает к обеду вторым.

Закончив прием пищи, философ 4 отдает правую вилку философу 3, который сразу же начинает есть.

Когда философ 3 закончит с едой, он отдаст правую вилку философу 2, который приступит к обеду последним.

В целом философы едят в таком порядке: 1, N, $N-1$, $N-2$, ..., 2.

4. В этом случае генерал *A* никогда не получит подтверждения. Следовательно, он решит, что количество отправленных им посланий было недостаточным, и отправит еще один набор сообщений, на этот раз больший. Некоторые из них дойдут до генерала *B*, и тот ответит новым набором подтверждений (возможно, увеличив их число). Рано или поздно одна из попыток увенчается успехом, и генерал *A* получит подтверждение.

5. Генерал *A*, как и прежде, шлет набор сообщений. Если генерал *B* получит хотя бы какие-то из них, он вычислит P_{AB} и вернет в ответ 10 подтверждений примерно такого содержания: «P_{AB} = <вычисленное значение>. Это 1 подтверждение из 10. Я согласен атаковать на рассвете».

Если генерал *A* получит хотя бы одно подтверждение, он вычислит P_{BA}. Из содержания подтверждений он узнает, сколько равно P_{AB}. На основе этого он решит, какое число сообщений ему следует отправить, чтобы добиться желаемого уровня определенности. Сообщения будут выглядеть так: «P_{BA} = <вычисленное значение>. Подтверждение получено».

Если после первого набора сообщений генерал *A* не получит ни одного подтверждения (когда он их отправлял, ему еще не было известно значение P_{AB}, поэтому он не знал, сколько всего нужно послать сообщений), он будет считать, что до генерала *B* не дошли новые сведения. Следовательно, он отправляет еще один набор, уже побольше.

Аналогично, если генерал *B* не получит ответа на свои подтверждения (на момент отправки он не знал, чему равно P_{BA}, поэтому не понимал, сколько подтверждений нужно послать), то будет считать, что генерал *A* ничего не получил. Следовательно, он отправляет еще один более крупный набор.

Рано или поздно генерал *A* пошлет достаточное количество сообщений, чтобы генерал *B* получил хотя бы пару из них и вычислил P_{AB}. В какой-то момент число отправленных генералом *B* подтверждений тоже станет достаточным; некоторые из них дойдут до генерала *A*, и тот сможет вычислить P_{BA}. Наконец, однажды генерал *A* ответит столькими посланиями, что некоторые из них достигнут генерала *B*, и тот получит значение P_{BA}. После этого оба генерала будут знать вероятность прохождения сообщений в обе стороны.

6. Это решение будет работать в ситуации, показанной в правой части рисунка 18.2.

Но, согласно левой части этого рисунка, каждый лейтенант принимает собственное решение. В некотором смысле это не так уж и важно, поскольку предателем является генерал, которому, если следовать условию, никто не обязан подчиняться. Однако в условии говорится, что два верных лейтенанта должны принять общее решение, чего они в данном случае не делают.

7. Это сработает в обеих ситуациях, показанных на рисунке 18.2. И там, и там лейтенанты, получив противоречивые инструкции, отступают.

Но давайте представим, что генерал остался верным (как в правой части рисунка 18.2). Он приказывает атаковать, а лейтенант-предатель, изображенный справа, врет об этом. В таком случае другой лейтенант получает противоречивые сведения и, вопреки приказу генерала, отступает.

8. Нет, у верных лейтенантов не хватает информации, чтобы вычислить предателя. Рассмотрим в качестве примера два случая. Пусть в первом из них

предателем является генерал, который приказывает первому лейтенанту атаковать, а второму — отступать. Обменявшись информацией, все лейтенанты, кроме первого, будут считать, что им следует отступить.

Во втором примере предателем является первый лейтенант. Генерал приказывает всем отступить, но предатель говорит остальным лейтенантам, что им нужно атаковать.

В обоих случаях лейтенанты получают одни и те же сведения, поэтому они не могут сказать, кто является предателем — генерал или первый лейтенант. Причем это не зависит от количества лейтенантов, следовательно, предателя невозможно обнаружить.

Кроме того, предатель может маскироваться под верного военнослужащего и не передавать противоречивых приказов. Это тоже исключит его обнаружение, хотя так он все равно не принесет никакого вреда.

9. Представьте, что генерал приказывает двоим лейтенантам атаковать, а еще двоим — отступать. Обменявшись приказами, лейтенанты узнают о двух приказах об атаке и еще двух — об отступлении. Один лейтенант-предатель не мог привести к такой комбинации, поэтому предателем должен быть генерал.

В этом случае лейтенанты не обязаны подчиняться предателю, но им все равно нужно выработать общее решение. Для этого они могут воспользоваться заранее определенным правилом, которое гласит: «Если командующий генерал окажется предателем, отступайте».

10. В задаче с обедающими философами предполагается, что разговоры за столом запрещены. Если разрешить философам общаться друг с другом, они могут выбрать лидера, который будет играть роль официанта.

11. Алгоритм хулигана позволил бы отбирать вилки у философов с меньшим идентификатором. Подобный план помог бы, если бы философы не ели слишком часто. Но если они заняты обедом существенную часть времени, это может привести к активным взаимным блокировкам, которые значительно затрудняют прием пищи философам с маленькими идентификаторами.

12. Если философы хотят есть слишком часто, они, скорее всего, будут тратить много времени в ожидании вилок. Официант, который разрешает одновременный прием пищи поочередно философам с четными и нечетными номерами, будет куда более эффективным, чем тот, что позволяет приступать к обеду всем сразу.

13. Допустим, DAB и DBA — это задержки при отправке сообщения из A в B и наоборот. Рассмотрим следующие уравнения, с помощью которых алгоритм вычисляет погрешность часов:

$$T_{B1} = (T_{A1} + E) + D_{AB}$$
$$T_{A2} = (T_{B1} + E) + D_{BA}.$$

Теперь, если вычесть второе уравнение из первого, получится следующее:

$$T_{B1} - T_{A2} = (T_{A1} + E + D_{AB}) - (T_{B1} + E + D_{BA}) =$$
$$= T_{A1} - T_{B1} + D_{AB} - D_{BA} + 2 \times E.$$

Когда мы выполняли предыдущий анализ, в котором D_{AB} было равно D_{BA}, эти два выражения сокращались. Если оставить их в уравнении и выполнить вычисление для E, получится следующее:

$$E = (2 \times T_{B1} - T_{A2} - T_{A1}) / 2 + (D_{BA} - D_{AB}) / 2.$$

Погрешность в E между D_{BA} и D_{AB} равна половине разницы между ними. В худшем случае, когда одно из этих значений близко к 0, а другое немного меньше общей задержке в обе стороны (D), погрешность будет $D / 2$.

После использования алгоритма часов получается, что $T_B = T_A \pm D / 2$.

14. На самом деле нет никакой разницы между изменением скорости сети и времени, которое уходит на передачу сообщения из A в B или из B в A. И в том и в другом случае важна только разница между значениями D_{BA} и D_{AB} из ответа к упражнению 13. В этом ответе было показано, что после работы алгоритма часов имеет место уравнение $T_B = T_A \pm D / 2$, где D — общая задержка.

15. Из ответа к упражнению 14 становится понятно, что погрешность по новому времени процесса B' определяется общей задержкой передачи сообщения в обе стороны (D). Если скорость сети сильно колеблется, значение D иногда будет маленьким, а иногда большим. Чтобы получить лучший результат, выполните алгоритм несколько раз и скорректируйте время в соответствии с попыткой, в которой задержка была самой маленькой.

Глава 19. Головоломки, встречающиеся на собеседованиях

1. Если он возьмет в гостиную три носка, как минимум два из них будут черными или коричневыми (все три из них не могут оказаться разного цвета).

    В этой задаче нет ничего сложного, если вы сталкивались с чем-то подобным ранее, поэтому она не позволяет проверить способность мыслить логически. В любом случае она легко решается, если записать на бумаге некоторые возможные комбинации. В целом этот вопрос не такой уж и плохой, просто интервьюер мало что может из него узнать.

2. Если положить все шарики в одну миску или распределить по разным мискам половину шариков каждого цвета, получится, что вероятность выбора белого шарика равна 50 %. Это будет нижняя граница возможной вероятности. Того же результата можно добиться, если положить все белые и черные шарики в две разные миски согласно их цвету.

    Однако лучше было бы положить один белый шарик в одну миску, а все остальные — в другую. В половине случаев вам повезет — и вы выберите миску с единственным белым шариком. В остальных случаях вам достанется другая миска, где на выбор белого шарика у вас будет девять шансов из 19. Общие шансы на успех следующие:

    $$0{,}5 + 0{,}5 \times (9 / 19) \approx 74\,\%.$$

    Эта задача хотя и затрагивает вероятностные вычисления, но по большей части основывается на хитроумном приеме. Было бы проще, быстрее и, скорее всего, надежнее спросить у кандидата, что он знает о вероятности.

3. Поначалу кажется, что данная задача связана с вероятностью или вычислениями, но на самом деле это вопрос с подвохом. Красных шариков не хватит, чтобы поместить их между каждой парой синих, — это невозможно сделать.

Здесь все просто, если вы знаете, в чем загвоздка. Если нет, на поиск ответа можно потратить уйму времени. В этом случае интервьюер мало что узнает о кандидате.

4. Эта задача действительно основана на вычислениях. Вероятность можно найти, если поделить количество подходящих комбинаций на их общее количество.

Для начала следует отметить, что вас не должны интересовать комбинации, в которых меняются местами одинаковые шарики (неважно, красные или синие).

Дальше, чтобы упростить процесс, предположим, что вы выпрямили круг в линию, в результате чего у вас получилось 12 позиций, в которых может находиться шарик. Теперь поместите синий шарик в первую позицию. Размещение других 11 шариков в оставшихся 11 позициях равноценно расстановке исходных 12 шариков в виде круга. В такой ситуации проще работать, поскольку вам не нужно беспокоиться о том, чтобы первый шарик прилегал к последнему. Сейчас между первым и последним шариками красного цвета находится синий шарик.

Теперь задачу можно свести к размещению 11 оставшихся шариков по 11 имеющимся позициям. Если сразу разместить четыре красных шарика, остальные свободные позиции будут заполнены синими шариками. Если подойти к задаче с этой стороны, количество возможных вариантов будет следующим.

$$\binom{11}{4} = \frac{11!}{4!\,(11-4)!} = \frac{11!}{4! \times 7!} = \frac{30\,916\,800}{2 \times 435\,040} = 330.$$

Чтобы узнать, сколько всего позиций вам может подойти, начните с размещения четырех красных шариков подряд. Чтобы они не оказались смежными, поместите между каждой из пар по одному синему шарику (для этого понадобится три синих шарика из оставшихся семи).

На этом этапе у вас останется четыре синих шарика, которые можно разместить где угодно. Если представить красные шарики в виде перегородок, то синие должны находиться между ними (причем неважно, в каком порядке, потому что все они одинаковые).

Эту ситуацию можно представить следующим образом: у вас есть восемь ячеек, куда следует поместить либо синий шарик, либо перегородку. Теперь вы можете поставить перегородки и заполнить оставшиеся позиции синими шариками. Количество способов, которыми это можно сделать, вычисляется так:

$$\binom{8}{4} = \frac{8!}{4!\,(8-4)!} = \frac{8!}{4! \times 4!} = \frac{40\,320}{24 \times 24} = 70.$$

Количество подходящих расстановок равно 70, а всего имеется 330 возможных вариантов, поэтому шансы на то, что шарики, размещенные случайным образом, окажутся в подходящих позициях, равны 70 / 330 = 7 / 33 ≈ 21 %.

Подобное упражнение довольно сложное, хотя и интересное. Подобные задачи достаточно часто используются в курсах обучения, посвященных вероятности и статистике, поэтому кандидат, который изучал эти науки, скорее всего, будет иметь представление о том, как их решать. В любом случае, такие задачи требуют очень непростых вычислений, и для неподготовленного человека они будут крайне сложными.

На самом деле единственное, что интервьюер сможет узнать о кандидате благодаря данному вопросу, — это сталкивался ли тот с подобными упражнениями ранее и имеет ли он соответствующее образование.

5. Наиболее очевидным вариантом является использование связного списка. То же самое можно сделать и внутри массива с помощью цикла For. Вы можете получить дополнительные баллы, если упомянете оба эти подхода и заметите, что выбор лучшего из них зависит от того, каким образом список хранился изначально с расчетом на выполнение других операций.

Это действительно хороший вопрос! Возможно, вам никогда не придется обращать список клиентов подобным образом, однако своим ответом вы продемонстрируете знание по меньшей мере одной структуры данных. Упоминание связного списка и массива даст понять, что вам знакомы как минимум две структуры и что вы способны не останавливаться на каком-то одном решении.

6. Подобная задача имеет несколько хороших решений. Возьмем, например, алгебраический подход. Пусть M — это мой текущий возраст, а B — возраст брата:

$$M = 3 \times B;$$
$$(M + 2) = 2 \times (B + 2).$$

Включив первое уравнение во второе, получим:

$$((3 \times B) + 2) = 2 \times (B + 2).$$

Переставив элементы, решим уравнения для B:

$$3 \times B + 2 = 2 \times B + 4;$$
$$3 \times B - 2 \times B = 4 - 2 = 2.$$

Если вставить это значение в первое уравнение, получится $M = 3 \times 2 = 6$, поэтому мне сейчас шесть лет.

Второй подход заключается в создании таблицы, подобной той, что показана ниже. Для начала в качестве своего возраста возьмем 30 лет.

Возраст брата	Мой возраст	Возраст брата + 2	Мой возраст + 2	2 × (возраст брата + 2)
10	30	12	32	24

Когда заполните первую строку, сравните два последних столбца. В этом случае мой возраст + 2 оказывается слишком большим, поэтому вам следует повторить попытку, понизив возрастную планку.

Решения к упражнениям

Возраст брата	Мой возраст	Возраст брата + 2	Мой возраст + 2	2 × (возраст брата + 2)
10	30	12	32	24
5	15	7	17	14

Во второй строке разница между последними двумя столбцами сократилась, но по-прежнему остается слишком большой. Пробуем еще больше уменьшить возраст.

Возраст брата	Мой возраст	Возраст брата + 2	Мой возраст + 2	2 × (возраст брата + 2)
10	30	12	32	24
5	15	7	17	14
2	6	4	8	8

В данном примере решение находится в третьей строке (если вы переборщите и значение в предпоследнем столбце окажется слишком маленьким, попробуйте поднять возрастную планку).

Эта задача в некотором смысле годится для использования на собеседовании. Она позволяет проверить, какой подход кандидат считает более удобным — алгебраический или табличный. Однако мне сложно сказать, насколько полезной может оказаться такая информация. Многие задачи подобного рода являются более сложными, и решать их с помощью таблиц будет не очень уместно, но сам факт использования табличного метода вовсе не означает, что кандидат не сумеет применить знания алгебры, если это потребуется.

Если вы даете кандидату такую задачу, лучше всего будет его спросить, почему он выбрал тот или иной подход и какие еще методы решения могли бы подойти.

7. Это упражнение некоторым образом относится к программированию, поскольку в нем используется «ошибка заборного столба». Представьте, что вы сооружаете изгородь с поперечными досками между столбами. Столбов будет на один больше, чем досок, потому что они должны размещаться на каждом конце изгороди. Ошибка (ее еще называют «ошибка на единицу») возникает в тот момент, когда программист случайно учитывает какой-то объект на единицу больше или меньше необходимого.

В контексте данного упражнения минутная стрелка обгоняет часовую чуть позже 1:05, еще немного позже 2:10 и т. д., пока не сделает это после 10:50. В следующий раз стрелки встретятся в полночь. Это означает, что пересечение стрелок будет происходить между 1:00 и 2:00, 2:00 и 3:00... между 10:00 и 11:00 (наверное, вы уже догадались, где здесь закралась ошибка заборного столба).

Если считать время строго между 12:00 утра и 12:00 вечера, получится 10 пересечений. Но если учитывать полдень и полночь, результат будет 12.

То, как кандидат подойдет к решению, может показать, насколько он методичен, но этим польза от рассматриваемой задачи может и ограничиться. По крайней мере дотошному кандидату вовсе не обязательно знать, в чем здесь подвох, чтобы дать хотя бы какой-то ответ, пусть даже неправильный.

517

8. Этот вопрос использовался на собеседованиях при приеме на работу в компанию Microsoft. Ниже описано три разных взгляда на эту проблему.

- Первый ответ, что приходит на ум, — это «50 %, потому что мальчики и девочки появляются на свет с одинаковой вероятностью, следовательно, в любой стране девочек среди детей будет половина». Такой подход демонстрирует умение мыслить широко, но он не выглядит очевидным, поэтому интервьюер может попросить вас привести обоснование (на самом деле пояснение уже содержится в ответе, но дальнейшее углубление в эту тему может только сделать интервьюера более раздражительным).

- Еще один, чуть более очевидный подход заключается в том, чтобы отдельно рассматривать первого ребенка в семье, второго, третьего и т. д. Каждая пара рожает как минимум один раз. Половина новорожденных первенцев будет состоять из мальчиков, а вторая половина — из девочек.

  Пары, у которых родилась девочка, захотят второго ребенка. Мальчиков и девочек среди тех, кто родится вторым, будет поровну.

  Пары с двумя девочками попробуют родить третий раз. И опять среди родившихся детей будет половина мальчиков и половина девочек.

  На данном этапе уже должно быть очевидно, что равномерное распределение полов присуще каждому поколению, поэтому все население в целом должно делиться поровну на мужчин и женщин.

- К задаче можно подойти еще с одной стороны. Обратите внимание на первенцев: если у пары рождается мальчик (что происходит в 50 % случаев), она на этом останавливается. Но с той же вероятностью у них может родиться девочка. В среднем после рождения первенца предполагаемое количество мальчиков и девочек равно 0,5.

  Если первой на свет появляется девочка, пара пытается завести второго ребенка. И опять шансы на то, что это будет девочка или мальчик, разделены поровну. Предполагаемый прирост в семье в этом случае равен изначальному шансу на получение второго ребенка — это 0,5 шанса родить мальчика или девочку. Следовательно, в среднем семья пополняется $0{,}5 \times 0{,}5 = 0{,}25$ мальчиками и $0{,}5 \times 0{,}5 = 0{,}25$ девочками, что ведет к общему приросту двух полов, равному 0,75.

  Надеюсь, вы уже уловили закономерность.

  В целом, чтобы получить N-го ребенка, пара должна родить $N - 1$ девочек подряд. Вероятность этого равна $1/2^{N-1}$.

  Если допустить, что у пары действительно родилось подряд $N - 1$ девочек, шансы на то, что их следующий ребенок будет иметь определенный пол, равны 50 %. Таким образом, пополнение в семье за счет N-го ребенка в среднем увеличивает количество мальчиков и девочек на $0{,}5 \times 1/2^{N-1} = 1/2^N$.

  Если сложить предполагаемое количество детей вплоть до ребенка N, получится следующее.

    # Мальчики: $1/2 + 1/2^2 + 1/2^3 + \ldots + 1/2^N$.

Девочки: $1/2 + 1/2^2 + 1/2^3 + \ldots + 1/2^N$.

Эти значения совпадают. Каждая пара, как и население в целом, имеет одинаковое предполагаемое количество мальчиков и девочек.

Если допустить, что N стремится к бесконечности, эти уравнения будут свидетельствовать о том, что у каждой пары в среднем должно родиться по одному мальчику и по одной девочке.

Это интересная задача, но ее довольно легко решить, если вам приходилось с ней сталкиваться. Если вы видите ее впервые, она может оказаться коварной. В реальности шансы на рождение мальчиков и девочек не являются строго равными и даже зависят от возраста родителей. Больше об этом можно узнать в статье журнала Psychology Today под названием «Why Are Older Parents More Likely to Have Daughters» (почему у более возрастных родителей чаще рождаются дочери), которую можно найти по адресу https://www.psychologytoday.com/blog/the-scientific-fundamentalist/201104/why-are-older-parents-more-likely-have-daughters.

9. Не стоит раздражать интервьюера, указывая на то, что эта ситуация нереалистична. Задача, по сути, требует от вас разбить слиток на части, из которых можно сложить 1/7, 2/7, 3/7, 4/7, 5/7, 6/7 или весь слиток целиком.

Очевидно, что слиток можно разрезать на семь частей и выдавать по одной за каждый день работы.

Оптимального результата можно достичь несколькими способами. Во-первых, вы можете прикинуть, как будут оплачиваться услуги консультанта после каждого дня, который потенциально может стать последним.

Если работа заканчивается после первого же дня, вы должны заплатить консультанту 1/7 часть слитка, поэтому, очевидно, вам нужен кусок таких размеров.

Если консультант освобождается после двух дней, он должен получить 2/7 слитка. Вы могли бы выдать ему еще одну 1/7 часть, но в будущем это лишило бы вас пространства для маневра. Будет лучше заплатить с помощью 2/7 слитка, а 1/7 оставить себе.

Поскольку у вас есть 1/7 и 2/7 слитка, вы можете выдать их консультанту после третьего дня работы. Если бы днем ранее вы заплатили двумя частями по 1/7, у вас бы не было такой возможности. Вместо двух вам бы потребовалось бы три куска размером 1/7 слитка.

Если отпилить от целого слитка части размером 1/7 и 2/7, у вас останется еще 4/7. Вы можете дать консультанту этот кусок, если он завершит работу через четыре дня, а остальные оставить себе.

Если на работу уйдет пять дней, вы сможете заплатить двумя кусками размером 4/7 и 1/7.

После шестого дня консультант сможет получить 4/7 плюс 2/7.

И наконец, если работа займет всю неделю, вы сможете расплатиться всеми частями слитка.

Если в задаче фигурируют магические числа, которые имеют степень двойки или меньше на единицу под той же степенью, вам следует подумать о двоичной системе счисления. В этом примере три куска, отпиленные от слитка, представляют 1, 2 и 4 седьмых его части. Числа с 1 по 7, которые в двоичном виде выглядят как 001, 010, 011, 100, 101, 110 и 111, показывают, какие из кусков следует выдавать консультанту после каждого дня работы. Цифра 1 означает, что вы должны отдать соответствующий кусок, а 0 говорит о том, что вам следует оставить его у себя.

Например, 6 — это 110 в двоичной системе. То есть на шестой день консультанту нужно выдать куски размером 4/7 (для первой единицы) и 2/7 (для второй единицы), а 1/7 часть оставить (последний нуль). Общая оплата в этот день будет равна 4/7 + 2/7 = 6/7.

Рассматриваемая задача покажется легкой для тех, кто видел ее прежде, но кандидат, который с ней не сталкивался, может посчитать ее запутанной. Однако решение можно выработать в любом случае, если перебрать все варианты, начиная с первого дня. Помочь в этом смогут знания о магических числах.

3. Это одна из целого семейства задач с чашами весов. Когда в упражнении фигурирует инструмент, такой как весы, который разделяет объекты на множества, есть смысл подумать об использовании метода последовательного деления. Если на каждом шаге объекты можно делить на две группы, одна из которых впоследствии исключается из расчетов, для нахождения результата, что бы вы ни искали, подойдет двоичное последовательное деление.

Это не совсем относится к данному упражнению. Если поместить по четыре яйца на каждую чашу весов, за одно взвешивание можно будет исключить из расчетов половину яиц. Затем можно поместить на чаши оставшиеся яйца, по два с каждой стороны, и снова исключить половину из них. Все взвешивания будут потрачены, но у вас все еще останется два яйца.

Ключ к решению этой задачи лежит в понимании того, что весы определяют не только те два множества яиц, которые размещают на обеих чашах. Есть также третье множество, которое не попало ни в одну из чаш. Вместо того чтобы делить яйца поровну и исключать половину из них, вы можете разделить их на три части и избавиться сразу от двух из них.

Представьте, что у вас есть три яйца. Вы можете положить по одному на чаши весов, а третье убрать. Если два яйца весят одинаково, позолоченным является третье. Если одно из яиц весит меньше, вы будете знать, что оно позолоченное.

Это объясняет, как сделать итоговый выбор с помощью второго взвешивания. Но вам все еще нужно придумать, как свести число оставшихся яиц до трех (или меньше), взвесив их в первый раз.

Весы позволяют исключить две из трех групп. После первого взвешивания группа, которая вас все еще интересует, должна состоять всего лишь из трех яиц. Это означает, что группы, которые взвешиваются в первый раз, должны содержать по три яйца каждая.

Итоговое решение выглядит так.

1. Помещаем по три яйца на левую и правую чаши, а оставшиеся два откладываем.

2. Если чаши весят одинаково:

   a. позолоченным является одно из двух яиц, которые не участвовали в первом взвешивании. Помещаем их на каждую из чаш;

   b. яйцо, которое весит меньше, будет позолоченным.

3. Если чаши имеют разный вес:

   a. убираем содержимое более тяжелой чаши и яйца, которые не взвешивались в первый раз;

   b. помещаем одно из оставшихся трех яиц на левую чашу и еще одно — на правую;

   c. если чаши весят одинаково, позолоченным является то, которое не взвешивалось;

   d. если чаши имеют разный вес, позолоченное будет на той из них, что весит меньше.

Стоит отметить, что если чаши весов находятся на одном уровне при первом взвешивании, количество вариантов сразу сводится до двух яиц. При втором взвешивании поиск можно проводить по трем яйцам, поэтому число яиц, оставшихся после первого этапа, можно увеличить до трех. Такой подход годится даже в том случае, если изначально у вас имеется девять яиц вместо восьми.

Задача представляет определенный интерес, но для ее решения нужно знать, в чем подвох: с помощью весов объекты можно делить на три группы: те, что помещаются на левую чашу, те, что помещаются на правую чашу, и те, что не участвуют во взвешивании. В этом нет ничего сложного, если вы уже встречали подобные головоломки.

11. Пронумеруйте баночки от 1 до 5. Затем поместите на весы одну таблетку из баночки 1, две таблетки из баночки 2 и т. д. Если все таблетки весят одинаково, их суммарный вес будет равен $1 + 2 + 3 + 4 + 5 = 15$. Вычтите из этого значения тот вес, который у вас получился, и поделите результат на 0,1 (разницу между настоящей таблеткой и плацебо). Так вы узнаете, сколько всего таблеток плацебо находится на весах, и номер баночки, из которой они были взяты.

ГЛОССАРИЙ

2-вершина. Вершина в 2–3-дереве, которая имеет два дочерних объекта.

3-вершина. Вершина в 2–3-дереве, которая имеет три дочерних объекта.

***B*-дерево**. Сбалансированное дерево, в котором внутренние вершины (блоки) могут содержать несколько значений и соответствующих ветвей.

***B*+-дерево**. Похоже на *B*-дерево, за исключением того, что его вершины хранят только ключи и указатели на остальную часть данных каждой записи, а не сами данные.

FIFO. *См.* очередь.

LIFO. *См.* стек.

NP. Класс задач, которые могут быть решены недетерминированным компьютером за полиномиальное время.

NP-полный. Задача является *NP*-полной, если к ней за полиномиальное время можно свести любую задачу класса *NP*.

P. Класс задач, которые могут быть решены детерминированным компьютером за полиномиальное время.

АВЛ-дерево. Упорядоченное бинарное дерево, в котором разница в высоте двух поддеревьев в любой вершине не превышает 1.

Адаптивная квадратура. Подход, при котором программа определяет области, где метод аппроксимации может привести к большим отклонениям, и затем совершенствует свой метод в этих областях.

Активная взаимная блокировка. Ситуация, похожая на обычную взаимную блокировку, в которой распределенные процессы не блокируются, но все равно не могут выполнить свою работу. Причиной является способ, с помощью которого они пытаются получить доступ к ресурсам.

Алгоритм кролика и черепахи. Алгоритм для обнаружения и удаления циклов в связных списках (см. подраздел «Черепаха и кролик» раздела «Связные списки с циклами» в главе 3).

Алгоритм нахождения циклов Флойда. *См.* алгоритм кролика и черепахи.

Алгоритм с возвратом. Рекурсивный алгоритм, который ищет частичные решения. Если частичное решение не может быть расширено до полного, оно отвергается, после чего алгоритм возвращается к предыдущему подходящему варианту и использует его как отправную точку для дальнейшего поиска.

Алгоритм Форда — Фалкерсона. Алгоритм для расчета максимального потока в сети.

Алгоритм Евклида. Алгоритм для быстрого нахождения наибольшего общего делителя.

Алгоритм. Рецепт выполнения определенной задачи.

Асимптотическая производительность. Предел производительности алгоритма, возникающий, когда масштаб задачи становится очень большим.

Ассоциативный массив. *См.* хеш-таблица.

Бинарное дерево. Дерево со степенью 2.

Бинарный поиск. Стратегия, при которой область поиска последовательно делится на две равные части, после чего выбирается та из них, в которой находится искомый элемент.

Блок. Структура данных для хранения элементов, привязанных к ней самой. В контексте хеш-таблицы в качестве блока может выступать связный список, элементы которого связаны между собой. В *B*-дереве блоком является внутренняя вершина, которая может хранить несколько значений и соответствующих ветвей.

Блочный шифр. Шифр, в котором открытый текст разбивается на блоки одинаковой длины, которые отдельно шифруются и объединяются в единую криптограмму.

Вероятностный алгоритм. Алгоритм, который выдает правильный результат с определенной вероятностью.

Вершина (узел). Объект дерева или сети, который хранит данные. Вершины соединяются ветвями (в деревьях) или звеньями/ребрами (в сетях и графах).

Вершины одного уровня. Две вершины дерева, которые имеют одного родителя.

Вес. То же самое, что затраты в сети.

Ветвь. Соединяет родительскую и дочернюю вершины дерева.

Взаимная блокировка. Ситуация, в которой каждый из двух распределенных процессов ждет, когда другой освободит мьютекс, в результате чего они блокируют друг друга.

Взаимно простые числа. Два целых числа являются взаимно простыми, если их наибольший общий делитель равен 1.

Внешняя вершина. Листовая вершина дерева.

Внешняя сортировка. Упорядочивание данных, которые не помещаются в памяти. Данные могут быть отсортированы внутри файлов на диске или ленточном накопителе.

Внутренняя вершина. Вершина дерева, которая имеет как минимум один дочерний объект.

Восходящее *B*-дерево. *B*-дерево, которое выполняет деление на блоки путем рекурсивных вызовов, продвигаясь по направлению к корню.

Восхождение на вершину. Эвристическая стратегия, выполняющая на каждом шагу такие действия, которые приближают алгоритм к лучшему решению из возможных. Это чем-то напоминает туриста, который пытается ночью отыскать вершину холма, постоянно двигаясь вверх.

Восьмеричные деревья. Древовидная структура данных, которая используется для поиска объектов в трехмерном пространстве.

Вторичная кластеризация. Эффект, при котором значения, привязываемые к одному и тому же адресу в хеш-таблице с открытой адресацией и квадратичным пробированием, выстраиваются за той же пробной последовательностью, увеличивая ее длину.

Входящая степень. Количество звеньев направленной сети, входящих в узел.

Выборка. Неупорядоченное подмножество объектов, взятых из некоего множества.

Высота. Длина самого длинного пути вниз от вершины до листового узла, если речь идет о вершине в дереве. Если имеется в виду само дерево — это то же самое, что высота корневой вершины.

Генератор истинно случайных чисел. Генератор, в котором для создания по-настоящему непредсказуемых чисел используется источник истинно случайных величин, такой как радиоактивный распад или атмосферный шум.

Генератор псевдослучайных чисел (ГПСЧ). Генератор, который с помощью вычислений выдает числа, кажущиеся случайными, но на самом деле являющиеся предсказуемыми.

Генератор. Одна из версий кривой самоподобного фрактала, которая заменяет всех или некоторых инициаторов на каждом уровне рекурсии. Инициатор определяет исходную форму фрактала.

ГИСЧ. *См.* генератор истинно случайных чисел.

Глубина. Уровень вершины дерева.

ГПСЧ. *См.* генератор псевдослучайных чисел.

Граф. Сеть.

Грид-вычисления. Распределенные вычисления, использующие слабо связанные компьютеры, которые могут взаимодействовать через публичную сеть. Грид может включать разные виды компьютеров, работающих под управлением различных операционных систем.

Двудольная сеть. Сеть, в которой узлы можно разделить на две группы, A и B, так, чтобы каждое звено соединяло узел из группы A с узлом из группы B.

Двудольное паросочетание. Процесс сопоставления узлов двудольной сети, принадлежащих к разным группам.

Дек. Очередь, позволяющая добавлять и удалять элементы на обоих концах.

Декодирование. В контексте криптографии это процесс преобразования зашифрованного сообщения в открытый текст.

Дерево квадрантов. Древовидная структура данных, которая помогает искать объекты в двумерном пространстве.

Дерево кратчайшего пути. Остовное дерево, которое обеспечивает самый короткий путь из корня к любому другому узлу сети.

Дерево принятия решений. Дерево, позволяющее моделировать задачи в виде последовательности решений, которые ведут к получению результата.

Детерминированный автомат с конечным числом состояний. *См.* детерминированный конечный автомат.

Детерминированный конечный автомат (ДКА). Виртуальный компьютер, который следит за своими действиями с помощью набора состояний. В зависимости от своего текущего состояния, а также от ввода, который он считывает на каждом шаге, компьютер переходит к новому состоянию. Одно из состояний является исходным, в нем автомат начинает свою работу. Одно или несколько состояний могут быть помечены как принимающие.

Диаграмма перехода состояний. Сеть, представляющая переходы состояний автоматов ДКА и НКА.

Дополняющий путь. Путь, пролегающий через остаточную сеть, который улучшает решение с максимальным потоком.

Доступный узел. Узел *B* доступен из узла *A*, если в сети существует путь от узла *A* к узлу *B*.

Дочерний объект. Дочерняя вершина дерева, соединенная со своим родителем. Обычно изображается снизу от родительского объекта.

Емкость (пропускная способность). В контексте сети это максимальный объем чего-либо, который может пройти через узел или звено. Таковым является максимальный объем тока, который можно пропустить по проводу в электросети, или наибольшее количество автомобилей, которые способны проехать по улице за какую-то единицу времени.

Завершенное дерево. Дерево, в котором каждый уровень является абсолютно полным, за исключением, возможно, нижнего, в котором все вершины сдвигаются влево настолько, насколько это возможно.

Задача о византийских генералах. Задача, в которой группа генералов, среди которых могут быть предатели, должна прийти к единому решению относительно какого-то действия. Каждый верный генерал обладает частью информации и должен получить сведения от других верных генералов.

Задача о восьми ферзях. Необходимо расставить на шахматной доске восемь ферзей так, чтобы ни один из них не мог атаковать других.

Задача о генерале и лейтенантах. Задача, в которой генерал отдает приказ своим лейтенантам, при этом любой участник (включая самого генерала) может оказаться предателем. Цель верных лейтенантов — договориться об общих действиях. Они должны совпадать с приказом генерала, если тот не предатель.

Задача о двух генералах. В этой задаче у двух генералов есть армии, дислоцирующиеся рядом с вражеским городом, по разные стороны от него. С помощью связных, которые могут быть перехвачены противником, генералы должны скоординировать атаку.

Задача о ходе коня. Конь должен ровно один раз посетить каждую клетку на шахматной доске. Ход считается завершенным, если окончательная позиция находится в одном шаге от начальной позиции. Незавершенный ход считается открытым.

Задача обедающих философов. За столом сидят N философов, между каждыми двумя из них лежит вилка. Чтобы приступить к обеду, философ должен взять вилки, лежащие рядом по обе стороны от него, и при этом не переговариваться со своими соседями.

Задача оптимизации. Задача, в которой нужно найти наилучшее решение определенной проблемы. Задачи оптимизации часто имеют приблизительные решения.

Закон Мура. Тенденция, описанная Гордоном Э. Муром в 1965 г., согласно которой количество транзисторов в интегральных схемах удваивается примерно каждые два года.

Затраты. Звено в сети может иметь сопутствующие затраты. В отдельных случаях это относится и к узлам.

Злоумышленник. В контексте криптографии это человек, который пытается перехватить и расшифровать сообщение, посланное отправителем в адрес получателя.

Идеальное дерево. Полное дерево, все листовые вершины которого находятся на одном уровне.

Иерархически организованное *B*-дерево. *B*-дерево, которое при движении вниз по дереву в поисках места для нового значения выполняет разделение блоков (везде, где это возможно).

Имитация отжига. Метод эвристического улучшения результата, начинающийся с внесения крупных изменений, которые постепенно становятся все меньше и меньше. Каждое изменение делается в попытке улучшить решение.

Инициатор. Кривая, определяющая базовую форму для одного типа фракталов. На каждом уровне рекурсии все или часть инициаторов заменяются кривой-генератором.

Интеграция Монте-Карло. Численный метод интеграции, при которой программа, генерируя множество псевдослучайных точек, а затем, определяя, какие из них находятся внутри целевой области, оценивает искомую площадь фигуры.

Исходящая степень. Количество звеньев направленной сети, выходящих из узла.

Исчерпывающий поиск. Перебор всех возможных элементов для нахождения искомого. Перебор всех возможных решений для нахождения лучшего из них.

Квадратура. См. *численное интегрирование*.

Квантовый компьютер. Компьютер, использующий для работы с данными такие квантовые эффекты, как запутанность и суперпозиция.

Кластерные вычисления. Распределенные вычисления, в которых используется набор из тесно связанных между собой компьютеров, часто находящихся в одной внутренней сети или в сети специального назначения.

Ключ. С точки зрения криптографии это фрагмент информации, который позволяет получателю расшифровывать закодированное сообщение. В современной криптографии изначально подразумевается, что злоумышленнику известен метод шифрования, поэтому расшифровать сообщение может любой, кто владеет ключом.

Коллизия. В хеш-таблицах возникновение коллизий вызвано привязкой значений к позициям, которые уже заняты.

Кольцевой массив. Массив для хранения очереди, в которой последний элемент должен идти сразу перед первым.

Кольцевой связный список. Связный список, в котором последняя ссылка указывает обратно на первый элемент.

Корень. Корнями уравнения `y = f(x)` являются значения x, для которых `f(x) = 0`.

Корневая вершина. Уникальная вершина, находящаяся в самом верху дерева и не имеющая родителя.

Кривая Гильберта. Фрактальная кривая, заполняющая пространство. Начинается с кривой инициатора, части которой рекурсивно заменяются на генератор, масштабированный, повернутый и преобразованный должным образом.

Кривая Коха. Самоподобный фрактал, начинающийся с кривой инициатора, части которой рекурсивно заменяются кривой генератора, масштабированной, повернутой и преобразованной должным образом.

Кривая Серпинского. Фрактал, заполняющий пространство; начинается с кривой инициатора, части которой рекурсивно заменяются на генератор, масштабированный, повернутый и преобразованный должным образом.

Криптоанализ. Исследование методик, используемых злоумышленниками для взлома систем шифрования.

Криптограмма. В контексте криптографии это сообщение, зашифрованное с целью безопасной передачи.

Криптография. Исследование методик шифрования и расшифровывания, с помощью которых отправитель может безопасно передавать информацию получателю, исключая возможность восстановления исходного сообщения злоумышленником.

Куча. Завершенное бинарное дерево, значение каждой вершины которого по крайней мере не меньше значений всех ее дочерних объектов.

Линейное пробирование. Методика построения хеш-таблиц с политикой разрешения коллизий, которая предусматривает добавление числовой константы (обычно 1) к каждой занятой позиции с целью создания пробной последовательности.

Линейный конгруэнтный генератор. Генератор псевдослучайных чисел, который в своей работе использует рекуррентное уравнение.

Линейный массив. Одномерный массив.

Линейный поиск. Поиск значения в линейном массиве или другой линейной структуре данных.

Листовая вершина. Вершина дерева, которая не имеет дочерних объектов.

Массив с пропуском. Структура данных для построения массивов, в которой находится очень мало записей без значений по умолчанию.

Массив. Непрерывный участок памяти, доступ к которому можно осуществлять с помощью индексов — по одному на измерение.

Матрица смежности. Матрица, представляющая связи между узлами в сети.

Машина Тьюринга. Гипотетический компьютер, который работает с символами на входящей ленте в соответствии с простой таблицей правил.

Метод ветвей и границ. Древовидный алгоритм поиска, который спускается по ветви и затем решает, возможно ли улучшить текущее решение до такой степени, чтобы оно стало лучшим, найденным на этот момент. Если этого сделать нельзя, алгоритм прекращает работу с данной частью дерева.

Метод Ньютона. Способ нахождения корней функции.

Метод Ньютона — Рафсона. *См.* метод Ньютона.

Минимальное остовное дерево. Основное дерево, которое имеет наименьшие возможные затраты в сети.

Множественная рекурсия. Возникает, когда метод вызывает себя больше одного раза.

Моделирование по методу Монте-Карло. Вероятностная методика, при которой программа выбирает псевдослучайные значения и определяет, какой процент из них удовлетворяет неким критериям. Это позволяет оценить общее количество значений, подпадающих под эти условия.

Мьютекс. Метод, гарантирующий, что в любой отдельно взятый момент времени операция выполняется только одним процессом (название происходит от выражения *mutual exclusion* — взаимное исключение).

Нагруженная сеть. Сеть, узлы которой имеют максимальную емкость.

Наибольший общий делитель (НОД). Наибольшее целое число, которое делит без остатка два других целых числа.

Наименьший общий предок. *См.* первый общий предок.

Направленный. Звено сети является направленным, если по нему можно пройти только в одном направлении. Направленной называется сеть, которая состоит исключительно из направленных звеньев.

Натуральное число. Целое число, которое больше 0.

Недетерминированный конечный автомат (НКА). То же самое, что ДКА, только для одного и того же ввода из состояния может исходить множество ссылок. Другими словами, НКА пребывает одновременно в каждом состоянии, возможном для его ввода.

Ненаправленный. Звено сети является ненаправленным, если по нему можно пройти в любом направлении. Ненаправленной называется сеть, которая состоит исключительно из ненаправленных звеньев.

Непрямая рекурсия. Возникает, когда метод вызывает себя не напрямую, а через промежуточный метод.

Обманщик Ферма. Если p не является простым, а значение n в диапазоне $1 \le n \le p$ удовлетворяет уравнению $n^{p-1} \bmod p = 1$, тогда n называют обманщиком Ферма, поскольку оно делает ложное предположение о простоте p.

Обнаружение циклов. Процесс определения наличия циклов в сети.

Обозначение «О» большое. Время выполнения алгоритма будет равно $O(g(N))$ («О» большое), если функция $g(N)$ является его верхним пределом.

Обозначение «Омега» большое. Время выполнение алгоритма равно $\Omega(g(N))$ («Омега» большое), если функция $g(N)$ является его нижним пределом.

Обозначение «Тета» большое. Время выполнение алгоритма равно $\Theta(g(N))$ («Тета» большое), если функция $g(N)$ является одновременно его нижним и верхним пределом.

Обратный обход. Обход дерева или сети, при котором сначала посещается левый дочерний объект вершины, потом правый дочерний объект и затем сама вершина.

Обход в глубину. Обход, при котором некоторые вершины дерева или сети, расположенные далеко от начальной точки, посещаются раньше тех, что находятся к ней ближе всего.

Обход в ширину. Обход дерева или сети, при котором в первую очередь посещаются все дочерние элементы узла. Это позволяет посетить вершины, находящиеся недалеко от корня, и только затем идти дальше.

Обход. Посещение всех узлов дерева или сети в определенном порядке и выполнение с ними каких-то действий.

Ограничитель. Ячейка, которая является частью связного списка, находится на одном из его концов, но не содержит никаких ценных данных. Она используется как заполнитель, чтобы алгоритмы могли ссылаться на ячейку перед первой позицией или после последней.

Одиночная рекурсия. Рекурсия, которая возникает, когда метод вызывает себя ровно один раз.

Остаточная пропускная способность. Дополнительный поток, который можно добавить к звену в нагруженной сети.

Остаточная сеть. Сеть, прямые и обратные звена которой помечены величиной их остаточной пропускной способности.

Остовное дерево. Дерево, содержащее узлы и звенья, которые соединяют каждый узел сети.

Открытая адресация. Метод построения хеш-таблиц, в котором ключи привязываются к записям массива. В разных версиях открытой адресации используются разные функции хеширования и политики разрешения коллизий.

Открытый текст. С точки зрения криптографии это сообщение, которое нужно отправить безопасным образом.

Отправитель. С точки зрения криптографии это человек, который пытается отправить сообщение получателю безопасным образом.

Отсортированное дерево. Дерево, вершины которого упорядочены таким образом, что при определенном обходе они обрабатываются в отсортированном порядке. Обычно речь идет о симметричном обходе.

Очередь. Структура данных, в которой добавление и удаление элементов происходит в порядке «первым зашел — первым вышел».

Параллелизм данных. Разновидность параллельных вычислений, в которых акцент делается на распределении данных между процессорами, выполняющими одинаковые или похожие программы.

Параллелизм задач. Вид параллельных вычислений, основной акцент в которых делается на распределении задач между процессорами.

Первичная кластеризация. Эффект, при котором значения, привязываемые к кластеру записей в хеш-таблице с открытой адресацией, в итоге расширяют кластер, формируя из занятых записей длинные блоки. Это увеличивает среднюю длину пробной последовательности.

Первый общий предок. Узел, являющийся предком обеих вершин и находящийся наиболее близко к ним.

Перестановка. Упорядоченное подмножество элементов, взятых из множества.

Перестановочный шифр. Шифр, в котором буквы открытого текста переставляются определенным образом, формируя криптограмму.

Перехватчик информации. В контексте криптографии это человек, который пытается перехватить и расшифровать сообщение, посланное отправителем в адрес получателя.

Петля. В контексте сети это цикл.

Планарный. Сеть является планарной, если ее можно нарисовать на плоскости без пересечения звеньев.

Поддерево. Одна из вершин дерева вместе со всеми ее потомками.

Подстановочный шифр Цезаря. Подстановочный шифр, который сдвигает каждую букву сообщения на какое-то определенное расстояние.

Подстановочный шифр. Шифр, в котором буквы открытого текста заменяются другими буквами. В качестве примера можно привести подстановочные шифры Цезаря и Виженера.

Полиномиальное время выполнения. Время выполнения алгоритма является полиномиальным, если оно включает в себя многочлен N. Примерами полиномиального времени могут служить $O(N)$, $O(N^2)$, $O(N^6)$ и даже $O(N^{4000})$.

Политика разрешения коллизий. Определяет процесс добавления в хеш-таблицу нового значения в случае возникновения коллизии.

Полное дерево. Дерево, в котором количество дочерних объектов каждой вершины колеблется от нуля до величины степени самого дерева.

Получатель. С точки зрения криптографии это человек, который пытается получить сообщение, посланное отправителем.

Порядок. В B-дереве порядка K внутренние вершины хранят от K до $2 \times K$ значений и от $K + 1$ до $2 \times K + 1$ ветвей.

Потомок. Дочерний объект вершины дерева, дочерний объект ее дочернего объекта и т. д.

Правило трапеции. Метод численного интегрирования, в котором для аппроксимации площади под кривой используются трапеции.

Предок. Родительский объект вершины дерева, родительский объект ее родительского объекта и т. д. вплоть до корневой вершины.

Префиксное дерево. Дерево, в котором вершины представляют буквы строк, а путь от корня к вершине определяет префикс, общий для всех строк снизу от нее.

Проблема согласования. Проблема, возникающая в распределенных вычислениях, когда несколько процессов должны согласовать единое значение, даже если с некоторыми из них произошел сбой.

Пробная последовательность. Последовательность позиций, в которые хеш-таблица с открытой адресацией пытается записать значение.

Простое число. Натуральное число больше 1, которое кратно только 1 и себе самому.

Процент заполнения. Доля структуры данных (например, хеш-таблицы), которая является заполненной. Хеш-таблицы с высокой долей заполнения могут демонстрировать снижение производительности.

Прямая рекурсия. Рекурсия, которая возникает, когда метод вызывает себя напрямую.

Прямой обход. Обход дерева или сети, при котором сначала посещается сама вершина, потом ее левый дочерний объект и затем правый дочерний объект.

Путь. Последовательность чередующихся узлов и звеньев сети, которая ведет от одного узла к другому. Если любая точка сети соединяется со смежным узлом всего одним звеном, вы можете указать путь, перечислив все содержащиеся в нем узлы или звенья.

Равноправие. Генератор псевдослучайных чисел является равноправным, если он выдает все возможные варианты вывода с одинаковой вероятностью. Неравноправные генераторы называют неправильными.

Разделение корня. Когда ряд разделений вершин проходит каскадом вверх по сбалансированному дереву, приводя в конечном итоге к разделению корня.

Распределение рабочих мест. Имеется N человек с определенными навыками и M рабочих мест с конкретными требованиями к квалификации. Нужно разделить людей по должностям таким образом, чтобы максимизировать объем выполняемой работы.

Распределенные вычисления. Несколько компьютеров работает вместе по сети для выполнения какой-то задачи.

Расшифровывание. В контексте криптографии это процесс преобразования открытого сообщения в криптограмму.

Регулярное выражение. Шаблон для сопоставления символов в строке.

Редакционное расстояние. Количество изменений, необходимых для преобразования одной строки в другую.

Рекурсия. Процесс, который происходит, когда метод вызывается напрямую или опосредованно.

Родительская вершина. Вершина дерева, которая имеет дочерние вершины, соединенные с ней с помощью ветвей. Любая вершина дерева, кроме корневой, имеет ровно одного родителя.

Салфетка. Разновидность самоподобных фракталов. Начинается с геометрической фигуры, такой как квадрат или треугольник, затем делится на такие же фигуры, только меньшего размера, и рекурсивно заполняет некоторые из них (но не все).

Самоподобный фрактал. Кривая, части которой напоминают ее саму.

Сбалансированное дерево. Дерево, которое при необходимости переставляет свои вершины, чтобы не становиться слишком высоким или тонким. Это позволяет алгоритмам, которые его обходят, иметь время выполнения $O(\log(N))$.

Свидетель Ферма. Если p и n являются натуральными числами в диапазоне $1 \leq n \leq p$, и при этом $n^{p-1} \bmod p \neq 1$, тогда n называют свидетелем Ферма, поскольку он доказывает, что число p непростое.

Связанный. Узлы A и B являются связанными в ненаправленной сети, если узел B доступен из узла A. Ненаправленная сеть является связной, если каждый ее узел доступен из любого другого узла.

Связное дерево. Дерево, содержащее один или несколько тредов.

Связный компонент. Набор взаимосвязанных узлов сети.

Связный список. Список, ячейки которого соединены одной или несколькими ссылками.

Сильно связанный. Направленная сеть является сильно связанной, если каждый ее узел доступен из любого другого узла.

Симметрично связное дерево. Дерево, содержащее треды, которые следуют по симметричному обходу в прямом и обратном направлениях.

Симметричное шифрование. Метод шифрования, в котором для кодирования и декодирования сообщений используется один и тот же ключ. Этот ключ должен быть как у отправителя, так и у получателя.

Симметричный обход. Обход дерева или сети, при котором сначала посещается левый дочерний объект вершины, потом сама вершина и затем правый дочерний объект.

Систолический массив. Массив, состоящий из модулей обработки данных, которые называются ячейками и используют параллелизм данных для обеспечения параллельной обработки.

Слабо связанный. Направленная сеть является слабо связанной, если каждый ее узел доступен из любого другого узла при условии, что направленные звенья можно заменить на ненаправленные.

Слияние вершин. Процесс разделения вершины на две во время добавления нового значения в сбалансированное дерево.

Словарь. Хеш-таблицу иногда называют словарем, поскольку она связывает ключи со значениями.

Случайный поиск. Эвристическая методика нахождения результата путем поиска по дереву принятия решений.

Смежный. Если два узла сети соединены звеном, они являются смежными.

Сортировка деревом. Алгоритм сортировки, который сначала генерирует отсортированное дерево и затем возвращает упорядоченные элементы с помощью симметричного обхода.

Составное число. Натуральное число больше 1, которое не является простым.

Список FIFO. См. *очередь*.

Список LIFO. См. *стек*.

Ссылка. Указатель, ведущий из одной ячейки связного списка к другой или, в случае с деревом или сетью, от одного узла к другому.

Стек магазинного типа. См. *стек*.

Стек. Структура данных, добавление и удаление элементов в которой происходит в порядке «последним зашел — первым вышел».

Степень. В контексте вершины дерева это количество дочерних объектов, которые она имеет. В контексте дерева это максимальная степень любых его вершин. В контексте узла в сети или графе это количество звеньев, исходящих из данного узла.

Структура данных. Способ упорядочивания данных, упрощающий решение конкретных задач.

Теорема о четырех красках. Теорема, утверждающая, что любую карту можно закрасить максимум четырьмя цветами.

Теория вычислительной сложности. Раздел информатики, связанный со сложностью вычислительных задач, Ориентирован не на конкретные алгоритмы, а на проблемы, которые решаются с их помощью.

Топологическая сортировка. Процесс расширения частичного упорядочивания сети до полного.

Тред. Последовательность ссылок, прокладывающих путь по таким структурам данных, как дерево или сеть.

Треугольный массив. Двумерный массив, в котором элементы, находящиеся над диагональю (это когда индекс столбца больше индекса строки), имеют некие значения по умолчанию, такие как 0, null или «пусто».

Упорядоченное дерево. Дерево, в котором порядок следования дочерних объектов каждой вершины имеет значение.

Уровень. Уровень вершины дерева — это расстояние от нее до корня.

Условие гонки. Ситуация, при которой два процесса пытаются выполнить запись внутри ресурса примерно в один и тот же момент времени. Процесс, который записывает вторым, побеждает. Эта проблема характерна для распределенных вычислений, в частности когда один компьютер имеет несколько ЦПУ.

Факториал. Факториал числа n (записывается как *n!* и произносится как «эн факториал») равен $n \times (n-1) \times (n-2) \times ... \times 1$.

Флопс. Количество операций с плавающей запятой в секунду (floating-point operations per second, или FLOPS). Скорость выполнения вычислений иногда измеряют в мегафлопсах, гигафлопсах, терафлопсах (1 трлн флопсов) или петафлопсах (1 тыс терафлопсов).

Формула прямоугольников. Метод численного интегрирования, в котором для аппроксимации площади под кривой используются прямоугольники.

Формула Симпсона. Численный метод интеграции, который аппроксимирует площадь снизу от кривой с помощью полиномов второй степени.

Формулы Ньютона — Котеса. Численный метод интеграции, который использует полиномы для аппроксимации кривой, чтобы найти площадь снизу от нее.

Ханойская башня. Головоломка, в которой нужно переместить стопку дисков из одного колышка на другой. Диски нужно перемещать по одному; диск большего размера нельзя помещать над диском меньшего диаметра.

Хеширование. Процесс привязки ключа к определенному месту в хеш-таблице.

Хеш-таблица. Структура данных и алгоритмы, которые привязывают к определенному ее месту сами данные.

Цикл. Путь в сети, который возвращается в свою начальную точку.

Частичное упорядочивание. Множество зависимостей, которое определяет порядок следования некоторых, но не обязательно всех содержащихся в нем объектов.

Числа Фибоначчи. Числа Фибоначчи определяются через функции Fibonacci(0)= = 0, Fibonacci(1) = 1, and Fibonacci(*n*) = Fibonacci(*n* – 1) + Fibonacci(*n* – 2), где *n* > 1.

Числовая квадратура. См. *численное интегрирование*.

Численное интегрирование. Процесс численной аппроксимации площади под кривой, когда ее нельзя рассчитать точно с помощью первообразной функции и функционального исчисления.

Чрезвычайно параллельный. Алгоритм, который можно естественным образом разбить на параллельные части, требующие минимального взаимодействия.

Шаг по индексу. В хеш-таблице с открытой адресацией и линейным пробированием это значение, которое добавляется в каждую позицию пробной последовательности.

Шифр Виженера. Подстановочный шифр, в котором каждая буква сообщения сдвигается на некое количество позиций, определяемое соответствующей буквой ключа.

Шифр с одноразовыми блокнотами. Шифр, при котором каждая буква в сообщении объединяется с соответствующей буквой в блокноте; содержимое блокнота генерируется случайно или путем сдвигов. Это похоже на шифр Виженера, в котором длина ключа совпадает с длиной самого сообщения.

Шифр. Пара алгоритмов, которые используются для шифрования и расшифровывания сообщений.

Шифрование с открытым ключом. Метод шифрования, в котором используется два ключа — закрытый и открытый. Открытый ключ используется отправителем, чтобы зашифровать сообщение, а закрытый — получателем, чтобы его расшифровать.

Эвристика. Алгоритм, результат работы которого часто оказывается хорошим, но не обязательно наилучшим.

Ячейка. Объект, из экземпляров которого состоит связный список. Ячейка содержит данные и ссылку на следующую ячейку в списке.

АЛФАВИТНЫЙ УКАЗАТЕЛЬ

А

Автомат:
 детерминированный конечный (ДКА) 349–351
 детерминированный с конечным числом состояний 525, *см. также* автомат детерминированный конечный
 недетерминированный конечный (НКА) 354, 355, 528
Адельсон-Вельский, Георгий Максимович 257
Адлеман, Леонард 380
Адресация открытая 171, 172, 446, 529
Аксессор 105
Алгоритм 24, 25, 522
 Базовый 181
 Бойера – Мура 356–359, 450
 Вероятностный 60, 443, 523
 Графический 187
 Дополнительный сетевой 324
 Евклида 53, 54, 380, 382, 522,
 Нахождения циклов Флойда 92, 522
 Основной сетевой 296
 Распределенный 402, 413, 414
 С возвратом 194–196, 522
 Специализированный 240
 Строковый 345
 Форда – Фалкерсона 338, 522
 Флойда – Уоршелла 315
 Ход коня 198–200

Черепахи и кролики 92–94, 522, *см. также* алгоритм нахождения циклов Флойда
Численный 45, 442
Чрезвычайно параллельный 414, 452
Асимптотическая сложность (производительность) 29, 33, 34, 36, 37, 40, 523
Ассоциативный массив 169, 523

Б

Башня ханойская 184–187, 534
Безопасность через неясность 365
Беллазо, Джован Баттиста 373
Блок 170, 523
Блокировка:
 активная взаимная 417, 522
 взаимная 411, 412, 523

В

Вдавливание в стек 120
Ведро 266
Величина 28
 Обратная 381
Вершина (узел) 215, 523
 Внешняя 523
 Внутренняя 216, 523
 Дочерняя 215
 Корневая 215, 527 *см. также* объект дочерний
 Одного уровня 523

Родительская 215
Терминальная (листовая) 215, 216
Ветвь 215, 218, 523
Виженер, Блез 373
Визуализация:
дерева квадрантов 244
списка 85
функций 38, 39
Возведение в степень 54–56, 242
Вставка 160, 444
Элементов 100
Ячеек 77
Выбор разделяющего элемента 151
Выражение:
арифметическое 347
булево 392, 393
математическое 241
регулярное 240, 348, 351, 531
Высота 218, 524
Вершины 216
Дерева 216
Выталкивание из стека 120
Вычисление:
квантовое 412
кластерное 526
многопроцессорное 407
распределенное 405, 531
редакционного состояния 359

Г

Генератор 187, 524
Криптостойкий 48, 524
Линейный конгруэнтный 46, 48, 49, 527
Неправильный 48
Псевдослучайных чисел (ГПСЧ) 45–47, 187, 524
Равноправный 48
Генерирование:
величин 46
неравномерных распределений 52
случайных величин 45–50
Голодание 411
Граф
Двудольный 393
Грид 406
Грид-вычисление 406, 407, 524

Д

Дек 133, 444
Дерево 215
2–3-дерево 261–266, 448
В-дерево 266–270, 448, 522
Восходящее В-дерево 270, 523
Иерархически организованное
В-дерево 270, 526
В+-дерево 270–272, 522
АВЛ-дерево 257–260, 522
Бинарное 34, 142, 143, 215, 218, 523
Восьмеричное 248, 523
Завершенное 217, 218, 223, 525
Игры 448
Идеальное 217, 218, 253
Иерархически организованное
В-дерево 270, 448
Квадрантов (квадродерево) 243–248, 524
Кратчайшего пути 524
Минимальное остовное 308, 528
Неупорядоченное 216
Остовное 307, 449, 495, 529
Отсортированное 529
Полное 36, 217, 218, 530
Префиксное 248–252, 531
Принятия решений 274–294, 525
Сбалансированное 257, 532
Связное 235–240, 532

Симметрично связное 235, 532
Синтаксическое 347, 348, 351, 363, 450, 501
Упорядоченное 216, 218, 229, 533

Декодирование 524, *см. также* расшифровка

Делитель наибольший общий 52, 528

Дешифрование (декодирование) 366

Диаграмма перехода состояний 349, *см. также* автомат детерминированный конечный

Добавление:
    вершин 230, 231
    значений 258–260, 262–264, 267
    ячеек 76, 77

Е

Емкость (пропускная способность) 525

З

Задача:
    NP-полная 394, 397
    NP-сложная 394
    Византийских генералов 420–423, 452
    Выбора лидера 452
    Выполнимости булевых формул 293, 294
    Двух генералов 419, 452
    Дерева принятия решений 290–294
    Коммивояжера 293
    О восьми ферзях 196, 197, 294, 525
    О генерале и лейтенантах 421–423, 525
    О назначениях 339
    О ранце 292, 293
    Об упаковке в контейнеры 291
    Обедающих философов 416, 417, 452, 526
    Обнаружения 394–396
    Оптимизации 282, 394–396, 526
    Раскроя 291, 292
    Синхронизации часов 452
    Сообщения 394–396

Закон Мура 402, 429, 526

Злоумышленник (перехватчик) 366, 526

И

Игра:
    Животные 240, 241
    Крестики-нолики 275–278, 279

Инициатор 187, 526

Интеграция Монте-Карло 45, 66, 67, 69, 526

Интегрирование численное 60, 61, 534

Использование:
    RSA 380, 382
    быстрой сортировки 154
    ограничителей 75
    связных деревьев 238–240
    стеков 124–129
    хеш-таблиц 88

К

Квадратура 60, 526

Квадратура адаптивная 63–66, 522

Квадратура числовая 534, *см. также* интегрирование численное, квадратура

Класс сложности 451

Кластер 174, 406

Кластеризация 446
    Вторичная 176
    Первичная 173, 176, 530

Ключ 365, 526

Коллизия 169, 527

Компонент связный 297, 532

Компьютер квантовый 412, 413, 526
Копирование 82
Корень 218, 527
Коэффициент заполнения хеш-таблицы 169
Кривая
    Коха 187, 188, 527
    Гильберта 189, 527
    Серпинского 190–193, 527
Криптоанализ 366
Криптография 21, 365–384, 527
Куча 142, 527
    Двойная 143–147

Л

Ландис, Евгений Михайлович 257
Линия 215, *см. также* ссылка
Лист 218

М

Малая теорема Ферма 59
Маркировка ячеек 87
Массив 96–119, 444, 528
    Ассоциативный 523, *см. также* хеш-таблица
    Высокой размерности 102–105
    Двумерный 101, 102
    Одномерный (линейный) 98
    Равноправно рандомизированный 51
    С пропуском 527
    С разрывом 108–110
    Систолический 403, 532
    Треугольный 105–108, 533
Матрица 115–117
    С разрывом 117
    Смежности 105, 528
Машина Тьюринга 389
Метод 24, 25

Ветвей и границ 284, 285, 528
Монте-Карло 67, 443
Ньютона – Рафсона 67, 68, 528, *см. также* метод Ньютона
Ньютона 67, 528, *см. также* метод Ньютона – Рафсона
Полного перебора 282–284
Сборки мусора 79, 115
Минимакс 275–278, 448
Мур, Гордон Э. 402, 526
Мьютекс 409–411, 529

Н

Нахождение:
    минимальной, максимальной и средней величин 98–100
    наибольшего общего делителя 52
    нулей 67–69
    простых множителей 56–58
    простых элементов 58, 59
    строки и столбца 110, 111
    элементов 98
    ячеек 74, 75

О

О большое 442, 529
Обманщик Ферма 59, 71, 528
Обработка файлов 415
Обход 529
    В глубину 303, 304
    В обратном порядке 227, 228
    В ширину 228, 304
    Дерева 223
    Сети 302
    Симметричный 226, 227, 532
Объект дочерний 525, *см. также* вершина дочерняя
Ограничитель 75, 76, 529
Омега большое 388, 529

Операнд 242, 393
Отправитель 366, 529
Очередь 129–134, 130, 444, 530,
см. также список FIFO
    Массивов 130–133
    С приоритетом 133
    Связных списков 130
    Специализированная 133

П

Параллелизм 402
    Данных 530
    Задач 530
Паросочетание двудольное 339, 394, 524
Передвижение:
    по спискам 73, 74
    элемента 148
Перестановка 447, 530
    Приоритетов 411
    Столбцов 369–371
    Строк/столбцов 367–369
Перехватчик информации 366, 530
Петля 296, *см. также* цикл
Повторная трассировка списка 89, 90
Поддерево 216, 218, 530
Подпись цифровая 384, 451
Подстановка простая 375
Поиск 163–168, 309–315
    Бинарный 164, 165, 523
    Вершин 231
    Интерполяционный 165, 166
    Кратчайшего пути 310–315
    Линейный (исчерпывающий) 98, 163, 164, 526, 527
    Методом полного перебора 415
    По неиндексированной базе данных 415
    По деревьям игры 274–281

    Произвольного пути 309
    Случайный 415, 533
    Циклов 324, 327, 328
Получатель 366, 530
Получение значения 111
Последовательность пробная 171
Построение:
    деревьев 220–223
    ДКА для регулярных выражений 351–354
    завершенных деревьев 223
    связных деревьев 236–238
Поток 85, 86, 336
    Максимальный 336
Потомок 215, 218, 530
Предок 215, 218, 528, 531
    Первый (наименьший) общий 216, 218, 528, 530
Привязка к диску 416
Пробирование:
    квадратичное 174–176, 446, 480
    линейное 173, 174, 180, 446, 480, 527
    псевдослучайное 176, 480
Проверка:
    на простоту 59
    связности 305–307
Процент заполнения 480, 531
Псевдокод 25–27
Путь 531
    Дополняющий 338, 525

Р

Равноправие 48, 49, 443, 531
Разделение:
    вершины 262
    корня 263, 531
Размещение 201
    Без повторений 205

С повторениями 204, 205
Разрез минимальный 340–342
Рандомизация 436, 442, 445, 446
    Данных 45–52
    Массивов 50–52, 151
Раскрашивание карты 328
    Двумя цветами 328–330
    Пятью цветами 331–335
    Тремя цветами 330, 331
    Четырьмя цветами 331
Распределение рабочих мест 338–340, 531
Расшифровка 531, *см. также* декодирование
Расшифровывание 531
Ребро 531, *см. также* звено
Реверсирование:
    массива 124
    списка 90–92
Рекурсия 181–212, 532
    Множественная 528
    Одиночная 529
    Прямая 531
Решето Эратосфена 58, 71, 390, 443
Ривест, Рональд 380
Родитель 218

С

Салфетка 193, 194, 532
    Серпинского 193
Свидетель Ферма 59, 532
Свойство:
    алгоритма 28, 29
    бинарного дерева 219
    класса 243
Связывание 445
    Прямое 169, 170
    Упорядоченное 446

Сеть:
    двудольная 339
    нагруженная 336, 528
    остаточная 337, 529
    планарная 331
    подстановочно-перестановочная 377
    сильно связная 297
    слабо связная 297
Скобки парные 345–349
Слияние вершин 265, 533
Словарь 169, 533, *см. также* хеш-таблица
Снимок 427, 428
Сообщение симметричное 380
Сортировка:
    блочная (корзинная) 159, 160
    быстрая 148, 149, 152, 154, 160:
    вагонов поезда 124–126
    вставкой 82, 127, 128, 136–138, 160
    выбором 128, 129, 138, 139, 160
    деревом 533
    методом выбора 84
    пирамидальная 142, 147, 148, 160
    подсчетом 157, 158, 160
    пузырьковая 139–142, 160
    слиянием 155–157, 160, 416, 452
    топологическая 18, 324, 326, 533
    внешняя 156
    со стеками 151
    устойчивая 156
Состояние гонки 407, 409, 413, 429
Сочетание 200, 201, 533
    Без повторений 204
    С повторениями 202, 203
    С циклами 201, 202
Список:
    двунаправленный связный 79, 80

кольцевой связный 86, 87, 527
многопотоковый связный 85
однонаправленный связный 73–78
связный 72, 81, 443, 532
с циклами 86–94
сортированный 80, 81, 128
FIFO 444, 533, *см. также* очередь
LIFO 119, 533, *см. также* стек

Способность остаточная пропускная 337

Стек 119, 120, 183, 444, 533, *см. также* LIFO, список LIFO
    Вызова 183
    Двойной 123, 124
    Магазинного типа 120, 121, 533
    Массивов 121–123
    Связного списка 120

Степень 34, 218, 298, 533
    Вершины 215, 218
    Входящая 298, 524
    Дерева 215, 266, 267
    Исходящая 298, 526
    Узла 296, 297

Стивенс, Род 16
Схема одноразовых блокнотов 375, 376
Ссылка 215, 533, *см. также* линия
Структура 25
    Данных 442, 533

Т

Текст открытый 366
Теорема Кука – Левина 392
Теорема о четырех красках 331, 533
Теория вычислительной сложности 387
Терафлопс 407, *см. также* флопс
Тета большое 388, 529

У

Удаление:
    вершин 232–235
    значения 113–115, 260, 264, 268
    рекурсии 206–212
    элементов 101, 172
    ячеек 78, 79
Узел-сестра 215
    Доступный 525
    Дочерний 216
Упорядочивание частичное 325
Уровень (глубина) вершины 216, 218, 534
Условие гонки 534
Установка значения 111

Ф

Факториал 181–183, 415, 534
Флойд, Роберт 92
Флопс 534, *см. также* терафлопс
Формула прямоугольников 61, 534
    Ньютона – Котеса 61, 63, 534
    Симпсона 63, 534
    Трапеций 61, 62
Функция Эйлера 381, 382

Х

Ханойская башня 126, 127, 534
Хеширование 169, 534
    Двойное 176, 180
    Упорядоченное 176, 179
Хеш-таблица 101, 168–171, 173, 174, 178, 534, *см. также* ассоциативный массив, словарь
Хип 183
Хранение:
    полных бинарных деревьев в массивах 142, 143
    промежуточных значений 208, 447

Ц

Цикл 296, 534
    В двунаправленных связных списках 94
    Рабочий 33–38
    Флойда 92

Ч

Число:
    взаимно простое 381, 523
    натуральное 528
    начальное 46
    простое 56, 531
    составное 56, 533
    Фибоначчи 183, 184, 456, 534

Ш

Шамир, Ади 380
Шифр 366, 535
    Блочный 376
    Виженера 373, 534
    Маршрутный 371
    Подстановочный 372–376, 530
    Перестановочный 367–371, 530
    С одноразовыми блокнотами 535
    Фейстеля 378
    Цезаря 372
Шифрование (кодирование) 366
    С открытым ключом 380, 535

Э

Эвристика 38, 279, 449, 535
    Дерева игры 279–281
    Дерева принятия решений 285–290
Эффект случайности 417

Я

Ячейка 74–79, 535

Все права защищены. Книга или любая ее часть не может быть скопирована, воспроизведена в электронной или механической форме, в виде фотокопии, записи в память ЭВМ, репродукции или каким-либо иным способом, а также использована в любой информационной системе без получения разрешения от издателя. Копирование, воспроизведение и иное использование книги или ее части без согласия издателя является незаконным и влечет уголовную, административную и гражданскую ответственность.

Производственно-практическое издание

МИРОВОЙ КОМПЬЮТЕРНЫЙ БЕСТСЕЛЛЕР

Род Стивенс
АЛГОРИТМЫ
Теория и практическое применение

(орыс тілінде)

Директор редакции *Е. Капьёв*
Ответственный редактор *В. Обручев*
Литературный редактор *С. Плотников*
Художественный редактор *Е. Мишина*

ООО «Издательство «Э»
123308, Москва, ул. Зорге, д. 1. Тел. 8 (495) 411-68-86.
Өндіруші: «Э» АҚБ Баспасы, 123308, Мәскеу, Ресей, Зорге көшесі, 1 үй.
Тел. 8 (495) 411-68-86.
Тауар белгісі: «Э»
Қазақстан Республикасында дистрибьютор және өнім бойынша арыз-талаптарды қабылдаушының өкілі «РДЦ-Алматы» ЖШС, Алматы қ., Домбровский көш., 3«а», литер Б, офис 1.
Тел.: 8 (727) 251-59-89/90/91/92, факс: 8 (727) 251 58 12 вн. 107.
Өнімнің жарамдылық мерзімі шектелмеген.
Сертификация туралы ақпарат сайтта Өндіруші «Э»

Сведения о подтверждении соответствия издания согласно законодательству РФ о техническом регулировании можно получить на сайте Издательства «Э»

Өндірген мемлекет: Ресей
Сертификация қарастырылмаған

Подписано в печать 05.09.2016.
Формат 70x100 $^1/_{16}$. Печать офсетная. Усл. печ. л. 44,07.
Доп. тираж 2000 экз. Заказ 1418.

Отпечатано в ОАО «Можайский полиграфический комбинат».
143200, г. Можайск, ул. Мира, 93.
www.oaompk.ru, www.оаомпк.рф тел.: (495) 745-84-28, (49638) 20-685

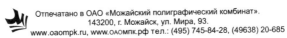

ISBN 978-5-699-81729-0